CB051926

EDITORA DO CONHECIMENTO

Auxiliando a humanidade a encontrar a Verdade

Série
Memórias do Espiritismo
Volume 5

Fotos e ilustrações da página anterior (de cima para baixo, a partir da esquerda):
Gabriel Delanne, Bezerra de Menezes, Allan Kardec, Leon Denis;
William Crookes, Alfred Russel Wallace, Alexander Aksakof, Oliver Lodge;
Yvonne do Amaral Pereira, Alfred Binet, Ernesto Bozzano, Arthur Conan Doyle;
Hercílio Maes, Caibar Schutel, Gustavo Geley, Eurípedes Barsanulfo;
Victor Hugo, Charles Robert Richet, Cesare Lombroso, Pierre Gaetan Leymarie;
Andrew Jackson Davies, Camille Flammarion, Francisco Cândido Xavier, Emanuel Swedenborg.

Reconhecemos a ausência de inúmeros expoentes do espiritismo nesta galeria de imagens. Em razão do limitado espaço, escolhemos apenas algumas personalidades ilustres para representar todos aqueles que gostaríamos de homenagear.

Pesquisas sobre a mediunidade

• Estudo dos trabalhos dos sábios • A escrita automática dos histéricos • A escrita mecânica • Os médiuns • Provas absolutas de nossas comunicações com o mundo dos espíritos

Pesquisas sobre a Mediunidade

Recherches sur la Mediumnité (1902)

Gabriel Delanne

Todos os direitos desta edição reservados à
CONHECIMENTO EDITORIAL LTDA
www.edconhecimento.com.br
conhecimento@edconhecimento.com.br
Caixa Postal 404 — CEP 13480-970
Limeira — SP — Fone: 19 34510143

Tradução:
Julieta Leite
Projeto Gráfico:
Sérgio Carvalho
Revisão:
Mariléa de Castro

ISBN 978-85-7618-185-9
1ª Edição — 2010

• Impresso no Brasil • *Presita en Brazilo*

Dados Internacionais de Catalogação na Publicação (CIP)
(Câmara Brasileira do Livro, SP, Brasil)

Delanne, Gabriel, 1857-1926
    Pesquisas sobre a mediunidade / Gabriel Delanne; [tradução Julieta Leite]. — 1ª ed. — Limeira, SP : Editora do Conhecimento, 2010.

    Título original: *Recherches sur la Mediumnité*
    "Estudo dos trabalhos dos sábios - A escrita automática dos histéricos - A escrita mecânica - Os médiuns - Provas absolutas de nossas comunicações com o mundo dos espíritos
    Bibliografia
    ISBN 978-85-7618-185-9

    1. Espiritismo 2. Mediunidade 3. Médiuns I. Título II Série.

09-10580   CDD — 133.91

Índices para catálogo sistemático:
1. Mediunidade : Doutrina espírita : Espiritismo : 133.91

Gabriel Delanne

Pesquisas sobre a mediunidade

• Estudo dos trabalhos dos sábios • A escrita automática dos histéricos • A escrita mecânica • Os médiuns • Provas absolutas de nossas comunicações com o mundo dos espíritos

1ª edição
2010

EDITORA DO CONHECIMENTO

SÉRIE MEMÓRIA DO ESPIRITISMO

- *A Alma é Imortal* (Gabriel Delanne)
- *A Crise da Morte* (Ernesto Bozzanno)
- *A Evolução Anímica* (Gabriel Delanne)
- *As Forças Naturais Desconhecidas* (Camille Flammarion)
- *A Razão do Espiritismo* (Michel Bonnamy)
- *Os Dogmas da Igreja do Cristo* (Apollon Boltin)
- *O Espiritismo na Bíblia* (Henri Stecki) - no prelo
- *O Espiritismo Perante a Ciência* (Gabriel Delanne)
- *O Espiritismo Perante a Razão* (Valentin Tournier) - no prelo
- *O Gênio Celta e o Mundo Invisível* (Léon Denis)
- *O Mundo Invisível e a Guerra* (León Denis)
- *O Problema do Ser e do Destino* (León Denis)
- *Pesquisas Sobre a Mediunidade* (Gabriel Delanne)
- *Por que a vida?* (Léon Denis) - no prelo
- *Povos Primitivos e Manifestações Paranormais* (Ernesto Bozzano)
- *Socialismo e Espiritismo* (Léon Denis)
- *Tratado de Metapsíquica* - Vol. 1 (Charles Richet)
- *Tratado de Metapsíquica* - Vol. 2 (Charles Richet)
- *Urânia* (Camille Flammarion)
- *Deus da Natureza* (Camille Flammarion)

SÉRIE CATÁLOGO RACIONAL

- *A Arte de Magnetizar* (Charles Leonard Lafontaine)
- *Cartas Ódico-Magnéticas* (Barão de Reichenbach)
- *Os Dogmas da Igreja do Cristo* (Apollon Boltin)
- *O Espiritismo Perante a Razão* (Valentin Tournier) - no prelo
- *O Espiritismo na Bíblia* (Henri Stecki) - no prelo
- *O Evangelho Segundo o Espiritismo* (Allan Kardec)
- *O Que é o Espiritismo?* (Allan Kardec)
- *A Razão do Espiritismo* (Michel Bonnamy)
- *Tratado Completo de Magnetismo Animal* (Barão Du Potet Sennevoy)
- *A Realidade dos Espíritos* (Barão de Guldenstubbé)
- *Deus da Natureza* (Camille Flammarion)

Logo, e está próximo o tempo, conseguiremos provar
que, desde esta existência terrena, a alma humana
pode viver em comunicação estreita e indissolúvel com
as entidades imateriais do mundo dos espíritos; será
sabido e provado que esse mundo atua indubitavelmente sobre o nosso e lhe comunica influências profundas de que hoje o homem não tem consciência, mas
que mais tarde reconhecerá.

Kant

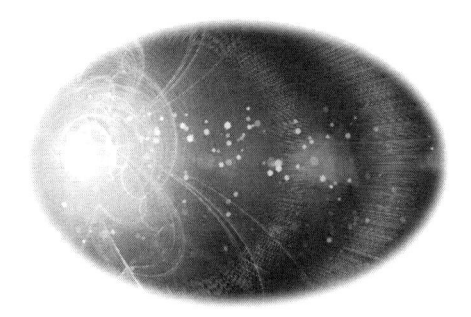

Sumário

Primeira parte:
O fenômeno espírita e a escrita automática dos histéricos

• O espiritismo é uma ciência de observação • O médium é o instrumento necessário para estabelecer relações entre os homens e os espíritos • Influência do organismo nas manifestações • Influência do espírito do médium • Automatismo da escrita • O caso do dr. Cyriax • As explicações dos sábios: Taine, dr. Carpenter, Carl du Prel, Hartmann, Aksakof • Os diferentes tipos de escrita • Em círculo, em espiral, às avessas • A escrita em espelho • Diferentes letras do mesmo médium • Os casos do reverendo Stainton Moses, de Kate Fox, da sra. Piper • Escritas misturadas em línguas estrangeiras • Deve-se estudar as características que separam a escrita automática da produzida pelos espíritos, denominada escrita mecânica

• Como os psicólogos contemporâneos encaram a personalidade • É uma síntese de sensações sempre variáveis que chegam pelos sentidos • O chamado inconsciente • A vida sonambúlica e suas características • As pesquisas do sr. Binet • A escrita automática dos histéricos • Deve-se acreditar na existência de um personagem subconsciente? • Tudo se entende como se por uma doença da memória

• Pobreza psicológica dos histéricos • Falsa personalidade criada por sugestão • Funções da subconsciência, segundo o sr. P. Janet • Discussão dessa hipótese • A anestesia e a distração histéricas • As sugestões negativas • A relação magnética • Não existe personagem subconsciente • É a alma que passa por mudanças psíquicas alotrópicas • Comparação entre histéricos e médiuns • Supor que os médiuns sejam necessariamente histéricos é contrário aos fatos

Segunda parte: Animismo

O automatismo gráfico natural — Influência da clarividência, da premonição, da transmissão do pensamento, da telepatia, da alma dos vivos sobre o conteúdo dos escritos

• Verdadeiros e falsos médiuns • Desde a origem do espiritismo, distinções foram feitas por todos os escritores que estudaram o assunto • Allan Kardec, Jackson Davis, Hudson Tuttle, Metzger • O automatismo estudado pelos srs. Salomons e Stein • Exemplos: Clélia • Incoerência das mensagens • Afirmações mentirosas do automatismo • O mecanismo da escrita automática é produzido pela força motora das ideias • A inconsciência prende-se a uma inibição da memória, determinada pela distração ou por um estado hipnoide • Este é produzido pela autossugestão • Demonstração de cada um desses pontos • De onde provêm as informações que parecem estranhas ao escrevente? • Trabalho da alma durante o sono • Estados semissonambúlicos durante a vigília • Memória latente • Exemplos de automatismos gráficos simulando perfeitamente as comunicações espíritas • As observações do sr. Flournoy • Personalidades fictícias criadas por autossugestão

• Necessidade de fazer outros fatores intervirem para explicar os fatos constatados durante o automatismo • As experiências do prof. G. T. W. Patrick • A clarividência rejeitada pelos sábios • Seu reconhecimento pela Sociedade Inglesa de Pesquisas Psíquicas • As hipóteses dos incrédulos • Eles querem explicar tudo por meio dessa faculdade • A clarividência no estado de vigília • O caso de Swedenborg • As experiências sobre a adivinhação das cartas • As pesquisas do sr. Roux • As experiências do sr. Wilkins • As experiências do dr. William Grégory sobre a leitura através dos corpos opacos • Pode-se ler o pensamento? O caso do dr. Quintard • A clarividência durante o sono comum • Visão de lugares distantes • Clarividência advertindo sobre um perigo • Uma mãe que reencontra o filho por clarividência • Fatos revelados por escrita automática, podendo explicar-se pela clarividência • Uma joia e uma soma de dinheiro encontrados em sonho • Sonhos clarividentes e premonitórios • A lucidez durante o sono magnético • O caso de Sebastopol • Lucidez de uma sonâmbula verificada por telefone • As pesquisas do dr. Backman • Uma experiência de Karl du Prel • Conclusões dos fatos precedentes • Demonstração da existência da alma pela clarividência • O caso Wilmot • Relações entre a clarividência e o automatismo • O automatismo durante o transe • As pesquisas do dr. Moroni e as do sr. Rossi Pagnoni • Fatos que a clarividência não pode explicar • Resumo

• A transmissão do pensamento permite compreender a espécie de ação exercida pelos espíritos sobre os médiuns • Admissão dos fatos • Observações sobre as circunstâncias externas que podem simular a sugestão mental • A memória latente, o meio psíquico • Verdadeira transmissão mental • Transmissão de sensações durante o estado magnético • Os trabalhos da Sociedade de Pesquisas Psíquicas • Transmissão da vontade durante o estado magnético • Os fatos se reproduzem durante a vigília • Mesmer, Froissac, du Potet, Lafontaine, os drs. Dusart, Charles Richet, Héricourt, Gilbert, P. Janet etc. • Condições necessárias para que a sugestão mental possa produzir-se entre magnetizador e paciente • Exemplos de sugestões mentais atuando sobre o automatismo da escrita • O caso da srta. Summerbell • As experiências do reverendo P. H. Newnham, com sua mulher como paciente • Resumo

Terceira parte:
Provas múltiplas da comunicação dos espíritos pela escrita mecânica

des nomes • História de Joana d'Arc e de Luís XI, por uma jovem de 14 anos • O fim do romance de Edwin Drood, escrito por um aprendiz de mecânico • Soluções de problemas científicos dadas por meio da escrita mecânica por mulheres de pouca instrução • O caso da sra. d'Espérance e o narrado pelo gen. Drayson • A indicação de um remédio dada pelos espíritos • Outras receitas indicadas pela escrita • Mediunidade da escrita constatada em bebês • Os fenômenos psíquicos da aldeia D., observados e narrados pelo dr. Dusart e pelo sr. Broquet • Escrita de médiuns completamente analfabetos • Fatos desconhecidos do médium • Individualidade de um espírito, constatada por comunicações idênticas, obtidas por médiuns diferentes

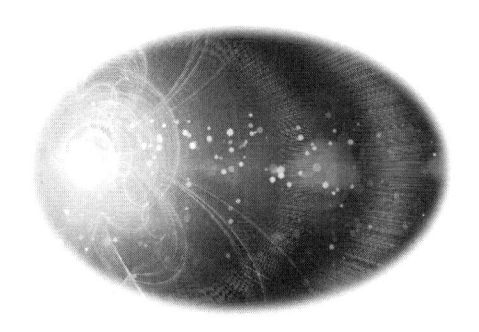

Introdução

Que é o espiritismo? Para os sábios, uma superstição popular; para os padres católicos ou pastores protestantes, uma prática demoníaca; para os espíritas, a demonstração experimental da existência da alma e da sua imortalidade. Na França, o grande público ainda está muito desinformado a respeito desta nova ciência. Apesar dos esforços dos seus adeptos há cinquenta anos, apesar dos livros extremamente numerosos onde suas experiências e teorias são expostas por uma quantidade imensa de pessoas, o espiritismo se resume à dança das mesas e não tem qualquer importância. A verdade é bem outra. As manifestações pelas quais a alma demonstra sua sobrevivência após a morte são numerosas e muito variadas. Já lhes traçamos o histórico em outras obras,[1] por isso não voltaremos aqui ao assunto. Bastará lembrarmos que os fenômenos podem ter um aspecto puramente físico, como os movimentos de mesa ou de objetos diversos, com ou sem contato; os transportes, as luzes produzidas no escuro, a levitação, as materializações etc., depois as manifestações intelectuais apresentadas pelos médiuns videntes, auditivos, escreventes etc.

Durante muito tempo a ciência oficial recusou-se desdenhosamente a ocupar-se com essas novidades que tinham a irreverência de produzir-se fora dos laboratórios oficiais. Depois, instigados pelo infatigável ardor da imprensa espírita e sob a

---

1 Delanne, Gabriel, *Le Phénomène Spirite* e *O Espiritismo perante a Ciência*, **EDITORA DO CONHECIMENTO**.

irresistível veemência dos fatos, alguns sábios tentaram timidamente explorar o terreno proibido, e quando pensaram ter encontrado uma explicação exclusivamente física ou fisiológica da mediunidade, apressaram-se a proclamar que o espiritismo não passa de um engano, e que seus adeptos são apenas vítimas de ilusões sensoriais ainda pouco conhecidas.

No entanto, para muitos pesquisadores essas opiniões não pareceram convincentes, e depois que a Sociedade de Pesquisas Psíquicas inglesa estabeleceu a certeza dos fenômenos da telepatia, da clarividência, da sugestão mental, um grande desejo de saber apossou-se das classes instruídas, e por toda parte organizam-se institutos que se propõem a escrutar rigorosamente todos os fatos considerados misteriosos, a fim de decidir qual é a causa que os produz.

Parece-nos que é chegado o momento de realizar-se uma investigação aprofundada sobre a mediunidade, isto é, sobre a faculdade que certos indivíduos possuem de servir de intermediários entre os homens e os espíritos. Tendo em vista a considerável diversidade dos fatos a examinar, dividiremos o problema em várias partes; começaremos pelo fenômeno da escrita mecânica, primeiro, porque já foi objeto de trabalhos importantes, e, a seguir, porque hoje pode ser explicado graças às descobertas recentemente feitas a respeito da ação à distância exercida por um espírito humano sobre outro espírito humano[2] em condições bem determinadas.

O espiritismo no seu todo, experimental e filosófico, baseia-se na possibilidade que temos de comunicar-nos com os espíritos, ou seja, com as almas de pessoas que viveram na Terra. Seu poder de demonstração repousa inteiramente na mediunidade; nenhum estudo, portanto, é mais interessante, de ordem mais vital para seus adeptos do que aquele que tem por objetivo o exato conhecimento das leis que presidem a essas manifestações. Por um tempo longo demais todos se limitaram a evocar os espíritos e a registrar indiscriminadamente todas as produções dos médiuns, sem perguntar-se se tudo vinha realmente do mundo espiritual e sem investigar quais são as condições fisiológicas ou mentais que favorecem ou dificultam o fenômeno, de

---

2 Empregamos indistintamente os termos *alma* e *espírito*, considerando-os sinônimos.

           Gabriel Delanne

maneira que operava-se de um modo empírico e completamente defeituoso. *O Livro dos Médiuns*, de Allan Kardec, dá excelentes conselhos para praticar as evocações; fornece explicações necessárias sobre o discernimento que se deve exercer na apreciação das mensagens que nos chegam do além; faz uma enumeração completa de todas as espécies de manifestações, mas suas teorias científicas, geralmente muito exatas, são sumárias e não satisfazem mais nossa necessidade atual de penetrar mais profundamente no mecanismo da mediunidade. Vamos, pois, retomar esse estudo, apoiando-nos em dados inquestionáveis que hoje possuímos, e esperamos demonstrar que não somente os fatos são reais, mas que a mediunidade verdadeira deve-se positivamente à ação de inteligências desencarnadas.

Chama-se *escrita mecânica* o fato que, para uma pessoa, consiste em escrever involuntariamente palavras e frases de que ela não tem consciência e das quais só pode tomar conhecimento quando a influência que lhe dirige a mão acabou de atuar. Foi fazendo experiências com as mesas girantes que, pouco a pouco, se conseguiu encontrar esse processo. Como os ditados por pancadas ou por levantamentos do móvel eram muito lentos, alguns experimentadores tiveram a ideia de utilizar uma prancheta apoiada em três pés, sendo um deles substituído por um lápis. Pondo esse aparelhinho sobre papel branco e pousando-lhe levemente a mão, viu-se a prancheta mover-se e o lápis traçar caracteres perfeitamente legíveis. Mais tarde, também se percebeu que essas mensagens só eram obtidas por certos indivíduos aos quais se deu o nome de médiuns. Enfim, utilizar a prancheta tornou-se desnecessário, porque esses médiuns, tomando o lápis diretamente na mão, sentiam uma força agir sobre seu braço e assim recebiam mensagens cujas ideias, absolutamente diferentes das que eles normalmente tinham, pareciam-lhes novas e originais. Frequentemente as comunicações eram assinadas com nomes de pessoas falecidas, continham relatos de acontecimentos passados, desconhecidos por quem as escrevia, e foi assim que, pouco a pouco, os pesquisadores se convenceram de que estavam realmente em contato com as almas dos mortos.

Como todas as descobertas novas, esta foi recebida com um ceticismo universal. Parecia incrível que se pudesse escrever inconscientemente, e os relatos dos espíritas passavam por mistificações. Contudo esses fenômenos, produzindo-se no mundo todo, com as mesmas características, e inúmeras pessoas pertencentes às classes instruídas tendo conseguido tornar-se médiuns, foi realmente preciso admitir, a despeito da sua estranheza, a realidade dos fatos.

"Deve-se abandonar — diz o sr. Binet[3] — a explicação grosseira da simulação, porque há um número considerável de pessoas dignas de fé que afirmam ter sido autoras do fenômeno, ter posto as mãos sobre mesas que giravam, ter segurado canetas que escreviam, sem a menor vontade de fazer a mesa mover-se ou a caneta escrever. Aí estão provas suficientes, quando uma doutrina como o espiritismo acaba por agitar o mundo inteiro e conquista milhares de adeptos."

Outro psicólogo, o sr. Pierre Janet,[4] teve ocasionalmente a oportunidade de estudar esta questão, ao tratar da escrita automática dos histéricos, e, após uma revisão histórica incompleta e parcial do espiritismo, diz igualmente: "As doutrinas que acabamos de resumir merecem um estudo atento e uma discussão. O ceticismo desdenhoso, que consiste em negar tudo que não se compreende e em repetir, por toda parte e sempre, as palavras fraude e mistificação, não faz mais sentido aqui do que quando se trata dos fenômenos do magnetismo animal. O movimento que provocou a fundação de meia centena de jornais na Europa, que inspirou as crenças de um número considerável de pessoas, está longe de ser insignificante. É geral demais, persistente demais para que se deva a uma simples brincadeira local e passageira."

Por sua vez, diz o sr. Richet:[5] "Não é possível que tantos homens distintos da Inglaterra, da América, da França, da Alemanha, da Itália tenham se enganado tão grosseira e primariamente. Todas as objeções que lhes foram feitas, eles as tinham pensado e discutido; nada lhes ensinaram opondo-lhes, seja o possível acaso, seja a fraude; tinham imaginado isso bem antes que alguém os censurasse, de modo que não consigo crer que o trabalho deles tenha sido estéril e que tenham meditado, experimentado, com base em enganadoras ilusões."

3 Binet, *Les Altérations de la Personnalité*, p. 298.
4 Janet, P., *L'Automatisme Psychologique*, p. 376.
5 Richet, Charles, *Annales des Sciences Psychiques*, p. 349.

Gabriel Delanne

A partir das citações precedentes, pareceria que esses autores iriam enfim examinar seriamente todos os fenômenos espíritas e esclarecer-nos quanto à sua verdadeira causa. Seria pedir demais, e seu acesso de coragem não vai até aí. Limitam-se a uma incursão muito pequena no vasto campo da experimentação espírita; criticam a escrita automática porque crêem ter-lhe encontrado a explicação, mas todos os outros fenômenos são prudentemente omitidos. É com uma lamentável desenvoltura que executam essa pequena manobra.

"Começaremos — diz o sr. Binet — por algumas eliminações necessárias. Existem, no dizer dos autores, certos fenômenos espíritas que se produzem independentemente da ação de uma pessoa ou de uma causa conhecida: são os fenômenos ditos físicos, como as pancadas nas paredes, as mesas e outros móveis que se erguem por si mesmos, sem que alguém toque neles; a escrita direta por lápis que se movem sozinhos, ou introduzidos entre duas lousas; as aparições de espíritos que podem ser fotografados e mesmo moldados. Não negamos esses fenômenos, porque nada queremos negar por prevenção, mas como ainda se aguarda a prova científica, não falaremos deles."

Evidentemente, é mais cômodo do que discutir. Quanto à afirmação de que não se fez uma comprovação científica, é uma escapatória que só enganará os que não estão familiarizados com a questão. Pensamos que quando homens do valor de Robert Hare, Mapes, o juiz Edmonds, na América, Crookes, Wallace, Lodge, na Inglaterra, Aksakof e Boutlerow, na Rússia, Fechner e Zollner, na Alemanha, Gibier, na França, em companhia de vários milhares de pesquisadores, afirmam ter constatado os fenômenos acima citados e tê-los inspecionado cuidadosamente, achamos que esses fenômenos têm uma existência real e, assim sendo, passam para o domínio científico.

As mesmas observações aplicam-se ao sr. P. Janet, embora esse psicólogo seja menos rebarbativo do que seu colega, pois admite que a elevação da mesa sem contato, os deslocamentos de objetos intocados "não devem ser levianamente negados; talvez sejam elementos de uma ciência futura de que mais tarde falaremos", mas ele também não quer ocupar-se com isso, e com toda a razão. Essa parcialidade e esse misoneísmo não surpreendem totalmente. Está na ordem das coisas que a verdade caminha lentamente; a negação brutal da origem não se transforma instantaneamente em adesão formal; entre esses dois extremos existem transições, e já é muito ter levado as classes instruídas a reconhecerem que pelo menos uma parte dos fenômenos mediúnicos é verdadeira. Amanhã será a vez de uma segunda categoria, e talvez lenta, mas certamente, todos os outros fatos sejam estudados.

Atualmente, pois, atemo-nos aos limites que esses senhores traçaram; na falta de algo melhor, aceitamo-lhes a seleção arbitrária, e vejamos se, mesmo restringindo-se a essa única classe de fenômenos, deram uma explicação que desfira um golpe fatal na doutrina espírita.

❊ ❊ ❊

A escola dos psicofisiologistas, com Taine, Charles Richet, A. Binet, P. Janet etc., agora se digna a admitir que a escrita automática se produz em certos indivíduos, mas, longe de atribuí-la à intervenção de uma inteligência estranha, vê aí pura e simplesmente o sintoma de uma doença mental, de uma desagregação da personalidade. Nos indivíduos que escrevem assim, produziu-se uma cisão na consciência, de modo que uma parte do eu pensa de uma forma diferente da pessoa normal, e involuntariamente traduz esse pensamento pela escrita. Essa explicação bizarra foi imaginada há uns vinte anos, e a essa segunda parte desconhecida da consciência normal deram-se os nomes mais diversos: *inconsciente, subconsciente, personalidade suplementar, consciência subliminar* etc. Esta hipótese serve igualmente para explicar certas anomalias observadas nos histéricos, nas doenças mentais, enquanto se realizam as sugestões, como o sonambulismo e o caso de variações da personalidade. Segundo essa maneira de ver, a consciência não é uma unidade indestrutível, como pensam os espiritualistas; ela é constituída por um agregado, uma síntese de sensações e pensamentos. A identidade do eu, portanto, seria apenas uma ilusão causada pela memória, que reúne esses estados sucessivos entre si, que os liga uns aos outros e dá-lhes uma aparência de continuidade, ao passo que, como diz Taine, de real só haveria "a fila dos acontecimentos". Nos indivíduos que gozam de saúde normal, a síntese é perfeita, porque abrange todas as sensações, todos os pensamentos, todas as lembranças. Porém, em certos doentes, como os histéricos, a neurose produz desordens psíquicas cujo resultado é o nascimento de uma segunda síntese dotada de consciência, ou seja, haveria nesses doentes duas personalidades distintas, vivendo lado a lado no cérebro, e das quais pelo menos uma — a consciência normal — ignora a existência da outra. Segundo o sr. Janet, chegam a existir até mesmo três ou quatro dessas personalidades suplementares. Os médiuns, então, seriam histéricos nos quais produziu-se essa divisão de consciência, e a escrita automática resultaria dessa cisão da personalidade.

Veremos, ao estudar os fatos, que grau de confiança se deve atribuir a essas suposições. Sem antecipar-nos, podemos anunciar que todos os casos difíceis observados nos histéricos compreendem-se melhor pela hipótese de uma enfermidade da memória do que recorrendo à teoria das personalidades subconscientes. Embora não acompanhemos esses psicólogos e suas especulações, não deixaremos de tirar proveito das engenhosas experiências que eles instituíram, porque nos serão úteis para compreender o mecanismo da escrita automática e para discernir as características que separam os histéricos dos médiuns. Veremos que o automatismo se revela em pessoas cuja saúde nada deixa a desejar, mas que, sob o domínio da autossugestão, imaginam estar em comunicação com os espíritos, ao passo que estão escrevendo seus próprios pensamentos. Há um princípio de lógica que ensina que não devemos multiplicar as causas sem necessidade. Aplicaremos esse preceito *reconhecendo que o caráter automático da escrita é insuficiente para servir de critério para a mediunidade*. Do fato de uma pessoa escrever sem ter consciência do que sua mão traça no papel, não resulta necessariamente que ela obedeça à influência dos espíritos. Certamente ela pode agir assim automaticamente, como provaremos através de exemplos incontestáveis.

É por não considerarem essa possibilidade, assinalada desde o início por Allan Kardec, Jakson Davis, Hudson Tuttle e outros, que muito frequentemente as reuniões espíritas populares são desacreditadas pela leitura de pretensiosas elucubrações assinadas pelos mais ilustres nomes. Mas, se alguns espíritas ignorantes nem sempre mostraram o necessário discernimento, os sábios, por sua vez, tomam um rumo totalmente errado quando acham que a escrita dos histéricos pode ser comparada às verdadeiras comunicações espíritas. Estas devem apresentar-se a nós com características tais que não seja possível atribuí-las ao médium. Como encontrar o critério? Que regra nos permitirá fazer essa distinção?

Assim como antigamente a ação de escrever inconscientemente parecia um atributo incontestável da mediunidade, por muito tempo se acreditou também que a revelação de um fato desconhecido pelo médium estabelecia com certeza a intervenção de uma inteligência estranha. Aqui, também, é preciso fazer ressalvas, porque uma segunda categoria de adversários vai levantar-se diante de nós e combater-nos com argumentos extraídos da observação dos fenômenos do animismo. É verdade que damos um passo à frente, porque contrapor-nos os poderes transcendentes do espírito humano é reconhecer que ele existe como individualidade distinta do corpo, o que os psicólogos anteriormente citados recusam-se cabalmente a admitir.

Já há um século os magnetizadores disseram que alguns dos seus pacientes gozavam, durante o sonambulismo, de faculdades supranormais, que podiam, por exemplo, ver acontecimentos que se passavam ao longe, ler em livros não abertos, descrever com exatidão o conteúdo de uma caixa fechada, ao passo que outros obedeciam a ordens mentais que nada no aspecto do magnetizador podia revelar-lhes. Todos esses fenômenos foram rigorosamente constatados, muitíssimas vezes, por experimentadores sérios, mas a ciência oficial negava obstinadamente os fatos, achando-se impossibilitada de explicá-los com suas teorias materialistas.

Acontece com muita frequência que se sacrifiquem os resultados positivos da observação quando não se incluem no âmbito das ideias preconcebidas. Felizmente, esse ostracismo começa a desaparecer. Desde 1881, constituiu-se na Inglaterra uma *Sociedade de Pesquisas Psíquicas*, que tem entre seus membros sumidades científicas de primeira ordem, como o eminente físico William Crookes, o célebre naturalista Alfred Russel Wallace, Olivier Lodge, todos os três membros da Real Sociedade, e professores, psicólogos etc. Investigações severas foram levadas

Gabriel Delanne

a efeito durante longos anos, com as mais minuciosas precauções para evitar as causas de erros. Nos vinte e três volumes publicados até agora, encontram-se numerosos documentos, circunstanciados, relativos às experiências e às observações recolhidas e cuidadosamente verificadas pelos investigadores, de modo que hoje se pode afirmar que a clarividência, a sugestão mental, a telepatia são fenômenos naturais, da mesma maneira que todos aqueles que não se produzem constantemente. As auroras boreais, as tempestades magnéticas, as erupções vulcânicas, a aparição dos cometas etc. não são ocorrências diárias, não as reproduzimos à vontade, mas sua raridade relativa não é um argumento contra sua autenticidade.

Compreendido isso, sábios como os srs. Lombroso, na Itália, Gurney, Sidgwick e Podmore, na Inglaterra, Hartmann, na Alemanha etc. nos dizem: Os senhores admitem que o automatismo natural é produzido por uma espécie de semissonambulismo, portanto, o indivíduo pode possuir algumas das faculdades que os senhores admitem no sonâmbulo, de modo que um fato desconhecido assinalado pela escrita pode ter sido alcançado por meio da clarividência do indivíduo, ou ter-lhe sido transmitido por sugestão mental. Consequentemente, não está provado que uma inteligência supraterrestre seja necessária para explicar essa revelação, já que ela pode provir do próprio médium. Esta argumentação, evidentemente, encerra uma parte de verdade e constataremos que é preciso considerá-la para explicar certos casos; mas, aqui também, é prudente manter-se em guarda contra a mania de generalizar com rapidez demasiada, porque na imensidão de fatos observados há um grande número deles que não se submete a essa interpretação.

Não se pode negar que seja um estudo difícil o que tem por objeto diferenciar acertadamente as produções do animismo e do espiritismo, mas não é impossível; procuraremos dar as indicações necessárias para chegar a esse resultado.

Foi analisando escrupulosamente todas as manifestações espíritas de certos médiuns que alguns sábios, por muito tempo incrédulos, converteram-se. O dr. R. Hodgson, o prof. Hyslop, Olivier Lodge, o prof. William James, F. W. Hyers, muito bem informados sobre todas as causas que podem intervir, acabaram por convencer-se da ação dos espíritos e o confessaram corajosamente, sem medo de prestar homenagem à verdade. Então, precisamos examinar atentamente que papel podem desempenhar nas comunicações recebidas pela escrita automática: 1º A memória latente; 2º a clarividência; 3º a leitura do pensamento; 4º a sugestão oral e mental; 5º a telepatia; 6º a premonição e, finalmente, 7º as lembranças de vidas anteriores.

Esse estudo imparcial deve ser feito pelos próprios espíritas para mostrar a seus adversários que não temem qualquer discussão. Sem razão, eles foram chamados de sectários que fecham os olhos à evidência para conservar suas quimeras. São calúnias espalhadas para desacreditar a imensa força do espiritismo, mas não conseguirão atingi-lo, porque seus adeptos buscam acima de tudo a verdade. Não devemos ter medo de engajar-nos na crítica metódica das comunicações; é só seguindo esse caminho que constituiremos a verdadeira ciência das relações entre os vivos e os mortos.

"O espiritismo — diz Allan Kardec — só estabelece como princípio absoluto o que está absolutamente provado, ou o que resulta logicamente da observação. No tocante a todos os ramos da organização social, aos quais dá o apoio das suas próprias descobertas, assimilará sempre todas as doutrinas progressivas, seja qual for sua ordem, desde que tenham chegado ao estado de *verdades práticas* e saído do domínio da utopia, sem o que ele se suicidaria. Deixando de ser o que é, trairia sua origem e seu objetivo providencial. Caminhando com o progresso, o espiritismo jamais será ultrapassado, porque se novas descobertas lhe mostrarem que está errado num ponto, ele se modificará nesse ponto. Se uma nova descoberta for revelada, ele a aceitará."

Temos o dever de rejeitar os fenômenos duvidosos, isto é, os que não são nitidamente atribuíveis aos espíritos, retendo somente os que são inatacáveis. Seremos obrigados a citar muitas vezes os autores que escreveram sobre estas matérias, e, para valorizar-lhes os argumentos apresentados, os reproduziremos textualmente, assim como faremos com os resultados de fenômenos que só têm a ganhar quando lidos na íntegra.

Feita a divisão, tão extensa quanto possível, entre todas as objeções motivadas, e após uma cuidadosa eliminação de todos os casos contestáveis, ainda possuímos uma quantidade enor-

Gabriel Delanne

me de documentos autênticos que, por sua própria natureza, escapam das discussões precedentes. Tais são, por exemplo, os ditados extensos obtidos por ignorantes, completamente fora e além dos seus conhecimentos. As histórias de Joana d'Arc e de Luís XI, escritas por uma menina de quatorze anos, a conclusão de um romance de Dickens, devida a um jovem mecânico sem instrução, ou as respostas da sra. d'Espérance sobre a teoria matemática do som, indicam a atuação de outras inteligências que não a dos médiuns. As comunicações feitas em língua desconhecida pelo escrevente e corretamente escritas certamente não podem provir-lhe do cérebro, assim como as assinaturas que reproduzem fielmente a letra de pessoas mortas há muito tempo. Que mais dirão os contestadores, ou os partidários da subconsciência, a respeito desses textos produzidos por iletrados, ou por crianças que mal conseguem segurar o lápis? Sem dúvida, terão como último recurso continuar negando, mas, diante da boa fé das testemunhas, do acúmulo de fatos, da generalidade dos fenômenos, a evidência acaba impondo-se até aos mais céticos, a não ser que recusem todo testemunho humano.

Vê-se que, embora se restrinjam a exemplos típicos, o que não faltam são documentos. Mas as comunicações que não apresentam características muito nítidas de intervenção espiritual, nem por isso são desprovidas de interesse.

Que ninguém se engane quanto a isso; fazendo a sugestão mental ou a telepatia intervirem na explicação dos fenômenos, talvez se reduza o campo do espiritismo, mas é para abri-lo mais ao animismo, isto é, à ação da alma fora do seu organismo físico. Se demonstrarmos irrefutavelmente que a transmissão do pensamento é possível; se, por outro lado, a telepatia estudada por sábios não espíritas apresenta casos em que a hipótese de alucinação deve dar lugar à de um desdobramento daquele que se faz ver — seja porque a aparição move objetos materiais, ou é vista por várias testemunhas, ou assusta animais, ou pode ser fotografada — , o espiritismo triunfa, já que, desde sua origem, ele tem indicado essa possibilidade que põe em destaque a independência do espírito com relação ao corpo. O que, nesses exemplos, é apenas uma separação momentânea da alma e do corpo, na morte torna-se um estado definitivo, e se já, durante a vida, a alma saída do seu invólucro corporal atua sobre a matéria, aparece a um médium e se comunica com ele, a indução nos autoriza plenamente a supor que ela faz o mesmo quando volta completamente ao espaço.

A física moderna, a da matéria radiante, dos raios X, das ondas hertzianas; o magnetismo, o hipnotismo, a sugestão verbal ou mental, a clarividência, a telepatia e o espiritismo, todos esses novos conhecimentos conduzem o homem irresistivelmente para o invisível e para o além. O positivismo estreito da nossa época, recusando-se a ocupar-se com o que não é visível, pensava ter relegado a alma dos espiritualistas ao reino das quimeras, e eis que seus adeptos são obrigados a constatar-lhe a realidade. "A questão da sobrevivência do homem é um ramo da psicologia experimental", diz o sr. F. W. Myers, um dos mais doutos membros da Sociedade de Pesquisas Psíquicas. Ter compreendido isso, será a eterna honra dos espíritas. Desprezados, caluniados, execrados, chamados de charlatães ou alucinados, perseveraram com uma energia sem par nas suas afirmações. Hoje são recompensados por isso com a satisfação de haverem imposto ao público letrado a discussão das suas teorias.

A luta é árdua e será provavelmente longa, porque os preconceitos religiosos ou científicos têm vida tenaz, mas insensivelmente a evidência se impõe. Temos agora a convicção de que a grandiosa certeza da imortalidade virá a ser uma verdade científica, cujas consequências benéficas, fazendo-se sentir no mundo inteiro, mudarão os destinos da humanidade.

Paris, 25 de fevereiro de 1900

Gabriel Delanne

Primeira parte

O fenômeno espírita e a
escrita automática dos histéricos

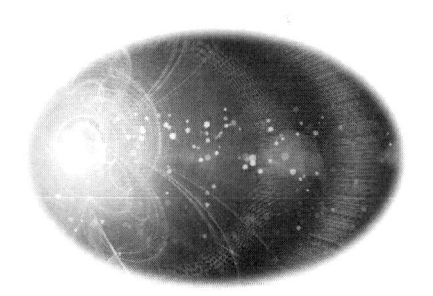

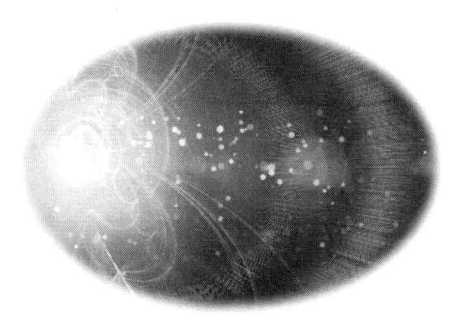

1.
A mediunidade mecânica

• O espiritismo é uma ciência de observação • O médium é o instrumento necessário para estabelecer relações entre os homens e os espíritos • Influência do organismo nas manifestações • Influência do espírito do médium • Automatismo da escrita • O caso do dr. Cyriax • As explicações dos sábios: Taine, dr. Carpenter, Carl du Prel, Hartmann, Aksakof • Os diferentes tipos de escrita • Em círculo, em espiral, às avessas • A escrita em espelho • Diferentes letras do mesmo médium • Os casos do reverendo Stainton Moses, de Kate Fox, da sra. Piper • Escritas misturadas em línguas estrangeiras • Deve-se estudar as características que separam a escrita automática da produzida pelos espíritos, denominada escrita mecânica

Os espíritas foram freqüentemente acusados de credulidade inveterada, e se, por vezes, em casos particulares, os críticos tiveram razão, não é justo englobar todos os adeptos nessa reprovação. A verdade, ao contrário, é que a maioria dos partidários do espiritismo só chegaram à convicção após haver estudado longamente os fenômenos, após ter vencido seus preconceitos e ter-se persuadido experimentalmente de que a existência dos espíritos é uma realidade indiscutível. Acontece com os espíritas o que ocorre em todas as coletividades; nelas encontram-se inteligências em diversos graus de desenvolvimento. Uns, por falta de discernimento e de educação científica, aceitam, sem verificá-las, as mais improváveis afirmativas que lhes chegam pelo canal dos médiuns; outros procuram compreender os fatos, analisando-lhes o modo de produção, e do ponto de vista da sua capacidade intelectual. Entre estes últimos podemos incluir as eminentes inteligências que recentemente foram conquistadas pelo espiritismo, tanto por uma paciente investigação como pela evidência irrefutável das manifestações.

É chegado o momento de aproveitarmos os numerosos trabalhos que possuímos sobre o assunto e fazermos uma tentativa de explicação científica da mediunidade, utilizando os documentos fornecidos por todos os pesquisadores. Assim, recorreremos mais aos estudos de psicólogos, de membros da Sociedade de Pesquisas Psíquicas ou de hipnotizadores do que aos dos espíritas propriamente ditos.

Inicialmente, tentemos compreender bem o que é um médium. Nas ciências de observação, logo se fica tolhido quando se dispõe somente dos próprios sentidos para estudar os fenômenos. Foi graças à invenção de instrumentos peculiares a cada classe de fatos que o homem conseguiu conhecer de modo mais preciso o Universo e suas leis. A luneta, o telescópio, a análise espectral fundaram a astronomia positiva. O microscópio permitiu descobrir os infinitamente pequenos e acompanhar a natureza orgânica até às suas íntimas profundezas. A fisiologia deve seus avanços a um instrumental delicado e cada vez mais aperfeiçoado, assim como a física e a química conseguiram realizar maravilhas pelo emprego de meios mecânicos de uma potência verdadeiramente prodigiosa.

O domínio filosófico, por sua vez, foi ampliado em notáveis proporções pela psicologia experimental, isto é, por um método que associa ao senso íntimo, à análise introspectiva, o estudo dos fenômenos da vida que têm, ao mesmo tempo, um aspecto fisiológico e um correlativo psíquico. Entre os processos empregados, o sonambulismo hipnótico forneceu o meio de proceder a experiências; todas as modalidades da sensibilidade, da memória ou da vontade puderam ser submetidas, em conjunto ou separadamente, a investigações variadas, a verdadeiras manipulações, de modo a lançar uma luz toda nova sobre seu mecanismo e sobre suas relações recíprocas. O paciente hipnótico foi o instrumento que tornou essas descobertas possíveis.

Para o estudo do mundo espiritual, precisamos igualmente de um instrumento, de um intermediário entre a humanidade terrestre e a humanidade póstuma. Nós o encontramos: é o médium. Como possui uma alma e um corpo, pela primeira ele tem acesso à vida do espaço, e pelo outro liga-se à Terra, podendo servir de intérprete entre esses dois mundos. Temos, evidentemente, o maior interesse em conhecer bem esse transmissor, a fim de poder utilizar-lhe todas as propriedades. É urgente especificar o que ele é capaz de fazer por si mesmo, a fim de não confundirmos sua ação com a que é exercida sobre ele. Nos fenômenos da mediunidade, portanto, devemos definir: 1º A parte que se deve atribuir ao organismo material do indivíduo; 2º a que é atribuível ao seu próprio espírito; 3º a que lhe é estranha e, neste caso, saber se provém dos assistentes ou de uma intervenção completamente independente.

Desde a origem do espiritismo, essas distinções foram feitas; vemo-las bem nitidamente indicadas na obra de Allan Kardec.

Influência do organismo

Sabemos que a alma não é uma abstração, um ser imaterial, que está sempre associada a um substrato físico extremamente sutil chamado perispírito. Mais precisamente, devido ao grau de rarefação do seu invólucro, o perispírito não pode agir diretamente sobre a matéria terrestre, ele precisa de um intermediário. Durante a vida, a força nervosa é a forma de energia que permite ao espírito mover o corpo, e pela qual as sensações chegam à alma.

Quando o espírito, após a morte, habita o espaço, se quiser mover um objeto físico ou atuar sobre um encarnado, ele deve pedir emprestada a energia de que é desprovido a um organismo vivo, capaz de fornecer-lha: o médium é esse gerador. Todo ser humano apto a exteriorizar sua força nervosa poderá servir de médium.[1] A mediunidade não é, pois, uma faculdade sobrenatural, um dom miraculoso; depende simplesmente de uma propriedade fisiológica do sistema nervoso, não tem necessariamente qualquer relação com a moralidade ou com o nível intelectual do médium. Ao encontrar médiuns indignos, não devemos surpreender-nos mais do que nos espantamos ao ver uma boa aparência em malfeitores, finura em gatunos ou elo-

---

1 Sobre este assunto, ver as pesquisas de William Crookes, e o livro do sr. De Rochas: *l'Extériorisation de la Motricité.*

quência em certos políticos. Os espíritos enfatizaram com frequência essa característica física da mediunidade. À pergunta feita por Allan Kardec, se o desenvolvimento da mediunidade tem ligação com o desenvolvimento moral do médium, foi-lhe respondido[2]:

> Não, a faculdade propriamente dita tem a ver com o organismo; independe do moral. O mesmo, porém, não acontece com seu uso, que pode ser bom, ou não, conforme as qualidades do médium.

Em outro ponto, o espírito Erasto diz também:

> Já o dissemos: os médiuns, quando na sua função, têm apenas uma influência secundária nas comunicações dos espíritos; seu papel é o de uma máquina elétrica, que transmite telegramas de um determinado ponto a outro ponto distante da Terra. Assim, quando queremos ditar uma comunicação, atuamos sobre o médium como o encarregado do telégrafo sobre seu aparelho...

Na sequência, veremos que a emissão da força nervosa está em relação direta com o estado de saúde do médium, e estudaremos as variações que resultam dessa causa para a obtenção das comunicações.

Influência do espírito do médium

Há alguns anos, psicólogos ingleses e franceses pretenderam explicar a escrita automática dos médiuns pela ação da subconsciência do indivíduo, agindo à revelia da personalidade normal. Existiria assim, nos médiuns e nos histéricos, uma segunda consciência, desconhecida da primeira, que teria uma característica particular e conhecimentos ignorados pelo indivíduo quando no seu estado normal.

Esse eu desagregado seria o único autor da escrita, e o desconhecimento do escrevente relativamente aos caracteres que sua mão traça, de modo algum confirmaria a intervenção de uma inteligência estranha. Estudaremos detalhadamente essas

---

2 Kardec, Allan, *O Livro dos Médiuns*, cap. XX, n° 230.

Gabriel Delanne

observações, para delas guardar o que existe de interessante do ponto de vista do mecanismo automático da escrita, mas mostraremos que o caráter essencial da mediunidade mecânica não reside no ato involuntário de escrever, e sim no conteúdo intelectual da mensagem assim obtida. Descreveremos o fenômeno da escrita mecânica de um modo geral, depois passaremos em revista as particularidades especiais que dizem respeito, quer ao mecanismo da comunicação, quer ao conteúdo intelectual das mensagens.

Automatismo da escrita

Entre as numerosas manifestações espíritas, uma das mais convincentes para quem delas é objeto é, incontestavelmente, a escrita mecânica, também chamada automática. Sentir seu braço agitado por movimentos involuntários, ver a própria mão escrever sob a influência de uma vontade que não é a sua, traçar sem interrupção páginas inteiras, cujo sentido se ignora, é um fato bem apropriado para levar a crer que se está sob a influência de uma força estranha com a qual se deseja travar o mais amplo conhecimento. Não se chega a esse resultado instantaneamente; às vezes são necesárias numerosas tentativas antes de conseguir escrever fluentemente. Eis um relato instrutivo que descreve fielmente as fases pelas quais geralmente se passa. Deve-se ao dr. Cyriax, diretor do *Spiritualistische Blaelter*.[3]

O autor conta que, querendo proteger-se de qualquer fraude, tinha resolvido estudar em família as mesas girantes. Manteve *vinte sessões* sem obter resultados, e estava a ponto de abandonar sua investigação quando, na vigésima primeira vez, constatou alguns movimentos. Passemos-lhe a palavra:

> Nessa vigésima primeira sessão, inesperadamente tive uma sensação muito particular, ora de calor, ora de frio; em seguida percebi uma espécie de corrente de ar frio passando-me no rosto e nas mãos, depois pareceu-me que meu braço esquerdo ficava dormente; mas a impressão era bem diferente da de fadiga que eu havia tido nas outras sessões, e que podia fazê-la passar, seja mudando o braço de posição, seja movendo-o, bem como a mão ou os dedos.

3 Ver Gardy, *Cherchons*, p. 164.

No momento, meu braço estava por assim dizer paralisado, e minha vontade era incapaz de fazê-lo mexer-se, assim como os dedos; a seguir tive a sensação de que alguém punha meu braço em movimento e, fosse qual fosse a rapidez com que ele se agitava, não conseguia detê-lo. Como esses movimentos tinham alguma analogia com os que fazemos para escrever, minha mulher foi procurar papel e um lápis, que pôs sobre a mesa. De repente minha mão apanha o lápis e, durante alguns minutos, traço caracteres no ar com uma rapidez incrível, de modo que meus dois vizinhos eram obrigados a jogar-se para trás para não serem atingidos, e após o que minha mão cai bruscamente sobre o papel, risca-o violentamente e quebra a ponta do lápis. Agora, minha mão repousava sobre a mesa, eu compreendia perfeitamente que minha vontade estivera completamente alheia aos movimentos que eu acabara de executar, assim como estava alheia na fase atual de repouso. O fato é que eu não tinha conseguido parar meus gestos e que agora, tampouco, podia movimentar o braço, que continuava insensível e como se não me pertencesse mais. Mas, quando o lápis, novamente apontado, foi recolocado ao meu alcance, minha mão pegou-o e começou a estragar várias folhas de papel, cobrindo-as com grandes traços e rasgões; depois acalmou-se e, para nosso grande espanto, pôs-se a fazer exercícios de escrita iguais aos que se manda crianças fazerem: primeiro, traços, pernas de letras, depois N, M, A, C etc., finalmente o O, sobre o qual me demorei até que a força que animava meu braço conseguiu fazê-lo mover-se em círculo, sempre o mesmo, com grande rapidez. Depois disso, a força parecendo esgotada, a agitação do meu braço cessou. Senti uma nova corrente de ar frio passando outra vez através da minha mão e sobre ela, e logo todo cansaço e toda dor haviam desaparecido.

Embora o dr. Cyriax residisse na América no momento em que fazia suas primeiras tentativas, sua descrição é bem semelhante à que Allan Kardec faz a respeito do início da escrita mecânica. Eis, com efeito, o que diz o grande iniciador[4]:

O primeiro indício de uma disposição para escrever é uma espécie de vibração no braço e na mão; pouco a pouco a

4 Kardec, Allan, *O Livro dos Médiuns*, cap. XVII, nº 210.

Gabriel Delanne

mão é arrebatada por um impulso que não consegue dominar. Às vezes, ela só traça inicialmente riscos insignificantes; depois, as letras se desenham cada vez mais nitidamente, e a escrita acaba adquirindo a rapidez da escrita corrente. Em todos os casos, deve-se abandonar a mão ao seu movimento natural, e não acrescentar-lhe resistência, nem propulsão. Alguns médiuns escrevem fluentemente e com facilidade desde o início, às vezes até mesmo desde a primeira sessão, o que é muito raro; outros ficam durante bastante tempo fazendo traços e verdadeiros exercícios de caligrafia...

Eugène Nus também conta como a mediunidade da escrita se desenvolveu no seu amigo Brunier:[5]

Brunier tornou-se mais tarde o que, na linguagem espírita, se chama médium escrevente. Vimos nascer e desenvolver-se nele essa faculdade automática; ele pegava um lápis e deixava correr a mão, que começava por traçar linhas informes. Pouco a pouco, conseguiu formar caracteres quase nítidos e, por fim, escrever correntemente...

Quando pegava um lápis para entregar-se a esses exercícios, sua mão se transformava numa verdadeira máquina, com movimentos nervosos, espasmódicos, rápidos, principalmente rápidos.

Lembro-me daquele lápis às vezes fazendo perguntas a um de nós e, quando a resposta não vinha rápido como o pensamento, agitando-se com impaciência, arranhando convulsivamente o papel, que enchia de pontinhos, e escrevendo com força:

— Ora, Nus, responda... responda Meray, estou ficando aborrecido...

Recentemente encontrei entre velhos papéis calcados por seu lápis várias páginas assim escritas, sem que seu espírito tivesse consciência, e que, após tê-las riscado, lia com tanta curiosidade quanto nós.

Acabamos de constatar que esse também era o caso do dr. Cyriax. Passemos-lhe a palavra:

Tendo-se restabelecido a calma, encerramos a sessão, felizes por termos constatado *a manifestação de uma força inde-*

5 Nus, Augène, *Choses de l'autre Monde*, p. 123.

pendente da nossa própria vontade, a que nos era impossível resistir; quer fosse magnética ou espírita, ou proviesse da atividade inconsciente do cérebro, era uma questão reservada até nova ordem."

Vemos, por essa última frase, que o observador estava a par das teorias que explicam a escrita automática pela subconsciência, que chama de atividade inconsciente do cérebro; veremos agora como adquiriu a convicção de que a influência que o dirigia era-lhe completamente alheia:

> Por mais insignificante que tenha sido o resultado obtido, não ficamos tranquilos antes de ter tentado outras experiências. No dia seguinte, à noite, voltamos ao trabalho e, dessa vez, a espera não foi longa. Mal haviam decorrido cinco minutos e já sentia o ar frio, e a mesma sensação era experimentada por meus colegas; depois sobrevieram-me movimentos bruscos e às vezes muito dolorosos na mão esquerda, que de quando em quando batia durante vários minutos seguidos na borda da mesa, com pancadas desferidas com tal violência que eu achava que devia estar esfolada; para minha surpresa, mais tarde não descobri o menor ferimento, e todo vestígio de dor desapareceu como por encanto.
>
> A partir daquele dia, minha mediunidade desenvolveu-se rapidamente. Comecei a escrever com a mão esquerda, inicialmente como exercício; depois vieram comunicações de diferentes espíritos, e uma noite desenhei uma cestinha de flores. Devo dizer que no estado normal sou muito desajeitado com a mão esquerda, não conseguindo usá-la para comer, e muito menos para escrever; quanto ao desenho, minha habilidade é pouca, mesmo com a mão direita.
>
> Agora eu tinha adquirido *a mais completa certeza* de que a força que escrevia e desenhava por meu intermédio era independente de mim, e que devia residir em outra inteligência que não a minha, porque, durante as manifestações, *eu conservava toda a minha lucidez*; não sentia qualquer inconveniente, salvo no que concerne ao meu braço esquerdo que, durante toda a sessão, parecia não me pertencer e dava-me a impressão de estar sendo utilizado por alguém, sem que eu o soubesse e contra a minha vontade. Meu espírito tinha tão pouco a ver com isso que, enquanto minha mão escrevia, eu podia conversar à vontade com as outras

pessoas do círculo. Um colega que um dia assistia à sessão, querendo deter o movimento da minha mão e tendo, para tanto, colocado as suas mãos de modo a apoiar sobre a minha todo o peso do seu corpo, definitivamente nada conseguiu; minha mão continuou seu trabalho com força e regularidade, ao passo que eu mal percebia o peso das mãos apoiadas na minha.

Vemos por esse relato que o dr. Cyriax, segundo suas próprias palavras, havia adquirido a mais completa certeza de que a força que escrevia e desenhava por seu intermédio era-lhe absolutamente estranha. O automatismo do braço e da mão, o desconhecimento da ideia que se inscrevia no papel, parecem-lhe uma prova irrefutável da intervenção de outra inteligência que não a sua. Pois bem! Se acreditarmos em certos psicólogos que estudaram essa questão, essas duas características não provam de modo algum que esteja em jogo outro agente que não o próprio doutor, porque é um personagem oculto nele, uma segunda personalidade, de cuja existência não se suspeita, a causa que o faz mover a mão, e a inteligência que se distingue da sua. Eis algumas reflexões desses observadores céticos.

Os sábios

Segundo Taine, pode perfeitamente acontecer que em certos indivíduos se produza um desdobramento mental espontâneo que cria duas personalidades distintas, que se ignoram, embora existam simultaneamente. Eis como ele expõe esta curiosa hipótese[6]:

As próprias manifestações espíritas nos mostram a coexistência, ao mesmo tempo, no mesmo indivíduo, de duas vontades, de duas ações distintas, uma da qual ele tem consciência, a outra da qual não tem consciência e que atribui a seres invisíveis.

Vi uma pessoa que, conversando, cantando, escreveu sem olhar para o papel frases inteiras, sem ter consciência do que escreveu. A meu ver, sua sinceridade é perfeita; ora, ela declara que ao terminar a página não tem a menor ideia

---

6 Taine, *De l'Intelligence*, tomo I, p. 16.

do que traçou no papel; quando lê, fica admirada, às vezes alarmada. A letra é diferente da sua letra normal. O movimento dos dedos e do lápis é obstinado e parece automático. O texto sempre termina com uma assinatura, a de uma pessoa morta, e traz a impressão de pensamentos íntimos, de conteúdo confidencial, que o autor não gostaria de divulgar. Certamente, constata-se aqui um desdobramento do eu, a presença simultânea de duas séries paralelas e independentes de dois centros de ação, ou, se preferirmos, de duas pessoas morais justapostas no mesmo cérebro; cada uma delas tem uma tarefa, e são tarefas diferentes, uma no palco, a outra nos bastidores.

Será fácil mostrarmos que o escritor formula uma simples hipótese que não se apoia em nenhuma prova. Ele parece ter considerado que a crença nos espíritos não merecia sequer uma discussão, assim apresenta o argumento de uma segunda personalidade, sem dar-se ao trabalho de justificá-la de outro modo a não ser por sua afirmação. Se outros fatos extraídos do estudo do magnetismo e da observação de casos de personalidades múltiplas não tivessem vindo apoiar essa maneira de ver, nós o teríamos ignorado, porque existe uma grande quantidade de casos que sua hipótese não explica, como veremos a seguir; mas ela assumiu um caráter sério a partir do momento em que numerosas pesquisas vieram dar-lhe uma aparência de verdade, por isso temos o dever de estudar atentamente o que chamam de automatismo psicológico, subconsciência, eu subliminar etc.

Na Inglaterra, o dr. Carpenter[7] formulou uma teoria sobre o que ele chama *cerebração inconsciente*, que muitas vezes foi usada para explicar as comunicações espíritas. Infelizmente, como observa Alfred Russel Wallace,[8] o sábio doutor não citou nenhum dos fenômenos de clarividência bem comprovados que estabelecem a precariedade da sua hipótese.

Na Alemanha, Carl du Prel e Hartmann são partidários do inconsciente, ou seja, de um segundo *eu*, diferente da personalidade normal, que permanece desconhecido durante nossa vida e possui, pela clarividência e pelo desdobramento, co-

---

7 Carpenter, *The Principles of Mental Phisiology*.
8 Wallace, *Les Miracles et le Moderne Spiritualisme*, p. 99 e 147.

Gabriel Delanne

nhecimentos que jamais poderíamos adquirir pelos sentidos. Com a teoria do *segundo eu*, fazem-nos supor que essa *metade oculta* de nós mesmos, embora tendo faculdades superiores às nossas, nem sequer percebe que faz parte de nós; ou, se o sabe, mente com persistência, já que, na imensa maioria dos casos, ela adota um nome distinto e se faz passar por uma individualidade que viveu na Terra.

Por sua vez, nosso caro defensor Aksakof, adotando em parte essas ideias, escreve:[9]

> 1) Existe no homem uma consciência interior, *aparentemente* independente da consciência exterior, e que é dotada de uma inteligência e de uma vontade que lhe são próprias, bem como de uma faculdade de percepção extraordinária; essa consciência interior não é conhecida pela consciência exterior, nem controlada por ela; não é uma simples manifestação desta última, pois essas duas consciências nem sempre agem simultaneamente; segundo o sr. Hartmann, é uma função das partes medianas do cérebro; segundo a experiência de outras pessoas, é uma individualidade, um ser transcendental. Deixaremos de lado essas definições; bastanos dizer que a atividade psíquica do homem apresenta-se como *dupla*: atividade consciente e atividade inconsciente — externa e interna — e que as faculdades desta última superam em muito as da primeira.
>
> 2) O organismo humano pode agir à distância, produzindo um efeito não só intelectual ou físico, mas até mesmo plástico, dependendo, conforme tudo leva a crer, de uma função especial da consciência interior. Essa atividade extracorpórea é independente, parece, da consciência exterior, que dela não tem conhecimento, nem a dirige.

Após haver estudado os fatos, veremos que todas essas hipóteses podem perfeitamente conciliar-se, ao admitir-se que a alma, desligada do organismo, goza de poderes maiores — clarividência, desdobramento etc. — do que no estado normal, e que é ao retornar ao corpo que a lembrança do que acabou de fazer se perde. Porém, no momento em que exercia suas faculdades, ela estava conciente, e o esquecimento do que acontece durante o desligamento é que fez com que se acreditasse em

9 Aksakof, *Animisme et Spiritisme*, p. 472.

duas individualidades distintas e independentes.

Nossos sábios franceses não vão tão longe quanto Carl du Prel e Hartmann. Limitam-se ao estudo dos fenômenos observados em histéricos, quer no estado normal, quer durante a hipnose, e negligenciam também, voluntariamente, tudo que não tenha uma explicação estritamente materialista, de modo que concluem por uma desagregação da consciência, que se separaria em personalidades secundárias, coexistentes com o eu normal, e produzindo todos os fenômenos que se podem atribuir à consciência comum. Antes de analisar-lhes os trabalhos, é conveniente conhecer as múltiplas formas da escrita mecânica. Ao observar-lhe todas as singularidades, compreender-se-á melhor a complexidade do problema.

Os diferentes tipos de escrita

Não podemos ignorar que se pode escrever inconscientemente, quer segurando uma caneta ou um lápis, como habitualmente, quer pousando a mão sobre uma prancheta apoiada em três pés, um dos quais é substituído por um lápis. Então, sem uma intervenção voluntária por parte do operador, o leve instrumento põe-se em movimento e traça letras ou desenhos complicados. Esse processo foi muito usado há uns quarenta anos e ainda é bastante utilizado na Inglaterra e na América. Eis um relato que descreve bem o fenômeno:[10]

> Faço questão de lembrar que só me decidi a recorrer ao espiritismo em desespero de causa e cansado de hipóteses razoavelmente ousadas, pareciam-me, sobre a natureza e a origem dos fenômenos de que falei (movimento de objetos sem contato). Ao tentar a aventura de experiências mediúnicas, estava, portanto, disposto a arriscar-me a resultados equívocos. A prancheta que deveria servir-nos estava colocada de modo que fosse quase impossível que a mão, levemente apoiada na borda inferior, puxasse para trás o lápis fixado na outra extremidade. Ora, assim que minha mulher a tocou com o dedo, a prancheta se pôs em movimento, começando com ziguezagues e curvas, em todos os sentidos, como exercícios preparatórios, dir-se-ia; depois, logo pôs-se a escrever corren-

10 *Revue Spirite*, 1878, p. 248. Conhecemos o autor do relato, professor de grande valor e de uma sinceridade absoluta.

Gabriel Delanne

temente. Quanto a mim, nunca obtive sequer a barriga de um a. Particularidade a ser notada: as respostas solicitadas, *na maioria das vezes, eram traçadas em espirais ou circularmente*, às vezes *em letras invertidas*. O autor, fosse ele quem fosse, *parecia gostar de vencer os obstáculos e dar provas da sua habilidade gráfica*. Mas, suponhamos que isso nada prove e atribuamos essa exibição de destreza à eletricidade (ou ao inconsciente) desenvolvendo no médium um talento de que ele não suspeitava. Se em tais casos a eletricidade (ou o inconsciente), combinados com o desejo do médium, desempenham o papel que os incrédulos lhe atribuem, como explicar, por exemplo, a parada imediata e definitiva da prancheta após respostas como esta:

— Até amanhã, até à vista, por hoje chega; preciso deixá-los. Como explicar a recusa categórica a responder a certas perguntas? Não há desejo, insistência ou ressentimento dos interrogadores que adiante; a prancheta não funciona mais. E, se foi fixada uma hora, somente na hora marcada ela se decide a pôr-se novamente em movimento. Constatei isso muitas vezes no decorrer das nossas experiências a dois.

O sr. Aksakof, cuja experiência nessas matérias é muito grande, chega às mesmas conclusões:[11]

Sendo todas as condições absolutamente as mesmas, frequentemente acontece que numa determinada sessão, quando tudo o que se deseja é assistir aos fenômenos obtidos na sessão precedente, não se obtém qualquer resultado, não há o mínimo movimento da mesa ou do lápis que o médium segura. É notório que muitas vezes um desejo intenso só prejudica as manifestações.

Estas, quando se produzem, não podem continuar ao belprazer dos assistentes. Assim, quando o espírito que se manifesta por uma comunicação escrita avisa que terminou, o lápis para — ou cai da mão do médium, se este está em transe — e repetireis em vão vossas perguntas, a mão não se mexe mais. O mesmo acontece numa sessão de efeitos físicos. Tão logo o fim é anunciado (por exemplo, pela palavra *acabou*, como era hábito na família Fox — *Missing Link*, p. 53), a mesa volta a ficar imóvel, e é inútil ficardes lá, ou tentar fazê-la mover-se: não se produz mais nenhum som,

11 Aksakof, *Animisme et Spiritisme*, p. 381.

nenhum movimento.

O sr. William Howitt, um escritor apreciado na Inglaterra, numa carta endereçada ao reverendo B. H. Forbes,[12] diz:

Conheço várias pesoas que escrevem, desenham e pintam sem qualquer esforço da sua parte, algumas sem jamais ter estudado desenho. Escrevi um volume inteiro sem ter necessidade de pensar nele e de modo completamente mecânico; executei uma série de desenhos circulares, cheios de pequenos objetos, todos diferentes uns dos outros, sendo os círculos formados tão regularmente quanto um compasso poderia produzi-los; no entanto, eram simplesmente feitos a lápis. Artistas aos quais os mostrei declararam que uma nova faculdade se revelara em mim; mas, infelizmente, a faculdade desapareceu, como se para provar que não me pertencia. Os desenhos ainda existem, mas eu não seria capaz de fazer uma única cópia, mesmo que minha vida dependesse disso.

Um parente nosso desenhou coisas lindas e extraordinárias, bem como legendas escritas da mesma maneira mecânica e involuntária; de modo que, em sua maioria, esses desenhos são acompanhados de notas explicativas, sendo que cada linha tem um sentido profundo. Vi a maior parte das manifestações produzidas pelos srs. Home, Squires e outros. Vi mãos de espíritos, toquei-as em várias ocasiões. Vi escritas traçadas pelos espíritos em papel posto no chão com um lápis.

Um certo sr. Salgue, de Angers, também escrevia em 1868:[13]

Temos, num círculo privado, uma jovem senhora, médium escrevente da maior capacidade, que gostamos de utilizar a metade do tempo, porque o que ela escreve, por meio da cestinha, com espantosa rapidez, é incontestavelmente produto dos espíritos, principalmente quando a escrita se processa em círculos, em espirais ou começa pela última letra da última palavra de uma frase, indo da direita para a esquerda.

Os caracteres da escrita nem sempre são traçados normalmente, como acabamos de constatar, e é um fato que se produz com frequência suficiente para ter atraído a atenção dos obser-

12 *Spiritual Magazine*, setembro de 1863.
13 *Revue Spiritualiste*, 1868.

Gabriel Delanne

vadores. O sr. F. W. Myers diz a esse respeito:[14]

> Às vezes, a palavra ou mensagem que é escrita torna-se
> ininteligível; pode então ser abandonada como um contras-
> senso, mas um minucioso exame posterior mostrará que há
> um método nessa aparente confusão: a palavra foi simples-
> mente soletrada às avessas. Por exemplo, *etion* por *noite*
> etc.

Na *Revista Espírita*,[15] temos um testemunho análogo do sr.
cel. Devolluet, observação que ele fez com sua paciente, Amélie:

> Enquanto conversamos com as senhoras, Amélie continua
> empunhando o lápis e nos chama a atenção para uma frase
> em língua estrangeira que ela acaba de obter. Nossa sur-
> presa é enorme, mas logo que observamos as palavras *enq*
> e *ue*, que se repetiam duas vezes, achamos a pista: tratava-
> se de escrita às avessas, de que Amélie nunca tinha ouvido
> falar. A tradução era:
> — *Que* desejais *que eu* faça para agradar-vos? Caros ami-
> gos, como *eu* vos amo!

Voltemos agora ao sr. Myers:

> A par da escrita às avessas já descrita, o automatista por
> vezes produzirá uma forma de escrita invertida, de uma ma-
> neira bem mais complexa, ou seja, para lê-la será necessário
> *olhar através do papel, diante de uma luz, ou segurá-lo
> diante de um espelho.* Conheço uma senhora que fazia rús-
> ticos desenhos automáticos, toscas figuras egípcias (interes-
> santes sob outro ponto de vista, mas a princípio estranhas
> para mim). Entre essas figuras havia um ornato arquitetô-
> nico, com o que parecia ser uma inscrição hieroglífica. Essa
> senhora e seus amigos, levando a coisa muito a sério, tive-
> ram bastante trabalho tentando decifrar esses caracteres a
> partir da analogias egípcias, sem consegui-lo. Alguns meses
> depois, uma pessoa bem informada sobre a escrita automá-
> tica, pôs o papel diante da janela e leu facilmente o que era
> um nome inglês na escrita em espelho.
> Um amigo nosso, muito conhecido, citou-me um caso em

---

14 Myers, *Proceedings, Automatic Writting*, 1855.
15 *Revista Espírita*, 1878.

que a *primeira* experiência de escrita fora desse tipo. Ei-lo:
"Uma irmã nossa, casada com um clérigo, tentava convencer-me de que toda escrita dita automática, de certa maneira inconsciente era apenas o ato do médium, por cuja mão era obtida, e, como prova, disse:
— Se empunhasse um lápis, minha mão nada escreveria, a menos que eu o desejasse.

Pegou um lápis e papel; logo sua mão começou a mover-se apesar de todos os seus esforços para detê-la, e depois de vários rabiscos em círculos e em ziguezagues, produziu algo que se parecia com escrita, mas que ninguém conseguiu decifrar. Ela parou de ocupar-se com isso, mas, ao fim de algum tempo, um de nós sugeriu que ela podia ter escrito às avessas e, segurando o papel diante de um espelho viram-se, bem legíveis, estas palavras:
— Tens razão, meu nome é Herman."
Antes que isso fosse escrito, ela tinha pedido ao suposto espírito que dissesse seu nome e tinha zombado da sua aparente falta de habilidade para responder. Nenhum de nós se lembra de ter conhecido um vivo ou um morto com esse nome: *Algernon Jay*.

O sr. Aksakof, por sua vez, assinala o mesmo fenômeno.[16]

Eis aqui — diz ele — um fato que recebi em primeira mão do nosso conhecido escritor Wsevolod Solovioff, que mo deu por escrito:
"Estávamos no ano de 1882. Nessa época, ocupava-me com experiências de magnetismo e de espiritismo, e já há algum tempo sentia um estranho impulso que me levava a pegar um lápis com a mão esquerda e escrever; e, invariavelmente, a escrita se produzia muito rapidamente e com nitidez, em *sentido inverso*, da direita para a esquerda, de modo que só se conseguia lê-la segurando-a contra um espelho ou contra a luz..."

Às vezes a escrita mecânica, sem apresentar essas singularidades gráficas, varia no médium de modo a diferenciar-se profundamente da sua própria escrita, conforme as individualidades que se utilizam desse meio para transmitir-nos suas ideias. Bons exemplos disso nos são fornecidos pelo reverendo Stainton Moses no seu livro.

16 Aksakof, *Animisme et Spiritisme*, p. 476.

Gabriel Delanne

O reverendo Stainton Moses (A. Oxon)[17] era um dos mais notáveis escritores do espiritismo inglês, e pode-se dizer que, por sua elevação de pensamento, pela retidão do seu julgamento, pelos seus conhecimentos científicos e pela pureza da sua vida, soube inspirar uma simpatia universal.

Na sua obra, vemos a luta que se estabeleceu, desde o início, entre o médium e as inteligências que se manifestavam por seu intermédio. Imbuído dos limitados ensinamentos da teologia protestante, o escritor, a princípio, levanta-se energicamente contra as ideias novas que lhe chegam. Discute, argumenta, tenta refutar seus instrutores espirituais; insensivelmente, porém, é obrigado a admitir que a razão, a lógica não estão do seu lado, e depois de muitas lutas acaba por adotar o novo credo, mais em conformidade com a justiça e a bondade de Deus, que lhe mostram seus correspondentes invisíveis. Entre o espírito do reverendo Stainton Moses e os seres que se assinam Doctor, Imperator, Prudens etc., existem diferenças tais que não se pode cientificamente atribuir essas personalidades distintas a desdobramentos inconscientes da personalidade do médium. Aliás, em ocasiões diferentes essas inteligências lhe revelaram fatos absolutamente desconhecidos por ele e por todos os assistentes, os quais foram a seguir reconhecidos inteiramente exatos. Mais tarde voltaremos ao assunto [18] Cada um dos interlocutores espirituais caracterizava-se por uma escrita especial, que era sua marca pessoal, sua chancela de individualidade.

> As primeiras comunicações — diz ele — foram todas num estilo uniforme, escritas em caracteres pequenos e assinadas *Doctor* (o instrutor). Nos anos seguintes, a forma das mensagens nunca mudou. Não importava onde, nem quando escrevia, sua escrita continuava idêntica, *passando por menos mudanças do que a minha na última década*. A maneira de expressar-se era sempre a mesma, concisa, *sentia-se que se estava diante de uma individualidade bem determinada*. Para mim, é alguém com particularidades mentais e morais tão nitidamente definidas quanto a dos seres humanos com os quais estou em contato, se não o ofendo comparando-o a eles.
>
> Após um certo tempo, chegaram comunicações de outras

17 Stainton Moses, *Enseignements Spiritualistes*, p. 21 e segs.
18 Ver: Terceira parte, cap. IV.

fontes; *distinguiam-se uma da outra por sua escrita peculiar* e por traços pessoais de estilo e de expressão, que, uma vez assumidos, permaneceram invariáveis. Conseqüentemente, cheguei a conseguir dizer quem as escrevia, bastando ver a caligrafia.

Mas, apesar dessas diferenças gráficas e intelectuais entre as diversas comunicações, o reverendo Stainton Moses não era homem que se contentasse com um exame superficial; seu espírito metódico levava-o a pesquisar qual poderia ser a participação da sua inteligência no fenômeno, e anotou suas impressões da seguinte maneira:

> É interessante saber se minhas próprias ideias não tiveram uma influência qualquer nos assuntos tratados nas comunicações. Fiz um esforço extraordinário para prevenir tal eventualidade. No início, a escrita era lenta e eu precisava acompanhá-la com os olhos, mas, mesmo nesse caso, as ideias não eram minhas. Aliás, as mensagens logo assumiram um caráter quanto ao qual eu não poderia ter dúvidas, *uma vez que as opiniões enunciadas eram contrárias ao meu modo de pensar.* Empenhava-me em ocupar meu espírito enquanto a escrita se produzia. Cheguei a ler uma obra abstrata, a acompanhar um raciocínio denso, enquanto minha mão escrevia com uma regularidade constante. As mensagens assim transmitidas cobriam numerosas páginas, sem correções, nem erros de redação, num estilo freqüentemente belo e vigoroso. No entanto, não me sinto embaraçado ao admitir que meu próprio espírito era utilizado, e que o que era ditado podia depender, *quanto à forma*, das faculdades mentais do médium. Pelo que sei, sempre se pode encontrar indícios de particularidades do médium nas comunicações assim obtidas. E não pode mesmo ser de outra forma. Mas, fica a certeza de que as ideias que passaram por mim eram, em sua totalidade, hostis, opostas às minhas convicções firmadas. Além disso, em várias ocasiões, informações que certamente me eram alheias foram-me transmitidas, claras, precisas, definidas, fáceis de verificar e sempre exatas. Em muitas sessões, espíritos vinham e por pancadas na mesa davam informações sobre si mesmos, bem nítidas, como verificávamos a seguir. Em várias oportunidades, eu também recebi informações pela escrita automática.

Gabriel Delanne

Como é fácil ver, o reverendo Stainton Moses é um investigador metódico em quem se pode confiar, e como ele declara estar certo de que as comunicações não são dele, seja quanto à escrita, seja quanto ao fundo, como afirma que as inteligências que lhe dirigiam a mão indicaram-lhe coisas exatas que ele ignorava, deve-se admitir que os espíritos se manifestam, apesar da contrariedade que isso possa causar naqueles que vêem assim caírem suas negações fantasiosas.

A teoria de um desdobramento do eu, dando origem a uma personagem secundária, aqui é evidentemente insuficiente, porque não é mais uma única individualidade que aparece, mas várias, tendo cada uma delas sua característica especial, que se revela não somente por uma escrita particular, mas também por um estilo que se mantém durante anos, sempre idêntico. Pode-se conceber a coexistência de tantas personalidades separadas e tão diferentes num indivíduo que goze da integralidade das suas faculdades normais? Para explicar todos os fatos que devemos à observação espírita, seria preciso estender mais os poderes dessa subconsciência e supor que ela seja capaz de agir, simultaneamente e sem sabê-lo, fora e dentro do organismo do médium. Eis uma prova que devemos a W. Crookes:[19]

Já foi provado que os fenômenos espíritas são governados por uma inteligência. É muito importante conhecer a origem dessa inteligência. Será a do médium ou a de uma das pessoas que estão no aposento, ou bem essa inteligência estará fora deles? Sem querer pronunciar-me definitivamente quanto a este ponto, posso dizer que, embora tendo constatado que em muitos casos a vontade e a inteligência do médium aparentavam ter bastante atuação nos fenômenos, observei também vários casos que parecem mostrar de maneira conclusiva a ação de uma inteligência externa e alheia a todas as pessoas presentes.[20] O espaço não me permite expor aqui todos os argumentos que se pode apresentar para provar essas afirmações, mas, entre numerosos fatos, citarei livremente um ou dois.

19 Crookes, William, *Recherches sur le Spiritualisme*, p. 100 e segs.
20 Desejo que se compreenda bem o sentido das minhas palavras: não quero dizer que a vontade e a inteligência do médium empenham-se ativamente, de modo consciente, ou desleal, na produção dos fenômenos, mas bem que às vezes acontece que essas faculdades pareçam agir de um modo consciente. (Nota de W. Crookes.)

Na minha presença, vários fenômenos produziam-se ao mesmo tempo, e o médium não tinha conhecimento de todos. Aconteceu-me ver a srta. Fox escrever automaticamente uma comunicação para um dos assistentes, enquanto uma outra comunicação sobre outro assunto, para outra pessoa, lhe era transmitida por meio do alfabeto e por pancadas, e durante todo o tempo o médium conversava com uma terceira pessoa, sem qualquer dificuldade, sobre um assunto completamente diferente dos dois outros...

Podemos relatar mais alguns testemunhos da mesma espécie, colhidos em diferentes autores dignos de todo crédito.

Lembro-me bem exatamente — diz o dr. Wolfe[21] — que um dia o sr. Mansfield, enquanto *escrevia com as duas mãos em dois idiomas*, me disse:

— Wolfe, você conhece na Colômbia um homem chamado Jacobs?

Respondi afirmativamente. Ele continuou:

— Ele está aqui e quer comunicar-lhe que deixou seu despojo mortal esta manhã.

Tive a confirmação da notícia. O fato acontecera a algumas centenas de milhas de distância. Que explicação se pode dar a esta tripla manifestação intelectual?

O reverendo J. B. Fergusson depõe sobre um fato semelhante.[22] Um caso análogo ocorrido na Inglaterra é narrado nos *Proceedings* da Sociedade de Pesquisas Psíquicas. Na América, R. Hodgson, um dos mais eminentes membros dessa sociedade, ao experimentar com a sra. Piper, conseguiu acompanhar com ela o desenvolvimento da mediunidade automática. Apresentamos aqui um resumo da sua dissertação, publicada nos *Proceedings*,[23] que nos familiariza com as diversas fases que o fenômeno pode apresentar.

Observações do sr. R. Hodgson sobre a mediunidade da sra. Piper

O primeiro caso de escrita automática que me foi dado ob-

21 Wolfe, *Startlings Facts in Modern Spiritualism*, Cincinnati, 1874, p. 48, citado por Aksakof.
22 Fergusson, *Supra Mundane Facts*, Londres, 1805, p. 57, citado por Aksakof.
23 *Proceedings*, 1878, p. 222.

Gabriel Delanne

servar pessoalmente produziu-se a 12 de março de 1892. O assistente, que era uma senhora, tinha trazido, como meios de prova, diversos objetos, entre os quais um anel que havia pertencido a Annie D... Phinuit[24] deu informações sobre aquela mulher e pronunciou o nome Annie, depois, no momento em que a sessão ia encerrar-se, a mão direita da sra. Piper pôs-se em movimento delicadamente, até elevar-se acima da cabeça. O braço pareceu fixar-se rigidamente nessa posição, como se contraído por um espasmo, ao passo que a mão estava agitada por um tremor rápido. Phinuit escreveu várias vezes:

— Ela está segurando minha mão — e acrescentou: — ela quer escrever.

Pus um lápis entre os dedos e um bloco de anotações sobre a cabeça, abaixo do lápis. Nenhuma escrita se produziu, até que, aconselhado por Phinuit a segurar a mão, segurei-a com firmeza, no ponto de junção com o pulso, interrompendo assim os tremores, ou vibrações. Então ela escreveu:

— Sou Annie D... (o nome foi transmitido exatamente). Não estou morta... Não estou morta, mas viva... não estou morta... o mundo... até breve... sou Annie D...

Os dedos largaram o lápis e Phinuit começou a murmurar:

— Baixe minha mão. Baixe minha mão.

O braço continou contraído por mais alguns instantes, na mesma posição, depois, enfim, delicadamente e aparentando certa dificuldade, caiu para o lado, e pareceu que Phinuit recuperara seu domínio sobre ele.

Antes desse fato, eu tinha visto Phinuit escrever um pouco, mas não sabia que um outro agente tinha se apoderado da mão, enquanto Phinuit se manifestava ao mesmo tempo. Por essa época, soube pela srta. A. M. R., de quem descrevi no meu primeiro relatório algumas experiências com a sra. Piper, que seu amigo H..., de quem ela fala como tendo escrito enquanto possuía o corpo do médium, na ausência de Phinuit, escreveu várias páginas, no dia 23 de maio de 1891, e a srta. R... encontrou a nota que havia redigido a esse respeito: 'Escreveu enquanto Phinuit ocupava o corpo; mas H... diz que ele pegou, dirigiu a mão e escreveu isto.'

Nas semanas seguintes, durante várias outras sessões, muita escrita foi obtida exatamente pelo mesmo processo, tendo sempre o bloco de notas no alto da cabeça, e era evidente

---

24 Phinuit era uma personalidade invisível manifestando-se pela voz da sra. Piper e dizendo ser um doutor francês, falecido em meados do séc. XIX.

que Phinuit sentia muito menos dificuldades. A 29 de abril de 1892, aproximei uma mesa sobre a qual o braço direito da sra. Piper pôde apoiar-se sem problemas e expus a opinião de que a mão poderia escrever sobre a mesa em vez de fazê-lo sobre a cabeça. No entanto, o braço retomou de novo sua posição, com a mão acima da cabeça, com Phinuit dizendo que Georges Pelham[25] ia escrever. Pouco a pouco, diante do meu repetido pedido para que o braço retomasse sua nova posição, e também utilizando uma força bastante considerável, a resistência diminuiu diante das reiteradas solicitações que eu fazia, repetindo: você deve escrever sobre a mesa. Consegui baixar o braço e, a partir desse momento, a escrita se produziu do modo habitual, com o braço apoiado mais ou menos numa mesa colocada à direita da sra. Pipper.

Quando o braço é apanhado para escrever, assim como no momento em que Phinuit toma posse do corpo, produz-se um certo número de movimentos espasmódicos, em alguns casos bem violentos, que rejeitam confusamente a mesa, o lápis e o bloco de notas e exigem uma força notável para serem contidos. Às vezes, mas muito raramente, a escrita é interrompida por um movimento espasmódico do braço, a mão resistindo violentamente e voltando-se para o pulso. Ao fim de pouco tempo, que podemos estimar mais por segundos do que por minutos, o espasmo relaxa e a mão recomeça a escrever. Phinuit não precisa parar de conversar enquanto a mão escreve. Numa ocasião, na minha presença, Phinuit escutava a leitura do relatório estenografado de uma sessão precedente, fazendo suas observações, acrescentando detalhes aos fatos relatados, *e ao mesmo tempo a mão escrevia* livremente e com rapidez *sobre outros assuntos*, respondendo às perguntas de outra pessoa, amiga do espírito desencarnado que se servia da mão do médium. Isso durou mais de vinte minutos.

Em outro caso, ao qual não assisti, soube que Phinuit, por mais de uma hora, falou de um modo singularmente rápido e animado, com uma volubilidade maior do que costumava fazê-lo, respondendo a várias moças que estavam presentes à sessão, e durante todo o tempo a mão escrevia sobre outras matérias, dando respostas a uma outra pessoa.

25 Georges Pelham é o pseudônimo de um amigo do sr. Hodgson, morto inesperadamente alguns meses antes, e que forneceu — durante o transe da sra. Piper — os mais circunstanciados detalhes, que permitiram estabelecer-lhe a identidade intelectual e moral. Mais tarde voltaremos à observação desse caso notável.

Gabriel Delanne

O único que não conservou sua presença de espírito foi o assistente ao qual a mão respondia e que o repreendeu por não prestar bastante atenção à conversa. Muitas vezes constatei que enquanto Phinuit falava com uma pessoa e a mão com outra, ambos, durante uma breve interrupção, e ao mesmo tempo, dirigiam-se a mim; essa dupla ação nunca deixou de produzir-se a meu pedido, quando Phinuit estava presente e a mão estava sob o poder de um outro espírito. Em todos os casos em que a mão escreve independentemente de Phinuit, a faculdade de ouvir reside claramente na mão, quanto a quem a dirige, ao passo que Phinuit sempre ouve certamente por via normal. Esse deslocamento de sensibilidade será objeto de um estudo na segunda parte do meu relatório.

As comunicações escritas de que falamos nem sempre se apresentam como provenientes da mesma pessoa e não se produzem em todas as sessões. Quando uma ocorre, ela é comumente atribuída a algum amigo falecido do assistente. Eu precisaria ir mais longe quanto às particularidades apresentadas pela escrita em si. Por enquanto, basta-me dizer *que ela varia muito de aspecto conforme o grau de excitação*, se assim se pode dizer, do comunicante, conforme a menor ou maior habilidade que ele já tenha adquirido, e provavelmente, também, segundo muitas outras condições que só podemos citar a título de hipóteses. Além disso, pareceria que até quando a instruímos de um modo qualquer, a quase-personalidade que guia a mão ignora que ela escreve. Quanto a isso, o modo de ser do comunicante, sobretudo, parece indicar uma viva preocupação de transmitir suas ideias ao assistente.

Estou absolutamente certo de que é assim, seja qual for a teoria que se adote sobre a identidade do comunicante, quer seja o que ele afirma ser, ou simplesmente uma outra camada da consciência da sra. Piper, considerando-se ela própria como uma inteligência estranha.

Pouco depois desse início da escrita, ocorreu-me constatar que a mão esquerda podia escrever, e mesmo *que as duas mãos escreviam e que Phinuit falava, ao mesmo tempo, sobre assuntos diferentes, com pessoas diferentes*. Comentei com Phinuit que eu não desistia de ver um dia cada dedo e cada artelho agindo sob outros tantos agentes distintos, enquanto que ele continuaria a dirigir a voz.

A 24 de fevereiro de 1894, o que nós chamamos de controle 'E' escreveu, entre outras observações sobre certos médiuns: 'Nos casos desse tipo, não há razão alguma que se oponha ao fato de diversos seres espirituais poderem expor suas ideias ao mesmo tempo através do mesmo organismo.' Apresentei então meu projeto de experiências sobre as duas mãos, dizendo que me propunha a organizar um dia uma experiência em que 'E' se serviria de uma mão e Georges da outra, mas que, para o momento, não tinha tomado as providências necessárias para fazer uma tentativa desse gênero. Na sessão seguinte, a 26 de fevereiro de 1894, estando só e não contando com nada, foi feita, logo no início da sessão, uma tentativa de escrever com as duas mãos independentemente, coroada apenas de um êxito bem limitado. A 8 de março de 1895, tendo-me feito acompanhar, com esse propósito, pela srta. Edmonds, fiz uma segunda tentativa que obteve um resultado muito mais satisfatório. Sua falecida irmã escreveu com uma mão, Georges Pelham com a outra, enquanto Phinuit conversava simultaneamente e sobre assuntos diferentes. É verdade que a mão esquerda escreveu muito pouco. O que pareceu principalmente provocar esse resultado, foi que a mão esquerda não estava de modo algum adaptada ao papel de máquina de escrever.

Às vezes, pouco antes que a mão se ponha a escrever, Phinuit nos anuncia que alguém vem para 'conversar com o senhor'. Em outras ocasiões, a mão é tomada, agita-se convulsivamente em todos os sentidos, enquanto Phinuit, inconsciente do que se passa, fala sem interrupção com um assistente, mesmo quando a escrita já começou.

Eis um exemplo impressionante desse fato: numa sessão em que uma senhora envolvida a fundo numa conversa muito pessoal com Phinuit a respeito de seus pais, e a que eu estava presente e a que assistia porque conhecia intimamente aquela senhora e toda a sua família, a mão foi tomada com grande delicadeza, por assim dizer, subrepticiamente, e escreveu uma comunicação muito pessoal, dirigida a mim, apresentando-se como proveniente de um amigo meu já falecido, que não tinha qualquer relação com a senhora que evocava, absolutamente como se um visitante entrasse num salão onde duas pessoas que lhe eram estranhas estivessem conversando, mas onde também encontraria um amigo, em cujo ouvido murmurasse uma comunicação, de modo a não perturbar a conversa das duas primeiras pessoas.

No entanto, quando chega um novo comunicante, Phinuit

Gabriel Delanne

geralmente pede ao evocador que fale com ele (com o que escreve) embora não se recuse a participar também da conversa quando lhe pedem. Parece mesmo preferir que seja assim; mas se o evocador parece voltar a atenção principalmente para a mão, Phinuit faz geralmente alguma observação enigmática: 'Eu o ajudarei', ou então: 'Eu o ajudarei a sair-se bem'. Outras vezes, Phinuit pedirá que lhe dêem um objeto qualquer, de modo a segurar algo que lhe prenda a atenção, e o vi, no meio de uma sessão, enquanto a escrita seguia seu curso, de repente deixar escapar uma observação a respeito desse objeto. Em certos casos, Phinuit pode seguramente ser tirado do seu silêncio e retoma a conversação, enquanto a escrita continua imperturbavelmente sem hora para acabar.

Como se vê, estamos bem distantes, aqui, dos casos simples assinalados por Taine ou pelos observadores que não se dignaram compulsar a rica bibliografia espírita. Encerramos esta breve revisão com um caso recente, que de certa forma resume tudo o que acabamos de ver nas observações particulares. Parece-nos que, para ser compreendido, ele necessita absolutamente de inteligências alheias ao médium.[26]

O relato desse curioso fenômeno foi comunicado ao cel. Malvotti, e por este ao sr. Cavalli, com os mais sérios protestos de sinceridade.

Numa sessão a que o narrador assistia, apresentaram-se vários espíritos: um irmão falecido há vários séculos, um francês, a mãe do narrador, a avó da sua mulher e outros. Como experiência, pediram para comunicar-se ao mesmo tempo. O médium narrador, funcionário do Estado, que por isso mesmo não pode dar seu nome, numerou as folhas de papel, depois escreveu. Aconteceu que a primeira comunicação, começada na linha 1, continuava na linha 5, na linha 12, na linha 15 etc., todas as linhas foram escritas na ordem 1, 2, 3, 4 etc. e, quando se queria ler seguindo essa ordem, não se achava qualquer sentido na página escrita. Mas, seguindo a ordem marcada pelos espíritos, encontravam-se belas comunicações. Eis, porém, o mais curioso: a primeira comunicação estava escrita em *latim*, a segunda em *francês*, a terceira em *italiano*, a quarta em *italiano revirado* (de-

26 *Il Vessilo Spiritualista*, dezembro de 1898, p. 3.

via-se ler no sentido inverso, da direita para a esquerda), a quinta também em *italiano*, mas, para lê-la, devia-se começar pela última linha inferior e ir subindo. Depois, seguiu-se uma série de predições, todas realizadas, entre as quais a de uma doença grave do médium. Terá sido o subconsciente que fez essa façanha? É muito duvidoso, e é mais racional recorrer à hipótese espírita, que, aliás, não exclui a hipótese do subconsciente.

Poderíamos acrescentar a esta lista outros relatos em que a intervenção de inteligências alheias ao médium é evidente. Nós os veremos mais tarde, quando estudarmos as comunicações escritas em línguas desconhecidas do médium, ou por crianças de tenra idade e por analfabetos. Agora, devemos investigar antes de mais nada se a escrita automática pode ser obtida pelo próprio médium devido a uma certa disposição psicofisiográfica, depois, quando tivermos constatado que isso é possível, precisaremos distinguir as características que separam a escrita automática subconsciente da que provém necessariamente de outra fonte.

Os autores franceses que trataram desse assunto nos seus estudos sobre a hipnose e a histeria, apenas afloraram esses problemas e contentaram-se com analogias grosseiras, sem ir até o fundo da questão. Temos o dever de não imitá-los, por isso logo passaremos ao exame dos trabalhos dos srs. Binet e Pierre Janet, que conquistaram certa notoriedade nesse tipo de pesquisas.

Existe uma confusão entre os fenômenos automáticos e as verdadeiras comunicações espíritas, que importa não deixar por mais tempo sem o crédito da ciência. Pode-se certamente constatar em certas pessoas a existência de uma forma automática da escrita, que se originou graças a tentativas feitas em sessões espíritas, ou cuja formação foi provocada por um treinamento gradual com histéricos nos hospitais. Mas essas formas rudimentares do fenômeno não são comparáveis à mediunidade, porque esta se distingue por características especiais, que não permitem confundi-la com o automatismo puro e simples. É o que vamos constatar nos dois capítulos seguintes, apontando os erros de interpretação que essas experiências ensejam.

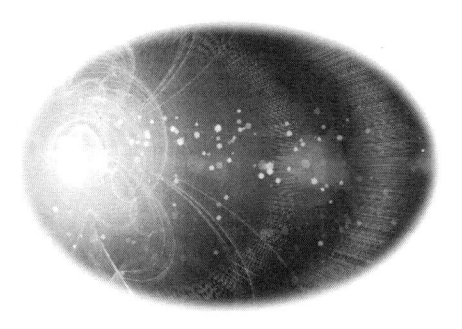

2.
Estudos sobre a personalidade e a escrita dos histéricos

• Como os psicólogos contemporâneos encaram a personalidade • É uma síntese de sensações sempre variáveis que chegam pelos sentidos • O chamado inconsciente • A vida sonambúlica e suas características • As pesquisas do sr. Binet • A escrita automática dos histéricos • Deve-se acreditar na existência de um personagem subconsciente? • Tudo se entende como se por uma doença da memória

A personalidade

Para elucidar o problema da escrita mecânica, é urgente conhecermos os fatos que foram agrupados sob diversos nomes: automatismo psicológico, alterações da personalidade, desagregação mental etc. Iniciando-nos nas pesquisas dos psicólogos contemporâneos, compreendemos melhor sua argumentação relativa ao assunto cujo estudo estamos empreendendo.

Depois dos trabalhos dos srs. Ribot, Charles Richet, Beaunis, Binet, Pierre Janet, na França; dos srs. Gurney e Myers, na Inglaterra; de Carl du Perl, na Alemanha, pareceria que a antiga concepção do eu — permanecendo idêntico por toda a duração da existência — deveria ser profundamente modificada. A personalidade não seria uma unidade; resultaria de uma seqüência de fenômenos sucessivos, ligando-se uns aos outros através da memória, os quais, por sua continuidade, dariam a ilusão de serem um todo coerente, ao passo que seriam somente uma síntese de estados de consciência, na qual cada um deles se ligaria diretamente a um estado físico particular do organismo, e mais especialmente ao cérebro.

Da mesma forma que um carvão aceso girando rapidamente dá a ilusão de um círculo de fogo, em conseqüência da persistência das impressões luminosas que cada um dos pontos que ele ocupa sucessivamente deixa na retina, também o eu seria constituído apenas de fenômenos separados, distintos uns dos outros, cuja agregação pode variar, e na verdade varia, conforme o estado do sistema nervoso, até constituir personalidades secundárias que substituem o eu normal, e que podem mesmo coexistir com ele. Vejamos em que observações se baseia essa teoria.

Nossa personalidade psíquica é constituída primeiro por uma reunião, uma coordenação das inúmeras ações nervosas da vida orgânica. O cérebro é o lugar para onde, finalmente, convergem esses elementos, e a camada cortical representa todas as formas de atividade nervosa: visceral, muscular, tátil, olfativa, gustativa, motora, significativa. Todas essas atividades cerebrais têm entre si inúmeras conexões, umas inatas, outras criadas pela experiência; elas representam todos os graus possíveis, do bem estável ao muito instável, formam um emaranhado extraordinário, e se cada ação nervosa fosse um som musical, poderíamos dizer que a personalidade é somente a melodia que se percebe acima do acompanhamento.

A bem dizer, essa comparação é em parte defeituosa, no sentido de que o eu é algo diferente da melodia. Esta é independente do acompanhamento; poderia existir sem ele; ao passo que o eu resulta da solidariedade, da penetração mútua e da combinação de alguns desses elementos.

As sensações que incessantemente nos chegam do mundo exterior e que percebemos conforme a natureza especial dos nossos aparelhos sensoriais, são acompanhadas por emoções, e, por sua comparação, formam julgamentos, por sua associação, pensamentos que a linguagem torna cada vez mais abstratos. Esta é a segunda fonte da nossa riqueza intelectual.

Apesar do contínuo afluxo de sensações e da multiplicidade dos estados de consciência, não se deveria crer que nossa personalidade seja simplesmente uma resultante, incessantemente instável, de todos os elementos diversos que concorrem para formá-la. A memória desempenha um papel dos mais im-

Gabriel Delanne

portantes, porque é ela que assegura a continuidade da vida psíquica. Todos os estados de consciência determinados pelas percepções, as emoções, as ideias, as volições, não estão esparsas no cérebro; agrupam-se entre si para formar compostos complexos, mas, ao associar-se, conservam uma ligação com as regiões do cérebro que lhes deram origem. Se quisermos tentar imaginar uma boa memória, podemos supor uma grande quantidade de elementos nervosos,[1] cada um deles modificado de uma maneira particular, todos fazendo parte de uma associação, e provavelmente aptos a entrar em várias associações que encerrem as condições de existência dos estados de consciência. A memória tem bases estáticas e bases dinâmicas. Seu poder é proporcional ao número delas e à sua estabilidade.

Mas o eu não é somente uma memória, uma armazenagem de lembranças ligadas ao presente. Ele é constituído igualmente por um grupo regular de instintos, de tendências, de desejos que provêm da sua maneira própria, especial, de reagir e que formam o que chamamos de caráter. Desde que as condições fisiológicas não variem em proporções muito grandes, a estabilidade do eu se mantém; mas a evolução, do nascimento à morte, necessariamente ocasiona mudanças. Conforme a idade, os diversos deveres da vida, os acontecimentos, as doenças, as excitações do momento, certas tendências são reforçadas, este ou aquele complexo de ideias predomina, o centro de gravidade do eu se desloca, a personalidade muda e torna-se outra.

> Os estados de consciência — diz o sr. Ribot[2] — não são fogos fátuos que se acendem e se apagam alternadamente; há alguma coisa que os une e que é a expressão subjetiva da sua coordenação objetiva. Esta é a razão última da sua continuidade... O organismo e o cérebro, sua representação suprema, que é a personalidade real, contendo em si os restos de tudo que fomos e as possibilidades de tudo que seremos. O caráter individual está escrito aí com suas aptidões ativas e passivas, suas simpatias ou antipatias, seu gênio, seu talento ou sua tolice, suas virtudes e seus vícios, seu tor-

---

1 Segundo Meynert, o número de células cervicais fica em torno de 600 milhões, e se juntarmos a isso as fibras comissurantes, chegaremos a um número formidável de elementos nervosos que podem servir de bases físicas a todos os estados de consciência imagináveis.
2 Ribot, *Les Maladies de la Personnalité*, p. 78 e 169.

por ou sua atividade. O que dela emerge até à consciência é pouco diante do que permanece enterrado, embora atuante. A personalidade consciente é só uma parte insignificante da personalidade física.[3]

O inconsciente

A soma dos estados de consciência é, na verdade, muito inferior à soma das ações nervosas — orgânicas e sensoriais — que chegam ao cérebro. Para sermos exatos, num período de cinco minutos produz-se em nós um desfile de sensações, sentimentos, imagens, ideias, atos. A ciência tem condições de contá-los, determinar-lhes o número com exatidão suficiente. No mesmo lapso de tempo, no mesmo homem, ter-se-á produzido uma quantidade de ações nervosas bem mais considerável. A personalidade *consciente* não pode, portanto, ser uma representação de *tudo* que se passa nos centros nervosos; ela é apenas um extrato, um resumo do que se passa.

Eis, pois, uma primeira fonte de impressões nervosas chegadas ao sensório sem que a consciência comum tenha sido advertida; elas são de origem orgânica, mas existem as que provêm do exterior e que são registradas em nós sem que nosso eu se dê ao trabalho de mudar essas sensações ou percepções. Todos sabemos que quando se está concentrado na leitura de um livro, não se ouvirá o relógio soar, não se prestará atenção nas variações de temperatura; refletindo no que o autor quis dizer em determinada passagem, se olhará para os objetos ao redor sem vê-los, em resumo, muitas sensações passarão despercebidas, mas se não chegam até à fase consciente, o fenômeno fisiológico do registro também não se conserva, e aumenta a reserva de impressões nervosas não percebidas.

Outra fonte também vem alimentar o chamado inconsciente: é a volta ao estado latente de uma porção de estados de

3 Nós, espíritas, sabemos que o cérebro material é apenas a reprodução física do perispírito. Substituindo, nessa citação, a palavra cérebro pela palavra perispírito, estaremos perfeitamente certos, porque os sábios nunca conseguiram explicar como o cérebro, que se destrói continuamente pelo desgaste que resulta do seu funcionamento, poderia conservar vestígios de todos os estados de consciência, do nascimento até a morte. O perispírito, ao contrário, sendo estável, guarda integralmente todas as habilidades psíquicas, mas com estados dinâmicos diferentes, sendo a lembrança somente a passagem de um estado psíquico latente para um estado dinâmico atual, isto é, mais vibrante. Ver nossa obra *Evolução Anímica*, EDITORA DO CONHECIMENTO.

Gabriel Delanne

consciência que se tornam inúteis e cuja quantidade enorme seria um entrave insuperável ao funcionamento da inteligência.

É certo que todos os conhecimentos que adquirimos pelo estudo, pela observação ou pela experiência, não podem coexistir com o mesmo grau de intensidade; são obrigados a ordenar-se em séries, associar-se a outros a fim de deixar o campo livre para novas aquisições. Por outro lado, se para alcançar uma lembrança distante precisássemos percorrer a série inteira dos estados que dela nos separam, a recordação seria impossível, devido à extensão da operação. É necessário, portanto, que uma quantidade muito grande de estados de consciência volte ao estado latente, para que a memória conserve todo seu vigor.

Foi de propósito que empregamos a expressão estado latente, que corresponde ao que chamamos de esquecimento. Esquecimento sugere, erradamente, a extinção absoluta da lembrança; sabemos, por experiência própria, que longe está de ser sempre assim. Basta que uma pessoa estranha nos descreva com precisão os detalhes e circunstâncias de um fato que supúnhamos apagado para que ele reviva na memória: — É verdade — exclamamos — eu tinha esquecido! Portanto, o fato simplesmente tinha voltado ao estado latente.

Existe, enfim, uma última causa, e talvez a mais importante, que enriquece o inconsciente: é o trabalho do espírito durante o repouso do corpo. Como a lembrança dessa atividade geralmente não subsiste durante a vigília, quando os resultados desse labor noturno chegam à consciência normal, parecem ter sido engendrados por uma inteligência alheia. As produções científicas, artísticas ou literárias, oferecem numerosos exemplos disso. Como este é um dos assuntos mais importantes, vamos citar alguns casos reunidos pelo dr. Giel, que os copiou do dr. Chabaneix.[4]

Os exemplos da atividade subconsciente durante o sono, ou ao despertar, são muitos. A partir das suas próprias declarações, podemos citar, como tendo observado e utilizado o trabalho psíquico durante o sono: *Condorcet, Franklin, Michelet, Condillac, Arago.*

Voltaire conta haver sonhado uma noite um canto completo da *Henríade*, diferente do que havia escrito. *Lafontaine* escreveu em sonho a fábula dos dois pombos. *Cardan* diz ter

4 Gyel, dr., *L'Être Subconscient*, p. 22 e segs.

composto uma obra inteira em sonho, e *Montaigne* teria encontrado assim teoremas importantes. "Nos meus sonhos, vi freqüentemente — conta Burdach — ideias científicas que me pareciam de tal modo importantes que me acordavam. Em muitos casos, elas giravam em torno de assuntos com os quais me ocupava na época, mas eram-me completamente estranhas quanto ao seu conteúdo."

O caso seguinte, de *Coleridge*, é muito claro:

> Coleridge adormeceu lendo, e, ao despertar, sentiu que havia composto algo como duzentos ou trezentos versos, que bastava-lhe apenas escrever. Cinqüenta e quatro foram escritos sem esforço, e tão rapidamente quanto a caneta podia correr. Mas, tendo sido interrompido por alguém que se demorou uma hora tratando de um negócio, para sua grande surpresa e mortificação, Coleridge percebeu que, ambora ainda tivesse uma vaga lembrança do conjunto geral da sua visão, exceto oito ou dez versos esparsos, todo o resto havia desaparecido.

Veremos que, se naquela época se conhecessem os fenômenos do sonambulismo, talvez tivesse sido possível pôr o poeta em sono, o que lhe teria permitido reencontrar seu poema, que teria permanecido na parte secreta da sua consciência em estado latente.

O sr. Rosny declara que tem o hábito de pôr ao lado da sua cama um lápis e papel, e que às vezes acorda sobressaltado para escrever algumas notas importantes. Em alguns casos, a influência subconsciente no sono se traduz por um sonho alucinatório; é o que aconteceu com *Tartini*: sonhando que o diabo executa no seu violino uma sonata maravilhosa, acorda bruscamente e a escreve de memória.

Em todos esses exemplos, a lembrança é conservada, mas, na maioria dos casos, o esquecimento é a regra, e então, se a lembrança volta bruscamente, traduz-se por uma espécie de irrupção repentina que chamamos de inspiração. Vê-se, pois, que existe no cérebro, ou, mais exatamente, no perispírito, uma massa enorme de sensações não percebidas e de estados de consciência retornados ao estado latente, isto é, fora do campo da consciência comum. Mas esses materiais não ficam perdidos, eles sobrevivem integralmente e podemos fornecer provas experimentais disso pelos fenômenos do sonambulismo.

A vida sonambúlica

Se a regra geral na vida diária é o esquecimento dos sonhos, pode-se dizer que a mesma modificação da memória companha o sono produzido pelas práticas do magnetismo ou do hipnotismo. É de observação corrente que: 1º o paciente, durante o estado de vigília, não se lembra de nenhum dos acontecimentos que se produziram durante o sonambulismo; 2º que ao contrário, posto em sonambulismo, ele se recorda não apenas de tudo que se passou durante seus sonos anteriores, mas também dos acontecimentos pertencentes ao seu estado normal.

Na maioria das vezes, quando colocamos uma pessoa em sonambulismo — diz o dr. Binet[5] —, deixamo-la nesse estado durante uma hora, e mais, empregamos esse tempo fazendo com ela uma porção de experiências. Ao despertar, ela não se lembra de nada; é obrigada a consultar o relógio para saber por quanto tempo a deixamos em sonambulismo; se lhe apresentamos outras pessoas durante seu segundo estado, ao despertar ela não admite já tê-las visto; até mesmo se lhe mostramos uma carta que acabamos de mandá-la escrever em sonambulismo, ela pode reconhecer sua letra, mas não se lembra de haver escrito, e não consegue dizer uma só palavra do conteúdo da carta. Pode haver nisso exceções, especialmente em pacientes cujo sonambulismo é leve, mas o esquecimento continua a ser a regra na imensa maioria dos casos. O livro da vida sonambúlica se fecha ao despertar e a pessoa normal não pode lê-lo.

Se o sonambulismo durasse muito tempo, um, ou vários dias, e se o paciente mantivesse os olhos abertos, uma pessoa estranha não poderia saber que ele está sob a influência magnética ou hipnótica. É o que foi observado nos casos de sonambulismo espontâneo, e os exemplos de Félida,[6] da srta. R. L.,[7]

5 Binet, dr., *Les Altérations de la Personnalité*, p. 72, Biblioteca Científica Internacional.
6 Azam, dr., *Hypnotisme, Double Conscience et Altération de la Personnalité*, Paris, 1887.
7 Duflay, dr., *Revue Scientifique*, 1876.

de Luís V[8] e, sob outro ponto de vista, o do sargento observado pelo dr. Mesnet,[9] são casos de personalidades sucessivas que têm como característica o fato de que a segunda conhece a primeira, ao passo que a recíproca não é verdadeira. Agora, iremos acompanhar duas vidas psicológicas diferentes, que parecem existir ao mesmo tempo no paciente, e o que nos interessará particularmente é que, precisamente a segunda, só revelará sua existência pela escrita automática. Essa observação é devida ao sr. Gurney, psicólogo inglês.[10] Pela data, foi a primeira, e veremos que esse processo foi adotado em seguida pelos srs. P. Janet e Binet, fazendo os métodos variarem para obtê-la. Acompanhemos o trabalho do sr. Binet.[11]

Escrita automática

Os casos de personalidades alternantes, como o de Félida ou da srta. R. L., mostram a separação de duas existências psicológicas que constituem, uma, a vida normal, a outra, o sonambulismo vigil. Quando a vida normal retoma seu curso, todas as lembranças do sonambulismo se apagam. Que passa então a ser essa segunda vida, que tem sua característica especial, ou seja, lembranças, emoções, preocupações que lhe são próprias? A experiência vai revelar-nos que ela pode persistir durante o estado de vigília, sem que o indivíduo normal tenha dela a menor suspeita.

O sr. Gurney instituiu a seguinte experiência: Dissemos um nome, citamos uma cifra, contamos um fato, recitamos uma poesia diante de uma pessoa que está em sonambulismo artificial, e não lhe damos qualquer sugestão especial relativamente às palavras que pronunciamos. Acordamos a pessoa. Ela não se lembra de nada, como é a regra. Não é um esquecimento gratuito, é um esquecimento verdadeiro, e tão profundo que, apesar da promessa de um soberano — meio empregado pelo sr. Gurney como critério de sinceridade —, o indivíduo não consegue recuperar uma única palavra do que dissemos

8 Bourru e Burot, *La Suggestion Mentale et les Variations de la Personnalité*, Paris, 1895.
9 *De l'Automatisme de la Mémoire et du Souvenir dans le Somnambulisme Pathologique* (Union Médicale, 21 e 23 de julho de 1874.
10 *Proceedings*, Sociedade de Pesquisas Psíquicas, 1887, p. 294.
11 Binet, *Les Altérations de la Personnalité*, p. 75 e segs.

Gabriel Delanne

diante dele poucos minutos antes. Então, pegamos-lhe a mão, colocamos um lápis entre seus dedos, ou, o que dá na mesma, fazemos com que pouse a mão espalmada sobre uma prancheta especial (empregada habitualmente pelos espíritas) munida de um lápis, e lhe ocultamos a mão e o instrumento, interpondo uma grande tela. Em menos de um minuto a mão se agita, escreve, e o que escreve são exatamente as palavras que tínhamos acabado de pronunciar diante do paciente em sonambulismo, e que seu eu normal do estado de vigília desconhecia. O resultado dessa experiência, por si só, já é curioso; as condições especiais em que foi produzida são mais curiosas ainda.

A mão do paciente escreve e ele não sabe que ela escreve; mesmo quando sua mão e seu braço não estão insensíveis e podem sentir pressões e picadas, o paciente nada percebe; com um pouco de exercício, às vezes pode perceber o movimento e adivinhar-lhe a natureza. Mas é uma modificação do fenômeno, resultante do fato de o paciente fixar nisso sua atenção. Nas primeiras experiências, ele nada percebe, e há pessoas que, façam o que fizerem, continuam inconscientes.

O pesquisador inglês empenhou-se em demonstrar que é a vida sonambúlica que surge no seio da vida normal restabelecida, e, com isso, observou que, se se recoloca o paciente em sonambulismo após a experiência da escrita, ele não só se lembra das palavras que escreveu, como também pode dizer que utilizou a prancheta. A memória liga os dois estados, demonstrando-lhes a unidade psicológica.

Como explicar esse fato? O sr. Binet acredita que é uma demonstração evidente da existência simultânea de duas personalidades no indivíduo, mas uma das quais — o eu normal — ignora a presença da outra. Ele pensa que esse desdobramento se deve a uma divisão da consciência:

A pessoa em experiência — diz ele — voltou ao estado de vigília; retomou a orientação habitual das suas ideias; sem que disso tenha consciência, nela sobrevive um resto da vida sonambúlica que ela acaba de transpor. É um conjunto de fenômenos psicológicos que permanecem isolados da consciência normal e que, no entanto, são dotados de consciência; formam uma pequena consciência ao lado da grande, um pequeno ponto luminoso ao lado do grande foco de luz.

Eis-nos, pois, pela primeira vez, diante de um fenômeno que apresenta algumas analogias com a escrita mediúnica. Aqui, como lá, há automatismo da mão e inconsciência quanto ao significado dos caracteres traçados. Mas essas semelhança é muito superficial, porque, na experiência do sr. Gurney, está-se lidando com um indivíduo que repete servilmente o que ouviu, e isso sob a influência de uma sugestão tátil. Veremos que a característica da mediunidade consiste no fato de que o médium não é previamente hipnotizado e de que mostra conhecimentos que nunca conseguiu adquirir pelos sentidos; mas, o que para nós é interessante estudar nesse caso, é o mecanismo pelo qual uma ideia latente consegue traduzir-se exteriormente pela escrita, sem que a personalidade normal disso tenha conhecimento.

Queremos lembrar duas coisas: 1º que o mecanismo da escrita se deve a uma associação estável de movimentos coordenados do sistema nervoso, os quais, por sua repetição extremamente freqüênte, tornaram-se automáticos; 2º que um comando voluntário bem fraco pode pô-lo em movimento; 3º que a lembrança desse comando voluntário pode desaparecer quando a atenção do indivíduo é desviada da ação que está executando. Se essas proposições são exatas, não existiriam duas consciências coexistentes, mas uma só, representando duas fases sucessivas, separadas por memórias diferentes. Eis os fatos sobre os quais nos apoiamos:

Mecanismo da escrita

Todos sabemos que é necessária uma educação bastante longa para aprender a escrever. Inicialmente, é preciso fixar no cérebro a lembrança da forma das letras, depois, ao mesmo tempo, habituar os músculos do braço e da mão a traçar os desenhos que representam essas letras. Nos primeiros tempos, há uma descoordenação geral. A representação gráfica traduz mal a visão mental. Quando uma criança aprende a escrever — diz Lewes —, é-lhe impossível mover só a mão; ela movimenta também a língua, os músculos da face e até mesmo o pé. Todos,

Gabriel Delanne

quando tentamos pela primeira vez um ato muscular, despendemos uma grande quantidade de energia supérflua, que gradualmente aprendemos a reduzir ao necessário. Nos elementos nervosos correspondentes aos órgãos motores, formam-se associações dinâmicas secundárias, cada vez mais estáveis pela repetição do mesmo ato, que se juntam às associações automáticas, primitivas e permanentes.[12] Quanto mais um movimento muscular é repetido, menos esforços exige para produzir-se.

> Toda impressão (sobre o sistema nervoso) — diz o sr. Delboeuf — deixa um traço indelével, o que significa que as moléculas, uma vez arranjadas de modo diferente e forçadas a vibrar de outra maneira, não se recolocarão mais exatamente no estado primitivo. Se toco de leve a superfície de uma água tranqüila com uma pena, o líquido não retomará mais a forma que tinha antes; poderá voltar a apresentar uma superfície tranqüila, mas as moléculas terão mudado de lugar, e um olho suficientemente penetrante certamente descobrirá aí o fato da passagem da pena. Algumas moléculas animais, então, adquiriram com isso um grau maior ou menor de aptidão para sofrer essa alteração. Sem dúvida, se a mesma atividade exterior não voltar a atuar sobre as moléculas, elas tenderão a retomar seu movimento natural; mas as coisas serão bem diferentes se sofrerem várias vezes a mesma ação. Nesse caso, pouco a pouco perderão a faculdade de voltar ao seu movimento natural e se identificarão cada vez mais com o movimento que lhes foi infundido, a ponto de este, por sua vez, passar a ser-lhes natural e de mais tarde obedecerem à mínima causa que as ponha em ação.[13]

Que não se pense que sejam meras teorias. Existem observações patológicas que mostram que essas explicações são exatas.

As localizações cerebrais que correspondem ao conhecimento das letras são associadas, pelo hábito, ao conjunto dos agrupamentos dinâmicos que presidem aos movimentos da escrita. Pode acontecer, porém, que a doença destrua essa ligação, é então que se assiste ao espetáculo verdadeiramente fantástico de um homem que escreve e não consegue ler o que

12 Ver o estudo muito bem feito dessas associações dinâmicas do sistema nervoso na obra de Ribot: *Les Maladies de la Mémoire*, p. 13 e segs.
13 Delboeuf, *Théorie Générale de la Sensibilité*, "Études Psychologiques", p. 60.

escreveu (cegueira verbal), ou então ao de um homem que, conhecendo muito bem as letras, não é mais capaz de traçar uma única, mesmo que possa desenhar (agrafia).

Existe em nós, verdadeiramente, um mecanismo muito complicado que nos serve para traçarmos os caracteres que formam a escrita, sem que nos preocupemos especialmente com a forma de cada uma das letras. A palavra vem à cabeça e a mão a escreve sem esforço, com a ortografia necessária. É esse o mecanismo que opera sob a influência da sugestão tátil determinada pela prancheta ou pelo lápis colocado nas mãos do sonâmbulo.

Normalmente, é a vontade que age. Quando temos o hábito de escrever, basta-nos querer para que a mão, obediente, traduza graficamente nosso pensamento. Pode ocorrer, porém, que involuntariamente a mão trace uma palavra que pensamos. Eis a prova:

> A pessoa na qual faço a experiência — diz o sr. Gley[14] — pega uma caneta ou um lápis; peço-lhe que pense num nome e digo-lhe que, sem que me diga nada, bem entendido, vou escrever esse nome; pego-lhe então a mão e, segurando-a e parecendo guiá-la, como quando se ensina uma criança a escrever, na realidade deixo-a correr, porque é a própria pessoa quem escreve o nome em questão, sem ter consciência disso. Inversamente, nós mesmos podemos segurar a caneta, deixando que o indivíduo em experiência nos conduza a mão. A prática, no entanto, mostrou-me que se tem mais sucesso com o primeiro modo. Uma precaução útil que deve ser tomada consiste em fazer o indivíduo fechar os olhos ou pedir-lhe que olhe diretamente para a frente ou para o ar, e não para o papel.
>
> Tive êxito nessa pequena experiência com uma grande quantidade de pessoas de idades diversas e de ambos os sexos, de condições sociais variadas e geralmente muito boas. Significa que não se levou em conta um estado mais ou menos mórbido do sistema nervoso (histeria, por exemplo). Na maioria dos casos, *os movimentos gráficos são absolutamente* inconscientes; em alguns, ao fim de um tempo variável, mas sempre considerável, o indivíduo percebe que executa movimentos; conseqüentemente, estes deixam de ser inconscientes para tornar-se involuntários. Sempre tive

---

14 Binet, *Les Altérations de la Personnalité*, p. 205.

Gabriel Delanne

sucesso, até agora, e na primeira tentativa, com pessoas que sabem desenhar um pouco, e com mais razão tratando-se de pintores ou escultores.

Nesse caso, vemos uma ideia atuar sobre o mecanismo da escrita, independentemente da vontade. Será, então, que a ideia tem em si uma força motriz? É o que pensa o sr. Gley:

> Penso que, se as coisas se passam assim, é porque na representação mental entram elementos motores; estes, quanto à constituição da imagem, e depois para a recordação dela, desempenham um papel mais ou menos importante conforme os indivíduos. Que é um nome em particular? Já há muito tempo o sr. Charcot mostrou de modo muito claro (ver, em particular, o *Progrès Médical*, 1883)[15] que a palavra é um complexo constituído pela associação de quatro espécies de imagens: auditiva, visual, motriz de articulação e motriz gráfica.
>
> Mas cada grupo de imagens não tem importância igual em todos os indivíduos. Sabemos muito bem que uns têm de preferência imagens auditivas, outros são mais visuais, segundo a expressão hoje de uso corrente, outros são motores. Para uns, pensar numa palavra é sobretudo, e até exclusivamente para alguns deles, ouvir essa palavra (imagem auditiva); para outros, é vê-la; para outros, ainda, é pronunciá-la (imagem motriz de articulação) e para um último grupo é escrevê-la (imagem gráfica). Não devemos esquecer que para muitos (os *indiferentes*, como os chama o sr. Charcot) as imagens das três categorias podem ser utilizadas.

Assim, pois, é certo que um pensamento pode traduzir-se pela escrita sem participação voluntária da parte de quem escreve. Não nos esqueçamos, porém, de que é graças a uma sugestão tátil exercida pelo operador que põe sua mão sobre a do escritor. Sem isso, a experiência não teria êxito. De nada me adiantaria pensar na palavra homem e fechar os olhos, deixando a mão inerte sobre o papel; ela não se porá em movimento espontaneamente sem o auxílio de uma sugestão

---

15 Ver também um artigo do sr. Ribot na *Revue Philosofique* de outubro de 1879; um excelente capítulo de Maudsley: *La Phisiologie de l'Esprit;* a primeira parte do livro do sr. Pierre Janet, *l'Automatisme Psychologique;* finalmente, o livro de Baltet: *Le Langage Intèrieur.*

alheia. O mesmo acontece no caso narrado pelo sr. Gurney: foi sua vontade atuando sobre o indivíduo que estimulou o pensamento latente, que se traduziu pelos movimentos da prancheta. Constataremos que são fenômenos semelhantes que ocorrem nas experiências instituídas pelo sr. Binet.

As pesquisas do dr. Binet

Apresentamos inicialmente os fatos e as deduções deles extraídas pelo sr. Binet, depois discutiremos suas conclusões, principalmente sob o ponto de vista da dualidade de consciência.[16]

Em primeiro lugar, o autor indica quais são as condições mais freqüentes em que ele crê que se possa observar a coexistência de dois *eu* distintos. São duas.

A primeira é a insensibilidade histérica. Se uma parte do corpo de uma pessoa fica insensível, ela ignora o que se passa, e, por outro lado, os centros nervosos relacionados com essa região insensível podem continuar a agir, como acontece na histeria; disso resulta que certos atos, geralmente simples, mas às vezes bem complicados, se realizam no corpo de um histérico, e à sua revelia; mais ainda, esses atos são freqüentemente de natureza psíquica e manifestam uma inteligência que será, conseqüentemente, distinta da do indivíduo, e constituirá — segundo o sr. Binet — um segundo eu, coexistindo com o primeiro.

Uma segunda condição pode dar margem à divisão de consciência. Não se trata de uma alteração da sensibilidade; é uma atitude peculiar do espírito, a concentração da atenção num ponto único. Resulta, desse estado de concentração, que o espírito se torna distraído quanto ao resto e de certa forma insensível, o que abre caminho às ações automáticas; essas ações, ao complicar-se como no caso precedente, podem assumir um caráter psíquico e constituir inteligências parasitas vivendo lado a lado com a personalidade normal, que não as reconhece.

Vejamos então essas duas condições de suposta divisão de consciência.[17]

---

16 Binet, *Les Altérations de la Personnalité*, p. 81 e segs.
17 Pedimos desculpas ao leitor pela aridez dessas descrições, mas elas são indispensáveis para a clareza da discussão da hipótese de personalidades múltiplas

Gabriel Delanne

A insensibilidade dos histéricos

Em grande quantidade de histéricos estudados no estado de vigília, e fora das suas crises convulsivas, encontramos um estigma antigamente chamado *a garra do diabo*, que é simplesmente uma parte do corpo insensível. A localização e a extensão da insensibilidade histérica são muito variáveis; às vezes ela invade o corpo todo; mais frequentemente, ocupa apenas uma parte do corpo, a metade esquerda, por exemplo, afetando em graus diversos a sensibilidade geral, o tato, o sentido muscular e os sentidos especiais da vista, do ouvido, do olfato e do sabor. Em outros, a insensibilidade, cuja distribuição não se explica por qualquer particularidade anatômica ou fisiológica conhecida, se limita a uma pequena região do tronco ou dos membros, e se apresenta, por exemplo, sob a forma de uma pequena placa da pele que se pode picar, pinçar, queimar e excitar de modo mais enérgico, sem despertar a menor sensação de dor, sem que o contato seja sequer percebido.

Os sinais pelos quais se reconhece a anestesia são vários, sendo os principais: 1º O abaixamento de temperatura das partes não sensíveis; 2º a ausência de hemorragia após as picadas; 3º a diminuição da força muscular voluntária, medida com o dinamômetro; 4º a forma da contração muscular; 5º a ausência de fadiga; 6º o alongamento do tempo de reação e, finalmente, 7º a ausência de grito de dor ou movimento de surpresa quando se excita brusca e fortemente a região insensível, sem que o doente o perceba. Nenhum desses fenômenos tem o valor de um indício constante, mas a presença de alguns é uma séria garantia para o observador.

Os pacientes do dr. Binet foram escolhidos entre os que apresentam uma insensibilidade superficial e profunda, com perda do sentido muscular. Toma-se o paciente no seu estado normal, durante a vigília, sem fazê-lo passar por qualquer preparação.

O único dispositivo das experiências consiste em esconder dele a visão do seu braço insensível, pondo-o atrás das costas, ou utilizando um anteparo. Estando as coisas assim dispostas, é fácil — pelo menos em certos casos — provocar, à revelia do

---

existindo no mesmo indivíduo.

doente, movimentos inteligentes.

Começamos pelo estudo dos movimentos de repetição, que são os mais fáceis de reproduzir. O braço insensível do paciente estando escondido por um anteparo, faz-se esse braço executar, com lentidão, ou rapidamente, um movimento regular, como o de vaivém na direção da boca, ou então faz-se o antebraço girar em torno do cotovelo, ou anima-se um dedo de movimentos alternados de flexão ou de extensão. Se então se abandona bruscamente o membro no meio do seu trajeto, vê-se o movimento continuar durante um certo tempo, que varia de um paciente a outro; nuns, o movimento comunicado prolonga-se muito pouco; o pulso que acaba de dobrar várias vezes seguidas mal se levanta quando é abandonado: o movimento é tão leve, tão fugaz, que a menos que estejamos prevenidos, não o notaremos. Em outros doentes, ao contrário, o movimento comunicado pode ser repetido várias vezes seguidas, e até pode acontecer que a repetição ocorra mais de cem vezes sem interrupção.

Quando se põe um lápis na mão insensível, introduzindo-o entre o polegar e o indicador, esses dois dedos se aproximam para apertar o lápis, e a mão assume a atitude necessária para escrever. Se, nesse momento, perguntarmos ao paciente que estamos fazendo com sua mão, ele quase sempre responde: não sei. Depois a experiência começa.

Imprime-se ao lápis um movimento qualquer, um movimento circular, por exemplo. Durante esse ato, a mão do doente não acompanha molemente a do observador; ao contrário, ao segurá-la, tem-se uma sensação particular; ela resiste um pouco a certos comandos, principalmente aos que determinam uma mudança de direção, mas, quando se trata de um traçado a ser continuado, isto é, de uma determinada direção a ser seguida, de alguma forma a mão antecipa o movimento, como se o adivinhasse. Logo, o movimento que se consegue comunicar-lhe não pode ser considerado um movimento passivo, porque o doente colabora para isso. Se tivéssemos que fazer uma comparação, diríamos que a mão do experimentador guia a mão do doente como um cavaleiro dirige um cavalo inteligente.

Aliás, só se tem essa sensação toda particular quando se lida com um doente que está apto a repetir sozinho os movimentos gráficos comunicados. Nos pacientes que nada reproduzem,

Gabriel Delanne

a mão fica mole e inerte, uma verdadeira mão de manequim. Depois da comunicação do movimento passivo, abandona-se a mão do doente, tendo o cuidado de deixar o lápis sobre uma folha em branco. Em alguns histéricos, a mão cai ao lado quando é abandonada; em outros, ela não tem essa facilidade, fica posicionada, segurando o lápis corretamente, como se fosse escrever; mas nada acontece. Às vezes percebe-se um leve tremor no pulso e nos dedos; às vezes, também, o lápis traça no papel alguns riscos leves, indistintos, e é tudo. Mas existem outros nos quais o movimento subconsciente é bem mais manifesto. Os dedos continuam apertando-se em tono do lápis e o movimento gráfico que se imprimiu é reproduzido, seja em seguida, seja alguns instantes depois. Entre os pacientes, uns só sabem repetir movimentos comuns, como argolinhas e sombreados. Uma vez, porém, que esse movimento foi reproduzido, ele continua por muito tempo, quase indefinidamente. Vi-o — diz o sr. Binet — continuar por um quarto de hora. Outras mãos mostram-se mais inteligentes, têm mais memória; são capazes de reproduzir, nas mesmas condições, sinais tirados da linguagem escrita, cifras, letras isoladas, palavras compostas de várias letras e até mesmo frases inteiras. Às vezes a repetição acontece tão logo o experimentador cessa de manter a mão sensível; outras vezes, há um tempo de descanso, depois a mão se põe em movimento. Até então, como se vê, a mão insensível não deu provas de memória; a repetição foi puramente maquinal e automática. Pode produzir-se algo mais, uma operação mental mais complexa, embora sempre subconsciente, quando se faz a mão escrever uma palavra conhecida, cuja ortografia foi propositadamente alterada. É interessante, então, acompanhar o fenômeno de repetição. No momento em que a mão insensível chega à letra inexata, ela para, parece hesitar, depois, ora continua, reproduzindo o erro, ora, ao contrário, corrige-a e restaura a palavra com sua ortografia exata.

A reprodução pode ocorrer não só por ocasião de movimentos gráficos comunicados, mas por um outro processo mais indireto, que também faz intervirem sensações inconscientes. Assim, quando um paciente segura um lápis na sua mão insensível, geralmente basta traçar, com uma ponta rombuda, números, caracteres, nas costas da mão, para que logo depois o lápis escreva tudo isso. Produz-se, então, algo mais do que uma repetição de movimento: é uma tradução. As sensações cutâneas são traduzidas em seus equivalentes gráficos. Finalmente, o inconsciente pode afirmar-se de uma forma ainda mais completa pela escrita automática espontânea. Acabamos de ver que quando se faz a mão insensível repetir uma palavra contendo um erro de ortografia, ela pode corrigir o erro. É uma primeira prova de iniciativa. Existem doentes que basta fazê-los escrever pela mão insensível uma única letra para que uma palavra inteira que comece por essa letra seja escrita. Faz-se traçar a letra P e o paciente escreve Paris, e isso imediatamente. Às vezes, depois dessa primeira palavra a mão escreve uma segunda, sem ter consciência disso; acontece até que apareça uma frase inteira, e vi — diz o sr. Binet — "pacientes histéricos aos quais basta pôr-lhes um lápis na mão insensível para que páginas inteiras se cubram de escrita, sem que parem de falar de outra coisa qualquer; e parecem não ter consciência do que sua mão está fazendo".

Pôr lado a lado os termos pensamento e inconsciência, parece-nos um indesculpável contrassenso da parte dos psicólogos.

Se o fenômeno mental não é percebido pelo eu, ele não existe como pensamento, permanece na fase fisiológica.

O indivíduo que está lendo atentamente não ouve a conversação que estão mantendo ao seu redor. As palavras pronunciadas entraram no seu cérebro sem que o soubesse; são absolutamente inconscientes, porque permaneceram como movimentos da substância nervosa, sem correspondência psíquica. Se quisermos que sejam conhecidas pelo eu, será preciso pôr o paciente em sonambulismo, para que as impressões, demasiado fracas para serem percebidas pela consciência normal, sejam perceptíveis pelo eu sonambúlico, cuja atenção, segundo Liébaut, é mais potente pela concentração que adquire, ou então, segundo nós, porque o movimento vibratório do perispírito é mais intenso. Nesse momento, as sensações inconscientemente armazenadas são percebidas e passam a ser fenômenos de consciência. Antes, elas não existiam psicologicamente.

A explicação

Como interpretar esses fatos? O sr. Binet vê, a princípio, uma sugestão como causa original: "Todas as experiências precedentes — diz ele — têm em comum o fato de que o experimentador força o paciente, ou uma parte do paciente, a repetir um ato que lhe indica; força-o, sem exercer violência física sobre ele; atua por ação moral, portanto, por sugestão." Até aqui, estamos perfeitamente de acordo com o autor; há, incontestavelmente, uma sugestão tátil, mas diferimos quanto à continuação, porque o sr. Binet acrescenta: "Para comodidade da nossa exposição, tomemos como personagem o inconsciente, que repete os movimentos; diremos que o experimentador, tocando-lhe a mão e o braço, dá a esse personagem inconsciente a ideia de repetir o ato, e, definitivamente, sugestiona-o." Se o sr. Binet se limitasse a erigir o inconsciente em personagem distinto para clareza da discussão, nada teríamos a censurar, mas, na realidade, positivamente, ele faz do inconsciente uma segunda personalidade diferente do eu normal, como se observa claramente no seguinte parágrafo:[18]

> Os movimentos de repetição, de adaptação, que acabamos de estimular num membro completamente desprovido de sensibilidade consciente não teriam conseguido produzir-se se nada tivesse sido percebido; para que a mão envolva o lápis introduzido entre os dedos, para que abra uma caixa de fósforos, comprima um dinamógrafo, ou simplesmente repita fielmente um movimento de flexão que foi impresso a um dos dedos, é necessário que certas impressões tenham sido recolhidas pelo suposto tegumento anestésico; houve, então, uma percepção bem real, embora ignorada pelo paciente, uma percepção inconsciente e a anestesia histérica, aparecendo então como uma supressão da consciência, poderia ser chamada de *anestesia por inconsciência*.
> Há mais: a hipótese deve ir mais longe. Para explicar a produção de atos inconscientes, não devemos limitar-nos a supor sensações inconscientes. Isoladas, sensações nada produziriam; ora, ao analisar as principais observações recolhidas, vimos interferir fenômenos de memória e de raciocínio, de modo que os movimentos inconscientes nos revelam a existência de uma inteligência que não é a do eu do

18 Binet, *Les Altérations de la Personnalité*, p. 117.

paciente, e que age sem sua ajuda, e mesmo à sua revelia. Esta é uma conclusão necessária, ela se impõe; de qualquer modo que se conceba essa inteligência secundária, acessória, de certa forma parasita, é certo que em alguns pacientes ela existe e atua.

Será realmente essa a verdadeira explicação do que se passa em todas as experiências?

Não nos parece absolutamente necessário supor uma inteligência parasita para compreender os fatos. Basta que a consciência normal não tenha memória alguma de tudo que se produz no membro insensível para que o paciente ignore o que sua mão escreve. Os atos inteligentes são produzidos pelo eu normal do paciente, que os esquece imediatamente, de modo que, com a maior boa fé do mundo, ele afirma estar alheio a eles, e isso é verdade, já que não tem qualquer recordação do que acaba de acontecer.

> É difícil crer — diz o sr. Binet — na facilidade com que a atenção desses doentes se deixa distrair; desde que passem a conversar com outra pessoa, eles nos esquecem e não sabem mais que estamos no quarto. Esses doentes — como diz o sr. P. Janet — têm uma *redução do campo da consciência*.

Isso nos parece absolutamente certo, e essa redução nos parece devida a uma enfermidade da memória, que suprime, quanto à consciência normal, todos os fenômenos físicos e mentais ligados à parte anestesiada, à medida que se produzem. Eis um exemplo tomado de empréstimo ao sr. Binet:

> Às vezes acontece que, quando acabamos de picar a mão insensível, atrás do anteparo, esta se retire bruscamente e o paciente exclame: 'O senhor me machucou!' Um observador não prevenido que assistisse a essa experiência pela primeira vez, poderia, com razão, concluir que o paciente não perdeu sua sensibilidade; mas deve-se observar que o paciente pronunciou essas palavras sem consciência. Quando, em seguida, lhe dirigimos a palavra para perguntar-lhe se a dor foi muito forte, ele responde que não sentiu nada, e até afirma que não disse uma palavra sequer. Sem dúvida seu testemunho, tomado isoladamente, parecerá suspeito.

Gabriel Delanne

Mas se, além disso, esse paciente apresentar uma anestesia regularmente constatada, e se tiver movimentos inconscientes muito desenvolvidos, estamos dispostos a admitir a sinceridade da sua afirmação.

Constatamos aí a alteração da memória que dá a ilusão de duas personalidades coexistentes. A dor é percebida pelo eu, que imediatamente a acusa com uma exclamação; mas a lembrança dessa sensação é logo esquecida, de modo que, quando o experimentador pergunta se a dor foi forte, o paciente responde não só que nada sentiu, mas até mesmo que nada falou. Em muitos casos de sugestões pós-hipnóticas, podemos observar os mesmos fenômenos. Dez minutos após seu despertar, mandamos que o paciente pronuncie certas palavras, e, quando ele executa a ordem recebida, imediatamente lhe perguntamos por que acaba de dizer aquelas palavras, e ele responde categoricamente que não falou e que certamente nos enganamos.

Não se deve pôr em dúvida a sinceridade da sua afirmação, e não é necessário atribuir os atos assim realizados, ou as palavras assim pronunciadas, a uma segunda personalidade imaginária chamada subconsciência. A personalidade normal é suficiente para explicar todos os casos, pressupondo simplesmente uma enfermidade da memória que suprime certas partes na trama da vida mental. São esses buracos, essas lacunas causadas pela doença na memória comum, ou, em suma, numa parte essencial da consciência, que dão a ilusão de uma personalidade excedente.

> Não se deve esquecer que a consciência não comporta sua plenitude, isto é, a noção completa da personalidade e do *eu*, que se o *eu* da segunda atual está ligado pela memória ao *eu* de todas as segundas que a precederam, tal como a palavra *eu* que escrevemos aqui, só tem interesse por estar ligada à frase, às páginas e aos capítulos que a antecederam. Cada palavra é a imagem de uma sensação, e está ligada por uma lembrança mais ou menos vaga a tudo que a precedeu, sendo a lembrança muito mais nítida quanto à frase do que quanto à página, e mais nítida quanto à página do que quanto ao capítulo.[19]

---

19 Richet, Essai de Psychologie Générale, p. 121 e segs.

Em todo fenômeno psicológico, o fator *tempo* é um elemento indispensável. Sem uma certa duração, não há sensação, nem consciência, e é só a memória que pode fixar no tempo a lembrança de uma excitação nervosa que dura um centésimo de segundo. Os fenômenos de consciência, de sensação ou de esforço só têm valor psicológico pela lembrança que deixam atrás de si. Se nada persiste na lembrança, seja qual for a vivacidade da consciência que desapareceu, para o eu normal é absolutamente como se essa consciência fragmentária jamais tivesse existido.

Assim, o que cria a consciência não é somente a sensação presente ou o esforço presente, é também a lembrança dos esforços passados e das sensações anteriores. Se o conhecimento do estado atual é preciso, se o conhecimento dos estados anteriores é bem nítido, então a consciência estará completa, em plena posse de si mesma.

Existem, portanto, consciências muito perfeitas e consciências muito imperfeitas, e os níveis da consciência estão muito mais ligados à capacidade da memória do que à intensidade da sensação presente.

Eis um paciente histérico cuja característica é justamente uma prodigiosa incapacidade de concentrar seu espírito no momento presente. Nesses doentes, todas as sensações são muito vivas, mas de curta duração, e muito pouco ligadas entre si; existe, mesmo com relação a tudo que pertence à esfera da sensação normal, uma falta de ligação entre os estados psíquicos, que permite distrair facilmente esses doentes. Então, se atuarmos neles por sugestão verbal, obteremos respostas que serão completamente esquecidas logo depois e que parecerão provir de uma outra personalidade, da subconsciência que parece surgir ao lado do eu normal e diferir dele.

Veremos a seguir esse estado curioso bem salientado pelas pesquisas do sr. P. Janet com seus pacientes.

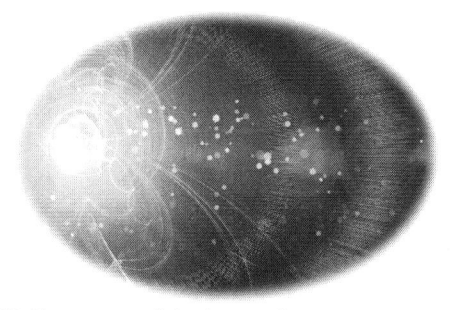

3.
As experiências do sr. P. Janet e a hipótese de um personagem subconsciente

• Pobreza psicológica dos histéricos • Falsa personalidade criada por sugestão • Funções da subconsciência, segundo o sr. P. Janet • Discussão dessa hipótese • A anestesia e a distração histéricas • As sugestões negativas • A relação magnética • Não existe personagem subconsciente • É a alma que passa por mudanças psíquicas alotrópicas • Comparação entre histéricos e médiuns • Supor que os médiuns sejam necessariamente histéricos é contrário aos fatos

Para bem apreciar os estudos do sr. P. Janet, é preciso conhecer seus pacientes, e saber até que ponto diferem das pessoas normais. Tomamos emprestadas suas descrições que são demonstrativas.[1]

Quem quer que examine com atenção a conduta de Lucie no estado de vigília, facilmente constatará que ela é um 'tipo visual' extremamente nítido. Ela pensa, fala, age quase unicamente pelo sentido da vista. Antes de mais nada, a pobre mulher não poderia mesmo agir de outro modo, porque só conservou mais ou menos intato o sentido da vista. Não manteve a sensação tátil em qualquer ponto do corpo; não tem nenhuma sensação muscular; podemos mover-lhe os membros, amarrá-los atrás dela, deter-lhe os movimentos espontâneos, tudo sem que ela o perceba se não estiver olhando.

Essa anestesia tão profunda tirou-lhe toda lembrança de sensações táteis, julga que todo mundo é como ela. Além da

---

1 Janet, P., *L'Automatisme Psychologique*, p. 104.

perda do sentido do tato, Lucie perdeu quase por completo o sentido da audição, só ouve falarem quando a voz está próxima e é bastante forte, não percebe o tique-taque do meu relógio, mesmo se lho puser contra a orelha. A visão, embora muito diminuída (acuidade visual, um terço, campo visual limitado a 20 graus), é ainda o melhor sentido que possui. Assim, serve-se dele continuamente; não faz um movimento, não caminha sem olhar incessantemente para seus braços e pernas, para o chão etc. É assim, aliás, que muitos histéricos podem conservar a capacidade de costurar, tricotar, escrever, sem possuir de modo algum o sentido muscular. Muitas vezes nos enganamos quanto a isso, e por essa razão vários autores declaram que a anestesia muscular é rara na histeria, ao passo que ela é muito frequente. Em alguns casos, as imagens visuais podem até suprir as sensações ausentes, permitindo-lhes fazer movimentos com os olhos fechados. Não é o que acontece com Lucie. Coloquemos-lhe um anteparo diante dos olhos, o que a faz ficar furiosa, e ela não consegue fazer mais nada, nem andar, nem mover os braços, nem mesmo mexer as mãos, vacila e não tardará a cair. Se lhe fechássemos inteiramente os olhos, ela nem sequer conseguiria falar, e... dormiria.

Vemos que ser deprimido é a paciente do sr. P. Janet. Assim, não nos supreende constatar nela uma doença da memória que se traduz por um estado de distração bem acentuado, que a faz esquecer completamente um interlocutor, tão logo fale com outro.[2]

Lucie, que cessa de ver e ouvir as pessoas a partir do momento em que deixa de falar com elas, também lhes ignora a presença, como podemos ver por diferentes traços da sua conduta. Assim que deixa de falar com elas, imagina que foram embora, e, quando a forçamos a prestar de novo atenção nelas, diz: "Então vocês voltaram?' O mais impressionante é que não leva em conta a presença delas, conta segredos em voz alta, sem ser contida pela ideia de que estão presentes... Léonie também é assim, pelo menos durante seu sonambulismo, porque ela não é sugestionável conscientemente no estado de vigília como Lucie. Começa por dizer-me que só quer conversar comigo, e que não me deixará.

2 Janet, P., Op. cit., p. 189.

Gabriel Delanne

Faço-a conversar com uma outra pessoa e paro de falar-lhe, então ela me esquece completamente e, quando essa pesoa vai embora, quer acompanhá-la como se só existisse ela no mundo.

O sr. P. Janet resolveu utilizar essa distração para estudar o personagem subconsciente que, segundo ele, existe fora da personalidade comum. Aproveitando-se da sua declarada obediência, ele dá em voz baixa uma ordem ao paciente, que não a ouve, mas a ordem é executada pela subconsciência que, esta sim, não é surda. Eis os detalhes dessa curiosa experiência:[3]

Léonie, com a distração fácil que é, como vimos, a característica dos histéricos, ouvirá as outras pessoas que lhe falam, mas não me ouvirá mais e não me escutará mesmo que nesse momento lhe ordene alguma coisa. Essa mulher não apresenta, como outros pacientes, uma verdadeira sugestionabilidade em estado de vigília. Se me dirijo expressamente a ela e lhe ordeno um movimento, ela se surpreende, discute e não obedece. Mas quando fala com outras pessoas, consigo falar baixinho atrás dela sem que se vire. Não me escuta mais, e é então que executa as ordens, mas sem sabê-lo. Murmurando, mando-a tirar seu relógio, e as mãos fazem isso delicadamente; mando-a caminhar, pôr suas luvas e tirá-las etc., coisas que não faria se lhe ordenasse diretamente quando me escuta... As mesmas sugestões por distração encontram-se muito facilmente em outros pacientes. Foi em Lucie que as observei pela primeira vez, durante o sonambulismo e durante a vigília, sem compreendê-las muito bem. No início, ela aceitava minhas ordens ou as rejeitava, e então não as executava. Para evitar essas resistências, dava-lhe ordens em voz baixa quando não estava prestando atenção, e ela sempre executava o que lhe havia pedido, sem protestar. Mas fiquei surpreso ao ver que as executava inconscientemente. Peço-lhe que empine o nariz, e suas mãos colocam-se na ponta do nariz. Perguntam-lhe que está fazendo, e *ela sempre responde que não está fazendo nada*, e continua a falar por muito tempo, sem perceber que suas mãos se agitam na ponta do nariz. Faço-a andar no meio da sala, ela continua falando, achando que está sentada. Mais ainda, um dia, sem tê-la prevenido,

3 Janet, P., Op. cit., p. 239.

tentei outra experiência: pedi a uma outra pessoa, ao sr. M., que lhe ordenasse um ato na minha ausência, mas em meu nome. No meio do dia, o sr. M. disse atrás dela: 'O sr Janet quer que teus dois braços se levantem no ar.' Isso foi feito imediatamente, os dois braços ficaram contraídos acima da sua cabeça. Mas Lucie não se importou nem um pouco com isso, continuou o que estava dizendo.

Aqui, constatamos perfeitamente que o ato que a paciente acaba de executar se produz instantaneamente. É precisamente essa amnésia que faz crer num segundo personagem; mas pode-se perceber que a explicação não é exata, porque, sem mudar de estado, ela executa as sugestões e as esquece assim que foram feitas. São fenômenos que não lhe ficam na memória atual, embora produzidos pela personalidade normal. Eis mais algumas provas disso:[4]

> Quando produzíamos assim uma ação permanente, como a contratura do braço, podíamos forçá-la a perceber isso obrigando-a a olhar para seus braços, a tentar movimentá-los. Então ela se assustava, gemia, e começaria uma crise se, com uma palavra, não suprimíssemos todo o sofrimento. *Uma vez curada, porém, e ainda com lágrimas nos olhos, não se lembrava mais de nada* e retomava suas ocupações no ponto em que as havia interrompido.
> A sugestão inconsciente, tanto em Lucie, como em Léonie, aliás, podia opor-se à sua vontade consciente. Quando uma ou a outra se recusavam a fazer ou dizer alguma coisa, bastava distraí-las e ordenar-lhes em voz baixa e elas a faziam sem sabê-lo, ou *diziam bruscamente a frase no meio de uma conversa* que retomavam em seguida, sem se dar conta da interrupção. Por exemplo, o dr. Powilewicz pede a Lucie que cante alguma coisa, ela se recusa energicamente. Murmuro atrás dela: 'Vamos, canta, canta alguma coisa'. Ela interrompe sua convrsa e canta uma ária de *Mignon*, depois retoma a frase que estava dizendo, *convencida de que não cantou e de que não quer cantar diante de nós.*

Vimos o sr. Binet fazer a mão insensível de uma histérica escrever; mas os resultados limitavam-se a pouca coisa, ao

---

4 Janet, P., Op. cit., p. 240.

Gabriel Delanne

passo que se nos aproveitarmos da distração do paciente para introduzir-lhe um lápis na mão e lhe fizermos perguntas em voz baixa, ele responderá como o faria no estado normal, mas sem ter consciência disso.

Ponho um lápis na mão direita (de Léonie) e a mão esquerda aperta o lápis, como sabemos; mas, em vez de dirigir a mão e fazê-la traçar uma letra, que ela repetirá indefinidamente, faço uma pergunta: *Que idade você tem? Em que cidade estamos?...* etc., e logo a mão se agita e escreve a resposta no papel sem que, durante esse tempo, Léonie tenha deixado de falar sobre outra coisa. Fiz com que efetuasse assim operações aritméticas por escrito, que foram bastante corretas; fiz com que escrevesse respostas bem longas, que manifestavam evidentemente uma inteligência desenvolvida.

É certo que o paciente escreve nesse caso, como há pouco conversava, sem conservar a lembrança dessas ações cuja memória não está registrada no eu normal. Podemos agrupar, por sugestão, todos os atos subconscientes de um paciente, de modo a formar uma personalidade fictícia que pareceria ser completamente distinta da consciência normal, quando, na realidade, ela será formada somente pelas sensações esquecidas desse paciente. Eis um exemplo notável, extraído do sr. Janet.[5]

Tendo constatado, não sem algum espanto, confesso, a inteligência secundária que se manifestava pela escrita automática de Lucie, um dia tive com ela o seguinte diálogo, enquanto seu eu normal conversava com outra pessoa: — Está me ouvindo? — pergunto-lhe. — Não (responde ela por escrito). — Mas, para responder, é preciso ouvir. — Sim, absolutamente. — Então, como é que você faz? — Não sei. — Deve existir alguém que me ouça. — Sim. — Quem? — Não é Lucie, é outra. — Ah! Outra pessoa. Quer que lhe demos um nome? — Não. — Sim, será mais cômodo. — Está bem. Adrienne. — Então, está me ouvindo Adrienne? — Sim.

Vê-se claramente como o personagem é criado por sugestão; sempre assinará Adrienne. É pura e simplesmente uma

5 Janet, P., Op. cit., p. 377.

sugestão de personalidade, análoga às que o sr. Richet nos mostrou.[6] Quando a educação da histérica está completa, essa divisão na consciência se mantém por muito tempo e o personagem subconsciente pode manifestar sua existência pela escrita automática, o que nos faz lembrar as comunicações recebidas pelos médiuns, que parecíamos ter perdido um pouco de vista.

Citemos novamente o sr. P. Janet, para termos presentes os fatos mais relevantes em que repousa sua teoria:[7]

> Outra paciente, Léonie, tinha aprendido a ler e escrever passavelmente, e eu me aproveitei de seus novos conhecimentos para fazê-la escrever, durante a vigília, algumas palavras ou algumas linhas inconscientemente; mas dispensei-a sem terlhe sugerido nada de mais.
>
> Léonie tinha deixado o Havre há mais de dois meses, quando recebi dela uma carta muito singular. Na primeira página via-se uma cartinha em tom sério: estava indisposta, dizia, mais doente um dia do que no outro etc., e assinava com seu verdadeiro nome, Joanne B. Mas, no verso, começava uma carta em estilo completamente diferente, e que peço permissão para reproduzir a título de curiosidade:
>
> 'Meu caro bom senhor, acabo de dizer-vos que Léonie de verdade, de verdade mesmo, me faz sofrer muito, ela não consegue dormir e me faz muito mal; vou destruí-la, ela me aborrece, estou doente também, e muito cansada. Isto é da parte da vossa muito devotada Léontine.' Quando Léonie regressou ao Havre, interroguei-a naturalmente sobre a singular missiva. Ela havia guardado uma recordação bem exata da *primeira carta*, ainda conseguia dizer-me seu conteúdo; lembrava-se de ter selado o envelope, e mesmo de detalhes quanto ao endereço, que tinha escrito com dificuldade. Mas não tinha qualquer lembrança da *segunda carta*. Esse esquecimento, aliás, era justificável: nem a familiaridade da carta, nem a liberdade do estilo, nem as expressões usadas, e nem a assinatura, particularmente, pertenciam a Léonie no seu estado de vigília. Tudo, ao contrário, pertencia ao personagem inconsciente, que já se havia revelado a mim em muitos outros atos. Inicialmente, pensei que tivesse ocorrido um ataque de sonambulismo espontâneo entre o momento em que ela terminava a primeira carta e o instante

---

6 Richet, Chartes, *l'Homme et l'Intelligence*, p. 151.
7 Janet, P., Op. cit., 320.

Gabriel Delanne

em que punha o selo no envelope. O personagem secundário do sonambulismo, que sabia do interesse que eu tinha por Léonie e conhecia o modo como frequentemente a curava dos seus ataques nervosos, teria aparecido por um instante para pedir-me ajuda; o fato em si já era muito estranho. Mas depois essas cartas subconscientes e espontâneas se multiplicaram e eu pude estudar-lhes melhor a produção. Felizmente, certa vez conseguir surpreender Léonie no momento em que executava essa singular operação. Estava junto a uma mesa e ainda segurava o tricô em que estivera trabalhando. O rosto estava bem calmo, os olhos meio fixos no ar, mas não me parecia em ataque cataléptico. Cantava à meia-voz uma canção camponesa; a mão direita escrevia rápida, como se furtivamente. Comecei por tirar-lhe o papel, sem que o percebesse, e falei com ela, que se virou de repente, bem acordada, mas um pouco surpresa, porque, no seu estado de distração, não tinha me ouvido entrar. Tinha passado o dia todo tricotando, dizia, e estava cantando porque achava que estava sozinha. Não tinha a menor noção do papel em que estava escrevendo. Tudo se passara exatamente como nos atos inconscientes por distração, com a diferença de que nada havia sido sugerido.

Formação da subconsciência, segundo o sr. Janet

Para nós, é muito importante estudar a fundo os fenômenos por meio dos quais se pretende provar a existência, nos histéricos e nos neuropatas, de uma segunda personalidade, vivendo fora do eu normal e possuindo uma vida psicológica independente da consciência do paciente.

Se essa hipótese fosse exata, então em quase todo mundo — porque os psicólogos estendem facilmente aos indivíduos sãos as teorias que imaginaram para a explicação de casos mórbidos — haveria dois seres diferentes, dos quais pelo menos um, o eu comum, ignora a existência do outro. Essa entidade subconsciente poderia agir a seu bel-prazer e independentemente da consciência, que ficaria absolutamente alheia a todas as ideias e a todos os atos desse hóspede parasita. Haveria mesmo duas ou três almas coabitando, porque há várias subconsciências. Os sonâmbulos constituiriam uma coleção inteira de personalidades, vivendo cada qual ao seu modo, e todas servindo-se do mesmo instrumento: o corpo físico. Essa bizarra concepção foi empregada como explicação para fenômenos mediúnicos. Os incrédulos, e mesmo alguns espíritas, aceitaram-na para explicar todos os fenômenos de vidência, de premonição, de possessão, e dos inúmeros casos em que os sensitivos mostram conhecimento de fatos que ignoram no seu estado normal, e que não tiveram meios de tomar conhecimento pelos sentidos normais. É absolutamente necessário escrutar atentamente as experiências dos srs. Binet e Janet para saber exatamente a que nos atermos quanto à explicação dessas anomalias. Inicialmente, passamos a palavra ao autor de *l'Automatisme Psychologique*, e em seguida exporemos nossa maneira de ver, discutindo-lhe as asserções. O sr. P. Janet, como Taine, Renan, Stuart Mill, Ribot etc., não acredita na unidade persistente do eu. Para ele e para a escola materialista, a consciência é formada, a cada instante, por uma síntese ativa que liga as sensações simultâneas umas às outras, as agrega, funde-as num estado único a que a percepção principal dá o tom, mas que provavelmente não se assemelha de forma completa a nenhum dos elementos constituintes. Esse fenômeno é o da percepção. Como essa percepção se produz a todo instante, e como contém tanto lembranças como sensações, ela dá origem à personalidade.

Para um indivíduo teórico, todos os estados de consciência conteriam todas as sensações, e ele teria um nítido conhecimento de todos os fenômenos que se passam nele. Mas, no indivíduo mais saudável há uma quantidade de sensações que escapam à percepção direta e, nos histéricos e neuropatas, o estreitamento do campo da consciência deixa fora da personalidade uma quantidade muito grande de fenômenos sensitivos. Que acontece com essas sensações desconhecidas do indivíduo? Na maioria das vezes elas desempenham um papel bem apagado; a separação, o isolamento, provocam-lhes a fragilidade.

Cada um desses fatos contém em si uma tendência ao movimento, que se realizaria se fosse único, mas eles se destroem reciprocamente, e principalmente são afastados pelo grupo mais forte das outras sensações sintetizadas sob a forma de percepção pessoal. Eles só conseguem produzir leves estremecimentos dos músculos, esses tiques convulsivos do rosto, esse tremor dos dedos que dão a muitos histéricos um cunho particular.

Mas, é muito fácil favorecer-lhes o desenvolvimento, e para tanto basta suprimir ou diminuir o obstáculo que os detém. Distraindo o paciente, fechando-lhe os olhos, diminuímos ou desviamos noutro sentido a atividade da personalidade principal, e deixamos o campo livre aos fenômenos subconscientes, ou não percebidos. Basta então evocar um deles, levantar o braço ou movimentá-lo, pôr um objeto nas mãos ou pronunciar uma palavra, para que essas sensações apresentem, segundo a lei comum, os movimentos que as caracterizam. Esses movimentos não são percebidos pelo próprio indivíduo, já que se produzem exatamente na parte da sua pessoa que, para ele, está anestesiada. Ora se produzem nos membros de que o indivíduo perdeu completa e perpetuamente a sensação, ora nos membros de que o indivíduo não se ocupa no momento; o resultado é sempre o mesmo. Podemos fazer o braço esquerdo de Léonie virar, tendo apenas a precaução de escondê-lo com um anteparo, porque ele permanece anestesiado; podemos fazer seu braço direito mover-se desviando-lhe a atenção para outro ponto, porque o braço só está acidentalmente anestesiado. Em ambos os casos, porém, o braço se moverá sem que ela o saiba. *Rigorosamente falando, esses movimentos determinados pelas sensações não percebidas não são notados por ninguém,*[8] porque essas sensações desagregadas, reduzidas ao estado de poeira mental, não são sintetizadas em nenhuma personalidade. São atos catalépticos determinados pelas sensações subconscientes, mas não pessoais.

A despeito da autoridade de Maine de Biran, evocada pelo autor, assinalamos de passagem a singularidade dessas *sensações conscientes,* mas não pessoais. Geralmente se admite que o caráter consciente é determinado pelo *eu* no momento em que percebe a sensação. Se esta permanece completamente alheia a esse *eu*, como pode ser consciente? Mas continuemos a exposição da teoria do sr. Janet:

Se uma vez ou outra as coisas se passam assim, não é difícil

---

8 O grifo é nosso, porque logo se verá que o autor está em contradição consigo mesmo.

perceber que frequentemente são mais complexas. Os atos subconscientes nem sempre manifestam simples sensações impessoais, pois nos revelam evidentemente alguma memória. Quando levantamos pela primeira vez o braço de uma histérica anestésica para verificar a catalepsia parcial, devemos segurá-lo por algum tempo no ar, precisando a posição que desejamos obter; depois de algumas tentativas, basta erguer um pouco o braço para que este assuma espontaneamente a posição desejada, como se tivesse compreendido por meias palavras. Se um ato desse tipo foi executado em dada circunstância, ele se repetirá automaticamente quando a mesma circunstância se repetir. Mostrei um exemplo dos atos subconscientes de Léonie para o sr. X.., mandando-a sacudir o braço esquerdo, coisa de que ela sequer suspeita; pouco depois, quando revê a mesma pessoa, seu braço esquerdo se ergue e volta a agitar-se. Alguns pacientes, como Marie, limitam-se, quando lhes guiamos a mão anestésica, a repetir o mesmo movimento indefinidamente, a escrever sempre a mesma letra num papel; outros completam a palavra que lhes fizemos começar; outros escrevem, sob ditado, a palavra que pronunciamos quando estão distraídos e não a ouvem devido a uma espécie de anestesia sistematizada, e finalmente, eis alguns, como N., Léonie ou Lucie, que se põem a responder por escrito a pergunta que lhes fizemos. Essa escrita subconsciente contém reflexões exatas, relatos circunstanciados, cálculos etc.

As coisas mudam de natureza, não se trata mais de atos catalépticos determinados por simples sensações brutas, há percepções e alguma inteligência. Mas essa percepção não faz parte da vida normal do paciente, da síntese que o caracteriza e que está representada em P'na nossa figura, porque o paciente ignora a conversação mantida por sua mão, assim como ignorava as catalepsias parciais. É absolutamente necessário supor que as sensações que ficaram fora da percepção normal foram, por sua vez, sintetizadas numa segunda percepção P. Essa segunda percepção provavelmente é composta (será necessário verificar) de imagens T'M' táteis e musculares de que o paciente jamais se utiliza e que abandonou definitivamente, e de uma sensação auditiva A"que ele pode captar, já que, em certos casos, pode ouvir, mas que deixou de lado momentaneamente, visto que se ocupa com as palavras de uma outra pessoa. Formou-se uma segunda existência psicológica, simultânea à existên-

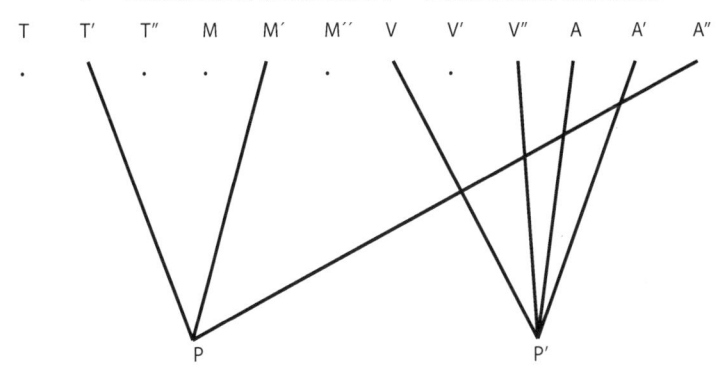

TT'T" Sensações táteis — MM'M" Sensações musculares — VV'V" Sensações visuais — AA'A" Sensações auditivas

cia psicológica normal, e com as sensações conscientes que a percepção normal em grande parte havia abandonado. Qual é, efetivamente, o sinal essencial da existência de uma percepção? É a unificação desses diversos fenômenos e a noção da personalidade que se exprime pela palavra *eu*. Ora, essa escrita subconsciente emprega a todo instante a palavra *eu*, é a manifestação de uma pessoa, exatamente como a palavra do indivíduo. Não existe somente percepção secundária, há a personalidade secundária, *secondary self*, como diziam alguns autores ingleses, ao discutirem as experiências sobre a escrita automática que publiquei há tempos.

Vimos como o sr. Janet impôs o nome Adrienne ao personagem subconsciente de Lucie. Segundo o autor, é principalmente essa segunda personalidade que tem conhecimento das sensações negligenciadas pela personagem primária ou normal.

É ele que me diz que estou beliscando o braço ou que estou tocando o dedo mindinho, ao passo que Lucie há muito tempo perdeu toda a sensação tátil; é ele que vê os objetos que a sugestão negativa tirou da consciência de Lucie, que observa e aponta para os algarismos nos meus papéis. Ele se utiliza das sensações que lhe deixamos para produzir seus movimentos. Sabemos, com efeito, que um mesmo movimento pode ser executado, pelo menos por um adulto, de diferentes maneiras, graças a imagens visuais ou a imagens cinestésicas; por exemplo, Lucie só consegue escrever através de imagens visuais; ela se inclina e acompanha sem cessar com os olhos a caneta e o papel. Adrienne, que é a segunda pessoa simultânea, escreve sem olhar para o papel, porque se serve das imagens cinestésicas da escrita. Cada qual tem seu modo de agir, como seu modo de pensar.

Qual é, então, esse misterioso personagem que se revela ao observador com uma personalidade tão nitidamente diferente da personalidade do indivíduo no estado normal? O sr. Janet vai informar-nos:

Ao estudar em certos pacientes essa segunda personalidade que se revelou a nós sob a consciência normal, não se pode evitar uma certa surpresa. Não sabemos como explicar o desenvolvimento rápido, e algumas vezes repentino, dessa segunda consciência. Se ela resulta, como supusemos, do agrupamento das imagens que ficam fora da percepção normal, como é que essa sistematização pode produzir-se tão rapidamente? A segunda pessoa tem um caráter, preferências, caprichos, atos espontâneos; como adquiriu tudo isso em poucos instantes? Nossa perplexidade cessará se observarmos que essa forma de consciência e de personalidade não está existindo pela primeira vez agora. Já a vimos em algum lugar e não será difícil reconhecer nela uma velha conhecida: ela é pura e simplesmente o personagem do sonambulismo que se manifesta dessa nova maneira durante o estado de vigília. É a memória que estabelece a continuidade da vida psicológica, é ela que nos permitiu estabelecer a analogia entre os diversos estados sonambúlicos, e também ainda é ela que vai aproximar a existência subconsciente, que ocorre durante a vigília do indivíduo, da existência alternante que caracteriza o sonambulismo.

Realmente, o sr. Janet estabelece por exemplos:
1º Que os fenômenos subconscientes durante a vigília contêm as lembranças adquiridas durante os sonambulismos etc.
2º Que, durante o sonambulismo, reencontramos a lembrança de todos esses atos e de todas essas sensações subconscientes.

Mas, em que sonambulismo recuperamos essas lembranças? Sabemos que existem vários sonambulismos, tendo cada um deles uma memória especial. Para distingui-los facilmente, o sr. Janet designa o primeiro sono de Léonie ou de Lucie pelo n° 1, o segundo pelo n° 2 etc. Passemos-lhe novamente a palavra:

Se, uma vez em sonambulismo, o indivíduo não encontra a lembrança dos seus atos subconscientes da véspera, é preciso adormecê-lo mais, porque a persistência dos atos subconscientes, assim como as anestesias, indicam que há sonambulismos mais profundos. Conhecemos esses estados sonambúlicos variados que se obtêm ora por gradações insensíveis, ora por saltos bruscos através de estados letárgicos ou catalépticos. *Cada novo estado de sonambulismo traz consigo a lembrança de um certo número desses atos subconscientes.* Léonie 3 é a primeira a lembrar-se de alguns atos, que atribui a si mesma. 'Enquanto a *outra* falava, diz ela a respeito de um ato inconsciente da véspera, o senhor pediu-lhe que tirasse o relógio. Tirei-o por ela, mas ela não quis ver a hora... Enquanto ela conversava com um fulano, diz, a propósito de um ato de sonambulismo, o senhor me mandou fazer uns buquês... fiz dois, fiz isto e aquilo...' e repete todos os gestos que descrevi e que tinham sido completamente ignorados nos estados precedentes. Léonie 3 se lembra igualmente das ações que foram executadas durante a catalepsia completa que, nessa paciente, precede o sonambulismo.
Lucie, que no primeiro sonambulismo não tinha absolutamente qualquer lembrança dos atos subconscientes, nem do personagem Adrienne, retoma essas lembranças de modo mais completo possível no segundo sonambulismo. Não se deve negar, portanto, a relação entre as existências sucessivas e as existências simultâneas só porque o indivíduo não reencontra, logo no seu primeiro sonambulismo, a lembrança de certos atos subconscientes; muitas vezes basta adormecê-lo mais para que sua memória seja completa.

Em resumo, o sr. P. Janet admite:
1° Que devido ao estreitamento do campo da consciência nos histéricos, certas sensações ficam desagregadas e, consequentemente, inconscientes, poque existem à parte e não são

sintetizadas na percepção normal do indivíduo;

2º que as sensações podem reunir-se, agregar-se, para formar uma segunda existência psicológica, que subsiste fora da personalidade comum.

É esse personagem que percebe o que o indivíduo comum não sente; é ele que executa as sugestões negativas ou pós-hipnóticas.

Discussão da hipótese do sr. P. Janet

Para explicar todos os fatos que acabamos de assinalar, duas hipóteses se confrontam. O sr. Janet afirma que existem ao mesmo tempo no indivíduo duas consciências diferentes: uma, que é normal, ou seja, que conserva as lembranças da vida cotidiana e que se liga ao passado; a outra, parasitária, que se desenvolveu espontaneamente, devido à doença. Quanto a nós, cremos que existe sempre uma única consciência e que os fenômenos que parecem inconscientes estão apenas esquecidos, mas foram percebidos no momento em que foram registrados pelo indivíduo normal, que é quem perde a lembrança dos atos, à medida que se produzem.

Dito de outra forma: o estado da sensibilidade determina uma relação na massa de sensações que chegam à alma. Umas são imediatamente esquecidas, outras persistem na memória. É o que tentaremos provar através de uma discussão detalhada dos fatos.

Acabamos de ver que o sr. P. Janet fala de sensações conscientes, mas não pessoais, e por isso é obrigado a empregar termos incompreensíveis.

Que é uma poeira mental? Que valor pode ter esta expressão, a não ser o de um sentido metafórico? Como é que sensações conseguem buscar-se, reunir-se? Elas não ficam perambulando pelo cérebro, porque cada qual tem um território bem determinado.

A partir das pesquisas começadas em 1870 por Fritch e Hitzig, hoje sabemos perfeitamente que as sensações que chegam dos órgãos dos sentidos localizam-se em determinadas partes do cérebro. Luys provou que as camas ópticas contêm, para cada espécie de sensação, núcleos de matéria cinzenta, nos quais passam as impressões ópticas, olfativas, acústicas.

Em 1875, Ferrier demonstrou claramente a existência de um centro perceptivo da audição, um centro do olfato, do gosto, finalmente, um centro perceptivo do tato. Quanto ao centro motor da linguagem articulada, já havia sido determinado com precisão por Broca, em 1861. Ele chamou a atenção para o fato de todos os afásicos apresentarem uma lesão na parte posterior da terceira circunvolução frontal, e, para precisar ainda mais, na dobra superciliar.

Vemos, portanto, que é possível constatarmos as regiões cervicais em que se opera a disseminação das impressões ópticas, olfativas, acústicas etc.[9]

Não entendemos bem como as sensações isoladas, inconscientes, já que por hipótese estão fora do normal, conseguem reunir-se para formar uma segunda personalidade. A estranheza aumenta quando se assiste à rápida eclosão desse ser que, de repente, manifesta gostos, caprichos e um caráter todo particular. Como é que todos esses elementos separados conseguiram buscar-se, conhecer-se, amalgamar-se a esse ponto, e por que milagre essa personalidade que surgiu tão bruscamente sabe servir-se imediatamente — sem qualquer aprendizagem — das associações dinâmicas tão complicadas que constituem o mecanismo da palavra ou da escrita?

Evidentemente, isso parece inverossímil, porque essa eclosão espontânea de uma personalidade tão instruída, tão adiantada psicologicamente, seria um fenômeno sobrenatural. Dizemos também que estamos diante de uma velha conhecida, que é a personagem sonambúlica que se manifesta assim durante o estado de vigília. Depois da experiência do sr. Gurney por meio da prancheta,[10] duvidamos disso, e tudo o que desejamos é crer, ainda mais que isso nos remete à nossa hipótese: que a pretensa personagem subconsciente é apenas uma modificação anormal da personalidade. Realmente, se a memória colabora certamente para estabelecer a personalidade, quando encontrarmos uma memória completa de tudo que se produziu na vida do indivíduo, estaremos diante de uma personalidade íntegra.

Eis uma histérica a quem se dá uma ordem murmurando-

9 Luys, *Le Cerveau*, p. 81.
10 Ver "Escrita automática", no cap. II, da primeira parte desta obra.

lhe algumas palavras ao ouvido; sua consciência normal nada sabe, nada ouve; é preciso mergulhá-la em sonambulismo para que seu eu encontre a lembrança da palavra pronunciada.

Pode acontecer que o esquecimento persista no primeiro sono, então é preciso continuar os passes, como se ela não estivesse dormindo, e assim se faz nascer um segundo e mesmo um terceiro sonambulismo, onde ela encontra não apenas a lembrança das aquisições subconscientes, mas todas as da vida normal, desde a infância, e mesmo a lembrança das suas crises, das suas alucinações e de seus passeios pela casa em sonambulismo natural.[11]

Eis-nos aqui diante da personalidade total, que reconstituiu integralmente as lembranças da vida toda, mesmo as normalmente ignoradas.

Ao desmagnetizar a paciente, faz-se com que as lembranças momentaneamente ressuscitadas caiam progressivamente no esquecimento. São camadas mentais sucessivas, uma espécie de fatias psíquicas que descem abaixo do limiar da consciência e esta, de volta ao estado normal, em consequência dessa diminuição contínua é agora rudimentar, atrofiada, como aquela cuja existência constatamos em Lucie, Léonie, Rose etc.

Portanto, o personagem subconsciente não é necessariamente uma personalidade distinta; ele faz parte da individualidade total, é uma redução dela empobrecida, parece separado dela somente devido à doença que oblitera a memória de tudo que lhe concerne.

Deve ser assim, porque o sr. P. Janet explica claramente que as existências psicológicas sucessivas só diferem entre si por variações da memória, que são determinadas por mudanças no estado da sensibilidade do indivíduo.

> O estado sonambúlico — diz ele —, como já mostramos no início deste capítulo, não apresenta características próprias, que sejam de certa forma específicas. Quando se trata de uma pessoa que só podemos examinar num único período da sua existência, é impossível determinar em que estado ela se encontra.[12]
>
> O estado sonambúlico tem apenas características relativas, e

11 Janet, P., Op. cit., p. 106.
12 Janet, P., Op. cit., p. 125.

Gabriel Delanne

só pode ser determinado por comparação com outro momento da vida do indivíduo, o estado normal ou estado de vigília.[13] Quando se tem oportunidade de observá-los (os sonâmbulos), dizem os magnetizadores antigos que entendem disso, fica-se convencido de que há duas vidas bem distintas ou, pelo menos, duas maneiras de ser na vida dos sonâmbulos.[14] Assim se explica a verdade tão frequentemente repetida de que não há um só fenômeno constatado durante o sonambulismo: anestesia ou excitação sensorial, paralisia, contratura, emoções ou debilidade intelectual etc., que não se encontre em uma outra pessoa na sua vida cotidiana. Somente que nesta essa característica é constante e normal durante toda a vida; naquela, é acidental e só existe durante a segunda vida, mas, na realidade, a característica é a mesma. Um indivíduo que é idiota, ou cego, ou inteligente em sonambulismo, não é diferente de outro que é idiota, cego, ou inteligente na sua vida normal, só que não o é por toda sua vida. Rose, num dos seus sonambulismos profundos, torna-se hemi-anestésica esquerda; atualmente, este é um estado completamente normal nela, porque, vejo-a diariamente há sete meses, e ela sempre foi anestésica total. Esse estado não dura, porque, se a desperto, ou mesmo a deixo tranquila, sem excitação, ela perde pouco a pouco a sensibilidade do lado direito e retoma a vida normal, na qual nada sente. Mas esse estado, que chamamos de sonambulismo em Rose, neste momento é a vida normal de Marie, que há um mês é hemianestésica esquerda; e nela as características desse estado são exatamente as mesmas. Mais ainda, a própria Rose, como vimos, há algum tempo passou três meses em hemi-anestesia esquerda. *Ela estava então naturalmente, durante esses três meses, no estado que é agora um sonambulismo.* Mas, se a despertarmos, ela vai esquecer tudo. Sem dúvida, mas não esqueceu tudo também quando, depois desses três meses de semi-saúde, despertou anestésica total? É a mudança de estado sensorial, não o sono, que produz o esquecimento. Se eu, que sou motor, encontrasse um meio de dar ao meu vizinho, que é pintor e visual, meu estado de consciência, ele não se lembraria mais da sua vida passada, que no entanto parecia normal."

Vemos, pois, que se a subconsciência nada mais é senão o

13 Bourru e Burrot, *Les Variations de la Personnalité*, p. 122.
14 Pigeaire, *Électricité Animale*, 1836, p. 44.

personagem sonambúlico, este não tem uma natureza diferente da natureza da personalidade comum. Em vez de suceder ao estado normal, coincide com ele. Melhor dizendo, há uma cisão na memória do indivíduo. Uma parte da sua existência permanece-lhe conhecida, enquanto a outra parte é completamente ignorada, em consequência do esquecimento que se produziu instantaneamente quanto a tudo que diz respeito a ela. É a histeria que provoca essa perturbação profunda e que exagera de forma mórbida um fenômeno normal: o da distração.

A memória está sempre intimamente ligada ao estado da sensibilidade; qualquer modificação desta última provoca necessariamente lacunas na faculdade de lembrar. A epilepsia, por exemplo, tem por resultado, durante a crise, abolir toda memória.

Trousseau conta o caso de um magistrado que, residindo na prefeitura de Paris, como membro de uma sociedade de cientistas, saía de cabeça descoberta, ia até o ministério, assumia seu posto, participava das discussões, sem a menor lembrança do que havia feito.[15]

Eis a seguir mais um fato que mostra como a amnésia está em estreita correlação com os transtornos da sensibilidade:

> O mecânico de um navio a vapor cai de costas; a parte posterior da sua cabeça bate num objeto duro; ele fica inconsciente por algum tempo. Ao voltar a si, recupera uma saúde física perfeita; conserva a lembrança dos anos que se passaram até o acidente; a partir desse momento, porém, não existe mais memória, mesmo para os fatos estritamente pessoais. Ao chegar ao hospital, não consegue dizer se foi a pé, de carro ou de trem. Ao sair do almoço, esquece o que acaba de fazer; não tem qualquer ideia da hora, do dia ou da semana. Pela reflexão, tenta responder as perguntas que lhe fazem; não consegue. Sua fala é lenta, mas precisa. Diz o que quer dizer e lê corretamente. Com uma medicação apropriada, a enfermidade desapareceu.

A distração e a anestesia histéricas

Agora talvez pareça menos estranho que um fenômeno

---

15 Laycok, *On Certains Disorders and Defects of Memory*, p. 12, citado pelo sr. Ribot em *Les Maladies de la Mémoire*, p. 62.

Gabriel Delanne

consciente possa chegar a ser esquecido tão radicalmente que o indivíduo sustente de boa fé jamais ter tido conhecimento dele, uma vez que já citamos alguns exemplos. Lucie se assusta, geme, quando lhe mostram seus braços contraídos, teria mesmo uma crise se, com uma palavra, não se fizesse cessar esse estado; uma vez curada, porém, e com *lágrimas nos olhos*, não se lembra mais de nada. É ela também que canta a ária de *Mignon* sem ter consciência disso.[16] Para que a distração chegue a esse nível, evidentemente é preciso que os indivíduos sejam profundamente diferentes das pessoas normais. Já assinalamos o triste estado das infelizes que são privadas da maior parte dos seus sentidos. Sua existência habitual decorre numa espécie de acanhamento intelectual que lhes rouba o livre gerenciamento de si mesmas.

Léonie passeia sozinha pelas ruas e se entrega imprudentemente às suas fantasias; quando presta atenção no seu caminho, surpreende-se por achar-se num ponto bem diferente da cidade. A *outra* (o personagem subconsciente) achou espirituoso levá-la à minha porta. Por carta, avisam-lhe que pode voltar ao Havre e ela volta, sem saber como; a outra, com pressa de chegar, a faz partir o mais rápido possível e sem bagagens.[17]

Na verdade, é possível que Léonie estivesse no segundo estado ao executar esses atos, uma vez que a lembrança não é guardada pela consciência comum. Eis mais um fato que parece apoiar essa maneira de ver:

Como Léonie tinha vindo com frequência à minha casa, eu achava que conhecesse bem meu endereço; um dia, falando com ela durante o estado de vigília, fiquei admirado ao ver que ela o ignorava completamente, e mais, que não conhecia o bairro. Tendo o segundo personagem tomado todas as informações para si, o primeiro parecia não conseguir mais possuí-las.

Concebe-se que em pessoas tão neuróticas o fenômeno da escrita automática possa assumir proporções consideráveis, já

16 Janet, P., Op. cit., p. 249.
17 Jnaet, P., Op. cit., p. 322.

que elas executam toda uma série de atos sem guardar-lhes a lembrança. É a exageração do que por vezes se produz na vida normal sob a influência da distração. Frequentemente acontece que, durante uma visita aborrecida ou sob a influência de sérias preocupações, mesmo pessoas em perfeita saúde conversem distraidamente, seguindo o curso de seus pensamentos. Um instante depois, lhes seria difícil lembrar-se do que o visitante disse e do que elas responderam. Podemos às vezes, enquanto escrevemos, acompanhar uma conversa mantida ao nosso lado e participar dela sem interromper nosso trabalho.

É verdade que nesse caso frequentemente ocorre que no fim não se sabe muito bem o que se escreveu e é preciso reler para lembrar-se. Ora, nos histéricos o fenômeno do esquecimento é constante no que se chama de escrita automática. A consciência normal perde imediatamente a memória das ideias que os caracteres gráficos traduzem no papel, de modo que a escrita parece inconsciente.

A simultaneidade e a independência completa da escrita automática e da fala são muito dificilmente obtidas. Só fazendo o indivíduo falar sobre coisas indiferentes sua mão continua a escrever; mas se a redação exige cuidado, ou se lhe excitarmos vivamente a atenção, ou ele para de escrever, ou não responde mais ao interlocutor.

Eis por que não se deveria crer que a separação entre consciência normal e o suposto personagem subconsciente seja sempre tão perfeita quanto as citações precedentes pareciam provar. Durante a escrita automática, às vezes constata-se uma mistura entre as ideias expressas pela caneta e as enunciadas pela palavra:

> Uma das pacientes de quem falei, N., por vezes misturava na sua escrita automática palavras que não tinham qualquer sentido, mas que eram a reprodução das que pronunciava pela boca. Se lhe pedisse para fazer uma operação aritmética inconscientemente pela escrita e se outra pessoa lhe pedisse que pronunciasse cifras inconscientemente, constatava-se na escrita a confusão das duas cifras. Essa mistura aconteceu também, mas muito raramente, com Léonie; não me recordo de tê-la constatado com Lucie.[18]

18 Janet, P., Op. cit., p. 274.

Gabriel Delanne

Essa divisão da atenção é possível para uma pessoa normal,[19] mas torna-se muito difícil para uma histérica, não que lhe seja impossível escrever e falar ao mesmo tempo, pois já citamos exemplos disso, mas a lembrança do que se passa no membro insensível não pode ser conservada na consciência, devido à fragilidade da percepção quanto às sensações que chegam das partes anestesiadas.

Devido à sua debilidade mental, o histérico não pode aplicar-se por muito tempo a uma tarefa tão difícil quanto acompanhar uma conversa e escrever. Se desenvolvemos muito os fenômenos subconscientes, o indivíduo normal se entrega por completo a essas experiências, não responde mais aos seus interlocutores, fica totalmente atento à sugestão da magnetizador, adormece.

> Já havia observado — diz o sr. Janet — que duas pacientes, em especial Léonie e Lucie, adormeciam frequentemente, contra minha vontade, no meio de experiências sobre os atos inconscientes no estado de vigília, mas tinha relacionado esse sonambulismo unicamente à minha presença e ao hábito de sonambulismo delas. O fato seguinte me fez perceber meu equívoco. O sr. Binet fizera a gentileza de mostrar-me uma de suas pacientes na qual estudava os atos subconscientes por anestesia, e eu lhe pedi permissão para reproduzir naquela paciente as sugestões por distração. As coisas se passaram exatamente como eu esperava. A paciente (H.), bem acordada, conversava com o sr. Binet; postado atrás dela, sem que o percebesse, mandava-a mover a mão, responder às minhas perguntas por sinais etc. De repente H. parou de falar com o sr. Binet e, voltando-se para mim, de olhos fechados, continuou corretamente, *pela fala consciente*, a conversa que havia começado comigo por *sinais subconscientes*; por outro lado, definitivamente não falava mais com o sr. Binet, não o ouvia mais, em suma, tinha caído em sonambulismo eletivo. Bastou despertá-la para que

---

19 É certo que o orador que enquanto fala fica se ouvindo falar para modificar o som da sua voz, controlar sua elocução, variar o ritmo das suas entonações, e analisar as impressões do público, atinge um alto nível de divisão da atenção; segue várias ordens de ideias ao mesmo tempo; mas para pessoas comuns, e com mais razão ainda para os histéricos, é difícil fazer várias operações diferentes ao mesmo tempo: por exemplo, executar um cálculo mental e apertar ritmadamente um certo número de vezes uma bola de borracha. Eis por que uma das operações mentais é esquecida. (Ver Binet, *Altérations de la Personnalité*, p. 217).

tudo fosse naturalmente esquecido. H. não me conhecia, portanto não fora a minha presença que a fizera adormecer: o sono era, então, o resultado do desenvolvimento dos fenômenos subconscientes, que tinham invadido, depois apagado a consciência normal.[20]

O sr. Janet diz que estava alheio ao desenvolvimento da subconsciência, mas vemos claramente que suas perguntas obrigavam a paciente a dividir sua atenção para manter dois diálogos diferentes; sua influência sugestiva superou a do sr. Binet, que não exercia nenhuma ação, porque H. parou de falar-lhe e *continuou* sua conversa com o sr. Janet. Parece-nos difícil encontrar um exemplo melhor para pôr em evidência o fato essencial de que a atenção da histérica estava cindida em duas partes e, como nós mesmos faríamos, se fôssemos obrigados a responder a duas pessoas ao mesmo tempo, escolheríamos uma delas para continuar nossa conversa. A diferença é que na histérica a lembrança do segundo interlocutor e do que está ligado a ela não é conservada pela consciência normal. Foi isso que deu a esses fenômenos sua aparente estranheza. Logo veremos a mesma característica, mais acentuada ainda, nas sugestões negativas.

O esquecimento nos histéricos

Para nós, é da maior importância mostrar muito bem que o esquecimento nos histéricos é somente uma enfermidade da memória porque, se esta hipótese for exata, não há a menor necessidade de recorrer à criação de um personagem subconsciente para compreender todos os variados fenômenos psíquicos que eles apresentam: estados sonambúlicos sucessivos, escrita automática etc.

Estabeleçamos, por experiências diretas, o esquecimento imediato.

Primeiro citaremos o sr. Janet:[21]

Se há um ponto admitido em psicologia — diz ele —, é que a memória é somente a conservação das sensações; qual-

20 Janet, P., Op. cit., p. 329.
21 Janet, P., Op. cit., p. 294-95.

quer sensação pode, por diferentes razões, não se transformar numa lembrança, *mas toda lembrança foi uma sensaçõa consciente.*

Se nossos pacientes realmente não sentem as impressões produzidas nas partes anestesiadas do seu corpo, não devem, evidentemente, conservar-lhes a lembrança.

É justamente o que dizemos. E acrescentamos que, se o paciente não se recorda da ação exercida sobre ele, não é por não tê-la sentido, mas porque a lembrança dessa sensação foi abolida. Restitua-se a sensibilidade ao membro e com ela a memória será restabelecida. Eis o que parece confirmar nossa maneira de ver:

> Estando o olho direito de Marie cuidadosamente fechado, ela imagina, como sabemos, que está numa profunda escuridão. Sem me preocupar com o que ela diz, faço passar várias vezes diante do seu olho esquerdo um pequeno desenho, que retiro em seguida.
> Esse desenho representava uma árvore com uma cobra subindo enrolada ao tronco. Deixo-a então abrir o olho direito e interrogo-a; ela afirma que não viu nada. Alguns minutos depois, aplico-lhe na têmpora esquerda uma placa de ferro, que é o metal de sua predileção; o formigamento se faz sentir no lado esquerdo da cabeça, e o olho, como se sabe, recupera por algum tempo a sensibilidade normal. Pergunto-lhe então se se lembra do que lhe mostrei. — Claro — diz ela — era um desenho, uma árvore com uma cobra subindo enroscada. Dias mais tarde, repito a experiência assim: mostro somente ao olho esquerdo, que estava novamente anestésico, um desenho. Era uma grande estrela desenhada com lápis azul. Depois, quando os dois olhos estão abertos, mostro-lhe uma dezena de pequenos desenhos, entre os quais se encontra a estrela; ela não reconhece nenhum e afirma que os está vendo pela primeira vez. Aplico-lhe na têmpora a placa de ferro, a sensibilidade volta, e Marie, pegando o papel onde está a estrela azul, me diz: — Exceto este, porém, que já vi uma vez.

Constatamos que a paciente, que não deixou de estar no estado normal, recupera uma lembrança que se perdeu assim que foi registrada, porque ela diz: "já o vi uma vez". Quem fala não é um personagem subconsciente, é ela mesma, com sua consciência comum; é esta que, como costumamos dizer, esquece, porque a sensação que lhe chega de um órgão tornado insensível pela doença não tem intensidade suficiente para ser conservada. Mas se, por um meio físico, se aumenta essa sensibilidade — aqui foi pela metaloterapia —, imediatamente a lembrança volta a ser consciente.

Pode-se generalizar, quanto aos outros sentidos, o que acaba de ser observado com relação ao sentido da vista. Efetivamente:

> A mesma experiência pode ser feita com o sentido tátil: Um dia ponho na mão completamente anestésica da mesma paciente um pequeno objeto (era um botão de rosa) e deixo-o ali por alguns instantes, tomando todas as precauções para que ela não consiga vê-lo. Pergunto-lhe se tem alguma coisa na mão, ela procura atentamente e garante que não tem nada. Não insisto e retiro o botão de rosa sem que o perceba. Algum tempo depois, pela aplicação de uma placa de ferro, devolvo à mão sua sensibilidade tátil; mal cessa o arrepio que nela indica o retorno da sensação e ela me diz espontaneamente: — Ah! Eu me enganei, o senhor tinha posto um botão de rosa na minha mão. Onde está ele?

Aqui, não é verdade que não se vê nenhum personagem sonambúlico ou subconsciente intervir? A paciente estabelece imediatamente a continuidade da sua vida psíquica, tão logo se lhe restitui a lembrança que a anestesia havia suprimido. Não é um outro *eu* que diz que a paciente tinha um botão de rosa na mão, é a personalidade normal que imediatamente afirma que se enganou ao dizer que não tinha nada. A anestesia havia criado uma cisão na lembrança; quando a insensibilidade desapareceu, a memória se restabeleceu.

Aliás, é sempre assim, como observa o sr. P. Janet:

> Repeti várias vezes esta experiência com essa paciente e com três outras histéricas anestésicas, modificando-a de diversas maneiras.
> Às vezes basta, como para as anestesias sistematizadas, mandar o paciente lembrar-se para que a memória volte,

Gabriel Delanne

trazendo também a sensibilidade. Certa vez, até deixei um intervalo de dois dias entre o momento em que fizera a mão anestésica sentir o objeto e o instante em que lhe restituía a sensibilidade: o resultado foi sempre o mesmo. Quando a sensibilidade voltava a ser consciente, a lembrança dessa sensação que, aparentemente não tinha existido, reaparecia completamente.

Vimos que o sr. Janet, ao falar dos movimentos executados pelo braço anestésico de Léonie, diz que esses movimentos determinados por sensações não percebidas não são notados por ninguém, que formam uma poeira mental; coloquemos frente a frente a experiência seguinte, executada por Rose, e constataremos que longe de serem rigorosamente despercebidas, essas sensações, ao contrário, ficam registradas na consciência normal:[22]

> Enfim, pensei em fazer a mesma experiência com Rose — prossegue o sr. Janet —, no sentido muscular ou cinestésico. Coloco-lhe o braço anestésico numa posição qualquer, ponho-lhe dois dedos no ar, deixando os outros fechados, ou mando-a fazer um gesto ameaçador. Rose nada sabe, porque lhe escondi o braço com um anteparo. Agora abaixo o braço e recoloco-o sobre seus joelhos; depois, por uma corrente elétrica fraca (a sugestão não consegue restabelecer a sensibilidade dessa paciente), restituo a Rose a sensibilidade cutânea e muscular do braço. Agora ela consegue indicar-me as posições em que o braço estava antes e repetir os gestos com consciência.

Constata-se, então, que as sensações foram percebidas pelo eu, depois esquecidas, devido à sua fraca intensidade.

O sr. P. Janet percebeu muito bem que os fenômenos que acabamos de descrever poderiam ser explicados não por meio da consciência, mas do esquecimento das sensações, esquecimento proveniente da sua fraca intensidade. Efetivamente, ele diz:[23]

> Não poderíamos explicar a anestesia ou a subconsciência pela fragilidade de certas imagens, assim como se pretendeu

---

22 Janet, P., Op. cit., p. 296.
23 Janet, P., Op. cit., p. 303.

explicar a sugestão consciente pela força de certas outras. Não poderíamos dizer, por exemplo, que a imagem visual do desenho mostrado ao olho esquerdo de Marie era muito inexpressiva, e que as aplicações metálicas tinham por resultado aumentar-lhe a força, tornando essa imagem perceptível? Não vejo razão alguma para admitir que a sensação produzida em órgãos anestésicos seja uma sensação fraca. Essa sensação é precisa, permite que a paciente perceba detalhes minúsculos do objeto que lhe é mostrado, e que os reconheça mais tarde pela lembrança, ou imediatamente pela escrita automática. Quando se pode dizer que uma pessoa tem uma sensação viva e forte, admitindo-se que essa palavra tenha um significado qualquer, senão quando ela aprecia os mínimos detalhes da impressão causada nos seus sentidos? Avalia-se a acuidade visual fazendo ler caracteres pequenos, avalia-se a acuidade do tato fazendo distinguir sensações táteis aproximadas, ou seja, semelhantes. Não pode haver nada de mais numa sensibilidade forte, a não ser uma mistura de fenômenos dolorosos, alheios à sensação em si, que são modificações da natureza e não da quantidade da sensação. Ora, os órgãos anestésicos apreciam coisas bem delicadas. O olho esquerdo de Marie, como já o verifiquei, reconhece meu desenho quando é pequeno e é colocado bastante longe; a mão de Lucie percebe o afastamento das pontas do estesiômetro a uma distância em que muitas pessoas com uma sensibilidade supostamente forte não o percebem; os atos inconscientes de Lucie mostram que ela reconhece minha mão ao simples contato, o que não é sinal de uma sensação fraca. Sabemos, contudo, que um paciente pode ser anestésico de um sentido, mas ter outro muito apurado; Rose, que não sente as picadas que lhe dão nos membros, se irrita porque longe dela, no pátio, ouve alguém cantando desafinado. Portanto, não é a pequenez ou a fraqueza das sensações que impedem o indivíduo de ter consciência delas.

Pensamos exatamente o contrário, e eis por que:

Embora a sede anatômica das funções psíquicas ainda não tenha sido determinada com precisão, pode-se supor com bastante exatidão que as funções intelectuais residem no cérebro em geral, e em particular na periferia, nas circunvoluções corticais.[24] As enfermidades da memória, nos histéricos, são evidentemente de origem psíquica. Precisamos, então, procurar a razão dos transtornos constatados nesses doentes nas modificações do cérebro. Eis o caso de Marie, que vê com o olho direito e é cega do olho esquerdo. Essa cegueira não se deve a uma malformação do olho, nem a uma paralisia do nervo óptico, já que, mais tarde, se consegue restituir-lhe a lembrança do que esse olho viu. É, portanto, uma doença da memória que faz com que ela não conserve a lembrança das sensações que lhe chegam pelo olho esquerdo. Isso põe em evidência as bem fundamentadas observações do sr. Richet sobre a memória.

Realmente, ele diz[25] que, no fenômeno memória, é necessário distinguir duas coisas distintas:

1º Uma memória de *fixação* que se opera fatalmente, automaticamente, e que é independente de nós, depois:

2º uma memória de chamada e de *evocação* das imagens já fixadas.

Nos exemplos narrados pelo sr. Janet, é essa memória de evocação que normalmente está ausente. Pode-se saber por que, embora as sensações tenham sido registradas, o indivíduo não lhes guardou a lembrança? Achamos que a razão é dada por uma diminuição da sensibilidade das células em que se operam as localizações cerebrais, às quais chegam as sensações provenientes dos sentidos.

Sabemos que uma sensação, para ser consciente, ou seja, para permanecer na memória e ligar-se ao passado, deve satisfazer a duas condições: 1º Deve ter uma certa intensidade; 2º uma duração, cuja extensão é variável conforme a natureza do indivíduo. Definitivamente, não se pode contestar que a intensidade seja uma condição primordial, porque sabemos pela lei de Weber, a que Fechner deu uma forma matemática,[26] que a sensação cresce como o logaritmo da excitação. Aqui, no caso de Marie, a excitação é constante, mas a intensidade da sensação, ou da percepção que a consciência tem dessa sensação, estão ligadas ao estado da sensibilidade nas camadas corticais que correspondem ao olho. Ora, foi demonstrado pe-

24 Richet, Charles, *Essai de Psychologie Générale*, p. 29.
25 Richet, Charles, Op. cit., p. 159.
26 Delboeuf, *Éléments de Psycho-Physique*, p. 15.

las pesquisas do sr. Binet[27] que o tempo fisiológico de reação aumenta para um membro anestesiado, naturalmente ou por sugestão, então a localização cerebral correspondente a esse membro sofreu uma diminuição da sua atividade, e como o sr. Janet tende a constatar que o estado da memória está intimamente ligado ao da sensibilidade, qualquer diminuição desta última acarreta necessariamente a da lembrança.

Nunca se deve esquecer que o estado de consciência é um fato que pressupõe um estado particular do sistema nervoso; que a ação nervosa *não é um acessório, mas uma parte integrante do fato*, que é a base dele, sua condição fundamental; que, assim que se produz, o fato existe em si mesmo; que, desde que a consciência se junte a ele, o fato existe por si mesmo; que a consciência o completa, remata-o, mas não o constitui. Se falta uma das condições do fenômeno consciência, seja a intensidade, a duração, ou outras que ignoramos, uma parte desse todo complexo — a consciência — desaparece; uma outra parte — o processo nervoso — subsiste. Não é de estranhar, portanto, que mais tarde se reencontrem os resultados desse processo cerebral: ele realmente acontece, embora nada o tenha constatado.[28]

Agora compreendemos bem que a inconsciência aparente dos histéricos não implica uma diminuição da nitidez das sensações. O olho anestésico não é fisiologicamente diferente do olho normal.[29] Ele armazena as imagens com a mesma acuidade de um olho normal, porque, como sabemos, a anestesia é de ordem psíquica. Portanto, é somente na lembrança da percepção que existe uma diferença, e não nos admiramos ao ver Marie, Lucie ou Léonie reencontrarem suas lembranças quando restituímos às sensações a intensidade necessária para transporem novamente o umbral da consciência. O que torna tão bizarras,

27 Binet, *Les Altérations de la Personnalité*, p. 161.
28 Ribot, *Les Maladies de la Mémoire*, p. 41.
29 "Certos histéricos perdem bruscamente a visão; ficam cegos de repente. Na véspera, enxergavam perfeitamente, no dia seguinte não distinguem mais o dia da noite, não percebem qualquer sensação visual. Essa amaurose total e completa não é acompanhada por qualquer lesão aparente do fundo do olho. O cristalino, o corpo vítreo, a coroide, a retina não apresentam, ao exame oftalmoscópico, nenhuma modificação de estrutura capaz de explicar a anestesia da visão. Em geral, a cegueira persiste por alguns dias, algumas semanas ou alguns meses. Depois desaparece sem deixar traços." Pitres, *Leçons Cliniques sur l'Hystérie et l'Hypnotisme - Amaurose Histérique*, p. 95.

Gabriel Delanne

tão inverossímeis as experiências feitas em histéricos é o imediato esquecimento dos atos que acabam de ser executados, das palavras que ainda vibram no ar e de que o paciente não se lembra mais. Assistimos aí à exageração mórbida dos fenômenos que ocorrem naturalmente com cada um de nós. Quantas palavras não pronunciamos sem dar-lhes importância, e cuja lembrança não permanece em nós! As palavras supérfluas que apenas por gentileza trocamos num salão são quase reflexos psíquicos a que ninguém se dá o trabalho de prestar atenção. Quem, ao ver determinada pessoa, já não disse: "Parece que já vi esse rosto?" Ou, ao pensar num fato que não consegue situar, e cujos detalhes é impossível reconstituir, quem nunca se perguntou: "Será que sonhei com isso?" A doença ou a velhice provocam, naturalmente, resultados semelhantes.

No final da vida, Lineu sentia prazer ao ler suas próprias obras, e quando mergulhava na leitura, esquecendo-se de que era da sua autoria, exclamava: — Que beleza! Como gostaria de ter escrito isso! Conta-se um fato análogo a respeito de Newton e da descoberta do cálculo diferencial. Walter Scott, ao envelhecer, era sujeito a esse tipo de esquecimento. Um dia, recitaram diante dele um poema que lhe agradou; perguntou quem era o autor; era um canto do seu pirata Ballantyne, que lhe serviu de secretário e escreveu-lhe a vida, exposta com detalhes precisos, como Ivanhoé, em grande parte, foi-lhe ditado durante uma grave enfermidade. O livro ficou pronto e foi impresso antes que o autor tivesse conseguido deixar o leito. *Não conservou dele qualquer lembrança*, exceto a ideia mestra do romance, que era anterior à doença.[30]

Podem-se criar artificialmente insensibilidades passageiras que, para o paciente, têm a mesma realidade das suas anestesias naturais. Veremos imediatamente um exemplo disso.

Sugestões negativas

É assim que a escola de Nancy chama as sugestões que suprimem num indivíduo as sensações provenientes de certos

30 Ribot, Op. cit., p. 24.

objetos ou pessoas presentes.

É principalmente quando assistimos a experiências desse tipo que a sugestão aparece com uma força fantástica. Ela parece resuscitar o poder extraordinário dos magos, e, como a lâmpada de Aladim, fazer desaparecerem as pessoas ou as coisas que o magnetizador quer arrebatar da vista do paciente. O sr. Binet deu a esse fenômeno o nome anestesia sistemática.[31]

> A sugestão que dirigimos ao paciente hipnotizado, ou em estado de vigília, mas dócil, consiste em proibir-lhe que veja um objeto de que lhe falamos, e ele continua a perceber os outros. Daí o nome anestesia sistemática dado ao fenômeno. A anestesia é sistemática porque suprime um sistema de sensações e de imagens, que são aferentes a um objeto particular.

Na experiência que se segue, imaginada pelo sr. Bernheim, veremos os resultados extraordinários que essa espécie de sugestão produz.[32]

> Elise B., 18 anos, doméstica, está acometida de ciática. É uma jovem honesta, de conduta regular, de inteligência mediana, não apresentando, além da ciática, qualquer outra manifestação ou problema neuropático.
> Desde a primeira sessão, foi muito fácil colocá-la em sonambulismo, com alucinabilidade hipnótica e pós-hipnótica e amnésia (perda de lembrança) ao despertar. Durante seu sono, digo-lhe:
> — Ao despertar, você não me verá mais, terei ido embora.
> Ao acordar, ela me procura com os olhos, parecendo não me ver. Não adianta falar-lhe, gritar-lhe ao ouvido, espetar-lhe um alfinete na pele, nas narinas, sob as unhas, aplicar-lhe a ponta do alfinete na mucosa ocular, ela sequer pestaneja. Para ela eu deixei de existir, e todas as impressões acústicas, visuais, táteis etc. que emanam de mim deixam-na impassível. Ela ignora tudo. Mal outra pessoa a toca, à revelia, com um alfinete, ela percebe vivamente e retira o membro picado.
> A título de informação, acrescento que essa experiência não se realiza com a mesma perfeição em todos os sonâmbulos.

31 Binet, *Les Altérations de la Personnalité*, p. 269.
32 Bernheim, *Revue de l'Hypnotisme*, 1º de dezembro de 1888.

Gabriel Delanne

Muitos não assumem como realidade as sugestões sensoriais negativas, outros as assumem em parte. Alguns, por exemplo, uma vez tendo-lhe dito que não me verão ao despertar, não me veem, mas ouvem minha voz, sentem as minhas impressões táteis. Uns se espantam por ouvir-me e sentir-se picados, sem me ver; outros nem tentam compreender; outros, finalmente, acreditam que a voz e a sensação provêm de uma outra pessoa presente. Protestam contra ela violentamente; por mais que essa pessoa diga que não foi ela e procure provar-lhes, continuam convencidos de que foi ela.

Às vezes chega-se a tornar a alucinação completa para *todas as sensações*, fazendo a sugestão assim:

— Ao acordar, se tocar em você, se o picar, você não o sentirá; se lhe falar, você não me ouvirá. Aliás, não me verá; terei ido embora.

Em consequência dessa sugestão detalhada, alguns pacientes chegam a neutralizar todas as suas sensações; outros só conseguem neutralizar a sensação visual. Todas as outras sugestões sensoriais negativas ficam sem efeito.

A sonâmbula a quem me referi realizava tudo com perfeição. Lógica na sua concepção alucinatória, aparentemente ela não me percebia por nenhum sentido. Por mais que lhe dissessem que eu estava lá, que estava falando com ela, estava convencida de que zombavam dela. Olho para ela fixamente e lhe digo:

— Você está me vendo, mas finge que não me vê! Você é uma farsante, está dissimulando! — Ela não vacila e continua falando com as outras pessoas. Com ar decidido, acrescento:

— Sei de tudo! Você não me engana, você não é uma boa moça. Há dois anos teve um filho e deu sumiço nele! Não é verdade? Contaram-me isso!

Ela não pestaneja; sua fisionomia continua serena. Querendo verificar, com um propósito médico-legal, se um abuso grave pode ser cometido aproveitando-se de uma alucinação negativa, levanto-lhe bruscamente o vestido; a moça, por natureza, é muito recatada, mas não se opõe, e isso sem corar o rosto. Espeto-lhe a panturrilha e a coxa com um alfinete; não manifesta absolutamente nada. Convenço-me de que nesse estado poderia ser estuprada sem opor a menor resistência.

Isto posto, peço ao meu chefe de clínica que a adormeça e lhe sugira que ao despertar estarei de novo ali, o que realmente acontece. Ela volta a ver-me e não se lembra de nada.

Digo-lhe:

— Há pouco você me viu. Falei com você.

— Não, o senhor não estava aqui! — responde-me espantada.

— Estava, sim. Falei com você. Pergunte a esses senhores.

— O sr. P. quis convencer-me de que o senhor estava aqui. Mas não era verdade! O senhor não estava!

— Pois bem — digo-lhe — você vai se lembrar de tudo que se passou quando eu não estava aqui, de tudo que lhe disse, de tudo que lhe fiz!

— Mas o senhor não pode ter-me dito, nem feito nada, porque não estava aqui.

Em tom sério e olhando-a frente a frente insisto, enfatizando cada palavra:

— É verdade, eu não estava aqui! Mesmo assim, você vai se lembrar de tudo. — *Ponho-lhe minha mão na testa* e afirmo: — Você se lembra de tudo perfeitamente. Vamos! Fale logo! Que foi que eu lhe disse?

Após um instante de concentração, ela cora e diz:

— Mas não, não é possível... o senhor não estava aqui! Devo ter sonhado.

— Pois bem, que foi que eu lhe disse nesse sonho?

Envergonhada, ela não quer contar. Insisto, e ela acaba me dizendo:

— O senhor disse que eu tinha tido um filho.

— E que foi que lhe fiz?

— Picou-me com um alfinete.

— E depois?

— Mas não, eu não teria permitido! Foi um sonho!

— Que foi que você sonhou?

— Que o senhor ergueu minha roupa etc.

Consigo assim evocar a lembrança de tudo que foi dito e feito por mim enquanto ela julgava que não me via. Então, na realidade ela me viu, me ouviu, apesar da sua inércia aparente. Só que, convencida pela sugestão de que eu não devia estar lá, sua consciência permanecia fechada às impressões provindas de mim, *ou então seu espírito mentalizava as impressões sensoriais à medida que se produziam; apagava-as, e isso tão completamente que eu podia torturar a paciente física e moralmente.* Ela não me via, não me ouvia! Via-me com os olhos do corpo, não me via com os olhos do espírito. Com relação a mim, estava acometida de cegueira, surdez, anestesia psíquica; todas as impressões sensoriais que emanavam de mim eram claramente percebidas, mas para ela permaneciam inconscientes. É uma alucinação negativa, ilusão do espírito nos fenômenos sensoriais. Repeti essa experiência com vários pacientes suscetíveis de alucinações negativas. Pude constatar que, enquanto o espírito apagava o que os sentidos tinham percebido, a lembrança de tudo pôde ser reconstituída.[33]

Os partidários da existência de um personagem subconsciente diriam que foi ele que, sob a influência da sugestão, monopolizou, confiscou todas as sugestões provenientes da pessoa que não devia ser vista, ouvida ou sentida, de maneira que a consciência normal ignora essas sensações e que seu desconhecimento de tudo que se refere ao personagem atingido pela interdição é absoluto. Mas quem não vê, no nosso exemplo, que esta explicação é evidentemente errônea?

A jovem que serve de paciente não é histérica, jamais teve antecedentes neuropáticos, portanto goza da sua memória na íntegra, o que nela é provado pela ausência de qualquer anestesia. Ora, o personagem subconsciente do sr. P. Janet só se forma com as sensações que ficaram fora da percepção do consciente; como aqui elas não existem, resulta daí que esse personagem subconsciente não pôde criar-se. A amnésia quanto à série de sensações que emanaram do sr. Bernheim (visuais, auditivas, táteis) deve-se à vontade do hipnotizador, que paralisou no cérebro do paciente a conjunto das imagens mentais referentes a ele. Reencontramos aqui a lei da associação de ideias, segundo a qual todas as lembranças relativas a uma pessoa ficam em contato umas com as outras e formam um todo, uma unidade de grupo que conserva sua autonomia entre milhares de outras da mesma natureza.

A sugestão negativa tem por resultado diminuir a intensidade das sensações, de maneira que, mal percebidas, são imediatamente esquecidas.

Se admitirmos que todas as nossas lembranças têm suas condições de existência em células nervosas e em grupos de células, e é difícil não chegar a essa conclusão, poder-se-ia dizer que, por sugestão, se paralisa esta ou aquela célula, ou este ou aquele grupo celular, como se paralisa um músculo ou um membro.[34]

---

33 Os antigos magnetizadores já conheciam esses fatos. Ver as obras de Bertrand, de Teste, de Charpignon, de Braid, de Durand (de Gros) etc.
34 Beaunis, *Le Sommeil Provoqué*, p. 133.

Mas o mesmo poder que pode diminuir as sensações também pode restabelecê-las com sua intensidade normal, e vemos que a moça se recorda sucessivamente, e na sua sequência, de tudo o que aconteceu enquanto a sugestão exercia seu domínio sobre ela.

O que prova incontestavelmente que o armazenamento das sensações no cérebro seguiu seu curso normal é que as que provêm dos assistentes, e de que o paciente não se lembra, não são separadas das que emanam do sr. Bernheim; são, por assim dizer, registradas cronologicamente no seu lugar; não constituem um grupo à parte; não pertencem a um personagem diferente; aparecem no meio das outras, exatamente no lugar que devem logicamente ocupar, segundo a ordem de chegada. Em resumo, fazem parte da memória comum, de que só diferem por uma intensidade menor.

Constatamos que, para explicar esses fatos, o sr. Bernheim não recorre a um hipotético personagem subconsciente. Ele vê claramente "que o espírito do paciente neutraliza, à medida em que se reproduzem, as percepções sensoriais" que se referem à pessoa que deu a sugestão.

Essa capacidade de ressuscitar lembranças que pareciam jamais ter sido percebidas mostra que o eu subsiste integralmente no estado hipnótico, mas que a sugestão, como a anestesia natural, demarca territórios que se tornam desconhecidos para o eu quando este volta ao estado normal; em suma, não se trata de *inconsciência, é esquecimento.*

Se os resultados últimos são os mesmos, as causas são bem diferentes. Este ponto tão importante foi observado também pelo sr. de Rochas, que diz:[35]

> Se tocamos na pele ou na roupa do paciente, quer nesse estado (letargia que precede o sonambulismo), quer numa das letargias consecutivas, para que, ao despertar, ele se lembre do contato que sofreu, basta ordenar-lhe, ou mesmo, para a maioria deles, determinar, pela pressão de um ponto no meio de testa, a memória que chamarei de *sonambúlica,* porque abrange todos os estados da hipnose. Assim, o *eu* persiste apesar de suas aparentes modificações...

---

35 Rochas, *Les États Profonds de l'Hypnose,* p. 21 e 77, nota 4.

Gabriel Delanne

E mais adiante:

> Deve-se observar que todos os meus pacientes, no estado de vigília, *quando lhes dou uma ordem nesse estado*, se lembram do que aconteceu nos estados em que a sugestibilidade persiste, mesmo que a sugestão seja dada numa situação em que parecem não ouvir, como na letargia e na catalepsia. Para alguns deles, basta mesmo pressionar-lhes o centro da testa com um dedo, no estado de vigília, para trazer de volta a lembrança de todos os fatos passados durante o estado sonambúlico. Essa constatação, que tem uma importância muito grande do ponto de vista médico-legal, já havia sido feita pelos antigos magnetizadores.

Com os pacientes do sr. P. Janet, podemos igualmente observar que os atos que executam são normalmente esquecidos, mesmo quando foram conscientes. Lembremo-nos de que quando obrigavam Lucie "a reparar na contratura dos seus braços e a forçavam a movê-los, ela se assustava, gemia e teria começado uma crise se, com uma palavra, não lhe suprimissem o mal. *Mas, uma vez curada e ainda com lágrimas nos olhos, não se lembrava de mais nada"*. Vê-se aqui, nitidamente, que não é por inconsciência que a lembrança é abolida, mas que a amnésia realmente tem relação com o estado de doença do paciente. O experimentador desempenha um papel fundamental na escrita subconsciente, porque ela não poderia ser obtida por outra pessoa. É graças à sua sugestão que essa personalidade factícia foi organizada, assim ela só reconhece o experimentador, do mesmo modo que os sonâmbulos geralmente só se relacionam com seu magnetizador.

> A grande diferença, diz o sr. P. Janet (p. 359), entre os histéricos que já foram estudados e hipnotizados e os histéricos que jamais o foram, é que, nos primeiros, o grupo dos fenômenos desagregados, separados da consciência normal, foi mais ou menos reorganizado em uma personalidade que conhece o operador e lhe obedece, ao passo que, nos segundos, esse grupo de fenômenos, que também existe, como o provam suas anestesias e suas paralisias, é incoerente, e na maioria das vezes incapaz de compreender e de obedecer.

Para nós, esta é uma constatação muito importante, porque acrescenta mais uma diferença entre os médiuns e os histéricos. Estudemos então, sumariamente, a influência da relação, que o próprio sr. Janet reconhece.

A relação magnética

Desde Mesmer e Puységur, todos os magnetizadores constataram que a maioria dos pacientes não experimentam todas as sensações indiferentemente, mas parecem fazer uma seleção entre as diversas impressões que lhes chegam aos sentidos, por perceberem umas e não outras. A grande maioria dos sonâmbulos, uma vez adormecidos, ouvem perfeitamente seu magnetizador e conversam com ele, mas parecem não ouvir nenhuma outra pessoa, nenhum outro ruído, nem o de uma pistola que se dispare perto deles, como nas experiências de Du Potet.[36]

A ligação entre o paciente e determinadas pessoas ou determinados objetos, que lhe permite senti-los e excluir outros, recebeu o nome de *Relação magnética*, e põe-se uma pessoa em contato com o paciente quando se força o paciente a vê-la ou a ouvi-la. O caso da relação magnética é muito interessante e muito fácil de ser constatado: existia em grau mais ou menos elevado na maioria dos pacientes que estudei. Léonie, no primeiro sonambulismo, não apresenta essa característica, ela ouve e vê todo mundo; apresenta-a bem mais fortemente no segundo sonambulismo, porque então só ouve a mim, e quando toco nela. No que diz respeito às sugestões, ela tem uma eletividade maior em todos os estados, porque só a mim obedece. Marie e Rose são em geral mais eletivas do que Léonie; a partir do momento em que adormecem, parecem perder a noção do mundo exterior, para ver, ouvir e sentir somente a pessoa que as adormeceu. Marie guarda apenas, quanto às outras pessoas, um pouco de sensibilidade tátil, se assim se pode dizer, porque tem uma sensação de sofrimento e de repugnância bem acentuados quando é tocada por qualquer pessoa estranha não ligada a ela. Rose nunca sente algo semelhante. Não falo aqui

---

36 Ver: Lauzanne, *Principes et Procédés du Magnétisme*, vol. II, p. 160. Charpignon, *Physiologie Magnétique*, p. 79. Baréty, *Magnétisme*, p. 398. Myers, *Proceedings*, 1882, p. 255; ibid, 1887, p. 538. Demarquez e Girault Teulon, *Hypnotisme*, p. 32. (Citados pelo sr. P. Janet.)

Gabriel Delanne

de Lucie, que era muito pouco eletiva e só me distinguia das outras pessoas por obedecer-me.

Lucie, quem nos contou foi o sr. Janet, tinha perdido o sentido da audição quase por completo e era preciso falar-lhe em voz muito alta para que ouvisse. No entanto, quando o sr. Janet quer fazer-lhe uma sugestão por distração, basta murmurar-lhe a ordem e ela ouve perfeitamente,[37] o que prova que ela é bem sensível a todas as sensações que partem dele, ou seja, que ela tem uma relação magnética com o operador. E mais, a personalidade subconsciente que foi batizada como Adrienne não existe para os outros experimentadores. Eis a prova:[38]

Uma das primeiras características que esse 'eu secundário' manifesta, e que é visível para o operador, é uma acentuada preferência por certas pessoas. Adrienne, que me obedece perfeitamente e que conversa comigo de bom grado, não se digna a responder a todo mundo. Se, na minha ausência, outra pessoa examinar essa mesma paciente, como já aconteceu, não constatará nem catalepsia parcial, nem atos subconscientes por distração, nem escrita automática, e virá dizer-me que Lucie é uma pessoa normal muito distraída e muito anestésica. Eis aí um observador que só viu o primeiro eu com suas lacunas e que não entrou em contato com o segundo.

Não poderíamos dizer também: Eis aí um observador que não fez a Lucie a sugestão de que ela tem uma segunda personalidade e que, naturalmente, não a encontra nela, quando o sr. Janet, ao contrário, a encontra porque é seu criador? Mas, prossigamos:

Segundo as observações dos srs. Binet e Ferré, não basta que uma histérica seja anestésica para que apresente catalepsia parcial. Sem a menor dúvida, para esse fenômeno é preciso outra condição além da anestesia, *uma espécie de relacionamento do experimentador com os fenômenos subconscientes.* Se são fenômenos muito isolados, são provocados por qualquer experimentador, mas se são agrupados em personalidade (o que frequentemente acontece nas

---

37 Janet, P., Op. cit., p. 262.
38 Janet, P., Op. cit., p. 318-19.

histéricas muito doentes), elas manifestam preferências e não obedecem a todo mundo.

Não apenas o eu secundário não obedece, mas resiste ao estranho. Quando ergo e ponho em posição cataléptica o braço de Lucie, ou de Léonie, que apresenta o mesmo fenômeno, ninguém consegue movê-lo... Quando toco de novo no braço, ele se torna subitamente leve e obedece a todos os comandos.

Não se pode demonstrar melhor a enorme influência do magnetizador, e essa observação pode ser completada pela do dr. Ochorowicz, que diz:[39]

Quando o paciente não sente absolutamente o toque de uma pessoa estranha, pode-se fazer a seguinte experiência: em vez de tocar diretamente, toca-se com um lápis, por exemplo. Se ao tocar diretamente pode-se presumir diferenças de temperatura, que indicariam ao paciente aquele que o toca, aqui essa suposição fica sem efeito. Pois bem! Apesar disso, o paciente sentirá o lápis do magnetizador e não sentirá o mesmo lápis empunhado por outra pessoa. Pode-se variar essa experiência de diferentes modos; o paciente não sente o lápis, mas se o magnetizador toca na mão da pessoa que está segurando o lápis, este voltará a tornar-se sensível. Em vez do lápis, tome-se uma longa haste, que o magnetizador manterá inicialmente a 10, depois a 20, depois a 50 centímetros. A pressão da haste e seu contato com a pele do paciente se tornarão cada vez mais confusos, cada vez mais vagos, finalmente, a alguns metros, conforme a força da ação física individual e a sensibilidade do paciente, este não sentirá mais nada. E no entanto a pressão mecânica continua sempre a mesma.

Foi a imaginação que fez isso? Foi a fé? Se me explicarem essa experiência, sem uma ação física, renunciarei ao magnetismo, mas não antes. Ela demonstra que as *diferenças dinâmicas moleculares ultrapassam a superfície do corpo*; que um determinado movimento tônico vibratório, inerente a um dado organismo, propaga-se para fora da sua periferia e pode influenciar o paciente de uma maneira suficientemente nítida, suficientemente palpável para admitir uma ação real.

---

39 Ochorowicz, *La Suggestion Mentale*, p. 342.

Gabriel Delanne

Se temos insistido neste ponto, é porque ele deve ser considerado para estabelecer a diferença a mais entre os indivíduos histéricos e os médiuns.

Resumo

1º Não existe personagem subconsciente

Através de uma análise cuidadosa dos exemplos citados pelo sr. Janet, pudemos constatar que a existência simultânea de duas personalidades no mesmo indivíduo não está absolutamente demonstrada, e como é um princípio de lógica que não se deve multiplicar as causas sem necessidade, rejeitamos a hipótese de um personagem subconsciente coexistente com a consciência normal.

Aqui, a fim de evitar qualquer confusão, achamos útil especificar muito bem nosso modo de ver.

Certamente existem, em indivíduos sadios, fenômenos psíquicos que se tornam inconscientes:

1º São, por exemplo, os que ocorrem em sonhos, ou durante o desligamento da alma, que esquecemos ao despertar.

2º Os estados de consciência cotidianos, dos quais só alguns são conservados.

E nos histéricos, nos alcoólatras, nos epiléticos, nos sonâmbulos etc.

3º Frações inteiras da vida psíquica diária que desaparecem para a consciência normal.

4º Finalmente, todas as lembranças das vidas anteriores, que são o próprio fundamento da individualidade.

Mas essas lembranças, de origens tão diversas, não se organizam em personalidades distintas, autônomas e com existência própria ao mesmo tempo que a consciência comum.

A única coisa que se observa é que a personalidade dos histéricos varia segundo o estado dinâmico do sistema nervoso.

Os srs. Azam,[40] Duflay,[41] Mesnet,[42] Bourru e Burot,[43] etc. mostraram muito bem como a uma determinada modificação da sensibilidade correspondia uma personalidade especial, caracterizada por uma memória particular. Mas existem variações da individualidade total, espécies de metamorfoses da consciência, compostos psíquicos alotrópicos, que não causam qualquer prejuízo à unidade do eu. Este subsiste através de todas essas transformações pelas formas mais estáveis, as menos conscientes da memória, isto é, pelos hábitos. Quer Lucie ou Léonie estejam nos estados 1, 2 ou 3, elas continuam tendo a sensação de viver; ainda sabem falar, escrever, costurar, cantar etc. É sobre esse fundo comum que as sensações que não são aniquiladas bordam arabescos que dão a esses estados suas características especiais.

Cremos, portanto, que em qualquer momento que se considere a histérica, sempre existe nela uma única individualidade, que pode apresentar características diversas, conforme a extensão do campo da consciência, mas que continua sendo ela mesma, apesar das suas variações.

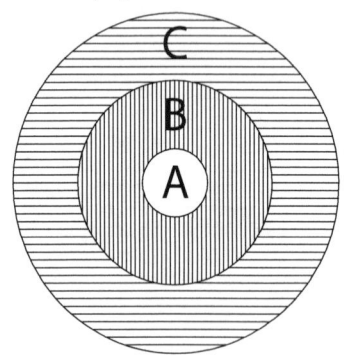

Para tentar tornar mais claro nosso pensamento, poderíamos representar esquematicamente, por círculos concêntricos, os diferentes estados da personalidade das histéricas.

A seria o estado normal, isto é, o mais pobre, para as pacientes com anestesias profundas, que lhes fizeram perder a percepção das sensações musculares, auditivas, táteis: conscientes, só restam as sensações visuais, olfativas e gustativas, com as lembranças a elas ligadas. É a personalidade comum A, com suas enfermidades.

40 Azam, *Hypnotisme, Double Conscience et Altérations de la Personnalité*, Paris, 1887.
41 Dufay, *La Notion de la Personnalité (Revue Scientifique*, 15 de julho de 1876).
42 Mesnet, *De l'Automatisme de la Mémoire et du Souvenir dans le Somnambulisme Pathologique* (Union Médicale, 1874).
43 Bourru e Burot, *La Suggestion Mentale et les Variations de la Personnalité*, Paris, 1895.

Gabriel Delanne

Quando se produz uma mudança no estado nervoso, isto é, na sensibilidade, sob a ação de um excitante qualquer: sugestão, eletricidade, magnetismo, metais etc., um certo número de sensações latentes tornam-se novamente ativas, trazendo com elas antigas lembranças. A consciência estende-se a todo o círculo B e forma uma segunda personalidade: A + B já mais desenvolvida. Mas, e isto é muito importante, A não existe mais; transformou-se em A+B, é o eu que recuperou todas as sensações de B. Enfim, se o excitante tem força suficiente para restabelecer integralmente a sensibilidade, com todas as sensações reaparecendo, o passado é inteiramente ressuscitado; o campo se amplia e engloba o espaço C; a consciência total para a personalidade número 3 abrange os estados A+B+C, e, individualmente, A e B desapareceram.

Durante o tempo em que esse equilíbrio se mantiver, a saúde será normal; mas se, por um motivo qualquer, a ação dinamogênica que atuava sobre o sistema nervoso diminuiu, é o campo C que inicialmente volta ao estado latente e que leva consigo as lembranças a ele ligadas; há um estreitamento do campo da consciência, que passa a ser representado apenas por A + B, e se o paciente retorna ao que era seu estado normal antes que se atuasse sobre ele, fica reduzido ao estado A, tendo perdido toda lembrança de suas personalidades A + B e A + B + C.

É evidente que pode existir uma quantidade maior de estados diferentes da sensibilidade do que os que são rudimentarmente expostos aqui, e que as relações recíprocas entre esses estados podem variar. É possível, por exemplo, que haja penetração parcial de uma das zonas pela outra, mas cremos que esse esquema representa o caso mais geral, porque à medida que aprofundamos o sono, cada estado especial novo conhece todos os que o precedem, sem ser conhecido por eles.

Existem, portanto, estados da personalidade ignorados pelo eu normal, porque são esquecidos por ele; são, primeiro, as lembranças de vidas anteriores; a seguir, a maioria dos fenômenos da vida do sonho, ou os acontecimentos que ocorrem no sonambulismo natural ou provocado; mas é sempre o eu que os percebeu, com o risco de perder-lhes a lembrança ao voltar à vida normal. Não podemos, então, em caso algum, quer quanto aos histéricos, quer quanto aos médiuns, admitir a realidade de um segundo personagem existindo simultaneamente com a consciência comum, e que gozaria de uma independência completa com relação personalidade normal.

2º Necessidade da sugestão para obter a escrita

Tanto nos pacientes do sr. Binet quanto nos do sr. P. Janet, pudemos observar que eles nunca se põem a escrever espontaneamente. É necessário que os experimentadores atuem sobre eles, através de sugestões táteis ou verbais, para acionar o mecanismo automático da escrita. Quando a educação do histérico não estiver concluída, os fenômenos inconscientes são completamente rudimentares; mas pouco a pouco, sob a influência da repetição, a sugestão se transforma em autossugestão; cria-se um hábito ídeo-orgânico e o eu do paciente pode escrever letras, como vimos no caso de Lucie ou Léonie, sem ter consciência disso logo depois, em consequência do esquecimento que se produz instantaneamente quanto a todas as percepções que estão compreendidas na zona psiconervosa anestesiada.

3º Necessidade de uma relação magnética para obter a escrita sugerida

Sabemos que o paciente histérico só pode ser sugestionado pelo operador habitual, porque se um outro experimentador quer obter escrita subconsciente, não o consegue. Existe aí uma característica eletiva muito significativa, que há muito tempo os magnetizadores puseram em evidência.

Conclusão

Resulta, das pesquisas do sr. Janet, que a escrita automática e inconsciente dos histéricos não é espontânea; ela só se produz depois de uma educação do paciente, por meio de sugestões que criam uma divisão na consciência normal. Para produzir-se, a escrita pode empregar sensações musculares e táteis que estão fora da percepção consciente e que, ao agirem sobre o mecanismo nervoso, geram mensagens que respondem às perguntas feitas.

Gabriel Delanne

Comparação entre histéricos e médiuns

No seu livro, o sr. Janet traça um histórico do espiritismo que não prima pela exatidão, nem pela amenidade. Para começar, ele declara[44] "que as pessoas têm se mostrado injustas tanto com relação aos espíritas quanto com relação aos magnetizadores". Espera-se, então, vê-lo estudar imparcialmente os fatos e reabilitar esses honestos pesquisadores, vítimas da ignorância e dos preconceitos de seus contemporâneos. Mas seria preciso uma forte dose de ingenuidade para esperar, de escritores que aspiram a alinhar-se no rol acadêmico, uma apreciação independente e sincera de fenômenos que ainda não receberam a consagração oficial. Assim, o sr. Janet se refere a Allan Kardec, que foi professor como ele, como vendedor de senhas, e declara que o espiritismo "pouco a pouco transformou-se na indústria que o sr. Gilles de la Tourette revelou, e que não tem outro objetivo a não ser explorar os ingênuos".[45] Das experiências de Crookes, citadas por ele, o sr. Janet quase não fala, é claro! Ali, não se pode acusar o observador de charlatanismo grosseiro, assim omitem-se suas pesquisas, como também as de Wallace, de Zollner, de Gibier e outros sábios. Para um psicólogo que se pretende sensato, o sr. Janet equivocou-se completamente, tanto quanto ao futuro do espiritismo como ao que se refere a seus adeptos. Desde que seu livro foi publicado(1889), pesquisas tão numerosas quanto precisas e interessantes realizaram-se em todas as partes do mundo, e homens como F. W. H. Myers, O. Lodge, membro da Real Sociedade, Hodgson, Lombroso, Schiapparelli, Charles Richet, dr. Ségard, de Rochas etc. não têm medo de enveredar nas trilhas proibidas, confirmando, com sua elevada autoridade, a materialidade dos fatos assinalados por esses espíritas tão difamados.

O sr. P. Janet espera provar que os médiuns escreventes são histéricos e que os fenômenos da escrita automática devem-se simplesmente ao personagem do subconsciente, que desempenha o papel do espírito. Então ele fica obrigado a apresentar a prova de que suas afirmativas são bem fundamentadas.

Para que a hipótese do sr. Janet tivesse algum valor, pre-

---

44 Janet, P., *L'Automatisme Psychologique*, p. 376.
45 *Ibid*, p. 385.

cisaria estar apoiada em fatos numerosos e bem observados, mostrando nos médiuns as características clínicas pelas quais se reconhece essa neurose. Mas, em *L'Automatisme Psychologique*, procuraríamos em vão até mesmo um começo de prova dessa natureza. Em parte alguma nos mostra nos médiuns a anestesia geral ou parcial, superficial ou profunda, tão frequentemente observada nos histéricos. Em nenhuma observação nos aponta estreitamento dos campos visuais, de abolição do reflexo faríngeo, de zonas espasmógenas ou frenadoras, de paralisias ou de contraturas, nem, enfim, das crises caracterizadas por evoluções regulares de fenômenos, que a Escola de la Salpétrière tão bem definiu.[46] Essas lacunas mostram quanto a hipótese do sr. Janet é temerária, e embora tenha tentado comparar os médiuns escreventes aos sonâmbulos, ficamos surpresos pela leviandade com que o autor, considerado sério, não hesita em reunir numa mesma categoria os médiuns e os neuropatas.

Estamos diante de uma evidente opinião preconcebida, que se manifesta com relação a tudo que é ligado ao espiritismo. É fácil prová-lo, pela análise do seu trabalho.

Primeiro, ele procura demonstrar que os fenômenos da mesa só começam quando mulheres ou crianças, isto é, pessoas predispostas a acessos nervosos vêm sentar-se junto a ela. Esse primeiro ponto é totalmente falso, já que se obtêm fenômenos quando não há mulher alguma ou criança presentes: provam-no os fatos constatados pelos membros da Sociedade Dialética de Londres.[47] Então, esses sábios austeros também seriam histéricos? Os médiuns de efeitos físicos, como Home, Eglinton, Slade, os irmãos Davenport etc., nunca foram classificados como neuropatas, e mesmo jamais obtinham manifestações quando sua saúde não estava normal.[48] Além disso, foi depois de experiências feitas no seio de famílias que o espiritismo recrutou adeptos mais frequentemente, e é inadmissível

46 A esse respeito, consultar Charcot: *Leçons sur Maladies dy Système Nerveux* e *Leçons du Mardi à la Salpétrière*. Ver também Pîtres, *Leçons Cliniques sur l'Hystérie et l'Hypnotisme*.
47 *Rapport sur le Spiritualisme*, pelo comitê da Sociedade Dialética de Londres.
48 Sobre este assunto, ver Crookes, *Recherches sur le Spiritualisme*, p. 65 e segs. Dr. Gibier, *Analyse des Choses*, p. 154 e segs. Mme d'Espérance, *Au Pays de l'Ombre*, p. 241. De Rcohas, *Extériorisation de la Motricité*, p. 19 e 20. Stainton Moses, *Enseignements Spiritualistes*, p. 79.

supor que, em alguns milhões de experimentadores que obtiveram comunicações, todos sejam doentes. Relatórios de médicos sobre a frequência da histeria desmentem essa hipótese. Semelhante fenômeno imediatamente teria atraído a atenção e denunciaria o perigo dessas práticas, se realmente existisse.

Não queremos dizer que nunca se viram histéricos que fossem médiuns; seria uma conclusão demasiadamente absoluta, que não estamos autorizados a formular;[49] mas o que sustentamos é que a mediunidade não é uma neurose e que não pode ser considerada um sintoma clínico da histeria.

Para dizer a verdade, o sr. Janet sustenta que esses exercícios levam à loucura, mas as estatísticas publicadas em todos os países demonstram que, guardadas as proporções, há infinitamente menos loucos espíritas do que loucos religiosos. O sr. Janet poderia ter-se certificado disso lendo o artigo da *Revista Espírita* a que ele remete o leitor.[50]

O autor narra uma experiência que fez na companhia de uma jovem inglesa que, na sua presença, só conseguiu obter algumas palavras insignificantes. Imediatamente, conclui daí que ela é eletiva, o que é uma característica que a aproxima das suas pacientes, Lucie ou Léonie. Não é espantoso que um autor sério se contente com uma única tentativa para pronunciar-se sobre um assunto tão importante? Será que ele julga estar dispensado de seguir um método científico com espíritas?

Para provar que os médiuns são histéricos, o sr. Janet se refere quase exclusivamente aos escritos de magnetizadores, em vez de buscar seus exemplos nos escritores espíritas; assim não é surpreendente que possa fazer algumas citações que, em sua maioria, não se aplicam à escrita mecânica, mas aos fenômenos de encarnações, que são bem diferentes. Depois de estudar por vinte anos esses fenômenos, frequentemente tivemos oportunidade de observar médiuns escreventes, e devemos declarar que nunca os vimos escrever de modo diferente do que no estado normal. Sabemos que isso é possível, como o prova o caso da sra. Piper, assinalado pelo dr. Hodgson. Suponhamos, porém, que todos os médiuns sejam sonâmbulos naturais, isso será suficiente para que se diga que são histéricos? O sr. Janet

---

49 Regnault, *La Sorcellerie, ses Rapports avec les Sciences Biologiques*, p. 328.
50 "Revista Espírita", 1877, p. 141.

parece admiti-lo porque, para ele, não poderia existir sonambulismo em indivíduos em perfeita saúde.[51]

Para saber que se deve pensar a esse respeito, preferimos passar a palavra a médicos, muito mais qualificados do que nós para tratar dessa questão. O sr. Beaunis, professor da faculdade de medicina de Nancy, diz:[52]

> Contrariamente à opinião difundida, os indivíduos (sonambúlicos) não são raros, e aqui devo combater uma ideia que tem livre curso não somente entre o público, mas também entre muitos médicos, e que é a de que só é possível provocar o sonambulismo nos histéricos. Na realidade,não é nada disso. Obtém-se o sonambulismo artificial com a maior facilidade numa grande quantidade de indivíduos nos quais a histeria não pode ser invocada: crianças, velhos, homens de qualquer constituição e de qualquer temperamento. Muito frequentemente mesmo, a histeria, o nervosismo, são condições desfavoráveis à produção de sonambulismo, provavelmente devido à mobilidade do espírito que os acompanha e que impede que o indivíduo que se quer adormecer fixe sua atenção com força suficiente numa única ideia, a do sono; ao contrário, os camponeses, os soldados, os operários de constituição atlética, homens pouco habituados a deixar sua imaginação vagar e nos quais o pensamento se *cristaliza* facilmente, se ouso expressar-me assim, mergulham com frequência, com a maior facilidade, no sonambulismo, e isso, às vezes, já na primeira sessão.

Segundo o dr. Liébault, o sr. Beaunis admite que a proporção de indivíduos sonâmbulos é de aproximadamente 18 em 100 pessoas tomadas ao acaso. Quando se estuda a influência da sugestão com relação ao sexo, constata-se um fato bastante inesperado: é que as proporções são quase as mesmas nos homens e nas mulheres, e que em particular, *contrariamente à opinião corrente, a proporção é quase idêntica quanto ao que concerne ao sonambulismo*, 18,8% nos homens e 19,4% nas mulheres.

É bem evidente que aí não se pode invocar a histeria no homem, a não ser que se admita, o que seria absurdo, que

51 Janet, P., *L'Automatisme Psychologique. La Désagrégation Psychologique*, p. 305, 330 e 346.
52 Beaunis, *Le Somnambulisme Provoqué*, p. 10 e segs.

Gabriel Delanne

existem 18% de homens histéricos, e mais, como adiante se verá, que essa histeria do homem se mostraria em todas as idades.

O prof. Bernheim, igualmente, escreve:[53]

> Dizer que só se pode hipnotizar os histéricos ou pessoas que tenham uma tara neuropática, é dizer algo absolutamente errôneo, contra o qual protestam todos os médicos que assistiram às nossas experiências e trabalham como nós. É o maior erro já formulado sobre a hipnose. Afirmo que não existe qualquer relação entre o hipnotismo e a histeria. O sono hipnótico é idêntico ao sono natural; não é uma neurose hipnótica.

> É racional admitir — diz o sr. Paul Richer — que os fenômenos de hipnotismo que sempre dependem de um transtorno do funcionamento regular do organismo, exigem, para seu desenvolvimento, uma predisposição especial que, por *unanimidade*, os autores situam na diátese histérica."[54] É verdade que existe lá em cima uma concordância quase unânime. Mas creio que os autores estão enganados. Não é a histeria que constitui um terreno favorável ao hipnotismo, mas é a *sensibilidade hipnótica* que constitui um terreno favorável para a histeria. A histeria é uma doença que se desenvolve numa certa idade, e que pode evoluir ou desaparecer, ou modificar-se muito, ao passo que a *sensibilidade hipnótica* é uma propriedade inata, quase *constante*, e que, habitualmente, se conserva por toda vida. É uma questão de temperamento, de constituição fisiológica. Se é uma neurose, não se pode passar toda vida sem percebê-la.[55]

Vê-se, pois, que admitindo-se que os médiuns sejam todos sonâmbulos — o que está longe de ser provado — isso não bastaria para compará-los aos histéricos, como fez o sr. Janet.

Resumindo todas as observações precedentes, eis as diferenças profundas que separam os médiuns dos histéricos:

53 Bernheim, *Premier Congrès International de l'Hypnotisme Experimental et Thérapeutique*, Paris, 1890, p. 277.
54 Richer, Paul, *Études Cliniques sur l'Hystéro-Epilepsie*, p. 361.
55 Ochorowicz, *La Suggestion Mentale*, p. 255.

Diferenças entre os histéricos e os médiuns

Nos histéricos:
1º A saúde geral está gravemente alterada e as anestesias profundas que atingem um, ou vários sentidos determinam lacunas na vida mental, a perda completa de certas lembranças e uma considerável redução do campo da consciência;
2º os fenômenos subconscientes só se desenvolvem sob a forma de escrita após uma educação bastante prolongada;
3º e sob a influência de sugestões táteis ou verbais, feitas durante o estado de distração, que é contínuo;
4º a escrita automática não pode ser sugerida por quem quer que seja: ela se produz somente no estado de relação, e se é o magnetizador habitual quem faz a sugestão;
5º essa escrita relata somente fatos conhecidos pela paciente, e o conteúdo não é sensivelmente superior à sua capacidade intelectual;
6º a histérica nunca sabe que escreve. É uma operação involuntária e inconsciente;
7º finalmente, nunca se conseguiu obter esses fenômenos com homens.

Nos médiuns:
1º A saúde é normal. Geralmente não se constata qualquer anestesia ou perda de lembranças; a inteligência não é afetada por nada, e mesmo a faculdade cessa durante a doença, o que é o inverso do que acontece nos histéricos;
2º e 3º os fenômenos da escrita se produzem espontaneamente e sem sugestões verbais ou táteis;
4º não há geralmente nenhuma influência eletiva da parte dos assistentes, nem necessidade de uma relação magnética qualquer;
5º o médium sabe que escreve, seu movimento é involuntário, mas consciente;
6º obtêm-se mensagens escritas com mulheres ou com homens, indiferentemente; vimos isso no exemplo do dr. Cyriax;
7º Frequentemente, os médiuns, por meio da escrita, dão informações que tanto eles quanto os assistentes desconhecem, e que em seguida se verifica serem exatas.

Gabriel Delanne

Segunda parte

Animismo

O automatismo gráfico natural – influência da clarividência, da premonição, da transmissão de pensamento, da telepatia, da alma dos vivos sobre o conteúdo dos escritos

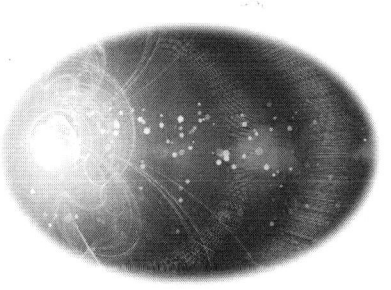

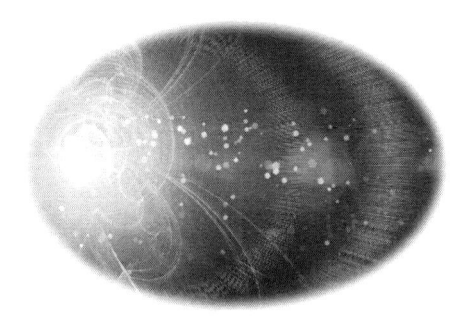

1.
O automatismo natural

• Verdadeiros e falsos médiuns • Desde a origem do espiritismo, distinções foram feitas por todos os escritores que estudaram o assunto • Allan Kardec, Jackson Davis, Hudson Tuttle, Metzger • O automatismo estudado pelos srs. Salomons e Stein • Exemplos: Clélia • Incoerência das mensagens • Afirmações mentirosas do automatismo • O mecanismo da escrita automática é produzido pela força motora das ideias • A inconsciência prende-se a uma inibição da memória, determinada pela distração ou por um estado hipnoide • Este é produzido pela autossugestão • Demonstração de cada um desses pontos • De onde provêm as informações que parecem estranhas ao escrevente? • Trabalho da alma durante o sono • Estados semissonambúlicos durante a vigília • Memória latente • Exemplos de automatismos gráficos simulando perfeitamente as comunicações espíritas • As observações do sr. Flournoy • Personalidades fictícias criadas por autossugestão

Verdadeiros e falsos médiuns

Vimos, nos capítulos anteriores, que os sábios que procuram classificar numa mesma categoria os médiuns e os histéricos só podem fazê-lo forçando-lhes as analogias além de todos os limites permitidos. Foi-nos possível constatar também que, somente por negligenciarem sistematicamente todos os fatos que não se enquadram nas suas teorias, é que se vangloriam de ter dado uma explicação científica para a mediunidade. Mas, se a insuficiência dessas demonstrações é evidente, não significa que não tenhamos assistido a experiências interessantes relacionadas à escrita automática, e que talvez possam servir-nos para compreender os fenômenos da pseudomediunidade, como às vezes se verificam nas sessões espíritas.

Constatamos que um indivíduo que parece perfeitamente acordado, que conversa com os assistentes, ao mesmo tempo escreve, sem perceber, e, por essa operação, evidencia que uma parte da sua inteligência tornou-se estranha ao eu normal. Sabemos perfeitamente que nisso há apenas o efeito de uma sugestão pós-hipnótica, ou feita durante o estado de distração, mas com a repetição dos mesmos exercícios, vimos surgir uma associação ídeo-orgânica, produzindo em seguida, espontaneamente, atos de automatismo gráfico. É aqui que a comparação com o que se passa nas sessões espíritas torna-se possível. Trata-se de saber se um indivíduo normal, sob a influência de uma forte emoção, de uma ideia fixa, ou de um desejo ardente, consegue chegar a produzir em si uma mudança análoga. Não devemos deixar-nos levar pelo medo de parecer que damos armas aos nossos adversários, ou de provocar confusão entre os investigadores pouco habituados a tais pesquisas; o que importa, antes de mais nada é a verdade, e para encontrá-la nada devemos poupar. Apressamo-nos a acrescentar que o verdadeiro fenômeno espírita nada tem a temer do exame atento que nos é recomendado pelos mais autorizados autores que escreveram sobre essas matérias.

Desde que se propagou no mundo inteiro, o espiritismo conquistou adeptos em todas as classes sociais. Mas, apesar da sua diversidade, é fácil dividir esses adeptos em duas categorias bem distintas: de um lado, os que, embora persuadidos da sua realidade, continuam a estudar os fenômenos para descobrir-lhes as leis, e do outro, os crentes que aceitam cegamente os fatos — porque se convenceram da realidade de alguns deles — sem se perguntar se vez por outra os médiuns, inconscientemente e portanto de boa fé, não seriam seus autores. Lamentamos que, em muitos dos círculos onde as pessoas se dedicam às evocações espíritas, o senso crítico não esteja mais desenvolvido, porque não é raro constatar que as comunicações mecânicas são invariavelmente atribuídas à ação dos espíritos, mesmo quando não revelam qualquer traço de procedência supranormal. Esta falta de discernimento foi uma causa de descrédito para nossa doutrina e prejudicou a propagação do espiritismo nos meios instruídos. Com muita frequência as mais banais, as mais triviais elucubrações são assinadas por nomes ilustres e são aceitas sem pestenejar pela ignorância crassa daqueles que acreditam indistintamente na autenticidade de tudo que é escrito pelos pseudomédiuns.

É somente assegurando-nos, por uma análise minuciosa do seu conteúdo, da realidade das comunicações, que evitaremos a invasão de teorias fantasistas geradas pela imaginação dos automatistas e que não correspondem a nada de real. Não devemos duvidar de que uma severa investigação nos livre de uma enorme quantidade de documentos equívocos e de pretensas provas, que servem apenas para sobrecarregar inutilmente a bagagem espírita, e submergem informações preciosas num dilúvio de palavreados sem valor. Muitas supostas revelações merecem ser jogadas no cesto do lixo, porque não passam de pobres e insípidas baboseiras. Às vezes, mesmo, essas produções dão provas de uma ignorância científica absoluta e contêm afirmações falsas, que podem ser descobertas tão logo as examinemos. Todos esses casos, apontados desde a origem das manifestações espíritas, foram atribuídos a espíritos farsantes, que se divertiam mistificando seus ingênuos correspondentes. É certo que essa explicação é às vezes exata, porque a humanidade supraterrestre, sendo em grande parte igual à nossa, menos o corpo, contém ainda uma boa quantidade de ignorantes e tolos que não recuam diante de uma brincadeira maldosa; mas há circunstâncias em que se pode reconhecer a influência do próprio médium, e onde a intervenção de uma causa estranha é supérflua para explicar os fatos.

O que afirmamos está em absoluta concordância com o ensinamento espírita em todos os países; se as pessoas deixaram de considerá-lo, a culpa não cabe aos nossos instrutores, mas aos adeptos que não leem bastante seus mestres.

Os ensinamentos espíritas

Eis aqui, efetivamente, como Allan Kardec trata desse ponto especial no seu *O Livro dos Médiuns*:[1]

1 Kardec, Allan, *O Livro dos Médiuns*, capítulo XIX, item 223.

223. I. No momento em que exerce sua faculdade, o médium se encontra num estado perfeitamente normal? — Às vezes se encontra num estado de crise, mais ou menos acentuado. É o que o fatiga, e é por isso que precisa de repouso. Geralmente, porém, seu estado não difere sensivelmente do estado normal, principalmente quando se trata de médiuns escreventes.

É certo que para esse gênero de manifestação o dispêndio nervoso é pouco considerável, quando o hábito de escrever está estabelecido. O mesmo não ocorre com relação aos efeitos físicos, que são sempre acompanhados de grande consumo de energia nervosa.

II. As comunicações escritas ou verbais podem provir também do próprio Espírito encarnado no médium? — A alma do médium, como a de qualquer outra pessoa, pode comunicar-se; goza de um certo grau de liberdade, ela recobra suas qualidades de Espírito. Tendes a prova disso na alma de pessoas vivas que vêm visitar-vos, e que muitas vezes se comunicam convosco por escrito, sem que as chameis. Por que, ficai sabendo, entre os Espíritos que evocais, há alguns que estão encarnados na Terra; *então eles vos falam como Espíritos e não como homens.* Por que não aconteceria o mesmo com o médium?

IIa. Esta explicação não parece confirmar a opinião dos que acham que todas as comunicações emanam do Espírito do médium e não de Espíritos estranhos? — Eles só estão errados por serem categóricos; *está provado que o Espírito do médium pode agir por conta própria*, mas isso não é razão para que outros não atuem igualmente por seu intermédio.

III. Como distinguir se o Espírito que responde é o do médium, ou um Espírito estranho? — Pela natureza das comunicações. Examinai as circunstâncias e a linguagem e distinguireis. É principalmente no estado de sonambulismo ou de êxtase que o Espírito do médium se manifesta, porque então se acha mais livre; no estado normal é mais difícil. Aliás, há respostas que é impossível atribuir-lhes. Por isso vos recomendo: estudai e observai.

Temos, nessa última frase, o critério necessário para verificar, entre os que escrevem mecanicamente, a diferença entre um verdadeiro médium e quem não o é. O verdadeiro médium fornece provas de conhecimentos que ele não pode ter adquirido normalmente. Por exemplo, dá informações exatas sobre mortos cuja existência ele ignora completamente; escreve em línguas estrangeiras que nunca estudou; seu estilo às vezes está tão acima das suas faculdades que se é forçado a reconhecer a intervenção de uma outra individualidade; também discorre sobre assuntos científicos que lhe são absolutamente desconhecidos. O automatista, ao contrário, obtém apenas comunicações comuns, que de modo algum superam, tanto em estilo como em inteligência, o que poderia escrever normalmente, e nunca revela fatos desconhecidos relativos a pessoas estranhas com as quais não teve qualquer contato.

Essa distinção também é indicada por Allan Kardec, *Revista Espírita* de 1865.[2]

> Jamais se deve atribuir aos Espíritos — diz uma comunicação — refiro-me aos Espíritos elevados, esses ditados sem fundos nem forma que à sua nulidade somam o ridículo de serem assinados por nomes ilustres. A mediunidade séria só aborda cérebros providos de instrução suficiente, ou pelo menos provados pelas lutas passionais. Só os melhores médiuns recebem o afluxo espiritual; os outros sentem simplesmente o impulso fluídico material que lhes arrebata as mãos, *sem fazer com que sua inteligência produza outra coisa a não ser o que já continha em estado latente;* deve-se encorajá-los a trabalhar, mas não iniciar o público em suas elucubrações.
>
> As manifestações espíritas devem ser efetuadas com grande reserva; e se, para a dignidade pessoal, é indispensável acumular todas as provas de uma perfeita boa fé em torno das experiências físicas, do mesmo modo é importante preservar as comunicações espirituais do ridículo que facilmente se vincula às ideias e aos sistemas assinados ridiculamente por nomes célebres, que são e continuarão sendo estranhos a essas produções. Não discuto a sinceridade das pessoas que, recebendo um choque elétrico, o confundem com a impulsão mediúnica. A ciência tem seus falsos sábios, *a mediunidade tem seus falsos médiuns*, na ordem espiritual,

---

2 *Revista Espírita*, 1865.

evidentemente.

Tento estabelecer aqui a diferença existente entre os médiuns inspirados pelos fluidos espirituais e aqueles que somente agem sob a influência fluídica corporal, ou seja, entre os que vibram intelectualmente e aqueles cuja ressonância física *redunda apenas na produção confusa e inconsciente das suas próprias ideias*, ou de ideias vulgares e sem importância.

Existe, portanto, uma linha de demarcação perfeitamente nítida entre os médiuns escreventes: uns que obedecem à influência espiritual que faz com que escrevam somente coisas úteis e elevadas; e os outros, que sofrem a influência fluídica material que atua em seus órgãos cerebrais, como os fluidos físicos atuam na matéria inerte. Essa primeira classificação é absoluta, mas admite uma porção de variedades intermediárias.

Comentando essa comunicação, Allan Kardec diz:

> Embora o estudo dessa parte integrante do espiritismo (a mediunidade) esteja longe de ser completo, *estamos distantes do tempo em que se acreditava que bastava receber uma impulsão mecânica para considerar-se médium* e achar-se apto a receber comunicações de todos os espíritos. O progresso da ciência espírita, que todo dia se enriquece com novas observações, mostra-nos a quantas causas diferentes e influências delicadas, de que não se suspeitava, estão submetidos os contatos inteligentes com o mundo espiritual.

Já em 1855, na América, Jackson Davis dizia:[3]

> O espírito humano é tão maravilhosamente dotado, e dispõe de meios tão variados de atividade e de manifestação, que um homem pode, inconscientemente, deixar reagirem sobre ele e dentro dele suas forças orgânicas e suas faculdades cérebro-dinâmicas. Em certas disposições de espírito, as forças conscientes concentradas no cérebro *entram em ação involuntariamente e continuam a funcionar sem a menor intervenção da vontade* e sem serem sustentadas por ela.

---

3 *The Present Age and Inner Life.*

Gabriel Delanne

Na sua bem documentada obra, Aksakof[4] não somente atribui muitos fenômenos espíritas à consciência sonambúlica do médium, mas ele prova que, em muitos casos, essa origem é evidente. Hudson Tuttle, célebre médium americano e escrevente intuitivo, também insistiu quanto à procedência humana de muitas mensagens espíritas. Finalmente, o sr. Metzger[5] também chama nossa atenção para as causas de erros que podem adulterar as comunicações, e exorta os espíritas a estudarem os fenômenos do magnetismo, da clarividência e da telepatia antes de acreditarem cegamente que tudo que nos chega pelo canal daqueles a quem chamamos médiuns vem necessariamente de espíritos desencarnados.

Vemos, portanto, que os sábios que nos acusam de falta de discernimento, fazem julgamentos temerários quanto a nós; e quando nos ensinam doutoralmente que o espírito do automatista é o único autor das suas elucubrações, expõem-se ao ridículo de descobrir a América depois de Cristóvão Colombo.

Deve-se admitir, no entanto, que os autores espíritas limitaram-se a essas indicações gerais, ao passo que os psicólogos, já há alguns anos, submeteram os fatos à experimentação. Chegaram, assim, a resultados que é interessante conhecer para ter uma noção clara do fenômeno complexo da escrita automática.

O automatismo gráfico

Há, entre os espíritas e os sábios, um mal-entendido que provém do fato de uns e outros só quererem considerar uma parte do problema. Para os sábios, o automatismo, com seu caráter de inconsciência, é perfeitamente compreensível pelo simples movimento do mecanismo cerebral, submetido a certas influências anormais. Em muitos casos isso é verdade, mas também existem fatos que não basta essa teoria para explicar; o erro dos sábios é deixaram de mencionar os testemunhos embaraçosos e argumentarem como se eles não existissem. Por outro lado, muitos espíritas recusam-se terminantemente a admitir a possibilidade do automatismo puro e simples, que lhes parece inverossímil, mostrando-se inflexíveis quanto a isso.

4 Aksakof, *Animisme et Spiritisme*, p. 273 e segs.
5 Metzger, *Essai de Spiritisme Scientifique*, p. 203.

É difícil fazer com que alguém que sente sua mão obedecer a uma força contrária à sua vontade compreenda que, apesar disso, o autor do movimento é ele mesmo. Quando essa mão traça caracteres de que ele não tem consciência, de que só consegue tomar conhecimento quando a impulsão magnética não se faz mais sentir, e a escrita enuncia ideias que lhe parecem novas, raciocínios que não tem o hábito de formular, parece-lhe absurdo que sejam atribuídos a ele. Assim, rejeita as explicações "oficiais" e acusa os sábios de orgulho e prevenção, enquanto estes o acusam de ignorância e credulidade.

Nos casos duvidosos, deve-se recorrer à experiência, ao fato, que é o juiz supremo e que se pronuncia em última instância. A despeito das aparências, apesar do testemunho do senso íntimo, deve-se admitir que o automatismo gráfico é uma realidade indiscutível, mesmo em indivíduos normais, perfeitamente sadios de corpo e de mente.

Vimos que os histéricos apresentam frequentemente exemplos dessa escrita inconsciente, mas é quando estão sob a influência de sugestões com realização pós-hipnótica, ou de sugestões feitas durante o estado de distração, ou, finalmente, em consequência de estímulos táteis. Agora, deixaremos de lado todos esses estudos hospitalares para colocar-nos nas condições da vida corrente. Precisamos observar pessoas comuns, nem doentes, nem sugestionadas, nem hipnotizadas, em resumo, pessoas que gozam inteiramente de toda sua liberdade de espírito, e compreender:

1º Por que elas escrevem sem querer e

2º sem saber o que é escrito?

3º De onde vêm os argumentos, as informações que lhes são desconhecidos?

4º Por que essas ideias escritas parecem provir de uma personalidade estranha ao escrevente, e por que são quase sempre assinadas por um nome conhecido?

Quando se quer estudar um fenômeno complexo, deve-se inicialmente pesquisar-lhe as modalidades mais simples. O experimentador não deve pensar que encontrará de imediato indivíduos que escrevem páginas inteiras sem ter consciência do que fazem.

É claro que a manifestação gráfica do automatismo não

pode ser obtida com todo mundo; é necessário fazer uma seleção entre as pessoas que se prontifiquem a participar da experiência. Eis, a seguir, o método preconizado pelo sr. Bizet; é lento e exige uma certa dose de paciência, o que é seu único inconveniente:[6]

> Sentamo-nos ao lado da pessoa, diante de uma mesa, pedimos-lhe que se concentre numa leitura interessante, ou num cálculo mental complicado, e principalmente que distraia sua atenção, que abandone a mão e não se preocupe com o que iremos fazer com essa mão. A mão segura um lápis, fica escondida da pessoa por um anteparo. Pegamos então essa mão, sem pressa, com movimentos delicados, e imprimimos à mão e ao lápis um movimento qualquer. Por exemplo, fazemos com que desenhe barras, círculos, pontinhos. Na primeira tentativa, o experimentador avisado percebe com quem está lidando; certas pessoas retesam a mão, que fica igual à madeira, resiste a todos os esforços. E, embora recomendemos a ela que relaxe, que não pense na sua mão, esta não obedece ao movimento que lhe imprimimos. Em geral, essas pessoas são pouco educáveis. Outro obstáculo vem frequentemente opor-se à continuação da experiência: há pessoas que, quando lhes tomamos a mão, não conseguem continuar a ler; mesmo a contragosto, sua atenção deixa o livro, volta-se para o que elas sentem na mão. Os melhores pacientes são aqueles cuja mão dócil executa com inteligência todos os movimentos que lhe imprimimos.
> Existe aí uma sensação peculiar que mostra ao operador que a experiência terá sucesso. Além disso, para impedir que o paciente se preocupe demais com sua mão, frequentemente usamos de um artifício muito simples, que produz uma distração mais forte do que uma conversa com uma terceira pessoa, uma leitura interessante ou um cálculo complicado. Esse artifício consiste em fazer com que o paciente acredite que sua mão ficará passiva durante toda a experiência, continuamente inerte e passiva, e que é o experimentador que, de tempos em tempos, por exigência de uma experiência, que não lhe explicamos, imprime à mão um movimento. Basta isso para tranquilizar o paciente que, a partir de então, abandona a mão sem resistência, deixa de interessar-se por ela e fica em condições mentais excelentes para que a consciência se divida.

6 Binet, *Annales des Sciences Psychiques*, 1900, p. 183.

Ao fim de algum tempo, a distração se torna mais contínua e mais profunda.. Eis os sinais que podemos destacar: Primeiro, é a anestesia por distração. A pessoa distraída não se tornou absolutamente insensível como uma histérica distraída, cuja pele se pode perfurar, ou cujo braço se pode erguer sem que ela o perceba. Sua sensibilidade não fica anulada, mas a acuidade das suas percepções fica bem diminuída. É difícil, aliás, explorar essa sensibilidade num nível tão fraco de distração.

O mais fácil de provocar são os movimentos passivos de repetição. Estando o lápis colocado entre os dedos do paciente, a quem pedimos que se comporte como se quisesse escrever, guiamos-lhe a mão, fazendo-o executar um movimento uniforme, escolhendo os que executa com mais facilidade: sombreados, círculos, pontilhados. Após haver comunicado esse movimento durante alguns minutos, delicadamente deixamos a mão entregue a si mesma, ou ficamos em contato com ela, sem que a pessoa perceba, mas deixamos de exercer uma ação diretriz nos movimentos. A mão, entregue a si mesma, faz alguns movimentos leves. Retomamos a experiência de treinamento, repetimo-la com paciência por vários minutos; o movimento de repetição se aperfeiçoa. Ao fim de quatro sessões, vi uma jovem fazer a repetição tão nítida que a mão não traçou menos de oitenta círculos sem parar; depois ela fez um movimento brusco e sacudiu os ombros, dizendo:

— Acho que ia pegar no sono...

São esses os primeiros passos dessa educação que se aperfeiçoa pelo hábito. Constatamos que o dr. Gley faz com que uma pessoa escreva, sem que ela desconfie, a palavra na qual ela pensou.[7] Vamos assistir agora a experiências mais complexas, feitas por dois sábios americanos, Salomons e Stein,[8] sobre o automatismo gráfico. Acompanhemos a resenha publicada pelo dr. Binet nos *Anais Psíquicos* de maio-junho de 1900.

As pesquisas da Salomons e Stein

O objetivo dos autores foi procurar explicar o automatismo

---

7 Ver capítulo I, "Mecanismo da escrita", nesta obra.
8 *Psychological Review – Normal Motor Automatism*, setembro de 1896, p. 492-512.

Gabriel Delanne

da vida normal na sua complexidade máxima. Situaram-se como pacientes; dizem gozar de saúde excelente. Suas experiências concentram-se em quatro itens principais:

1º Tendência geral ao movimento, sem impulsão motriz;
2º tendência de uma ideia a transformar-se em movimento, involuntária e inconscientemente;
3º tendência de uma corrente sensorial a transformar-se em reação motora inconsciente;
4º trabalho inconsciente da memória e da invenção.

I. A mão é colocada sobre uma prancheta semelhante à dos espíritas (é uma prancheta que desliza sobre bolinhas de metal, e munida de um lápis). Põe-se a prancheta sobre uma mesa, em cima de papel, e o lápis registra todos os seus movimentos. A mente do paciente está ocupada na leitura de um livro interessante. Nessas condições, quando o paciente adquiriu o hábito de não vigiar sua mão, facilmente se produzem movimentos espontâneos, geralmente derivados do estímulo produzido por uma posição cansativa; além disso, excitações externas (por exemplo, se alguém mexe na prancheta) provocam na mão movimentos em diversos sentidos, cuja repetição se pode provocar, e que continuam por bastante tempo. Mas a história lida para distrair não deve ser comovente demais, porque a emoção pode provocar movimentos reflexos, ou uma tensão muscular, que prejudicam os movimentos inconscientes.

II. O paciente lê em voz alta, tendo um lápis na mão; às vezes escreve uma palavra, que lê, principalmente quando é uma palavra curta; as palavras longas são apenas começadas. *Essa escrita se produz sem que o paciente o saiba*.

III. O paciente lê em voz alta, e escreve as palavras que durante sua leitura uma pessoa lhe dita em voz baixa. Chega-se a essas experiências somente após muito treinamento. No começo é muito difícil; deixa-se de ler a partir do momento em que se ouve uma palavra. É preciso aprender a concentrar a atenção na leitura. Logo se consegue continuá-la sem interrompê-la, mesmo quando houver ditados de 15 a 20 segundos: *a escrita torna-se consciente*.

IV. Aqui as experiências são bem mais difíceis, e só tiveram sucesso porque os pacientes estavam bem adestrados pelas experiências precedentes. Primeiro, tinham praticado a *escrita automática espontânea*; por exemplo, liam enquanto sua mão escrevia; depois, para desviarem a atenção, puderam até mesmo dispensar a leitura. Num dos pacientes, a srta. Stein, quando lia palavras que sua mão acabava de escrever pouco antes, havia distração suficiente, e a *escrita espontânea da mão tornava-se involuntária e inconsciente*; as palavras que escrevia às vezes não tinham sentido, havia principalmente repetição de palavras e frases. Pelo mesmo método, os autores conseguiram reproduzir inconscientemente passagens que sabiam de cor, mas que nunca haviam escrito.

Notamos aqui um comentário desses observadores que enfatiza o que já dissemos, ou seja, que é realmente a mesma personalidade que segue simultaneamente duas séries de ideias: 1º a da leitura em voz alta; 2º a da escrita, esta sendo esquecida tão logo produzida, porque se a atenção estiver demasiadamente excitada pela leitura, a ação automática cessa. Nesse momento, portanto, não está em jogo um segundo personagem subconsciente, porque, se este realmente possuísse uma existência distinta, assumiria uma importância maior quando o eu normal lhe desse mais liberdade, caso contrário desapareceria. Eis o comentário dos srs. Salomons e Stein:

A condição essencial de toda essa atividade automática é uma distração da atenção conseguida voluntariamente; *não é necessário, contudo, que a atenção direta seja solicitada energicamente*; se, por exemplo, relemos uma passagem de uma história que não havíamos compreendido inicialmente, o que é necessário para a compreensão do resto, então, *sob a influência do aumento de atenção toda a atividade automática é interrompida*.

Tanto nas pessoas normais, como nas histéricas, é perfeitamente inútil imaginar uma outra consciência, formada com os elementos dissociados da primeira, pois para explicar todas as anomalias basta supor-se simplesmente uma modificação da memória, produzida precisamente pela distração. Essa atitude mental é uma espécie de anestesia psíquica que suprime da memória séries de ideias encadeadas; estas, como vimos, possuem uma força motriz com a qual acionam o mecanismo psicofisiológico da escrita. O esquecimento dessa ação dá à escrita seu caráter de automatismo, mas este é apenas aparente, pois não corresponde à realidade. Na verdade, a escrita é sempre consciente; só a lembrança das ideias é abolida, e é isso que dá ao fenômeno sua característica de estranheza. O sr. F. W. H. Myers[9] parece partilhar essa opinião, porque diz: "Há casos frequentes em que a pessoa que escreve afirma desconhecer os caracteres que traça enquanto escreve, ou, às vezes, até os que já estão escritos. Nesse caso, o processo nervoso que causa a escrita parece ser inconsciente, embora o ato mental requerido para produzir a formação das letras seja tão simples e rápido que é difícil ter certeza de que não exista *uma semiconsciência de fazê-lo, quase imediatamente esquecida...*"

O mais curioso é que o sr. Binet passou perto dessa explicação sem compreender-lhe o valor, enquanto apontava cuidadosamente todos os fatos nos quais ela se apóia. Realmente, ele anota os seguintes pontos, que destaca nas observações de Salomons e Stein:

1º Quando a história que alguém lê torna-se muito emocionante, os movimentos subconscientes cessam; 2º cessam igualmente se é necessário fazer um esforço intelectual considerável para compreender o que se lê; 3º no caso em que se escreve automaticamente sob ditado, se esse ditado é feito em voz muito baixa, exigindo esforço para compreender, a consciência reaparece.

Não se poderia escolher argumentos melhores para demonstrar que a escrita automática deve-se somente à distração que envolve o eu normal, e não a uma segunda individualidade fantástica, que nunca existiu, a não ser na imaginação dos psicólogos.

Acabamos de ver uma progressão contínua de manifestações automáticas em estado de vigília, desde os mais simples movimentos de repetição descritos pelo sr. Binet, até a escrita mecânica semiespontânea da srta. Stein. Todas essas experiências exigiram uma aprendizagem, uma educação do indivíduo. É interessante observar agora os casos naturais, pois são os que mais se aproximam das manifestações espíritas. Não estando o

9 Myers, F. W. H., *Proceedings. Automatic Writting*, 28 de novembro de 1884.

indivíduo submetido a sugestões orais, serão seus próprios pensamentos que se exteriorizarão pela escrita e nos darão a conhecer ideias que ele mesmo não tem consciência de possuir.

O automatismo gráfico natural

As experiências dos srs. Binet, Salomons e Stein, Gley etc. não podem mais deixar dúvidas quanto à possibilidade de escrever sem consciência. Eles nada mais fizeram senão reproduzir artificialmente o que ocorre espontaneamente em pessoas com predisposição ao automatismo. O mecanismo dessa ação nada mais tem de obscuro, de modo que as afirmações dos espíritas e dos sábios sobre este ponto estão confirmadas experimentalmente, o que lhes dá uma certeza completa. O que é necessário compreender agora é porque os pensamentos que são reproduzidos pelo escrevente lhe parecem tão estranhos a ponto de atribuí-los a uma outra inteligência.

Duas razões contribuem para dar às ideias assim escritas um caráter insólito, novo, inesperado: primeiro é que elas parecem surgir espontaneamente, sem que nada as ligue às nossas concepções comuns; e em seguida, é que são personificadas, que parecem, e dizem, pertencer a uma outra individualidade. Esses fenômenos psicológicos são só aparentemente anormais. Todos nós já tivemos condições de observá-los, talvez não durante a vigília, mas certamente em sonho. Ora, como constatamos, o automatismo se produz quando o indivíduo está distraído, isto é, numa espécie de devaneio que o aproxima do sono. O estado de distração do escrevente deixa à imaginação toda liberdade de ação. Esta, não sendo mais controlada, abandona-se ao acaso da sua fantasia; como no sonho, segue-lhe os caprichosos meandros. Os autores que estudaram o sono nos apontam os singulares resultados a que a imaginação pode chegar, quando entregue a si mesma, e todos nós já passamos pela estranheza que essa incoerência produz. Mas há sempre um fio tênue ligando essas concepções desordenadas. Com frequência, essa ligação nos escapa; vez por outra, pode ser observada. Eis a seguir vários exemplos:[10]

---

10 Maury, *Le Sommeil et les Rêves*, p. 115. Ver também: Janet, P., *Névroses et Idées Fixes*, p. 394.

Gabriel Delanne

Frequentemente me ocorre que, ao despertar, eu reúna minhas lembranças e, pela reflexão, procure reconstruir os sonhos que povoaram minha noite; não, bem entendido, para disso extrair regras de conduta e revelações sobre o futuro, como faziam os antigos egípcios — os papiros encontrados no Egito no-lo mostram —, mas para erguer o véu que encobre a misteriosa produção do sonho. Certa manhã, estando entregue a um trabalho desse tipo, lembrei-me de que havia tido um sonho que começava com uma peregrinação a Jerusalém ou a Meca; não sei ao certo se então eu era cristão ou muçulmano. Após uma série de aventuras que esqueci, vi-me na rua Jacob, na casa do sr. Pelletier, o químico, e, numa conversa que tivemos, ele me deu uma pá de zinco, que foi meu grande cavalo de batalha num sonho subsequente, mais fugaz do que os precedentes, e de que não consegui me lembrar.

Eis três ideias, três cenas principais visivelmente ligadas entre si pelas palavras *Pélerinage* (peregrinação), *Pelletier*, *Pelle* (pá), ou seja, por três palavras com o mesmo começo e evidentemente associadas pela assonância; haviam se transformado em laços de um sonho aparentemente muito incoerente. Um dia falei dessa observação com uma pessoa conhecida, que me respondeu que havia tornado bem presente a lembrança de um sonho assim. As palavras *Jardin, Chardin* e *Janin* se haviam associado tão bem no seu espírito, que, alternadamente, ela viu em sonho o Jardim Botânico, onde encontrou Chardin, que estava viajando pela Pérsia e que, para seu espanto, não sei se devido ao ancronismo, deu-lhe o romance de Jules Janin, *L'Âne Mort e la Femme Guillotinée*.

Cito mais um exemplo, extraído das minhas próprias observações, e que denota também uma associação de natureza igualmente viciosa. Pensava na palavra *quilômetro*, e pensava tanto que, em sonho, ocupava-me andando por uma estrada onde lia os marcos que indicam a distância de um dado ponto, calculada com aquela medida itinerária. De repente, vejo-me sobre uma dessas balanças grandes usadas nas mercearias, e num dos pratos um homem acumulava *quilos*, a fim de verificar meu peso, depois, não sei bem como, o merceeiro me diz que não estamos em Paris, mas na ilha de *Gilolo*, na qual confesso ter pensado muito pouco durante minha vida; então minha mente se dirigiu para a outra sílaba desse nome; tive sucessivamente vários sonhos nos quais eu via a flor chamada *lobélia*, o general Lopez, cujo deplorável fim em Cuba eu tinha acabado de ler; enfim, acordei jogando uma partida de *loto*. Omito, é verdade, algumas circunstâncias intermediárias cuja recordação não me é suficientemente nítida, e que provavelmente também tinham assonâncias semelhantes. Seja como for, o modo de associação aqui não é absolutamente claro. Essas palavras, cujo emprego certamente não é habitual, haviam encadeado ideias completamente sem nexo.

Os sonhos, assim como as ideias do louco, são portanto, afinal de contas, menos incoerentes do que parecem à primeira vista; só que a ligação das ideias ocorre por associações que nada têm de racional, por analogias que geralmente nos escapam no sonho, que, aliás, captamos menos à medida em que se transformam em imagens, e porque não estamos habituados a ver imagens unindo-se umas às outras como as diversas partes da tela de um panorama móvel.

Quando o automatista abandona sua mão, a imaginação pode então desenvolver sua fantasia, já que a distração, ao suprimir a atenção, teve por resultado reduzir o poder que possuímos de dirigir nossos pensamentos. Estes se erguem, se invocam, suscitam-se e podem apresentar uma tal originalidade que parecem verdadeiramente estranhos ao eu normal. Mais adiante veremos os imensos recursos que a memória possui, e a que ponto é difícil conhecer exatamente o que ela oculta nas suas profundezas.

Portanto, não devemos surpreender-nos demais com o inesperado das ideias que a escrita automática exibe. O que parece mais difícil de compreender é que essas ideias se organizem de modo a simular uma individualidade independente, um ser alheio ao escrevente.

Para nos inteirarmos da gênese desses personagens imaginários, é útil examinar os casos patológicos, que são somente a exageração de fatos novos, como Claude Bernard[11] observava justamente. Em plena saúde, podemos perfeitamente conceber quais seriam os pensamentos desta ou daquela pessoa colo-

---

11 Richet, Charles, *L'Homme et l'Intelligence. Analogies de l'État Normal et de l'État Pathologique*, p. 542.

cada numa determinada situação. Os romancistas, os poetas, os autores dramáticos compõem tipos que têm sentimentos, pensamentos, atos em conformidade com sua idade, sexo, temperamento, nacionalidade etc. Mas, se eles se identificam com esses personagens para fazê-los agir e falar, jamais perdem o sentimento da sua própria existência. Por mais que se deixem levar pela chama da inspiração, eles sabem que são somente escritores; conservam a lembrança de si mesmos, porque seu eu é normal. No alienado, ao contrário, produz-se uma ilusão mórbida que o leva a personificar os produtos da sua imaginação, a fazer deles seres reais.

O louco — diz Maury[12] — atribui a interlocutores diferentes, às vezes até mesmo a um grupo que reside na sua cabeça, os pensamentos que lhe vêm à mente, as palavras que pronuncia. Um alienado que conheci dizia-se incomodado pela disputa entre vários demônios que o rodeavam. Citou-me os insultos que, para seu escândalo, aqueles espíritos malignos trocavam entre si. Ora, aquele colóquio diabólico nada mais era do que as palavras que o próprio alienado pronunciava, mental ou oralmente, palavras que ele ora atribuía a um demônio, ora a outro. Uma louca que tive oportunidade de ver em várias ocasiões nos arredores de Paris, a sra. de P., cuja cabeça fora transtornada pela devoção e pelos processos, acreditava-se continuamente em discussão com um juiz que, dizia ela, a fizera perder seu processo. Ela havia estudado, coisa admirável, expressamente para responder-lhe, o código e o processo; mas, declarava, o juiz continuava sendo mais forte do que ela, e apresentava-lhe argumentos, enchia-lhe a cabeça com termos jurídicos que ela não conseguia retrucar, nem sequer compreender.

Esta última frase poderia fazer certos espíritas acreditarem que os termos novos, que ela não conhecia, deveriam ser pronunciados por um espírito obsessor. Mas, mais adiante veremos que essa mulher, tendo lido muitas obras jurídicas e tendo frequentado assiduamente o palácio da justiça, podia perfeitamente ter conservado a memória latente dos referidos termos, sem que a consciência atual tivesse percebido isso. Continuemos:

12 Maury, *Le Sommeil et les Rêves*, p. 118 e segs.

Não existem, em absoluto, obras sobre a alienação mental em que não se encontrem relatos de fatos análogos. Esse fracionamento da personalidade que se opera na imaginação do louco, geralmente tem algo a ver com as diferentes ordens de ideias que o agitam. Ele é assaltado por pensamentos contrários, incitado ou contido alternadamente por motivos diferentes, e supõe que essas ideias e motivos contraditórios não procedem todos igualmente do seu espírito. Ocorre-lhe uma ideia, a seguir uma objeção a ela se apresenta, e relaciona a ideia ou a objeção com uma pessoa diferente dele. Ora ele crê simplesmente obedecer a inspirações provindas de seres antagônicos, por exemplo, de Deus ou de demônios, de padres e de ateus, ora admite que são seres inimigos que falam pela sua boca e agem em seu lugar.

A tendência à personificação das ideias que se observa na criança que faz sua boneca falar, nas pessoas que, enquanto caminham, falam em voz alta e mantêm diálogos nos quais elas mesmas fazem as perguntas e as respondem, é geral; todos nós a temos em sonhos. Como o assunto é importante, citaremos alguns fatos típicos que reúnem essas duas características: 1º de parecerem desconhecidos, e 2º de serem personificados.

Em sonho — continua Maury —, atribuímos a personagens diferentes pensamentos, palavras que são nossas. Num dos sonhos mais claros, mais nítidos e razoáveis que já tive, eu mantinha, com um interlocutor, uma discussão sobre a imortalidade da alma, e ambos nos impúnhamos com argumentos opostos, que não passavam das objeções que eu fazia a mim mesmo. Essa cisão que se opera no espírito, e na qual o dr. Wigan vê uma prova da sua tese paradoxal, *The Duality of the Mind* (A Dualidade da Mente), na maior parte do tempo não passa de um fenômeno de memória; lembramo-nos dos prós e dos contras de uma questão, e, em sonho, atribuímos a dois seres distintos as duas ordens opostas de ideias.

Um dia, de repente veio-me à mente a palavra *Mussidan*; eu sabia que era o nome de uma cidade da França, mas não sabia onde ficava, ou melhor, eu tinha esquecido. Algum tempo depois, vi em sonhos um certo personagem que me disse estar vindo de Mussidan. Perguntei-lhe onde ficava a cidade. Respondeu-me que era uma sede de distrito do

Gabriel Delanne

departamento da Dordonha. Acordei no final do sonho; já tinha amanhecido, o sonho estava perfeitamente presente, mas estava em dúvida quando ao que meu personagem havia dito. O nome Mussidan continuava-me na mente, nas mesmas condições dos dias precedentes, isto é, sem que eu soubesse onde ficava a cidade. Apresso-me a consultar um dicionário geográfico, e, para minha surpresa, constato que o interocutor do meu sonho sabia mais geografia do que eu, o que significa, bem entendido, que em sonho eu tinha me lembrado de uma informação esquecida no estado de vigília, e que eu tinha posto na boca de outro o que não passava de uma reminiscência minha.

Há muitos anos, numa época em que eu estudava inglês, e em que me empenhava principalmente em conhecer o sentido dos verbos seguidos de preposições, tive este sonho: eu estava falando inglês, querendo dizer a uma pessoa que tinha ido visitá-la na véspera, empreguei esta expressão: *I called for you yesterday*. O senhor se expressa mal, foi-me respondido, deve-se dizer *I called on you yesterday*. No dia seguinte, ao despertar, a lembrança dessa circunstância do meu sonho estava bem presente. Peguei uma gramática que estava em cima de uma mesa perto da cama, e verifiquei; a pessoa imaginária tinha razão.

É perfeitamente inútil imaginar causas ocultas quando bastam as causas naturais para explicar amplamente os fatos. A memória conserva de maneira indelével todas as impressões que recebeu; se não temos consciência de tudo que ela oculta em suas profundezas, é porque o esquecimento é precisamente uma das condições de uma boa memória. Conseguir esquecer é indispensável para adquirir novos conhecimentos. Essa questão está tão intimamente ligada ao conteúdo das mensagens escritas automaticamente que não hesitamos em voltar ao assunto, dando mais dois exemplos, tão demonstrativos quanto os anteriores, sempre extraídos do mesmo autor:[13]

> Passei meus primeiros anos — diz ele — em Meaux, e ia frequentemente a uma aldeia vizinha, chamada Trilport, situada às margens do Marne, onde meu pai construía uma ponte. Certa noite, vejo-me em sonho transportado aos dias da minha infância e brincando na aldeia de Trilport; perce-

13 Maury, Op. cit., p. 70 e 121.

bo, usando uma espécie de uniforme, um homem a quem me dirijo, perguntando seu nome. Diz-me que se chama C., que é guarda do porto, depois desaparece, dando lugar a outros personagens. Acordo sobressaltado, com o nome de C. na cabeça. Seria pura imaginação, ou em Trilport havia um guarda portuário com aquele nome? Ignorava-o, pois não me lembrava daquele nome. Tempos depois, interrogo uma antiga criada, outrora a serviço do meu pai, e que muitas vezes me levava a Trilport. Pergunto-lhe se se recorda de um indivíduo chamado C., e ela imediatamente me responde que era um guarda do porto de Marne quando meu pai construía a ponte. Com toda certeza, eu o sabia tanto quanto ela, mas a lembrança dele se apagara. O sonho, ao evocá-lo, de certa forma me havia revelado o que eu ignorava...

Um dia falei dessa última observação com um amigo, o sr. F., que fez algumas considerações sobre seus sonhos. Deu-me um exemplo ainda mais impressionante. Na infância, visitara os arredores de Montbrison, onde havia sido criado. Vinte e cinco anos depois, fez uma viagem a Forez, com o propósito de percorrer o cenário das suas brincadeiras infantis e rever velhos amigos de seu pai, que não voltara a ver. Na véspera da partida, sonha que chegou ao fim da viagem; está próximo a Montbrison, num certo lugar que nunca viu, e onde vê um senhor cujos traços não reconhece, e que lhe diz que é o sr. T. Era um amigo de seu pai, que na verdade tinha visto na infância, mas de quem só se lembrava do nome. Alguns dias depois o sr. F. chega realmente a Montbrison. Qual não foi seu espanto ao deparar-se com a localidade vista por ele em sonho, e encontrar o mesmo sr. T., que reconheceu, antes que lhe dissesse seu nome, como a pessoa que lhe aparecera em sonho! As feições apenas estavam um pouco envelhecidas.

Voltaremos mais demoradamente à memória latente e à percepção inconsciente que faz com que entrem em nós imagens que não tínhamos percebido conscientemente. O que até aqui foi dito basta para fazer-nos compreender que o caráter bizarro, espontâneo, dos pensamentos traçados na escrita automática, podem ser entendidos perfeitamente quando se estudou um pouco o prodigioso jogo da associação das ideias; esta reúne os mais heteróclitos elementos por laços que, muito frequentemente, não conseguimos mais discernir. Admitiremos também a falsa personificação das nossas próprias ideias, individualizando-se por vezes em criaturas fantasiosas, que são simples produtos da imaginação entregue a si mesma.

O automatismo pode expressar também ideias que habitualmente reprimimos pela vontade, mas que se livram desse entrave quando a vontade fica enfrequecida, de modo que algumas vezes são piadas vulgares, licenciosidades, grosserias, até, que o escrevente estupefato vê saírem da sua pena, e cuja paternidade se recusa energicamente a assumir, preferindo atribuir tudo a um espírito malcriado.

Não nos enganemos! Todas essas observações dizem respeito aos automatistas propriamente ditos, e não aos médiuns. Como uns e outros existem, cabe a nós saber distingui-los, e só o conseguiremos conhecendo bem todas as causas que podem simular a verdadeira mediunidade.

Em geral, a bizarrice, a falta de nexo das mensagens, suas contradições, são sinais evidentes de que não há outros fatores em jogo a não ser a imaginação desenfreada. Eis um exemplo, extraído do sr. Myers, que é uma espécie de modelo desse absurdo caprichoso que os crentes cegos não hesitam em atribuir aos espíritos farsantes, enquanto os espiritualistas sérios veem nisso algo bem diferente. O autor desse relato é um conhecido do sr. Myers, que atesta sua absoluta boa fé.[14]

Quis verificar — diz o sr. A. — se eu podia escrever automaticamente, se eu era médium escrevente. Fiz essa experiência na Páscoa de 1883. Após um intervalo de uma semana, continuei por mais três dias ainda. No primeiro dia, estava sinceramente interessado; no segundo, fiquei intrigado; no terceiro, pareceu-me que estava entrando em experiências completamente novas, temíveis e romanescas ao mesmo tempo; no quarto, o sublime acabava tristemente no ridículo.

História de Clélia

Primeiro dia
P. — Sob que condições posso entrar em contato com o invisível?
R. — ----------------

---

14 Myers, F. W. H., *Proceedings. Automatic Writting*, dezembro de 1884.

A mão moveu-se de imediato para traçar essa linha. O resultado não era nada satisfatório; mas como o autor acreditava que a condição exigida para comunicar-se com o invisível era uma perfeita retidão, considerou que a resposta se aplicava ao que ele esperava.

P. — Quem é que está fazendo minha pena mover-se neste instante?

R. — A religião.

P. — Quem mandou escrever essa palavra em resposta à minha pergunta?

R. — A consciência.

P. — Que é a religião?

R. — Adoração.

Aqui, surgiu uma dificuldade. Embora o autor não esperasse nenhuma das três respostas, assim que as primeiras foram escritas, ele previu o resto da palavra. Isto podia viciar o resultado. *Cons,* por exemplo, podia terminar em *consciousness* em vez de consciência. Então, como se para prevenir-se contra essa dificuldade, e como se uma inteligência lhe tivesse lido o pensamento e desejasse dar uma resposta independente, na pergunta seguinte ele recebeu esta estranha resposta:

P. — Adoração de quê?

R. — Wb Wb Wb Wb.

P. — Que significa Wb?

R. — Win (ganhar). Buy (comprar).

P. — Quê?

R. — Know (ledge) (conhecimento).

Aqui, o autor teve a percepção das letras que iriam completar a palavra, e a pena fez uma súbita parada, como se para dizer que era inútil continuar.

P. — Como?

R. — ---------------

Era de novo a primeira resposta. Embora muito impressionado com as primeiras respostas que, à primeira vista, pareciam denotar uma inteligência e uma vontade independentes, o autor observou que, em suma, não tinha aprendido nada de novo e pensou que tudo se devia à cerebração inconsciente, ainda mais que, tendo feito algumas perguntas sobre fatos desconhecidos, mas fáceis de verificar, só obteve respostas ininteligíveis ou errôneas. E não levou suas pesquisas adiante.

Segundo dia

P. — Que é o homem?

R. — Flise.

A pena, ao traçar esta resposta, foi agitada violentamente, o que não tinha acontecido no primeiro dia. Achando que havia uma analogia com Wb, o autor continua:

P. — Que significa F?

R. — Fesi.

P. — L?

R. — Le.

P. — I?

R. — Ivy.

P. — S?

R. — Sir (em português, senhor).

P. — E?

R. — Eye (em português, olho).

P. — Fesi le ivy sir eye. É um anagrama?

R. — Sim.

P. — Quantas palavras na resposta?

R. — Quatro.

Durante alguns minutos o autor tenta encontrar a solução. Não o conseguindo, e não querendo perder tempo demais numa coisa que talvez nada significasse, abandona a experiência.

Terceiro dia

P. — Que é o homem?

R. — Tefi hasl esble lies.

P. — É um anagrama?

R. — Sim.

P. — Quantas palavras na resposta?

R. — Cinco.

P. — Qual é a primeira palavra?

R. — See (em português, veja).

P. — Qual é a segunda?

R. — Eeeeee.

P. — See? (Veja) Eu mesmo devo interpretar?

R. — Tente.

Inicialmente, o sr. A. encontrou como solução: "Life is less able", ou seja, "a vida é menos capaz". Retomou então o anagrama do dia anterior e achou: "Every life is yes", isto é, "toda vida existe sim". Mas sua pena pareceu indicar uma preferência por outra ordem de palavras: "Every life, yes, is", ou seja, "toda vida, sim, existe". Admirado pela produção desses anagramas que pareciam provar-lhe a existência de uma inteligência alheia à sua, porque a pena, ao apontar as letras, aceitava umas e rejeitava outras, o sr. A. quis saber mais, e interrogou essa inteligência:

P. — Quem és tu?
R. — Clélia.
P. — És uma mulher?
R. — Sim.
P. — Já viveste na Terra?
R. — Não.
P. — Tu o farás?
R. — Sim.
P. — Quando?
R. — Daqui a seis anos.
P. — Por que vens falar-me?
R. — E if Clélia e I.

O autor interpreta assim: "I Clélia feel", que significa: "Eu, Clélia, sinto". O sr. A. pergunta se a solução está certa.

R. — E if Clélia e I. 20.
P. — 20 anos é a sua idade?
R. — (ela é eterna).

A experiência para ali. Nesse momento, o autor acredita que está em contato com um espírito de nome fictício, que virá morar na Terra dentro de seis anos. Fica agitado e dorme mal.

Quarto dia
O interrogatório é retomado com entusiasmo, mas os resultados são bem diferentes.
P. — Por que falas comigo?
R. — (uma linha ondulada.)
Sem se deixar desconcertar, o sr. A. considera essa linha como uma grave e séria resposta. Examina-se para purificar bem seu pensamento de qualquer escória terrestre, e pergunta:

P. – Por que não me respondes?
R. – (linha ondulada.)
P. – Eu mesmo devo responder?
R. – Sim.
P. – Clélia está aqui?
R. – Não.
P. – Quem está aqui agora?
R. – Ninguém.
P. – Clélia existe?
R. – Não.
P. – Com quem falei ontem?
R. – Com ninguém.
P. – Por que me mentiste?
R. – (linha ondulada.)
P. – Existem almas num outro mundo?
R. – M b.
P. – Que significa isso?
R. – May-be. (Talvez.)

A partir desse momento, a escrita ora confirma a existência de Clélia, ora a nega.

Examinemos esse caso friamente para procurar onde se encontra a maior probabilidade. O sr. A. declara que não conhecia o nome Clélia e que não gosta de fazer anagramas, *embora tenha se ocupado com isso na juventude*. Essa observação mostra-nos que existe no espírito do escrevente uma tendência a combinar as letras das palavras em ordem diferente. Sabemos que só se deve afirmar a existência de uma causa estranha quando sua necessidade for perfeitamente provada. Ora, aqui, o suposto espírito diz apenas coisas insignificantes que, segundo o experimentador confessa, têm uma certa relação com suas leituras, como se vê pela frase: Toda vida, sim, existe. Quanto às informações a respeito de Clélia, são absolutamente pueris, e esse nome imaginário não se aplica a qualquer realidade. Somente o caráter do automatismo, pouco acentuado ainda, pode parecer denotar uma intervenção oculta, mas, como já o sabemos, este não é um critério, já que o observamos em pessoas, como a srta. Stein, que não são médiuns de maneira alguma. Um espírita que esteja um pouco a par dos trabalhos contemporâneos não teria hesitado em ver nessas respostas algo que não fosse apenas fruto da sua imaginação. As contradições, as reticências, a falta de sequência das respostas indicavam claramente uma pobreza intelectual que os anagramas, pouco complicados, aliás, não conseguiam desmentir. Enfim, falta a verdadeira prova de uma intervenção do além: a revelação de acontecimentos realmente desconhecidos, anunciados pela escrita. Nessas condições, não hesitamos em alinhar o sr. A. entre os automatistas que podem interessar aos psicólogos, mas que deixam os espíritas indiferentes.

Falsas afirmações inconscientes

Eis mais um exemplo devido ao prof. Sidgwick e reproduzido pelo sr. Myers no seu estudo sobre a escrita automática:

> O professor tinha por amigo íntimo um senhor dotado da faculdade de escrever automaticamente, e ambos tentaram muitas vezes obter informações corretas sobre fatos que desconheciam, sem jamais consegui-lo. Às vezes, diz ele, o resultado era curioso, como se mostrasse uma aparente tentativa do inconsciente do meu amigo de enganar-lhe o eu consciente. Lembro-me de que uma noite obtivemos o que nos dizem ser a primeira frase do principal artigo do *Times*, que deveria aparecer na manhã seguinte. A frase era bem ao estilo jornalístico; no dia seguinte, porém, ao abrirmos o jornal não a encontramos. Meu amigo imediatamente pegou o lápis, pôs a mão sobre uma folha de papel e obteve então, da maneira habitual, um verdadeiro palavreado confuso, tentando explicar como a frase dada na véspera deveria realmente aparecer no artigo, mas que, na hora da impressão, havia sido retirada pelo editor, devido a exigências políticas imprevistas e, às pressas, o primeiro artigo havia sido substituído por outro. Em certos casos, quando as comunicações escritas involuntariamente provavam ser falsas, davam-nos explicações exibindo essa espécie de ingenuidade que um mistificador desmascarado ostenta quando é enfrentado em seus últimos redutos.
> Se eu não conhecesse meu amigo e sua absoluta boa fé, teria imaginado que estava me mistificando; sua curiosidade quanto ao resultado era mais exaltada do que a minha, e ele não tinha qualquer desejo consciente de fazer-me crer que

o fenômeno devia-se a outra causa que não ao resultado da sua cerebração inconsciente.

A imperturbável certeza que nada consegue abalar, essa necessidade doentia de afirmar coisas que serão desmentidas no dia seguinte, provam uma ausência de senso moral, de um caráter infantil, e só podem provir de um estágio inferior da consciência que, nesse caso, está privada dos seus elementos superiores e, consequentemente, puramente impulsiva, sem discernimento. Veremos mais exemplos disso, que são suficientes para caracterizar nitidamente essa espécie de automatismo.

Até aqui, constatamos que basta a distração, nas consciências predispostas, para determinar a escrita subconsciente; devemos agora mostrar que essa escrita também pode ser provocada por uma outra causa: uma espécie de sonambulismo leve, que mal interrompe a vida normal, que passa despercebido pelo indivíduo e pelos assistentes, mas que produz igualmente a perda da memória dos fenômenos psicológicos da escrita automática. Aqui, também, não precisaremos recorrer à existência de um personagem inconsciente, subconsciente etc. Os fenômenos resultam simplesmente da faculdade que o espírito possui de acompanhar simultaneamente duas séries de ideias, uma das quais é esquecida assim que é produzida, ao passo que a outra continua consciente.

Para que essa segunda hipótese seja verossímil, devemos estabelecer: 1º que um estado hipnótico leve pode perfeitamente existir durante a vigília e permanecer ignorado pelo paciente; 2º que esse estado é produzido por autossugestão; 3º que é favorável ao desenvolvimento do automatismo gráfico; 4º que a memória de uma categoria de fenômenos psíquicos — a da escrita — é praticamente nula no exato momento em que eles se produzem.

O semissonambulismo do estado de vigília

Lembremos, antes de mais nada, que o sonambulismo não é, absolutamente, um sintoma da neurose histérica. Existe uma quantidade enorme de pessoas nervosas que podem perfeitamente ser hipnotizadas, sugestionadas, magnetizadas e que possuem, contudo, uma excelente saúde. Conforme observamos, esta é a opinião fundamentada dos doutores Bernheim, Beaunis, Ochorowicz, e do prof. Liegeois. Os doutores Brémand e Bottey pensam da mesma forma,[15] e o sr. Myers[16] não tem receio de escrever:

> Protesto contra a afirmação de que o hipnotismo e seus fenômenos são necessariamente mórbidos. O hipnotismo tem graves riscos supervenientes que podemos observar em alto grau nos indivíduos doentes, mas, dizer que o hipnotismo é *uma neurose*, parece-me tão racional quanto dizer que o sonho comum ou o hábito de trabalho assíduo são neuroses...

Mais adiante, ele acrescenta:

> Proponho que se coloque a histeria (e muitas perturbações do mesmo tipo) no capítulo sobre o hipnotismo, e não o hipnotismo no capítulo da histeria. Essas perturbações autossugestivas mostram o transtorno da atividade de uma camada do eu que *por si só é normal* e tão essencial quanto outra para completar nosso ser, e que tem uma grande superioridade sobre a camada superficial, do ponto de vista do poder que pode exercer sobre o organismo.

O sr. Bernheim diz igualmente:[17]

> Constatar que a grande maioria dos indivíduos é sugestionável, é eliminar a ideia da neurose! A menos que se admite que a neurose seja universal, que o termo histeria seja sinônimo de uma impressionabilidade nervosa qualquer! E como todos temos nervos e que é uma propriedade dos nervos serem impressionados, seríamos todos histéricos.

Induzidos por seus sistemas preconcebidos, os srs. Binet, Janet e alguns outros, foram levados a colocar os automatistas e os médiuns na categoria dos doentes; portanto, é útil assina-

---

15 *Société de Biologie*, 1883, p. 635; 1884, p. 69.
16 Myers, *Proceedings. Automatic Writting*, 1887. Ver também *Annales Psychiques*, 1897, p. 270 e segs.
17 Bernheim, *La Suggestion et ses Applications à la Thérapeutique*, Introdução, p. XIV.

lar mais esta apreciação do sr. Myers, que era bom juiz nessas matérias, tendo-as pesquisado longamente:

> Jamais observei que a escrita automática estivesse ligada a uma doença da mente ou do corpo, ou a qualquer má tendência, exceto nos casos de excessiva credulidade do escrevente, credulidade que discussões como esta tornarão mais rara, assim o espero.

Agora que estamos tranquilos quanto ao estado de saúde de todos os gêneros de automatistas, podemos estudá-los indistintamente, e se apresentarem sintomas de sonambulismo no estado normal, nem por isso os classificaremos entre os neuropatas. Geralmente imagina-se que o estado hipnótico é sempre acompanhado de sono. Se um paciente não tem os olhos fechados, se conversa com os assistentes, experimentadores principiantes podem pensar que ele continua no estado normal, quando, na realidade, sofreu uma mudança suficientemente profunda para que se possa não só dar-lhe todas as sugestões clássicas, mas também certificar-se de que apresenta os fenômenos psicológicos de contraturas, de paralisias, de insensibilidade etc. Fomos testemunha desses efeitos na casa do sr. Bouvier, magnetizador lionês, e com muita frequência ao assistirmos às experiências feitas pelo dr. Moutin em indivíduos tomados ao acaso no meio do público; os resultados que eles obtêm confirmam os observados anteriormente, que resumiremos conforme o trabalho do prof. Beaunis:[18]

> Sem remontar aos métodos do abade Faria,[19] por volta de 1848, um método chamado Grimes *produziu em pessoas acordadas* toda a série de efeitos que Braid obtinha pelo hipnotismo.[20]
> O método de Grimes ou eletrobiológico foi propagado na Inglaterra por um certo sr. Stone, que converteu o dr. Carpenter, e no continente pelo dr. Durand (de Gross), cuja opinião mostaremnos daqui a pouco. Os *biologizados (biologised subjects)* devem ser considerados como acordados;

18 Beaunis, *Le Somnambulism Provoqué*, p. 158 e segs.
19 *De la Cause du Sommeil Lucide* ou *Étude de la Nature Humaine*. Ver também a obra do gen. Noizet, *Mémoire sur le Somnambulisme et le Magnétism Animal*, 1856.
20 Durand (de Gross), *Le Merveilleux Scientifique*, 1894, p. 118 e segs.

contudo, encontramos todas as gradações entre esta condição e o estado do verdadeiro sonambulismo.

Eis o que o dr. Bernheim escreve sobre esse estado:[21] "Muitos dos pacientes que foram hipnotizados anteriormente, sem serem de novo hipnotizados, por pouco que tenham sido adestrados por um pequeno número de hipnotizações anteriores (uma, duas ou três bastam para alguns) podem apresentar no estado de vigília a capacidade de manifestar os mesmos fenômenos sugestivos", e menciona as contraturas, os movimentos automáticos, modificações da sensibilidade etc. que se observam neles. Nem mesmo é preciso, diz mais adiante, que o paciente chegue a um sono profundo, e há indivíduos nos quais *as sugestões feitas no estado de vigília se realizam*, ao passo que as feitas durante o sono são ineficazes.

O sr. Liégeois[22] definiu muito bem o estado das pessoas às quais se podem dar sugestões sem que elas durmam de maneira alguma:

> Nas experiências de que acabo de falar — diz ele —, o mais notável é o estado do paciente a elas submetido. *Ele não apresenta a mínima aparência de sono*; tem os olhos abertos, os movimentos ágeis; fala, anda, age como todo mundo; participa da conversa, responde às objeções, discute-as, tem frequentemente réplicas felizes; parece estar num estado absolutamente normal, exceto quanto a um único ponto, onde entra a proibição do experimentador.

Sob o nome *encantamento*, o dr. Liebault descreve um estado do paciente que é mais profundo do que aquele de que falamos aqui, mas que não chega a ser o sonambulismo comum. Diz ele:[23]

> Entre os pacientes que podemos adormecer, encontramos alguns que chegam somente a um entorpecimento muito curioso e designado como *encantamento*. *Estes ainda pensam ativamente e têm uma consciência bastante nítida do mundo exterior*, mas se lhes afirmamos, por exemplo,

---

21 Bernheim, *De la Suggestion dans l'État Hypnotique*, p. 52.
22 Liégeois, *De la Suggestion Hypnotique*, Paris, 1884.
23 Liebault, *Le Sommeil et les États Analogues*, p. 33.

Gabriel Delanne

a impossibilidade de falarem, executar certos movimentos, até mesmo de sentirem, ou se lhes sugerimos a ideia de atos absurdos, sua atenção, já sem força, se imobiliza completamente nas ideias impostas, sua mente as adota e o organismo obedece. São os verdadeiros autômatos situados no limite entre a vigília e o sono.

O dr. Charles Richet observou algo análogo em duas mulheres que estudava. Eis o que diz a respeito disso:[24]

Nessas duas mulheres não existe, entre o estado de sono magnético e o estado normal, a diferença nítida e formal que se vê nos livros clássicos. Nelas, podem-se provocar quase todos os fenômenos de alucinações sem que suas pálpebras se fechem, e enquanto a noção exata e completa da personalidade se conserva.

Em resumo, dos fatos que acabam de ser expostos, resulta que, em certos pacientes, pode-se determinar um estado particular que não é o sono hipnótico, nem a vigília. Esse estado se distingue do sono hipnótico em vários pontos: o paciente está consciente, mantém os olhos abertos; está em contato com o mundo exterior; lembra-se perfeitamente de tudo que se diz ou faz em torno dele, de tudo o que ele próprio disse ou escutou. Mas há aqui uma característica das mais importantes para a qual chamamos especialmente a atenção do leitor: a lembrança das sugestões que lhe são dadas não é conservada; é por esse esquecimento e pela docilidade que esse estado se aproxima do sonambulismo. Estas duas características são as únicas que o distinguem do estado de vigília.

É certo que as pessoas que são bastante sensíveis para que uma influência expressiva, de curta duração, produza um estado hipnoide caracterizado por semelhante sugestibilidade, devem ser predispostas a sofrer passivamente todas as influências morais que lhes impuserem com intensidade. É o que bem observou o dr. Durand (de Gros) quando escreveu:

Os eletrobiólogos empenham-se em suas experiências, e conseguem demonstrar esse fato importante, um fato enorme,

24 Richet, Charles, *Sur la Personnalité et la Mémoire, dans le Saomnambulism. Revue Philosophique*, 1884.

de consequências imensas, que é o de que o estado hipotáxico ou de sugestionabilidade pode ocultar-se inteiramente sob as aparências de um estado de vigília perfeito, a ponto de não se trair por nenhum sinal apreciável *a olho nu*. A partir desse fato, há muito deduzi esta conclusão, que novamente submeto à atenção de quem de direito, de que a sociedade contém uma multidão de pessoas que vão e vêm, esbarrando em nós na rua, como cidadãos comuns, e que nem por isso deixam de ser afetados por um estado *hipotáxico inato* ou *acidentalmente contraído*, de que nem desconfiam, e seus vizinhos, parentes, amigos e conhecidos também não, e que sem o perceberem e sem que os outros o percebam, podem, a cada passo, sofrer casualmente toda espécie de impressões sugestivas, a maioria delas insuspeitadas e alheias a qualquer intenção, mas frequentemente não menos perniciosas e das quais a existência desses seres é um infortunado joguete. É à eletrobiologia ianque, ao hipnotismo vigilante de Grimes, que se devem as primeiras indicações reveladoras claramente denunciadas desse fato humano da mais grave importância médica, moral e social.

Uma das características mais marcantes desse estado, desse semissonambulismo que muitas vezes temos observado, é que quem é alvo dele não tem consciência da mudança que se operou em si. Sugerimos-lhe que ele não consegue mais dizer seu nome; ele ri, sacode os ombros, diz que é um absurdo, mas, excitado, exasperado, quando quer pronunciar o nome tem que reconhecer que não consegue. Sua vontade, que sempre teve a ilusão de supor que era livre, na realidade está dominada pela sugestão irresistível que o paralisa. Do que procede, podemos concluir que existe um número bem grande de indivíduos que, sob influências externas inexpressivas, são capazes de entrar num estado hipnoide leve, de que eles próprios não se dão conta, que não é visível para quem não está prevenido, e que, no entanto, os predispõe a submeter-se passivamente às sugestões que lhes são feitas, ou que eles poderão fazer a si mesmos. É nessa categoria que encontraremos automatistas, e quando conhecermos todo o poder da autossugestão, compreenderemos bem melhor o que se passa neles.

Sugestão e autossugestão durante o sono provocado

Para abranger no seu conjunto o quadro tão diverso e tão complicado dos fenômenos que a autossugestão pode produzir, é indispensável, inicialmente, recordar o que a sugestão comum é capaz de fazer. O hipnotismo prestou à psicologia serviços inestimáveis ao permitir-lhe penetrar no mecanismo íntimo da mente. O que a observação só nos mostrava em casos excepcionais, podemos agora reproduzir à vontade, pondo o paciente nas condições especiais que precisamos conhecer. Trata-se de um autômato vivo e dócil, cujas engrenagens intelectuais fazemos mover-se em todas as direções, a fim de descobrir-lhe as leis. Todos os indivíduos hipnotizáveis não são igualmente obedientes às sugestões, existem mesmo os que se recusam a isso terminantemente; outros só aceitam um tipo particular de sugestão. Os fatos que apresentamos são, portanto, extraídos da generalidade das observações e não de um determinado caso particular.

Os antigos magnetizadores já conheciam esses fenômenos. Como podemos verificar pela leitura das obras de Puységur, Deleuze, do abade Faria, de Du Potet, Charpignon, Teste etc., nossos modernos hipnotizadores não descobriram nada de novo, mas, para sermos justos, temos que reconhecer que foi a partir dos trabalhos de Braid, de Charcot, de Charles Richet, de Binet e Ferré, e sobretudo da escola de Nancy, que a sugestão deixou de ser contestada, apesar da estranheza por vezes desconcertante dos resultados que ela permite obter.

Podemos agrupar sumariamente todos os fatos em três categorias: 1º Os que dizem respeito à supressão da dor em condições de estados nervosos e musculares que inevitavelmente provocam sofrimento nas circunstâncias normais; 2º os que mostram que o poder da alma se estende às funções orgânicas que o homem comum é incapaz de influenciar; 3º os que se referem às operações intelectuais.

Nosso propósito não é fazer um estudo da sugestão, mas principalmente mostrar o poder de *dissociação* do hipnotismo em todas as suas manifestações. A supressão da dor é um dos resultados mais prodigiosos aos quais se chegou. Há muito conhecia-se a insensibilidade dos pacientes magnetizados, mas não se acreditava muito nisso; hoje, basta ir à Salpétriere ou ao hospital de Nancy, para ver a quantidade de doentes que atravessam as fases das suas diferentes enfermidades orgânicas sentindo apenas um mal-estar "e livram-se de seus sofrimentos nervosos no consultório, tão facilmente quanto se livram do sobretudo ou do chapéu".

Este é, por exemplo, o caso da mulher citada pelo prof. Delboeuf e pelo dr. Fraiport, que ria durante partos difíceis.[25] Recentemente, o sr. Janet apontava também a completa insensibilidade de uma mulher durante uma operação que exigia a dilatação do colo e a curetagem do útero.[26]

A supressão da dor obtida pelo hipnotismo não é comparável à produzida por narcóticos, que provocam um desaparecimento total da consciência. Há uma seleção entre as sensações, de modo a suprimir as que serão desagradáveis, e apenas elas.

> Não se trata de simples insensibilização de algumas porções particulares de extremidades nervosas (como, por exemplo, a produzida pela cocaína), mas também de uma supressão de muitas sensações concomitantes, como a náusea, a ansiedade, que nem sempre provêm do sofrimento principal, mas que, por assim dizer, precisam ser reconhecidas objetivamente como desagradáveis antes de serem selecionadas para inibição.[27]

De um modo geral, quase todas as funções da vida orgânica do nosso corpo nos são tão estranhas como se acontecessem num outro organismo. Contudo, durante a hipnose consegue-se atingir esse território habitualmente inacessível e aí produzir variadas mudanças. O prof. Beaunis e o dr. Krafft-Ebing reduziram a velocidade das pulsações do coração por sugestão.[28] Outros, como o prof. Bernheim e o sr. Focachon obtiveram vermelhidão e bolhas pelo mesmo processo. Os drs. Ramadier, Mabille, Bourru e Burot produziram congestão localizada, sangramento de nariz e equimose.[29] O dr. Forel e outros conseguiram reativar secre-

---

25 *Revue de l'Hypnotisme*, abril de 1892.
26 Janet, Pierre, *Névroses et Idées Fixes*, p. 481.
27 Myers, *La Conscience Subliminale*, in *Annales Psych.*, março-abril de 1898, p. 104.
28 Beaunis, *Le Somnambulism Provoqué*, p. 24. Ver também Pitres, *Leçons sur l'Hystérie* etc., p. 479.
29 *Revue de l'Hypnotisme*, dezembro de 1887, p. 183.

Gabriel Delanne

ções retidas, fixando antecipadamente a hora para isso.[30] Eis um curioso exemplo de vesicação por sugestão:[31]

A experiência que se segue foi feita pelo dr. J. Rybalkin, na presença de seus colegas, no hospital Marie, em São Petersburgo. O dr. Rybalkin já havia feito experiências nesse sentido com o mesmo paciente. Era um pintor de paredes chamado Macark, com 16 anos de idade, histérico e quase inteiramente anestésico. Foi hipnotizado às 8h30 da manhã, e foi-lhe dito:

— Quando acordar, você estará com frio, irá esquentar-se no fogão e queimará o braço numa linha que tracei. Vai doer, aparecerá uma vermelhidão no braço; ele inchará, ficará com bolhas.

Acordado, o paciente obedece. Chega a gritar de dor no momento em que toca na porta do fogão, que não estava aceso! Minutos depois, uma vermelhidão sem inchume podia ser vista no local indicado, e o paciente se queixava de uma dor forte quando tocavam nele. Puseram-lhe uma atadura no braço, e ele foi deitar-se, observado por nós.

Ao final da nossa visita, às 11h30, constatamos uma inchação acompanhada de vermelhidão e de eritema empolado no local da queimadura. Um simples contato num círculo de 4cm provocava uma dor séria; o médico, dr. Pratine, envolveu o antebraço com uma atadura que chegava ao terço superior do braço.

Na manhã do dia seguinte, às 10h, quando o curativo foi retirado, vimos, no local da queimadura, duas bolhas, uma do tamanho de uma noz, a outra, de uma ervilha, e uma quantidade de bolhas menores. Ao redor, a pele estava avermelhada e sensível. Antes da experiência, aquela região era anestésica. Às 3h, as bolhas tinham se reunido numa única bolha grande. À noite, a bolha, que estava cheia de um líquido amarelo meio transparente, rebentou, deixando uma placa ulcerada. Uma semana depois, a sensibilidade normal voltou na cicatriz, e ao fim de quinze dias não restava mais do que uma marca vermelha no local da queimadura.

O terceiro tipo de sugestão dirige-se às faculdades intelectuais. Não há um único fato da nossa vida mental que não

---

30 *Revue de l'Hypnotisme,* abril de 1889, p. 298.
31 *Revue de l'Hypnotisme,* junho de 1890, p. 361.

possa ser reproduzido e exagerado por esse meio. Aqui, assinalamos também o poder de dissociação que vimos exercer-se em relação às alucinações sistematizadas, ou, melhor dizendo, às que suprimem todas as sensações e todas as lembranças relativas a uma pessoa presente, deixando as outras intatas. Com a mesma facilidade, produz-se a operação inversa, isto é, a criação de um personagem imaginário que terá todas as aparências de realidade. As alucinações sugeridas têm por objeto todas as sensações. Pode-se fazer com que o paciente ouça o ruído do vento, o som de sinos ou uma ária de ópera. Seu paladar e seu olfato ficam alterados ou iludidos; suas sensações musculares ficam a tal ponto perturbadas, que ele não conseguirá erguer o mais leve dos objetos; a memória será alternadamente abolida ou exaltada, e o mecanismo da inteligência, as associações de ideias, serão postos a nu por esse processo; a sugestão hipnótica pode ter por objeto não somente as sensações e os atos, sua influência é maior: ela atua nas paixões, nos sentimentos, no caráter. Deliberadamente, podemos tornar um indivíduo triste, alegre, irado etc. Podemos modificar-lhe a vontade, e instantaneamente, o caráter moral. Um fato ainda mais importante é, também por sugestão, obter não apenas modificações *temporárias*, mas modificações *permanentes* do caráter e criar assim a medicina mental que já está dando tão bons resultados.[32]

Como se produzem essas transformações que parecem prodigiosas e cuja aparência sobrenatural por tanto tempo assombrou o mundo médico? Para sabê-lo, precisamos analisar o estado particular do indivíduo enquanto as sugestões são feitas, e conhecer bem a verdadeira natureza das nossas ideias.

A primeira constatação é a de que a hipnose cria um estado nervoso cujo resultado é provocar uma total inércia psíquica. Quando perguntamos a um sujeito adormecido em que ele está pensando, ele sempre responde que não está pensando em nada.[33] Isto é literalmente verdadeiro; sua inteligência está vazia. Mas, se viermos a pronunciar uma palavra que desperte uma ideia, esta, estando só, não encontrando nem estado

---

32 Ver as seguintes obras: Bernheim, *La Suggestion Mentale;* Janet, P., *Névroses et Idées Fixes;* Ferré, Charles, *La Médecine d'Imagination.*
33 Richet, Charles, *L'Homme et l'Intelligence*, p. 184; Beaunis, *Le Somnambulism Provoqué*, p. 224 e segs.

antagônico, nem força que a detenha, irá desenvolver-se desmesuradamente e invadir a imaginação toda. Assumirá uma intensidade prodigiosa e se realizará completamente. Eis por que as ordens sugeridas são tão meticulosamente cumpridas, e as alucinações são tão completas e tão absolutas.

As imagens mentais — sejam elas visuais, auditivas, táteis, olfativas, gustativas, musculares etc. —, hoje o sabemos de modo exato, têm sua sede no cérebro. A lembrança não passa de uma sensação que renasce, de uma imagem, de uma representação que se revivifica. Em geral, ela é mais tênue do que a impressão primitiva, mas quando a atenção se fixa numa ideia particular, esta é capaz de produzir a mesma sensação que a realidade produz. Durante o sono é fácil produzir o mesmo fenômeno. A mente, não estando mais distraída pelos mil estímulos do meio exterior, concentra-se nos quadros que a sua imaginação lhe mostra, e que para ela são tão reais quanto os do estado de vigília.

É o que igualmente acontece durante a hipnose. As alucinações sugeridas são perfeitamente discerníveis das sensações comuns. Dar a um indivíduo a ilusão de que está saboreando um licor de cassis, quando, na realidade, está bebendo água, é incitar nele a lembrança do gosto daquele licor, e despertá-la com acuidade suficiente para que a sensação reviva momentaneamente. Garantir-lhe que seu irmão está ali, é fazer com que o veja tão claramente como se estivesse presente.

Como o sr. Binet[34] observa, essa teoria da imagem nada tem de materialista; ela aproxima a imagem da sensação, faz dela uma sensação conservada e reproduzida. Ora, que é uma sensação? Não é um fato material, é um estado de consciência, como uma emoção ou um desejo. Se somos tentados a ver na sensação um fato material, é porque ela tem um correlato fisiológico bem aparente, a excitação produzida pelo objeto exterior nos órgãos dos sentidos e transmitida ao cérebro. Sabemos, porém, que todos os fatos da mente são acompanhados de um fenômeno fisiológico. É a lei. Sob esse ponto de vista, a sensação e a imagem não diferem dos outros estados de consciência.

Vemos, portanto, que a sugestão do operador só pode atuar *se passar pela inteligência do paciente*. Esta, sim, é a causa

34 Binet, *La Psychologie du Raisonnement*, p. 17.

operante, e sem ela nada se produziria. Não nos surpreenderemos, então, ao constatar que, uma vez ou outra, é o próprio paciente quem se dá sugestões. Citamos dois autores que estudaram bem esses fenômenos:[35]

> Há casos em que a sugestão tem seu ponto de partida na mente do indivíduo: ele próprio se sugestiona. Em vez de ser o resultado de uma impressão externa, como no caso da sugestão verbal, a sugestão é o resultado de uma impressão interna, como uma ideia fixa, uma concepção delirante. Eis alguns exemplos:
> Uma enferma, numa visão imaginária, havia lutado corpo-a-corpo contra a alucinação de um de nós, e lhe tinha aplicado um soco violento em pleno rosto. Na manhã seguinte, assim que seu suposto adversário entrou na sala, percebeu que ele tinha uma equimose no queixo. Essa alucinação, que deriva de uma alucinação anterior, como uma conclusão deriva das suas premissas, é um exemplo típico de autossugestão. Na verdade, a paciente deve ter feito, sob uma forma inconsciente, um raciocínio semelhante a este: Dei-lhe um soco, logo, ele exibe a marca.
> Outra paciente, ao sair de uma fase de letargia profunda que não tinha durado mais do que cinco a dez minutos, imaginava que havia dormido por várias horas. Contribuímos para sua ilusão, afirmando-lhe que eram duas horas da tarde: na verdade, eram nove horas da manhã. Diante da nossa informação, a doente sente uma fome intensa e suplica-nos que a deixemos sair para ir almoçar. Aí está uma espécie de alucinação orgânica, a alucinação da fome que ela sugeriu a si mesma. Inconscientemente, ela produziu um raciocínio análogo a este: são duas horas da tarde, não comi desde que levantei da cama, portanto, estou morrendo de fome. Acrescentamos que essa fome imaginária foi saciada com uma refeição igualmente imaginária. Por sugestão, fizemos aparecer num canto da mesa um prato com bolo que ela devorou; cinco minutos depois, não tinha mais fome, nem apetite.
> Os exemplos anteriores de autossugestão foram extraídos de alucinações. Eis agora um que pertence a uma ordem de ideias diferente:
> Aproximamo-nos de uma paciente adormecida e lhe faze-

---

35 Binet e Ferré, *Le Magnetisme Animal*, p. 135.

Gabriel Delanne

mos o seguinte relato:

— Acaba de acontecer-lhe um grave acidente há pouco, você se lembra? Estava atravessando o pátio; seu pé escorregou e você caiu sobre o quadril.

Ela começa a gemer, e mais, sugerindo-se as consequências lógicas da queda, de alguma forma provoca em si uma leve paralisia do membro: *ao acordar, está mancando!*

Encontraremos outros exemplos semelhantes nos autores que estudaram o hipnotismo. Para nós, porém, basta-nos ter lembrado esses fatos, que nos ajudam a compreender como a autossugestão natural pode nascer e desenvolver-se.

A autossugestão no estado de vigília

Se disséssemos que os fenômenos precedentes podem reproduzir-se em qualquer pessoa, no estado de vigília, arriscaríamos uma afirmação absurda e desmentida pela observação diária. Mas se afirmamos que a hipnose só faz aumentar, exagerar, acentuar uma disposição à sugestibilidade que existe em todos nós, estaremos estritamente certos. Todos nós sofremos, mais ou menos, diariamente, a influência de uma vontade estranha, e é fácil constatar-se que as sociedades se compõem de uma massa que obedece, que é sugestionada, e de uma elite que a dirige, que a sugestiona.

Poderíamos citar numerosos exemplos dessa influência que se impõe a um grupo de pessoas, dando origem à alucinação. Conta-se que na noite da execução do marechal Ney[36] algumas pessoas achavam-se reunidas num salão bonapartista; de repente, a porta se abriu, e a criada, enganando-se quanto ao nome do recém-chegado, que se chamava marechal Ainé, anunciou em voz alta: O senhor marechal Ney! A essas palavras, uma onda de pavor percorreu todo grupo, e as pessoas presentes depois contaram que, por um instante, viram claramente naquele marechal a figura de Ney dirigindo-se em carne e osso para o meio do salão.

A *Revue Scientifique* reproduz, conforme a *Psichological Review*, o relato da seguinte experiência feita pelo sr. Plasson

36 Boismont, Brière de, *Les Hallucinations.*

na universidade de Wyomming:[37]

> Eu havia preparado uma garrafa cheia de água destilada, cuidadosamente envolta em algodão e encerrada numa caixa. No decorrer de uma conferência popular, após algumas outras experiências, declarei que desejava verificar a rapidez com que um odor se espalharia no ar, e pedi aos assistentes que levantassem a mão assim que o sentissem. Desembrulhei a garrafa e despejei a água no algodão, afastando a cabeça durante a operação; depois peguei um relógio que marcava os segundos, aguardando o resultado daquilo. Expliquei que tinha certeza absoluta de que ninguém no auditório já havia sentido o cheiro do composto químico que eu acabava de derramar, e disse que, embora o odor pudesse parecer forte e especial, esperava que ninguém o achasse desagradável.
>
> Quinze segundos depois, a maioria dos que estavam na frente tinham levantado a mão, e em menos de quarenta segundos 'o odor' se espalhou até o fundo, em ondas paralelas bastante regulares. Mais ou menos *três quartos da assistência* declararam estar sentindo o odor; a minoria obstinada incluía mais homens do que a média do conjunto. Sem dúvida, um número maior de assistentes teria sucumbido à sugestão se, um minuto depois, eu não tivesse sido obrigado a interromper a experiência, uma vez que, nas primeiras filas, alguns deles encontravam-se desagradavelmente aflitos e querendo sair da sala.

Essa experiência muito bem feita mostra que mais ou menos um quarto da assistência era absolutamente refratária. Os outros três quartos submetiam-se à sugestão, mas de modo atenuado, ao passo que, em alguns assistentes, ela adquirira força suficiente para incomodá-los. São justamente essas pessoas sensíveis, nas quais a imaginação é muito desenvolvida, que são naturalmente levadas a submeter-se ao domínio de uma ideia que se lhe imponha na mente, e com tal força que não conseguem livrar-se dela. Muitas doenças, com sintomas bastante complicados, não têm outra causa: são doenças psíquicas. E toda uma nova terapia baseia-se no conhecimento que hoje temos da força da sugestão. Há muito tempo tinha-se

---

37 *Revue Scientifique*, 23 de outubro de 1899.

Gabriel Delanne

percebido a "ação da mente sobre o corpo", mas só vinte anos depois as experiências das escolas da Salpétrière e de Nancy começam a fornecer os meios de operar metodicamente e chegar a resultados previsíveis. O método geral consiste em destruir a autossugestão com uma sugestão contrária, suficientemente forte para neutralizar a ideia delirante.

O dr. Morton Prince[38] cita um caso em que uma senhora imaginava (e a coisa realmente acontecia) que a simples presença de uma rosa no quarto provocava-lhe uma violenta secreção de catarro e um lacrimejamento intenso. Finalmente, seu médico imaginou um remédio que deu resultado. Apresentou-lhe, inesperadamente, uma rosa artificial que ela tomou por verdadeira. Os desagradáveis sintomas apareceram; mas, quando lhe provou que a rosa não tinha perfume, nem pólen, o choque mental fez voltar ao estado normal, se posso dizer assim, a subconsciência do seu olfato. A autossugestão foi extinta e desde então ela pôde sentir o perfume das rosas como todo mundo.

Realmente, a ideia é a causa eficiente de certos estados mórbidos, e às vezes basta uma leve influência exterior para dar à sugestão contrária uma intensidade suficiente para destruir a ideia fixa e restabelecer a saúde. Eis um exemplo citado pelo sr. Bernheim:[39]

Trata-se de uma brasileira que, no Rio de Janeiro, depois de ter visto um cavalo tomar o freio nos dentes, apresentara crises de histeria e, consecutivamente, um tique no rosto. No Brasil mesmo, graças ao hipnotismo, tinha sido curada do seu cacoete. Um belo dia veio procurar-me por que, diariamente, à mesa, entre o primeiro e o segundo prato, tinha de cinco a seis crises. Submeti-a então ao verdadeiro hipnotismo e ela não teve mais crises durante dezoito meses. De volta ao Brasil, porém, ela sofre uma comoção e as crises reaparecem.
— O senhor pode me tratar por correspondência? — escreve-me ela.
— Certamente — respondo-lhe. — Todos os dias, às dez

38 *Annales des Sciences Psychiques*, março-abril de 1898, p. 108.
39 Bernheim, *Revue de l'Hypnotisme*, 1900, p. 367.

horas da manhã, a senhora se sentará numa poltrona, lerá atentamente minha carta, e me ouvirá dizendo: Durma! E dormirá por dez minutos, depois dos quais despertará espontaneamente; assim ficará curada das suas crises. A senhora fará esse tratamento durante dez dias, e, passado esse tempo, me escreverá.

Com efeito, recebo uma carta entusiasmada: durante as sessões de dez minutos ela não só *me ouvia, mas conversava comigo*. Dois anos se passaram sem dificuldades. Depois, recebo uma nova carta; ela não tem mais crises, mas há algumas semanas tem obsessões. Por exemplo, sente-se atraída pela janela e não ousa aproximar-se dela, com medo de jogar-se para fora. Mando-lhe uma carta semelhante à que tinha dado bom resultado uma vez, e novamente recebo calorosos agradecimentos.

Para qualquer espírito isento de prevenções, os fatos precedentes, que são apenas raros exemplos entre milhares de outros, mostram que em pessoas especiais, em nervosos, a autossugestão provocará efeitos semelhantes àqueles cuja existência constatamos durante o sono. Todas as formas de sugestão podem produzir-se espontamente durante o estado de vigília; não nos espantemos, então, se constatarmos que muitos automatistas devem sua capacidade de escrever inconscientemente à crença de que estariam em contato com habitantes do mundo espiritual.

Eis a seguir uma pessoa em perfeita saúde, mas de natureza emotiva muito acentuada, que geralmente, em consequência de sofrimentos sentimentais, busca no espiritismo as consolações que a vida lhe negou. Após ter assistido a um certo número de sessões, tendo testemunhado a satisfação de quem obtém comunicações, sente um imenso desejo de entrar em contato com um ente querido cuja perda lhe causa doloroso pesar. Ela leu obras espíritas; sabe que sua mão deve mover-se automaticamente. Aguarda ansiosamente as primeiras vibrações que, não o ignora, anunciam a ação espiritual. Sua atenção concentrada suspende-lhe a atividade mental e cria nela o estado análogo ao encantamento, à fascinação, descrito pelos drs. Liebault, Brémaud, Beaunis etc. Entra então, involuntariamente, na fase de sonambulismo parcial do estado de vigília, durante o qual se produz o automatismo. Primeiro há movimentos súbitos, linhas

Gabriel Delanne

traçadas bruscamente, como se sob o comando de descargas nervosas desordenadas. Depois, com a repetição, exercício que leva ao hábito, a ação nervosa se regulariza, a mão traça letras, a seguir palavras e finalmente frases cuja lembrança não será conservada no eu normal, e o automatismo gráfico estará instituído. Essa invasão do sonambulismo parcial durante o estado de vigília não é tão raro quanto se poderia supor à primeira vista. Numerosos exemplos disso foram observados muitas vezes em intelectuais, artistas e escritores. Citaremos alguns casos extraídos do bem documentado livro do dr. Chabaneix sobre a subconsciência.

O sonambulismo no estado de vigília nos artistas e nos escritores

Diderot frequentemente se esquecia das horas, dos dias e dos meses, e até de pessoas com as quais tinha começado a falar. Recitava-lhes verdadeiros monólogos, parecendo um sonâmbulo.[40]

Ao falar de Fuseli, um grande pintor inglês, o sr. Burger escreve:

> Quais não foram os êxtases de Fuseli na cidade eterna! Foi ele quem decidiu deitar-se no meio de igrejas e palácios para admirar-lhes a abóbada. Passava dias inteiros estendido sobre as lajes da Capela Sixtina, mergulhado numa espécie de *embriaguez* ou de *sonambulismo*, imaginando que o gênio de Miguel Ângelo descia nele e infundia-se na sua pessoa.[41]

Eis o que a respeito de Shelley diz Medwin, seu historiador:

> Ele sonhava acordado, numa espécie de *abstração letárgica* que lhe era habitual, e, depois de cada acesso, seus olhos faíscavam, seus lábios fremiam, sua voz tremia de emoção: entrava *numa espécie de sonambulismo*, durante o qual sua linguagem parecia mais a de um espírito ou de um anjo do que a de um homem.[42]

---

40 Schérer, *Diderot,* 1880. Citado por Lombroso em *L'Homme de Génie*, p. 26.
41 Burger, *Les Peintres Anglais.*
42 Rabe, Félix, *Vie de Shelley.*

Edgar Poe assim descrevia seu estado mental:

> As realidades do mundo afligiam-me como visões, só isso, ao passo que as ideias loucas do país dos sonhos, em compensação, transformavam-se não apenas no alimento espiritual da minha vida cotidiana, mas, na verdade, na única e total existência.

Falando de Balzac, Théophile Gautier diz:[43]

> Suas leituras não foram interrompidas pelo colégio, e com elas desenvolveu na mente uma meditação extática, o que lhe ocasionou uma doença estranha, uma febre nervosa, uma espécie de letargia. Pálido, enfraquecido, acometido por uma confusão de ideias, parecia imbecil. Sua atitude era a *de um extático, de um sonâmbulo que dorme de olhos abertos*; perdido em profundo cismar, não ouvia o que lhe diziam, ou seu espírito, voltando de longe, replicava tarde demais.

E Balzac diz a respeito de si mesmo:

> Observando os moradores de rua, podia adotar-lhes a vida, sentia nos meus ombros sua roupa esfarrapada, andava com seus sapatos furados, com seus desejos, com sua pobreza; tudo entrava na minha alma, e minha alma entrava na deles: *era o sonho de um homem acordado.*[44]

O pintor Rafaelli escreve ao dr. Chabaneix:

> Se não durmo bem à noite, em compensação raramente fico acordado durante o dia. O estado de devaneio, ou *estado de sonho*, é constante, o que faz com que muitas vezes só responda a uma pergunta dez ou quinze minutos depois. Melhor dizendo, quando acordo.[45]

Dificilmente encontraremos um caso mais demonstrativo e mais típico do que o de um escritor que produz suas obras

---

43 Gautier, Théophile, *Honoré de Balzac. Artiste et Moniteur Universel*, 23 de março de 1858.
44 Pétrus e Régis, *Mémoire sur les Obsessions*, para o Congresso de Moscou, 1897.
45 Charbaneix, *Le Subconscient*, p. 91.

sem preocupar-se absolutamente com o que sua mão escreve rapidamente no papel. Se ele não pensasse conscientemente em suas obras, se não lhes elaborasse o plano e os detalhes com sua inteligência normal, poder-se-ia perfeitamente acreditar numa comunicação espírita. Eis o fato: o sr. Camille Monclair, talentoso romancista, conta que sua vida é uma espécie de sonolência, um *sonho permanente*. Diz:

> Sob esse ponto de vista, não distingo o sono do estado de vigília. Posso dizer que não somente as ideias e os planos dos meus livros, mas até as menores metáforas, são-me *ditados* num sonho contínuo. Nunca, seja em prosa ou em verso, rasurei um manuscrito, e nada me adiantaria revisar-lhe a redação, como fiz no início da minha carreira literária, quando escrúpulos levavam-me a fazer emendas e a reescrever, como fazem todos os meus colegas. Logo compreendi que não era falta de cuidado (sou muito apaixonado pela minha arte), mas vontade subjetiva, que tornava inútil qualquer intervenção do meu senso crítico e que me *ditava* por sua própria iniciativa. Aceitei esse estado, e a única explicação que tenho é esta: devo trabalhar enquanto durmo, porque pela manhã, pondo-me à minha mesa, *não penso no que vou escrever*, mas no próximo livro que, daqui a alguns meses, se seguirá ao que estou redigindo: escrevo rápido, quase como um telegrafista transmitindo um telegrama. Evidentemente, é de modo análogo que nascem as imagens do sonho e as palavras que, ao acordar, os dorminhocos pronunciam com sua própria voz.

Nos casos que acabamos de citar, a modificação da personalidade normal é espontânea; em outros artistas, porém, não se produzindo naturalmente a mudança de estado psicológico, esta é obtida por meios artificiais, que são quase processos de auto-hipnose.

> Há homens de gênio — diz Lombroso — que, para entregar-se à meditação, põem-se artificialmente num estado de semicongestão cerebral. Assim, Schiller mergulhava os pés no gelo. Pitt e Fox preparavam seus discursos depois de muita cerveja. Pasiello compunha enfiado sob um monte de cobertas. Milton e Descartes afundavam a cabeça num sofá!

Bonnet recolhia-se numa peça fria, com a cabeça envolta em panos quentes. Cujas trabalhava com a barriga no chão, sobre o tapete. De Leibnitz, diz-se 'que meditava horizontalmente', de tal modo essa atitude era-lhe necessária para dedicar-se às suas reflexões. Thomas e Rossini compunham na cama. Rameau meditava em pleno meio-dia, com a cabeça no sol. Quanto a Gluck, foi em pleno sol, no meio de uma pradaria para onde mandara levar seu piano, que compôs suas duas *Ifigênias*. Haydn, como Newton, precisava de solidão. Sentado na sua poltrona, tendo por confidente das suas inspirações apenas seu piano, quando achava que estas eram demasiado lentas fixava os olhos no anel que o grande Frédérick lhe havia dado e que jamais tirava (hipnotização parcial). Sua imaginação então se transportava para o meio dos coros celestes, cujas divinas harmonias ele revelou à Terra, e a obra-prima surgia dessa singular contemplação.

"— Preciso que me diga como faz a sua música — disse Tronchin a Grétry certo dia.

— Ora, como se fazem versos, como se faz um quadro — respondeu ele. — Leio e releio vinte vezes as palavras que quero pintar com sons; preciso de vários dias para esquentar a cabeça; finalmente, perco o apetite, meus olhos se inflamam, a imaginação se exalta. Então, produzo uma ópera em três semanas.

Todos esses exemplos, que facilmente poderiam ser acrescidos de outros, fazem-nos compreender claramente que pessoas dotadas de intensa emotividade, os sensitivos, como lhes chama o barão de Reichenbach, podem perfeitamente pôr-se por si mesmos no estado nervoso em que um semissonambulismo permite que todas as suas riquezas intelectuais se manifestem brilhantemente.

As causas do automatismo gráfico

Talvez tenhamos nos alongado um pouco sobre os sonhos, a sugestão, a autossugestão, o semissonambulismo do estado de vigília nos artistas e escritores, mas foi para mostrar que esses fenômenos psicológicos, embora pouco conhecidos e fora da observação cotidiana, não são tão raros a ponto de não se

Gabriel Delanne

poder encontrar entre eles numerosas analogias. Naturalmente, os casos de automatismo gráfico são exceções, mas também eles têm um grau de frequência que não permite classificá-los entre as anomalias propriamente ditas. Todos os estados de consciência acima enumerados têm um estreito parentesco entre si. Sucedem-se sem brusquidão e formam uma cadeia que vai do estado normal propriamente dito ao sonambulismo, por uma série de transições, de nuances, designadas pelos nomes distração, devaneio, inspiração, que dependem evidentemente da idiossincrasia dos indivíduos observados.

O termo escrita inconsciente, que às vezes é empregado, só é estritamente exato num único caso: o da escrita produzida durante a distração no estado de vigília; deve-se especificar também que a inconsciência diz respeito somente ao mecanismo da escrita, porque as ideias sempre foram conhecidas pelo eu, já que o indivíduo, se colocado em sono sonambúlico, as reencontra sem ter lido o texto que escreveu; mas elas são esquecidas tão logo são percebidas pela consciência comum, devido à sua fraca intensidade. Na verdade, sabemos que a distração coincide com uma diminuição da atenção, cujo resultado é suprimir o controle, a capacidade de direção que possuímos sobre o mecanismo que preside à associação das ideias. Então, a imaginação fica entregue a todos os imprevistos da fantasia. As ideias se sucedem com rapidez, mas são logo esquecidas porque sua intensidade é muito fraca.[46] Então, elas foram conscientes por um tempo muito curto, depois voltaram a descer abaixo do limiar da consciência. Mas, com as experiências do dr. Gley, vimos que as imagens mentais, mesmo tênues, possuem uma força motriz que atua sobre o mecanismo psicossensorial da escrita. A mão que sente o lápis entre seus dedos sofre uma sugestão tátil, como acontece com todos nós nas mesmas condições, e a escrita se produz de modo automático, exteriorizando graficamente, sem consciência, as fantasias do escrevente.

Pelo exemplo de Clélia, mostramos todas as fantasias da imaginação entregue a si mesma: seu caráter extravagante,

---

46 Lembramos que, para que uma ideia seja percebida, duas condições são indispensáveis: 1º Um mínimo de intensidade; 2º um mínimo de duração. Ora, durante o devaneio as imagens mentais não têm a intensidade das sensações externas; uma vez que não passam de fenômenos de memória, elas saem muito rapidamente do campo da consciência.

suas ficções. Este é um traço distintivo que nos permitirá fazer uma seleção entre as imagens subconscientes. As pessoas que produzem essa espécie de escritos não devem melindrar-se com isso; não se pode interferir-lhes na natureza moral, porque ninguém poderia ser responsabilizado por seus sonhos e, consequentemente, pelas elucubrações do automatismo.

Temos apontado a enorme força da autossugestão e, principalmente, da sua ação sobre os histéricos. Todos os autores que estudaram essa neurose assinalam a influência da imitação sobre esses doentes. É bem possível que, entre as pessoas que frequentam reuniões espíritas, se encontrem algumas vítimas de histeria. Elas poderão, então, apresentar em grau elevado o espetáculo do automatismo, facilitado nelas pela distração, que é um traço característico do seu estado, e pela autossugestão resultante da imitação.

Sabemos também que o semissonambulismo pode ser provocado em pessoas a isso predispostas, pela intensa emoção que lhes suscita a ideia de entrarem em contato com o além. Essa excessiva impressionabilidade basta para produzir uma invasão de sonambulismo parcial, que não tira do indivíduo a consciência do mundo exterior, mas que incontestavelmente favorece todos os fenômenos do automatismo psíquico, da personalização das ideias, da ressurreição temporária de imagens latentes, e dá ao texto escrito todas as características de uma produção alheia quando o indivíduo, voltando ao estado normal, toma conhecimento de todas as ideias que ele não se lembra mais de ter escrito alguns minutos antes.

Assim, ao lado de verdadeiros médiuns, nas sessões espíritas existem igualmente automatistas que escrevem mecanicamente, e aparentemente sem terem consciência do conteúdo intelectual da mensagem produzida. Durante muito tempo os espíritas careceram de um critério que lhes permitisse efetuar uma triagem entre as comunicações verdadeiras e as produções subconscientes dos escreventes. Já se havia percebido a falta de nexo, a incoerência ou a fatuidade simplória de alguns desses ditados, acompanhados também de erros grosseiros ou mentiras despudoradas. Porém, saía-se dessa dificuldade atribuindo essas produções a espíritos farsantes, que se divertem mistificando os pobres humanos. Não se podia conhecer o que só foi descoberto

Gabriel Delanne

nestes últimos anos, de modo que o ensinamento dos primeiros autores espíritas quanto à intervenção do escrevente nesses fenômenos havia sido quase totalmente esquecido. Vêm daí as inúmeras fantasias subliminares que foram aceitas como revelações sobre o mundo espiritual. Por que, e é um ponto muito digno de atenção, todas as produções do automatismo não são necessariamente insensatas; se assim não fosse, o exercício do automatismo teria sido rapidamente abandonado.

Estando o hábito do automatismo bem estabelecido por um exercício continuado, todas as ideias latentes podem exteriorizar-se por esse meio, e nem todas são meras associações de ideias. São, frequentemente, observações, raciocínios encadeados, teorias engenhosas, ou originais, que o escrevente elaborou durante o sono, e das quais não se lembra ao despertar. Toda essa vida psicológica ignorada vem à tona pela escrita, e como o escrevente não a conhece, assim como o sonâmbulo não se lembra do que disse, fez ou pensou durante seu estado letárgico, parece-lhe que é nova, sem qualquer relação com ele, e não pode imaginar que seja ele o autor. O que lhe aumenta a convicção de que sofreu uma influência estranha é o nome que assina a mensagem, e também o fato de a suposta comunicação às vezes conter minuciosas informações sobre um acontecimento da sua vida passada, de que sua consciência comum se esqueceu por completo.

Parece-nos então indispensável lembrar o quanto somos mais ricos do que geralmente pensamos. Abaixo da consciência existe uma mina maravilhosa de documentos inexplorados que podem dar-nos informações sobre a própria essência da individualidade, da qual depende nosso caráter. Achamos que uma psicologia atenta deve levar em consideração o trabalho da mente durante o sono normal, as lembranças esquecidas que, embora atualmente não estejam na consciência clara, não deixaram de ter uma influência decisiva no desenvolvimento geral da nossa individualidade psíquica, e também, em menor grau, as percepções inconscientes que, nos casos do automatismo, aparecem diante da mente iludida do escrevente, como informações vindas de um outro mundo. Recordemos alguns fatos que ilustrarão a nossa tese.

Atividade da alma durante o sono

Todos sabemos que a vigília e o sono são geralmente separados por memórias diferentes. O que o espiritismo nos ensina, porém, é que a alma nunca fica inativa. Durante a noite ela pensa, trabalha, e frequentemente com maior proveito do que durante o dia, porque não é desviada das suas pesquisas pelos mil incidentes da vida de relação.

Pode acontecer que, ao acordar, ela não se recorde dessa atividade noturna, mas, num dado momento, o resultado das suas pesquisas surge-lhe na consciência e de repente brilha como uma revelação inesperada. Temos numerosos exemplos dessa cerebração a que, erradamente, chamaram inconsciente. Resumiremos alguns casos, segundo o ótimo estudo do dr. Chabaneix.[47]

> Michelet diz, a respeito de Fleury, que ele tinha o hábito de deitar só depois de ter-se ocupado, pelo menos um instante, com documentos ou assuntos que deveriam ser objeto dos seus estudos do dia seguinte. Contava com o trabalho da noite, sonho ou automatismo, para aperfeiçoar os conceitos assim depositados em sua consciência. E como fazia isso todas as noites, há razões para crer que o resultado fosse bom.[48]
>
> Mandsley fala de um geômetra que, depois de ter procurado em vão a solução de um problema, ficou surpreso ao vê-la aparecer subitamente sob a forma de uma figura geométrica, quando há dois anos não pensava mais nisso.[49]
>
> Alfred de Vigny diz no seu diário: 'Tenho na cabeça uma linha reta. Uma vez tendo lançado nesse trilho uma ideia qualquer, ela a segue até o fim, contra a minha vontade e enquanto trabalho e converso.'
>
> Arago diz: 'em vez de insistir em compreender imediatamente as proposições que se me apresentavam, admitia-lhes a verdade provisoriamente, ia adiante, e no dia seguinte surpreendia-me ao compreender perfeitamente o que na véspera parecia-me envolto em nuvens espessas.'[50]

47 Chabaneix, dr., *Le subconscient chez les Savants, les Artistes et les Écrivains*, p. 23 e segs.
48 De Fleury, *Médecine de l'Esprit*.
49 Chalmet, Edmond, *Études sur la Vie Inconscient de l'Esprit*.
50 Arago, *Notices Briographiques*, p. 5.

Condilac também contou 'que na época em que redigia sua série de estudos via-se forçado, por estar com sono, a abandonar um trabalho preparado, mas incompleto; e muitas vezes aconteceu-lhe encontrar, ao acordar, o trabalho concluído na sua mente.'[51]

Todos esses exemplos destacam bem o trabalho da alma durante o repouso do corpo; mas como os filósofos positivistas e os fisiologistas creem que a atividade intelectual é apenas a resultante das funções do cérebro, e que o sono é essencialmente o repouso dos centros nervosos, eles eram logicamente obrigados a concluir por um pensamento inconsciente, o que realmente é um contrassenso, uma vez que o pensamento só existe como tal quando é conhecido pelo eu, pelo ser pensante. Com exceção da individualidade psíquica, aí só podem existir fenômenos fisiológicos, físioquímicos, e consequentemente privados de qualquer consciência. Assim como um relógio não emite a ideia da hora que seus ponteiros indicam, o cérebro também é somente o suporte físico da mente.

Por não terem compreendido essa verdade, veem-se cabeças privilegiadas, como o sr. Sully-Prudhomme, escreverem.[52]

Senti bem nitidamente o seguinte efeito subconsciente: ocorreu-me compreender, sem a intervenção da reflexão e tampouco da vontade, uma demonstração geométrica que me havia sido feita no ano anterior. Parecia-me que *a maturação espontânea dos conceitos depositados no meu cérebro* pelo professor, e somente ela, tinha determinado em mim a compreensão da demonstração.

O sr. Retti, igualmente poeta, compreende melhor o que realmente parece ocorrer; escreve ao dr. Chabaneix:

Quando escrevo versos, tenho o hábito de parar, mesmo no meio de uma estrofe, ao sentir fadiga cerebral. Então, saio, ocupo-me com outra coisa, ou, se for à noite, deito-me *sem ter noção* de estar continuando a pensar nos meus versos. Frequentemente, sem ter conservado a lembrança de qualquer sonho, ao acordar na manhã seguinte penso nos meus

---

51 Citado por Max Simon, *Le Monde des Rêves.*
52 Chabaneix, dr., Op. cit., p. 25.

versos e *subitamente* encontro a estrofe pronta, e bem feita; basta-me apenas escrevê-la. Parece-me evidente que o trabalho cerebral continuou em mim, embora não me dê conta disso.

Se dissesse "sem que me lembre disso", a dedução seria perfeitamente justa. O sr. F. W. H. Myers também reuniu alguns exemplos não menos interessantes:[53]

> Agassiz contou a descoberta que fez durante o sono sobre a disposição dos ossos de um esqueleto, problema que durante o dia sua mente não conseguira solucionar.
> O sr. Hayes, artista que não se preocupa com a matemática, encontra de noite a solução de uma dificuldade geométrica que necessitava do emprego da memória e do raciocínio.
> Outra pessoa, o sr. P. J. Jones conta que, sendo estudante de engenharia, certa vez encontrou em sonho a resposta: 'um número com várias decimais', mas que parecia não lembrar-se do processo empregado para encontrar essa solução.
> A sra. Versall também resolveu em sonho um problema de cálculo diferencial cuja solução não conseguira encontrar durante o dia.

Nesses relatos, o narrador se lembra do seu sonho e conta-o, mas há casos em que, embora a memória comum não forneça qualquer informação, a atividade da alma durante o sono nem por isso deixa de ser evidente, porque se traduz exteriormente por efeitos inteligentes.

Provas materiais da atividade da alma durante o sono

Segundo o espiritismo, sendo a alma um ser essencialmente pensante, ela não pode permanecer inativa durante o sono. O trabalho intelectual que ela realiza quando o corpo repousa, e que rememoramos sob a forma de sonho, pode ser esquecido, o que habitualmente ocorre, mas essa perda de lembrança não deve servir de prova contra a vida psíquica, que persiste apesar da diminuição da atividade nervosa. O que o prova, é que essa

---

53 Myers, *Annales des Sciences Psychiques*, setembro-outubro de 1899. *La Conscience Subliminale*, p. 290 e segs.

Gabriel Delanne

atividade se manifesta objetivamente, mesmo quando o adormecido, ao acordar, não se lembra de ter sonhado. Citemos os fatos que apoiam esse modo de ver:

Na enciclopédia de Diderot, no artigo sonambulismo, é contada a história de um jovem padre que todas as noites se levantava, dirigia-se à sua escrivaninha, redigia sermões e voltava a deitar-se. Alguns dos seus amigos, querendo saber se ele estava mesmo dormindo, ficaram à espreita, e uma noite, quando estava escrevendo como de costume, colocaram um papelão entre os olhos dele e o papel. Ele não se interrompeu, continuou sua redação e, uma vez tendo acabado, deitou-se, como costumava fazer, sem desconfiar da prova a que acabava de ser submetido. O autor do artigo acrescenta:

> Quando terminava uma página, ele a lia do começo ao fim em voz alta (se é que se pode chamar de ler essa ação executada sem a participação dos olhos). Se alguma coisa não lhe agradasse, ele a riscava e escrevia acima as correções, com muita exatidão. Vi o começo de um desses sermões que ele tinha redigido dormindo; pareceu-me muito bem feito e corretamente escrito. Mas, havia uma correção surpreendente: tendo escrito em certo ponto *ce divin enfant* (este divino infante/esta divina criança), ao reler achou que devia substituir a palavra *divin* por *adorable* (adorável); viu, no entanto, que o ce, empregado corretamente diante de *divin*, não combinava com adorable; acrescentou então, com muita destreza, um t ao lado das letras precedentes, de modo que se lia *cet adorable enfant*.[54]

Nosso segundo caso é extraído do dr. Carpentes, que o obteve de um aluno da Universidade de Amsterdã.[55] Põe dois fatos em evidência: 1º Que o trabalho não é maquinal; 2º que pode traduzir-se, como no caso anterior, pela escrita.

> Um professor, tendo que fazer cálculos matemáticos difíceis e trabalhosos, constatou que não conseguia encontrar uma solução justa, o que se devia a erros cometidos nos numerosos algarismos empregados; a solução do problema ficou a

---

54 Ver nossa obra: *O Espiritismo perante a Ciência*, EDITORA DO CONHECIMENTO, onde são narrados vários casos de trabalhos executados durante o sonambulismo.
55 Carpenter, *Mental Psysiology*. Ver todo o capítulo XIII.

cargo de dez dos seus alunos. O narrador trabalhou por três noites; depois, ficando acordado e tendo recomeçado a terceira verificação até uma hora da madrugada, foi para a cama desapontado por não ter conseguido fazer corretamente o trabalho exigido para o dia seguinte. Ao levantar-se pela manhã, encontrou, para sua surpresa, o problema corretamente resolvido. A escrita era do seu próprio punho e nenhum dos cálculos estava errado.

O mais importante é que o trabalho havia sido feito graças a um método mais rápido e melhor do que o que o estudante tinha empregado nas três noites anteriores. O próprio professor espantou-se, e declarou que *nunca tinha pensado numa solução tão simples e concisa*.

Alfred Russel Wallace, que registra essa narrativa,[56] acompanha-a das reflexões seguintes, cuja justeza apreciaremos: Eis, evidentemente, um caso a que não podem aplicar-se as regras habituais da *concepção cerebral inconsciente*. Realmente, existe aí algo produzido de um modo em que o operador, quando acordado, jamais havia pensado. O estudante tinha tentado em vão encontrar o erro numérico nos seus cálculos, e não tinha tentado fazer os cálculos por si mesmo, por outros métodos. Estando adormecido, ele não descobriu os números errados, e, se isso tivesse acontecido, poder-se-ia atribuí-lo à repetição da ação cerebral precedente. O que é peculiar, é que ele recomeça o cálculo com um método original, diferente, no qual nem o próprio mestre havia pensado. Aí está um caso absolutamente análogo ao dos médiuns, que produzem no estado neutro, ou em sono, o *que não conseguem fazer quando acordados*; por exemplo, como mais tarde veremos, falar idiomas que nunca aprenderam. "Atribuir tais ações a uma concepção cerebral inconsciente não significa explicá-las, mas simplesmente dar-lhes um nome e, como uma criança ou um selvagem, tomar um nome por uma explicação."

Dizer que as ações que necessitam da participação de todas as faculdades intelectuais são inconscientes, é fazer malabarismo com o sentido das palavras; a verdade é que é simplesmente a lembrança desses atos que se perde ao despertar.

Eis aqui mais uma prova de que a memória desempenha

---

56 Russel Wallace, Alfred, *Les Miracles et le Moderne Spiritualisme*, p. 314.

Gabriel Delanne

um papel predominante:

O dr. Davey comunicou à Sociedade de Pesquisas Psíquicas o seguinte caso, publicado no *Zoist*, vol VIII, p. 138:

Meu caro amigo, conforme seu desejo envio-lhe os detalhes desse sonho singular, se é que é um sonho, que acabou me prestando um grande favor. Como lhe disse, desde setembro andava aborrecido devido a um erro na minha contabilidade daquele mês, e apesar de várias horas pesquisando, meus esforços eram inúteis e eu quase estava dando o caso como perdido. Com frequência, à noite, quando não dormia, e de dia, durante boa parte das minhas horas de lazer, eu continuava procurando. E assim foi até 11 de dezembro. Naquela noite, que eu saiba, não tinha pensado no assunto uma única vez, mas não fazia muito tempo que tinha deitado e adormecido quando meu cérebro pôs-se a trabalhar com meus livros, como se eu estivesse no meu escritório. O livro-caixa, o carnê do banco etc. etc. apareceram-me e, sem qualquer dificuldade aparente, quase de imediato, descobri a causa do meu erro, cuja origem era um lançamento complicado. Lembro-me perfeitamente de ter pegado um pedaço de papel no meu sonho, fazendo nele uma anotação que me permitiria corrigir o erro num momento de lazer, e de que em seguida todas as circunstâncias se apagaram do meu espírito. Quando acordei pela manhã, não tinha a mais leve lembrança do meu sonho, e durante todo dia não o recordei, embora tivesse diante de mim os mesmos livros que, supostamente, tinha utilizado no sonho. Quando voltei para casa à tarde, e já estando na hora de arrumar-me, apanhei sobre a mesa um pedaço de papel para secar minha navalha de barbear, e imagine minha surpresa ao encontrar nele a anotação que eu supunha ter feito na noite anterior. O efeito que aquilo me causou foi tal, que voltei ao escritório e, ao examinar o livro-caixa, constatei que durante meu sono tinha realmente descoberto o erro que não conseguia encontrar quando acordado, e que havia anotado no exato momento.

É-me impossível lembrar onde apanhei o que era preciso para escrever, papel e lápis, com que fiz a anotação, que certamente deve ter sido escrita no escuro e no meu quarto, pois no dia seguinte encontrei lá papel e lápis, e não consegui entender nada durante muito tempo.

C. J. E.

P. S. Devo dizer que em outra oportunidade antes disso, aconteceu-me um fato quase semelhante, porém com a diferença de que, no fim da história, eu tinha acordado e, estando bem desperto, dei-me conta perfeitamente de ter feito a anotação naquele momento. Portanto, não é a mesma coisa.

Os fatos precedentes nos mostram a origem dos pensamentos que, vez por outra, de repente nos surgem na consciência como inspirações alheias, quando na verdade são somente lembranças que provêm da nossa atividade mental durante o sono. O automatismo, agora sabemos, é eminentemente apropriado para exteriorizar esses fenômenos psicológicos subconscientes, que apenas aguardam uma oportunidade para vir à tona. Portanto, a escrita automática poderá revelar-nos ditados perfeitamente coordenados, soluções de problemas que ficaram insolúveis para o indivíduo, ou informações que podem parecer inéditas, sem que atribuamos necessariamente essas produções a espíritos desencarnados. É necessário, então, entregar-se a investigações metódicas sobre os antecedentes do indivíduo, sobre suas amizades, suas leituras, suas preocupações, e às vezes, como iremos constatar daqui a pouco, chega-se a constituir a gênese dos processos intelectuais que originaram essa vida subliminar, como o sr. Myers a chama.

Examinemos agora um outro território da subconsciência: o das lembranças esquecidas. É desse tesouro escondido que com frequência o automatista extrai as informações que dão às mensagens sua aparência prodigiosa, pelo imprevisto, pela minúcia de detalhes relativos a um acontecimento totalmente saído da memória comum.

A memória latente

Em outro livro,[57] estudamos o mecanismo da memória e aqui não voltaremos a ele. Basta, para nosso objetivo atual de mostrar, através de fatos, que muitos acontecimentos esquecidos por completo, que parecem extintos para sempre, no

---

57 Delanne, Gabriel, *A Evolução Anímica*, p. 117 e segs., **EDITORA DO CONHECIMENTO**.

Gabriel Delanne

entanto deixaram em nós um traço indelével nessa parte profunda do nosso ser, nessa subconsciência que é a base da nossa individualidade indestrutível.

Vimos anteriormente como a memória latente é pertinaz, já que no sonho ela ressuscita lembranças da juventude, como as narradas por Maury, que lhe mostram um homem que tinha visto quando criança e no qual durante quarenta anos não tinha mais pensado. Eis mais dois exemplos desse despertar de antigas sensações, extraídos do mesmo autor:[58]

> Um tintureiro que ficou cego, um dia descreveu com bastante precisão as feições de um primo seu que lhe tinha aparecido em sonho e que nunca havia encontrado quando ainda não estava privado da visão. Essa aparente intuição, como ele acabou se lembrando, devia-se ao fato de um dia ter visto o retrato do primo na casa de outro parente seu.

Esse autor fala também de um capitão, que ficou cego na África, em quem a lembrança de certas localidades, antes totalmente esquecidas por ele, voltou-lhe à mente com perfeita nitidez.

De modo especial, chamamos a atenção para fatos que, se surgissem durante a escrita automática, teriam a perfeita aparência de uma revelação exterior.[59]

> Um certo sr. Brodekelbank perde um canivete. Seis meses depois, sem se preocupar absolutamente com a perda, sonha que o canivete está no bolso de uma calça que tinha posto num monte de roupas velhas. Ao despertar, veio-lhe a ideia de verificar se o sonho tinha sido exato; foi procurar a calça e encontrou o canivete num bolso.

Trata-se evidentemente de uma lembrança esquecida que renasce durante o sono. Pode-se dizer o mesmo do relato que se segue:

> Na sua obra *Le Sommeil et les Rêves*, o prof. Delboeuf conta que, num sonho, o nome *Asplénium Ruta Muralis* pareceu-lhe um nome familiar. Ao despertar, deu tratos à bola para descobrir onde poderia ter ouvido aquela denominação bo-

---

58 Maury, *Le Sommeil et les Rêves*, p. 123 e 124.
59 Ver nos *Anais Psíquicos*, 1899, os exemplos citados pelo sr. Myers no seu trabalho sobre a consciência subliminar, do qual extraímos alguns deles.

tânica. Tempos depois, descobriu o nome *Asplénium Ruta Murariac*, escrito por ele mesmo, numa coleção de flores e de fetos, ao lado dos quais havia inscrito os respectivos nomes, ditados por um amigo.

Nos exemplos seguintes, há mais do que uma simples convocação da memória. Parece que um certo número de impressões visuais foram registradas inconscientemente, como daqui a pouco veremos que é possível, pois, sob a influência da atenção, elas foram achadas de novo pela mente durante o sono. Eis um caso:

> Chegando ao hotel Morley às 5 horas de terça-feira, 29 de janeiro de 1889 — diz a sra. Bickford Smith —, percebi que havia perdido meu broche de ouro, e pensei que o tinha deixado numa sala de provas de roupa da casa *Swan et Edgar*. Mandei verificar e fiquei muito desapontada ao saber que todas as diligências tinham sido inúteis. Estava muito contrariada, e à noite sonhei que o encontrava num exemplar da revista *Queen*, que estava em cima da mesa, e no meu sonho via até a página onde o broche estava. *Tinha observado uma das ilustrações daquela página.* Logo depois do almoço, fui à *Swan et Edgar*, pedi os jornais e revistas e contei meu sonho às moças, dizendo onde tinha visto o broche. As publicações tinham sido retiradas da sala, mas encontraram-nas, e, para espanto das moças, digo:
> — A revista que contém meu broche é esta.
> E, na página em que esperava, encontrei-o.

Está claro que se essa lembrança latente se tivesse exteriorizado pela escrita automática, em vez de produzir-se em sonho, o escrevente seria muito tentado a atribuir a descrição exata da página da revista em que se encontrava o broche à intervenção bondosa de um ser do além, desejoso de evitar à sra. Smith o aborrecimento de ter perdido sua joia. Dentro de instantes, veremos que a inscrição, na subconsciência, de sensações que não tínhamos percebido, como no caso presente, não é impossível e constata-se experimentalmente.

Não podendo alongar-nos sobre exemplos desse tipo, passamos imediatamente a um segundo revelador dessa memória

Gabriel Delanne

latente, que é a hipnose. É um fato tão comum quanto o sono sonambúlico que revive as lembranças mais fugitivas da vida normal. Charles Richet diz:[60]

> Os sonâmbulos imaginam, com uma inusitada riqueza de detalhes precisos, os lugares que viram um dia, os fatos de que foram testemunhas. Durante o sono, eles descrevem com exatidão uma cidade, uma casa que visitaram ou avistaram; ao despertar, porém, dificilmente conseguiriam dizer se já estiveram lá. X., que cantava a ária da *Africana* durante o sono, *quando em estado de vigília não conseguia se lembrar de uma única nota.*

Léonie — diz o sr. Janet[61] — é capaz de reler, por alucinação, páginas inteiras de um livro que leu há tempos, e distingue-lhe a imagem com tamanha nitidez, que observa até mesmo características particulares, como a numeração das páginas, e o número das folhas na parte inferior de algumas delas. Nesse caso, a alucinação retrospectiva é idêntica à sensação.

Devemos convencer-nos de que nada do que entrou na mente, conscientemente ou não, pode sair dela. Embora o esquecimento seja uma condição de uma boa memória,[62] o termo esquecimento não é sinônimo de desaparecimento da imagem mental. Bem ao contrário, esta parece inalterável; cada impressão deixa uma marca que perdura e que reaparecerá, embora possamos julgá-la extinta, quando as circunstâncias o permitirem.

Há lembranças de que não temos consciência e as que não reconhecemos mais. Estas últimas são inúmeras, e sua importância na vida mental é primordial.

Durante o sono artificial, sob certos pontos de vista a memória fica muito mais desenvolvida do que no estado normal, pois abrange a lembrança dos sonhos habituais e dos estados sonambúlicos naturais. Eis um exemplo do primeiro caso:[63]

> Um amigo nosso — diz Erasme Darwin — observou que sua esposa, que fala muito e claramente durante o sono, nunca

60 Richet, Charles, *L'Homme et l'Intelligence*, p. 194.
61 Janet, Pierre, *L'Automatisme Psychologique*, p. 267.
62 Ribot, *Les Maladies de la Mémoire*, p. 15 e segs.
63 Janet, Pierre, *Automatisme Psychologique*, p. 119.

consegue relembrar seus sonhos quando isso acontece, mas que, ao contrário, lembra-se muito bem deles quando não falou dormindo. Observei o mesmo fato — continua o sr. Janet — em Léonie, que no estado de vigília conta os sonhos que teve sem falar, e só *consegue contar em sonambulismo* os sonhos durante os quais ficou agitada e falou.

As lembranças do sonambulismo natural quase sempre são ignoradas ao despertar, mas pode-se reencontrá-las num sonambulismo artificial, o que atesta o parentesco entre esses dois estados. O relato que se verá a seguir é uma prova disso.[64]

O sr. dr. Dufay, senador de Loir-et-Cher, publicou a observação de uma jovem que, num acesso de sonambulismo, tinha fechado numa gaveta joias pertencentes à sua patroa. Esta, não encontrando mais as joias no lugar onde as tinha deixado, acusou a empregada de tê-las roubado. A pobre moça protestava inocência, mas não podia dar qualquer informação quanto às causas do desaparecimento dos objetos. Foi posta na prisão em Blois. Na época, o dr. Dufay era médico daquela prisão. Conhecia a acusada por ter feito com ela, anteriormente, algumas experiências de hipnotismo. Adormeceu-a e a interrogou sobre o delito de que era acusada. Esta contou-lhe então, com todos os detalhes desejáveis, que jamais tivera a intenção de roubar sua patroa, mas que uma noite ocorreu-lhe a ideia de que algumas joias daquela senhora não estavam em segurança no móvel onde estavam guardadas e que, então, as tinha fechado em outro móvel. O juiz de instrução foi informado dessa revelação. Foi à casa da senhora roubada e encontrou as joias na gaveta indicada pela sonâmbula. A inocência da acusada foi assim claramente provada, e a doente foi posta em liberdade.

Uma das formas mais surpreendentes dessa renovação da lembrança é a reconstituição completa de toda uma época da vida passada de um indivíduo. O prof. Pitres, de Bordeaux, que descobriu esse fenômeno, chama-o de *delírio ecmenésico*. Vejamos em que consiste:[65]

Suponhamos, por um instante, que um indivíduo com trinta anos de idade perca subitamente a lembrança de tudo que

64 Pitres, *Leçons sur l'Hystérie et le Hypnotisme*, p. 200 e segs.
65 Pitres, Op. cit., p. 290.

conheceu e aprendeu durante os últimos quinze anos de existência. Pelo próprio fato dessa amnésia parcial, produzir-se-á no estado mental do indivíduo uma transformação radical. Ele falará, agirá, raciocinará como o faria aos quinze anos. Terá os conhecimentos, os gostos, os sentimentos, os hábitos que tinha aos quinze anos, já que as lembranças dos quinze últimos terão desaparecido. Do ponto de vista mental, não será mais um adulto, e sim um adolescente. Uma paciente, Albertine M., com vinte e oito anos de idade, durante o delírio ecmenésico vê-se transportada aos sete anos de idade, quando sua ocupação era cuidar da vaca da sua ama-de-leite:

> Após ter passado por toda série de sensações que habitualmente precedem a explosão dos seus ataques de delírio, a enferma voltou a caminhar lentamente, baixando-se de tempos em tempos, como se estivesse apanhando flores na beira de um caminho. Depois, sentou-se no chão, cantarolando uma modinha. Alguns instantes depois, pôs-se a remexer apressadamente no bolso e começou a brincar com ossinhos, atirando-os para o alto e apanhando porções deles, interrompendo a brincadeira frequentemente para falar com a vaca. Nesse momento, nós a interpelamos, e ela, achando que se tratava de garotos da aldeia, logo nos convidou a participar do jogo. *Foi impossível fazê-la compreender* seu engano. A todas as perguntas que lhe fazíamos com relação à vaca, à sua avó, aos habitantes da região, ela respondia com a simplicidade de uma criança, mas com uma imperturbável precisão. Se, ao contrário, lhe falávamos de acontecimentos que tinha testemunhado ou de que tinha participado no decorrer da sua existência, após os sete anos de idade, parecia espantada e não entendia nada do que dizíamos.
>
> Devo apontar duas particularidades que também são importantes. Até a idade de doze anos, Albertine morou num pequeno povoado da Charente, entre camponeses pobres que mal falavam francês. Naquele momento, ela mesma só falava o dialeto de Saintonge; só mais tarde aprendeu francês. Assim, enquanto durou o ataque, *expressou-se em dialeto*, e quando lhe pedíamos que falasse em francês, invariavelmente respondia, *e sempre em dialeto*, que não conhecia a língua dos senhores da cidade.

A segunda particularidade não é menos curiosa. Aos sete anos de idade, Albertine ainda não tinha tido acessos histéricos e, provavelmente, ainda não tinha hemianestesia, nem zonas espasmógenas. Ora, durante o acesso de delírio ecmenésico de que nos ocupamos, *a sensibilidade cutânea era normal*, tanto no lado esquerdo como no lado direito, e todas as suas zonas espasmógenas haviam perdido sua ação, exceto a zona ovariana esquerda, onde uma pressão enérgica tinha por resultado imediato interromper o delírio. Voltando ao estado normal, a paciente não se lembrava de nada do que tinha dito e feito durante o estado anterior.[66]

Depois dessa observação, os drs. Camuset, Mabille, Bourru e Burot, Voisin etc. publicaram relatos de casos semelhantes, de modo que devemos admitir o fato como rigorosamente provado. Experiências de controle, feitas através da escrita, estabelecem que a ressurreição das lembranças do indivíduo é absoluta e traz consigo até os mais insignificantes detalhes da sua existência cotidiana. Trata-se, literalmente, de uma fatia de vida que é exumada das profundezas da consciência porque, coisa mais notável ainda, o antigo estado psicológico leva o estado físico do corpo de volta à época que se faz reviver. Não devemos esquecer essa observação, pois ela nos ajudará a compreender por que e como um espírito pode retomar no espaço a escrita que tinha quando em vida, se o transportarmos para o período da sua vida anterior.

A excitação extraordinária da memória, chamada hipermnésia, frequentemente se deve a causas mórbidas ou a fortes abalos morais. Os livros de medicina citam numerosos exemplos disso. O caso de um jovem açougueiro observado em Bicêtre pelo dr. Michea é famoso. Sob a influência de um acesso de mania, esse rapaz recitava trechos inteiros da *Fedra* de Racine. Ora, ele tinha ouvido essa tragédia uma única vez. Durante os períodos calmos, apesar dos seus esforços, era-lhe impossível recitar-lhe um só verso.

Observou-se também que o sono anestésico devido ao éter ou ao clorofórmio provoca um estado semelhante ao sonambulismo, e pode, como o ópio ou o álcool, produzir a mesma exal-

---

66 Ver igualmente em nossa *Evolução Anímica,* **EDITORA DO CONHECIMENTO**, o caso de Jeanne R., estudado pelos srs. Bourru e Burot.

tação da memória. O sr. Ribot reuniu alguns exemplos disso, que apresentamos ao leitor:[67]

> Na sua juventude, um velho guarda florestal tinha vivido nas fronteiras polonesas e só falava polonês. Mais tarde, morou só em distritos alemães. Seus filhos garantiram que, durante trinta ou quarenta anos, ele não ouvira nem pronunciara uma única palavra em polonês. Por ocasião de uma anestesia, que durou quase duas horas, esse homem falou, orou, cantou só em polonês.
>
> Parece-me, diz Thomas de Quincey, nas suas *Confessions of an English Opium Eater*, ter vivido setenta anos ou um século num minuto. Os menores feitos da minha juventude, cenas esquecidas dos meus primeiros anos eram de repente revividas. Não se pode dizer que me lembrava deles, porque, se mos tivessem contado no estado de vigília, *eu não seria capaz de reconhecê-los como parte da minha existência passada*. Mas, postos diante de mim, como estavam em sonho, como intuições revestidas das suas mais vagas circunstâncias e dos sentimentos que os acompanhavam, reconheci-os instantaneamente.

São essas espécies de lembranças, tão completamente saídas da memória, que parecem desconhecidas, que dão ao automatista a falsa crença numa intervenção do além, quando ele as encontra relatadas e assinadas por um amigo ou parente morto, principalmente se é somente depois de consideráveis esforços que ele se lembra, ou se precisa do testemunho de seus familiares para afirmar-lhe que os fatos são exatamente como a mensagem relata. Contudo, deve-se ver aí somente um fenômeno de memória subconsciente, desde que outras particularidades não tenham demonstrado a intervenção dos espíritos, já que constatamos de que maravilhoso poder de renovação memorial a alma humana é dotada. Notemos ainda que:

> A lembrança que é extinta pela embriaguez profunda pode ser reencontrada numa bebedeira subsequente, como no caso conhecidíssimo do comissionário irlandês que, tendo perdido um pacote enquanto estava bêbado, embriagou-se de novo e se lembrou de onde o havia deixado. O sr. Myers

---

67 Ribot, *Les Maladies de la Mémoire*, p. 143.

cita um caso semelhante, testemunhado pelo sr. Keulmans.[68] Trata-se de um negro que, bêbado, tinha furtado e escondido um bisturi e um par de pinças. Ao voltar ao estado normal, tinha se esquecido do furto, mas tendo-se embriagado de novo, foi procurar os instrumentos no lugar onde os tinha posto.

Os exemplos tão numerosos e variados, de que apresentamos apenas uma amostra de cada espécie, a título de ilustração, mas que foram observados inúmeras vezes, põem-nos diante de um fato notável: é que nossa vida mental é indestrutível. Sem dúvida, pouco a pouco nos esquecemos da maior parte dos acontecimentos passados; presentes na nossa mente, restam somente as lembranças dos acontecimentos principais que servem de pontos de referência para a memória, e, diante da impossibilidade de nos lembrarmos de tudo que fizemos tal dia, a tal hora, há dez anos, poderíamos pensar que a lembrança se perdeu. É um erro. Tudo subsiste em nossa memória latente, sob a influência de uma das causas que apontamos, e também sob a vergastada de emoções violentas, alguns fragmentos da vida passada sobem à superfície desse oceano e podem ser exteriorizadas pela escrita automática.

E, melhor ainda: fatos que não percebemos conscientemente, que não foram conhecidos por nós no momento em que se produziam, podem deixar marcas indeléveis e surgir um dia, quando forem renovados por uma sensação semelhante. São marcas latentes, imagens, clichês que a alma ignora, que dormem e que muito impropriamente foram chamadas de percepções inconscientes. Vejamos rapidamente em que consistem:

As impressões sensoriais inconscientes

Tomemos emprestados do sr. Ribot[69] dois exemplos desses fenômenos de memória anteriores a toda consciência:

> Uma senhora, no último período de uma doença crônica, foi transferida de Londres para o campo. Sua filha, que era bem novinha e ainda não falava, foi levada até ela e, após

68 Myers, F. W. H., *Proceedings S. P. R.,Automatic Writting,* 1887.
69 Ribot, *Les Maladies de la Mémoire,* p. 143.

uma breve visita, foi reconduzida à cidade. A senhora morreu alguns dias depois. A filha cresceu, sem se lembrar da mãe até tornar-se adulta. Foi então que teve a oportunidade de ver o quarto onde a mãe havia morrido. Embora ao entrar no quarto ignorasse isso, ela estremeceu. Quando lhe perguntaram a razão daquela emoção, disse:

— Tenho a nítida impressão de ter estado neste quarto um dia. Nesse canto havia uma senhora deitada, parecendo muito doente, que se inclinou sobre mim e chorou.

Eis o segundo caso:

Um homem dotado de acentuado sentimento artístico (deve-se notar este ponto, porque ele indica um desenvolvimento muito grande da sensibilidade) ia com amigos fazer uma excursão perto de um castelo no condado de Sussex, que não se lembrava absolutamente de já ter visitado. Ao aproximar-se da grande porta, teve a impressão extremamente viva de já tê-la visto, e revia não somente aquela porta, mas pessoas instaladas na parte de cima, e asnos sob o alpendre. Como essa estranha convicção tomava conta dele, dirigiu-se a sua mãe para obter esclarecimentos quanto a isso. Veio então a saber, por ela, que com dezesseis meses de idade tinha sido levado numa excursão àquele lugar, que tinha sido transportado num cesto, no lombo de um asno, que tinha sido deixado em baixo com os asnos e os criados, ao passo que os mais velhos da turma tinham-se instalado acima da porta para comer.

Essas duas histórias mostram que mesmo quando as sensações produzidas pelo mundo exterior não sejam conhecidas pelo eu, elas existem no perispírito, que lhes conservou a marca, embora o cérebro tenha sido renovado inúmeras vezes. Quando as mesmas sensações se repetem, elas ressuscitam as antigas, e a lembrança acontece. Esse renascimento do passado pode ser provocado também por uma causa mórbida.

Aos quatro anos de idade — diz o dr. Abercrombie —, em consequência de uma fratura no crânio, um menino foi submetido a uma trepanação. Ao recuperar a saúde, não tinha conservado qualquer lembrança do acidente, nem da operação. Aos quinze anos, porém, tomado por um delírio febril, descreveu para sua mãe a operação, as pessoas que a estavam assistindo, suas roupas e outros pequenos detalhes, com a máxima exatidão. Até então, ele jamais tinha falado naquilo, e nunca ouvira alguém dar todos aqueles detalhes.

É impossível instituir experiências que permitam separar, no ato complexo da percepção, o que é normalmente conhecido do que fica ignorado. Eis dois exemplos de reminiscências de impressões sensoriais registradas inconscientemente que se fazem renascer por um artifício. Tomemos, inicialmente, um caso de visão:[70]

> O dr. Scripture, da universidade de Clark, mostrou que no ato de visão mais comum, devemos distinguir entre o que a consciência superficial se recorda e o que permanece oculto em alguma profundeza obscura, mas suscetível de ser dali extraído. Esse pesquisador mostra ao paciente uma carta com uma imagem no centro e uma letrinha do alfabeto impressa num canto. A apreciação é tão breve que o paciente observa somente a imagem e não tem consciência da letrinha. Contudo, quando a seguir a letra lhe é mostrada, esta frequentemente lembra-lhe — gradualmente, mas no final claramente — a representação de estrela ou de elefante ou de outra coisa qualquer que ocupava o centro da carta em cujo canto a letra estava impressa. Ocorre, com frequência, que o paciente não consiga dizer de que maneira se efetuou essa obscura associação entre a letra e a imagem. Ele apenas sente que existe uma conexão, por exemplo, entre a letra M e o elefante. Assistimos aqui à impressão inconsciente de uma letra no cérebro, mas a visão desta desperta a seguir, por associação de ideias, a lembrança da gravura.

Eis um segundo exemplo, relativo às sensações auditivas:

> Uma experiência de Dessoir, já assinalada nos *Proceedings*, mostra que os sons que passam despercebidos ao ouvido podem ser conservados todo tempo preciosamente, e de modo inteligente, na subconsciência. O sr. X., absorto numa leitura, entre amigos que conversavam, de repente teve sua

---

70 Scripture, dr., *Ueber der associativen Vorland der Vorstellungen*, p. 90 e segs.

Gabriel Delanne

atenção despertada ao ouvir pronunciarem seu nome. Perguntou aos amigos o que tinham dito a seu respeito. Não lhe responderam; hipnotizaram-no. No sono, ele conseguiu repetir toda a conversa que escapara ao seu eu desperto. Mais notável ainda é o fato assinalado por Edmond Gurney e outros observadores de que o paciente hipnótico pode captar o cochicho do seu magnetizador, mesmo estando ele entre pessoas que conversam em voz alta.

Essas experiências nos fazem compreender a origem de certas visões do sonho que absolutamente não parecem pertencer à nossa vida mental, ao passo que, sem que o percebamos, elas são parte integrante dela. O caso seguinte, de Maury, põe esse fato em evidência:[71]

> Por vários dias seguidos aconteceu-me ver nos meus sonhos um certo senhor de gravata branca, chapéu de abas largas, com uma fisionomia peculiar, e tendo na sua aparência um ar de americano. Esse personagem era-me absolutamente desconhecido. Durante muito tempo pensei que não passasse de uma criação da minha imaginação.
> Alguns meses depois, no entanto, qual não foi minha surpresa ao ver-me frente a frente, na rua, com o meu senhor! Mesma forma de chapéu, mesma gravata branca, mesma sobrecasaca, mesma aparência grave e empertigada. Naquele momento eu estava atravessando os bulevares, e, naturalmente curioso por descobrir quem poderia ser esse ator dos meus sonhos, de repente transformado em realidade, segui-o até a rua de Clichy. Vendo-o, porém, continuar seu caminho até os Batignolles, e receando afastar-me demais do meu destino, parei de segui-lo e voltei ao bulevar. Um mês depois, passando de novo pela rua de Clichy, torno a avistá-lo. Ora, note-se que, uns anos antes, ocupações regulares me levavam àquela rua três vezes por semana; a partir desse momento, não tive dúvidas de que então pudesse tê-lo encontrado. Sua lembrança ficara-me gravada na mente sem que o percebesse, e revivera por uma causa que me escapava: à primeira vista, essa lembrança fizera o personagem em questão intrometer-se nos meus sonhos.
> Para acabar de explicar a mim mesmo sua aparição nas minhas criações noturnas, procurava esclarecer o motivo ao

---

71 Maury, *Le Sommeil et les Rêves*, p. 124.

qual se devia a reevocação de velhas lembranças, e descobri-o sem maiores dificuldades. Dias antes de sonhar com aquele senhor, eu tinha encontrado uma senhora que me falara longamente do tempo em que minhas ocupações de professor me levavam três vezes por semana à rua de Clichy. Evidentemente, aquela conversa é que tinha provocado a intervenção do desconhecido de gravata branca nos meus sonhos, e a prova é que nos sonhos em que ele aparecia misturavam-se circunstâncias ligadas às aulas que eu dava na rua em questão. Essa rua, por sua vez, tinha evocado muitas lembranças apagadas, entre as quais estava a visão do meu personagem.

Algumas reflexões sobre o automatismo gráfico

Agora que conhecemos a extraordinária riqueza da memória latente, povoada por lembranças de tudo que estudamos, vimos, ouvimos e pensamos durante nossa vida; que sabemos que a atividade do espírito durante a noite é conservada; que impressões sensoriais de que não tivemos consciência podem revelar-se num dado momento, devemos ser muito cautelosos antes de afirmar que o conteúdo de uma mensagem não sai da subconsciência.

Contudo, poderíamos perguntar-nos se somos suficientemente autorizados para admitir sem restrições que todas essas memórias — oníricas, sonambúlicas, latentes — que diferem entre si, possam servir de fontes de informação ao automatista, ou, melhor dizendo, se é legítimo pensar que todas essas lembranças se exteriorizam por essa via. Pensamos que se pode responder afirmativamente, porque as pessoas familiarizadas com os fenômenos da hipnose sabem quantas afinidades existem entre a memória sonambúlica e a do sono. Não nos esqueçamos de que o automatismo com frequência é produzido durante um estado de hemissonambulismo e que o estado psíquico do escrevente é análogo, quanto à memória, ao estado dos indivíduos adormecidos.

Ora, como já vimos, o sr. Pierre Janet nos mostrou que sonhos esquecidos durante o estado de vigília podem ser reevocados durante o sono hipnótico. O dr. Tissié cita-nos um caso semelhante. Seu paciente, Albert, sonhava que ia partir para uma de suas fugas sonambúlicas, uma das suas viagens sem destino, e, hipnotizado, contava ao médico esse sonho, que havia esquecido no estado normal. Reciprocamente, lembranças do estado hipnótico podem despertar durante o sono normal. Assim, o dr. Voisin tinha sugerido a um paciente hipnotizado que apunhalasse um doente numa cama ao lado (que, na realidade, era um manequim). O paciente obedeceu e, naturalmente, ao acordar não se lembrava de nada. Três dias depois, porém, voltou ao hospital queixando-se de ver em sonhos, continuamente, uma mulher acusando-o de tê-la apunhalado e matado. Uma nova sugestão persuadiu-o de que o fantasma era uma boneca.

O prof. Bernheim mostrou, igualmente, como lembranças latentes do estado hipnótico podem despertar durante a vida normal. Eis como:[72]

> Certo dia, fotografou-se uma das minhas pacientes em estado de vigília, depois ela é hipnotizada e volta a ser fotografada em diversas atitudes sugeridas durante esse estado: raiva, medo (visão fictícia de uma cobra), euforia (embriaguez), desdém (visão de estudantes fazendo zombaria), em êxtase.
>
> — Ao acordar, a senhora abrirá o livro que está na cabeceira da cama e nele encontrará sua fotografia.
>
> Ao despertar, apanha o livro, abre-o e nele encontra sua fotografia (fictícia; não havia fotografia alguma!), pergunta se pode guardá-la e enviá-la ao seu filho.
>
> — Acha-a parecida? — pergunto-lhe.
>
> — Muito parecida, tenho uma aparência meio triste.
>
> — Pois bem! — digo-lhe. — Vire a página.
>
> Ela vira e reconhece sua fotografia (fictícia!) em atitude de raiva.
>
> — Passe para a outra página.
>
> E, continuando a folhear sucessivamente as páginas, ela reconhece suas diversas fotografias, com tante nitidez como se realmente existissem, nas diversas atitudes de medo, de euforia, de raiva, de êxtase; descreve com perfeita exatidão cada atitude, tal como a vê, tal como a havia assumido durante o sono, sem absolutamente lembrar-se de tê-las assumido, nem da sugestão correspondente a cada uma; parece

---

72 Bernheim, *De la Suggestion et de ses Applications à la Thérapeutique*, p. 209.

muito admirada quando lhe digo que lhe havia comunicado aquelas atitudes durante o sono. Assim, a memória latente dos atos realizados durante o sonambulismo foi despertada por uma espécie de associação de ideias-lembranças.

Podemos admitir essa origem das lembranças, tanto mais que às vezes o automatista apresenta provas manifestas do seu estado de hemissonambulismo, como a anestesia cutânea, por exemplo. Vimos o dr. Cyriax permanecer insensível quando sua mão batia violentamente na mesa. Eis outro caso:

> O sr. William James acompanhava um rapaz que apresentava em alto grau o fenômeno da escrita automática. Seu braço e a mão direita, antes da experiência, estavam sensíveis. Enquanto a mão direita traçava caracteres, o sr. James começava a picar-lhe fortemente a mão, em várias oportunidades, de modo a provocar-lhe uma viva sensação de dor. O rapaz não sentiu nada, nem dor, nem contato. Tinha se tornado, portanto, temporariamente anestésico do braço direito, absolutamente como os histéricos em estado de distração.

Essa anestesia era sentida pela consciência sonambúlica do paciente, pois este escreveu: "Não me machuque!"

Tampouco se deve atribuir grande importância às bizarrices da escrita, pois veem-se algumas observações que demonstram que a escrita dita "em espelho" não é um sinal característico do automatismo, nem da mediunidade, já que se pode observá-la em certas desordens de origem nervosa, sem qualquer relação com os espíritos. Apresentamos a seguir um testemunho, extraído do dr. Marinesco:[73]

A escrita em espelho

A observação seguinte, feita pelo sr. Marinesco num neurastênico, acaba de ser comunicada à Academia de Medicina:

> O paciente era muito impressionável e apresentava tremores quando, ao examiná-lo, diz o sr. Marinesco, vi que suas

---

73 *Relatórios*, agosto de 1900.

mãos tremiam; quis verificar se esse tremor se manifestava na sua escrita. Pedi-lhe, então, que escrevesse, e grande foi o meu espanto vendo-o escrever espontaneamente da direita para a esquerda, e em espelho; escrita que se produziu não somente quanto ao romeno, mas também quanto ao francês e ao alemão. O mesmo tipo de escrita aparecia, quer o paciente copiasse ou escrevesse sob ditado. A escrita de cifras era igualmente em espelho. Se lhe pedíamos que traçasse palavras no chão, utilizando o pé esquerdo, as palavras eram escritas inversamente, isto é, em espelho. Fizemos uma experiência mais curiosa ainda. Sendo o paciente judeu, e conhecendo o hebraico, pedimos-lhe que escrevesse algumas palavras com a mão esquerda, e da direita para a esquerda, ou seja, no sentido da escrita dessa língua. Ora, constatamos que essa escrita não estava invertida; mas se, ao contrário, ele escrevia com a mesma mão, porém da esquerda para a direita, a escrita era em espelho. Só quanto à cópia de um desenho a imagem não era invertida. Como tantos outros autores, aliás, voltei a encontrar a escrita em espelho em outros pacientes atacados de hemiplegia direita, com ou sem afasia, em dois casos de cãibra dos escritores. E mais raramente ainda em pessoas sadias a quem pedi que escrevessem com a mão esquerda. Até agora não encontrei ninguém que escrevesse em espelho compulsivamente como meu paciente. Assim, penso que nele essa escrita em espelho é consequência de uma perturbação da visão mental, associada a um constante desvio na direção dos movimentos necessários à escrita.

Voltemos a essa característica peculiar e tão importante que dá ao automatismo seu cunho probatório, que é o fato de ser a mensagem quase sempre assinada por um nome que se harmoniza perfeitamente com o teor geral do texto escrito.

Já constatamos que a personalização das ideias é um fenômeno bastante comum durante o sonho, mas no hemissonambulismo ela pode realizar-se com mais força e com uma veracidade impressionante. Assistimos, então, à criação dessas personalidades fictícias que se podem multiplicar à vontade. Estudemos, pois, novamente esse aspecto curioso da mente.

Personalidades fictícias criadas por autossugestão

Eis de que se trata. O sr. Prof. Charles Richet[74] possui duas pacientes, A e B, que aceitam as sugestões a tal ponto, que supõem ser os personagens que lhes dizem que elas são.

> Adormecidas e submetidas a certas influências, A e B esquecem quem são; sua idade, sua roupa, seu sexo, sua posição social, sua nacionalidade, o lugar e a hora em que vivem, tudo isso desaparece. Na inteligência resta somente uma única imagem, uma só consciência: a consciência e a imagem do novo ser que aparece na sua imaginação.
> Elas perdem a noção da sua antiga existência. Vivem, falam, pensam absolutamente como o tipo que lhes apresentamos.
> Com que prodigiosa intensidade de vida esses tipos se acham realizados! Só quem assistiu a essas experiências pode sabê-lo.
> Uma descrição só conseguiria pintar-lhes uma imagem muito pálida e imperfeita.

O mais interessante é que durante esse estado o indivíduo representa com total sinceridade um personagem que tem gostos, expressões, sentimentos, paixões que não lhe são habituais, que teria vergonha de mostrar na sua vida normal, e que, frequentemente, ignora possuir. A educação nos habitua a reprimir no fundo de nós mesmos as tendências que não se coadunam com nosso meio social; do mesmo modo, não utilizamos expressões que julgamos triviais ou grosseiras, mas que nem por isso deixam de existir em nossa mente, ligadas à lembrança de certos indivíduos. As experiências de que falamos mostram a absoluta exatidão dessas observações. Eis uma mulher muito respeitável, mãe de família, de profundos sentimentos religiosos, que é colocada em estado sonambúlico e a quem se sugere que é atriz. Vejamos como se comporta:

> Seu rosto assume um ar sorridente, em vez do aspecto duro e aborrecido que tinha há pouco (quando a haviam transformado em camponesa).

74 Richet, Charles, *L'Homme et l'Intelligence*, p. 233. Ver também: *Revue Philosofique*, 1882; Paulham, *Variations de la Personnalité à l'État Normal*, p. 639.

— Vejam minha saia, ora! Foi meu diretor que mandou encompridá-la. Esses diretores são uns chatos! Eu acho que quanto mais curta é a saia, melhor. Uma simples folha de parreira, meu Deus, basta! Também achas, não é meu querido, que não é preciso mais nada além de uma folha de parreira? Olha a esquisitice da Lucie. Ela tem umas pernas, hein? Fala, meu bem! (Põe-se a rir.) És bem tímido com as mulheres; não tens razão. Vem me visitar de vez em quando. Tu sabes, estou em casa todos os dias, às três horas. Vem me fazer uma visitinha e me traz alguma coisa.

Quando lhe dizem que é um general, a cena muda instantaneamente.

Passem-me o binóculo. Está bem! Está bem! Onde está o comandante do 6º zuavo? Lá estão os *kroumirs*, vejo-os subindo a ravina... Comandante, pegue uma companhia e entregue-me essa gente. Peguem também uma bateria de campanha... Esses zuavos são bons! Como escalam bem... Que quereis de mim... Como, não há ordens? (À parte) Esse aí é um mau oficial; não sabe fazer nada. Vocês... à esquerda. Depressa. (À parte) Está melhor... Ainda não está completamente bom. Vejamos, meu cavalo, minha espada. (Ela faz o gesto de prender a espada ao cinto.) Avante! Ah, estou ferido!

Vê-se que o personagem que a sonâmbula supõe ser foi composto com suas observações pessoais, e será mais convincente à medida que a capacidade de observação do indivíduo for mais desenvolvida. Dando a mesma sugestão a pessoas diferentes, pode-se avaliar, pela exatidão e fidelidade do retrato, o nível intelectual do indivíduo. Eis uma outra mulher, B, a quem se diz que ela é general; veremos que sua concepção difere completamente da de A. A primeira, mulher do mundo, vê o soldado no seu papel ativo, no campo de batalha; a outra, de posição social menos destacada, imagina-o, antes, sob uma forma brutal, popular:

Faz *Hum, hum!* várias vezes, assume um ar duro e fala num tom brusco... — Vamos beber! Garçon, um absinto! Quem é esse galã? Vamos, deixem-no passar... Que é que você quer comigo? (Entregam-lhe um papel, que ele parece ler.) Quem está aí? (Resposta: É um homem da 1ª do 3.) Ah, bem! (Rabisca algo ilegível.) Mande isso ao capitão suboficial. E vá depressa. Pois bem! E o meu absinto? (Perguntam-lhe se é condecorado.) Claro que sim! (Resposta: É que correm histórias a seu respeito.) Ah! Que histórias? Ah, com os diabos! Que histórias? Não me esquentem os ouvidos. Cuidado! Que fez de mim um soldado estropiado? (B entra num acesso de fúria que acaba numa crise nervosa.)

A mesma paciente como marinheiro:

Caminha vacilante, como um marinheiro que desce à terra após uma longa travessia.
— Ah, até que enfim, eis minha velha raiz! Vamos andar por aí! Conheço uma tasca onde nos daremos bem. Lá tem umas meninas jeitosas.
Desistimos de descrever o restante da história — diz o sr. Richet.

A identificação do sonâmbulo com a personalidade fictícia é tão completa que obriga o indivíduo à imparcialidade, mesmo quando representa um de seus inimigos. Eis um exemplo disso:

B como o sr. X, *confeiteiro*. Esta última objetivação era particularmente interessante, por que, anos antes, trabalhando para o sr. X, B fora brutalizada e espancada por ele, se bem que a justiça interferira, parece-me. B supõe ser o sr. X; sua fisionomia muda, assume um ar sério. Quando os *fregueses* chegam, recebe-os muito bem. (— Perfeitamente, senhor, hoje à noite, às 8 horas, o senhor terá seu sorvete. Por gentileza, como é seu nome? Perdoe-me se não há ninguém, mas tenho empregados muito negligentes. B! B! Vai ver que essa pateta foi embora. E o senhor, que deseja? Resposta: — Sou um comissário de polícia. Venho saber por que bateu na sua empregada? — Senhor, não bati nela. Resposta: — Mas ela apresentou queixa. (Ela assume um ar embaraçado.) — Senhor, ela está se queixando sem razão. Talvez a tenha empurrado, mas não a machuquei. Garanto-lhe, senhor comissário de polícia, que ela está exagerando. Fez um escândalo diante da loja. E depois, tudo que desejo é entrar em acordo com ela. Vou indenizá-la proporcionalmente. (Resposta: —

Gabriel Delanne

O senhor bateu nos seus filhos.) — Senhor, não tenho *filhos*, tenho um só, e não bati nele.

Vê-se que nessa objetivação de B, embora o personagem que representava lhe fosse extremamente antipático, ela não procurou representá-lo ridículo ou odioso. Ao contrário, procurava desculpá-lo, de tal modo tinha se compenetrado do seu papel. Seu ar aborrecido e constrangido, suas respostas evasivas, mas polidas, estavam absolutamente de acordo com o que pode dizer, pensar e fazer um indivíduo interrogado por um magistrado, e que é culpado.

Essas experiências foram repetidas muitas vezes, por observadores diferentes, como os srs. Bernheim,[75] Bourru e Burot,[76] de Rochas,[77] e todos confirmam a absoluta exatidão dessas descrições.

Sabemos como é fácil produzir o estado de credulidade em pessoas nervosas e como a autossugestão tem poder sobre elas. Agora compreendemos perfeitamente como, do ponto de vista das características, a comunicação será a reprodução fiel do indivíduo cuja influência o automatista supõe sentir. Todas as lembranças, todas as impressões, todos os sentimentos que se referem a esse personagem são os únicos que subsistem na consciência do escrevente, e, conforme o grau de desenvolvimento da sua faculdade de observação, o valor da mensagem assim obtida poderá às vezes ser muito grande, ou quase nulo, se o indivíduo não possui nenhum dado para executar a sugestão. É evidente que nada se consegue tirar de um automatista que nunca tenha possuído os elementos necessários para compor o papel que se quer impor-lhe. Eis a seguir um exemplo extraído da obra dos srs. Bourru e Burot:[78]

O comandante Delarue ocupava-se com pesquisas sobre as objetivações de tipos, e eis a experiência que tentou com um soldado do seu regimento, camponês cuja educação era rudimentar, e que ia à casa dele por razões de serviço:

Fitando meu subordinado durante sete ou oito minutos,

---

75 Bernheim, *De la Suggestion Mentale*, p. 94.
76 Bourru e Burot, *De la Suggestion Mentale et des Variations de la Personnalité*, p. 189.
77 De Rochas, *Les États Superficiels de l'Hypnose*, p. 95 e segs.
78 Bourru e Burot, Op. cit., p. 212.

digo-lhe: — O senhor não é mais professor de escrita, mas *doutor em medicina*. No mesmo instante, entabulando uma conversação com ele, assegurei-me, por suas respostas, de que estava convencido de que era médico em Rochefort. Peço-lhe que me escreva uma receita para o farmacêutico, destinada a um doente febril e disentérico. O novo doutor, com o queixo apoiado na mão, procurava na memória o que se receita nesse tipo de doença, e precisei ajudá-lo a fim de direcioná-lo para o láudano e o sulfato de quinina. Meu doutor, mal saído do embaraço, reassumiu sua pose e respondeu-me: — Ah! Está certo, é o que dou todos os dias aos meus pacientes. Faltava determinar a dose, o que ele fez em tom convicto: 50 gotas da láudano num copo d'água e 10 gramas de sulfato de quinina. A receita foi escrita imediatamente. Tomando-a de suas mãos, li letras mal desenhadas e quase ilegíveis. Como lhe fiz uma advertência quanto a isso, respondeu sem hesitar: — Oh! Nós médicos somos todos assim, escrevemos mal!

Vê-se, por essa observação, que seria bem fácil, afinal, distinguir um produto da escrita automática de uma comunicação verdadeira, pelo menos em certos casos. Se a escrita contém sinais evidentes de ignorância em questões que o espírito deveria conhecer perfeitamente, não há dificuldade alguma para reconhecer que a mensagem sai do cérebro do escrevente; mas, se a escrita dá a seguir informações de cunho científico acima dos conhecimentos do médium, deve-se ver, nesse caso, a ação de uma inteligência alheia, cuja origem deveremos pesquisar. Na terceira parte desta obra, teremos oportunidade de citar alguns casos desse tipo.

Exemplos de automatismos gráficos

Agora que possuímos algumas noções sobre as causas que podem dar à escrita mecânica uma aparência sobrenatural, podemos melhor analisar essas produções e, seguindo preceito de que nunca se deve fazer uma causa nova intervir quando as causas conhecidas bastam para a explicação, podemos, sem hesitar, atribuir ao automatismo todas as mensagens que nos revelem somente o que o escevente poderia produzir, servin-

Gabriel Delanne

do-se, para tanto, do que conseguiu aprender atualmente, ou no passado. Evidentemente, cremos que ninguém hesitará em achar que esse é um critério perfeito; mas é na aplicação que a dificuldade começa. Já vimos que o automatismo pode manifestar-se sob a forma de anagramas que o escrevente tem dificuldade para decifrar, e fica tão admirado ao ver esse jogo da sua inteligência, que o atribui a uma outra individualidade. No entanto, na vida diária acontece-nos discutir com um personagem imaginário — representando uma pessoa ausente — ao qual atribuímos as respostas que ele poderia dar-nos ou as objeções que nos faria. Durante o sonho, criações dessa espécie chegam a objetivar-se a ponto de assumirem uma aparência real. Ora, é precisamente quando se produz um fenômeno análogo, pela escrita automática, que a ilusão é intensa e bem mais difícil de dissipar, porque aqueles que dela são vítimas não se dão conta da mudança que a autossugestão produziu neles, e ignoram os fatos, hoje tão numerosos, que explicam seu caso.

Vimos também a força poderosa da autossugestão, que é quase sempre inconsciente, e podemos reconstituir o estado d'alma desses místicos que, em todas as épocas, acreditavam estar em contato com a divindade, ou acreditavam escrever sob a influência dos santos e dos anjos. A tensão da mente, o esgotamento físico causado pelas privações, o ardente desejo de aproximar-se de Deus acabavam por criar um estado psíquico totalmente favorável ao desenvolvimento da distração e do semissonambulismo. O sr. Bonnemère,[79] historiador, analisando uma obra do sr. Stourm sobre Antoinette Bourignon, escreve:

> Antoinette Bourignon era uma extática, *uma sonâmbula acordada*, o que hoje se chama médium, e quero por a prova apenas o modo como ela escreveu os vinte e dois volumes que constituem suas obras completas. Não há ninguém que, tendo observado conscienciosamente essas coisas, não reconheça aí a característica da mediunidade. (Hoje dizemos automatismo.) Eis o que, no prefácio de um dos livros de Antoinette, diz um homem que a tinha conhecido, Jean Conrad Hase:
> 'É uma coisa admirável ver a maneira como ela escreve e

---

79 Bonnemère, *Revista Espírita*, 1878, *Étude sur Antoinette Bourignon*, p. 474.

compõe seus livros, sem qualquer estudo ou especulação. É como um rio escorrendo-lhe da mão ou da pena, tão habilmente que qualquer escritor mal conseguiria acompanhá-la. Muitas vezes via-a escrever e produzir na minha presença, coisas que lhe pedi, e no exato momento em que lhas propunha. Dizia-me frequentemente que ficava admirada ao ver como eu podia meditar para redigir algumas cartas, já que, para ela, as especulações constituíam um empecilho'.

A sra. Guyon, amiga de Fénelon, havia chegado, também, a achar-se dotada de poderes superiores que lhe davam uma autoridade moral absoluta sobre os outras pessoas. Deus a elegeu; é sob sua influência que ela interpreta as escrituras, cujo verdadeiro sentido revela. Como toda sua vida foi devotada a estudar os ensinamentos sagrados, como seu pensamento não tem outro alimento, acaba por criar uma doutrina que deve ser conhecida por todos, e como seu modo de vida é eminentemente apropriado para superexcitar sua sensibilidade emotiva, para produzir o estado particular em que o automatismo se desenvolve durante a meditação e o êxtase, quando o período de incubação termina, suas ideias se traduzem mecanicamente por textos escritos, que ela supõe virem do próprio Deus, ou de Jesus Cristo. Eis o que ela diz sobre a maneira como redigia seus livros:[80]

> Deus me fazia escrever cartas *nas quais minha única participação era o movimento da mão*. E foi numa época em que me foi dado escrever pelo Espírito interior e não pela minha mente."
> Ela compunha dessa maneira: *O tratado completo da vida interior;* depois, *Comentário sobre a escritura sagrada* "que lhe foram *ditados, palavra por palavra*, e tão rapidamente, que ela não teria conseguido copiar em cinco dias o que escreveu numa noite".
> Seu comentário sobre o *Cântico dos cânticos* foi redigido em um dia e meio, e ainda recebeu visitas; a rapidez foi tão prodigiosa, que *seu braço inchou e ficou dormente*. Tendo extraviado seu *Comentário sobre os juízes*, este foi-lhe ditado pela segunda vez. Depois, tendo encontrado o primeiro manuscrito, ela reconheceu que o antigo e o novo ditado

---

80 Matter, *Le Mysticisme au Temps de Fénelon.*

Gabriel Delanne

eram em tudo perfeitamente iguais.

Sem dúvida, a sra. Guyon considerou esse segundo ditado, em tudo semelhante ao primeiro, como uma prova da inteligência que a fazia escrever, mas aí também se enganava, porque, naturalmente, é possível tratarmos de um assunto de maneira idêntica duas vezes, sem suspeitá-lo.

Recordo-me — diz Maury[81] — de um dia ter escrito sobre um ponto de economia política algumas reflexões destinadas à impressão. Perdi as páginas onde havia escrito meus pensamentos, e desisti do meu projeto de enviá-los a uma revista literária. Tinha-me esquecido completamente do que havia escrito, quando de novo pediram-me que mandasse o artigo prometido. Voltei ao trabalho de redação, e pensei ter imaginado uma nova maneira de abordar o assunto. Dois meses depois, por acaso encontrei as páginas perdidas. Grande foi minha surpresa ao reconhecer, *quase palavra por palavra*, e com as mesmas frases, o que eu pensava ter inventado recentemente. Evidentemente, minha memória guardava, sem que eu o percebesse, a lembrança da minha primeira redação.

Por que alinhamos essas produções entre as do automatismo? Simplesmente porque não contêm nenhuma prova intrínseca da sua proveniência exterior. O estilo dessas composições é às vezes elegante. Muitos pensamentos sutis ou brilhantes são nelas expressos, mas nenhum mostra claramente a intervenção de uma inteligência extraterrestre, e se a sra. Guyon, no estado normal, não conseguia escrever seus livros, isso prova que durante os períodos de excitação nervosa a que sua crença de estar em contato com Deus a levava, suas faculdades adquiriam um poder superior ao da vida comum. Já citamos exemplos desse fenômeno em escritores e pessoas peocupadas com a solução de um problema embaraçoso, portanto, não nos surpreenderíamos vendo-o desenvolver-se com intensidade nos místicos, cujo pensamento fica todo concentrado na meditação dos Livros Sagrados.

Não se pode duvidar que a exaltação mística leva a um

81 Maury, Op. cit., p. 431, nota D.

estado que se caracteriza por alguns dos sintomas do sono magnético.

O sr. de Rochas,[82] baseado no padre de Bonniot,[83] assim descreve os acessos de três célebres extáticos:

> Christine de Stambel foi um dia arrebatada em êxtase quando cantavam diante dela o cântico de São Bernardo. Seu corpo estava rígido e não dava mais sinais de vida; até a respiração estava suspensa. Segundo uma testemunha ocular, ela ficou assim por três ou quatro horas mais ou menos, apoiada contra um banco, com o rosto e as mãos envoltas no seu véu. Depois, pôs-se a suspirar, bocejando, de tal modo que todo seu corpo estava agitado. Só uma hora depois Christine recuperou a respiração normal, depois a fala, de que se servia somente para expressar o amor de Deus que lhe enchia o coração. O êxtase de Christine se repetiu, e sempre com a ocorrência da rigidez do corpo. Ela não caía no chão, ficava de joelhos.
>
> Santa Catarina de Siena, quando em êxtase, ficava com os membros contraídos, os dedos entrelaçavam-se aos objetos que tinha entre as mãos; o olhos ficavam fechados. Terminado o êxtase, ficava muito tempo entorpecida.
>
> São José de Cupertino, quando tomado por uma efusão de amor divino, gritava e caía de joelhos, com os braços estendidos em cruz, os olhos levantados para o céu, de modo que às vezes eram escondidos pela própria pálpebra superior; seus membros ficavam rígidos e nenhum sopro lhe saía da boca.

O abade Fournier, que viveu no início do séc. XVIII, nos dá mais um bom exemplo desse arrebatamento intelectual que culmina no automatismo. Inicialmente materialista, foi convertido por Martinez de Pasqualis, mas a luta que teve que travar consigo mesmo foi terrível, mergulhando-o numa extraordinária perturbação. Ao falar de suas dúvidas sobre a vida futura, escreveu na primeira parte do seu tratado sobre *Deus e os Anjos:*[84]

> Essa incerteza me queimava tão forte por dentro que, noite e dia, eu clamava por Deus, para que, se ele realmente

82 De Rochas, *Les États Superficiels de l'Hypnose*, p. 70.
83 De Bonniot, *Opposition entre l'Hystérie e la Sainteté*, p. 26.
84 Matter, *Les Mystiques*, p. 47 e 48.

Gabriel Delanne

existia, viesse socorrer-me. Mas, quanto mais apelava para Deus, mais me achava preso no abismo e, como única resposta interior, ouvia somente essas desoladoras ideias: Deus não existe; não existe outra vida; só existe o nada. Vendo-me cercado apenas por essas ideias que me queimavam cada vez mais forte, clamava por Deus mais ardentemente ainda e sem cessar, quase não dormindo mais, e lendo as Escrituras com grande atenção, sem nunca tentar compreendê-las por mim mesmo." Eis aí de que perturbação mental essa alma inquieta estava tomada. Esse estado durou cinco anos, entremeado de visões, e mesmo de alucinações. Finalmente ele viu Jesus Cristo, a Virgem Maria *e outras pessoas*. "Depois disso, diz ele, Deus concedeu-me a graça de escrever *com uma rapidez extraordinária* o tratado cuja primeira parte acabamos de ler. Consequentemente, escrevi por vários anos antes que na França se soubesse que havia um Swedemborg no mundo, e que se tomasse conhecimento da existência do magnetismo.

Em nossos dias, o espiritismo devia dar um excelente pretexto aos que têm tendência ao misticismo, e ao demonstrar a possibilidade de entrar em contato com as inteligências desencarnadas, provocou ilusões em muitas almas sinceras, mas pouco a par das descobertas da ciência contemporânea. É porque temos certeza dos contatos entre o mundo espiritual e o nosso que precisamos distinguir cuidadosamente, na produção dos escreventes, as que emanam do além das que são provenientes do animismo. Se nosso conhecimento das condições da vida futura repousa inteiramente na mediunidade, é indispensável que esta seja estudada rigorosamente, cientificamente, e que não hesitemos em rejeitar categoricamente toda comunicação que não traga a demonstração da sua proveniência extraterrena. É por não seguirmos esse método sensato que fomos invadidos por uma profusão de supostas revelações sobre o pós-morte, que frequentemente são somente o produto das ideias pessoais do escrevente. Cada um de nós, evidentemente, tem o direito de expor ao público o que crê ser a verdade, mas é urgente que se saiba que o espiritismo não se responsabiliza por essas fantasias, enquanto a autenticidade e a identidade do comunicador não forem demonstradas com uma abundância de provas que desafie qualquer contradição.

Devemos, pois, fazer uso de uma severa crítica com relação a todas as produções que nos apresentarem como vindas dos espíritos, e rejeitar sem piedade as que não trouxerem o cunho de certeza que deve ser nosso critério. É a determinar as características dessa certeza que nos empenhamos nesta obra, e já vemos que não se deve admitir como vindos do outro mundo os ditados que não dão provas de algum conhecimento diferente dos que o escrevente possui.

Sem dúvida, poder-se-á dizer que um espírito que se manifesta nem sempre tem a oportunidade de revelar coisas novas; que pode ter dado anteriormente provas da sua existência e que não deve, a cada vez, ser submetido a uma inquirição.Respondemos que existem meios de certificar-se de que quem está se comunicando é a alma cuja identidade se verificou, seja por sua letra, seja por seu estilo, como mais adiante veremos. Em tese geral, porém, e como regra de conduta, a assinatura de um espírito só é válida quando apoiada por provas diretas que lhe estabeleçam a autenticidade. Não queremos fornecer a lista de obras mediúnicas que nos parecem contaminadas por erros quanto à sua proveniência, mas cremos que, se pudéssemos conhecer o meio onde foram obtidas e o estado psicológico dos escreventes durante a manifestação, facilmente descobriríamos as causas físicas e morais capazes de suscitar o automatismo, ou seja, grande impressionabilidade nervosa do escrevente, imaginação viva, estimulada por emoções fortes que favorecem a autossugestão. Um único exemplo bastará para precisar nosso pensamento.

Em 1855, foi publicada uma *Vida de Jesus, ditada por ele mesmo*, que nos parece puro produto da imaginação do pseudomédium. Na verdade, nada nesse trabalho denota a intervenção do grande Espírito cujo nome ostenta. O prefácio contém algumas notas fornecidas pelo próprio escrevente; são características do seu estado e mostram sua boa fé, que aliás não está sendo questionada.[85] Destacamos em itálico as passagens nas quais se reconhece o estado nervoso do indivíduo, e as fontes de onde extraiu os materiais que lhe serviram para redigir subconscientemente seu livro.

---

85 *La Vie de Jesus, dictée par lui-meme*, prefácio, p. IX e segs.

Gabriel Delanne

Em grande e imensa dor, negligenciava-me absurdamente. Acabava de perder um adorável filho de seis anos. Durante os sete anos que precederam essa desgraça, a morte já me havia separado de cinco seres amados, *estava exausta e condenava-me à mais completa solidão*. Um pouco mais tarde, uma pessoa que concordei em receber, falou-me da possibilidade de conversar com os seres invisíveis por meio de objetos leves que respondiam com *sim* ou *não* a todas as perguntas feitas. Apressei-me a tentar a experiência; *o sucesso quase me fez delirar*, e lágrimas inundaram-me o rosto. Quase imediatamente obtive o nome do meu iniciador: THIPIS. Ao mesmo tempo, por intuição, ocorreu-me a ideia de que esse nome era imaginário, porque se o Ser espiritual que me falava tinha vivido várias vezes materialmente, seu nome, isto é, seus diversos nomes, eram inúteis, talvez até mesmo mais do que inúteis.

Logo a escrita mecânica sucedeu-se aos alfabetos convencionados, depois, enfim, realizou-se *a conversação íntima por puro entendimento*. As frases começavam mecanicamente e concluiam-se pelo som intuitivo. As palavras mal começavam e completavam-se imediatamente na minha mente e eu *escrevia como se sob a influência de uma transmissão elétrica. Minha mediunidade exige um silêncio exterior absoluto*, um grande recolhimento d'alma e, por assim dizer, a *aniquilação completa da minha mente. Se sinto uma perturbação material qualquer, ou se, por pouco que seja, sinto meu espírito preocupado,* a manifestação *torna-se impossível.* Em suma, para que a manifestação do Alto possa ocorrer, é preciso que meu espírito adore *e não pense,* é preciso que só o respeito reine em mim, *sem distração de qualquer espécie.*

Quanto a esta *Vida de Jesus*, eis como me foi ditada: *Eu havia percorrido vários autores da Vida de Jesus*; leituras feitas, tive a convicção de que o melhor desses ensaios representava um romance mais frutífero materialmente para o inventor do que para a compreensão e a instrução dos leitores. *O desejo de saber mais atormentava-me sem cessar,* tanto que arrisquei uma pergunta ao meu guia tão fiel e tão devotado. Thiphis respondeu-me: — Se queres conhecer a verdade, pede isso ao próprio Jesus, ele te dirá.

Pelas circunstâncias do relato, percebe-se como a autossugestão pode nascer e desenvolver-se nessa senhora. Ela viu desaparecerem sucessivamente todos os seus entes queridos, e sua dor é tal, que ela se condena à mais completa solidão. Sua sensibilidade quase doentia, e ainda mais exaltada por essa reclusão, pela concentração do pensamento em suas aflições. Assim, quando entrevê a possibilidade de entrar em contato com aqueles por quem chora amargamente, sua alegria não tem limites, e, segundo sua própria expressão, sua emoção é tão viva que quase a faz delirar.

Concebe-se que uma natureza tão impressionável seja eminentemente adequada a sugestionar-se, e que a escrita automática refletirá fielmente suas preocupações. A Vida de Jesus é de cativante interesse do ponto de vista histórico; a doce figura do profeta hebreu atrai invencivelmente os corações feridos. Essa senhora, então, lê vários autores que o estudaram, de modo que sua memória está abundantemente abastecida de materiais referentes ao grande reformador. Mas nenhum deles a satisfaz. Todas as objeções que suas leituras lhe sugeriram, insensivelmente tomam uma forma definida, e como ela é automatista, acaba por escrever mecanicamente uma *Vida de Jesus*, onde se refletem seus pensamentos, suas crenças, suas suposições, suas meditações durante a vigília ou o sono, de modo que, como todo esse trabalho mental permaneceu ignorado, ela, de boa fé, supõe ter sido inspirada pelo próprio Jesus.

A condição essencial para que a escrita se produza é que ela dê total liberdade à atividade subconsciente da sua mente, à corrente de ideias que existe na sua consciência sonambúlica, pois se ela estiver preocupada, ou se um acontecimento exterior vier destruir o estado nervoso indispensável à produção do automatismo, o fenômeno cessa. A condição do silêncio e do recolhimento é bastante geral nos automatistas, porque nem todos os escreventes atingem o grau perfeito em que o pensamento latente dirige a mão sem que seja entravada pelas sensações mais vivas provenientes do mundo exterior. Independentemente de todas as características físicas do automatismo que encontramos reunidas nesse caso, o que confirma nossa crença de que essa vida de Jesus não foi ditada por ele é o fato de que as ideias expressas e o estilo são de uma pobreza incrível, pouco condizente com a eminente elevação intelectual e moral do genial reformador.

Gabriel Delanne

Pode-se perguntar aqui como a consciência acaba por iludir-se a ponto de aceitar como real um personagem criado pela sua imaginação. Mas, quando se vê como um indivíduo em estado de encantamento aceita facilmente as mais ridículas sugestões, como a de que é um pássaro, um cachorro,[86] compreende-se que a autossugestão pode facilmente chegar a persuadir o automatista de que ele está em contato com um personagem célebre, que ocupa todos seus pensamentos. Nem mesmo é indispensável que o ser imaginário seja um gênio; ele pode ser substituído na imaginação do automatista por qualquer pessoa por quem ele se interesse vivamente. Eis dois exemplos desse curioso fenômeno, que extraímos do sr. Flournoy. Embora estejamos longe de partilhar todas as suas ideias, devemos reconhecer, porém, que ele mostrou com muita veemência como pode criar-se num automatista a sugestão de uma personalidade exterior ao escrevente. Apesar da sua extensão, reproduzimos o artigo que ele publicou na *Revue Philosophique* e que os *Annales Psychiques* de julho-agosto de 1899 reeditaram. Esse estudo sintetiza de modo concreto, através de exemplos, todas as noções que adquirimos sobre o automatismo, a memória latente, a personalização dos textos escritos etc.

Gênese de algumas pretensas mensagens espíritas
por T. Flournoy

O grande obstáculo em que esbarramos ao tentarmos traçar a gênese puramente psicológica de uma comunicação mediúnica, consiste no desconhecimento que geralmente temos a respeito do conteúdo da consciência e da subconsciência do indivíduo no momento da mensagem, e na dificuldade de eliminar a participação de causas ocultas, sempre possível por hipótese. Tratar-se-ia, na verdade, para ser completo, de mostrar inicialmente que o conteúdo da mensagem pode ter vindo do médium, e, a seguir, que não pode ter vindo de outro lugar. O primeiro ponto pressupõe um conhecimento da individualidade do médium e dos mínimos detalhes da sua vida psíquica, que longe estamos de possuir na maioria dos casos; é preciso uma coincidência de circunstâncias excepcionais, algum feliz

86 Liebault, *Du Sommeil et des États Analogues*, p. 140.

acaso, para que nas informações sempre muito fragmentadas que podemos ter sobre seu passado, seu caráter, seu estoque de ideias e de preocupações, sobre todo o seu ser, enfim, se encontrem precisamente os elementos necessários a uma explicação satisfatória da mensagem que ele forneceu.

Quanto ao segundo ponto, é impossível preenchê-lo diretamente e com todo rigor: não se pode realizar um interrogatório no outro mundo para provar, por exclusão, que nenhum dos seus habitantes colaborou na confecção da mensagem. Contudo, embora lógica, quando se consegue mostrar que a mensagem envolve um autor que em nada difere do próprio médium, não há mais razão para remontar ao além. Atribuir, por exemplo, a um *espírito impostor*, como facilmente fazem os espíritas, as comunicações falsas, que, aliás, se explicam pelas disposições psíquicas do indivíduo, é pecar contra o princípio metódico de que não se deve multiplicar as causas sem necessidade. Então, por pouco que se encontre no médium a razão de uma mensagem, não estaremos autorizados a invocar, a não ser a título de hipótese, um outro agente diferente do médium repetindo-o inutilmente. Obviamente, não poderíamos impedir os espíritas obstinados de buscarem no além o suposto autor de uma comunicação que a pessoa do médium, por si só, explica de maneira adequada. Mas, ao entregar-se a essa falta de método com uma opinião preconcebida, eles próprios abandonam o terreno da discussão científica em que, apregoam eles, pretendem manter-se rigorosamente.

Compreende-se que, por força das coisas, as condições que acabo de indicar só raramente se encontram realizadas. Também, os exemplos verdadeiramente típicos e demonstrativos da origem puramente *intramediúnica* de uma mensagem espírita não são numerosos na literatura. É o que pode dar algum interesse aos dois casos seguintes, em que as informações obtidas sobre o médium tornam a gênese das comunicações suficientemente clara e transparente para que se possa pensar na intervenção de outros agentes na sua formação.[87]

87 Não me voltam à memória, embora sem dúvida devam encontrar-se nos tesouros de documentos encerrados nos *Proceedings* da Sociedade para Pesquisa Psíquica de Londres. Os dois casos citados pelo sr. Myers, *Proceedings*, tomo IX, p. 66-67, e um terceiro, mais recente, a propósito do qual a srta. Johnson cita os dois primeiros (id., tomo XII, p. 125), entram em parte na categoria a que me refiro, pelo fato de mostrarem bem a tendência frequente de as mensagens

Gabriel Delanne

Observação I

Sra. Z., Genebra, 63 anos. Muito instruída e culta, gostos literários, preocupações filosóficas e religiosas. Saúde boa, nenhum fenômeno anormal a não ser a crise espírita de que trataremos. Há, na sua família, indícios de uma tendência hereditária à mediunidade: um de seus irmãos e seu pai tiveram sonhos proféticos, e seu filho cultivou com sucesso a escrita automática.

Em 1881, ou seja, com 45 anos de idade (3 anos antes da sua menopausa), teve oportunidade de lidar com o espiritismo. Leu Allan Kardec, Gibier etc., e, durante um mês, participou de sessões de mesa, sem grandes resultados. Tenta, então, a escrita automática e, ao fim de oito dias (21 de abril) obtém os nomes de parentes e amigos falecidos, com mensagens filosófico-religiosas que continuam nos dias seguintes. A 24 de abril, quando já havia escrito diversas comunicações, seu lápis de repente traça o nome completamente inesperado de um sr. R., jovem francês, conhecido seu, que entrara recentemente para uma ordem religiosa da Itália. Como ignorava que ele tinha morrido, teve uma grande surpresa, mas sua mão, continuando a escrever, confirmou-lhe a triste notícia, pelos seguintes detalhes circunstanciados:

'Sou R., morri ontem às 11 horas da noite, era 23 de abril. Deve acreditar no que lhe digo. Estou feliz, acabei minhas provações. Estive doente por alguns dias e não conseguia escrever. Tive uma fluxão no peito causada pelo frio que sobreveio de repente. Morri sem sofrimentos e pensei muito na senhora. Fiz minhas recomendações quanto às suas cartas. Morri em X., longe de Dom B. Quem me encaminhou à senhora foi seu pai. Ignorava que fosse possível comunicar-se assim, estou feliz com isso. Senti-me perto do fim e chamei para junto de mim o diretor do Oratório; entreguei-lhe suas cartas, pedindo que lhas enviasse, ele o fará. Depois, comunguei e pedi para ver meus colegas, dos quais me despedi. Eu estava calmo, não sofria, mas a vida saía de mim. A passagem da morte foi semelhante ao sono. Despertei perto de Deus, junto a parentes e amigos. Tudo era lindo, radioso; estava feliz e liberto. A seguir pensei naqueles que me amam e gostaria de falar-lhes, mas só posso comunicar-me com a

---

mediúnicas se apresentarem como vindas de pessoas *falecidas*, mesmo que não o estejam; mas, nos três casos, o médium não estava só, teve a colaboração de um segundo médium, ou mesmo de algumas influências telepáticas ou supranormais.

senhora. Estou ao seu lado e vejo-a, mas enxergo apenas seu espírito. Estou no espaço, estou vendo seus pais e também os amo. Adeus, rezarei pela senhora... não sou mais católico, sou cristão.'

Passado o assombro inicial, a sra. Z. não pôde deixar de acreditar naquela mensagem e de ver nela uma prova decisiva do espiritismo, principalmente quando, nos dias seguintes, continuou a receber comunicações do sr. R., contendo numerosas alusões às suas antigas amizades etc. Essas conversas mediúnicas cotidianas duraram quase uma semana; mas, a 30 de abril, a chegada pelo correio de uma carta do sr. R. que, longe de estar morto, gozava de perfeita saúde, veio perturbar enormemente as recentes convicções espíritas da sra. Z., desencorajando-a de prosseguir com experiências tão decepcionantes. Dezessete anos depois, continuando a interessar-se de longe pelo espiritismo e esperando ver um dia essa doutrina estabelecida incontestavelmente, afastou-se de toda prática mediúnica e nunca mais retomou suas tentativas de escrita.

A fase espírita da sra. Z., em suma, constituiu apenas uma baforada passageira em meio a uma existência perfeitamente normal. Como exemplo de mediunidade *episódica*, que se teria provavelmente prolongado em mediunidade **permanente** se uma inesperada desilusão não a tivesse abreviado ou se o conteúdo das mensagens ficasse na esfera inverificável das ideias morais e especulativas, esse caso é verdadeiramente típico e pode servir de modelo para muitos outros. Mas seu interesse principal reside no fato de que as pretensas comunicações do sr. R. se explicam, por assim dizer, nos mínimos detalhes, graças às informações que a sra. Z., como mulher inteligente e abservadora que é, teve a gentileza de fornecer-me.

Foi durante uma estada no Midi, na primavera anterior, que ela conheceu o sr. R., que ainda não era padre e que, voltando da Itália onde tinha passado o inverno, devido à sua saúde delicada ficou alguns dias no mesmo hotel que ela. Sua convivência na hora das refeições não tardara em transformar-se numa verdadeira intimidade, baseada em grandes semelhanças de temperamento. Embora a sra. Z., nascida em Genebra, fosse protestante e republicana convicta, enquanto ele, do norte da França, era legitimista e católico ardente, tinham as mesmas aspirações e ideais, a mesma preocupação com coisas sérias.

Gabriel Delanne

As divergências hereditárias só fizeram alimentar e dar mais atrativo e graça às suas conversas. A sra. Z. pouco a pouco sentiu-se tomada por solicitude religiosa e ternura maternal para com o jovem homem, de uns vinte anos, cuja educação parecia destinar ao mundo, mas que uma rara elevação d'alma e tendências místicas induziam a tornar-se religioso, devido à influência recentemente exercida sobre ele por um eminente pregador italiano, o padre Dom B., e ela, pela discussão, propôs-se a esclarecer uma concepção da vida e dos deveres religiosos, tão diferentes dos seus. Ele, por uma vez, tocado pela amizade de uma mulher que poderia ser sua mãe, correspondia-lhe com uma confiança total, não sem tentar conduzi-la às suas próprias convicções. Quando, dias depois, precisaram deixar-se, suas conversas continuaram por correspondência, mas as tentativas de proselitismo recíproco que lhes constituíam a base, com efusões de afeto, acabaram sendo inúteis de ambas as partes. Alguns meses depois, a influência de Dom B. suplantou definitivamente a da sra. Z., e o sr. R. ingressou numa casa religiosa dos arredores de Turim, sob a direção daquele sacerdote. A sra. Z. consolou-se com a igreja invisível que reúne todas as almas sinceramente cristãs acima das barreiras confessionais e das diferenças dogmáticas. A iniciativa do sr. R. não trouxe prejuízo imediato à intimidade das suas relações epistolares, e era ele quem devia uma carta à amiga por ocasião do seu acesso espírita.

Esses detalhes eram necessários para fazer entrever o lugar que o sr. R. havia tomado nas preocupações sentimentais e intelectuais da sra. Z. Haveria muito a acrescentar, conforme as perspicazes observações da própria sra. Z. a respeito da verdadeira natureza daquela amizade espiritual. Sabemos como às vezes são complexos e variados os ingredientes de que é feito o laço místico que une as almas mais puras. Mas isso não importa aqui: o essencial é compreender que, embora a solicitude da sra. Z. para com seu jovem amigo não tivesse, no momento da sua crise espírita, a mesma acuidade do ano precedente, e embora não pensasse nele (conscientemente) por ocasião das suas experiências de escrita automática, nem por isso deixara de conservar do sr. R., nas profundezas da sua personalidade, uma lembrança latente, acrescida de um forte coeficiente emocional e prestes a despertar na primeira oportunidade.

Imaginemos agora a situação da sra. Z. na época de que

tratamos. Ei-la durante semanas inteiramente mergulhada na meditação do espiritismo, com as energias do seu ser voltadas para a obtenção de provas convincentes vindas do além. Três dias depois, já recebe mensagens de parentes desencarnados. Há algo mais natural do que o fato do seu êxito ter despertado nela o desejo e a expectativa de ver aumentar o número e a variedade de seus correspondentes invisíveis? Por outro lado, as circunstâncias exteriores, um brusco resfriamento da temperatura, bem mais sensível quando ocorre logo depois do início da primavera,[88] devem ter-lhe provocado apreensões quanto a pessoas conhecidas, por cuja saúde se pode temer com esses perigosos retornos do inverno. Ora, não seria particularmente este o caso do religioso que conheceu com o peito frágil, e de quem espera há tempos uma carta que não chega? Ter-lhe-ia acontecido uma desgraça?

É claro que a ideia da possível morte do sr. R., com suas circunstâncias concomitantes e suas consequências, deve ter no mínimo passado pelo pensamento da sra. Z., principalmente se considerarmos seus sentimentos por ele. Porque, a que mãe preocupada com seu filho ausente, a que diretor inquieto com o futuro eterno de uma alma que lhe é cara, a imaginação já não mostrou inúmeras vezes o quadro trágico ou solene do derradeiro momento do ser amado? E se procurarmos o enxame de lembranças, de raciocínios, de temores e suposições a que tal pensamento deveria dar asas na imaginação da sra. Z., não cairemos inevitavelmente nas pretensas mensagens do sr. R.?

Só a data e a hora supostas do seu falecimento permanecem inexplicadas e aparentemente arbitrárias, como o são tantas coisas em nossos sonhos ou nos caprichos do nosso pensamento, por não conseguirmos desenredar, nos seus meandros, fios da trama emaranhada das nossas associações de ideias. Mas, exceto esses insignificantes detalhes, todo o conteúdo das comunicações do sr. R. decorre com uma espécie de necessidade lógica da ideia que sua amiga fazia

88 Verifiquei, graças à cortesia do sr. Gautier, diretor do Observatório de Genebra, que em 1881 a temperatura verdadeiramente primaveril em meados de abril (20 graus no dia 18), baixou rapidamente depois de um forte vento norte. Nos dois dias seguintes, nevou no alto das montanhas dos arredores de Genebra e até mesmo na planície. A 23 e 24, dia da comunicação acima citada, o termômetro caiu, chegando a 0,9, somente, acima de zero. Em Turim, ao contrário, as variações da temperatura foram insignificantes durante toda aquela semana. Esta prova meteorológica, na falta de outras, bastou para estabelecer o papel da imaginação da sra. Z. na suposta fluxão de peito do sr. R.

Gabriel Delanne

dele, ou constitui uma espécie de resposta natural às preocupações que a perturbam. O resfriamento, cuja rapidez explica que não tenha tido tempo de escrever para a sra. Z.; suas despedidas à vida terrena, dignas do crente sincero que ela havia conhecido; o cuidado que teve para com a correspondência da sua herética amiga (meio ridícula e comprometedora para ela, sob o duplo ponto de vista do tom sentimental e das suas inúteis controvérsias contra a influência de Dom B.; sua passagem, seu despertar e seu estado no outro mundo, descrito de modo absolutamente de acordo com o sincretismo de ideias espírito-cristãs que cntão reinava nas concepções religiosas da sra. Z.; a lembrança das suas relações terrenas com ela e seu modo de julgá-las agora, em plena concordância com os sentimentos que ela lhe havia dedicado, com ou sem razão; tudo nessa série de mensagens, em resumo, reflete as próprias disposições, conscientes ou não, da sra. Z., e corresponde exatamente ao que não poderia deixar de passar-se nela. Em outras palavras, ela, somente ela — e de modo algum o sr. R., mesmo que tivesse morrido naquele momento — pode ser considerada a verdadeira causa daquelas comunicações. Há quem contraponha, é verdade, a hipótese dos espíritos mistificadores, esse engenhoso expediente que permite ao espiritismo explorar em proveito próprio até comunicações formalmcnte desmentidas pelos fatos. Nesse caso particular, durante muito tempo a sra. Z. pensou (e ainda está inclinada a pensar, creio) que era realmente algum farsante do além que lhe tinha pregado a macabra peça de fazer-se passar pelo sr. R. defunto. Em certo sentido, e tomando o termo *além* como indicando o que ultrapassa a clara consciência, ela tem razão, e evidentemente foi vítima de um logro maldoso, pelo qual não se sente responsável. Aliás, nada se opõe a que dê o nome de *espírito* ao princípio desconhecido, ou à lei de síntese que, em dado momento da duração, reúne na unidade lógica, estética, psicológica de uma frase, de um quadro, de um todo representativo qualquer, uma pluralidade de dados psíquicos, ideias, lembranças, sentimentos etc. A mensagem do sr. R., descrevendo num pequeno texto, a que não falta uma certa originalidade, os últimos momentos de sua vida na Terra, sua passagem para o outro mundo e suas primeiras impressões na sua nova existência, pressupõe, sem dúvida, um *espírito* como autor. Com mais razão ainda, quando a série de comunicações da mesma pretensa origem, que se sucederam durante vários dias sob o lápis da sra. Z., trazem todas o cunho da mesma personalidade. A questão é saber somente se o princípio dessa sistematização prolongada e crescente deve ser buscado num espírito realmente independente e diferente da sra. Z., como sustenta o espiritismo e como ela está inclinada a admitir, ou se, ao contrário, ele forma uma unidade com ela, de modo que a personalidade que se manifesta nessas mensagens se reduziria a uma função temporária, a um ato, a uma projeção ou criação momentânea do seu ser individual, da mesma maneira que os personagens que vemos e nos falam em sonhos são um produto de nós mesmos.[89]

A resposta não é dúbia. Se admitirmos que o autor das pseudomensagens do sr. R. seja outro que não a sra. Z., devemos convir que esse espírito independente estava surpreendentemente a par de tudo que a sra. Z., naquele momento, guardava no seu íntimo, consciente ou subliminar, em matéria de lembranças, de preocupações, de sentimentos e tendências relativas ao sr. R. Ele soube escolher, para redigir suas mensagens apócrifas, precisamente o que podia ajustar-se melhor às ideias que ela fazia do seu jovem amigo, com a impressão que guardava dele, como o conteúdo da correspondência trocada entre eles etc. Esse hábil falsário, em outros termos, resgatou da sra. Z., para ridicularizá-la, a noção complexa e sistemática que ela, na época, possuía sobre o sr. R., e nada acrescentou que ela mesma não teria acrescentado pelo jogo espontâneo das suas faculdades de imaginação e de raciocínio. Tudo o que ele fez foi reproduzir, como um espelho, a imagem do sr. R., tal como lhe flutuava na mente, foi traduzir no papel, como secretário obediente, o que os sonhos da sua fantasia, os desejos ou os temores do seu coração, os escrúpulos da sua consciência murmuravam-lhe em voz baixa a respeito do amigo ausente. Mas em que, então, esse espírito prestativo difere da própria sra. Z.? Que significa essa individualidade independente que não passaria de um eco, de um reflexo, de um fragmento de outra, e de que serve essa cópia da realidade? Não é pueril e absurdo inventar, para explicar uma síntese e uma

---

89 Observaremos aqui que o automatismo não deve ser confundido com a mediunidade propriamente dita, e que é justamente para pôr o público em guarda contra essa causa de erro que escrevemos este livro. Dito isto, devo acrescentar que o sr. Flournoy, como todos os adversários do espiritismo, vê, voluntariamente ou não, só um lado da questão e negligencia conscientemente os inúmeros documentos que serão encontrados na Terceira Parte e que, eles sim, provam a realidade absoluta das comunicações dos espíritos.

Gabriel Delanne

coordenação psicológica, um outro princípio real de síntese e de coordenação, um outro indivíduo ou espírito, diferente do que já contém todos os elementos a serem agrupados, e em conformidade com cuja natureza o agrupamento se efetua? Sem dúvida, do ponto de vista metafísico a natureza íntima do *indivíduo* orgânico e psíquico continua a ser um mistério; não conseguimos compreender absolutamente nem por que, nem como ela opera tal síntese ou tal análise, aparentemente se desagrega e se reconstitui, apresenta o espetáculo dos seus sonhos durante a noite ou a comédia dos "espíritos mistificadores" quando quer bancar o médium. Mas, embora as razões últimas das coisas nos escapem, isso não impede que do ponto de vista terra-a-terra da observação e da experiência, devamos ater-nos ao que podemos alcançar, e que tudo o que se explica (no sentido empírico e fenomenal da palavra) quanto a um determinado indivíduo, o senhor fulano de tal ou a sra. Z., por seu passado, suas circunstâncias presentes, suas faculdades conhecidas deve ser-lhe atribuído e não poderia ser gratuitamente atribuído a um outro ser, desconhecido.

Observação II

Sr. Michel Til, 48 anos, professor de contabilidade em diversos estabelecimentos de ensino. Temperamento sanguíneo, saúde excelente. Caráter expansivo e bonachão. Há alguns meses, sob a influência de amigos espíritas, tenta a escrita automática, numa sexta-feira, e obtém espirais, maiúsculas, finalmente frases com letras variadas, muito diferentes da sua caligrafia comum, e enfeitadas com ornatos completamente estranhos aos seus hábitos. Continua com sucesso no sábado e na manhã de domingo. Tendo recomeçado na noite do domingo, por solicitação da sua família, o espírito que escreve por sua mão dá às perguntas feitas muitas respostas imprevistas e esquisitas, mas o resultado é interrompido por um inesperado desenvolvimento do automatismo verbal, sob forma auditiva e grafomotora, como o testemunha o seguinte relato:

'As impressões, para mim muito fortes, dessa noite, logo assumiram o caráter de uma obsessão inquietante. Quando me deitei, fiz os maiores esforços para dormir, mas em vão; ouvia uma voz interior que me falava, fazia-me belas declarações de amizade, lisonjeando-me e fazendo-me entrever destinos magníficos etc. No estado de superexcitação em que estava, deixei-me embalar por essas doces ilusões... Ocorreu-me então a ideia de que bastaria pôr meu dedo na parede para que ele fizesse o papel de um lápis. Efetivamente, meu dedo colocado contra a parede começou a traçar, na penumbra, frases, respostas, exortações que eu lia seguindo os contornos que ele executava. Michel, mandava-me escrever o *espírito, teus destinos são abençoados, serei teu guia e teu sustento* etc. Sempre a mesma caligrafia bastarda, com volteados que apresentavam as formas mais bizarras. Vinte vezes quis dormir, inútil... só ao amanhecer consegui alguns instantes de repouso.'

Essa obsessão perseguiu-o durante toda a manhã de segunda-feira, enquanto ia dar suas aulas: 'Em todo o percurso do bonde, continuando a obsedar-me, o espírito me fazia escrever na minha pasta, no assento do veículo, até no bolso do meu sobretudo, frases, conselhos, máximas etc. Eu fazia verdadeiros esforços para que as pessoas ao meu redor não percebessem a perturbação em que me encontrava, porque, por assim dizer, eu não vivia mais no mundo real, estava completamente concentrado na intimidade da força que tinha se apoderado de mim'

Um amigo espírita, que encontrou e pôs a par do seu estado, incitou-o a lutar contra o espírito leviano e mau de que estava sendo vítima. Mas ele não teve o bom senso de seguir-lhe o conselho; mal terminou a refeição do meio-dia, retomou o lápis que, após diversas insinuações vagas contra seu filho Edouard, que trabalhava num escritório comercial, acabou por formalizar a seguinte acusação: *Edouard apanhou cigarros na caixa do seu patrão, o sr. X., que o percebeu e, no seu ressentimento, dirigiu-lhe uma carta de agradecimento, advertindo-o de que seria substituído em breve; mas Edouard e seu amigo B. já arranjaram tudo educadamente com uma verminosa* (sic) *conversa.* Concebe-se com que angústia o sr. Til deu suas aulas da tarde, durante as quais esteve exposto a diversos automatismos grafomotores que, entre outras coisas, ordenavam-lhe que fosse o mais rápido possível ver o patrão do seu filho. Assim que ficou livre, correu para lá. O chefe do escritório, a quem se dirigiu inicialmente, na ausência do patrão, só lhe deu boas informações sobre o rapaz, mas a obsessão acusadora não se deu por vencida, porque enquanto ele ouvia com atenção aqueles depoimentos favoráveis, 'meu dedo — diz ele — apoiado na mesa, pôs-se a traçar com todos os volteios habituais, e que naquele momento pareciam-me não acabar nunca: *Estou desolado com a falsidade desse homem.* Finalmente essa terrível frase acabou. Confesso que não sabia mais em que acreditar; estariam me enganando? O chefe do escritório tinha um ar muito franco, e que interesse teria de me esconder a verdade? Ali havia um mistério que eu precisava decididamente esclarecer...' O patrão, sr. X., felizmente chegou naquele momento, e bastou sua palavra decisiva para tranquilizar o pobre pai e levar o astuto espírito a retroceder: 'O sr. X. recebeu-me muito cordialmente e confirmou-me em todos os pontos as informações dadas pelo chefe do escritório; acrescentou até algumas palavras muito amáveis a respeito do meu filho. Enquanto ele falava, minha mão, solicitada, escrevia na mesa, sempre com a mesma lentidão exigida pelos volteios que acompanhavam as letras: *Eu te enganei, Michel, perdoame.* Finalmente! Que alívio! Mas também, diria, que decepção! Como é que aquele espírito que me tinha parecido tão benévolo, que na minha ingenuidade eu tinha tomado por meu guia, por minha consciência até, me enganava daquele jeito. Era indigno!'

O sr. Til resolveu então banir aquele espírito mau, não se preocupando mais com ele. Entretanto, teve de suportar mais de um retorno ofensivo do automatismo (mas não tendo mais por objeto fatos verificáveis) antes de ficar livre. Desde então, pôs-se a escrever comunicações de ordem mais elevada, reflexões religiosas e morais. Essa mudança de conteúdo foi acompanhada, como muitas vezes acontece, de uma mudança na forma psicológica das mensagens: atualmente chegam-lhe em imagens auditivas e de articulação, e tudo que sua mão faz é escrever o que lhe é ditado por essa voz interior. Mas essa mediunidade parece-lhe menos convincente, e ele desconfia que tudo possa brotar do seu próprio íntimo. Ao contrário, o caráter absolutamente mecânico de seus automatismos grafomotores inicias, cujo significado compreendia somente seguindo o movimento dos seus dedos (pela vista ou pela sensibilidade cinestésica), à medida que escreviam involuntariamente, parecia-lhe uma perfeita garantia da sua origem estranha. Assim, continua persuadido de que foi vítima momentânea de um gênio mau, independente dele; aliás, vê nesse episódio penoso da sua vida um excelente aspecto, que é o fato de ter reforçado suas convicções religiosas, fazendo com que, através de provas palpáveis, se convencesse da realidade do mundo dos espíritos e da independência da alma.

Teria muitas observações a apresentar sobre este caso, onde encontramos, entre outros, um belo exemplo do caráter obsessivo, para não falar de verdadeira possessão, que o automatismo pode rapidamente assumir num indivíduo, até então de corpo e mente sadios, que se dedica durante alguns dias às práticas espíritas. Mas só destacarei aqui as comunicações mentirosas relativas ao jovem Til e ao seu pretenso roubo. O sr. Til admira-se de que o demônio que se divertia enganando-o, ao mesmo tempo o mandasse, como vimos, ir imediatamente buscar informações com o patrão do seu filho. 'Aí está — diz ele — um fenômeno que ainda me parece bem curioso: o espírito, depois de ter-me mistificado, de certo modo não me deixou um instante de tranquilidade até que eu não tivesse verificado sua afirmativa e não houvesse constatado ter sido vítima da sua impostura. Essa pressa do espírito farsante em correr assim ao encontro da sua própria confusão, é realmente singular na teoria espírita. Toda a aventura, em compensação, tem uma explicação muito simples, do ponto de vista psicológico, se a compararmos com os dois incidentes seguintes, que a meu ver contêm a chave do caso:

1º Pelo que o próprio sr. Til me contou, sem parecer, aliás, compreender-lhe a importância, duas ou três semanas antes do seu acesso de espiritismo ele tinha notado que seu filho fumava muito, e lhe tinha feito uma observação quanto a isso. O rapaz desculpou-se dizendo que seus colegas de escritório faziam o mesmo, a exemplo do patrão, que era fumante inveterado e largava seus cigarros por toda parte, de modo que nada seria mais fácil do que servir-se deles se se quisesse. Essa explicação não deixou de preocupar um pouco o sr. Til, que é a honestidade em pessoa, e que se lembra de ter pensado consigo mesmo: Tomara que meu filho não vá cometer essa indelicadeza!

2º Um segundo ponto, que a sra. Til me revelou por acaso no decorrer de uma conversa, e que seu marido a seguir me confirmou, foi que na segunda-feira em questão, indo cedinho para suas aulas, o sr. Til encontrou-se com um amigo que lhe disse: 'A propósito, teu filho vai sair do escritório do sr. X? Acabo de saber que ele está procurando um empregado.' (Na verdade, ele procurava mais um.) O sr. Til, que nada sabia, ficou perplexo e perguntou a si mesmo se o sr. X estava descontente com seu filho e pensando em substituí-lo. Voltando para casa ao meio-dia, contou tudo a sua mulher, mas sem dizer nada ao filho. Foi uma hora depois que a mensagem do caluniador chegou.

Percebe-se agora, penso eu, a natureza e a gênese do espírito malicioso que acusava o rapaz de roubo falsamente, levando seu pai a correr em busca de informações, e o leitor já deve ter reconstituído o que deve ter-se passado com o sr. Til. A pergunta do seu amigo, segunda-feira de manhã, lembrou-lhe subconscientemente o incidente dos cigarros, graças ao germe de inquietação que esse incidente havia deixado nele, e o relacionamento entre ambos pôs em ação a imaginação paterna, naturalmente apreensiva com a reputação do filho. 'Edouard, que é incapaz de uma desonestidade grave, ter-se-ia deixado tentar pelos cigarros do patrão, como eu temia; terá sido surpreendido e ameaçado de dispensa iminente; quem sabe se o infeliz, que é impulsivo, não acabou se perdendo ao dizer asneiras? Preciso ir imediatamente falar com o patrão dele etc.' Foi quase essa a série de suposições e inferências mais ou menos inconscientes que evidentemente serviram de base para as obsessões grafomotoras do sr. Til. Na verdade, não há um pai que, nas mesmas circunstâncias, não tenha passado por apreensões semelhantes e não tenha raciocinado da mesma forma. Só que aquilo que, num estado de espírito normal, se apresentaria sob a forma de lembranças, ideias, emoções etc., evoluindo em plena luz ou vagamente sentidos na penumbra da consciência, mas sem jamais deixar de ser parte integrante do eu, assumiu um caráter automático e a aparência de uma possessão estranha ao sr. Til, sob a influência de suas preocupações espíritas e em meio à perturbação mental devida à fadiga da sua noite agitada e das suas tentativas de escrita mediúnica dos dias anteriores. Constata-se que o que se separou da sua personalidade principal, no desequilíbrio de todo o seu ser psíquico, para formar um sistema antagônico independente, manifestando-se pelo mecanismo grafomotor, é tudo que se liga à emoção da inquietação subjacente, dormindo nele por quase três semanas e subitamente despertada pela perturbadora pergunta do seu amigo. É próprio da preocupação imaginar uma realidade desagradável como real, ao mesmo tempo sendo ainda incerta e exigindo confirmação, e esse caráter contraditório é justamente o do espírito que obsedava o sr. Til.

No total, a série daquelas mensagens apenas expressa — com a encenação e o exagero dramático que as coisas assumem nos casos em que a imaginação pode ter livre curso (sonhos, ideias fixas, delírios, estados hipnoides de toda espécie) — a sucessão perfeitamente natural e normal dos sentimentos e das tendências que deviam agitar o sr. Til naquela ocasião. As vagas insinuações, depois a acusação categórica de roubo, e a ordem para ir ver o patrão correspondem às suspeitas inicialmente hesitantes, depois tomando corpo numa lembrança concreta, e terminando na necessidade de esclarecer tudo. A pertinácia com que o automatismo gráfico retrucava, com uma acusação de duplicidade, às boas referências do chefe do escritório, revela claramente a ideia preconcebida de desconfiança e incredulidade que nos impede de abandonar-nos sem reservas às mais tranquilizadoras notícias, enquanto não estiverem absolutamente confirmadas. Finalmente, quando o patrão em pessoa acalmou o sr. Til, o remorso subconsciente por ter cedido às suas inquietações sem fundamento sério, expressa-se nas desculpas do espírito farsante: o *eu te enganei, perdoa-me* deste último é bem o equivalente, no desdobramento mediúnico, do que todos pensaríamos numa circunstância como aquela: 'Enganei-me e não me perdoo por ter sido tão desconfiado'.

Não se trataria então, como vemos, de admitir aqui outro espírito mistificador a não ser o próprio sr. Til, autor e joguete, ao mesmo tempo, de uma desordem funcional a que suas tentativas mediúnicas o tinham levado. Se quisermos dar um nome a essa disposição psíquica anormal, sem dúvida o mais apropriado é autossugestibilidade, tomado, bem entendido, não como uma explicação, mas somente como uma designação adequada para um estado especial em que certas ideias do indivíduo, em vez de guardarem sua justa medida e suas relações normais com o resto da consciência, se emancipam da sua autoridade, proliferam na sombra e sistematizam-se por conta própria, depois acabam por aparecer-lhe como parasitas estranhos, numa explosão de fenômenos automáticos. Em suma, o que o automatismo traduz para o exterior, nos casos do sr. Til e da sra. Z., é uma espécie de novela, elaborada subliminarmente, por meio de dados da memória e da percepção, sob o impulso de um

Gabriel Delanne

estado emotivo mais ou menos intenso, e com o auxílio dessa curiosa faculdade de dramatização e de personificação que, sem sair da vida cotidiana normal, qualquer um de nós pode ver em ação no fenômeno do sonho...

Reencontramos, nessas escritas automáticas, o caráter mentiroso já assinalado nas precedentes. Mas, em vez de atribuir a falsidade a espíritos enganadores, descobrimos-lhe a origem no próprio escrevente, quando lhe reconstituímos o estado mental no momento em que se entregou ao automatismo. Portanto, para o investigador sério, é um dever não se ater exclusivamente ao caráter automático para se crer em contato com o além. Ele deverá buscar um critério mais seguro quanto à sua mediunidade, e o encontrará prosseguindo em suas pesquisas, se o fenomenal o puser diante de certos fatos como os que mais adiante veremos, que não deixam dúvidas quanto a uma intervenção espiritual.

Resumo

Os fenômenos que acabamos de passar em revista nos levam à afirmação do automatismo gráfico natural, resultado da distração, da autossugestão e do sonambulismo parcial do estado de vigília. Os materiais intelectuais utilizados por essa escrita são muito desiguais quanto ao valor. Às vezes rudimentares, incoerentes, falsos, são fragmentos de uma vida psicológica elementar, que mal tem consciência de si mesma. Em outras condições, os elementos psíquicos são sistematizados numa personalidade que se atribui um nome. Sob essa forma são exteriorizadas ideias, raciocínios, invenções da imaginação. Resultados precisos da atividade da alma durante o sono: trabalhos de longo fôlego ou solução de problemas são concluídos por esse processo de escrita automática. Finalmente, a memória latente fornece os elementos dos fatos que aparecem como revelações do além, mas que um estudo aprofundado nos mostra como pertencentes a nós, dissimulados, enterrados nas profundezas da consciência. Resumindo: o automatismo da escrita, o esquecimento imediato das ideias enunciadas, que dá ao escrevente a ilusão de estar sob a influência de uma vontade estranha, a personificação das ideias, as noções que jazem na memória latente, as impressões sensoriais inconscientes, todos esses fatos se compreendem e se explicam através de juízos inferidos do estudo mais completo da inteligência humana e, de modo algum, pressupõem a necessidade da intervenção dos espíritos.

A conclusão prática a ser tirada dessas observações é que devemos recusar como comunicações do além os textos que contenham somente informações que poderiam encontrar-se na consciência do escrevente, mesmo que no momento ele ignore o que sua mão escreve, e que não se recorde de ter tomado conhecimento dos detalhes que são dados. Para muitos espíritas, esse poderá parecer um critério absoluto demais, mas eles não devem esquecer que o método científico tem regras imutáveis a que todos devemos submeter-nos. Há princípios metodológicos que não podemos transgredir impunemente sem cair no erro. Ora, a lógica ensina que não se devem multiplicar as causas sem necessidade, isto é, não se deve buscar uma segunda hipótese, quando a que foi confirmada basta para a explicação de todos os casos. É o que acontece com relação às mensagens que encerram apenas fatos contidos na consciência do automatista. Os ensinamentos de Allan Kardec, de Davis, de Hudson Tuttle e outros nos convidam a seguir essa linha de conduta; ela, sem dúvida, será adotada por todos os pesquisadores que, antes de mais nada, não querem enganar-se, tomando a aparência por realidade. Com isso, adquirimos o direito de jogar para o alto um montão de comunicações ridículas, assinadas por grandes nomes, e as enfáticas e ocas revelações que foram elaboradas na consciência sonambúlica dos escreventes. Essa depuração indispensável nos livra também, em parte, da alegação dos espíritos mistificadores, da qual estávamos decididamente cansados.

A maioria dos autores que, incidentalmente, trataram da escrita automática, limitaram seu estudo aos fenômenos que acabamos de passar em revista. Não se atreveram a ir mais longe, por que, diante de certos resultados, seria necessário, para a explicação, fazer com que interviessem faculdades novas da mente, como: a clarividência, a transmissão de pensamento, a telepatia etc. que ainda não receberam a sanção oficial; então, acharam mais simples, e principalmente, mais cômodo, omitir os casos embaraçosos, de modo que apenas trataram do assunto por alto, sem entrar no exame das verdadeiras dificuldades que acompanham o estudo do espiritismo.

Nós, que não temos as mesmas prevenções e que não estamos presos a preconceitos doutrinários, vamos empreender esse trabalho, sabendo perfeitamente que pode atrair-nos as críticas dos espíritas intransigentes e limitados, e dos pedantes, ignorantes e pretensiosos que ingenuamente acham que não ousaremos ir além dos limites que eles fixaram, como se fossem os exatos limites do saber humano. A tarefa é árdua, porque o terreno é completamente novo, mas temos um ânimo forte. Se nos enganarmos, talvez não seja completamente, e esperamos que reste alguma coisa do nosso esforço, mesmo que seja apenas o exemplo de termos empreendido uma obra totalmente independente.

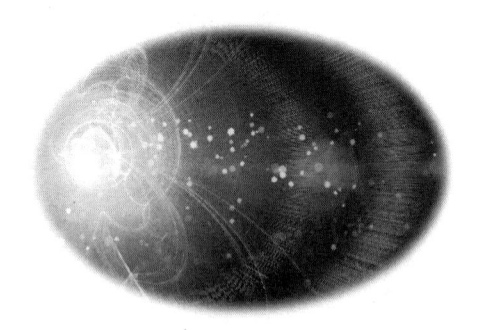

2.
Automatismo, clarividência, premonição

• Necessidade de fazer outros fatores intervirem para explicar os fatos constatados durante o automatismo • As experiências do prof. G. T. W. Patrick • A clarividência rejeitada pelos sábios • Seu reconhecimento pela Sociedade Inglesa de Pesquisas Psíquicas • As hipóteses dos incrédulos • Eles querem explicar tudo por meio dessa faculdade • A clarividência no estado de vigília • O caso de Swedenborg • As experiências sobre a adivinhação das cartas • As pesquisas do sr. Roux • As experiências do sr. Wilkins • As experiências do dr. William Grégory sobre a leitura através dos corpos opacos • Pode-se ler o pensamento? O caso do dr. Quintard • A clarividência durante o sono comum • Visão de lugares distantes • Clarividência advertindo sobre um perigo • Uma mãe que reencontra o filho por clarividência • Fatos revelados por escrita automática, podendo explicar-se pela clarividência • Uma joia e uma soma de dinheiro encontrados em sonho • Sonhos clarividentes e premonitórios • A lucidez durante o sono magnético • O caso de Sebastopol • Lucidez de uma sonâmbula verificada por telefone • As pesquisas do dr. Backman • Uma experiência de Karl du Prel • Conclusões dos fatos precedentes • Demonstração da existência da alma pela clarividência • O caso Wilmot • Relações entre a clarividência e o automatismo • O automatismo durante o transe • As pesquisas do dr. Moroni e as do sr. Rossi Pagnoni • Fatos que a clarividência não pode explicar • Resumo

Os fenômenos da escrita automática que acabamos de passar em revista nos mostraram que, muito frequentemente, o automatismo, no seu início, é caracterizado pela indecisão, pela imprecisão, pela incoerência ou por respostas mentirosas. Quase sempre, no entanto, uma personalidade fictícia se organiza a seguir, assina as mensagens e, segundo as tendências intelectuais do escrevente, ora é Clélia, ora Jesus Cristo, quando não o próprio Deus, como no caso da mística sra. Guyon. Está claro que se o automatismo se encontra num Moisés ou num Maomé, pode dar origem ao Decálogo ou ao Alcorão; mas em indivíduos de espírito mediano, ordinariamente limita-se a composições mais terra-a-terra, em perfeita concordância com a mediocridade dos autores.

Nas produções desses automatistas, nada mostra uma intervenção espiritual e às vezes é muito fácil, após um exame, relacionar alguns detalhes retrospectivos que nela se encontram a um trabalho da memória latente. Mas agora devemos penetrar mais profundamente em nosso assunto, examinando os casos mais complicados, em que certos fatos relatados pela escrita sempre foram ignorados pelo escrevente no estado mental. Essa revelação será indiscutivelmente a prova de uma intervenção estranha? Não, pois é bem possível que o detalhe desconhecido seja percebido por meio de uma faculdade superior que se chama clarividência. Mostramos, inicialmente, como se introduz esse fator novo.

As experiências do prof. G. T. W. Patrick

Este trabalho foi publicado na América pela *Psychological Rewiew* de novembro de 1898, vol. V, n° 6, p. 555.[1]

Informamos, logo no início, que a pessoa que se prestou às experiências é um rapaz de vinte e dois anos, Henri W., aluno da Universidade, parecendo gozar de excelente saúde. Leu obras sobre o espiritismo, quatro anos antes, na casa de sua tia, mas não lhe causaram qualquer impressão, e considerou os fenômenos espíritas uma curiosa superstição. Quanto ao hipnotismo, assistiu a duas ou três sessões apresentadas por um hipnotizador de passagem. Ofereceu-se para servir-lhe de coadjuvante e viu-se que era muito sensível a essa ação.

Já encontramos reunidas aqui todas as condições que re-

---

1 Tradução francesa do sr. Binet, publicada nos *Annales des Sciences Psychiques*, maio-junho de 1900, p. 167 e segs.

conhecemos como favoráveis ao desenvolvimento do automatismo; assim, não nos surpreenderemos ao vê-lo escrever rapidamente.

Um dia, tendo lido algumas observações sobre as sugestões pós-hipnóticas, conversou com o prof. Patrick que, a seu pedido, hipnotizou-o e, durante o sono, deu-lhe a ordem de executar, quando acordasse, alguns atos insignificantes, como pegar um volume numa biblioteca; os atos foram rigorosamente executados, e, como de hábito, não deixaram atrás de si nenhuma lembrança.

Algum tempo depois, o paciente informou ao autor que, quando tinha um lápis na mão e pensava em outra coisa, sua mão ficava continuamente em movimento e fazia rabiscos sem sentido. *Era um rudimento de escrita automática.* Patrick decidiu-se a estudar essa escrita e o fez em seis sessões, sendo que as três últimas foram separadas das primeiras por dois anos de intervalo.

O estudo foi feito da seguinte forma: Reuniam-se num aposento silencioso, o paciente segurava um lápis na mão direita e apoiava-o sobre uma folha de papel branco; não olhava para a mão, mantinha a cabeça e o corpo virados de lado, e segurava na mão esquerda um livro interessante, que devia ler com a máxima atenção (método Salomons e Stein). Naturalmente, como as experiências eram em parte feitas a seu pedido, ele se preocupava muito com o que sua mão podia escrever, *mas ignorava absolutamente o que ela escrevia*; às vezes, não sempre, era-lhe permitido ler o que sua mão tinha escrito; ele tinha tanta dificuldade como qualquer outra pessoa em decifrar sua própria escrita. Em alguns casos, pedia-se que deixasse de ler o livro e que seguisse atentamente os movimentos da sua mão, sem olhar para ela; teve então consciência dos movimentos que ela executava, mas, salvo em casos excepcionais, a escrita era traçada automaticamente. Provavelmente as perguntas eram feitas a Henri W. a meia-voz. Este não respondia e não ouvia, estando sua atenção distraída pela leitura do livro, mas sua mão escrevia a resposta. Notemos que não há razão alguma para suspeitar da absoluta boa fé do paciente, cuja lealdade e sinceridade estão acima de qualquer suspeita. Eis algumas das experiências:

P. — Quem é você?

Gabriel Delanne

R. — Laton.
P. — Qual é seu prenome?
R. — Bart.
P. — Qual é sua profissão?
R. — Professor.
P. — Você é homem ou mulher?
R. — Mulher.

Esta resposta é inexplicável, porque a seguir, o supracitado Laton sempre manifestou características masculinas.

P. — Você está vivo ou morto?
R. — Morto.
P. — Onde viveu?
R. — Illinois.
P. — Em que cidade?
R. — Chicago.
P. — Quando foi que você morreu?
R. — 1883.

Até aqui, nada de extraordinário, ou que permita saber se é ou não um espírito ou a imaginação do paciente que dá as respostas. Mas a seguir se aplicará um critério, tentando verificar se a sugestão desempenha um papel no fenômeno. Se a escrita reflete essa sugestão, é porque não se estará na presença de uma individualidade independente, mas simplesmente diante de um caso de automatismo. Eis essa sessão:

P. — Vejamos, seu nome não é absolutamente Bart Laton. Seu nome é Frank Sabine e você viveu em Saint-Louis, e você morreu a 16 de novembro de 1843. Responda, quem é você?
R. — Frank Sabine.
P. — Onde você morreu?
R. — Em Saint-Louis.
P. — Quando morreu?
R. — No dia 14 de setembro de 1847.
P. — Qual era sua profissão em Saint-Louis?
R. — Banqueiro.
P. — Quantos mil dólares você valia?
R. — 750.000.

O domínio da sugestão é evidente quanto ao nome e à cidade. A profissão mudou, bem como a data da morte que se deve à fantasia da imaginação. Uma semana depois, Laton reapareceu:

P. — Quem está escrevendo?
R. — Bart. Laton.
P. — Onde você viveu?
R. — Chicago.
P. — Quando nasceu?
R. — 1845.
P. — Qual é sua idade?
R. — Cinquenta anos.

Comparar isso com a afirmação de que tinha nascido em 1845 e morrido em 1883, o que daria 38 anos e não 50. Incoerência flagrante.

P. — Onde está agora?
R. — Aqui.
P. — Mas não o vejo.
R. — Espírito.
P. — Bem. Mas onde está você como espírito?
R. — Em mim, no escrevente.
P. — Multiplique 23 por 22.
R. — 3546 (incoerência).
P. — Está errado. Como explica sua resposta?
R. — Adivinhei.
P. — Agora: outro dia você respondeu que era outra pessoa. Quem é você?
R. — Stephen Langdon (variação, talvez seja associação por consonância entre Langdon e Laton).
P. — De que país?
R. — Saint-Louis. (A lembrança da sugestão leva ao nome da cidade sugerida uma semana antes.)
P. — Quando você morreu?
R. — 1846. (A data da morte varia mais uma vez.)

Todas as respostas contraditórias fornecidas pelo suposto Laton mostram com clareza sua origem subconsciente, que nada mais é do que a mente do próprio Henri W. em estado de distração. Por pouco que se excite o pretenso Laton, imediatamente se encontra o fundo de grosseria e mentira ingênua que já assinalamos várias vezes e que antigamente atribuía-se aos maus espíritos. Eis um exemplo:

P. — Qual era a ocupação do sr. Laton em Chicago?
R. — Carpinteiro.
P. — Há dois anos você me disse que ele era professor.
R. — Pois bem! Ele — eu tinha o hábito de ensinar.
P. — Você dança?
R. — Quando deixamos a terra não dançamos mais.
P. — Por quê?
R. — O senhor não pode compreender. Somos apenas parcialmente materiais.
P. — Quando está escrevendo, como agora, que faz a sua parte que não é material?
R. — Está em algum lugar ou em lugar algum.
P. — Você anda de bicicleta?
R. — Só por intermédio de Henri W.
P. — Há dois anos, você escrevia seu nome: Laton. Como explica essa mudança de ortografia?
R. — Há Latons demais; é melhor como o último.
P. — Você é um simulador atrevido. Que tem a responder a isso?
R. — Cale-se, pobre velho idiota. Acha que sou obrigado a responder exatamente a todas as suas malditas perguntas? Posso mentir sempre que me aprouver.

O automatismo rudimentar não teve tempo de organizar-se solidamente, de constituir uma personalidade coerente, porque os exercícios foram pouco numerosos e, aliás, separados por um intervalo de dois anos. Não teríamos falado sobre isso se, entre as divagações da escrita, aqui e ali não tivéssemos encontrado algumas informações exatas sobre fatos ignorados por Henri W. Por exemplo:

P. — Quem escreve?
R. — Bart Laton.
P. — Quem era o prefeito de Chicago quando você morreu?
R. — Harrison. (Exato.)
P. — Quanto tempo você viveu em Chicago?
R. — Vinte anos.

P. — Você deve conhecer bem a cidade?

R. — Sim.

P. — Comece por Michigan Avenue e cite as ruas a Oeste.

R. — Michigan, Wasbash, State, Clarke (hesitação)... Esqueci.

(Henri W., interrogado, conhecia apenas três desses nomes).

Em outra circunstância, o prof. Patrick pergunta ao sr. Laton se seria capaz de dar-lhe uma comunicação de um de seus amigos falecidos. A escrita traça o nome de George White, tio do sr. Patrick, morto durante a Guerra de Secessão. Henri W. ignorava esse nome, embora tivesse tido oportunidade de ver escrito por extenso o nome do professor, que é: George-Thomas-White-Patrick. Interrogado sobre a personalidade de George White, Laton cometeu uma porção de erros quanto ao seu gênero de morte, à data etc.

Em suma, no meio da miscelânea de respostas insignificantes, distinguem-se os rudimentos de uma faculdade clarividente que permite à escrita contar fatos que Henri W. não conseguiu conhecer normalmente. Após haver assinalado a pobreza intelectual das mensagens, o sr. Binet diz:

> Mas esse pobre espírito parece ter, de tempos em tempos, belas e brilhantes faculdades intuitivas; *parece conhecer coisas que Henri W. ignora e de que não pode ter tomado conhecimento*. Patrick estudou de perto esse lado da questão, fez enquetes para verificar com o maior cuidado as afirmações de Laton. Na maioria dos casos, essas afirmações foram consideradas errôneas, mas, às vezes, houve alguma coisa que parece ultrapassar os meios ordinários de conhecimento. Patrick não procura explicar essa faculdade de intuição, *mas pensa que não podemos negá-la completamente*, porque a encontramos *em muitas observações análogas* e ela é como um traço de caráter do personagem que se manifesta pela escrita automática. A opinião de Patrick parece ser que essa faculdade de intuição é uma faculdade natural, perdida pelo homem civilizado, como a acuidade dos sentidos que ainda se observa, parece, nos selvagens.

Eis-nos, então, diante de uma nova modalidade intelectual

Gabriel Delanne

que o sr. Binet chama de faculdade intuitiva, isto é, que permite adquirir conhecimentos sem a intermediação dos sentidos. Faz muito tempo que os magnetizadores e os espíritas assinalaram esse poder da alma e demonstraram-lhe a existência sob o nome de clarividência. Mas como tantas outras das suas afirmações, esta foi rejeitada desdenhosamente pelos sábios, que não podiam admitir uma faculdade em tão flagrante oposição com suas hipóteses materialistas. No entanto, nas suas perquisas sobre hipnose, eles tiveram várias ocasiões de observar fatos de visão sem o auxílio dos olhos, de transmissão de pensamento, ou de telepatia, mas rejeitavam sistematicamente a evidência, para não ferirem os sacrossantos dogmas de que são os pontífices. Ouçamos Charcot confessar sem vergonha sua parcialidade:

> O hipnotismo é um mundo onde, ao lado de fatos palpáveis, materiais, grosseiros, sempre próximos da fisiologia, encontramos fatos absolutamente extraordinários, até agora inexplicáveis, que não respondem a nenhuma lei fisiológica e que são totalmente estranhos e surpreendentes. Estudei os primeiros e *deixei de lado os segundos.*[2]

O dr. Gibier, por sua vez, assinala essa obstrução ancientífica nestes termos:

> É certo que nas experiências de catalepsia, de sugestão que os médicos praticam, e infelizmente, é preciso que se diga, os empíricos também, um elemento estranho parece introduzir-se vez por outra na cena, mas até agora, quando esse desconhecido se apresentava, *interrompia-se a experiência*, porque, nesse caso, conforme as palavras do prof. Lassegue: Não se *sabe aonde se vai chegar!* Hoje, sem que se saiba bem aonde se vai chegar, não temos o direito de ser um pouco mais ousados e, permanecendo nos limites de uma sábia prudência, não podemos registrar as observações que se apresentam para classificá-las e no tempo propício reuni-las num catálogo?[3]

Essas linhas foram escritas há dez anos e parece que o de-

---

2 Citado por Falcomer no seu *Introduction au Spiritualisme Moderne*, nota 3.
3 Gibier, *Analyse des Choses.*

sejo do eminente bacteriologista foi completamente realizado.

A Sociedade Inglesa de Pesquisas Psíquicas

Infelizmente, não é na França que se devem procurar exemplos de independência intelectual. Nosso mundo oficial é rotineiro e sente verdadeiro horror diante de qualquer novidade. Assim, foi na Inglaterra que se constituiu a primeira sociedade cujo objetivo era estudar seriamente os fatos psicológicos anormais, a fim de verificar a realidade de manifestações diversas conhecidas como: clarividência, transmissão de pensamento, ação intelectual à distância, manifestações espíritas etc.

Fundada em Londres e em Cambridge em 1882, ela conquistou rapidamente uma alta e legítima influência, graças à precisão minuciosa das suas enquetes e à imparcialidade dos seus investigadores. Compreende numerosos membros e associados pertencentes às classes mais destacadas da nação, quer por sua fortuna, quer por sua inteligência. A lista dos seus aderentes compreende 36 páginas dos *Proceedings*, que é o órgão dessa sociedade.

Em 1900, o presidente era o ilustre William Crookes. Entre seus vice-presidentes, citam-se: o prof. Barett, da Real Sociedade, o marquês de Bute, o prof. William James, da Universidade de Harvard, lorde Raleigh, o bispo Ripon etc. Figuram no seu conselho de administração: Richard Hodgson, o prof. Olivier Lodge, membro da Real Sociedade, H. Myers, Podmore etc. Entre seus membros honorários, Aksakof e Alfred Russel Wallace, e, na França, por membros correspondentes, os doutores Beaunis, Bernheim, Dariex, Ferré, P. Janet, Liébault, Sabatier etc.

Seus trabalhos, que são publicados mensalmente, formam atualmente uma coleção de fatos de grande importância, pois ela encerra a mais rica profusão de fenômenos que se possa consultar sobre as faculdades subconscientes e transcendentais do ser humano. Seu alto valor resulta do método estritamente científico com que os fatos são estudados. É a esse tesouro que com mais frequência recorreremos a fim de nos livrarmos das críticas que nos poderiam ser feitas quanto à validade das observações que citaremos em nossas discussões sobre a clarividência.

Gabriel Delanne

Há vinte anos a impressão produzida pelos trabalhos dessa Sociedade foi tal, que hoje os psicólogos do mundo inteiro se dedicam a pesquisas psíquicas. Se nem todos ainda estão convencidos, alguns deles, pelo menos, admitem a transmissão do pensamento e a faculdade de ver sem o auxílio dos olhos e até mesmo querem utilizar esses novos conhecimentos para explicar a revelação, pela escrita, de fatos ignorados pelo médium. Examinemos esse assunto tão sério para os espíritas a fim de saber que importância devemos atribuir a essa faculdade, cuja existência é hoje incontestável.

As hipoteses dos incrédulos

"Até agora temos negado, dizem os adversários do espiritismo, a realidade das manifestações extracorpóreas do ser humano que lhe permitem ver a grande distância — apesar dos obstáculos interpostos — acontecimentos que estão ocorrendo, da mesma forma que não achamos possível a transmissão do pensamento por outros processos que não sejam o gesto, a palavra ou a escrita. Mas, já que numerosos fatos, muito bem observados, não permitem mais dúvidas, admitimos a existência desses poderes novos e, logicamente, servimo-nos deles para explicar — sem a intervenção dos espíritos — porque e como as comunicações ditas espíritas às vezes contêm informações ou conhecimentos que o escrevente não pode ter adquirido pelos sentidos." É evidente que esse modo de raciocinar seria inatacável se resolvesse todas as dificuldades diante das quais nos coloca o exame das comunicações. Mas há algumas que nem a clarividência, nem a transmissão do pensamento explicam, de modo que o raciocínio precedente pode ser aplicado apenas a algumas produções do automatismo. Os críticos não souberam ou não quiseram fazer essa distinção, de modo que, passando de uma extremidade à outra, deram a essas faculdades anímicas uma importância e uma extensão que elas na realidade não têm. Eis dois exemplos dessa maneira de discutir:

> A transmissão do pensamento de um morto não explica necessariamente a sobrevivência dos mortos. Um pensamento pode ter sido transmitido ao médium antes da morte

do agente e só ser divulgado após essa morte. O caso pode complicar-se se um médium lê na mente de um vivo A um pensamento que aí foi impresso outrora por uma pessoa atualmente morta, que ficou na região completamente inconsciente da mente de A.

Eis por que a discussão entre os imortalistas e seus adversários não terá fim, porque estes sempre poderão responder àqueles com o dilema: Ou a revelação que nos dais como uma prova da imortalidade da alma é verificável, ou não o é. Se não o é, não informa nada de certo. Se o é, ela o é por documentos que o espírito do médium pode conhecer diretamente por transmissão mental vinda de algum vivo que conheceu o morto.[4]

Assim formulada, a conclusão do autor é demasiado absoluta: primeiro, porque existem provas físicas inegáveis da sobrevivência, como as materializações, as fotografias e as moldagens dos espíritos;[5] em segundo lugar, porque o médium, mesmo sendo clarividente, *não pode ler* em todos os cérebros, e principalmente no de pessoas que ele não conhece e de onde no entanto deveria, em muitos casos, extrair as informações que se referem ao morto que supostamente se manifesta.

Esse exagero na hipótese, essa tentativa de retirar do espiritismo o que lhe constitui a força, isto é, a prova de que o espírito de um morto pode comunicar-se, parece tornar-se a palavra de ordem dos céticos, que esperam encher as experiências espíritas de armadilhas e suscitar nas almas sinceras suspeitas tão sérias que estas, desanimadas pela dificuldade desses estudos, os abandonarão por fadiga ou desencorajamento. Eis a nota pessimista divulgada pelo prof. Flournoy, um dos mais notáveis adeptos da escola em questão.[6]

> Quanto aos médiuns e espíritas praticantes, temo que, quando sua hipótese tiver sido cientificamente demonstrada, o resultado não seja muito diferente do que muitos imaginam. Pode muito bem suceder que o culto da mesa, a escrita mecânica, as sessões e todos os outros exercícios me-

---

4 Mangin, Marcel, *Sur l'Automatisme, in Ann. Psych.*, 1896, p. 304.
5 Ver nossas obras: *O Fenômeno Espírita* e *A Alma é Imortal*, **EDITORA DO CONHECIMENTO**, onde estão relatados os principais fenômenos que estabelecem a certeza da sobrevida.
6 Flournoy, *Des Indes à la Planète Mars*, p. 395.

Gabriel Delanne

diúnicos recebam seu golpe mortal precisamente pelo reconhecimento oficial dos espíritos pela ciência. Suponhamos, com efeito, que as pesquisas contemporâneas tenham finalmente provado, claro como o dia, que existem mensagens realmente provindas dos desencarnados: dessas mesmas experiências já sobressai, com não menor evidência, que nos casos mais favoráveis é terrivelmente difícil distinguir as mensagens verdadeiras do que não é autêntico. Elas se apresentam mergulhadas numa mistura tão formidável de confusões, de erros, de aparências ilusórias de todo tipo, que realmente — a menos que se tenha o tempo e a paciência do dr. Hodgson, e de um médium tão notável quanto a sra. Piper (o que é excepcional) — é uma tola pretensão querer, num determinado caso, dizer o que verdadeiramente proviria dos desencarnados, e discerni-lo com certeza no meio do que, ao contrário, deve ser atribuído às lembranças latentes do médium, à sua imaginação subconsciente, às sugestões involuntárias e não suspeitadas dos assistentes, à influência telepática de vivos mais ou menos distantes etc. Quando as pessoas tiverem compreendido que essa triagem está quase sempre acima da nossa capacidade, talvez se enfastiem com experiências em que têm noventa e nove chances contra uma de serem vítimas de si mesmas ou de outros, e onde, o que é mais extraordinário ainda, mesmo tendo a sorte de cair na centésima chance, não teriam nenhum meio de sabê-lo!

O sr. Flournoy não tem muita lógica, já que consagra um alentado volume de 400 páginas ao estudo de fenômenos de aparência espírita apresentados pela srta. Smith, prova de que o assunto lhe interessa. Aliás, é original constatar como ele se contradiz, duas páginas antes, nestes termos[7]:

> Não é uma questão banal perguntar-se se as individualidades humanas ou animais continuam a intervir de um modo efetivo nos fenômenos físicos, fisiológicos ou psicológicos deste universo, após a perda do seu organismo corporal e visível. Se há fatos que o estabelecem de maneira peremptória, quantos problemas daí surgem e que inesperado campo de investigação isso não abre às nossas ciências experimentais! E se a hipótese for falsa, que há de mais cativante do que o

7 Idem, p. 393.

estudo dos singulares fenômenos que possam ter-lhe dado origem, a pesquisa das verdadeiras causas cujo emaranhado chega a simular com maior ou menor perfeição o retorno dos defuntos ao nosso mundo observável! Compreende-se, então, que, mesmo despojada de todos os acessórios emocionais com que se disfarça no coração e na imaginação dos homens, a questão da imortalidade empírica e das intervenções espíritas, aparentes ou reais, conserva sua importância científica e merece ser discutida com a tranquila serenidade, a independência, o rigor de análise que são próprios do método experimental.

Tentemos, pois, conservar essa "tranquila serenidade"da qual o autor genebrino por vezes se afastou, a fim de estudarmos friamente em que circunstâncias devemos fazer intervir a clarividência para a explicação dos fenômenos, adiando para o capítulo seguinte a transmissão do pensamento, cuja importância assim o exige.

A clarividência no estado de vigília

Chama-se clarividência, vidência ou lucidez a faculdade de adquirir conhecimentos sem sentir a influência do pensamento das pessoas presentes e sem servir-se dos órgãos dos sentidos. Podemos constatar o exercício dessa faculdade no estado de vigília, no sono normal e durante o sonambulismo natural ou provocado. Examinemos alguns desses casos e vejamos que relações podem existir entre o automatismo e a clarividência.

Toda a antiguidade acreditava que certos personagens célebres possuíam esse dom. Apolônio de Tiana, se acreditarmos em Filostrato, descrevia de Éfeso, no exato momento em que ocorreu, o assassinato de Domiciano pelo liberto Estêvão.[8] A crítica moderna, incapaz de compreendê-lo, catalogou esse fato entre as lendas; como em nossos dias, porém, observamos fenômenos semelhantes, convém acreditar que nem todos os antigos relatos eram ficções e que demonstram a universalidade dessa faculdade. A história de Swedenborg oferece um notável exemplo de vidência, que vamos narrar porque foi verificado

---

8 Chassaing, *Apollonius de Tyane, sa Vie, ses Voyages, ses Prodiges*, por Filostrato.

por Kant. Vejamos em que termos o grande filósofo alemão relata sua enquete:[9]

> Para dar-vos, minha graciosa senhorita, alguns meios de apreciação (quanto às faculdades de Swedenborg) de que todo público ainda vivo é testemunha, e que a pessoa que mos transmite *pôde verificar in loco*, permita-me contar-lhe o seguinte fato:
>
> O fato que se segue parece-me ter a maior força demonstrativa e deve pôr fim a qualquer espécie de dúvida. Foi no ano de 1754 que o sr. de Swedenborg, no final do mês de setembro, um sábado, por volta das quatro horas da tarde, voltando da Inglaterra, desembarcou em Gotemburgo. O sr. Villiam Castet convidou-o à sua casa com um grupo de quinze pessoas. À noitinha, às seis horas, o sr. de Swedenborg, que tinha saído, voltou ao salão, pálido e consternado, e disse que acabava de irromper um incêndio em Estocolmo, no Südermalm, e que o fogo estendia-se com violência até sua casa. Estava muito inquieto (lembramos que a casa de Swedenborg era arranjada de um modo especial, para facilitar-lhe as comunicações com os espíritos) e saiu várias vezes. Disse que a casa de um amigo seu, cujo nome citava, já estava reduzida a cinzas, e que a sua estava em perigo. Às oito horas, depois de uma nova saída, disse com satisfação: 'Graças a Deus, o incêndio extinguiu-se na terceira porta antes da minha'.
>
> A notícia emocionou muito a sociedade, bem como a cidade toda. Na mesma noite, puseram o governador a par de tudo. Domingo pela manhã Swedenborg foi chamado à residência dessa autoridade, que o interrogou a respeito do caso. Swedenborg descreveu exatamente o incêndio, seu começo, seu fim e sua duração. No mesmo dia a notícia se espalhou por toda cidade, que se impressionou ainda mais, já que o governador lhe dera atenção e que muitas pessoas estavam preocupadas com seus bens ou com seus amigos. Segunda-feira à tarde chegou a Gotemburgo um estafeta que o comércio de Estocolmo havia despachado durante o incêndio. Nas cartas, *o incêndio era descrito exatamente do modo que acaba de ser dito*. Terça-feira pela manhã chegou às mãos do governador um correio real com um relatório sobre

9 *Oeuvres Complètes de Kant*, tomo III, p. 88, e sua carta à srta. Charlotte de Knoblock. Consultar também a obra de Matter: *Swedenborg, sa Vie, ses Écrits, sa Doctrine*.

o incêndio, sobre as perdas que tinha causado e sobre as casas que havia atingido, sem que houvesse a menor diferença entre essas indicações e as que Swedenborg havia dado. Realmente, o incêndio fora extinto às oito horas. Que podemos alegar contra a autenticidade desse acontecimento? O amigo que me escreveu examinou tudo, não apenas em Estocolmo, mas, há mais ou menos dois meses, em Gotemburgo mesmo; conhecia lá as casas mais importantes, e pôde inteirar-se de tudo na cidade inteira, na qual ainda vivem testemunhas oculares, visto o pouco tempo decorrido desde 1756. (1759)

Possuímos hoje uma considerável quantidade de relatos contemporâneos, minuciosamente fiscalizados, para obrigar-nos a crer que a vidência é uma realidade. Dassier;[10] os *Proceedings* da Sociedade de Pesquisas Psíquicas; *Les Annales des Sciences Psychiques*,[11] e a recente obra de Flammarion,[12] contêm uma porção deles cuja verificação foi muito bem feita, de modo que essa faculdade de ver sem o auxílio dos olhos agora está provada com certeza. Em que medida essa faculdade serve para explicar a revelação de fatos que o automatista não pôde ter conhecido normalmente?

Uma visão como a de Swedenborg é consciente; ele se recorda de todos os detalhes da cena que acaba de desenrolar-se, mas um automatista é o primeiro a ficar surpreso com o fato desconhecido que sua escrita lhe revela. Como, então, pode ignorar que ele próprio foi clarividente? Do mesmo modo que ele não sabe o que sua mão traça no papel. Lembremos ainda que, na maioria das vezes, ele está na fase de hemissonambulismo que é a causa do esquecimento de todos os pensamentos que se exteriorizam graficamente, de modo que as percepções da clarividência devem ser-lhe tão estranhas quanto suas próprias ideias. Não devemos afirmar apressadamente que a revelação de um fato desconhecido do escrevente seja uma prova absoluta da intervenção dos espíritos. Tomemos como exemplo uma experiência de Crookes, que diz:[13]

---

10 Dassier, *L'Humanité Posthume*, p. 160 e segs.
11 *Les Annales des Sciences Psychiques*, ano 1891, p. 157; ano 1893, p. 198; ano 1895, p. 248; ano 1896, p. 205 etc.
12 Flammarion, *L'Inconnu et les Problèmes Psychiques*, p. 452 e segs.
13 Crookes, *Recherches sur le Spiritualisme*, p. 162.

Uma senhora escrevia automaticamente por meio da prancheta. Tentei descobrir o meio de provar que o que ela escrevia não se devia à ação inconsciente do cérebro. A prancheta afirmava que embora fosse posta em movimento pela mão daquela senhora, a *inteligência* que a dirigia era a de um ser invisível, que tocava no cérebro da mulher como num instrumento musical, e assim fazia seus músculos se moverem.

Digo então a essa inteligência:

— Vedes o que há nesta sala?

— Sim — escreveu a prancheta.

— Vedes este jornal e podeis lê-lo? — acrecentei, pondo meu dedo sobre um exemplar do *Times* que estava em cima de uma mesa atrás de mim, mas sem olhar para ele.

— Sim — respondeu a prancheta.

— Bem — digo eu — se podeis vê-lo, escrevei agora a palavra que está tapada pelo meu dedo e acreditarei em vós. A prancheta começou a mover-se lentamente e, com muita dificuldade, escreveu a palavra *honra*. Voltei-me e vi que a palavra honra estava coberta pelo meu dedo. Quando fiz esta experiência, tinha evitado propositadamente olhar para o jornal. Quanto à senhora, mesmo que tivesse tentado, não lhe seria possível ver um só dos caracteres impressos, porque estava sentada a uma mesa, o jornal estava em cima de outra mesa, atrás de mim, e meu corpo o escondia.

Estaremos, nesse caso, diante de um espírito desencarnado que viu a palavra escondida pelo grande químico? É bem possível, mas não temos certeza disso, já que podemos atribuir o fato a uma faculdade de clarividência do médium, e devemos dar preferência aos fatos humanos antes de fazer o além intervir. O que torna essa experiência pouco decisiva é que agora conhecemos muitos exemplos em que a clarividência se exerce sem que o indivíduo saiba por que processo ele põe em ação essa faculdade. É assim que, com frequência, uma pessoa adivinha cartas sem virá-las, e os resultados exatos ultrapassam em muito os que o cálculo das probabilidades permite prever. Eis uma narrativa da sra. Sidgwick[14] que nos parece concludente a esse respeito:

14 Sidgwick, *Espériences Semblant Démontrer la Clairvoyance, Ann. Psych.,* 1891, p. 157.

Essas experiências consistem simplesmente em adivinhar cartas tiradas de um maço, sem que ninguém as tenha visto. Minha amiga fez mais ou menos 2585 experiências desse tipo e, em 187 casos, adivinhou as cartas exatamente, *segundo seu nome e número de pontos ao mesmo tempo*. No entanto, em 75 desses casos foram necessárias duas tentativas (como, por exemplo, para saber se era o três de copas ou o três de espadas). Contando esses casos como meio sucesso, chegamos a um total de 149, 5 sucessos, três vezes maior do que o número que o cálculo das probabilidades atribui ao acaso.

Todas as experiências acima mencionadas foram feitas quando ela estava completamente só. Está tão habituada a ficar só, que qualquer companhia a perturba *em toda espécie de trabalhos que exigem concentração mental*. Eis por que não é surpreendente que as experiências que fizemos juntas, em condições de grande agitação ou de excitação relativamente normal, não tiveram êxito.

Conhecemos a grande autoridade da sra. Sidgwick nessas matérias e o escrúpulo com que cita somente fatos incontestáveis, então podemos admitir que aqui a clarividência está em jogo, porque o acaso nunca propicia um número de acertos três vezes maior do que o número provável. Notemos as semelhanças existentes entre o estado daquela senhora durante a experiência e o dos automatistas.

Em primeiro lugar, ela não vê a carta, ela a adivinha, por uma espécie de intuição, e só pode ter certeza de que a adivinhou virando-a. Ela perdeu, então, a lembrança do processo pelo qual adquiriu esse conhecimento; em segundo lugar, a pessoa deve estar num estado de concentração mental muito intensa, já que basta a menor excitação para perturbá-la. Pensamos que esse recolhimento conduz a um estado hipnóide leve, que facilita muito a percepção extrassensorial daquela senhora.

Parece que seja esta uma condição necessária ao exercício dessa clarividência, porque um outro experimentador, o sr. Jean Ch. Roux, que obteve numerosos sucessos na adivinhação da figura das cartas, do seu valor, com os olhos vendados e sem tocá-las, diz também:[15]

---

15 Roux, *Quelques Expériences de Lucidité, Ann. Psych.*, 1893, p. 200.

Gabriel Delanne

Tal é o resumo das minhas modestas experiências. Meu grande defeito, confesso-o, foi tê-las feito na solidão. Mas, diante de um assistente fico nervoso, penso que vai zombar de mim e me engano. Não cheguei a nenhum resultado conclusivo, mas pude determinar, parece-me, que a vista e o tato não têm nada a ver com os fenômenos de lucidez.

Sabemos que a escrita automática também exige silêncio e recolhimento; não seremos, porém, tentados a atribuir aos espíritos a revelação do valor de uma carta, quando isso acontecer pela escrita automática, como no seguinte caso:[16]

Experiências do sr. Wilkins

Nas experiências de telepatia, dois cérebros humanos são colocados nas duas extremidades da comunicação telepática; constata-se que se produz uma transmissão de certos movimentos que emanam de um dos cérebros na direção do outro. É muito natural que se pergunte o que aconteceria se, num dos polos, um objeto inanimado fosse colocado no lugar de um dos cérebros humanos. Parece evidente que as vibrações partidas do outro cérebro não poderiam influenciar o objeto inanimado; mas pode-se perguntar se este último não produziria, por intermédio do processo telepático, uma reação qualquer no cérebro posto em conexão com ele. Para assegurar-se disso, bastaria dar ao processo telepático uma direção voluntária voltada para algum objeto inacessível aos órgãos dos sentidos, e tornar perceptível o resultado obtido.

Para fazer a experiência, tirei ao acaso uma carta de um jogo, mantendo o reverso constantemente para cima e coloquei-a sobre uma mesa. Desse modo ninguém poderia atrapalhar a experiência com uma sugestão mental involuntária. Em seguida propus a uma pessoa presente, a sra. Zogwinoff, esposa de um coronel, que morava em Tachkent e não tinha grande hábito, mas uma certa prática da escrita automática, que adivinhasse a carta com o auxílio desse processo. A proposta foi acolhida com hilaridade por todos os assistentes, e eu mesmo não estava longe de considerá-la absurda. Contudo, o sucesso foi completo e a carta foi descrita exatamente.

16 Wilkins, *La Vision Télépathique, Ann. Psych.,* 1892, p. 184.

A partir de então repeti a mesma experiência inúmeras vezes, fazendo variarem as disposições, como por exemplo fechando a carta num envelope, substituindo a carta por uma palavra escrita[17] ou pelo desenho de uma figura geométrica. O sucesso foi mais ou menos completo. Constatei principalmente, como parecem tê-lo constatado todos que efetuaram pesquisas sobre fenômenos desse gênero, que há dias favoráveis para as experiências e que, em compensação, há *maus*. As experiências feitas em dias pertencentes a esta última categoria, cuja característica determinante ainda é desconhecida, dão somente resultados incompletos ou negativos.

As experiências que acabo de indicar tiveram êxito com duas pessoas que não se conheciam. Uma, como já disse, a sra. Zogwinoff, e a outra, a sra. Catherine Homoutoff, filha de um juiz, ambas residentes em Tachkent. Não contei a nenhuma delas como a outra procedia, no entanto o modo ou processo de adivinhação de ambas foi idêntico. Essa semelhança em ações inconscientes certamente deve ter uma razão de ser, e convém assinalá-la.

Para produzir a escrita automática, a sra. Zogwinoff simplesmente segurava o lápis na mão, ao passo que a sra. Homoutoff preferia usar o processo da prancheta. Em ambas, a mão deixava o papel em que o lápis estava apoiado, pronto para escrever, e se dirigia lentamente para a carta; o lápis passava duas ou três vezes ao redor da carta, depois a mão voltava para o papel. Esse fenômeno se repetia ordinariamente várias vezes enquanto durava a experiência. A carta nunca era citada imediatamente e numa única resposta. A operação era muito longa, e só à força de insistência e depois de repetidas perguntas o nome da carta era indicado pouco a pouco. Às vezes a resposta era intercalada com palavras inúteis e mais ou menos engraçadas escritas pelo lápis.

Eis um exemplo de uma experiência desse gênero:

P. — Que carta é esta?
R. — Uma figura.
P. — Que figura?
R. — Um gorro.
P. — Então é um valete?
R. — Olha tu mesmo e verás.
P. — De que cor é?

---

17 Devo dizer que tive pouco sucesso operando com palavras escritas. Atribuo o fato à pouca aptidão das pessoas que empreguei nessas experiências.

Gabriel Delanne

R. — Vermelha.

A uma nova pergunta cujo objetivo era a indicação definitiva da carta, o lápis respondeu traçando um losango. Virando a carta, constatou-se que era efetivamente o valete de ouros. As duas pessoas citadas acima declararam-me que durante todas as experiências nunca tiveram qualquer espécie de pressentimento consciente relacionado com o problema proposto. As respostas sempre foram, tanto para elas como para os assistentes, verdadeiras surpresas. Tais são os fatos que a presente nota tem por objeto assinalar.

As pesquisas do prof. Grégory

A observação feita pelo sr. Wilkins, de que obteve pouco sucesso operando com palavras escritas escondidas num envelope, poderia fazer crer que há nessa experiência uma dificuldade maior do que para a designação de uma carta. Citaremos fatos narrados por William Grégory, professor na universidade de Edimburgo, que mostram que essa leitura se produz muito frequentemente, mesmo no estado de vigília, com indivíduos treinados.[18]

> Deve-se observar, diz ele, que o clarividente com frequência pode perceber objetos embrulhados em papel ou encerrados em caixas ou outros receptáculos opacos. Assim, vi objetos descritos quanto à forma, cor, dimensão, marcas etc. quando estavam encerrados em papel, em algodão, em caixas de papelão, de madeira, de papel *maché (sic)* e de metal. Tive, além disso, conhecimento de cartas, minuciosamente descritas, o endereço, as anotações postais, o carimbo e até mesmo o conteúdo decifrados, embora essas cartas estivessem dentro de envelopes espessos ou caixas. Nenhum fato é melhor ilustrado do que este: o major Buckley, que parecia possuir em grau pouco comum a faculdade de produzir em seus pacientes essa forma particular da clarividência, pôs, creio, 140 pessoas, muitas das quais bastante instruídas e de nível elevado, *e 89 delas, mesmo durante o estado de vigília,*

18 Grégory, *Lettre à un Curieux de bonne foi sur le Magnétisme Animal*, 1851. Citado pelo sr. Boirac, Reitor da Academia de Grenoble, in *Ann. Psych.*, 1893, p. 243.

em condições de ler, com uma exatidão quase invariável, embora com erros acidentais, divisas (*mottoes*) impressas, fechadas em caixas ou em cascas de noz...

Eis alguns detalhes suplementares dados em outra parte da obra, que não deixam de ser interessantes:

O major Buckley produziu assim a clarividência consciente (no estado de vigília) em 89 pessoas, das quais 44 foram capazes de ler divisas contidas em cascas de noz, compradas por outras pessoas visando a essas experiências. A divisa mais longa assim lida continha 98 palavras. Muitos pacientes liam divisa após divisa *sem nenhum erro*. Desse modo, as divisas contidas em 4.800 cascas de noz foram lidas, algumas sem dúvida em estado de sono mgnético, mas a maioria delas por *pessoas em estado consciente* (estado de vigília), *muitas das quais até mesmo nunca tinham sido adormecidas...* Toda precaução havia sido tomada. As nozes contendo as divisas, por exemplo, tinham sido compradas de 40 fabricantes diferentes e lacradas antes de serem lidas. Devemos acrescentar que das 44 pessoas que leram as divisas em estado de vigília, 42 pertencem à camada mais alta da sociedade; e as experiências foram feitas na presença de muitas outras pessoas, parecendo-me admiravelmente conduzidas, e não vejo razão alguma para duvidar da inteira exatidão dos fatos.

Parece-nos, pois, estabelecido que a indicação de um fato desconhecido do médium, como a adivinhação de uma carta, a indicação de uma palavra oculta num envelope, a de uma soma contida no bolso de um assistente, sempre podem compreender-se invocando a clarividência, *desde que outras características da mensagem não indiquem a intervenção de uma inteligência estranha.* Notemos, contudo, que a clarividência do automatista só se exerce quanto a objetos ao alcance imediato do escrevente. Parece que essa capacidade é rapidamente limitada, porque quando se quer fazer designar um objeto na sala vizinha, toda indicação exata cessa. Teremos oportunidade de utilizar esta observação para fazer distinções entre o automatismo e a mediunidade.

A leitura do pensamento

Para nós, é extremamente interessante saber se um ser particularmente dotado é capaz, não de *receber* o pensamento, mas de tomar conhecimento dele por uma *leitura direta* no cérebro de outro indivíduo. Especificamos aqui que não se trata dessas leituras de pensamentos como as feitas por Pickman, Cumberland etc., que necessitam de um contato físico entre o agente e o percipiente, e que podem explicar-se por agentes físicos (movimentos da mão, respiração, gestos inconscientes etc.), mas de uma verdadeira leitura no pensamento do experimentador, operado à distância, ficando o percipiente no estado normal. Fatos dessa natureza são tão raros que só os mencionamos para sermos completos. Conhecemos apenas o caso do dr. Quintard como absolutamente autêntico; vamos citá-lo, mas é excepcional e concordamos completamente com os sábios dos *Phantasms*, que dizem:

> A expressão *leitura de pensamento* que se utilizou inicialmente tem vários inconvenientes. No início nós a aplicamos a fatos que podem reduzir-se à interpretação de movimentos inconscientes. Depois, a expressão *leitura de pensamento* assustou e chocou várias pessoas; supor que o espírito de um homem possa ser aberto como um livro onde qualquer um pode ler, seria negar, parece, as condições mesmas nas quais repousam as relações sociais. Na realidade, *nenhum espírito é aberto assim ao espírito de outrem.* É necessário que o indivíduo concentre seu pensamento com grande intensidade, o que frequentemente é muito difícil, para que possamos decifrá-lo. *O indivíduo não é, absolutamente, como uma página escrita que alguém pode ler a seu belprazer.*

Por essa citação, vemos como é exagerada, quimérica, a clarividência que atribui ao médium a faculdade de ler no cérebro do consulente para dar-lhe as informações que deseja. A experiência prova que se o operador não quer projetar seu pensamento sobre o médium, este não consegue tomar conhecimento dele. Portanto, é absurdo imaginar que possa buscar os dados que se refiram a um indivíduo morto no cérebro de uma pessoa qualquer que conheceu o defunto, quando não existe relação alguma entre o dito médium e essa pessoa.

O caso do dr. Quintard

Eis a observação que o dr. Quintard comunicou em 1894 à Sociedade de Medicina de Angers:

Ludovic X. é uma criança de menos de 7 anos, vivo, alegre, robusto e dotado de excelente saúde; é absolutamente livre de qualquer tara nervosa. Os pais também não apresentam nada de suspeito do ponto de vista neuropatológico. São pessoas de humor tranquilo, que desconhecem os reveses da vida.

Aos cinco anos de idade, no entanto, o menino segue os passos do célebre Inaudi. Nessa época, querendo ensinar-lhe a tabuada de multiplicação, a mãe percebeu, não sem surpresa, que ele a recitava tão bem quanto ela. Logo, obstinando-se, chegava a fazer, de cabeça, multiplicações com um multiplicador formidável. Atualmente, basta ler-lhe um problema tomado ao acaso num livro e ele imediatamente lhe dá a solução. Este, por exemplo: 'Se pusessem no meu bolso 25,50 francos, teria três vezes o que tenho, menos 5,40. Quanto tenho?' Mal concluído o enunciado e o menino, sem perder tempo refletindo, responde 10,30, o que é exato. Em seguida vamos buscar no fim do livro, entre os mais difíceis, este outro problema: 'O raio da terra é igual a 6366 quilômetros; encontrar a distância da terra ao sol, sabendo que equivale a 24.000 raios terrestres. Exprimir essa distância em léguas.' Com sua vozinha meio gaguejante, o menino, sem hesitar, dá a solução apresentada no livro: 38.196.000 léguas!

Tendo outras preocupações, o pai do menino, de início, dava às proezas do filho apenas uma relativa atenção. Finalmente, sensibilizou-se e, como é um pouco observador, pelo menos por profissão, não tardou a notar: 1º que o menino prestava pouca atenção e às vezes nem escutava a leitura do problema; 2º a mãe, cuja presença é uma condição expressa para o sucesso da experiência, devia ter sempre sob os olhos, ou no pensamento, a solução pedida. Donde ele *deduziu* que seu filho não calculava, mas *adivinhava*, ou melhor dizendo, praticava na mãe a 'leitura de pensamento', o que

Gabriel Delanne

resolveu confirmar. Consequentemente, pediu à sra. X. que abrisse um dicionário e perguntasse ao filho que página tinha sob os olhos, e o filho logo respondeu: 'É a página 456', o que era exato. Dez vezes recomeçou e dez vezes obteve um resultado idêntico. Eis o bebê transformado de matemático em feiticeiro — digamos adivinho, para não ofendê-lo! Mas sua notável faculdade de vidência não se exerce somente com os números. Se a sra. X. marca com a unha uma palavra qualquer num livro, o menino, questionado a respeito, diz o nome sublinhado. Uma frase é escrita num caderninho. Por mais longa que seja, basta que passe sob os olhos maternos para que o menino, mesmo se interrogado por um estranho, repita a frase palavra por palavra sem aparentar que isso lhe pareça uma proeza. Não é mesmo preciso que a frase, o número ou a palavra sejam fixados no papel; basta que estejam bem claros na mente da mãe para que o filho faça a leitura mental. Mas o sucesso do menino são os jogos sociais. Ele adivinha uma atrás da outra todas as cartas de um jogo. Indica, sem hesitar, que objeto esconderam numa gaveta sem que o percebesse. Se lhe perguntam o que uma bolsa contém, ele mencionará até a milésima das moedas que nela se encontram. É principalmente na tradução de línguas estrangeiras que o menino é singular. Dir-se-ia que entende perfeitamente inglês, espanhol, grego. Recentemente um amigo da família pediulhe o significado desta charada latina: *Lupus correbat sine pedibus suis.* Para satisfação geral, o menino se saiu bem.

O dr. Quintard pediu a um colega, o dr. Tesson, que examinasse o jovem prodígio, e este afirma ter verificado ponto por ponto tudo que o dr. Quintard assinalou no seu estudo.

Observemos que aqui não há sugestão por parte da mãe. Ela não deseja comunicar seu pensamento, e muitas vezes a transmissão ocorre *contra sua vontade*; é o menino que involuntariamente exerce sua faculdade de clarividência. Eis a seguir a prova decisiva:

> Toda medalha, diz o dr. Quintard, tem seu reverso, Quando o menino chegou à idade de aprender a ler seriamente, sua mãe, que se havia dedicado a essa tarefa, observou, não sem pesar, que sob sua direção o filho não progredia. Adivinhava tudo, não exercitava seu raciocínio, nem sua memória.

Foram precisos mil cuidados engenhosos para levar o barco a um bom porto. Concebe-se, então, que a sra. X. devia ter pouco gosto pela sugestão vigil.

Raramente se encontram casos em que a leitura do pensamento seja tão nítida, mas deve-se notar um ponto muito importante: é que o menino não lê *todos* os pensamentos da mãe. Ele só toma conhecimento dos que lhe dizem respeito diretamente, e só no momento em que lhe chamam a atenção. É necessário que a mãe tenha clara consciência da frase, do número que o menino percebe psiquicamente. Ele não poderá ler indistintamente no espírito da mãe todos os pensamentos que aí estão armazenados. Seu poder, já muito grande, limita-se aos pensamentos atuais nitidamente formulados.

É principalmente a íntima relação entre mãe e filho que facilita essa clarividência, mas como ela geralmente não existe nas experiências espíritas, e como só conhecemos este caso, não insistiremos.

A clarividência durante o sono comum

Com muita frequência, a clarividência se exerce durante o sono normal; é fácil constatá-lo pela abundância dos casos relatados nas obras que temos citado. Quando o adormecido se lembra da sua visão, ele pode imediatamente verificar-lhe a autenticidade. É assim que a srta. Maria, paciente do sr. Ermarcora, "reconhecia os lugares que via pela primeira vez como idênticos aos lugares vistos em sonho"[19] O caso que reproduzimos a seguir mostra esse fenômeno exercendo-se como uma faculdade quase normal.

Visão de lugares desconhecidos

No seu livro sobre o *Desconhecido*, o sr. Camille Flammarion classifica os fatos seguintes entre os sonhos premonitórios, mas, ao mesmo tempo, demonstram o exercício de uma notável faculdade de clarividência. A seguir, eis uma observação, tomada entre 45 outros exemplos:[20]

19 Ermacora, *Cas de Prémonition en Somnambulisme, Ann. Psuch.*, 1894, p. 223.
20 Flammarion, *L'Inconnu et les Problèmes Psyychiques*, p. 519.

Gabriel Delanne

Apresento-me pessoalmente, Pierre-Jules Berthelay, nascido em Issoire (Puy-de-Dôme), a 24 de outubro de 1825, antigo aluno do liceu de Clermont, padre da diocese de Clermont em 1850, antigo vigário durante oito anos em Santo Eutrópio (Clermont), três vezes inscrito no ministério da guerra como capelão militar.

1º Após treze anos de difícil ministério, estava muito cansado, ainda mais que tive de servir de contramestre fiscal durante a construção da graciosa igreja de Santo Eutrópio, em Clermont; durante quatro anos acompanhei os operários desde as fundações até a cruz da flecha. Fui eu que coloquei as três últimas ardósias. Nosso professor, o sr. Vincent, para fazer-me mudar de trabalho, fez-me vir a Lião, onde nunca tinha ido. Num dos primeiros dias, saindo do almoço, meu aluno me disse: 'Senhor abade, quereis acompanhar-nos à nossa propriedade de Saint-Just Doigieux?' Aceito, eis-nos na viatura. Depois de passar por Saint-Paul-en-Jorret, exclamo: '*Mas, conheço a região!*' E, de fato, poderia dirigir-me para lá sem guia. Pelo menos um ano antes, *tinha visto durante o sono* todos aqueles pequenos terraços em pedras amarelas.

2º Voltei à minha diocese, mas mandaram-me desempenhar nas montanhas do Oeste uma difícil missão, acima das minhas forças. Fiquei sete meses muito doente em Clermont. Enfim, consegui manter-me sobre as pernas Mandam-me substituir o capelão do hospital de Ambert, atingido por uma congestão cerebral. A estrada de ferro de Ambert ainda não tinha sido construída. Eu estava na viatura que fazia o transporte de Clermont a Ambert. Após passar Billon, olho à direita e *reconheço o pequeno castelo com sua avenida de olmos, como se tivesse vivido lá; tinha-o visto durante meu sono* pelo menos dezoito meses antes.

3º Estamos no ano terrível. Minha mãe, que tinha visto os aliados desfilarem nos Champs-Elysées, em Paris, está viúva e reclama minha presença como seu único sustento; dão-me uma pequena paróquia perto de Issoire. A primeira vez que fui visitar um doente, vi-me em ruelas estreitas, entre altas muralhas escuras, mas encontrei perfeitamente a saída. *Durante meu sonho*, vários meses antes, *tinha percorrido aquele dédalo de ruas sombrias.*

4º Acontecimentos independentes da minha vontade levaram-me a Riom, onde me preparo para grande viagem. Qual não é minha surpresa ao encontrar, como velha conhecida, a capela que meu camarada, o abade Faure, havia construído para os soldados, *que eu nunca tinha visto com meus olhos*, e cuja existência até mesmo ignorava! Poderia ter feito o croquis que vos envio como se tivesse servido de contramestre.

Berthelay, padre

Teria sido interessante saber se essas visões eram anteriores a qualquer apreensão de mudança de residência, porque, frequentemente, a inquietação, o desejo de estar informado sobre nosso futuro ou sobre a sorte de um ser amado bastam para desenvolver a vidência durante o sono. No caso seguinte, o rumor da tempestade, percebido durante o sono, é sem dúvida a origem do acesso de clarividência que decidiu a agente a ir em socorro do marido.[21]

Clarividência advertindo sobre um perigo

Há alguns anos, morava numa propriedade situada a alguns quilômetros de Papeete, sede dos nossos estabelecimentos franceses na Oceania. Precisei comparecer a uma sessão noturna no Conselho geral e, por volta da meia-noite, deixando a cidade sozinho, na minha pequena charrete inglesa, fui surpreendido por uma pavorosa tempestade. Minhas lanternas apagaram. O caminho que eu seguia, margeado o mar, estava absolutamente escuro; meu cavalo se assustou e disparou. De repente senti um choque violento; minha viatura acabava de despedaçar-se contra uma árvore. As duas rodas tinham ficado com seu cubo no local do acidente e eu, projetado entre o cavalo e a cabine partida ao meio, estava sendo arrastado pelo animal apavorado numa corrida na qual deveria morrer cem vezes. No entanto, não tendo perdido meu sangue-frio, consegui acalmar o animal e descer dos destroços onde me encontrava. Apelei por socorro como qualquer um faria, mas encontrava-me numa região completamente deserta.

De repente, percebo uma luz que parece vir na minha direção, e, instantes depois, chega minha mulher, tendo percorrido uma distância de aproximadamente dois quilômetros para dirigir-se ao teatro do acidente.

Ela me contou que tinha acordado subitamente, *vendo com*

---

21 Flammarion, op. cit., p. 450.

Gabriel Delanne

nitidez que eu estava em *perigo de morte*, e, sem hesitar, tinha acendido uma lanterna e, sob a chuva torrencial, tinha corrido em meu socorro. Muitas vezes aconteceu-me voltar da cidade em plena noite, mas minha mulher nunca tivera a menor preocupação comigo. Aquela noite, *ela viu realmente o que me acontecia* e não conseguiu resistir à imperiosa necessidade de ir ao meu encontro. Quanto a mim, não tenho qualquer lembrança de ter-lhe dirigido um ardente chamado mental, e fiquei, confesso-o, completamente atordoado quando, a mais de cem metros de mim, na noite, ouvi uma voz gritar-me:

— Sei que estás ferido, mas cheguei.

Jules Texier, em Châtellerault

O ardente desejo de rever um ente querido que está longe e de quem não se tem notícias, também pode, em pessoas predispostas, provocar um acesso de clarividência, durante o qual o indivíduo adquire conhecimentos precisos que lhe permitem aproximar-se do ausente. Eis um exemplo demonstrativo, narrado pelo sr. Paulham:[22]

Uma mãe que reencontra o filho por clarividência

Há alguns meses, encontrando-me no *mas*[23] de C., no departamento do Gard, ouvi falar de um sonho que tinha possibilitado que a sra. R., doméstica encarregada da direção da granja, reencontrasse seu filho, que fora embora há muito tempo. Interroguei a sra. R. A meu pedido, ela concordou em escrever uma narrativa do fato que me interessava; assim, graças a ela, consegui outros esclarecimentos. Eis o relato da sra. R.:

"Sendo obrigada a deixar minha região para sustentar minha pequena família, fomos cuidar de uma granja. Um dia, o mais velho dos meus três filhos se aborreceu com o pai e partiu; ficamos algum tempo sem saber onde estava e eu me preocupava muito com isso... Um dia, não aguentando mais... recorri a Deus, sabendo que ele tudo poderia por mim; o tempo continua passando, e nada de notícias, mas Deus inspira-me esta ideia: Pedi e recebereis, deixai sobre mim tudo que pode inquetar-vos

---

22 Paulham, *Ann. Psych.*, janeiro de 1892.
23 *Mas* é uma palavra muito usada no sul da França para designar uma vila, um lugarejo.

e cuidarei de vós. E eu disse: Senhor, lembra-te da tua promessa, dá-me meu filho, faz-me ver meu filho onde ele está e irei buscá-lo. Deitei-me com calma, acreditando que Deus me tinha ouvido; louvo-o por achar que é verdade; sonho com meu filho na cidade de C., observo a casa do meu sonho, dizendo: outra vez a encontrarás. Acordei, não conseguia acreditar que tivesse sido um sonho, eu tinha visto meu filho e parecia-me bem real. Contei o sonho ao meu marido e disse-lhe: Quero ir até lá e estou convencida de que o encontrarei. Meu marido me disse: Estás louca, queres ir a C. e talvez ele esteja em V. Não conheces o caminho, vais te perder, nunca foste àquela vila, não podes ir para lá. Mas eu, que acreditava nas promessas de Deus, insisto, e decidem deixar-me ir, e garanto-vos que foi pela fé que parti."

Aqui a sra. R. conta que parte para C. No trem, encontra uma senhora que a interroga e manifesta sua surpresa. Chega a C.:

Em nome de Deus, eis-me cheia de confiança, e na estação começo a fazer perguntas a todos os funcionários. Ninguém o conhecia, pergunto a todos que encontro pelo caminho e principalmente aos que acho iguais a ele (isto é, da mesma condição social). Procuro quase todo dia sem nada encontrar. O trem ia passar e, preocupada, me recomendei a Deus; estando decidida a partir, dirigi-me à estação. Ainda estava longe quando olho de um lado a outro, sempre esperando vê-lo em algum lugar e, olhando, *enxerguei a casa onde tinha visto meu filho no meu sonho*. Digo: Obrigada, meu Deus, meu filho está aqui. Era um café cheio de gente, eu continuava sendo ajudada por Deus; uma mulher saiu, aproximei-me e perguntei-lhe: A senhora não conhece um rapaz mais ou menos assim? E ela indicou-o lá e eu o encontrei graças ao meu Deus. Desde então, acredito nisso de todo coração, e apesar de todas as minhas penas e das minhas preocupações, continuo tendo a paz da alma e o repouso que o mundo não pode dar.

A sinceridade deste relato ingênuo é confirmada pelo testemunho do filho encontrado, por outro dos filhos da sra. R. e por sua cunhada, que foi imediatamente informada sobre o sonho clarividente, e que só acreditou nele quando os futuros acontecimentos o confirmaram.

Podemos citar um caso que nos foi contado pela pessoa clarividente. Ei-lo:

Conhecemos uma senhora que, no decorrer de um processo, tinha o maior interesse em saber onde estava morando uma pessoa que tinha desaparecido. Uma noite, sonhou que se encontrava numa rua de Paris, que não conhecia, mas cujo nome leu na placa indicadora, e que entrava numa certa casa. No pátio, à esquerda, viu o apartamento onde aquela pessoa morava. Ao despertar, conservou bem nítida a lembrança do seu sonho, dirigiu-se à rua, e apesar das negativas da zeladora, pôde fazer constatar oficialmente a presença naquela casa da pessoa que nela tinha visto em sonho.

Em todos esses exemplos, a verificação pôde ocorrer porque a lembrança permaneceu viva depois do despertar. Mas temos constatado que a vida psíquica da alma pode perfeitamente ser esquecida, de modo que se esta se tivesse produzido quanto à sra. R., ela não teria conseguido encontrar seu filho, a menos que, por um processo particular, a memória do sonho se tivesse exteriorizado de maneira a chegar até a consciência normal. Ora, sabemos que a escrita automática é particularmente apropriada para trazer à tona pensamentos que estão enterrados no mais profundo de nós. Devemos, pois, levar em consideração essa possibilidade quando o estado emotivo do indivíduo estiver fortemente excitado pelo desejo de saber o que aconteceu com um ente querido, e mesmo que a informação exata seja dada em nome de uma personalidade defunta, que não provou sua identidade, não podemos ter certeza de que foi mesmo o espírito do morto que revelou o fato desconhecido do médium no estado normal. Citamos dois desses casos que podemos interpretar tanto pela clarividência quanto pela intervenção espiritual:

Fatos que se podem explicar pela clarividência

Um certo sr. J. W. H., preocupado com a sorte do seu filho Herbert, que tinha deixado a Inglaterra, partindo para a Austrália, para estabelecer-se em Adelaide, recebeu, a 16 de agosto de 1885, através da sua mulher, em nome da irmã desta, a seguinte comunicação: "Fui a Adelaide para encontrar-me com Herbert. Ele está muito bem e conseguiu encontrar um emprego." E diante da pergunta "Onde?", a interlocutora respondeu: "Na companhia das usinas de Adelaide".[24] Uma carta recebida posteriormente provou que aquelas informações eram verdadeiras.

Aqui, encontramos reunidas as condições que podem produzir a clarividência. A preocupação da mãe quanto à sorte do filho pode muito bem ter sido a causa determinante da visão. Esta talvez se tenha produzido durante o sono natural do médium, já que não existe nenhuma lembrança durante o estado normal, mas a lembrança esquecida reaparece por meio da escrita automática e adota a assinatura habitual, que é a da irmã.

Eis um segundo caso que talvez tenha a mesma causa:

Durante uma longa viagem feita pelo juiz Edmonds, os amigos que deixou em Nova Iorque, em diversas ocasiões, tiveram notícias dele através de um médium. Quando voltou, o juiz constatou que as informações fornecidas eram perfeitamente exatas, porque coincidiam com as contidas nas mesmas datas no seu diário de viagem.[25]

Rigorosamente estudados, fatos dessa natureza podem explicar-se pela clarividência, e, em virtude do princípio que adotamos, devemos dar preferência a esta hipótese.

Em compensação, porém, quando as condições necessárias à clarividência não existem, e apesar disso obtêm-se informações corretas, devemos certamente admitir a existência de uma inteligência, viva ou morta, diferente da dos assistentes, e que conhece os fatos. Na terceira parte veremos numerosos exemplos disso.

Para bem mostrar que nosso raciocínio não é uma simples indução, citaremos um exemplo de lucidez durante o sono normal e meio esquecido, depois a clarividência do mesmo fato durante o sonambulismo. A experiência foi feita pelo dr. Ferroul, deputado, prefeito de Narbona, e a ata que relata esse notável fenômeno está assinada por oito pessoas que a assistiram.

Leitura através de um envelope opaco lacrado

A 19 de novembro de 1894, o dr. Ferroul conseguiu fa-

---

24 *Light*, 1857, p. 248.
25 Aksakof, *Animisme e Spiritisme*, p. 249.

zer, com sua paciente Anna B., uma experiência muito curiosa de leitura através de um envelope opaco, através do qual uma pessoa normal, dotada de boa visão, não pode ler por transparência. O envelope compõe-se: 1º de um envelope exterior verde e opaco; 2º de um segundo envelope em papel inglês, incluso naquele; 3º de duas folhas de papel quadriculado, envolvendo: 4º outra folha, onde estão escritos dois versos. Há, então, dois envelopes e duas folhas de papel a serem atravessados antes de chegar à folha com a inscrição a ser lida.

O envelope externo verde é colado com cinco lacres no lado do fechamento; um lacre suplementar é colocado na outra face do envelope, de modo que fique bem na frente e se oponha a um dos lacres anteriores que fecham um dos cantos do envelope. Um buraco tinha sido feito no lugar que os dois lacres perfeitamente opostos deviam ocupar, a fim de que a cera, penetrando no buraco, fixasse o segundo envelope no primeiro e não permitisse retirá-lo sem rasgá-lo. Três pontinhos, apenas perceptíveis, tinham sido marcados a caneta no envelope externo pelo sr. Goupil, que havia medido cuidadosamente as respectivas distâncias milimétricas. O sr. Goupil também tinha desenhado os lacres, pondo-lhes os contornos em relevo, e as manchas escuras que os salpicavam, a fim de certificar-se de que poderia reconhecê-los e bem fiscalizá-los.

Nos cantos, o envelope externo trazia as letras *a, b, c, d* traçadas a lápis (o *b*, invertido, podia ser tomado por um 2); o *a* estava aprisionado entre os dois lacres opostos, que atravessavam o primeiro envelope. Talvez seja devido a essa circunstância que a lúcida não viu essa letra escondida de um lado e do outro pela cera.

O envelope foi confiado ao dr. Feroul, que lhe ignorava completamente o conteúdo, para que fizesse com que sua paciente, posta em estado de sonambulismo, o lesse. Terminada a experiência, ele voltou com o envelope e uma folha de papel onde havia registrado as revelações da paciente.

Após um exame muito atento, o envelope foi declarado perfeitamente intato. Então o dr. Ferroul entregou ao sr. Fabre a folha de papel com as seguintes revelações:

Envelope branco papel inglês, *d, 2, c.*

Papel quadriculado, outro papel dentro.
O homem faz dois versos: ele não vai zombar de mim!
Vosso partido certamente.
Se aniquila pelo saneamento.

Leitura e exame da folha feitos pelas oito testemunhas dessa experiência, o sr. Goupil entregou o envelope ao sr. Aldy, advogado, para que retirasse o lacre e as testemunhas, durante a sessão, analisassem o resultado obtido.

Assim que foi comprovado, redigiu-se a ata; o sucesso da experiência foi completo.

Eis então uma prova bem nítida de clarividência durante o sono magnético. Mas Anna B. tinha ouvido falar da experiência antes que acontecesse, e sua preocupação tinha sido suficientemente grande para determinar a lucidez durante o sono normal. Na folha entregue pelo Dr. Ferroul havia a seguinte mensagem: "Ao despertar ela me disse ter sonhado com isso e tê-lo contado a uma pessoa. Essa pessoa veio confirmar-me a coisa." Aqui está a explicação complementar dessa nota:

Tão logo a lúcida declarou o que havia no envelope, o dr. Ferroul despertou-a e contou-lhe o que havia dito. "Ora, disse ela, *sonhei com isso há três dias* e disse a X que estava lendo um envelope onde havia dois versos terminando em *mento*, mas só se lembrava de que a última palavra era *saneamento*."

O dr. Ferroul chamou então a pessoa em questão, que lhe afirmou que Anna B. realmente tinha-lhe contado aquilo.

Imaginemos que, em vez de fazê-la dizer os versos que estavam escritos no envelope, se tivesse feito Anna B. escrever numa sessão espírita. É provável que a lembrança que era semiconsciente se tivesse exteriorizado pela escrita, como já o vimos, e poderíamos crer que houvesse a intervenção de um espírito, que assim testemunharia sua presença, quando só as faculdades transcendentes de Anna B. estavam em jogo.

Para produzir-se, a clarividência nem sempre exige motivos tão sérios como os que acabamos de ver. A emotividade do paciente pode ser acionada por acontecimentos menos dramáticos, por fatos da vida cotidiana que não têm uma importância capital, como, por exemplo, a perda de uma joia, de uma pequena soma de dinheiro, por preocupações profissionais etc.

Gabriel Delanne

Citamos alguns exemplos para mostrar a variedade de fatos que podem ser revelados pela escrita automática, sem que os espíritos intervenham.[26]

Uma joia e uma soma de dinheiro encontrados em sonho

O caso seguinte foi publicado pelo pe. Royce, de Harward (que sabe o nome da testemunha), nos *Proceedings* da S. P. R. V. I. americana n° 4, março de 1889:

Há vários anos fui convidada a visitar uma amiga que morava numa grande e bela casa de campo às margens do Hudson. Pouco depois, com muitos outros hóspedes, caminhava pelas terras, que eram muito extensas. Andamos pelo menos uma hora e exploramos completamente o terreno. Voltando para casa, descobri que tinha perdido uma abotoadura de ouro, que era uma lembrança e de que eu gostava muito. Só me lembrava de que ainda estava com ela quando começamos o passeio, mas não tinha pensado mais nela e só notei seu desaparecimento na volta. Como estava muito escuro, parecia inútil procurá-la, principalmente porque estávamos no outono e a terra estava coberta de folhas mortas.

À noite, sonhei que via um cacho de uva seco numa vinha que subia ao longo do muro, com um monte de folhas mortas na base. Sob as folhas, no meu sonho, via distintamente minha abotoadura brilhando. Na manhã seguinte, perguntei aos amigos com quem tinha passeado se *eles* se lembravam de ter visto um muro com uma vinha, porque eu não me lembrava. Eles me responderam que não tinham a menor ideia. Não lhes contei por que lhes fazia aquela pergunta, pois estava pouco à vontade para contar meu sonho, mas achei uma desculpa qualquer para voltar às terras sozinha. Andei em todos os sentidos e, de repente, cheguei a um muro com uma vinha, exatamente como tinham aparecido no meu sono. Não tinha a menor ideia de tê-los visto ou de ter passado por lá na véspera. As folhas estavam amontoadas ao pé da vinha como no meu sono. Aproximei-me com cuidado, sentindo-me encabulada e completamente tola, e remexi as folhas. Tinha espalhado muitas quando o brilho do ouro feriu-me os olhos, e lá vi a abotoadura, exatamente como havia sonhado.

---

26 Myers, *La Conscience Subliminale, Ann. Psych.,* 1898, p. 200.

Como a abotoadura estava escondida por folhas, parece-nos verossímil que a descoberta não se deve a uma percepção inconsciente, mas a um verdadeiro fenômeno de clarividência, como o seguinte, que de novo pedimos emprestado ao sr. Myers:

> O sonho bastante significativo que se segue aconteceu a 20 de novembro de 1856. Nesse dia, dei ao meu jardineiro, G. Vilmont, seu salário (15 xelins) numa folha de papel dobrada, cartas para o correio, dois embrulhos e um recado a ser dado em diferentes residências situadas no seu caminho para chegar à sua casa. Eram seis horas da tarde... Mais ou menos uma hora depois, o jardineiro voltou dizendo-me que havia perdido seu salário. Aconselhei-o a voltar sobre seus passos e procurar com o maior cuidado possível, mas ele o fez sem sucesso. Como a noite estava linda e a cidade estava cheia de gente, ele acabou desistindo da busca e voltou para casa, a uma milha de lá.
>
> À noite sonhou que ia a uma das residências onde tinha levado um recado e, atravessando a rua diante da casa, pisou num monte de lama onde seu pé encontrou o papel contendo o dinheiro; a moeda de ouro saía e rolava e os cinco xelins ficavam sob seu pé. Contou o sonho à sua esposa e, voltando a dormir, teve o mesmo sonho pela segunda vez. Cedo, pela manhã, foi àquele lugar e seu sonho se concretizou ao pé da letra, até com a moeda de ouro rolando e o resto ficando no lugar.
>
> Ele é um homem muito inteligente e verídico.
>
> Srta. Ada Hunt, de Pen Villa, Yeovil.

Aqui, como no caso do pe. Berthelay, a clarividência se mistura com premonição, já que o sonho mostra antecipadamente o que sucederia no dia seguinte, isto é, o incidente da moeda de ouro que rola sozinha para fora do papel. Novamente repetimos que, se esses acontecimentos fossem anunciados pela escrita automática, noventa por cento dos experimentadores provavelmente seriam tentados a ver nisso a intervenção de uma entidade benfazeja que vela por eles e procura protegê-los. É assim que também interpretariam o anúncio pela escrita de uma enfermidade próxima, que realmente se manifesta, ao passo que, frequentemente, a causa deve ser buscada num sonho esquecido

Gabriel Delanne

ao despertar, mas que ficou gravado na memória latente.

Sonhos clarividentes e premonitórios

Independentemente dos trabalhos intelectuais efetuados durante a noite, o sono natural pode ocasionar sonhos que informam a pessoa adormecida sobre um estado mórbido do organismo, que ainda não chegou ao conhecimento da consciência normal.

Antes que uma doença se manifeste, ela é precedida muitas vezes de um período de incubação que, desconhecido durante a vigília, vez por outra torna-se motivo de sensações internas que tomam a forma de sonho. Os drs. Macario,[27] Charpignon,[28] Padioleau[29] etc. citam exemplos disso. Relatamos alguns deles:

É uma mulher que vê em sonho objetos confusos e baralhados como se através de um nevoeiro espesso, e que, depois, é atingida por ambliopia.

Outra, de quem Macario cuidava, sonha que dirigia a palavra a um homem que não podia responder-lhe; ao despertar, estava afônica.

Teste, ministro de Luís-Filipe, acusado de concussão, sonhou na prisão que tinha tido um ataque de apoplexia; três dias após o sonho, morreu dessa afecção.

Arnauld de Villeneuve viu-se, em sonho, mordido na perna por um cão; alguns dias depois, surgiu uma perigosa ferida no mesmo ponto.

Galien fala de um doente que, sonhando, se viu com uma perna de pedra; nos dias seguintes, teve paralisia.

O sábio Conrad Gessner sonhou que era mordido no lado esquerdo por uma cobra; pouco tempo depois, no mesmo lugar declarou-se um antraz que o matou.

Cornelis Ruffus sonhou que tinha perdido a visão; ao despertar, estava com amaurose.

Macario diz, sobre si mesmo, que sonhou ter uma violenta dor de garganta. Embora estando bem ao acordar, algumas horas mais tarde foi atacado de amigdalite.

Alguns autores afirmam que essas desordens eram consecu-

---

27 Macario, *Du Sommeil*.
28 Carpignon, *Étude sur la Médicine Animique*. Laureado pela Academia de Medicina.
29 Padioleau, *De la Médicine Morale*. Laureado pela Academia de Medicina.

tivas a fenômenos de autossugestão. Mas, quer essa teoria seja exata ou não, basta-nos constatar que sonhos precursores às vezes anunciam uma doença, para assegurar que se a escrita nos adverte de um desses sonhos esquecidos, a necessidade de uma intervenção espiritual não deve ser indispensável para a explicação. Preocupações causadas por um intenso sentimento do dever a cumprir também podem dar margem à clarividência, como testemunham os dois relatos que reproduzimos:[30] O rev. A. J. Macdonald, que tem muito cuidado em matéria de provas, obteve para nós o relato seguinte, com os nomes verdadeiros, que devemos suprimir aqui. O que se segue, diz ele, escrevi-o ontem, ditado pela subsecretária de uma companhia de seguros contra incêndio. 1º de abril de 1884.

> O ano passado, sonhei que um certo moinho de algodão, segurado por nossa companhia, tinha queimado. Era um moinho que eu nunca tinha visto, e não conhecia nenhum dos membros daquela empresa; há anos não via nem ouvia nada a respeito daquele seguro. Chegando ao escritório na manhã seguinte, procurei o relatório do inspetor e achei-o meio pobre; então examinei outro, feito há alguns anos. Em consequência, dei ordens para que o lugar fosse novamente inspecionado, e quando a inspeção foi feita, verificou-se que o moinho estava em mau estado. Não podendo, no ano em curso, desobrigar-nos de nenhuma parte da soma pela qual o moinho estava segurado, fizemos um contra-seguro por uma parte desse dinheiro com outra companhia. Alguns meses mais tarde, o moinho foi destruído em parte e, *graças à precaução que meu sonho me fez tomar*, nossa companhia poupou um milhar de libras.

O caso seguinte vem do cel. Reynolds, em Cheltenham, que o sr. Myers, que o conhece pessoalmente, declara ser uma excelente testemunha:

> Por volta de 1870, estava encarregado do exame de uma estrada, bem como das pontes grandes e pequenas envolvidas no trabalho. Às vezes ocorriam inundações que comprome-

---

30 Myers, *La Conscience Subliminale, Ann. Psych.*, setembro-outubro de 1899, p. 307.

tiam a solidez das pontes, *portanto eu estava sempre alerta para prevenir danos sérios* que entravariam o tráfego, e, ao mesmo tempo, estava tão acostumado com esse estado de coisas que há muito tempo fazia parte da minha vida cotidiana, que nenhuma ansiedade pesava mais no meu peito. Considerara meus deveres como um mero exercício de rotina. Estava, pois, em perfeito estado de saúde. Uma noite, sonhei de modo muito claro que via um quadro representando uma determinada ponte. Toda a paisagem ao redor era tão completa, tão exata, que não me deixava qualquer dúvida sobre que ponte se tratava. No mesmo instante, uma voz me dizia: 'Vai, e olha essa ponte.' Isso foi dito claramente três vezes. Na manhã seguinte, o sonho ainda persistia no meu espírito e impressionava-me de tal forma, que montei a cavalo e, a galope, percorri as quase seis milhas que me separavam da ponte. Lá, nada se via de extraordinário. A pequena torrente, contudo, descia com um aumento bem acentuado. Entrando na água, descobri, para meu espanto, que as fundações da ponte tinham sido inteiramente minadas e levadas pela corrente. Era um milagre que ainda estivesse de pé. É escusado dizer que o trabalho necessário para conservar a ponte foi feito. É fora de dúvida que, sem aquele sonho, a ponte teria caído, porque não havia qualquer razão para atrair minha atenção especialmente para ela. Embora pequena, a ponte era importante devido à sua situação. O quadro com que sonhei era tão real, tão vivo que, mesmo hoje, está gravado na minha mente quase tão claramente como então. Estou firmemente convencido de que um aviso especial me foi dado por uma inteligência superior. Em nenhum outro momento me aconteceu algo semelhante.

Este último caso está exatamente no limite daqueles em que somos obrigados a reconhecer uma inteligência exterior. Ele serve de transição entre a clarividência natural e a que é provocada por uma intervenção estranha, quer seja humana, como acontece às vezes telepaticamente, quer seja supraterrestre.

A exteriorização, sob a forma de escrita automática, da visão clarividente do sonho, pode não ter sempre a nitidez, a precisão da vidência propriamente dita. Seria curioso estudar como se produzem certas deformações da imagem interna quando ela se traduz objetivamente. Agora, devemos examinar exemplos de clarividência provocada durante o sono magnético, pois sabemos que com muita frequência o automatista apresenta auto-hipnotização, e ao mesmo tempo constataremos, experimentalmente, a existência dessa faculdade supranormal, que vimos exercer-se nos casos anteriormente relatados.

A clarividência durante o sono sonambúlico

Antes que os fatos de lucidez tivessem sido estudados como hoje, poucas questões haviam provocado tantas polêmicas quanto a chamada vidência. Os céticos recusavam-se a crer que tal fenômeno fosse possível, e o insucesso do dr. Berna perante a Academia parecia ter enterrado o assunto. Sabemos agora que essas experiências delicadas não têm data marcada para serem bem sucedidas e que é preciso uma longa prática para constatar algumas; achamos conveniente, por isso, não rejeitar os resultados constatados pelos antigos magnetizadores, muitos dos quais citamos[31] num volume precedente, e registrar outros mais atuais.

O sábio e prudente Deleuze[32] conta que uma jovem paciente, da qual cuidava, leu corretamente sete ou oito linhas de um livro, embora seus olhos estivessem fechados. O dr. Rostand[33] ouviu um paciente adormecido dizer exatamente a hora indicada num relógio atrás dele, quando os ponteiros tinham sido girados sem que ninguém soubesse o lugar que ocupavam.

O dr. Despine (o pai)[34] conta que sua paciente leu uma página inteira de um romance em voga sem tocá-lo, enquanto um anteparo de papelão espesso impedia-lhe a visão. O dr. Husson[35] no seu relatório, lido perante a Academia de Medicina em 1831, diz que o sr. Petit, sonâmbulo, tinha as pálpebras perfeitamente fechadas e no entanto leu diversas frases ou palavras em impressos levados por membros da comissão. Anunciou, mesmo, que uma carta que lhe apresentaram estava escrita

---

31 Delanne, Gabriel, *O Espiritismo perante a Ciência*, **EDITORA DO CONHECIMENTO**.
32 Deleuze, *Memoire sur la Clairvoyance. Annales du Magnétisme* de 1814.
33 Rostand, *Ditionnaire des Sciences Médicales*, artigo *Magnétisme*.
34 Despine, *Observations de Médicine Pratique. De l'Emploi du Magnétisme Animal* etc.
35 Husson, *Rapport a l'Académie de Médicine*, no *Traité de Magnétisme Animal*, de du Potet, p. 123.

Gabriel Delanne

em inglês. Chardel[36] afirma que sua vidente adormecida viu os gestos complicados que fazia para abrir uma torneira, embora estivesse separada dele por um salão e duas paredes. O dr. Bertrand, analisando o livro de Petetin,[37] escreveu:

> Se Petetin não mentiu, é preciso reconhecer francamente que as pacientes cuja história registrou tinham a faculdade de adquirir, sem auxílio dos olhos, conhecimento da forma e da cor dos corpos, e, se os fatos que ele atesta não são verdadeiros, não somente devemos admitir que mentiu, como somos obrigados a fazer a mesma suposição relativamente aos parentes dos pacientes, aos seus amigos e aos médicos, inicialmente incrédulos, e que acabaram por convencer-se. Ora, não receio dizê-lo, a afluência de um número tão grande de testemunhas escolhidas entre pessoas sérias, esclarecidas e que não tinham o menor interesse em enganar, essa reunião, digo, para atestar fatos que não passariam de insípidas mentiras, apresentaria o mais singular fenômeno moral, porque a obra de Petetin contém a história de sete sonâmbulas que *apresentaram, todas, os mesmos fenômenos*, e, consequentemente, teria sido necessário que essa extraordinária afluência, por uma impostura inútil e descarada, se tivesse renovado sete vezes, o que é impossível supor.

O dr. Charpignon[38] conta, igualmente, um caso de visão à distância que mostra que a alma se desloca para ir ver o que acontece ao longe. Trata-se de uma jovem adormecida cujo espírito, transportando-se de Blois a Orleans, percebe, no caminho, a presença de uma pessoa conhecida do dr. Charpignon. Após uma pesquisa, fica-se sabendo que naquele dia aquela pessoa, à hora indicada, encontrava-se exatamente no lugar designado pela vidente. Eis outros exemplos mais recentes, mas que não diferem muito dos anteriores:

O caso de Sebastopol

O sr. prof. Charles Richet publicou nos *Annales Psychiques* o caso que se segue, que lhe foi contado por um amigo, antigo

---

36 Chardel, *Psychologie Phystoyogique*, p. 289.
37 Petetin, *Electricité Animale* etc.
38 Charpignon, *Psychologie, Médicine et Metaphysique du Magnétisme*.

magistrado, em cuja sinceridade tem a máxima confiança:[39]
Em 1855, durante a guerra da Crimeia, eu tinha vinte anos; era amigo de dois rapazes: G. e P.X., cujo irmão mais velho, A., tenente da engenharia militar, servia diante de Sebastopol. G., meu contemporâneo, terminava no mesmo ano que eu seus estudos de Direito. P., mais jovem, preparava-se para os exames da Escola Politécnica e, ao mesmo tempo, acompanhava com grande assiduidade as sessões de magnetismo do barão Du Potet, fazia-se magnetizar e ele mesmo magnetizava uma velha empregada que o havia criado e a seus irmãos.

Uma noite, estávamos fumando depois do jantar, no pequeno apartamento de solteiro que G. ocupava, acima do de seu pai. P. desapareceu durante alguns instantes, depois voltou, pálido e tomado por grande emoção. Tinha acabado de magnetizar sua velha empregada e esta lhe havia dito, no seu sono, que estava vendo A., o oficial da engenharia, ferido gravemente; seu braço pendia, sua túnica, aberta na frente, deixava ver-lhe a camisa ensanguentada.

Alguns dias depois, o pai dos meus amigos recebia a notícia de que na data em que a velha empregada tinha tido sua triste visão, um domingo à noite, se não me engano, estando de serviço nas trincheiras, seu filho tinha sido obrigado a rechaçar uma investida dos russos que haviam derrubado nossas obras de ataque. Ao incitar seus sapadores a recompô-las, A. tivera um braço levado pela metralha que, ao mesmo tempo, lhe ferira de leve a pele da barriga e lhe queimara a camisa.

Lucidez de uma sonâmbula verificada por telefone

Um amigo nosso, o sr. Marius Decrespe, descreveu o controle, exercido no exato momento em que se produzia a visão, da realidade dos fenômenos narrados pelo paciente adormecido. Reproduziremos sua narrativa, abreviando-a:[40]

Em 1892, no começo do inverno, o sr. Decrespe se encontrava no escritório de um industrial, sr. A., morador em Paris, cais de la Tournelle. Dois jovens, acompanhados de uma mulher, foram visitá-lo para fazê-lo constatar o fenômeno

---

39 *Annales Psychiques*, 1893, p. 145.
40 Idem, 1866, p. 201.

da visão à distância.

Após ter tirado seu casacão, ela sentou e pediu um copo d'água, que bebeu de um gole; depois, olhando fixamente para a lâmpada a gás que ardia diante dela sobre a mesa, adormeceu em poucos segundos. Pediu então, e sua voz estava bastante embaraçada no início, que lhe pusessem entre as mãos um objeto que tivesse pertencido à pessoa que desejávamos *seguir*. O sr. A. deu-lhe uma carta escrita por um tal sr. L.; a sonâmbula apalpou-a atentamente, cheirou-a várias vezes, e disse:

— Sim, é um senhor que vem aqui; tem um escritório no bairro, mas não mora nele... Não sei onde mora... Não é alto; cuida-se muito bem, tem boa aparência, quando ninguém o está olhando, ajeita a barba com um pente pequeno que sempre leva no bolso... E depois, pinta os cabelos e a barba... Parece ter uns quarenta anos, mas tem no mínimo cinquenta.

A primeira parte da visão correspondia ao que todos sabíamos do sr. L., mas a revelação dos detalhes de coqueteria nos pareceram tão pouco conformes com o caráter sério do personagem, que não pudemos conter gestos enérgicos de contestação, aos quais o sr. A., que conhecia o sr. L. melhor do que nós, respondeu com sinais, indicando que a sonâmbula tinha razão. A seguir, perguntou-lhe o que o sr. L. tinha feito naquele dia. Ela o seguiu em suas visitas a empresários, aos ministérios etc., e foi possível, no dia seguinte, verificar uma parte das informações, que foram reconhecidas exatas, apesar do mutismo do sr. L., que se mostrou contrariado com aquela "brincadeira tola".

Depois de alguns minutos de repouso, durante os quais a sonâmbula continuava dormindo, o sr. A. apresentou-lhe uma carta de um dos seus correspondentes, o sr. Mousson, cujo retrato a sonâmbula fez com exatidão.

— Onde mora esse senhor? — perguntou o sr. A.?

— É muito difícil... Vejo bem que é em Paris, num lugar onde há muita gente e muitos carros... mas precisaria de ajuda.

— Procure no quarteirão da Bolsa.

— Ah! Estou aqui. É na praça da Bolsa, em tal número, no andar tal.

Era verdade.

— Que está ele fazendo neste momento?

— Está escrevendo uma carta... Acho que em inglês, porque é para Londres.

— Que diz na carta? Leia.

— Ele explica que houve um atraso quanto a uma incumbência que lhe tinha sido confiada, mas que não é culpa sua e que enviará depois de amanhã a resposta que lhe pedem. Lá em cima, o sr. A. saiu do seu escritório. Passou por um aposento vizinho onde estava seu telefone e pediu comunicação com o sr. Mousson. Era impossível, de um aposento, ouvir o que se dizia no outro.

Enquanto isso, a sonâmbula continuava:

— Agora está relendo a carta; levanta-se e vai pegar um livro, que umedece (a cópia das cartas) enquanto fala com um rapazinho que acaba de entrar... Ah! Ele parou! Ora, está falando com uma caixinha que está em cima da mesa (o microfone)... Oh, mas que é que ele tem? O pobre homem parece espantado! Dir-se-ia que acaba de acontecer-lhe uma desgraça...

(Nesse momento, o sr. A. telefonava para o sr. Mousson: — O senhor acaba de escrever para Londres uma carta em inglês desculpando-se por um atraso involuntário? É verdade? — Sim, mas como é que o senhor sabe? — É uma experiência de sonambulismo; eu lhe explicarei. Agora, faça-me a gentileza de fazer exatamente o que vou dizer-lhe...)

— Ah! — recomeçou a visionária, agora está com uma aparência mais tranquila... Está ouvindo uma coisinha redonda que segura ao ouvido (o receptor)... Mas, que é que está fazendo! Que máquina esquisita! Agora ele acabou de falar, está enganchando a coisinha redonda na caixa... Mas tem um ar constrangido.

(Nesse momento, o sr. A. voltava ao seu escritório.)

— Ele está pegando o chapéu; vai sair; volta e pega papéis em cima da mesa; sai fechando a porta a chave; desce a escada; está no lado de fora; para de novo, olhando seus papéis... Dir-se-ia que não sabe que fazer... Vira à esquerda; não, está voltando; toma a rua à direita (rua Vivienne); vai até a beira do passeio (esquina da rua Feydeau); para de novo; olha ao redor; volta; sobe e entra em casa.

Tudo que a sonâmbula acabava de dizer *era a descrição exata* dos atos executados pelo sr. Mousson, conforme as indicações bastante complicadas, vê-se, que o sr. A. acabava de transmitir-lhe ao telefone.

A partir desse momento, a sessão foi quase nula, ou, pelo menos, sem interesse, estando a sonâmbula cansada e com os assistentes enchendo-a de perguntas, sem método, nem paciência.

Um atestado do sr. Côte, engenheiro, um dos assistentes, confirma que os fatos foram narrados exatamente pelo sr. Decrespe.

A primeira parte dessa experiência é irrepreensível, mas quanto à segunda, pessoas implicantes poderiam objetar que uma transmissão de pensamento pôde produzir-se entre a sonâmbula e o sr. A., embora isso seja muito improvável, já que ela continuou vendo sempre só o mesmo indivíduo. Eis um caso semelhante, no qual nenhuma sugestão intervém, consciente ou não. Foi extraída dos *Annales des Sciences Psychiques*, que publicaram grande número deles.[41]

As pesquisas do dr. Backman

O dr. Alfred Backman, de Kalmar, estudou seriamente o fenômeno da clarividência, e os srs. Myers e Charles Richet, que o conhecem, atestam sua perfeita probidade científica. Em resposta a uma carta perguntando ao sr. Suhr, fotógrafo em Ystad, na Suécia, se podia lembrar-se de uma experiência hipnótica feita pelo sr. Hansen vários anos antes na presença dos irmãos Suhr, o dr. Backman recebeu o seguinte relato:

Foi em 1867 que nós, os irmãos abaixo-assinados, nos estabelecemos em Odessa (na Dinamarca), onde frequentemente víamos nosso amigo comum, o sr. Karl Hansen, hipnotizador, que morava perto de nós. Encontrávamos diariamente um homem da lei, sr. Balle, agora advogado em Copenhague, sobre o qual Hansen tinha uma grande influência hipnótica, e que certa noite quis ser adormecido num sono suficientemente profundo para ser clarividente. Nessa época, nossa mãe morava em Roeskilde en Seelland. Pedimos a Hansen que mandasse Balle visitá-la. Era tarde da noite e, depois de alguma hesitação, o sr. Balle fez a viagem em poucos minutos. Encontrou nossa mãe doente e de cama, mas tinha apenas um leve resfriado que devia passar em pouco tempo. Não acreditamos que fosse verdade, e, para verificar, Hansen pediu a Balle que lesse na esquina

---

41 *Annales des Sciences Psychiques*, 1892, p. 237.

da casa o nome da rua. Balle dizia que estava muito escuro para ler, mas Hansen insistiu, e ele leu: "Skomagerstraede." Achamos que estava completamente enganado, porque sabíamos que nossa mãe morava em outra rua. Dias depois, ela nos escreveu uma carta na qual dizia que tinha estado doente e tinha-se mudado para Skomagerstraede.

Assinaram: **Anton Tilhelm Suhr,** fotógrafo, e **Valdemar Block Suhr,** artista dramático e pintor.

O sr. Karl Hansen igualmente confirma a absoluta veracidade dos fatos.

Vejamos agora o relato de uma experiência do dr. Backman que demonstra a lucidez de uma jovem de modo incontestável:[42]

> A primeira vez que tentei uma experiência para constatar a realidade da clarividência, foi com uma menina de 14 anos, Anna Samuelsson, filha de um operário. Tinha tratado dela devido a uma grave doença cardíaca orgânica e havia conseguido um resultado muito feliz, que perdura dois anos e meio depois... Certa vez, tendo ela e outros pacientes sido hipnotizados no campo do regimento de Kalmar, a aproximadamente 13 milhas da cidade de Kalmar, onde moro, pedi-lhe que fosse até lá. À minha pergunta: 'Você está aí?' ela respondeu: 'Sim.' E pouco a pouco descreveu uma grande cidade onde havia dois prédios enormes, um dos quais com vários campanários (torres), a igreja e o castelo. Eu morava num prédio amarelo de dois pavimentos, no andar de baixo. Ela entrou então no apartamento, atravessou a antecâmara e uma sala, e chegou a outra peça onde admirou "tantas pinturas bonitas, principalmente uma bem grande". Em seguida, entrou numa terceira sala e ficou espantada vendo as coisas que estavam penduradas na parede; deviam ser em madeira. (O que havia era uma grande quantidade de pratos de porcelana antigos.) Nessa sala, viu uma mulher que, por sua descrição, reconheci como sendo minha esposa, e uma criança; mas, quanto a esta, havia uma coisa singular, ela a via duplicada (um par de gêmeos, meninos extremamente parecidos). Até aí não me surpreendi, porque, para dar essas informações, bastava que tivesse utilizado sua faculdade de ler os pensamentos, *mas logo meus pensamentos e suas cons-*

---

42 *Ann. Psych.,* 1892, p. 100.

Gabriel Delanne

tatações começaram a diferir. Havia na minha casa uma senhora idosa e, esperando que a paciente a visse também, perguntei-lhe se podia ver outra senhora, ao que me respondeu que via perfeitamente outra, uma moça, e descreveu-a tão exatamente que reconheci a srta. H. W. Depois disso, disse-me que minha mulher tinha-se arrumado, saído e entrado numa loja, onde tinha comprado alguma coisa. A experiência parou aí. Escrevi imediatamente à minha mulher e perguntei-lhe se a srta. H. W. tinha estado em nossa casa naquele dia (em junho de 1888) e se, depois da sua visita, minha mulher tinha ido a uma loja comprar alguma coisa. Alguns oficiais do regimento que conheciam o caso aguardavam ansiosamente, como eu, a resposta, que chegou pela volta do correio. Minha mulher expressava sua grande surpresa (não lhe havia contado por que meio tinha sabido dos fatos) e dizia que era verdade que tinha falado com a srta. H. W. naquele dia e àquela hora, e que ela em seguida tinha ido a uma loja, na mesma rua, para comprar algo; Só que a srta. H. W. não tinha ido à nossa casa, mas a Repsby, a 20 quilômetros de Kalmar, e tinha falado com minha mulher por telefone.

Neste exemplo, parece que a clarividência da paciente, inicialmente dirigida pelo doutor, foi em seguida orientada na direção da srta. H. W. pelo pensamento da mulher dele, já que a descrição da pessoa foi feita de modo a ser reconhecida pelo sr. Backman, embora naquele momento ela não estivesse na sua casa, mas em contato com a sra. Backman só por telefone. Mesmo nesse caso, a vidente também precisa de uma correspondência, de uma ligação simpática para que sua faculdade se exerça para com uma estranha.

Uma experiência de Karl du Prel

O sr. de Rochas, num artigo publicado pela revista dos *Annales Psychiques*,[43] extrai do livro intitulado *Psychologie Expérimentale*, do sábio alemão Karl du Prel, o relato da experiência que se segue, que é interessante por várias razões:

Pedi ao sr. Notzing, em Munique, nosso hipnotizador nas

---

43 Maio-junho de 1901.

experiências feitas com a srta. Lina,[44] que tentasse este ensaio: Dar à srta. Lina, durante a hipnose, a ordem pós-hipnótica de sonhar na noite seguinte com uma determinada pessoa, pôr-se em contato com ela, não esquecer o sonho e contá-lo no outro dia.

Essa ordem pós-hipnótica implicava, portanto, uma função transcendente psicológica do domínio da imaginação, cujo cumprimento remetia-se ao tempo normal do sono. Eu tinha alguma razão para crer no êxito da experiência, porque é possível produzir alucinações no estado de vigília por ordens pós-hipnóticas. Não sendo o sonho basicamente outra coisa senão uma sequência de alucinações, é evidente que uma alucinação pós-hipnótica pode ser transportada também para o tempo do sono normal, e produzir-se até mais facilmente nesse estado.

Mas, como a confiança pessoal não deve desempenhar nenhum papel em experiências científicas, e como só o desenvolvimento da experiência deve impor a convicção, deixei aos experimentadores a escolha da pessoa com quem Lina sonharia, porque céticos mal intencionados poderiam objetar que eu tinha combinado tudo com ela.

Então, os que fizeram a experiência deram a Lina a ordem de sonhar na noite seguinte com o sr. F. L. Lina jamais o tinha visto, nada sabia a respeito do lugar onde ele morava. Essa ordem pós-hipnótica implicava, pois, uma alucinação que, para produzir-se, necessitava de uma faculdade transcendental, a clarividência.

A experiência foi um sucesso. Lina foi convidada a ir na tarde seguinte à casa de um dos experimentadores; ela foi, e contou, como uma coisa espantosa e inexplicável, que tinha sonhado a noite toda com o sr. F. L. Descreveu-lhe exatamente a personalidade, forneceu diversos detalhes quanto ao seu modo de falar, de vestir etc. Tinha-o visto repousando numa poltrona, diante de uma elegante casa de campo; falou da vista de um lago que se tinha do terraço, da proximidade de um bosque, da presença de um cachorro são-bernardo preto etc. Tudo isso, na verdade, poderia ter estado na imaginação dos experimentadores, e, se nos ativermos a isso absolutamente, admito que a hipótese da transmissão

---

44 O paciente era uma mulher jovem que exercia a profissão de modelo em Munique e apresentava notáveis faculdades para receber sugestões orais, musicais e mesmo mentais. Por uma singular coincidência, chamava-se Lina, como a paciente em quem eu fazia experiências em Paris há alguns anos, e que possui qualidades completamente análogas (*Nota do sr. de Rochas.*)

Gabriel Delanne

do pensamento era possível. Mas Lina disse também — *o que nenhum dos assistentes sabia* — que havia filhotes de cachorro na casa, o que mais tarde se constatou. Contou ainda que o sr. F. L. tinha tratado de uma senhora, que descreveu, e cuja descrição não correspondia em nada à esposa do sr. F. L., mas a uma amiga da família, que foi reconhecida pelo retrato que dela pintou. O sonho de Lina não correspondia evidentemente à situação do sr. F. L. no momento, porque ele não ficava fora de casa durante a noite e os moradores da casa dormiam. Para a produção desse sonho, foi preciso que ocorresse uma visão à distância, quer no passado, quer no futuro. A visão à distância de Lina, aliás, foi constatada várias vezes, e existem acima algumas notas redigidas e assinadas, *ante eventum*, naturalmente.

Voltamos a encontrar aqui a clarividência exercendo-se não somente por atos presentes, mas também no passado, e não mais o do paciente, mas o da pessoa que é objeto da lucidez. Fatos dessa natureza são muito numerosos, e lamentamos que a profusão de matérias que temos a tratar não nos permita fazer citações mais abundantes. Mas já podemos tirar algumas conclusões dos exemplos citados, e elas são de capital importância para a demonstração da existência da alma.

Demonstração da existência da alma pela clarividência

É preciso estar acometido por uma cegueira intelectual muito acentuada para não perceber que os fenômenos tão variados de clarividência demonstram, com evidência, a existência em nós de um princípio espiritual diferente da matéria. Examinemos imparcialmente os fatos e constataremos que as hipóteses materialistas não podem mais sustentar-se à luz desses novos conhecimentos.

A teoria materialista ensina que a alma não tem existência real; que o que se designa por esse nome é apenas o resultado de funções cerebrais, e que sua existência e seu funcionamento são estreitamente ligados à integridade do sistema nervoso central, o qual só entra em comunicação com o mundo exterior pelos sentidos. Se ocorre um choque traumático no olho, por exemplo, a visão fica diminuída, e até mesmo anulada, se a lesão atingir um órgão essencial desse complicado aparelho. Hoje conhecemos suficientemente as condições fisiológicas que regem essa função. Quando as pálpebras estão fechadas, os raios luminosos não penetram mais distintamente até à retina, esta transmite ao cérebro somente uma vaga sensação de luminosidade durante o dia e, à noite, faz-se completa escuridão para o indivíduo que fecha os olhos. O sono suprime a percepção visual dos objetos circunvizinhos; é certo, pois, que nesse estado o cérebro não recebe mais a excitação necessária para produzir o fenômeno da visão. Contudo, os fatos que citamos, e outros infinitamente mais numerosos, demonstram que o adormecido vê e descreve com exatidão acontecimentos que se passaram à distância e que, mesmo estando acordado, não veria normalmente, devido a obstáculos materiais que se oporiam à sua visão. Dessas observações, deve-se então concluir, necessariamente, que a faculdade de ver não está indissoluvelmente ligada ao mecanismo fisiológico do olho, e que o princípio pensante, isto é, o ser interior que sente e que percebe, é capaz de adquirir, às vezes, conhecimentos por vias extrassensoriais; dito de outra maneira, que ele é, nesse momento, independente dos órgãos pelos quais, habitualmente, entra em contato com o mundo exterior.

Essa demonstração tão convincente da existência da alma foi indicada por Allan Kardec em 1857, como testemunham as linhas seguintes:[45]

> Pelos fenômenos do sonambulismo, quer natural, quer magnético, a providência nos dá a prova irrecusável da existência e da independência da alma e nos faz assistir ao sublime espetáculo da sua emancipação. Desse modo, abre-nos o livro do nosso destino.
>
> Quando o sonâmbulo descreve o que se passa à distância, é evidente que o vê, e isso não pelos olhos do corpo; vê-se a si mesmo e sente-se transportado àquele lugar. Lá, pois, há alguma coisa dele e, não sendo essa coisa seu corpo, só pode ser sua alma ou seu espírito. Enquanto o homem se perde nas sutilezas de uma metafísica abstrata e ininteligível para correr em busca das causas da nossa existência moral, Deus lhe põe cotidianamente sob os olhos e sob a mão os meios

---

45 Allan Kardec, *O Livro dos Espíritos*.

Gabriel Delanne

mais simples e patentes para o estudo da *psicologia experimental*.

Aqui, é possível perguntar se estamos autorizados pelos fatos a crer que a alma sai do corpo para dirigir-se ao local onde vê o acontecimento, porque poderíamos imaginar mais simplesmente que apenas sua faculdade visual é dotada de uma considerável acuidade, de uma hiperestesia anormal. Já estudamos esta questão[46] e mostramos que o desprendimento da alma acontece muito frequentemente durante o sono. Citaremos aqui apenas um novo fato que confirma mais uma vez a exteriorização do espírito enquanto se produz a clarividência:[47]

O caso Wilmot

A 3 de outubro de 1863, diz o sr. Wilmot, deixei Liverpool para dirigir-me a Nova Iorque, no vapor *City of Limerick*, da linha Imman, capitão Jones. Na noite do segundo dia, pouco depois de sair de Kinsale Heade, começou uma forte tempestade que durou nove dias. Durante todo esse tempo não vimos o sol, nem as estrelas, nem um navio qualquer; os parapeitos foram derrubados pela força da tempestade, uma das âncoras foi arrancada das suas amarras e provocou muitos estragos até conseguirem amarrá-la de novo. Várias velas, embora estreitamente ferradas foram levadas, e os mastros, quebrados.

Na noite que se seguiu ao oitavo dia de tempestade, houve uma certa calmaria e, pela primeira vez desde que eu tinha deixado o porto, pude desfrutar de um sono reparador. Ao amanhecer, sonhei que via minha mulher, que tinha deixado nos Estados Unidos. Ela vinha à porta da minha cabine, *no seu traje de noite*. Na soleira, pareceu descobrir que eu não estava só, hesitou um pouco, depois avançou na minha direção, parou e beijou-me e, depois de ter-me acariciado docemente durante alguns instantes, retirou-se calmamente. Ao acordar, fiquei surpreso ao ver meu companheiro, cujo beliche ficava acima do meu, mas não diretamente — porque nossa cabine ficava na parte de trás da embarcação —

46 Delanne, Gabriel, *A Alma é Imortal*, **EDITORA DO CONHECIMENTO**. Ver principalmente: *O desdobramento do ser humano*, p. 88 e segs.
47 Sidgwick, *Mémoire sur la Clairvoyance*, *Proceedings*, tradução francesa em *Ann. des Sciences Psych.*, 1891, p. 219.

apoiado no cotovelo e olhando-me fixamente.

— Você é um sujeito feliz — disse-me enfim —, com uma mulher vindo visitá-lo assim.

Pedi que me explicasse o que queria dizer. A princípio, recusou-se, mas finalmente me contou o que tinha visto, perfeitamente acordado e debruçado no beliche. *Tudo combinava exatamente com o meu sonho.*

O nome desse senhor era William J. Tait, e tinha sido meu companheiro de cabine no mês de julho anterior, no vapor *Olympus*, tinha nascido na Inglaterra e era filho de um clérigo. Vivera vários anos em Cleveland, Ohio, onde trabalhava como livreiro na associação de livrarias. Estava então com uns 50 anos. Não era um homem dado a brincadeiras, pelo contrário, era sério e muito religioso, e pode-se acreditar no seu testemunho sem hesitar.

O incidente pareceu-me tão estranho que o interroguei, e em três ocasiões diferentes, sendo a última pouco antes de chegarmos ao porto, e o sr. Tait repetiu-me a mesma história. Ao chegarmos a Nova Iorque, separamo-nos e não o vi mais. Fiquei sabendo, porém, que ele morreu há alguns anos em Cleveland.

No dia seguinte ao desembarque, tomei o trem para Water-Town, onde meus filhos e minha mulher tinham passado algum tempo na casa de parentes. Quando ficamos sós, sua primeira pergunta foi:

— Você recebeu minha visita há uma semana, terça feira?

— Uma visita sua? — pergunto. — Estávamos no mar, a mais de 1.000 milhas.

— Eu sei — replicou ela —, mas tive a impressão de tê-lo visitado.

— É impossível, diga-me que foi que fez você acreditar nisso?

Então minha mulher disse-me que ao ver a tempestade e tendo ouvido falar da perda do *África*, que partia para Boston no dia em que íamos de Liverpool para Nova Iorque, e que tinha encalhado no cabo Race, ficara muito preocupada com a minha sorte. Na noite anterior, a mesma noite em que, como já disse, a tempestade tinha começado a amainar, tinha ficado acordada muito tempo, pensando em mim, e por volta das quatro horas da madrugada, teve a impressão de que ia ao meu encontro. Atravessando o vasto mar em fúria, encontrou enfim um navio baixo e preto, subiu a bordo e, descendo sob a ponte, atravessando as cabines até o fundo, chegou ao meu quarto.

Gabriel Delanne

— Diga-me — acrescentou ela —, sempre há cabines como aquela que vi, *em que o beliche superior fica mais recuado do que o de baixo?* No de cima havia um homem *que me olhava diretamente* e por um momento tive medo de entrar, mas finalmente caminhei até você, inclinei-me, beijei-o e apertei-o nos meus braços, e fui embora. A descrição do barco feita por minha mulher *estava correta em todos os detalhes*, embora ela nunca o tivesse visto. Vejo no diário da minha irmã que partimos a 4 de outubro, chegamos a Nova Iorque a 22, e em casa a 23.

S. R. Wilmot

Se desejardes reproduzir esta e ter minha assinatura a tinta, vo-la darei com satisfação, e minha mulher juntará a dela para atestar a exatidão do seu sonho.

A irmã do sr. Wilmot, que na ocasião estava no mesmo barco, confirma que o sr. Tait viu perfeitamente a mulher de branco e que, por um instante, pensou que fosse ela indo saber notícias do seu irmão, que estava com enjôo.

Haveria interessantes observações a fazer, nesse caso e em outros, a respeito da notável capacidade de orientação que permite que o espírito do clarividente encontre, na imensidão do mar, o ser que deseja ver. Sem nos determos neste ponto, queremos assinalar a realidade do desdobramento da sra. Wilmot, que viu nitidamente a embarcação em que seu marido estava, bem como a cabine que ele ocupava e, ao mesmo tempo, o estranho que lá se encontrava. Ela mesma foi vista naquele instante pelo sr. Tait, bem acordado, e por seu marido, ainda adormecido, o que nos prova que sua alma realmente havia deixado seu corpo e que ela estava suficientemente materializada para impressionar os olhos de um indivíduo estranho com o qual não tinha qualquer relação.

Essa independência momentânea da alma relativamente ao seu invólucro físico prova que ela não é uma emanação dele, porque ela vê, pensa, raciocina, se recorda, sem que o cérebro material seja acionado para produzir esses atos intelectuais. Se a essas observações acrescentarmos que a clarividência se estende a fatos do passado, que ela se dirige para o futuro a fim de prever atos que se cumprem exatamente como ela os viu por antecipação, então se impõe a certeza de que esse princípio, que pode livrar-se temporariamente das leis do espaço e do tempo, não é material, no sentido que os físicos atribuem a essa palavra, e que não é gerado pelo corpo físico, já que, por suas faculdades, difere inteiramente dele.

Relações entre a clarividência e o automatismo

Agora que constatamos a existência desse poder transcendente da alma humana, é útil procurar saber em que medida ele pode servir para a explicação de fatos desconhecidos revelados pela escrita automática. Precisamos, antes de mais nada, evitar cair nos vieses daqueles críticos que pretendem atribuir todos os resultados à mesma causa. A experiência nos ensina que a clarividência natural raramente se produz, e quando se deseja estudá-la experimentalmente durante o sonambulismo provocado, logo se percebe que ela não é fixa, nem persistente, nem limitada, nem isenta de erros.

Portanto, não se poderia empregá-la como um *Deus ex machina* capaz de solucionar todas as dificuldades. Mas então, quando se deve fazê-la intervir e quais são os casos em que ela é incapaz de explicar os fatos? É o que tentaremos indicar, sem ter a pretensão de resolver inteiramente a questão.

Examinemos primeiro o caso em que o automatismo é despertado.

De um modo geral, e até maiores informações, entre os fatos desconhecidos revelados pela escrita automática, devemos atribuir à clarividência:

1º Aqueles contidos de modo episódico nas mensagens incoerentes, pueris e mentirosas, como os relatados pelo prof. Patrick. Há um lampejo de intuição perdido no meio de divagações subconscientes.

2º Os relacionados com a adivinhação de cartas que ninguém viu; com a indicação de palavras ou lemas fechados em envelopes lacrados; com a designação de objetos que se encontram no aposento, fora das vistas do escrevente etc., porque constatamos com as experiências da sra. Sidgwick, do sr. Roux, do dr. Grégory, que durante o leve estado hipnoide não interrompe a vida normal, a vidência pode ocorrer sem que o paciente se dê conta da maneira como ela se produziu. As experiências do sr. Wilkins parecem confirmar essa interpretação.

3º Os que se relacionam diretamente com o automatista, porque encontramos, no seu interesse pessoal, uma razão suficiente para determinar o acionamento das suas faculdades transcendentes. Nos exemplos que reproduzimos, a lucidez se declara em consequência de uma viva excitação causada por preocupações profissionais, como as da subdiretora da companhia de seguros; sob o comando de sentimentos afetivos superexcitados, como é o caso da mulher do sr. Texier, da sra. R. e da sra. Wilmot. Enfim, quando uma grande contrariedade causada pela perda de um objeto de que se gosta muito leva o espírito a fazer buscas durante a noite, como constatamos com a senhora que encontrou sua abotoadura e com o jardineiro que encontrou seu dinheiro perdido na véspera. Não nos esqueçamos de doenças não declaradas, de que o espírito do indivíduo pode ter a intuição clarividente e premonitória durante o sono.

Já admitimos que a lembrança das visões clarividentes do sono nem sempre é conservada na consciência normal, mas que esses conhecimentos não são perdidos, que permanecem na memória latente e que, se se exteriorizam pela escrita mecânica, é quando a mensagem assume perfeitamente as aparências de uma comunicação espiritual, embora seja simplesmente resultado de uma manifestação anímica. Vemos que o que é perdido pelo espiritismo propriamente dito é ganho pelo espiritualismo, e que o materialismo nada tem a ganhar com o estudo aprofundado desses fenômenos.

Insistimos em frisar que as observações precedentes só se aplicam às escritas automáticas, isto é, àquelas que são formuladas de um modo vago, incolor, sem precisão, ou então às mensagens que não contêm na sua construção gramatical, no seu estilo ou na sua caligrafia a marca evidente de uma personalidade que se conheceu na Terra.

Agora, tratemos das escritas automáticas obtidas durante o transe do escrevente.

O automatismo durante o transe

Sabemos que se chama *transe* o sono especial que se apodera espontaneamente de certas pessoas durante as sessões espíritas. Observamos que é semelhante ao sono provocado, devido quer à autossugestão, quer à ação do magnetizador espiritual, que provavelmente atua por meio de processos semelhantes aos que empregamos.

Frequentemente, a escrita mecânica é, nesse estado, o meio de que os espíritos se servem para manifestar-se, como vimos ao citar o relato do sr. Hodgson com a sra. Piper. Nesse caso, a distinção entre o que vem deles e o que é produzido pelo médium, precisa de um estudo atento.

Se verdadeiramente a lucidez é acompanhada por um desprendimento da alma, devemos acreditar que ela seja mais frequente durante o sono magnético do que no estado normal, durante o qual a alma está mais fortemente ligada ao seu corpo. Se, então, um paciente, em sono, revela por escrito o lugar onde se encontra um objeto perdido, aponta um perigo a evitar ou anuncia que determinado parente que ele ama está doente naquele momento, tudo isso pode ser atribuído à sua lucidez e não necessita da colaboração de uma inteligência estranha. O mesmo acontece quanto à descrição de suas doenças pessoais ou até das pessoas presentes *com as quais se relaciona*. O sonâmbulo sente, com mais precisão do que quando está acordado, seu órgão doente, e o vê, receitando muitas vezes o remédio necessário. Em nível mais elevado, ele percebe toda a anatomia do seu corpo e estende essa faculdade aos estranhos que são postos em contato com ele. É uma característica muito frequente, que foi utilizada por muitos magnetizadores para o tratamento de doenças.[48] Acrescentamos, de passagem, que devemos mostrar-nos muito reservados a respeito do modo de tratamento assim indicado, porque a visão de uma doença não basta, evidentemente, para que se conheça o meio de curá-la, de modo que as supostas comunicações que prescrevem remédios são muito duvidosas.

A leitura do pensamento de pessoas presentes também pode acontecer nesse estado, como o assinalam diferentes autores;[49] devemos, então, manter-nos em guarda contra essa

48 Liébault, *Du Sommeil et des États Analogues*, p. 90. Consultar também Bertrand, *Traité du Somnambulisme*, p. 100 e 309.
49 Comet, *La Verité aux Médicins*, 1869.

possível causa de erro, mas é preciso reconhecer que esta é muito rara, pois o mais frequente é pela sugestão mental e não pela leitura direta do pensamento do experimentador. Eis, porém, um nítido exemplo de clarividência, que já foi reproduzido muitas vezes:[50]

Um prestidigitador, físico muito conhecido, o sr. Robert Houdin, interessava-se pelas questões de clarividência. Imitava a vidência e a transmissão de pensamento com a ajuda de um truque engenhoso. Ele começou sendo muito incrédulo em matéria de sonambulismo. E mais, habituado a fazer prodígios, fazia pouco caso do sobrenatural, e acreditava que lhe possuía o segredo; ele também via todos os grandes fatos atribuídos à lucidez como demonstrações de habilidade como as que fazia para divertir o público. Em várias cidades onde os sonâmbulos tinham algum sucesso, procurava imitar-lhes as experiências e até mesmo superá-las. O sr. de Mirville, o célebre demonólogo que, no seu sistema, precisa do sonambulismo para honrar os espíritos infernais, teve a pretensão de convencer um adversário tão temível; pensava, com razão, que se conseguisse provar-lhe que a lucidez pertence a uma ordem de coisas inteiramente estranha aos seus estudos e à sua prática, o testemunho de um juiz tão experiente teria uma importância enorme a serviço da causa do sonambulismo. Levou-o à casa do sonâmbulo Alexis. O sr. de Mirville, no seu livro dos *Espíritos*, relata a cena acontecida:
"Eu estava abismado, confuso, diz o mágico, lá não havia truques, nem escamoteação. Eu estava testemunhando o exercício de uma faculdade superior inconcebível, de que eu não tinha a menor ideia e na qual me teria recusado a crer se os fatos não se tivessem passado sob os meus olhos. Estava tão impressionado que o suor escorria-me pelo rosto."
Citemos somente as duas experiências seguintes:
"Alexis, pegando as mãos da minha mulher, que tinha-me acompanhado, falou-lhe de acontecimentos passados, e notadamente da perda muito dolorosa de um dos nossos filhos. *Todas as circunstâncias eram perfeitamente exatas*. (Neste caso, o sonâmbulo provavelmente buscava na memória latente da sra. Houdin as informações que lhe fornecia.)
Conosco — continua o prestidigitador — estava um médico totalmente incrédulo, o dr. Chome, que, querendo obser-

50 Morin, *Du Magnétisme*, p. 176.

var por si mesmo, apresentou uma caixinha a Alexis. Este apalpou-a sem abri-la e disse: 'É uma medalha; foi-lhe dada em circunstâncias muito especiais. O senhor era um jovem estudante, morava em Lyon, numa mansarda. Um operário ao qual o senhor tinha prestado serviços encontrou esta medalha em escombros, pensou que podia ser-lhe agradável, e subiu seis andares para oferecê-la ao senhor...' *Tudo era verdade.* Certamente, aí estão coisas que não se pode adivinhar, nem encontrar por acaso. O doutor compartilhava nossa admiração. Dei ao sr. de Mirville o certificado que me pedia, constatando que os fatos de que eu tinha sido testemunha superavam tudo que se pode obter com destreza e habilidade.

Voltando ao nosso assunto, é mais provável que se esses relatos tivessem sido escritos por Alexis e assinados com o nome de um defunto, poderiam passar por uma manifestação espírita. É necessário, pois, estudar atentamente as faculdades do paciente adormecido e saber se ele possui clarividência natural, que longe está de se apresentar em todos os indivíduos sonambúlicos. É só quando possuirmos provas dessa faculdade que deveremos submeter os fatos narrados por ele a uma discussão aprofundada.

Assinalamos mais uma observação muito importante: é a *ação eletiva* exercida pelo próprio observador para produzir o estado necessário em que se manifesta a vidência. Bertrand aponta essa propriedade em Petetin. Nos casos citados pelo dr. Grégory, era o major Buckley, e só ele, que desenvolvida a clarividência. Eis a citação do sr. Boirac:[51]

No que diz respeito a essa forma particular de clarividência (leitura de divisas fechadas em nozes), farei observar, de início, que somente determinada proporção de indivíduos possui essa faculdade, de modo que uma pessoa tomada ao acaso provavelmente não a terá. Em segundo lugar, que o mesmo clarividente pode ter êxito uma vez e fracassar em outra. Em terceiro, que esse fenômeno se apresenta mais frequentemente nas experiências de certos magnetizadores do que em outros. O major Buckley, por exemplo, consegue-o com muita frequência, *ao passo que há outros magneti-*

---

51 Boirac, *Cas de Clairvoyance et de Lucidité*, in *Ann. Psych., 1893*, p. 244.

zadores que jamais o produzem, mas talvez provoquem outros fenômenos também prodigiosos. Consequentemente, ninguém está autorizado a negar o fato, porque não o encontrou nas suas próprias experiências, ou numa determinada experiência.

O sr. Goupil, analisando fatos de clarividência provocados pelo dr. Ferroul em sua paciente Anna B., diz:[52]

> O temperamento de quem aciona o paciente é muito importante na obtenção dos fenômenos; assim, só o sr. Ferroul obtém com Anna os resultados que vão ser indicados; *os outros médicos que adormeceram Anna só obtiveram com ela fenômenos comuns de hipnose*, conseguindo apenas perturbar por algum tempo as faculdades da lucidez.

Um indivíduo possuidor de vidência, portanto, não será clarividente com todo mundo; só o será após ter-se submetido à ação do seu magnetizador habitual. Um verdadeiro médium, ao contrário, é lúcido para todos que se utilizem das suas faculdades.

Estas observações aplicam-se somente às pessoas que adormecemos experimentalmente, porque durante o fenômeno do transe, isto é, do sono espontâneo produzido pelos espíritos, o paciente é momentaneamente subtraído do poder do seu magnetizador, não obedecendo mais às suas sugestões; em resumo, acha-se sob o domínio de uma inteligência estranha. Este ponto tão importante foi muito bem descrito por um observador de grande valor, o sr. dr. Ermacora, nestes termos.[53]

As experiências do dr. Ermacora

A 10 de novembro de 1893, entre 8:15h e 8:45h da noite, a srta. Maria Manzini estava em sonambulismo. O sr. Gustave Maluta e eu estávamos presentes. Ela tinha sido posta naquele estado por *uma personalidade mediúnica*,[54] que chamarei B., que comumente se servia desse meio para en-

52 Goupil, *Lucidité, Expériences du Dr. Ferroul*, in. *Ann. Psych.*, 1896, p. 149.
53 Ermacora, *Cas de Prémonition en Somnambulisme*, in *Ann. Psych.*, 1894, p. 212. Sugerimos a leitura completa do caso porque, devido à sua extensão, não podemos reproduzi-lo na íntegra.
54 Para evitar palavras que envolvam hipóteses não admitidas universalmente, chamarei de personalidades mediúnicas as pessoas de natureza pouco conhecida que, na hipótese espírita, são chamadas espíritos. (Nota do dr. Ermacora.)

trar em contato com ela por via alucinatória. Esse sonambulismo *não é igual* ao que posso produzir por sugestão e que chamarei de sonambulismo normal. Difere dele por duas razões: a primeira é que, no sonambulismo provocado por B., ou por *outro agente da mesma natureza*, o paciente somente fica em contato com o agente, ao passo que, no sonambulismo normal, fica em contato com todo mundo. A segunda razão, que talvez não passe de uma consequência da primeira, consiste no fato de que, quando a manifestação da primeira cessa, inicialmente se produz uma breve letargia, depois o sonambulismo normal, com amnésia do período precedente.

Se, logo após essa mudança de estado e antes de despertar, perguntarmos ao paciente em sonambulismo o que acaba de fazer há um instante, ele invariavelmente responde que dormiu ou sonhou, ou pensou numa coisa qualquer. Esse sonho, ou esse pensamento, não tem qualquer relação com o que, na realidade, aconteceu no período anterior ou, pelo menos, com o que se pôde constatar. Procurei então compreender se realmente, enquanto a personalidade do agente B. se manifesta pelo paciente e a srta. Maria, em sonambulismo, lhe serve de intérprete, resta nela uma outra personalidade disponível, capaz de sonhar ou pensar em algo bem diferente, ou se esse sonho ou esse suposto pensamento não passam de uma alucinação da memória, projetando no passado o que a imaginação inventa no mesmo momento em que ela os narra.

Dito de outra forma, em linguagem espírita isenta de fraseologia psicológica, trata-se de saber se, enquanto um espírito independente se manifesta pelos órgãos da srta. Maria, a alma desta pode sair do seu corpo, ou ver à distância, por clarividência, o que se passa ao longe.

Eis o sonho premonitório feito a 10 de novembro pela alma da srta. Maria *enquanto o espírito B.* — servindo-se do seu corpo — *conversava com o doutor.* O dr. Ermacora anotou esse sonho no seu diário na manhã do dia seguinte, 11 de novembro, nestes termos:

Ela sonha que o marido de uma tal sra. P. chegou entre 11 e 11h30, e que ela vai à casa dele na mesma noite. Lá encontrou duas mulheres desconhecidas, uma idosa, a outra jovem. A senhora idosa queria um traje completo para o inverno, a jovem, um enxoval de noiva completo, porque ia se casar. A sra. P. propunha que Maria fornecesse alguns artigos, acrescentava que se tratava de pessoas que pagariam e mostrava-lhe seus registros provando a pontualidade dos pagamentos do que lhes fornecia, mas, apesar disso, Maria achava que não podia aceitar, não porque duvidasse do pagamento, nem porque temesse que quisessem gastar muito pouco, mas porque sabia não ter meios para adiantar a quantia para as despesas necessárias. Pensou no tecido que tinha comprado em N., mas logo compreendeu que era muito pouco. Assim, apesar de toda a argumentação da sra. P., nada concluiu e foi embora. Descendo a escada, pensou que talvez pudesse pedir a quantia emprestada, mas disse consigo mesma que aquilo também não lhe conviria. Ao voltar para casa, pessou pela rua Pozzo Dipinto e, mal tinha passado pela *Cassa di Risparmio* (Caixa Econômica), foi alcançada pela sra. P., que chamou: '*Siora* Maria, *Siora* Maria', e voltou a tentar convencê-la a fechar o negócio. Nesse momento, Maria acordou.

Significa que, tendo B. partido, ela ficou em estado de sonambulismo comum, conversando com o dr. Ercomara. Ora, o sonho do dia 10 à noite, que ela ignorava no estado de vigília, realizou-se pontualmente, *e até nos seus menores detalhes*, durante o dia 11 de novembro. O sr. P. chegou por volta das 11h30 para pedir que a srta. Maria fosse falar com a mulher dele. O doutor aconselhou-a a fazer a visita com sua mãe, e à noite, na presença do sr. Maluta, ambas contaram *de maneira idêntica as mesmas* coisas que Maria tinha visto em sonho na véspera. Da enquete que foi feita com as duas damas que estavam na casa da sra. P., cujo testemunho temos, e depois das afirmações do dr. Ermacora e do sr. Maluta, não é possível duvidar um só instante da realidade completa e da exatidão dessa clarividência premonitória.

Discutamos agora os fatos. Deve-se ver, no ser conhecido sob o nome B., um estado sonambúlico da srta. Maria, análogo a uma das personalidades sucessivas cuja existência o sr. P. Janet constatou em suas pacientes Lucie ou Léonie? Não o pensamos, porque em nenhum sono da srta. Maria é possível despertar as lembranças que se referem à personalidade chamada B. Esta é autônoma, pois ela também não conhece todos os pensamentos e atos de Maria.

É uma individualidade à parte, pois enquanto conversa, o espírito de Maria dá provas de atividade independente para perceber todas as cenas que se transformaram em realidade no dia seguinte.

> É extremamente curioso, diz o dr. Ermacora, ver que enquanto a personalidade de B. pedia que lhe indicasse o endereço das duas damas, para poder ajudar-me mais facilmente a atingir meu objetivo (que era saber o endereço exato daquelas duas damas) o subconsciente da srta. Maria pôs-se em contato com a casa delas (isso tem relação com um segundo fenômeno de clarividência, posterior ao primeiro) e com um incidente futuro ligando-se à busca da casa, busca executada sob o domínio da consciência normal. E isso sem que B. tenha tido conhecimento, já que, na noite do dia seguinte, 13 de novembro, quando tudo estava acabado, ela nos perguntou se tínhamos o endereço de que necessitava para fazer aquilo de que a havíamos encarregado.

Sabemos que nos sucessivos estados de sonambulismo, a personalidade que corresponde ao sono mais profundo conhece todas as outras, sem ser conhecida por elas. Ora, aqui, B. não conhece os pensamentos de Maria acordada, ou em sonambulismo comum. Maria, adormecida, ou no estado normal, tampouco conhece B., personalidade que, portanto, é bem independente do espírito da paciente. É a conclusão a que também chega o dr. Ermacora, se bem que por fazões diferentes. Em nota, ele diz:

> Não é totalmente exato dizer que enquanto B. conversava, *no mesmo momento* a personalidade subconsciente de Maria pôs-se em contato com aquela casa, porque, levando-se em conta a ambiguidade que assinalei desde o início, o sonho podia acontecer alguns instantes depois, isto é, enquanto a srta. Maria mo contava. No entanto, como os fenômenos psíquicos supranormais parecem produzir-se bem mais facilmente quando as condições psíquicas do paciente são anormais, sou tentado a crer que mais provavelmente a

Gabriel Delanne

percepção ocorreu durante o estado de ligação com a personalidade B. e não durante o sonambulismo normal subsequente, já que o primeiro estado é mais anormal do que o segundo.

Parece-nos que, dessas observações, podemos extrair uma regra prática para saber se os fatos desconhecidos revelados pelo escrevente em estado de transe são devidos à sua própria clarividência, ou à intervenção de uma inteligência estranha. Bastará adormecer o paciente e levá-lo ao estado mais profundo a que possa chegar. Então, se a lembrança de fatos revelados pela escrita não pode ser renovada, dever-se-á concluir daí que não lhe são atribuíveis e que denotam a ação de um espírito cuja identidade se precisará procurar conhecer.

As experiências do dr. Moroni e do sr. Rossi Pagnoni

Sendo ainda raros os estudos comparativos entre as faculdades sonambúlicas e mediúnicas, achamos conveniente reproduzir as apreciações de dois autores que estudaram essa questão.[55] Inicialmente, daremos algumas informações sobre o médium:

> "O paciente se chama Cazetti; é uma mulher de perfeita moralidade, franca e sensível. Durante os primeiros anos em que foi hipnotizada pelo dr. Moroni, ficou muito desenvolvida quanto à lucidez e frequentemente apresentava o fenômeno de visão à distância de coisas reais, independentemente de qualquer sugestão. Percebia também o pensamento. Mas, quando as manifestações espíritas se produziram, a visão clarividente terrestre enfraqueceu cada vez mais. Nos últimos, não conseguia mais ler o pensamento, nem ver as coisas terrestres à distância. Uma experiência tentada para fazê-la ler uma palavra escondida num tubo, fracassou completamente, embora o magnetizador soubesse qual era a palavra.[56]

55 *Quelques Essais de Mediumnité Hypnotique*, p. 104. Consultar o relatório publicado nos *Proceedings*, parte XIV, p. 549 a 566; ver-se-á que o relator, sr. Henry Babington Smith, conclui a favor da honestidade científica dos observadores e da fidelidade com que as atas originais foram reproduzidas no livro que citamos.
56 Rossi Pagnoni e Moroni, *La Mediumnité Hypnotique*, p. 113.

Em compensação, a visão espiritual desenvolveu-se consideravelmente. Um dia ela descreveu um espírito que lhe era desconhecido e, quando lhe apresentaram uma porção de fotografias entre as quais se encontrava a da aparição, ela apontou sem hesitar, enquanto a única pessoa para quem a manifestação tinha sido dada mantinha-se afastada.

O sr. Rossi Pagnoni explica essa diferença da seguinte maneira: 'A clarividência terrestre é, segundo penso, o mais importante resultado das faculdades *ativas* psíquicas; a mediunidade espírita é o maior resultado das faculdades *passivas*. Ora, quanto mais elevamos e exercitamos as primeiras nos hipnotizados, mais diminuímos as segundas, e vice-versa. Se em particular, e como experimentadores, exercitamos nossa médium para empregar cada vez mais a mediunidade hipnótica, não é de admirar que nela a clarividência tenha diminuído e que quase a tenha perdido após tê-la possuído em alto grau. Dessas observações, a meu ver, resulta esta importante conclusão: que aquele que quiser obter bons resultados deve exercitar as pessoas hipnotizadas de um modo diferente, segundo o objetivo que deseja atingir, umas para os efeitos da sugestão terrestre, para a clarividência, e finalmente outras para a mediunidade espírita'.

Para aqueles que querem experimentar conscienciosamente e saber discernir as diferentes causas em ação, eis mais alguns conselhos bons para meditar:[57]

Em geral, devemos colecionar e estudar o que os pacientes nos dão espontaneamente, e o que, a seguir, propiciam às nossas perguntas discretas e afetuosas, sem querer extorquir respostas ou provas a contragosto. Se os resultados de um exercício continuado são insuficientes, *é racional tomar a coisa como não demonstrada*; mas, tentar impor-lhes ou arrancar-lhes provas decisivas, é um erro grosseiro que atrapalha tudo. Cem vezes obtivemos espontaneamente, pela boca da sonâmbula (ou, diremos, pela escrita, por outros médiuns) nomes, datas, referências biográficas, retratos morais, coisa que com certeza ela e nós ignorávamos e que em seguida verificamos, constatando serem verdadeiros; ao contrário, quando por desconfiança, ou para controlar, pedimos informações, nada obtivemos, *mesmo quando já*

---

57 De Rochas, *Les États Superficiels de l'Hypnose*, p. 63.

Gabriel Delanne

sabíamos o que estávamos pedindo e só tínhamos feito a pergunta para ouvi-la confirmar, e *embora tivéssemos concentrado nosso pensamento* naquilo, de modo que obter a resposta por meio da sugestão terrestre parecia ser a coisa mais fácil do mundo. O ato de revolta contra nossa vontade e contra a sugestão constitui a maior delimitação entre o campo da mediunidade espírita e o da sugestão hipnótica comum.

Eis um exemplo narrado pelo sr. de Rochas:[58]

Marie é uma paciente muito sugestionável, que apresenta, de maneira bem nítida, esta resistência:
Sugeri a Marie, também durante o sono, que, cinco minutos depois de acordar, me desse uma comunicação escrita de M. V. sobre determinado assunto. (Marie é sonâmbula lúcida, médium escrevente; M. V. é seu interlocutor habitual no mundo dos espíritos!)
Nada se tendo produzido, readormeci Marie e perguntei-lhe se não tinha entendido minha ordem.
R. — Sim.
P. — Então, por que não a executou?
R. — Ele me impediu.
P. — Quem?
R. — M. V.

Essa independência da personalidade mediúnica relativamente ao magnetizador envolve com certeza uma individualidade diferente da do paciente, uma vez que, normalmente, este cumpre todas as ordens que lhe são dadas, sem opor qualquer resistência.

Resumo

Para convencer-se da realidade da clarividência que a alma possui em certos momentos, é preciso tomar conhecimento dos numerosos casos publicados pela Sociedade Inglesa de Pesquisas Psíquicas, pelos anais do dr. Dariex e no livro de Flammarion, *l'Inconnu et les Problèmes Psychiques*. Não estamos mais, como antigamente, diante de relatos meio vagos,

---

58 De Rochas. *Les Etats superficiels de l' hypnose*, p. 63.

em sua maioria mal observados, aumentados ou alterados pela imaginação do narrador. Todos os fatos citados nos periódicos ingleses e franceses são cercados das garantias morais necessárias para que possamos acreditar na sua autenticidade. Nas minuciosas enquetes a que deram lugar, discutiu-se rigorosamente o valor dos testemunhos, procuraram-se os documentos contemporâneos nos quais foram consignados e, quando possível, verificou-se a exatidão da visão. Devemos, portanto, admitir tais testemunhos, porque provêm de pessoas honradas, cujo depoimento seria aceito sem hesitação perante um tribunal, pois elas não têm qualquer interesse em mentir, nem sequer se conhecem e, consequentemente, não podem articular-se para sustentar imposturas despidas de interesse. Então, a clarividência existe e seu poder se estende tanto à percepção de acontecimentos presentes quanto aos do passado ou do futuro. Essa faculdade do ser pensante é um dos argumentos mais sérios que se possa invocar em favor da independência da alma quanto ao seu corpo, pois que se revela a nós como liberta em parte, momentaneamente, das condições de espaço e de tempo que regem estritamente a matéria.

Logicamente, somos então obrigados a levar em conta essa lucidez no exame científico da escrita automática, quando esta revela fatos desconhecidos. Mas a faculdade de clarividência não pode servir de explicação geral para todos os casos; ela só se exerce no estado de vigília ou durante o sono normal — já o vimos — relativamente a acontecimentos que interessam ao próprio paciente, ou a parentes e amigos aos quais está efetivamente ligado. A lucidez também se manifesta durante o sono magnético, mas então, sob a influência da vontade do magnetizador, pode estender-se a pessoas estranhas que se encontram ao longe. Na maioria das vezes, é indispensável ter um objeto que haja pertencido ao ausente para estabelecer a ligação — como a medalha do dr. Chomel no caso de Alexis —, sem o que, faltando, por assim dizer, o fio condutor, o espírito do adormecido se perde e não se obtém nenhum resultado. Não se deve perder de vista que a lucidez natural ou provocada não é infalível; com muita frequência ela é fantasiosa, inexata, ou cheia de lacunas. Seria uma estranha ilusão supor que basta possuir um paciente clarividente para penetrar na intimidade dos cidadãos, conhecer-lhes os atos e os pensamentos, decifrar os enigmas do passado, prever o futuro infalivelmente, ou dar uma olhadela em regiões do globo desconhecidas a que o homem ainda não conseguiu chegar. A experiência mostra quanto há de quimérico nesses desejos.

Já fizemos as necessárias ressalvas quanto a fatos desconhecidos pela escrita, quando se produzem no automatismo no estado rudimentar. Mostramos, a seguir, que no caso da adivinhação de cartas, de leituras de divisas ou mensagens, ou no anúncio de doenças futuras do paciente, é mais sensato crer-se na vidência do que na intervenção dos espíritos. Mas, fora dessas circunstâncias, sabemos que não há razão para que a lucidez se produza — e na verdade ela nunca se produz — relativamente a pessoas ou acontecimentos absolutamente estranhos ao paciente e aos assistentes.

Essas observações já nos permitem crer que outro fator, que não a clarividência, está envolvido quando, espontaneamente, a escrita automática revela fatos que dizem respeito a uma pessoa desconhecida do escrevente e dos experimentadores. Para assegurar-se disso mais completamente deve-se, se possível, adormecer o escrevente e levá-lo ao nível mais profundo do sono, antes que tome conhecimento da mensagem; ver-se-á, então, se as lembranças da escrita são conservadas na memória sonambúlica. Em caso afirmativo, a clarividência do paciente basta para a explicação, senão, deve-se admitir que uma inteligência estranha se manifestou e, nesse caso, deve-se pesquisar se é a de um vivo atuando telepaticamente, ou a de um morto.

Na terceira parte, veremos exemplos desses fenômenos que os adversários do espiritismo fingem ignorar, embora há muito tempo estejam publicados em obras consagradas à propagação dessa doutrina. Discutiremos cuidadosamente o valor dos testemunhos; seremos severos e independentes em nosso exame; daremos a todas as faculdades extrassensoriais que possam intervir sua máxima extensão, mas se constatarmos que nenhuma delas pode explicar esses fatos, será preciso reconhecer abertamente a existência de espíritos manifestando-se pela escrita, como já o fizeram também por tantas outras maneiras diferentes.

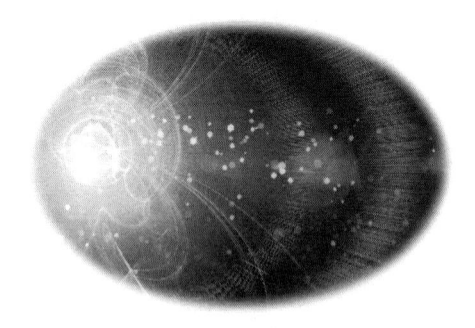

3.
Automatismo e sugestão mental

• A transmissão do pensamento permite compreender a espécie de ação exercida pelos espíritos sobre os médiuns • Admissão dos fatos • Observações sobre as circunstâncias externas que podem simular a sugestão mental • A memória latente, o meio psíquico • Verdadeira transmissão mental • Transmissão de sensações durante o estado magnético • Os trabalhos da Sociedade de Pesquisas Psíquicas • Transmissão da vontade durante o estado magnético • Os fatos se reproduzem durante a vigília • Mesmer, Froissac, du Potet, Lafontaine, os drs. Dusart, Charles Richet, Héricourt, Gilbert, P. Janet etc. • Condições necessárias para que a sugestão mental possa produzir-se entre magnetizador e paciente • Exemplos de sugestões mentais atuando sobre o automatismo da escrita • O caso da srta. Summerbell • As experiências do reverendo P. H. Newnham, com sua mulher como paciente • Resumo

A transmissão do pensamento

Desde a origem do espiritismo, os incrédulos de boa fé, que não viam nos fatos apenas grosseiras imposturas, explicaramnos fazendo intervir neles a transmissão do pensamento, hoje chamada sugestão mental. Essa hipótese não era do tipo capaz de satisfazer a escola positivista, porque, se admitíssemos como ela que o pensamento é uma resultante do organismo, de forma alguma poderíamos imaginar que esse pensamento que, em última análise, não passaria de um movimento molecular do sistema nervoso, pudesse sair do corpo para, à distância, atuar sobre um outro cérebro.

Nunca compreendi, diz o sr. Brown Séquard, como um homem inteligente, e conhecendo os princípios fundamentais da fisiologia, pode admitir tal transmissão (uma transmissão de força nervosa de um indivíduo a outro), quando até o estudante menos instruído sabe como são inúteis, após a seção de um nervo motor, os esforços, o desejo, a vontade de mover a parte paralisada.[1]

O finado sr. Pouchet, professor no Museu de História Natural, dizia mais enfaticamente:

Provar que um cérebro, por uma espécie de gravitação, atue à distância sobre outro cérebro, como o imã sobre o ferro, o Sol sobre os planetas, a Terra sobre o corpo que cai; chegar à descoberta de uma influência, *de uma vibração nervosa que se propagam sem condutor material!* O espantoso é que todos os que acreditam em algo assim não parecem ser ignorantes para duvidar da importância, do interesse, da novidade que estaria contida nisso, e da revolução social que seria para o mundo de amanhã. Mas encontrai isso, provai-nos, boa gente, e vosso nome irá mais alto do que o de Newton na imortalidade e garanto-vos que os Bathelot e os Pasteur vos tirarão o chapéu.[2]

Como diz o sr. de Rochas, de quem extraímos esse trecho empolado: "Na verdade, não pedimos tanto!" A transmissão de uma mensagem pelo telégrafo sem fio é tão extraordinária quanto a do pensamento e, no entanto, esse prodígio tornou-se banal. A questão se resume em saber primeiro se o fenômeno da transmissão do pensamento é real, a explicação virá em seguida.

É evidente que os espíritas têm o maior interesse em provar que a transmissão do pensamento é um fenômeno real, pois, uma vez admitido esse ponto, ficará mais fácil compreender como os espíritos entram em contato com os médiuns.

Se, em vida, já é possível que duas inteligências se comuniquem sem qualquer intervenção dos órgãos físicos, o desaparecimento do invólucro material do agente só pode, evidentemente, favorecer a manifestação da atividade psíquica que atua

---

1 Ver o prefácio da obra de Braid: *La Neurhypnologie.*
2 *Le Temps*, de 12 de agosto de 1893, citado pelo sr. de Rochas em *l'Extériorisation de la Motricité*, p. 477.

sobre a alma de um médium. Haveria assim uma continuidade entre os fenômenos anímicos e os fenômenos espíritas, que tirariam desses estudos as características de milagre e de sobrenatural que, gratuitamente, sempre gostam de atribuir-lhes.

Inicialmente, então, passaremos em revista os fatos precisos que provam essa comunicação mental, lamentando que o plano restrito da nossa obra nos permita apenas aflorar a questão. Mas, reportando-nos aos documentos originais que temos indicado, o leitor poderá formar uma opinião fundamentada, baseada em materiais científicos de primeira ordem.

Também não entra no nosso plano pesquisar o processo pelo qual se opera a transferência do pensamento de um indivíduo a outro. Contudo, a fim de prevenir confusões desagradáveis, faremos notar que não é o pensamento em si que se transporta no espaço, porque o pensamento é um fenômeno interno, subjetivo, que só tem existência no momento em que se produz no ser pensante. Mas a fisiologia nos ensina que quando o pensamento é produzido, sempre existe um movimento correlativo do cérebro, que é a tradução material, externa, do fato psíquico. O espiritismo nos dá a conhecer também o movimento vibratório do perispírito. É, então, somente esse último movimento que se propaga no espaço e que, penetrando num cérebro ou em vários cérebros capazes de percebê-lo, aí determinará um pensamento.

A aversão do mundo sábio por esses fatos começa a desaparecer, graças às pesquisas verdadeiramente científicas empreendidas na Inglaterra pela Sociedade de Pesquisas Psíquicas. Mesmo na França, estamos asistindo a essa evolução.

Admissão dos fatos

Falando da sugestão inconsciente, o sr. Beaunis, professor de fisiologia na faculdade de medicina de Nancy, diz:

> Por mais que o espírito humano hesite em reconhecer a realidade de fenômenos que se chocam completamente com ideias consagradas, é bom registrar esses fenômenos, deixando ao futuro a tarefa de verificá-los rigorosamente e tentar explicá-los.

Gabriel Delanne

Aliás, o mesmo autor,[3] falando da sugestão mental, diz também: "Estamos lidando aqui, sem a menor dúvida, com um fato que subverte todas as nossas ideias sobre a função do cérebro. Quanto a mim, até recentemente não conseguia acreditar nessas coisas. Hoje estou inevitavelmente convencido de que não se pode rejeitá-las. Os êxitos, na verdade raros, já são suficientes para não se pense em acaso, e, principalmente num momento em que a questão da transmissão do pensamento é levada perante o fórum da Sociedade de Psicologia Fisiológica, achei-me na obrigação de prestar meu tributo, por mais estranhos que esses fenômenos me pareçam.

No seu livro dedicado ao estudo da sugestão mental, o dr. Ochorowicz, professor de psicologia na Universidade de Lemberg, após ter afastado, por uma aguda análise, todas as causas que simulam a transmissão do pensamento, concluiu afirmando que tem absoluta certeza experimental de que todas as modalides do pensamento podem transmitir-se a um indivíduo, em certas condições, que daqui a pouco iremos precisamente estudar. O sr. Charles Richet, membro da Academia de Medicina, outrora completamente incrédulo, hoje admite essa forma de sugestão mental a que se deu o nome de telepatia. Para explicar as aparições de vivos, ele reconhece que o acaso, sozinho, não pode justificar todos os fatos, e que os exemplos com coincidência de acontecimentos reais são numerosos demais para que se possa explicá-los por simples alucinações:

Considero impossível, diz ele, que essa imensa ilusão se prolongue sem alguma parcela de verdade. Não temos o direito de exigir, quanto aos fenômenos psíquicos, uma probabilidade maior do que para as outras ciências... Encontramos tamanha quantidade de fatos impossíveis de explicar de outro modo a não ser pela telepatia, que devemos admitir uma ação à distância. Pouco importa a teoria, o fato parece-me *provado, e absolutamente provado.*

No seu último livro sobre *O Desconhecido e os Problemas Psíquicos*, Camilla Flammarion escreve: "A atuação à distância

3 Beaunis, H., *Un Fait de Suggestion Mentale, Revue Philosophique*, 1886, n° 2, p. 204.

de um ser sobre outro é um fato científico tão certo quanto a existência de Paris, de Napoleão, do oxigênio ou de Sirius." Não temos a intenção de tentar a demonstração completa do fato da transmissão do pensamento, porque, só para isso, precisaríamos escrever um volume. Para nosso objetivo, bastará citarmos algumas da experiências mais demonstrativas, e verificar em que medida se aplicam aos fenômenos da escrita automática.

Talvez seja conveniente assinalarmos primeiro algumas causas de erros que podem levar a crer numa intervenção oculta, quando não estão em jogo nem a transmissão de pensamento dos assistentes, nem a ação dos espíritos.

Eis algumas observações, cuja descrição buscamos com o sr. Ochorowicz, que as resumiu muito bem e que são de molde a pôr os espíritas em guarda contra as ilusões que podem tão facilmente produzir-se nas reuniões íntimas, a que geralmente comparecem as mesmas pessoas.

Papel da memória latente

Já insistimos quanto à importância desse fator até agora tão negligenciado. Relataremos mais um exemplo da sua ação.

Eis uma experiência feita com um paciente adormecido, que simula a visão sem o auxílio dos olhos, e que também poderia ser repetida, tanto com a escrita automática como pela enunciação verbal:

> Pego um livro fora das vistas do paciente — diz o sr. Ochorowicz —, abro-o ao acaso e mando-o ler.
> — Não estou enxergando bem — diz ele.
> Sugiro-lhe as duas ou três primeiras palavras da página e animo-o a continuar.
> — Está no meio do segundo volume — diz ele —, capítulo tal; é o livro de Krasewski: *O Mundo e o Poeta.*
> — Perfeitamente. Continue, então!
> E, para nosso grande espanto, põe-se a ler uma página inteira, quase sem erros. Quando eu largava o livro, ele parava; lia correntemente quando eu tinha o texto sob os olhos. Mudei de página; ele continuava lendo bem. Algumas pessoas que assistiram a esta experiência acharam que tinham cons-

tatado a 'vidência', apesar das explicações que logo darei. Mas, se não era vidência, é preciso uma prova melhor da sugestão mental? Infelizmente, sim. Inicialmente, ele 'lia', embora menos bem, o livro fechado, bastando apenas comunicar-lhe a primeira frase do trecho. Não era, então, transmissão de pensamento; também não era vidência, porque sem a sugestão verbal ele nem sequer conseguia ler o número das páginas, nem reconhecer um objeto qualquer. Eis aqui a explicação do mistério: O rapaz em questão tinha lido recentemente, *duas vezes seguidas*, o romance de Krasewski acima mencionado; tinha-o lido como se lia na Polônia naquela época, principalmente aos 17 anos de idade. Sabia-o quase de cor. Evidentemente, no estado de vigília não conseguiria recitar páginas inteiras textualmente, mas, em suma, nossa experiência provou apenas uma coisa: *uma espantosa vivacidade das lembranças em sonambulismo*. E quanto à influência do meu pensamento, a causa era muito simples: ele 'via' melhor quando eu estava olhando no livro, porque, automaticamente, eu lhe corrigia os pequenos erros. Foram exatamente esses erros que me sugeriram a verdadeira explicação da experiência, porque, em vez de ler mal uma palavra escrita, ele a substituía por outra, de sentido análogo, mas completamente diferente quanto à forma. Afastando-se de associações exatas por um erro semelhante, ele parava quando eu fechava o livro, porque eu não podia mais ajudá-lo.[4]

O meio psíquico

Quando se faz experiências frequentes nos mesmos meios, com as mesmas pessoas, é comum ocorrerem coincidências inesperadas entre as ideias dos pacientes e as dos experimentadores. Não há sugestões destes para aqueles, mas simplesmente um mesmo processo mental, levando a resultados idênticos. Eis como o sr. Ochorowicz vê o mecanismo inconsciente:

> Sempre que várias pessoas permanecem juntas durante um certo tempo, entre suas inteligências se estabelece um encantamento recíproco. Basta então que um observador hábil, pelo pensamento, se isole do mecanismo involuntá-

4 Ochorowicz, *La Suggestion Mentale*, p. 7.

rio, que as envolva mentalmente num apanhado geral, para, às vezes, prever o objeto que, dentro de alguns instantes, ocupará a atenção dos assistentes. É o mesmo mecanismo que faz com que frequentemente, numa reunião, duas pessoas emitam simultaneamente a mesma opinião ou façam a mesma pergunta. Quanto mais se conhece seu meio, mais sucesso se tem nessa 'clarividência'psicológica. Lembro-me de que sendo secretário de uma sociedade cujo objetivo era a publicação de uma enciclopédia de ciências, tinha preparado antecipadamente o protocolo de uma das nossas reuniões. Ia-se discutir a questão de saber se se devia ou não, entre as ciências a serem tratadas, reservar um espaço à *Teologia*. Acrescento que dois padres integravam a comissão. Mas, conhecendo as pessoas e as opiniões, arrisquei a experiência. Constava do protocolo que a discussão geral terminara com a seguinte votação: 'A Teologia deve ser tratada apenas como fazendo parte da história das religiões'. Só precisei mudar algumas palavras para submeter o protocolo à assinatura dos membros.

Evidentemente, não se é tão bom profeta sem ser cúmplice — mas sempre somos cúmplices quando inspiramos a execução de uma ideia que nos ocore maquinalmente. Vejamos um exemplo: Você é frequentador habitual de uma casa. Não se lembra de que, na última vez, falou-se sobre a política colonial e que, logo depois, uma senhora sentou-se ao piano. Fala-se de novo sobre a política colonial, quando lhe ocorre a ideia de tentar a sugestão mental. Você ordena à senhora que vá ao piano... e ela vai. Você fica admirado com o acontecido, tanto mais que não vê qualquer relação entre a política colonial e um trecho ao piano, e porque seu compadre também lhe diz, com a maior boa fé do mundo, que realmente não entende como a ideia de se pôr ao piano ocorreu a ela subitamente.[5]

Essas observações são absolutamente justas e nos permitem precaver-nos contra possíveis ilusões, devidas ao estado psíquico ambiente. Eis a seguir três experiências, feitas de improviso, que mostram a influência do meio psíquico sobre uma pessoa não hipnotizável:

---

5 Idem, p. 17.

Gabriel Delanne

SUGESTÃO		RESPOSTAS
	UMA COR	
Vermelho	|	Rosa
	UMA FLOR	
O lilás	|	O lilás
	UMA PESSOA PRESENTE	
Sr. J.	|	sra. D.

O aspecto geral dessas três experiências parece bastante favorável à transmissão, mas examinemos as circunstâncias: previne-se o paciente de que se trata de uma cor, ele só a adivinha aproximadamente. Era *vermelho*, ele diz *rosa*. Rosa, que é ao mesmo tempo o nome de uma flor, sugere-nos, a todos, a ideia de uma flor. Previne-se o paciente de que se trata de uma flor. O lilás se acha no centro da mesa. É temporão, todos o haviam notado, e ele surge em primeiro lugar na mente de todo mundo. Depois, como se trata de uma ideia um pouco mais distante e onde a probabilidade continua a ser bem grande (só havia lá uma dezena de pessoas), há insucesso. Não apenas ele não adivinha a pessoa, como toma uma mulher por um homem. Consequentemente, essas três experiências, cujo aspecto é sedutor quando consideradas *in abstracto*, quase não têm valor. E, se digo quase, é unicamente devido a uma certa proximidade entre o vermelho e o rosa, que pode ter sido ocasionada por uma causa totalmente fortuita, isto é, alheia à sugestão.[6]

Deveremos também examinar atentamente as circunstâncias em que as mensagens automáticas fazem alusão a certas doenças de pessoas presentes, porque sabemos que muitos sonâmbulos têm, por *afinidade orgânica*, sensações que os instruem quanto às doenças de pessoas com as quais estão em contato. Essas noções, usadas pelo subconsciente e expressas pela escrita sob a forma personalizada que conhecemos, poderiam induzir a erro o observador que não levasse em conta essa possível fonte de informações. Outras causas ainda, como as sensações olfativas[7] — a maior parte das doenças têm seus odores peculiares

---

6 Idem, p. 17.
7 Monin, *Les Ordeurs du Corps Humain*, Paris, 1886.

— ou as expressões fisionômicas, às vezes atuam sobre o escrevente. Não devemos atribuir a esses fatores uma importância exagerada; devemos lembrá-las apenas a título de indicações que podem ser úteis em certos casos obscuros. Após ter advertido os experimentadores contra as causas de erros, diretamente aplicáveis às experiências de escrita automática, vamos mostrar que a sugestão mental existe realmente entre um magnetizador e seu paciente, sem palavras, sem contato e sem gestos.

A transmissão das sensações durante o estado magnético

O pensamento geralmente se transmite pela palavra ou pela escrita. No primeiro caso, o ar é o intermediário obrigatório para transportar as ondas sonoras; no segundo, é a luz que nos permite reconhecer os caracteres que reproduzem o pensamento. Ocorre, também, que se adivinhe o pensamento de uma pessoa por seus gestos, uma vez que a mímica se baseia na relação existente entre as ideias e os movimentos do corpo que as exprime. Certos pacientes magnéticos gozam de uma hiperestesia dos sentidos bastante desenvolvida para perceberem, de olhos fechados, os gestos do seu magnetizador e atribuir-lhes um sentido preciso. É desse modo que muitos prestidigitadores operam para simular a transmissão do pensamento, e é possível que algo semelhante se produza às vezes nas experiências mais sérias, em que um sensitivo pode adivinhar o pensamento de um assistente por indícios imperceptíveis para qualquer outra pessoa.

Todos os fenômenos da vida mental podem ser classificados sob três títulos gerais: sensibilidade, inteligência e vontade. As sensações sempre são acompanhadas por um estado emotivo. Começaremos, pois, por essa categoria de fenômenos. Temos observado frequentemente que um paciente adormecido sente de modo muito intenso as emoções do seu magntizador.

Baragnon[8] relata o seguinte fato, que é característico:

Saindo de um banquete em que me havia excedido um pou-

8 Baragnon, *Étude de Magnétisme Animal sous le Point de Vue d'une Exacte Pratique*, p. 136.

Gabriel Delanne

co, fui convidado a magnetizar uma pessoa jovem que passava a noite na mesma reunião. Produzi o sono com uma singular energia de ação. Atribuí o fato à minha excitação, embora me parecesse bem leve. Fiquei mais admirado ainda ao perceber na magnetizada, mergulhada em sonambulismo, os mais evidentes efeitos de embriaguez. Ninguém lhe presumia a causa, visto que eu aparentava o mais singular sangue-frio, mas, estando eu mesmo surpreso, expliquei o surpreendente efeito de transmissão como causador da embriaguez numa mulher delicada, muitíssimo mais sensível do que um homem aos efeitos do álcool.

Lafontaine conta que produziu um efeito análogo num pintor amigo seu, porque tinha tomado vários copos de vinho ao magnetizá-lo.[9]

Muitas vezes — diz o conde de Maricourt[10] — aconteceu-me ficar confuso e constrangido pela clarividência de sonâmbulos que sentiam as impressões ou adivinhavam os sentimentos que eu queria ocultar-lhes.

Baragnon diz ainda:

Qual é essa comunicação íntima de duas naturezas (magnetizador e magnetizado) que faz com que as mais leves dores, as mais diversas impressões físicas percebidas por um sejam repercutidas pelo outro, cujos sentidos são abolidos, cujos meios de percepção ficam abalados? É melhor desistir do que procurar uma explicação para esses fatos; constatam-se, e é tudo. Se o magnetizador sente uma impressão, no mesmo instante o sonâmbulo sente uma comoção idêntica. Se, por exemplo, picardes o braço do operador, de modo que ele sofra com isso, o paciente manifestará dor, dirá sempre, sem errar, o lugar que foi lesado, se é uma queimadura, uma picada, ou pancada.

Alfred Russel Wallace[11] estudou o magnetismo em 1844 e fez experiências com alguns dos seus alunos. Eis como ele fala das transmissões de sensações:

9 Lafontaine, *Mémoires d'un Magnétisateur*, tomo I, p. 96.
10 Maricourt, R. de, *Souvenirs d'un Magnétisateur*, p. 96.
11 Russel Wallace, Alfred, *Les Miracles et le Moderne Spiritualisme*, p. 168.

A reciprocidade de sensação entre meu paciente e eu foi então, para mim, o mais misterioso fenômeno que possa ter constatado. Descobri que quando segurava a mão do meu paciente, ele experimentava exatamente as mesmas sensações do gosto, do tato e do olfato que eu próprio experimentava...

Eu formava uma corrente com várias pessoas; numa das extremidades, colocava o paciente, na outra ficava eu. Quando, *em perfeito silêncio*, e era beliscado ou picado, o paciente imediatamente levava a mão à parte correspondente do seu corpo, queixando-se de estar sendo picado ou beliscado também. Se eu punha na boca um pouco de açúcar ou de sal, no mesmo instante o paciente começava a chupar e logo, por gestos e palavras, mostrava de maneira bem expressiva que experimentava a mesma sensação de sabor que eu. Até agora, nunca me satisfiz com as explicações dadas por nossos fisiologistas para esse fato. Estes não vão além da suposição de que o rapaz não experimentava qualquer sensação do gosto ou do tato, mas que, por uma acuidade extranatural de *audição*, tomava conhecimento do que eu sentia na pele ou no paladar! Ora, é contrário ao resultado de todas as nossas pesquisas que meu paciente tenha gozado de alguma acuidade extranatural dessa espécie, e a experiência era precisamente conduzida de modo a impedir que o rapaz recebesse, por meio dos sentidos, qualquer noção do que eu sentia ou tocava.

A Sociedade Inglesa de Pesquisas Psíquicas estudou esses fenômenos durante vários anos e afirma que a transmissão de sensações está absolutamente provada. Eis um exemplo do modo de proceder que foi empregado[12]:

> Fred Wells, rapaz de vinte anos, adormecido, estava sentado numa cadeira, de olhos vendados, e o sr. Smith, o operador, mantinha-se atrás dele. O paciente foi adormecido pelo sr. Smith com o auxílio de passes. O operador foi então picado ou beliscado fortemente em diferentes pontos, e essa operação durava geralmente um ou dois minutos. *Um silêncio*

---

12 *Proceedings*, vol I, parte III, p. 225. Ver também o número de dezembro de 1885, p. 17 e 205, e de abril de 1887, p. 425. Consultar igualmente: *Facts in Mesmerism*, pelo dr. Ellioston; *Loist*, vol. V., p. 242 e 245; *Phantasms of the Livings*, tomo II, caso 359; prof. Smith, da Universidade de Sidnei, em *Phantasms*, tomo II, caso 360.

Gabriel Delanne

absoluto foi observado, exceto quanto a uma pergunta necessária: 'Você está sentindo alguma coisa?' Essa pergunta foi feita pelo sr. Smith, já que o paciente parecia não ouvir outras pessoas. Na primeira série de experiências, o sr. Smith segurava uma das mãos do paciente, mas tendo sido considerada uma precaução inútil, o contato entre o operador e seu paciente foi rompido nas experiências posteriores.

Primeira série — 4 de janeiro de 1883.

1. A parte superior do braço direito do sr. Smith foi beliscada várias vezes. — Mais ou menos dois minutos depois, o sr. Wells pôs-se a esfregar a parte correspondente do seu corpo.

2. Beliscão atrás do pescoço. — Mesmo resultado.

3. A panturrilha da perna esquerda golpeada. — Mesmo resultado.

4. A orelha esquerda beliscada. — Mesmo resultado.

5. As costas da mão esquerda beliscadas. — Mesmo resultado

6. As costas golpeadas. — Mesmo resultado.

7. Os cabelos puxados. — *Wells localiza a dor no seu braço esquerdo.*

8. O ombro direito golpeado. — A parte correspondente do paciente é determinada com exatidão.

9. As costas da mão esquerda beliscadas. — Mesmo resultado

10. Picada atrás do pescoço. — Mesmo resultado.

11. Dedo do pé esquerdo pisado. — *Ação nula.*

12. Orelha esquerda picada. — A parte correspondente é indicada com exatidão.

13. O ombro direito golpeado atrás. — Mesmo resultado.

14. A panturrilha da perna direita beliscada. — *Wells toca seu braço.*

15. A palma da mão esquerda picada. — A parte correspondente é indicada exatamente.

16. O pescoço, abaixo da orelha direita, picado. — Mesmo resultado.

Consequentemente, temos aqui:
Em 16 experiências,
13 sucessos,
3 fracassos.

Na segunda série de experiências, Wells tinha os olhos vendados como anteriormente, mas, além disso, um biombo o separava do sr. Smith. Durante uma parte das experiências, o sr. Smith encontrava-se *numa sala vizinha*, separado do seu paciente por uma espessa cortina.

Segunda série — 10 de abril de 1883.

17. A parte superior da orelha esquerda do sr. Smith beliscada. — Aproximadamente dois minutos depois, Wells grita: "Quem me beliscou?" e põe-se a beliscar a parte correspondente

18. A parte superior do braço esquerdo beliscada. — Wells indica o ponto quase instantaneamente.

19. A orelha direita beliscada. — Quase um minuto depois, Wells bate na orelha direita, como se quisesse apanhar uma mosca importura, gritando: "Quer me deixar em paz?"

20. O queixo beliscado. — Wells indica o ponto quase imediatamente.

21. Os cabelos são puxados. — *Ação nula.*

22. Beliscão atrás do pescoço. — Wells logo belisca a parte correspondente.

23. A orelha esquerda beliscada. — Mesmo resultado.

24. Pôs-se sal na boca do sr. Smith. — Wells diz: "Não gosto de comer velas." (Ideia sem dúvida sugerida pela palavra vela pronunciada diante dele 5 minutos antes.)

25. Pó de gengibre muito picante. — "Não gosto de coisas ardidas, por que me deram pó?"

26. Sal. — "Que confeito horrível é esse?"

27. Absinto (losna). — "Vocês estão me irritando os olhos. Não gosto de mostarda."

Deve-se mencionar que nas duas últimas experiências o gosto do gengibre persiste e confunde-se com as novas sensações.

28. A panturrilha direita beliscada. — Wells se aborrece e recusa-se a falar. Finalmente estende a perna diireita com violência e esfrega a panturrilha.

Depois dessa experiência, Wells fica muito irritado e não quer mais responder às perguntas, dizendo que, se prosseguir, vão continuar a beliscá-lo. (Durante esse tempo, a panturrilha esquerda do sr. Smith foi beliscada continuamente.)

Então, diz o sr. Ochorowicz, em vinte e quatro experiências concernentes ao tato, houve vinte sucessos. Entre os quatro fracassos, somente dois poderiam ser previstos, pois ao puxar os cabelos raramente se conseguiu produzir uma transferência. Uma vez a resposta não foi dada, e uma vez somente foi errada. As atas foram assinadas pelos srs. W. F. Barret, Edmond Gourney, F. W. H. Myers, Henry N. Ridley, W. H. Stone. Georges Wild e F. Podmore. A transmissão de emoções e de sensações é, portanto, nítida. Realiza-se à distância, como os antigos magnetizadores o haviam assinalado[13] e como mais tarde o verificou o sr. P. Janet. Eis seu testemunho[14]:

> A sra. B. parece experimentar a maioria das sensações experimentadas pela pessoa que a adormeceu. Quando esta bebia, a sra. B. achava que ela própria estava bebendo. Reconhecia *sempre exatamente* a substância que eu punha na boca e distinguia perfeitamente se eu estava provando sal, pimenta ou açúcar.
>
> Observamos que o mesmo fenômeno ocorre *se estou num outro aposento*. Mesmo então, se belisco minha perna com força, ela grita e se zanga porque a beliscaram. Enfim, meu irmão, que assistia a essas experiências e que tinha sobre ela uma singular influência, porque ela o confundia comigo, tentou uma coisa mais curiosa. *Mantendo-se em outra sala*, queimou fortemente seu braço, enquanto a sra. B. estava na fase de *sonambulismo letárgico,*[15] em que experimenta as sugestões mentais. A sra. B. deu gritos horríveis e foi-me difícil contê-la. Ela segurava seu braço direito, acima do pulso, e queixava-se de que estava doendo muito. Ora, *eu mesmo não sabia o ponto exato onde meu irmão tinha se queimado. Era mesmo naquele lugar.* Quando a sra. B. foi acordada, vi, com surpresa, que ela ainda segurava seu pulso direito, queixando-se de que estava doendo muito, sem saber por quê. *No dia seguinte ela ainda cuidava do braço com compressas de água fria,* e, à noite, constatei uma inchação bem visível no local exato em que meu irmão tinha se queimado. Deve-se observar, porém, que durante o dia ela tinha apalpado e coçado o braço.
>
> Esse fenômeno da comunicação de sensações só se produz após uma longa sequência de sessões e no fim de uma ses-

13 Ver Lafontaine, *Mémoires*, tomo I, p. Pág. 157.
14 Janet, P., *Notes sur quelques Faits de Somnambulisme* (*Bulletin de la Societé de Psychologie Physiologique*, 1885, fascículo I) e *Revue Philosophique* nº 8, agosto de 1886.
15 Sonambulismo letárgico é uma contradição. Trata-se de um estado intermediário entre a aideia (letargia) e a poli-ideia (sonambulismo), isto é, um estado monoideico. (Nota do sr. Ochorowicz).

são que tenha durado várias horas; assim, não tornei a vê-lo com a mesma nitidez.

Transmissão de ideias durante o estado magnético

Hoje sabemos que, em certas doenças, os pacientes em crise apresentam estados análogos ao sono magnético,[16] não sendo portanto surpreendente que se tenha constatado, às vezes, a transmissão de pensamento entre exorcistas e doentes que se acreditava possuídos pelo demônio. As ursulinas de Loudun,[17] os *camisards*,[18] os convulsivos de Saint-Médard mostram inegáveis exemplos dessa transmissão de pensamento que era considerada uma prova certa de possessão diabólica. Citamos um exemplo pouco conhecido, extraído do dr. Dupouy:[19]

> As religiosas do convento de Auxonne, sob comando, ou mesmo sob *ordem mental* dos exorcistas, caíam em êxtase e, nesse estado, tornavam-se insensíveis à dor, como se constatou enfiando agulhas sob as unhas da irmã Denise. O bispo de Chalons relata que 'todas as ditas moças, tanto seculares como regulares, num total de dezoito, tinham *o dom das línguas* e respondiam em *latim* aos exorcistas, *fazendo às vezes discursos inteiros na citada língua.* Quase todas testemunharam ter conhecimento do interior e do segredo do pensamento, o que apareceu particularmente nas *ordens interiores*, que lhes foram dadas pelos exorcistas em diversas ocasiões, a que geralmente obedeceram exatamente, *sem que as ordens fossem expressas por palavras ou por algum sinal exterior*. O dito bispo fez várias experiências sobre isso, entre outras com a pessoa de Denise Pariset a quem ordenou, no fundo do pensamento, que fosse vê-lo para ser exorcizada, tendo ela ido incontinenti, *embora morasse num bairro da cidade bem distante*, dizendo ao senhor bispo que ele a tinha mandado ir, o que ela fez diversas vezes. (Logo veremos experiências análogas feitas atualmente.) E também com a pessoa da irmã Jamin, noviça, que ao sair do exorcismo falou-lhe da ordem interior que ele tinha dado ao demônio durante o citado exorcismo.

16 Richet, Charles, *L'Homme et l'Intelligence - Les Démoniaques d'autrefois*, p. 297.
17 Bertrand, *Le Magnétisme Animal*, p. 435: *Théâtre Sacré des Cévennes*.
18 Idem.
19 Dupouy, *Sciences Occultes et Physiologie Psychique*, p. 104.

Gabriel Delanne

E com a pessoa da irmã Borthon, a quem, tendo *ordenado mentalmente,* no auge das suas agitações, que fosse prosternar-se diante do Santo Sacramento, de barriga contra o chão e braços estendidos; no mesmo instante ela executou a ordem dada por ele, com uma presteza e uma precipitação extraordinárias.

Eis aí demônios bem sábios e complacentes.

Após sua descoberta do sonambulismo, Puységur ficou surpreso ao ver que seu paciente repetia em voz alta uma ária que ele cantarolava interiormente:[20]

> Quando ele está no estado magnético, diz o marquês, não é mais um camponês simplório, que mal sabe responder uma frase: é um ser que não sei dominar. *Não preciso falar-lhe, penso diante dele, ele me ouve e me responde.* Entra alguém no seu quarto, ele o vê *se eu quero.* Ele fala bem; diz as coisas *que quero* que diga, *nem sempre tal como lhas dito,* mas como a verdade o exige. Quando quer falar mais do que acho prudente que se ouça, *então detenho-lhe as ideias, as frases,* no meio de *uma palavra,* e mudo-lhe completamente o pensamento.

O dr. Petetin,[21] a princípio adversário do magnetismo, observa sobre uma doente:

> Que ela não somente previa o que devia acontecer-lhe, mas *se formássemos um pensamento sem manifestá-lo pela palavra,* ela logo ficava sabendo e executava o que tínhamos a intenção de ordenar-lhe, como se a determinação partisse dela mesmo; vez por outra, no entanto, ela pedia que suspendêssemos a ordem mental ou a revogássemos, quando o que lhe prescrevíamos estava acima das suas forças, ou ela estava cansada.

Deleuze diz:[22]

> Quando queremos pedir alguma coisa aos sonâmbulos,

20 Puységur, *Mémoires pour Servir à l'Établissement du Magnétisme,* p. 22, 29 e segs.
21 Petetin, *Mémoire sur la Découverte des Phénomenes que Présentent la Catalepsie et le Somnambulisme,* Lion, 1787.
22 Deleuze, *Introduction Pratique sur le Magnétisme Animal,* p. 135.

devemos expressar nossa vontade com palavras. Os bons sonâmbulos ouvem sem que lhes falemos. Mas, por que empregar esse meio sem necessidade?

Charpignon[23] afirma, nestes termos, sua certeza quanto à comunicação do pensamento:

> Muitas vezes formamos na nossa mente *imagens fictícias*, e os sonâmbulos que questionávamos viam essas imagens como realidades. Com frequência, obtivemos uma palavra, um sinal, uma ação, *segundo uma pergunta mental*. Outros, fazendo aos sonâmbulos perguntas em línguas estrangeiras desconhecidas dos magnetizados, obtiveram respostas indicando não a compreensão do idioma, mas do pensamento daquele que falava, porque, se o experimentador falava sem compreender, o sonâmbulo não era capaz de captar o sentido da pergunta.

Poderíamos multiplicar esses testemunhos citando trechos extraídos das obras dos drs. Teste, Puel, Barrier, Comet, Perronet etc. Preferimos remeter o leitor à obra do dr. Ochorowicz, *La Suggestion Mentale*, da qual extraíamos algumas das citações precedentes. Preferimos registrar as pesquisas contemporâneas, e principalmente as da Sociedade de Pesquisas Psíquicas, que provaram rigorosamente a existência de uma ligação entre o magnetizador e seu paciente, através de experiências completas e muito minuciosas.

A Sociedade Inglesa de Pesquisas Psíquicas

Nos *Proceedings*, encontramos ensaios sobre todos os tipos de transmissão de pensamento, feitos com pessoas diferentes, em condições extremamente variadas, e por comitês de investigadores que estudavam de modo independente.

Os resultados dessas enquetes são concordes e confirmam a ação de uma mente sobre outra.

Uma classe importante, e particularmente interessante, de fenômenos é aquela em que, estando afastada qualquer correspondência pelos órgãos sensoriais, o paciente procura repro-

---

23 Charpignon, *Physiologie, Médicine et Métaphysique du Magnétisme*, p. 325.

Gabriel Delanne

duzir um desenho executado pelo experimentador ou por um assistente; neste último caso, é necessário que a pessoa que deseja fazer a transmissão fixe o desenho com a maior atenção.

Entre os membros que participaram dessas experiências, devem-se citar: Gurney, psicólogo, R. W. H. Myers, professor em Cambridge, Barret, professor de física em Dublin, Balfour Stewart, professor de física em Manchester, membro da Real Sociedade, dr. Olivier Lodge, professor de física em Liverpool, membro da Real Sociedade, Guthrie, professor de física em South-Kensington. Citamos ainda os drs. Shears, Hyla Greves, o prof. Sidgwick e sua esposa, e os srs. Mabire e Schmoll.

Eis a seguir exemplos de transmissões de imagens mentais que aconteceram na presença do sr. Malcolm Guthrie e do prof. Herdman. A paciente, sra. Relp, fica sentada e os objetos escolhidos ficam escondidos por uma cortina estendida atrás dela. As experiências acontecem sem contato. O agente olha fixamente para os objetos.

Objeto pensado	Objeto adivinhado
1. Papel vermelho recortado em forma de oveiro, com um ovo branco dentro.	1. Uma coisa vermelha, mais comprida do que larga.
2. Papel azul em forma de moringa	2. É azul. É mais largo no alto do que no meio, depois de novo mais largo. É como uma moringa. (Desenha uma moringa.)
3. Papel vermelho recortado em forma de vaso.	3. É vermelho, só consigo ver a cor.
4. Um ralador novo.	4. Algo que brilha... Prata ou aço... longo e cortante.
5. Uma rodela em madeira sobre um fundo preto.	5. Não consigo distinguir isso.
6. Uma rodela vermelha.	6. É vermelho.
7. Mesmo objeto da 5ª experiência.	7. Há alguma coisa vermelha ao redor? Amarelo avermelhado, algo leve.
8. Papel prateado, recortado em forma de bule.	8. É de prata brilhante, como uma caldeira? É um bule.

9. Um retângulo alongado amarelo.	9. É amarelo? É mais comprido do que largo.
10. Uma moeda de ouro.	10. É amarelo brilhante? De ouro. É redondo?
11. Três de copas.	11. É uma carta com pontos vermelhos? Um três ou algo assim.
12. Cinco de paus.	12. É outra carta com cinco pontos pretos.
13. Oito de ouros.	13. É outra carta com muitos pontos... vermelhos... um dez?
14. Uma carta com duas cruzes vermelhas	14. É uma coisa amarela e clara... não vejo bem... É uma carta com pontos vermelhos... Não enxergo.
15. Sem objeto. Imagina-se uma cruz branca num fundo preto.	15. Vejo qualquer coisa branca e preta... Vejo duas linhas.

Já percebemos que as sensações do magnetizador são experimentadas bem exatamente pelo paciente. A forma de reprodução dos desenhos às vezes apresenta variações. Frequentemente só uma parte do objeto é reproduzida; às vezes ocorre a inversão da direita para a esquerda ou de cima para baixo. Mas com frequência encontram-se alguns traços característicos, ou analogias que testemunham que houve ação sobre o cérebro do percipiente. Por exemplo, um 8 é reproduzido sob a forma de um haltere. Tesouras são representadas por dois grandes círculos com uma barra no meio. Em vez de um X, uma cruz. Uma cabeça de gato, quando o desenho representa o animal visto de costas.[24] Ou então, ainda, uma só letra, um C em vez de um A e de um B entrelaçados. Acontece também que a reprodução seja enfeitada por desenhos fantasistas que não existem no original. Uma simples flecha, por exemplo, será desenhada com floreios e atributos heráldicos.

Segundo o prof. Barret, transmissões dessa espécie se produzem mesmo quando os operadores são separados por um tabique. Uma vez foi feita a seguinte experiência: tapou-se as orelhas do paciente com massa de vifraceiro; uma fronha de travesseiro foi-lhe enfiada na cabeça, e no entanto a transmissão de pensa-

---

24 Flammarion, Camille, *L'Inconnu et les Problèmes Psychiques;* ver na p. 353, reproduções de desenhos sugeridos, confrontados com os originais.

mento foi um sucesso. Observou-se um espaço de 30 pés entre o agente e o paciente, de modo que ficassem separados por duas portas fechadas. *Mesmo nessas condições, que foram seriamente fiscalizadas, a ação psíquica à distância se produziu.*

Transmissão da vontade durante o estado magnético

O marquês de Puiségur conta que sua paciente Magdaleine, em sonambulismo e posta em contato com um certo sr. Mitouard, químico, obedecia às ordens mentais que este, previamente, havia informado aos assistentes. Eis o relato:[25]

> Tendo, pois, posto Magdaleine em contato com o sr. Mitouard, deixei-a ao seu inteiro dispor e afastei-me para um canto da sala. Depois de fazê-la andar e sentar-se, de tê-la feito pegar diferentes objetos, tanto em cima da lareira como sobre as mesas, o que, conforme a presteza com que ela obedecia às suas intenções, me fazia conjeturar quanto à sua direção, o sr. Mitouard parou, e de pé, na frente dela, sem fazer qualquer movimento, ficou profundamente concentrado. No mesmo instante, a sonâmbula leva a mão a um bolso do seu fraque, mergulha-a até o fundo e traz consigo cinco pequenos parafusos que ele tinha posto lá, na verdade, com a intenção de que ela os pegasse.

Numa sessão, diz Lafontaine, escreveram o nome de uma senhora num pedaço de papel; deram-me o papel, e um instante depois via-se a sonâmbula levantar, apanhar um buquê e levá-lo à senhora indicada.[26] Registramos a seguir um fenômeno observado pelo Dr. Beaunis, cujo testemunho já relatamos.[27] O prof. Beaunis estava com o dr. Liébault.

> O paciente é um homem jovem, excelente sonâmbulo, saudável, meio tímido. Acompanhava à casa do sr. Liebault sua prima, também ótima sonâmbula, que está sendo tratada pelo hipnotismo devido a perturbações nervosas. O sr. Liébault adormece o paciente e, durante o sono, lhe diz:
> — Ao despertar, o senhor executará a ordem que lhe será

25 Puységur, *Du Mangétisme Animal*, p. 15-24.
26 Lafontaine, *L'Art de Magnétiser*, p. 99.
27 Beaunis, H., *Un Fait de Suggestion Mentale. Revue Psbilosophique*, n° 2, 1886.

dada *mentalmente* pelas pessoas presentes.

Então, a lápis, escrevo num papel: "Abraçar sua prima". Escritas estas palavras, mostro o papel ao dr. Liébault e às poucas pessoas presentes, recomendando-lhes que lessem só com os olhos, sem dizer uma única palavra, e acrescento: — Quando ele acordar, pensem firmemente no ato que deve executar, sem nada dizer e sem fazer qualquer gesto que possa dar-lhe uma pista.

Acordamos o paciente e aguardamos os resultados da experiência.

Logo depois, vemo-lo rir, escondendo o rosto com as mãos, e isso continua por algum tempo, sem outro resultado Pergunto-lhe então:

— Que é que o senhor tem?

— Nada.

— Em que está pensando?

Não há resposta.)

— O senhor sabe — digo-lhe — que deve fazer uma coisa na qual pensamos. Se não quiser fazê-lo, diga-nos pelo menos em que está pensando.

— Não.

— Se não quiser dizê-lo em voz alta — acrescento —, diga-me baixinho ao ouvido — e aproximo-me dele.

— Abraçar minha prima — diz-me ele.

Dado o primeiro passo, o restante da sugestão se cumpre espontaneamente.

Bem incrédulo durante muito tempo, o sr. Ochorowicz teve oportunidade de observar uma paciente sensível com a qual fez uma certa quantidade de experiências que o convenceram. Eis uma delas:[28]

---

28 Ochorowicz, *La Suggestion Mentale*, p. 106.

24 de janeiro

A paciente está adormecida (na poltrona).

ORDEM SUGERIDA MENTALMENTE	EXECUÇÃO
39. Soprar uma vela em cima do piano.	Ela se levanta. Dirige-se *para mim*, depois para o piano. Fica tão perto da vela que eu mesmo a sopro com medo que sua roupa pegue fogo.
Dê a vela!	Toca música tateando. Retira a arandela.
40. Dê a mão esquerda! (seguro-a pela pela mão direita.)	Ela levanta a mão esquerda e me dá.
41. Venha até aqui! (Esta experiência foi feita com muitas precauções; a sonâmbula não sabia que eu tinha saído e que atuava a vários metros de distância, do fundo do corredor.)	Franzir de sobrancelhas. Ela se levanta. Estende o braço direito, adianta-se, abre a porta e vai diretamente para o corredor, onde corro ao seu encontro.

Assistimos aqui a uma ação produzindo-se de um aposento a outro, mas a ordem mental pode ser dada a uma distância bem maior, como mostrou o sr. Dusart.[29] Este fez com pleno êxito mais de cem sugestões mentais puras, a distâncias que variavam entre 200m e 7km. Num dos casos, o despertar produziu-se a esta última distância, e o paciente anunciou aos seus pais que a vontade do doutor é que o tinha tirado do sono. Outra vez, a ação magnética do pai foi entravada pela vontade do doutor, que chegou ao paciente de uma distância de 10km. O dr. Dufay atuou de modo semelhante sobre três pessoas e, num caso, seu pensamento se fez sentir a 112km de distância. Em seguida vamos ver, ao estudar a transmissão de pensamento em pessoas acordadas, que a distância entre os dois operadores em nada parece prejudicar a ação psíquica.

A transmissão de pensamento durante a vigília

Talvez se lembrem do barulho que houve na França há uns

---

29) Dusart, *Tribune Médicale*, 16 e 30 de maio de 1875. Ver também *Revista Científica e Moral do Espiritismo*, ano 1898.

vinte anos em torno dos "Ledores de pensamento", entre os quais o sr. Cumberland foi um dos mais hábeis. Sabe-se que a experiência consiste em encontrar um objeto escondido por uma pessoa da assistência, a quem o paciente dá a mão. Este é dirigido involuntariamente pelo operador, cuja mão, inconscientemente, executa uma série de pequenos movimentos, segundo os quais o paciente adivinha o lugar para onde deve ir e o objeto que deve pegar. Logo se percebe, porém, que o contato não era necessário para a transmissão de uma impressão, e que não somente se podia, sem a intervenção de qualquer sinal, ordenar atos, como também indicar um objeto pensado por um experimentador.

O sr. Charles Richet[30] teve a feliz ideia de aplicar à transmissão de pensamento o cálculo das probabilidades. Se um observador olha sucessivamente cartas que o pacientes deve identificar, é fácil saber se o número de resultados exatos supera o que o cálculo indica como devidos ao acaso. Numa série de 2.997 experiências, ele obteve 789 acertos, quando o número provável seria 732. A possibilidade de que esse resultado não seja atribuível ao acaso, e sim produzido por uma conexão causal, é expresso pela relação de 999.999.999 a 1, o que equivale à certeza de que houve transmissão de pensamento. Depois, os *Proceedings* publicaram o resultado de 17 séries de experiências. O número total de experiências foi 17.653; o número total de sucessos, 4.760, o que supera em 347 o indicado pelo cálculo.

O prof. Lombroso[31] convenceu-se, com um certo Pickman, de que a transmissão do pensamento é possível, quando todas as precauções são tomadas para evitar qualquer contato. Sem tocar em nada, com os olhos vendados e os ouvidos tapados, Pickman adivinhou exatamente, 9 vezes em 10, cartas previamente indicadas por Lombroso. As mesmas experiências feitas pelo célebre criminalista com um jovem médico dão 6 resultados exatos em 12 tentativas.

Pode-se, igualmente, transmitir números. Numa série de experiências instituídas pelas srtas. Wingfield, o paciente devia adivinhar um número de dois algarismos (de 10 a 99). Em

---

30 Richet, Charles, *Révue Philosophique — La Suggestion Mentale et le Calcul des Probabilités*, dezembro de 1884.
31 Lombroso, *Pickman et la Transmission del Pensiero, Gaz. Lit.*, vol. XIV, p. 12, Turim, 1892.

2.614 tentativas obtiveram-se 275 acertos, quando o número provável seria 29. Mais tarde, em junho de 1886, as srtas. Wingfield, em 400 experiências, obtiveram 27 êxitos completos, ao passo que o número provável seria 4.[32] Palavras inventadas, simulando nomes próprios, foram sugeridas por concentração mental, às crianças da família Creery, pelos srs. Myers e Gurnley. Eis um quadro que resume essas experiências verdadeiramente convincentes:[33]

Experiência de transmissão de pensamento, 17 de abril de 1882

Agentes: srs. Myers e Gurnley
Pacientes: Crianças da família Creery, no estado normal

Pensado	Adivinhado	
Nome pensado	1ª resposta	2ª resposta
William Stubbs	William Stubbs	
Elisa Holmes	Elisa H.	
Isaak Harding	Isaak Harding	
Sophia Shaw	Sophia Shaw	
Hester Willis	*Cassandra*	Hester Wilson
John Jones	John Jones	
Timotly Taylor	*Tom*	Timotly Taylor
Esther Ogle	Esther Ogle	
Arthur Higgins	Arthur Higgins	
Alfred Henderson	Alfred Henderson	
Amy Frogmore	Amy *Freemore*	Amy Frogmore
Albert Sinelgrove	Albert *Singrore*	Albert *Grover*

Devemos atribuir esses sucessos a uma sensibilidade rara dos pacientes, e provavelmente a qualidades especiais dos ex-

32 Quanto à transmissão de números, ver especialmente o artigo da sra. Sidgwick nos *Proceedings*, XV.
33 Schrenck, *Sur la Télépathie et la Clairvoyance, Annales des Sciences Psbychiques*, 1891, p. 86.

perimentadores, porque em outras experiências os resultados perfeitos foram menos numerosos. Veremos a seguir as experiências feitas em Brington, a 3 de dezembro de 1882. O agente (operador) foi Douglas Blackburn e o percipiente (paciente), G. A. Smith. Edmond Gurney e F. W. H. Myers estabeleceram as condições, a sequência e o modo da experiência, e garantiram, graças à atenta vigilância que exerceram, que nenhuma comunicação ou indicação inconsciente pode acontecer entre o agente e o paciente:

Pensado	Adivinhado		
Nome pensado	1ª resposta	2ª resposta	3ª resposta
Barnard	*Harland*	Barnard	
Bellairs	*Hamphreys*	*Bem Nevis*	*Benaris*
Johnson	*Jobson*	Johnson	
Regent Street	*Rembrandt Street*	Regent Street	
Black	*Drack*	*Blake*	
Queen Anne	*Queechy*	Queen	
Wissenchaft (Blackburn não sabe alemão)	*Wissie*	*Wisenaft*	

Todas as experiências que relatamos aconteceram enquanto o operador e o paciente estavam na mesma sala, ou separados apenas por um biombo e, finalmente, em dois aposentos vizinhos cuja porta estava fechada. As mais minuciosas precauções foram tomadas para eliminar a possbilidade de erros como: transmissão de sensações olfativas, concordância de associações de ideias, fraude, movimentos inconscientes, sugestão verbal etc. Então parece certo que o pensamento se exterioriza, independentemente de qualquer mediação sensorial. Para que não fique nenhuma sombra de dúvida a esse respeito, assinalaremos a atuação a grande distância de um operador sobre seu paciente.

Ação à distância sobre um paciente acordado

Tem-se zombado muito dos magnetizadores devido à sua crença no "fluido magnético". Porém, se hoje não conseguimos admitir um desprendimento fluídico, no sentido de uma substância saída do corpo, de uma emanação física, devemos necessariamente imaginar uma irradiação dinâmica para explicar como um magnetizador atua sobre um paciente através de paredes, ou de muralhas, quando a imaginação não pode desempenhar papel algum, já que se opera sem que o paciente o perceba. Não está mesmo demonstrado que as ondulações que se propagam no espaço não tragam consigo partículas materiais infinitamente pequenas, porque os trabalhos de Reichenbach sobre o *od* mostram que as centelhas que saem incessantemente de todos os seres vivos ondulam como chamas quando o ar é agitado.[34] As recentes experiências do dr. Le Bom[35] e do sr. G. de Heen estabelecem que certas reações químicas produzem emanações que ionizam o ar e descarregam o eletroscópio. Portanto, não seria impossível que o corpo humano, que é um laboratório em contínua atividade, emitisse corpúsculos infinitamente pequenos que seriam levados pelas vibrações dinâmicas que se propagam no espaço. Mas abandonemos as hipóteses para considerar apenas os fatos, que são numerosos e convincentes, para provar a ação à distância de um homem sobre outro.

Mesmer foi o primeiro a fazer uma demonstração desse fenômeno. Em 1775, no castelo de Rochow, na Hungria, na presença do sábio austríaco Scifert, fez com que um paciente, que estava numa sala contígua e que não podia ver os gestos do grande magnetizador, executasse atos variados. A ação se produzia ou era suspensa conforme Mesmer atuava ou parava, e as sensações transmitidas eram as que Mesmer queria provocar.[36]

Desde que o magnetismo foi praticado na França, percebeu-se que a presença do operador na mesma sala em que o pa-

34 Reichenbach, *Le Fluid des Magnétisateurs*. Ver também, do mesmo autor, *L'Extériorisation de la Sensibilité*.
35 Le Bon, *Revue Scientifique, La Transparence de la Matière et la Lumière Noire*, 4 de abril de 1900; e Mme. Curie, *Les Nouvelles Substances Radioactives*, 24 de julho de 1900.
36 Kerner, J., *Frantz Anton Mesmer aus Schwaben*, p. 23.

ciente se encontrava não era necessária para produzir o sono. O marquês de Dampierre e Bruno citam casos assim,[37] mas os fatos melhor constatados são indubitavelmente os que Du Potet produziu em 1820 no Hôtel Dieu (hospital de caridade).[38] No dia 4 de novembro, o dr. Husson, médico do hospital, propôs que Du Potet adormecesse uma paciente, a srta. Samson, ficando num consultório fechado a chave e separado por uma espessa parede da peça onde estaria a doente. Ele aceitou. Combinaram um sinal e, quando o paciente chegou, fizeram-na sentar, de costas, a três ou quatro pés da parede. Ao sinal convencionado, Du Potet começou a magnetizar, observando o mais profundo silêncio, sem fazer o mínimo ruído que pudesse denunciar-lhe a presença. Três minutos depois, a srta. Samson estava dormindo. A 7 de novembro seguinte, a mesma experiência foi feita diante do prof. Récamier, e o resultado foi igual ao da primeira vez. Uma terceira tentativa foi coroada de êxito, embora operassem sobre a paciente na sala onde ela estava deitada e a mais de vinte pés de distância. Tentou-se explicar esses resultados pela autossugestão da paciente que, ao ver o dr. Husson numa hora inesperada, teria desconfiado que pretendiam adormecê-la.

A contraprova, porém, foi favorável à hipótese da ação à distância, já que a paciente, levada ao consultório do dr. Husson, colocada no mesmo lugar da vez anterior, e diante da qual se disse as mesmas palavras e fez-se os mesmos gestos, não adormeceu, o que prova que sua imaginação não interviera na primeira vez para colocá-la em sonambulismo; depois, mal Du Potet começa a magnetizar, sem que a srta. Samson o perceba, ela adormece.

Cinco anos depois, o dr. Froissac repetia essas experiências em Cazat, com pleno sucesso e em condições que nada deixavam a desejar. Lafontaine,[39] em Rennes, adormeceu seu paciente sem que este tivesse sido prevenido, atuando sobre ele de um andar a outro do hotel, para onde tinha descido. Em Saint-Mars-la-pille, ele conseguiu mostrar a realidade da ação

37 *Réflexions Impartiales sur le Magnétisme Animal* etc. E de Lausanne, *Des Principes et des Procédés du Magnétisme Animal et de leurs Rapports avec la Physique et la Physiologie*, tomo I, p. 12 e segs.
38 Du Potet, *Traité Complet de Magnétisme Animal*, p. 55 a 60.
39 Ver a obra do dr. Ochorowicz: *La Suggestion Mentale*, onde esse caso e o do sr. Richet são narrados detalhadamente, p. 426 e segs.

Gabriel Delanne

dita magnética mergulhando o paciente em sono, embora entre eles houvesse uma distância de meio quilômetro. Vimos o dr. Dusart atuar a 700m de distância e, num caso, a 12km. O prof. Charles Richet contou que durante seu internato na hospital Baujon, por duas vezes adormeceu uma enferma, permanecendo na sala de plantão, enquanto a paciente estava deitada na sua cama. O dr. Héricourt relata que, clinicando em Perpignon, teve oportunidade de magnetizar uma senhora sobre a qual adquiriu grande poder. Era-lhe possível atuar sobre ela a 300m de distância, escolhendo horas em que o sono normal jamais se produzia. O dr. Moulin consignou observações de ações à distância na sua tese doutoral.[40] Os srs. Gilbert e P. Janet[41] estudaram a ação à distância numa paciente muito sensível, chamada Léonie, e puderam convencer diversos observadores, como os srs. Ochorowicz, Marillier, Paul Janet, da sua capacidade de pôr aquela mulher em sonambulismo, embora ela morasse a 500m de distância do consultório do dr. Gilbert. Em *vinte e duas experiências*, ocorreram seis insucessos; três logo no início, quando o hábito sonambúlico ainda não estava bem estabelecido; um, mais tarde um pouco, após uma interrupção das sessões por alguns dias; e duas quando a paciente resistiu mais de meia hora antes de adormecer. Em suma, *dezesseis sucessos* precisos e completos.

> Deve-se crer — acrescenta o sr. P. Janet — que por dezesseis vezes houve uma coincidência fortuita, embora exata? A suposição talvez seja meio inverossímil; houve sugestão involuntária de nossa parte? Só posso responder uma coisa: que *muito sinceramente tomamos todas as precauções possíveis para evitá-la*.

Em Paris, o sr. Richet fez 39 experiências com Léonie e obteve cinco sucessos. Ao falar das experiências felizes, ele diz:[42]

> Só duas hipóteses se apresentam: houve simples acaso, ou

---

40 Moutin, *Le Diagnostic de la Suggestibilité*.
41 Janet, P., *Bulletin de la Société de Psychologie Physiologique*, maio de 1886.
42 Richet, Charles, *Hypnotisme à grande Distance*, comunicação à Sociedade de Psicologia e Fisiologia. (*Revue de l'Hypnotisme*, 1° de janeiro de 1888.)

ação à distância. É bem difícil admitir a primeira hipótese: a do acaso puro e simples. Por outro lado, cerquei-me das mais minuciosas precauções para evitar a fraude, a suspeita, o despertar da perspicácia, que é tão grande nesses doentes. Sobra, então, a ação à distância. Ora, meu êxito nas condições mais severas possíveis, *obriga-me a reconhecer-lhe a existância.*

Isto é categórico. A mais céptica das ciências é obrigada a admitir a atuação à distância de um magnetizador sobre seu paciente. Dizemos magnetizador, porque é evidente que o hipnotismo não tem nada a ver com isso. Percebe-se que os observadores servem-se desse vocábulo para não assustar demais os sensíveis ouvidos dos seus confrades cientistas, já suficientemente horrorizados com essas novidades que põem em evidência a falsidade das suas teorias favoritas.

Mas precisamos ir ainda mais longe, e constatar que o que acontece entre magnetizador e paciente ocorre na vida diária, ou seja, a transmissão de pensamento é um fenômeno relativamente frequente entre pessoas unidas por laços de parentesco, de afeição ou de afinidade. Deu-se a essa ação o nome de *Telepatia.* No capítulo seguinte a estudaremos.

Agora que temos certeza da possibilidade de transmitir o pensamento sem intermediário sensorial, torna-se urgente especificar em que condições esse fenômeno pode produzir-se, e nos perguntamos em que medida ele pode servir para a explicação das mensagens automáticas que relatam fatos desconhecidos pelo escrevente, mas cuja autenticidade pode ser confirmada por um assistente.

Condições necessárias para que se produza a sugestão mental entre magnetizador e paciente

Até aqui, só relatamos resultados, sem nos ocuparmos das circunstâncias que favorecem ou entravam a sugestão mental. É muito importante, no entanto, observar que ela não se produz regularmente, embora tenha sido possível constatá-la, uma vez ou outra, entre um operador e seu paciente. Ao mesmo tempo que mencionamos os sucessos, falamos também dos fracassos sofridos pelos srs. Gilbert, Janet, Ochorowicz, Charles Richet, de modo que devemos concluir daí que essa transmissão depende de uma certa convergência de circunstâncias, que não se encontram reunidas quando a experiência fracassa. Precisamos então examinar, separadamente, o estado do magnetizador, o do paciente, e a relação que os liga quando a sugestão mental se realiza.

O OPERADOR: Segundo os relatórios das comissões da Sociedade de Pesquisas Psíquicas, "resulta que um estado céptico do agente é desfavorável à transmissão, porque esse estado impede a participação intensiva da vontade para a atividade de concepção". Todos os assistentes parecem ter influência no resultado do fenômeno, e o estado de espírito do observador com relação ao objeto da prova está no mesmo caso. Para que possa sugerir mentalmente uma ideia, é indispensável que o operador se concentre, se isole e pense nitidamente. Nas experiências que aconteceram no Havre com Léonie, o dr. Gilbert e o sr. P. Janet tinham por hábito recolher-se no seu consultório para ficarem a salvo de distrações. Num caso,[43] de tanto concentrar seu pensamento, o dr. Gilbert teve uma forte síncope. Numa outra experiência, o sr. P. Janet isolou-se e empregou toda sua vontade para ordenar a Léonie, a aproximadamente um quilômetro de distância, que caísse em sonambulismo,[44] o que aconteceu.

Para dizer a verdade, talvez não seja tanto a intensidade da vontade que entra em jogo, é principalmente a clareza da visão interior e a fixidez da imagem mental que o operador deve manter no cérebro. Nem todos os experimentadores são igualmente capazes de concentrar seu pensamento e, consequentemente, de formar uma ideia exata do que deve ser transmitido. Com muita frequência assistimos a tentativas de transmissões mentais que com algumas pessoas eram bem sucedidas, com outras, fracassavam, porque estas últimas, quando queriam executar um ato, não sabiam decompor a série de movimentos que o paciente deve executar para realizar o pensamento do agente.

Um relato do sr. Ochorowicz mostra bem a necessidade dessa enumeração sucessiva.[45] A enferma adormecida deve se

43 Ochorowicz, *La Suggestion Mentale*, p. 128.
44 Idem, p. 138.
45 Op. cit., p. 94

levantar, dirigir-se ao piano, pegar uma caixa de fósforos, levála ao doutor, acender um deles, depois voltar ao seu lugar. Eis a série de injunções mentais do operador acionando a paciente:

Sugestões mentais	Movimentos do paciente
Levantar	*Levanta-se* com dificuldade. Aproxima-se de mim.
Vá ao piano!	*Ela vai ao piano*, mas passa diante dele.
Volte!	*Ela volta.*
Para trás de novo!	Ela se dirige para a porta.
Detenho-a pela mão.	*Ela volta ao piano.* Procura muito alto.
Mais embaixo!	*Sua mão se abaixa.*
Pegue a caixa!	*Ela toca na caixa,* depois recua.
Pegue a caixa!	*Toca de novo a caixa e a pega.*
Venha até aqui!	*Ela vem.* Quer me entregar a caixa.
Acenda!	*Tira um fósforo.*
Acenda!	*Acende.*
Volte ao seu lugar!	*Ela volta.*

Independentemente da necessidade de saber dirigir e concentrar nitidamente seu pensamento, o operador que adormece um paciente influi sobre o tipo de sonambulismo, por sua ação pessoal. A individualidade psicofisiológica desempenha um importante papel, porque, como iremos ver, há um estado especial no qual o paciente pode receber o pensamento. Isso nos leva a falar novamente *da relação magnética*, cuja existência já assinalamos.[46]

Que é essa relação? Um sonâmbulo adormecido pelos processos magnéticos, sempre reconhece, entre vários outros, o toque do seu magnetizador, que lhe é agradável. É um dos fenômenos que diferencia o hipnotismo do magnetismo. O paciente hipnotizado ouve todo mundo, sente o contato de todas

---

46 Op. cit., p. 81.

Gabriel Delanne

as pessoas presentes e pode ser despertado por qualquer um. O paciente magnético, ao contrário, geralmente se isola do meio ambiente; fica surdo e cego quanto ao que não lhe venha do seu magnetizador. Em compensação, porém, as únicas sensações que ele percebe têm uma notável acuidade. Parece que os passes realizaram uma espécie de regulagem, de uníssono vibratório entre o organismo do operador e o do paciente, como existe um entre dois diapasões que dão a mesma nota.. Quando essa afinidade é estabelecida, o sonâmbulo, de olhos fechados, vê seu magnetizador, ou, mais exatamente, traduz em imagens visuais todas as sensações que dele provêm. Sente-o por seus gestos, que produzem movimento do ar; pelas emanações do odor da pele; pelo calor que dele se desprende. Avalia, assim, se ele está à direita ou à esquerda, na frente ou atrás, e todas essas sensações, associadas pelo hábito a imagens mentais, fazem com que o sonâmbulo traduza suas impressões em linguagem dos olhos.[47] Esta explicação ajusta-se perfeitamente às experiências em que o agente e o paciente estão na mesma sala, mas não se aplica ao caso de sugestões distantes.

Quando um paciente foi magnetizado muitas vezes pelo mesmo operador, desenvolve-se uma relação de outra natureza, já que a transmissão de pensamento ocorre a grande distância e não existe qualquer impressao sensorial entre o experimentador e seu paciente. Aí está a verdadeira ação magnética. Ela pode ser comparada às ondas hertzianas que, como ela, se propagam à distância, sem condutor material, atravessando quase todos os obstáculos não metálicos.

A transmissão de pensamento experimental exige, portanto, uma relação, e esta só se estabelece após um contato material ou prolongadas magnetizações. Nas experiências do Havre, quando era o dr. Gilbert quem adormecia Léonie, o sr. P. Janet não conseguia transmitir-lhe seu pensamento, mesmo que a tivesse adormecido antes muitas vezes e já tivesse conseguido fazer-lhe sugestões mentais. O magnetizador tem uma ação que lhe é própria, cria uma ligação invisível, mas bem real, entre ele e o paciente, cujo organismo regula segundo sua constituição fisiológica, segundo sua radiação dinâmica particular, de modo a criar, provavelmente, uma espécie de sincro-

47 Op. cit., p. 295.

nismo vibratório entre os dois organismos.

Conforme o sr. Ochorowicz,[48] eis fatos incontestáveis que apóiam essa maneira de ver:

> Existem casos em que o magnetizado percebe a ação do magnetizador sem que seus sentidos possam adverti-lo da sua presença; distingue-lhe o toque entre vários outros, mesmo por intermédio de um corpo inerte (uma haste de madeira, por exemplo), que por si só não pode influenciá-lo. Por conseguinte, se o paciente distingue o toque do magnetizador tanto através de uma haste como diretamente, deve existir uma corrente molecular qualquer, inerente ao organismo do magnetizador e que lhe denota a presença, mais ou menos como uma corrente galvânica revela a presença de uma pilha por intermédio de um fio que nos toca. A objeção de que a maioria dos pacientes não sente nada não tem consistência, pois não sentimos nada com a corrente de uma pilha fraca, embora a bússola lhe indique nitidamente a presença, e quanto a uma corrente ainda mais fraca, como a de um telefone, nada se obtém empregando a mesma bússola. É necessário um instrumento bem mais sensível, um galvanômetro como o do sr. Du Bois Raymond, para indicar-lhe a existência.
>
> Em segundo lugar, podem-se obter notáveis efeitos do ponto de vista terapêutico atuando *sem contato e à revelia dos doentes*, por exemplo, em crianças adormecidas. Existe, portanto, uma ação indutiva que ultrapassa a superfície do corpo do operador. Constatam-se igualmente, na ação magnética de diferentes pessoas, diferenças bem nítidas, sem que a influência moral possa explicá-las. Uma mão não atua como a outra; há, portanto, uma ação física e essa ação é especial para cada indivíduo.
>
> Enfim, como os fatos nos obrigam a constatar a ação à distância, — continua o sr. Ochorowicz[49] —, ou por magnetizações precedentes, creio que a ação mental não dará resultado.
>
> Há fatos que parecem contrariar esse modo de ver. Obtiveram-se transmissões de pensamentos com pessoas que jamais tinham sido magnetizadas. Porém, examinando de perto esse fato, vê-se que, primeiro, o paciente sempre tinha sido *prevenido*, que sua *atenção, sempre expectante*,

---

48 Op. cit., p. 506.
49 Op. cit., p. 333.

Gabriel Delanne

o punha num estado meio anormal, e que sempre, *antes de obter um resultado qualquer*, o operador era obrigado a concentrar bem seu pensamento, com a intenção de *influenciar o paciente*, o que quase equivalia a uma magnetização. Então, *acredito que não exista sugestão mental sem* relação magnética.

Do ponto de vista espírita, eis aí uma constatação muito importante, porque, mesmo supondo-se que o médium seja um sonâmbulo acordado, é necessário, para que a transmissão de pensamento entre ele e um assistente seja possível, que uma relação magnética tenha sido previamente estabelecida, sem o que a sugestão mental não acontece. Precisa haver uma espécie de sono magnético para provocar o estado psíquico peculiar, que é o único favorável à recepção da onda mental. Logo definiremos esse estado.

Em resumo, a relação magnética resulta seja:

1º de uma *concentração* da atenção do paciente, dirigida unicamente para o magnetizador (é o caso mais frequente);

2º de uma *regulagem psíquica* especial, em parte obtida pela própria concentração, mas principalmente provocada pelos processos de magnetização e apoiados por indicações involuntárias da atitude, da voz etc. do magnetizador (já é um caso menos frequente);

3º de uma ação *física individual;*

4º de uma *sugestão mental.*

Vejamos agora qual é o estado do paciente quando se produz a transmissão mental.

O PACIENTE.[50] Se há hoje um fato bem constatado, é o de que não existe sono magnético propriamente dito, mas uma série de estados sonambúlicos que se sucedem ou se substituem, acompanhando todas as modificações psicológicas do paciente. Conforme a intensidade da ação magnética, o estado psíquico do paciente pode passar por todos os níveis, indo da aideia profunda, isto é, da ausência completa de ideia, da anulação cerebral, ao máximo estado de excitação, denominado poli-ideia. Qual desses estados é mais favorável à transmissão do pensamento? Para sabê-lo, precisa-se compreender bem o que é a

---

50 Op. cit., p. 397.

sugestão mental. Pode-se considerar esse fenômeno como uma espécie de audição; logo se compreenderá, então, como pode melhor produzir-se. Geralmente não se ouve por várias razões: quando se é surdo; quando há barulho demais; quando se está distraído. Apliquemos essas observações ao sono magnético, elas nos esclarecerão.[51]

Fica-se surdo quanto a uma transmissão de pensamento quando se dorme tão profundamente que o cérebro não funciona mais. Como é que um paciente seria sensível a uma ação tão delicada como a do pensamento, já que não ouve a voz do seu magnetizador? Está surdo. Inútil gritar-lhe ao ouvido e, com mais razão ainda, cochichar-lhe à distância. A sugestão mental será então mais difícil no estado de *aideia paralítica profunda* do que no estado de vigília, e, quem imagina que basta adormecer alguém profundamente para torná-lo sensível à ação mental, se engana completamente.

Em segundo lugar,continuando nossa comparação, não ouvimos uma voz fraca quando há barulho demais no aposento. Um paciente *hipnotizado* não ouvirá uma voz mental porque, não estando isolado, está à mercê de todo mundo; porque tem muitas sensações fortes e diferentes; porque sua atenção não está dirigida exclusivamente para o operador; em resumo, porque não há relação magnética.

Enfim, não ouvimos quando estamos distraídos, ou, melhor dizendo, quando estamos ocupados com outra coisa, porque uma ação exclui a outra. Quem fala, escuta mal. Os sonhos do *sonambulismo ativo*, sendo mais vivos do que no estado normal, sendo quase sempre sonhos falados, opõem-se muito mais a uma percepção delicada do que o estado de vigília, mais móvel e mais variado nos seus fenômenos. Consequentemente, é inútil tentar a sugestão mental direta num sonâmbulo que conversa com vivacidade, ele não vos ouvirá. Sua atenção não é nula, como no hipnotizado, mas, o que é pior para a transmissão do pensamento, está dirigida para outro ponto. Então, apesar das aparências favoráveis (ele sempre pode ouvir seu magnetizador), o estado de *poli-ideia* fortemente *ativa* não se ajusta mais às experiências do que uma ideia paralítica.

---

51 Resumimos aqui a discussão e as observações do sr. Ochorowicz na sua obra *La Suggestion Mentale*, p. 111 e segs.

Quando, então, pode-se produzir a sugestão mental? É durante os estados intermediários. Geralmente os pacientes não passam bruscamente da ausência de pensamento a uma ideação ativa; detêm-se por algum tempo numa fase a que se deu o nome monoideísmo. Nesse estado, não estamos mais diante de uma paralisia completa do cérebro; este começa a funcionar e se concentra numa única ideia que, devido a isso, torna-se muito intensa, por ser a única dominante. O monoideísmo pode ser *ativo* ou *passivo*. Quando é ativo, aproxima-se da poli-ideia e não é favorável à transmissão do pensamento, ao passo que, quando é passivo, as ideias não podem nascer por si sós, elas precisam ser sugeridas, e, embora sejam bem vivas, não são aceitas com extrema facilidade. Nessa fase, a transmissão de pensamento é sempre possível, mas pode ser perturbada pela instabilidade mental do paciente. Deve-se, então, buscar um pouco mais embaixo para atingir o *limite entre o estado aideico e o monoideísmo passivo*. Como chegar a regular o sono sonambúlico para fixá-lo exatamente nesse nível? Eis os conselhos que o sr. Ochorowicz dá a esse respeito:[52]

> Como regular um sonâmbulo? Ah, eis aí a grande questão! Felizmente, não é mais difícil em hipnologia do que em telefonia. Só que, aqui como ali, é necessário que o instrumento seja regulável. Ora, há pacientes que não se deixam manejar quanto a isso. Tudo que se poderá fazer é utilizá-los para outra coisa, ou contentar-se com uma ação furtiva como se tem feito até agora. Mas também é preciso evitar os pacientes demasiado obedientes e já educados, pacientes a manivela. Em compensação, deve-se aprender a provocar o nível de sono desejado. As primeiras sessões devem ser destinadas unicamente a uma observação puramente passiva do que produziu vossa ação primitiva, *para bem analisar a natureza do paciente*. Aguardar, mesmo, algumas horas, se for necessário, para que o paciente desperte espontaneamente, a menos que ele peça para ser acordado mais cedo. Nos pacientes eminentemente sensíveis ao sono (pois existem alguns com os quais podeis fazer todas as experiências físicas, mas não psíquicas) sempre obtereis duas fases principais: o *sono profundo*, que se dissipa aos poucos, e o *sono lú-*

52 Op. cit., p. 116.

cido, ou sonambulismo propriamente dito. Precisais é de um estado intermediário. Não deixar o paciente despertar demais, retomando sua atividade espontânea, e não deixá-lo demasiadamente entorpecido, porque senão ele não vos ouvirá. O melhor meio para obter essa gradação são os *passes* ditos magnéticos, longitudinais e transversais, porque geralmente a profundidade do sono aumenta com o número daqueles (longitudinais) e diminui com o número destes (transversais). Fazendo, portanto, dois, três, quatro passes diante do paciente (sem contato), obtendes um pouco mais ou um pouco menos de sono, e às vezes chega-se até a conseguir graduar à vontade as fases intermediárias que acabei de citar. Se a gradação não for possível com passes, será difícil obtê-la por qualquer outro meio. E deve-se evitar, sobretudo, empregar um método diferente para as diferentes fases, porque então cria-se uma associação ídeo-orgânica artificial, um mau hábito que desorganiza o paciente.

Em resumo, vemos que a transmissão do pensamento entre um magnetizador e a pessoa sobre a qual atua necessita de condições numerosas, variadas e delicadas, que dependem ao mesmo tempo do operador, do paciente e da relação magnética. Se algum desses elementos vier a faltar, a sugestão mental não é mais possível, e assistem-se a esses insucessos que, durante tanto tempo, permitiram que se negasse a realidade desses fenômenos.

Em contrapartida, porém, é bem possível que a transmissão mental ocorra em certo número de casos, quando as circunstâncias precedentes estão reunidas. Quando alguém se entrega a experiências espíritas em família, ou num meio em que os assistentes se conhecem bem, e há bastante tempo, o automatista pode perceber o pensamento, graças ao estado especial de semissonambulismo que constatamos, e dar respostas de que imediatamente se esquece. Nesse caso, é sua própria mente que responde, e na maioria das vezes o faz por conjeturas, quando se trata de um acontecimento desconhecido. Podemos dar alguns exemplos desses fatos:[53]

---

53 Este exemplo, e os seguintes, foram extraídos do estudo do sr. F. W. H. Myers sobre a escrita automática, publicado em 1888 nos *Proceedings* da Sociedade de Pesquisas Psíquicas. É o único estudo sério até agora feito, mesmo que o autor emita hipóteses bem contestáveis quanto à dualidade dos hemisférios cerebrais.

O caso da srta. Summerbel

Eis uma experiência de escrita automática com um certo ar de profecia. Esta mensagem mostra como uma preocupação com o futuro pode ser interpretada como uma predição.

Servi-me muitas vezes da prancheta — escreve a srta. Summerbel —, mas só obtive resultados nos dois casos seguintes, nos quais foi traduzido o pensamento de uma das pessoas presentes, cujas mãos, no entanto, não tocavam a prancheta. Há um ano, perguntávamos que presentes receberíamos no Natal. Minhas mãos, e, *creio*, as da srta. Lay, estavam pousadas na prancheta; é absolutamente certo que não estava sendo tocada por qualquer outra pessoa que pudesse dar uma resposta à pergunta que eu fazia e que era esta: 'Quanto a srta. T. ganhará no Natal?' A srta T. estava no salão, mas a uma certa distância da mesa. A prancheta logo indicou uma quantia bem grande. Perguntei-lhe: 'Quem a dará?'

Resposta: 'B. e um outro' Algumas semanas depois, voltei a encontrar a srta. T., que perguntou se eu me lembrava daquela resposta, e acrescentou: 'Recebi muito mais e, naquela ocasião, eu esperava ganhar alguma coisa, mas não sabia quanto. É possível que tenha ocorrido um fenômeno de comunicação do pensamento, porque tenho certeza de que no grupo ninguém, a não ser eu, sabia qual era a pergunta.' O dinheiro vinha efetivamente de um parente dela cujo nome começava por B. e de uma outra pessoa.

A srta. Summerbel parece pertencer exclusivamente à classe dos automatistas simples, desprovidos até de clarividência, já que, apesar das suas numerosas experiências, nunca obteve outro fato a não ser este e o que iremos citar. Não vemos, apesar da inconsciência da escrita, qualquer razão para atribuir essa mensagem a um espírito, porque a quantia recebida foi indicada inexatamente. A transmissão do pensamento se manifesta pela indicação do nome B., desconhecido pela escrevente, mas no qual o pensamento da srta. T. se tinha fixado. Aqui, portanto, há apenas uma aparência de comunicação; ela nos instrui sobre o papel que às vezes o pensamento de um assistente desempenha nas experiências de escrita automática.

Vejamos a seguir o segundo fato narrado pela srta. Summerbel, onde se poderá constatar a ação da lembrança latente de um dos experimentadores:

> Noutra ocasião, pedi a uma amiga que formulasse uma pergunta a que nenhuma pessoa presente pudesse responder. Ela disse:'Quem virá almoçar amanhã?' A srta. Lay e eu, tendo as mãos sobre a prancheta, esta escreveu:'Lucas'. Nossa amiga reconheceu que era correto. Nem a srta. Lay, nem eu tínhamos ouvido falar em tal cavalheiro. Nossa amiga disse: 'Perguntem seu primeiro nome.' Resposta: 'William.' 'Está certo?' 'Não sei — disse nossa amiga — nunca ouvi pronunciarem seu primeiro nome.' Então, um dos assistentes, que não estava tocando na prancheta, observou que entre as partituras musicais encontraríamos uma obra assinada Lucas. Procuramos e encontramos o nome completo: William Lucas. Ninguém se lembrava de ter visto esse nome.

Parece-nos muito provável que a amiga do sr. Lucas, que transmitia o pensamento, tenha visto seu prenome, pois estava impresso numa partitura que se encontrava na casa dela; o prenome tinha saído da sua memória consciente, mas existia nela, que a sugeriu involuntariamente devido a uma associação formada no seu pensamento. Ela o tinha esquecido, mas ele continuava na sua memória latente em contiguidade com o nome próprio, e a pergunta feita o fez surgir do inconsciente, mas não com intensidade suficiente para ser conhecido pelo eu normal.

Eis outro exemplo em que a transmissão experimental do pensamento se produziu de maneira notável, e com uma precisão e uma continuidade extraordinárias:

As experiências do rev. P. H. Newnham

O rev. P. H. Newnham era vigário de Maker Devonport. Experimentador frio e metódico, sem ideias preconcebidas, sua perfeita boa fé nos é confirmada pelo sr. Myers, membro da Sociedade de Pesquisas Psíquicas. Esse pastor dedicou-se por longos anos ao estudo das questões psíquicas; é provável que o sucesso das suas experiências se deva ao fato de ter encontrado em sua esposa uma paciente excepcionalmente sensível, em perfeita harmonia e afinidade com ele. Ainda jovem, durante o sono já tinha-se desprendido do corpo para ir vê-la na casa dos pais, e esta sentiu-lhe a presença com nitidez suficiente para reconhecê-lo.[54] Durante muito tempo o sr. Newnham fez inúmeras tentativas para transmitir voluntariamente seu pensamento à sua mulher. Só o conseguiu em 1871, e apenas durante um período de oito meses.

Nessa época, manteve um diário das suas experiências cotidianas e colecionou assim 385 respostas, escritas automaticamente. É muito importante assinalar a seguir que a sra. Newnham não podia ter qualquer conhecimento, quer pelo ouvido, quer pela visão, das perguntas mentais escritas pelo marido. Como as respostas correspondiam diretamente às perguntas feitas, para nos mantermos fiéis ao método científico, devemos supor que tenha havido sugestão mental do marido à mulher. Aliás, as respostas dadas não parecem, durante esses oito meses, dar provas da presença de uma inteligência estranha, e observaremos que a presença de uma terceira pessoa perturbava completamente a experiência.

Vamos reproduzir alguns trechos do diário do rev. Newnham que nos permitirão conhecer o modo de operar que empregou em suas pesquisas, bem como os principais resultados obtidos. Suas observações nos possibilitarão, inicialmente, verificar a exatidão das nossas afirmações sobre o papel que a mente do automatista desempenha enquanto se produz a escrita, e a seguir nos deixarão em condições de apreciá-la sob os diferentes aspectos que apresenta durante esse estado especial de semissonambulismo.

CONDIÇÕES DA EXPERIÊNCIA — Foi em janeiro de 1871 que pensei em estudar os fenômenos da escrita com a prancheta; fixei cuidadosamente com minha mulher as condições da experiência, que foram escrupulosamente seguidas. Ei-las:
1º A pergunta é sempre escrita antes que se ponha a prancheta em movimento. Nunca é conhecida pelo operador (sra. Newnham).

---

54 Delanne, Gabriel, *A Alma é Imortal*, ed. do Conhecimento. Ver a p. 106, onde o caso completo está narrado.

2º Quando uma primeira resposta for vaga e necessitar de outras perguntas para chegar a uma formulação clara, o operador não é informado sobre nenhuma dessas perguntas, nem quanto ao assunto que as provoca, antes que a resposta definitiva tenha sido obtida.

3º Todas as vezes que o nome do operador não for citado, é da minha mulher que se trata.

4º Quando o questionador não for citado, quem desempenha esse papel sou eu.

Mesmo que nossa mútua boa fé não possa ser posta em dúvida, observarei que minha mulher sempre se sentou diante de uma mesa baixa, numa cadeirinha. Quanto a mim, ficava sentado a uma distância de oito pés, diante de uma mesa muito mais alta, e ficávamos de costas enquanto eu escrevia. Era-lhe absolutamente impossível adivinhar meu pensamento, quer por um gesto, quer por uma expressão fisionômica. *Em geral, ela mantinha os olhos fechados*, mas jamais caía, em qualquer nível, no sono magnético ou natural.[55]

Estes oito meses de experiência esgotaram o sistema nervoso da minha mulher a tal ponto, que decidimos suspender as sessões quando o fato da transmissão do pensamento nos pareceu suficientemente demonstrado.

Com minha mulher, a prancheta se pôs em movimento instantaneamente, e com frequência a resposta já estava meio escrita antes que eu tivesse acabado de escrever a pergunta.

Inicialmente fiz três perguntas simples sobre assuntos que o operador conhecia, depois três outras sobre assuntos que só eu conhecia: as seis respostas foram exatas.

Eis algumas perguntas que fiz a seguir, com os números que trazem no meu diário.

Como a sra. Newnham não sabia o que a prancheta escrevia no papel, qual era a inteligência que dirigia essa prancheta? Esta foi a primeira preocupação do rev. Newnham. Eis as perguntas que fez a este respeito:

29 de janeiro

---

[55] Vimos que o automatista pode conservar todas as aparências da vigília, mesmo estando já no estado de semissonambulismo. Foi precisamente o desconhecimento que geralmente se tinha dessa modificação da personalidade, que passa despercebida do próprio escrevente, que durante tanto tempo causou a confusãc entre o automatismo e a mediunidade.

13. P. — É o cérebro do operador ou alguma força externa que movimenta a prancheta? Responda *cérebro* ou *força*. R. — Vontade.
14. P. — É a vontade de uma pessoa viva ou de um espírito imaterial, diferente dessa pessoa? Responda *pessoa* ou *espírito*. R. — Mulher.
15. P. — Dê-me primeiro o prenome dessa mulher e o nome familiar com que gosto de chamá-la. (Isso foi feito muito exatamente.)
P. — Qual é seu sobrenome? R. — Igual ao seu.
P. — Não estamos bem certos de ter compreendido. Explique-se. R. — Mulher.
Não conseguindo obter mais nada, voltamos a essa pergunta após o n° 114. Tendo seguido de perto um outro assunto, recebemos esta breve resposta: Digo tudo o que sei.

18 de fevereiro

117. P. — Quem sois, vós que escreveis, e dissestes tudo que sabeis? R. — Mulher.
118. P. — Mas alguém não diz à minha mulher o que ela deve escrever? Quem é, então? R. — Um espírito.
119. P. — Que espírito? R. — O cérebro da sua mulher.

Observemos, de passagem, que a inteligência que atua aqui não diz que é o espírito de um morto. Apesar das sugestões do pastor, afirma ser a da esposa do rev. Newnham. É importante assinalar isso, porque daí deduzimos que no estado de semissonambulismo, quando o paciente não está sugestionado por sua convicção ou por leituras sobre o espiritismo, não há, de parte da consciência sonambúlica, tendência a fazer-se passar por um espírito desencarnado.

Mas então, quando encontramos pacientes que desconhecem o espiritismo e que no entanto obtêm escrita automática assinada com o nome de uma pessoa falecida, haverá fortes presunções de que a mensagem seja realmente de uma inteligência do espaço. Prossigamos. A sra. Newnham, quando escreve, não parece ter faculdades superiores às que tem no seu estado normal, assim é incapaz de explicar como o pensamento do marido lhe chega, como o prova o diálogo seguinte, durante o qual as perguntas — não devemos esquecê-lo — são sempre mentais:

15 de março

132. P. — Quem a impressiona? R. — Muitas coisas estranhas.

133. P. — Que espécie de coisas estranhas? R. — Coisas que estão acima do nosso conhecimento.

134. P. — Coisas acima do nosso conhecimento impressionam, então, o espírito da minha mulher? R. — Coisas que nenhum homem conhece ou compreende.

136. P. — Essas influências que não podemos compreender são exteriores à minha mulher? R. — Exteriores. Invisíveis.

137. P. — Essa influência é exercida por um espírito ou por espíritos? R. — Não. Jamais. (Palavras escritas com letras maiúsculas e solenemente.)

Notemos que essa resposta se aplica estritamente ao caso da sra. Newnham, e não pode ser invocada como argumento contra as comunicações dos espíritos, uma vez que todas as respostas se referem exclusivamente à mulher do pastor, que percebe perfeitamente que, no seu caso, não há qualquer intervenção estranha. Alguns dias depois, parece que se realizou um trabalho na inteligência da escrevente, que agora existe uma espécie de autossugestão, porque ela vai formular uma espécie de teoria, utilizando as ideias em curso naquela época na Inglaterra sobre a chamada *eletrobiologia*.[56] Vejamos:

19 de março

142. P. — Por quais processos, segredos que lhe são desconhecidos, são transmitidos ao cérebro da minha mulher?[57] R. — Por influências que chamais de mesméricas.

144. P. — Por que dizeis: "que chamais". E *vós*, que nome dais a isso? R. — Eletrobiologia.

145. P. — Por quem ou por que essa força mesmérica é acionada? R. — Eu vos disse que não podíeis saber mais

---

56 Ramo da Biologia que trata dos fenômenos elétricos nos organismos vivos.
57 Aqui, o rev. Newnham faz alusão a certas respostas da prancheta concernentes a ritos e símbolos maçônicos que sua esposa ignorava, mas que ele, membro da maçonaria, conhecia bem.

do que sabeis.

146. P. — Minha mulher poderia dar uma resposta que eu não soubesse? R. — Por que tentais fazer-me dizer mais do que quero?

147. P. — Simplesmente porque desejo instruir-me. Por que não o direis? R. — Vossa mulher poderia dizer-vos se alguém dotado de grande vontade, *e sabendo-o*, se encontrasse nesta sala.

Novamente, temos aqui a afirmação, pelo próprio escrevente, de que ele só sabe as coisas estranhas que lhe podem ser comunicadas pela transmissão de pensamento. Eis outras provas:

10 de abril

190. P. — Por que nem sempre sois influenciado pelo que penso? R. — Vossa mulher às vezes sabe o que pensais.

191. P. — Como minha mulher sabe? R. — Quando seu cérebro está excitado e não foi muito atormentado antes.

192. P. — Por que meios meu pensamento é transmitido ao seu cérebro? R. — Por eletrobiologia.

193. P. — Que é a eletrobiologia? R. — Ninguém o sabe.

194. P. — Então vós não o sabeis? R. — Não , vossa mulher não o sabe.

195. P. — Por que sempre a chamais de mulher? R. — Porque pensais sempre na vossa mulher.

196. P. — Mas nunca a chamei de mulher. Por que o fazeis? R. — *Nada sou sem a mulher.*

200. P. — Isso não é uma resposta. *Por que* a chamais assim? R. — Porque ela é realmente uma mulher.

O intelecto da sra. Newnham, nesse estado especial, não possuía qualquer faculdade transcendente, quer pela clarividência, quer pela premonição do futuro. Como em todo automatismo, há no seu caso, evidentemente, estreitamento temporário do campo total da consciência, pois a prancheta não hesita em responder mentirosamente quando se insiste em fazê-la dizer coisas que ela não sabe. Eis um exemplo:

7 de maio

267. P. — Que fará X. amanhã à noite? R. — Não sei.
268. P. — Então nunca podeis prever o futuro? R. — Não, não posso.
269. P. — Então, como sabeis que no Natal me acontecerá alguma coisa? (Alusão a uma predição anteriormente feita pela prancheta.) R. — Isso já está decidido desde hoje, não é algo a ser decidido.
270. P. — Quem o decidiu, e quando? R. — Que necessidade tendes de sabê-lo?
271. P. — Gostaria de verificar vossa afirmativa quando o momento chegar. R. — X. o decidiu há três meses.
272. P. — Quem lho propôs? R. — M. e P. (nomes de duas pessoas que muito provavelmente deviam cuidar do assunto.) Todas essas respostas, acrescenta o rev. Newnham, dadas tão rapidamente quanto as perguntas mentais foram formuladas, não passam de *audaciosas invenções*, imaginadas com o objetivo de manter o crédito adquirido meses antes pelas primeiras respostas.

As afirmações totalmente inexatas são semelhantes às que frequentemente obtemos nas sessões espíritas, e os experimentadores principiantes não deixam de atribuí-las a *espíritos impostores*, quando não passam de produtos da imaginação violentada do paciente. Geralmente as primeiras respostas são sinceras, mas quando são negativas, e continuamos a insistir, somos enganados. A obstinação do perguntador é a causa dessas bisbilhotices, porque, com seu desejo de obter informações que o escrevente não pode dar, obriga-o, de certa forma, a livrar-se dessa coação fatigante inventando fábulas. Vejamos mais um exemplo:

18. P. — Que acontecerá com o velho J.? (Era um dos meus velhos paroquianos, muito doente naquele momento.) A resposta dada relaciona-se com um assunto tratado anteriormente.
19. P. — Peço-vos o favor de responder-me a respeito de J. R. — Não.
20. P. — Não podeis, ou não quereis? R. — Eu não... (Aqui o lápis desliza fora do papel.)

21. P. — Repito a pergunta. R. — Não posso."

A experiência deveria ter-se encerrado aí, mas o pastor volta à carga:

P. — Estará melhor? Vós o sabeis? R. — Sim.

23. P. — É sim quanto à primeira ou quanto à segunda pergunta? Respondei com um ou dois. R. — Dois.

P. — Então, J. sucumbirá, sim ou não, à doença atual? R. — Logo.

Porém, nada aconteceu. J. viveu vários anos ainda.

É útil observar que durante a escrita automática, estando a vontade consciente consideravelmente diminuída, o espírito do escrevente tem menos domínio sobre si mesmo e cede como uma criança a todos os seus impulsos, o que às vezes o leva a brincar, a divertir-se, e, nas experiências espíritas, contribui para fortalecer a hipótese muito generalizada dos espíritos impostores. O diário do pastor inglês nos mostra um caso.

16 de abril

Todos tínhamos estado preocupados com algumas questões, e quando à noite fizemos a primeira pergunta, a prancheta recusou-se a traçar palavras. Após ter feito verdadeiros rabiscos ilegíveis, ela traçou o perfil de um rosto medonho. Intervenho então:

201. P. — Vossa resposta é ininteligível. R. — Não consigo ver a pergunta. (Em seguida, reproduz o mesmo perfil horrível.)

202. P. — Por que traçais este rosto no fim? R. — Divirto-me.

203. P. — É o retrato de alguém? R. — A mulher quer divertir-vos.

204. P. — Essa figura tem a pretensão de ser um retrato? R. — Certamente.

205. P. — De quem é, então? R. — Quando as pessoas são levianas, deve-se diverti-las.

206. P. — De quem fazeis o retrato? R. — Vós o sabeis muito bem.

207. P. — Não sei nada, quereis responder-me? R. — Talvez eu o saiba melhor.

208. P. — Penso que sim; mas, respondei-me. (Aqui uma porção de rabiscos.)

209. P. — (A pergunta é feita de novo.) R. — O que quiserdes.

Depois de haver evitado algumas perguntas, digo-lhe:

221. P. — Respondei à minha pergunta e não digais bobagens. R. — Não vos irriteis.

Alguns minutos depois, em resposta à pergunta 230, a prancheta traça uma linha mais ou menos ondulada e escreve: *Um belo homemzinho.*

231. P. — Quereis explicar-vos sem gracejos. R. — (Reproduz o perfil do nº 201.)

232. P. — Peço-vos o favor de responder. (Ela desenha uma espécie de muralha com uma torre guarnecida de ameias.)

233. P. — Não sejais ridículo e respondei-me. R. — É só o retrato de D. (irmã da minha mulher).

234. P. — Respondei à minha pergunta ou declarai que não o quereis. R. — Não compreendeis a brincadeira.

235. P. — Sim, compreendo-a, mas não é este o momento. Respondei, por favor. R. — É melhor ser meio tolo às vezes, do que ser sempre sábio.

236. P. — Concordo convosco. Respondei, porém, à minha pergunta. R. — Trabalho demais sem distração torna Jeannot estúpida.

237. P. — Quereis, ou não, responder à minha pergunta? R. — Sois maçante.

238. P. — Respondei à minha pergunta. (Aqui traços ilegíveis.)

239. P. — Repeti de modo legível. R. — Está na hora de dormir. Boa-noite.

Durante os oito meses que as experiências duraram, as respostas foram sempre banais, e, salvo em dois casos que iremos relatar e que têm aparências espíritas, todo interesse do fenômeno residiu nessa conversa mental, que é verdadeiramente surpreendente por sua regularidade, e no automatismo absolutamente inconsciente do paciente. Eis os dois fatos que poderiam fazer crer que o automatismo misturava-se com clarividência. O primeiro diz respeito à adivinhação exata de um nome desconhecido do sr. e da sra. Newnham.

Diz o pastor:

Nessa época, eu tinha um jovem aluno a quem dava lições particulares. A 12 de fevereiro, voltando das férias, ele ouve falar das nossas experiências e manifesta a mais decidida incredulidade. Proponho-me a dar-lhe as provas que quiser, desde que eu veja antes a pergunta. A sra. Newnham acomoda-se no meu gabinete de trabalho, na sua cadeira habitual, enquanto nós passamos para o vestíbulo, *fechando a porta atrás de nós*. Lá, ele escreve num pedaço de papel: 87. P. — Qual é o nome da minha irmã mais velha? Entramos em seguida, e encontramos a resposta que já nos aguardava. R. — Mina. É a abreviatura de Wilhelmina, e observo que não conhecia esse nome.

Como esse é um caso isolado, e como constatamos pelas experiências feitas na Sociedade de Pesquisas Psíquicas que um paciente tão sensível quanto a sra. Newnham é capaz de sentir a sugestão mental de um aposento a outro, pensamos que se pode atribuir essa resposta à ação telepática do rapaz, pois veremos outros exemplos disso nos capítulos seguintes. Vejamos o segundo caso:

Foi durante a guerra Franco-alemã; dois jovens franceses, alunos meus, tinham sido convocados para o serviço militar. Para pôr a inteligência à prova, fiz as seguintes perguntas:

29 de janeiro

29. P. — Onde está A. H. atualmente? R. — Está bem. (Mais tarde ficou provado que essa resposta estava correta, mas meu jovem amigo foi morto mais tarde.)
30. P. — E L. D.? R. — Está fora de casa.
31. P. — Ainda está em campanha? R. — Não.
32. P. — Lutou? R. — Sim.
33. P. — Em que país se encontra? R. — Prisioneiro.
Deve-se observar sobretudo esse curioso modo de ilidir a pergunta; de resto, ficou provado que a resposta estava certa.
Mais tarde, a 19 de maio, perguntei:
156. P. — Quem vos disse que L. D. caiu prisioneiro? R. — Terá também uma leve punição, somente.
157. P. — Respondei, por favor, à minha última pergunta. R. — Eles gostavam muito do sermão dele.
Há aqui uma vontade formal de evitar responder.
158. P. — Como soubestes que L. D. foi aprisionado? R. — O cérebro da minha mulher está estafado.
Mais tarde, em outubro, perguntei, com *o operador conhecendo dessa vez a pergunta*:

313. P. — Onde o cérebro do operador buscou as respostas 29 e 30? R. — O cérebro da mulher as soube porque ela conhecia o caráter deles."

Estudando as respostas da prancheta, constatamos que a primeira, relativa a A. H., talvez puramente fortuita, não responde completamente à pergunta feita. Quanto à segunda, devemos observar que a sra. Newnham sabia que o rapaz partira para fazer seu serviço militar, e como ela não indica quando, nem como foi feito prisioneiro, tampouco o lugar onde se encontrava, podemos aceitar perfeitamente a explicação que ela mesma nos dá, isto é, de que sua afirmativa não passava de simples conjetura, que acidentalmente verificou-se ser exata. Além do mais, naquela data os jornais haviam noticiado os desastres de Sedan e Metz; sabia-se, então, na Inglaterra, que as tropas francesas tinham sido capturadas, e a suposição de que L. D. fora feito prisioneiro era a mais provável. São casos como este que simulam clarividência ou comunicação dos espíritos; mas é fácil, por um simples exame, perceber que isso nada tem a ver com aquela faculdade, e que a intervenção de inteligências desencarnadas é completamente inútil.

Observações sobre as condições em que o pensamento era transmitido

Uma parte do diário do rev. Newnham é consagrada ao estudo das respostas da prancheta quanto a assuntos completamente desconhecidos do operador. É uma das mais instrutivas, pois nos dá informações sobre o papel desempenhado por cada experimentador e sobre os limites da faculdade de transmitir o pensamento.

Constatamos, inicialmente, que o papel da sra. Newnham é totalmente passivo. Não é ela que penetra no pensamento do marido; ela recebe o fluxo cerebral, mas é incapaz de ler no cérebro do questionador. Já assinalamos isso, mas vejamos uma nova prova:

21 de maio

280. P. — Podeis escrever esta noite a tríplice palavra R. A.?[58] R. — Abracadabra.

281. P. — Não é isso. Tentai novamente. R. — A mulher não pode escrever palavras secretas.

282. P. — Por que, o outro dia, tentastes escrevê-la? R. — Só escrevi o que a mulher sabia.

283. P. — Mas, se ela a conhece, por que não escrevê-la esta noite? R. — Vós lhe ordenastes isso.

284. P. — Quem vos disse? R. — *Um dia em que vossa influência sobre ela era muito grande.* (N. B. — A resposta do n° 284 é uma resposta retardada, ou seja, é a sequência da resposta ao n° 283.)

285. P. — Mas por que ela não a escreve agora? R. — A mulher não pode compreender.

286. P. — É minha pergunta ou a resposta que ela não pode compreender? R. — Não sei.

287. P. — Que tendes esta noite? R. — Estais fatigado, como a mulher também.

Constatamos que, durante o estado de automatismo, a sra. Newnham não é clarividente, o que já havíamos assinalado. Ela apenas compreende as perguntas claramente formuladas por seu marido, mas ignora-lhes as respostas, mesmo que o rev. Newnham as conheça.

Essa observação mostra claramente que um paciente não penetra no pensamento de quem o interroga, mesmo quando percebe a sugestão mental. Se por acaso ela dá uma informação verdadeira, é porque seu marido a conhece, mas é preciso que ele concentre seu pensamento naquele assunto especial, caso contrário a transmissão não pode realizar-se. Vemos quanto a hipótese de que a sugestão mental pode explicar todos os casos em que o interrogador conhece a resposta é falsa na sua generalidade. Só a intensa vontade do operador e sua concentração mental é que podem ensejar um êxito, e, além disso, quando a relação for longa e fortemente estabelecida.

Mesmo com um ótimo paciente, as circunstâncias sempre são favoráveis. Com frequência, a fadiga é uma causa de insu-

---

58 Uma palavra maçônica cuja origem linguística o rev. Newnham pesquisava, e que a escrevente desconhecia.

cesso. Há mais outros fatores que entravam a manifestação, pois o rev. Newnham relata experiências frustradas quando incrédulos assistiam às sessões. Deve-se pensar que as influências delicadas que atuam no automatista podem ser neutralizadas por influências da mesma natureza, mas contrárias. Foi o que o dr. Paul Joïre assinalou, mostrando que um paciente, no qual experimentava, sentiu primeiro sua ação mental, depois a de um outro assistente, que a substituiu.[59] Esses insucessos não são raros nas sessões em que os incrédulos predominam; mas estes nada poderiam concluir daí, já que, na maior parte do tempo, seu cepticismo é a causa dos insucessos.

Quando se quer operar sinceramente, é indispensável livrar o médium dessas causas de perturbação que atuam nele fortemente; é necessário que ele se sinta em perfeita segurança moral, apoiado e protegido pelos que sabem que existe uma atmosfera psíquica favorável, tão real quanto a atmosfera material, e que pode ser perturbada e alterada por elementos antagônicos.

Resumo

Sabemos hoje que os antigos magnetizadores não estavam enganados e que agora não é mais possível duvidar da transmissão do pensamento por processos outros que não a palavra, a escrita, a telegrafia, a telefonia ou o gesto. O pensamento ou, mais exatamente, o correlativo dinâmico que o representa, propaga-se no ar por um processo ainda desconhecido, mas de que as ondas hertzianas nos dão uma notável analogia. Pela observação e pela experiência, já vimos que todas as modalidades do pensamento podem transportar-se, mas de modo rudimentar e incompleto na maioria dos casos, e frequentemente sob uma forma alucinatória quando se trata de sensações visuais, auditivas ou táteis. Quando o pensamento é formulado em linguagem interior, o que é transmitido é no máximo uma palavra, uma cifra, e o exemplo do pastor Newnham, que faz frases inteiras serem compreendidas, continua sendo o único no seu gênero.

Esse modo anormal de transmissão do pensamento obe-

59 Joire, Paul, *De la Suggestion Mentale, Ann. Psych.*, julho-agosto de 1897, p. 280.

Gabriel Delanne

dece a condições rigorosas, sem as quais não pode realizar-se. Primeiro, é um estado especial do operador, uma concentração da sua atividade mental, indispensável à projeção do seu pensamento; a seguir, é necessário que o paciente seja de uma passividade absoluta, que realize um estado monoideico; finalmente, uma relação magnética fortemente estabelecida entre os operadores. Se qualquer uma dessas condições vier a faltar, a experiência não será bem sucedida.

Essas observações nos permitem precisar os casos em que a transmissão do pensamento poderá ser invocada para a explicação de fatos que o escrevente desconhece, relatados pela escrita. Se as experiências acontecem num meio familiar, com um médium bem conhecido dos assistentes, aos quais está ligado por parentesco ou afeição, devemos, prudentemente, levar em conta a sugestão mental, que tem todas as facilidades para produzir-se. No entanto, não se deverá perder de vista o fato de que a concentração mental do interrogador é um fator importante, e não apressar-se a concluir que só seu pensamento forneceu a informação desejada, uma vez que vimos que a sra. Newnham, não obstante a vontade do seu marido, não podia dar-lhe uma resposta sobre assuntos que ele conhecia bem. A apreciação aqui é delicada e exige familiaridade com essas experiências.

Porém, nos casos em que a sessão acontece com pessoas completamente desconhecidas do médium, ou em que não existe nenhuma relação magnética, podemos concluir que, se são fornecidas informações exatas e a clarividência não pode ser invocada para explicá-las, deve-se admitir, necessariamente, a intervenção de uma inteligência estranha e saber se é a de um vivo ou a de um morto. Com a transmissão mental do pensamento, demos mais um passo à frente na nossa enquete. Observamos, com efeito, que estamos aqui diante de um fenômeno de transição entre o automatismo propriamente dito e a mediunidade. O automatismo simples não necessita de outro fator a não ser a autossugestão, ao passo que, com a sugestão mental, assistimos à influência de um espírito exterior atuando sobre o do médium. Espontaneamente, a sra. Newnham não escreve mecanicamente; para que o automatismo se produza, precisa do auxílio da sugestão mental do seu marido. Em certo sentido, a sra. Newnham já é médium, pois percebe um pensamento estranho sem a intermediação dos sentidos, mas é ela quem responde, e nisso se inclui na classe dos automatistas, assinalada por Allan Kardec, em que só o espírito do médium intervém. Quando encontrarmos pacientes suficientemente sensíveis à sugestão mental para reproduzi-la integralmente, sem nada misturar das suas próprias ideias, estaremos diante de verdadeiros médiuns, mesmo que o sugestionador seja um ser vivo.

Observemos também que, se as experiências de transferência de ideias só são muito bem sucedidas com certos operadores quando a relação magnética está bem estabelecida, não será de admirar que o mesmo aconteça com relação aos espíritos. Portanto, podemos admitir, com razão, que alguns deles são mais capazes de transmitir seu pensamento a um determinado médium do que muitos habitantes do espaço. Não nos surpreenderemos muito ao constatar que a sra. Piper ou a sra. Thomson têm um *guia*, um ser especial que serve de intermediário para os outros desencarnados, uma vez que é ele quem pode mais facilmente transmitir seu pensamento. Voltaremos a este assunto na terceira parte, quando conhecermos melhor os fatos.

Vejamos a seguir casos de comunicações de vivos, manifestando-se durante o sono por ação telepática; eles formarão um desdobramento lógico de casos simples de sugestão mental, e uma transição natural para as mensagens que nos chegam do mundo espiritual.

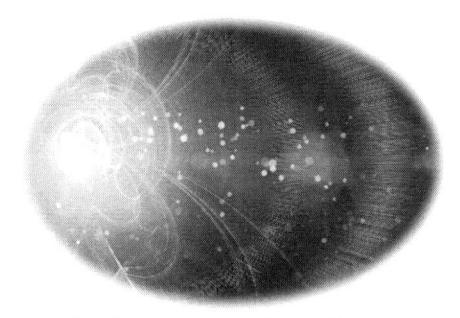

4.

O automatismo nas suas relações com a telepatia e a exteriorização da alma humana

• Diferença existente entre automatismo e mediunidade • A telepatia é uma ação à distância de uma alma sobre outra, sem intermediário material • Suas diversas formas • Impressão telepática sob a forma de pressentimento • Impressão telepática que determina um impulso irresistível • Impressão telepática auditiva durante o sono normal • Impressão telepática visual no estado normal • Verificação dos fatos pela Sociedade de Pesquisas Psíquicas • Anúncio de uma morte pela escrita automática • Telegrama psíquico na Rússia • Assinatura do espírito de um vivo obtida por um médium • Relações entre a telepatia e o automatismo • Telegrafia intelectual • Na América • Evocação de pessoas vivas • Os ensinamentos de Allan Kardec • Sensações auditivas e táteis produzidas por uma aparição • Espírito de uma pessoa em Paris manifestando-se em St. Malo • Identidade de um espírito encarnado • Resumo de todos os fatos vistos até agora, que levaram do automatismo à mediunidade

Automatismo e mediunidade

Em todas as variedades de automatismos gráficos estudadas até agora, o espírito do paciente é sempre o autor das mensagens, mesmo quando sua faculdade só é acionada sob a influência de uma sugestão mental externa, oral ou mental. (Escritas pós-hipnóticas de Lucie e Léonie citadas pelo sr. Janet, ou as da sra. Newnham.) Agora, devemos examinar os casos em que o espírito do paciente é neutro, e nos quais a escrita nos revela ideias estranhas ao escrevente, provindas de uma outra inteligência viva atuando à distância. A diferença entre esses dois fenômenos é profunda, embora externamente eles se pareçam muito, já que se traduzem exteriormente de modo idêntico pela escrita mecânica. No automatismo puro, é a própria alma do paciente que é *ativa*, que age espontaneamente, como nós mesmos o fazemos a todo instante, e é simplesmente a memória e o modo de exteriorização das ideias que difere. Ao contrário, no automatismo que só reproduz ideias sugeridas, o espírito do paciente é *passivo*, passa a ser um verdadeiro intermediário, um *médium* encarregado de traduzir pela escrita ideias estranhas das quais é apenas o receptor. *Do ponto de vista do mecanismo*, pouco importa se a onda psíquica que lhe chega emana de um vivo ou de um morto; o essencial é que ele seja capaz de reproduzi-la graficamente. Portanto, se conseguimos mostrar que a ação extrassensorial de um espírito sobre outro pode objetivar-se pela escrita, a existência da mediunidade será incontestável. É neste ponto que os trabalhos dos psicólogos ingleses nos são de grande valia, porque eles provaram incontestavelmente a influência extrassensorial que um ser humano pode exercer sobre outro em certas condições especiais

A telepatia

A ação à distância do espírito de um vivo sobre outro, sem intermediário material, constitui a chamada *telepatia*. A sugestão mental é apenas um caso particular de uma lei muito geral cuja prova nos foi dada pela Sociedade de Pesquisas Psíquicas. Mas, enquanto nas experiências que relatamos no capítulo anterior o pensamento do operador, concentrado numa ideia especial, se transmite ao paciente e desperta nele uma ideia semelhante, na telepatia a onda psíquica que emana do agente pode, ao chegar ao paciente, sofrer modificações variadas e apresentar-se sob a forma de pressentimento, de impulso irresistível, de sonhos, de alucinações visuais, auditivas ou táteis. Não temos que pesquisar aqui por que semelhantes modificações do pensamento alheio se produzem, mas podemos supor que se devem ao tipo sensorial a que o paciente pertence. Sabemos que existem tipos sensoriais bem diferentes entre si, isto é, que certas pessoas utilizam de bom grado, e mesmo quase exclusivamente, uma classe particular de sensações, ora visuais, ora auditivas, ora motoras. Em todos aqueles que não pertencem ao tipo indiferente, isto é, que não usam indistintamente todas as espécies de imagens, produz-se uma especificação; a inteligência usa somente uma espécie de sensação e omite as outras, de modo que um escrevente, por exemplo, *verá*, idealmente, os personagens do seu relato movendo-se, enquanto outro os *ouvirá* falando.

> Quando escrevo uma cena, dizia Legouvé a Scribe, ouço; o senhor vê; a cada frase que escrevo, a voz do personagem que fala impressiona-me o ouvido. O senhor, que é o próprio teatro, seus atores andam, agitam-se sob os seus olhos; eu sou *ouvinte*; o senhor, espectador. Nada mais justo, diz Scribe. Sabe onde estou quando escrevo uma peça? No meio da plateia.[1]

Outros são *motores*; fazem uso, para a memória, para o raciocínio e para todas as outras operações intelectuais, de imagens que derivam do movimento. Provavelmente, é nessas pessoas que se encontram os bons médiuns mecânicos, já que o pensamento tem a tendência de traduzir-se pelas imagens motoras da escrita. Seja como for, o que fica da nossa hipótese é a imensa variedade das manifestações telepáticas.

Seria bem interessante submeter à consideração do leitor uma coleção completa desses fenômenos, mas, novamente, o plano restrito da nossa obra só nos permite algumas breves citações. Somos, pois, obrigados a remeter as pessoas desejosas de levar mais longe o estudo dos documentos publicados pela Sociedade Inglesa de Pesquisas Psíquicas, cujo livro francês, intitulado *Les Hallucinations Télépathiques*,[2] apresenta 150 extratos, tomados entre os 700 casos relatados na edição inglesa *The Phantasms of the Livings*, e as 2.000 observações registradas nos *Proceedings*.

Fenômenos análogos sempre foram observados, como o prova a leitura de antigos autores. Mas os relatos careciam de

---

1 Bernard, *De l'Aphasie*, p. 50.
2 Myers, Gurney e Podmore, *Les Hallucinations Télépathiques*. Ver também a coleção dos *Annales Psychiques*.

precisão científica meticulosa, sem a qual nenhuma narrativa parece digna de confiança. Essa lacuna foi preenchida pela Sociedade de Pesquisas Psíquicas que reuniu um número considerável de casos e que os verificou escrupulosamente, que discutiu o valor dos depoimentos e eliminou os que podiam ser explicados por causas naturais ou que não eram suficientemente apoiados por testemunhos e documentos ontemporâneos do acontecimento relatado. É por isso que os que resistiram a essa apuração são absolutamente dignos de crédito e formam uma riquíssima coletânea de observações científicas do mais alto valor. Estamos ainda mais autorizados a atribuir-lhes esse caráter quando outras enquetes, feitas recentemente, como a do sr. Flammarion, confirmam em todos os pontos as conclusões dos autores ingleses. Ei-las:[3]

> 1° A experiência prova que a telepatia, ou seja, a transmissão de pensamentos e de sentimentos de um espírito a outro sem a intermediação dos órgãos dos sentidos é um fato.
>
> 2° O testemunho prova que pessoas que atravessam alguma crise grave ou que vão morrer aparecem a seus amigos e parentes e se fazem ouvir por eles com tal frequência que o acaso sozinho não pode explicar os fatos.
>
> 3° Essas aparições são exemplos da ação suprassensível de um espírito sobre outro.

Eis um exemplo de cada gênero desses fenômenos telepáticos, que o tradutor francês do livro *The Phantasms of the Livings* chama erradamente de alucinações telepáticas (*Les Hallucinations Télépathiques*).

Impressão telepática sob a forma de pressentimento

O sr. dr. Ollivier, médico em Hulgoat (Finistère), escreve:[4]

> A 10 de outubro de 1881, fui chamado para atendimento médico ao campo, a três léguas da minha casa. Foi em plena noite, uma noite muito escura. Enveredei por um caminho deserto, dominado por árvores que formavam uma abóbada acima da estrada. A noite estava tão negra que eu não

3 *Les Hallucinations Télépathiques*, p. 12.
4 Myers, Gurney e Podmore, op. cit., p. 77.

enxergava para conduzir meu cavalo. Deixei o animal guiar-se pelo instinto. Era por volta das nove horas; a trilha em que me encontrava era cheia de grandes pedras redondas e apresentava um declive abrupto. O cavalo ia a passo, lentamente. De repente as patas do animal dobram e ele cai, com a boca voltada para o chão. Fui naturalmente projetado por cima da sua cabeça, meu ombro bateu no chão e fraturei a clavícula.

Naquele mesmo momento, minha mulher, que estava se despindo em casa e se preparava para ir para a cama, teve um pressentimento íntimo de que acabava de acontecer-me um acidente; um tremor nervoso tomou-a e ela se pôs a chorar e chamou a empregada: 'Venha depressa, tenho medo, aconteceu alguma desgraça; meu marido está morto ou ferido.' Até a minha chegada, ela reteve a doméstica perto dela e não parou de chorar. Queria mandar um homem procurar-me, mas não sabia para que aldeia eu tinha ido. Voltei para casa por volta da uma hora da madrugada. Chamei a criada para tirar a sela do cavalo. 'Estou ferido, digo-lhe, não posso mexer o ombro.'

O pressentimento da minha mulher estava confirmado.

Observemos que a impressão telepática se fez sentir no momento em que o acidente se produzia.

Impressão telepática que determina um impulso irresistível

O sr. Skirving, mestre maçon da catedral de Winchester, narra o que se segue[5]:

Um dia eu estava trabalhando na porta de Regents Park, a leste do jardim zoológico. A distância da minha casa era muito grande para voltar para as refeições. Então, levava a comida comigo, e por isso não precisava deixar meu trabalho durante o dia. Certa vez, no entanto, senti uma intensa necessidade de voltar para casa. Como não tinha nada a fazer em casa, tratei de livrar-me desse desejo, mas era-me impossível conseguir. A vontade de voltar para casa aumentava a cada minuto. Eram dez horas da manhã e não havia nada que pudesse exigir meu trabalho àquela hora. Fiquei inquieto e indisposto. Senti que devia ir embora, mesmo

5 Op. cit., p. 89.

arriscando-me a ser ridicularizado por minha mulher. Eu não podia dar qualquer desculpa para deixar meu trabalho e perder seis pences a hora por uma bobagem. Contudo, não consegui ficar; fui para casa, movido por um impulso a que não podia resistir.

Quando cheguei diante da porta da minha casa, bati. A irmã da minha mulher abriu. Era uma mulher casada, que morava algumas ruas adiante. Parecia surpresa. E me disse:

— Pois bem, Skirving, como é que você sabe?

— Sabe o quê? — respondi-lhe.

— Ora, a respeito de Mary Ann.

— Não sei nada sobre Mary Ann — digo-lhe.

— Então, que o traz de volta a esta hora?

— Mal posso dizer-lhe. Parecia-me que em casa precisavam de mim. Mas, que aconteceu? — perguntei-lhe.

Ela me contou que um fiacre tinha passado em cima da minha mulher, há uma hora, talvez, e que minha mulher estava seriamente ferida. *Ela não tinha cessado de chamar-me desde o acidente*, tinha crises, acabava de ter várias seguidas. Subi, e embora ela estivesse muito mal, logo me reconheceu. Estendeu-me os braços, enlaçou-os em torno do meu pescoço e pousou a cabeça no meu peito. As crises passaram imediatamente e minha presença acalmou-a. Sua irmã me contou que ela tinha dado gritos de dar pena para fazer-me vir para perto dela, embora não houvesse a menor possibilidade de que eu viesse. Este curto relato só tem um mérito, o de ser estritamente verdadeiro.

Interrogado para saber-se se a hora do acidente tinha coincidido com seu desejo de voltar para casa, o sr. Skirving respondeu:

Perguntei à irmã da minha mulher há quanto tempo o acidente tinha acontecido e ela me disse: "Uma hora e meia". Ora, isso coincide com a hora em que desejei deixar meu trabalho. Gastava uma hora para chegar em casa e, antes de partir, tinha lutado bem uma meia hora para vencer o desejo de ir embora.

Aqui, mais uma vez, a coincidência é notável.

Impressão telepática auditiva durante o sono

Este é um caso extraído de uma carta escrita pelo sr. Henri C. Field, engenheiro civil e diretor de trabalhos em Tutatihika, Wanganni, Nova Zelândia,[6] endereçada ao seu irmão, o reverendo Austin Field, pastor em Pool Quay, Welshpool.

Fiquei vivamente interessado pelo relato da última enfermidade de nossa mãe, e particularmente impressionado por uma circunstância. Ela pronunciou meu nome, e, embora distante, eu a ouvi. Não tenho o hábito de sonhar, e acho que não exagero ao dizer que não sonhei 12 vezes desde que me casei, ou seja, há vinte e três anos. Geralmente se supõe que os sonhos são consequência de uma preocupação do espírito ou de uma impressão temporária e violenta. Nada que se referisse a minha mãe tinha-me impressionado. Nossa primeira exposição de horticultura realizou-se a 27 de novembro. Ganhei vários prêmios, e, após o encerramento, às dez horas da noite, precisava levar de volta algumas das pequenas peças expostas, e tive que tomar providências para que o resto fosse levado na manhã seguinte. Era quase meia-noite quando cheguei em casa. As únicas coisas sobre as quais X. e eu falamos relacionavam-se com a exposição e com fatos de interesse local. Portanto, se algo me preocupava no momento em que adormeci, devia referir-se a um dos assuntos acima mencionados. Ignoro há quanto tempo estava dormindo, mas meu primeiro sono tinha passado, e eu estava deitado, meio acordado, meio sonolento, quando ouvi distintamente a voz de minha mãe chamando-me baixinho: 'Harry, Harry'.

Quando clareou o dia e pensei no que tinha acontecido, perguntei-me como tinha podido imaginar tal coisa. Nosso tio C. me chamava de Harry, e o tio B. às vezes fazia a mesma coisa, assim como os D. Mas, salvo essas poucas exceções, todo mundo me chamava de Henry. É possível que minha mãe tenha me chamado de Harry na infância, mas tanto quanto consigo lembrar-me, ela sempre chamou meu pai de Papá e eu de Henry.

Consequentemente, pareceu-me absurdo supor que minha mãe pudesse chamar-me por um nome que nunca a tinha ouvido usar. Ri mentalmente diante dessa ideia, admirando-

6 Op. cit., p. 128.

me de que pudesse ter-me ocorrido. E, no entanto, a coisa me pareceu tão estranha que sublinhei a data na margem do meu diário, para que, se acontecesse alguma coisa que corroborasse o fato, eu pudesse estar certo quanto à época. Assim que cheguei em casa com as cartas de S. e as suas, olhei no meu diário e constatei que a data sublinhada era 28 de novembro. Fora, evidentemente, durante a tarde de 27 de novembro que nossa mãe tinha pronunciado meu nome, e, levando-se em conta a diferença de longitude, o momento correspondente, aqui, devia ser 28 de manhã. Não penso, pois, que possam duvidar de que meu ouvido tenha verdadeiramente escutado o chamado. Imagino que devia ser entre duas e três horas da manhã, o que equivaleria às duas ou três horas da tarde anterior aí.

Não se conseguiu saber com exatidão se a coincidência foi perfeita, mas, o que é notável, é a ação telepática exercendo-se a milhares de léguas de distância, apesar da debilidade da enferma. Esse fato, assim como alguns outros, talvez possa melhor ser compreendido supondo-se que foi o espírito da mãe que se desprendeu do seu corpo para ir ver o filho, porque pode parecer estranho que a ação psíquica num morto tenha força bastante para vencer tal distância.

Impressão telepática visual no estado normal

Vejamos o fato ocorrido com o rev. Barker, antigo reitor de Cottenham, Cambridge[7]:

A 6 de dezembro de 1873, por volta das onze horas da noite, acabava de deitar-me e ainda não estava dormindo, nem cochilando, quando fiz minha mulher estremecer ao dar um profundo gemido, e, quando ela me perguntou a razão, eu lhe disse: 'Acabo de ver minha tia: ela chegou, parou ao meu lado e me sorriu, daquele jeito todo seu, depois desapareceu.' Uma tia que eu amava ternamente, irmã da minha mãe, naquela época estava na Madeira, por motivos de saúde; sua sobrinha, minha prima, estava com ela. Eu não tinha qualquer motivo para supor que ela estivesse doente naquele momento, mas a impressão que me causou foi tão

---

7 Op. cit., p. 248.

Gabriel Delanne

profunda, que no dia seguinte contei à sua família (inclusive à minha mãe) o que eu tinha visto. Uma semana depois, ficamos sabendo que ela tinha morrido naquela mesma noite e, levando-se em conta a longitude, quase no momento em que a visão me tinha aparecido. Quando minha prima, que tinha estado ao lado dela até o fim, ouviu falar do que eu tinha visto, disse: 'Não estou surpresa, porque durante sua agonia ela o chamou continuamente'. Foi a única vez que senti algo semelhante.

Verificação dos fatos

Na obra que publicaram, os srs. Myers, Gurney e Podmore primeiro estudaram o grau de confiança que deviam atribuir aos testemunhos recolhidos por eles. Observam que, em sua maioria, provêm de pessoas honradas, inteligentes e instruídas: homens da sociedade, padres, engenheiros, magistrados, oficiais, cujo bom senso e retidão não poderiam ser questionados. Essas testemunhas não têm qualquer interesse político, religioso, ou outro, para mentir, e além disso, na maior parte dos casos, seu relato é apoiado por notas manuscritas contemporâneas do acontecimento, ou por depoimentos de parentes ou amigos aos quais foram comunicados pouco tempo depois de acontecerem. Os fatos, as datas, foram todos verificados com rigor. Podemos, portanto, admitir que as testemunhas foram sinceras.

Os investigadores perceberam, depois, a possibilidade de esses relatos terem sido deformados ou aumentados ao passarem por várias bocas, assim deram preferência às narrativas de primeira mão, sempre levando em conta as inexatidões que a memória pode fazer cometer involuntariamente. Eliminaram todos os casos de aparições que possam ser considerados como imagens consecutivas, ou simples alucinações causadas pelo estado mórbido do paciente. Levando mesmo mais longe as precauções, eles afastaram as visões de parentes que ocorreram enquanto o paciente gozava de boa saúde, mas sabia que determinado parente estava doente, ou estava preocupado com ele. Foi assim que, de 5.075 respostas ao seu questionário, eles só conservaram 700. Assinalamos o fato de que as pessoas que experimentaram uma impressão telepática declaram, quase unanimemente, jamais ter tido outras, nem antes, nem depois. Os céticos tentaram atribuir as impressões telepáticas ao acaso, afirmando que as alucinações são fenômenos muito frequentes e que, assim sendo, não havia nada de extraordinário no fato de uma delas coincidir com um acidente grave ocorrido com o círculo de amizades ou com parentes da pessoa influenciada. Os autores ingleses mostraram, pelo cálculo, que a improbabilidade de uma pessoa qualquer ter, no espaço de doze horas, uma alucinação auditiva ou visual que coincida com a morte de um parente ou de um amigo, *eleva-se à cifra de bilhões*. Dado o número considerável de observações coletadas, somos portanto obrigados a admitir uma relação de causa e efeito entre o fato ocorrido e a impressão produzida à distância. Eis por que adotaremos a opinião dos sábios acima citados, que colocam na categoria das verdades novas essa ação psíquica de um indivíduo sobre outro, exercendo-se sem intermediário físico conhecido

Daremos agora alguns exemplos de automatismos gráficos determinados por uma ação mental à distância. Começaremos por um caso extraído das *Hallucinations Télépathiques*. É devido ao sr. dr. Liebault, pai da escola sugestionista de Nancy:[8]

Anúncio de uma morte pela escrita automática

Apresso-me a escrever-lhe a respeito do caso de comunicação de pensamento de que lhe falei quando me deu a honra de assistir às minhas sessões hipnóticas em Nancy. O fato se passou numa família francesa de Nova Orleãs, que tinha vindo morar por algum tempo em Nancy, para liquidar um negócio de juros. Eu tinha sido apresentado a essa família porque seu chefe, o sr. G., tinha-me trazido sua sobrinha, srta. B., para que a tratasse pelos procedimentos hipnóticos. Ela estava sofrendo de uma leve anemia e de uma tosse nervosa contraída em Coblentz, numa casa de educação onde era professora. Consegui pô-la em sonambulismo facilmente e ela ficou curada em duas sessões. Tendo a produção desse estado de sono demonstrado à família G., e à srta B., que ela poderia facilmente tornar-se médium (a sra. G. era médium espírita), essa senhorita começou a praticar para evo-

8 Op. cit., p. 92.

Gabriel Delanne

car, com auxílio da caneta, os espíritos nos quais acreditava sinceramente, e, dois meses depois, tornou-se uma notável médium escrevente. Foi ela que vi com meus olhos traçar rapidamente páginas de escrita que chamava de mensagens, e isso em termos seletos e sem rasuras, ao mesmo tempo que conversava com as pessoas que a rodeavam. Coisa curiosa: ela não tinha a menor consciência do que escrevia. 'Assim, dizia ela, só pode ser um espírito que dirige minha mão, não sou eu.' (Já vimos muitas vezes que essa inconsciência não basta para confirmar a mediunidade.)

Um dia, 7 de fevereiro de 1868, creio, mais ou menos às oito horas da manhã, na hora de pôr-se à mesa para o café, ela sentiu uma necessidade, algo que a incitava a escrever, e imediatamente correu até seu grande caderno, onde traçou febrilmente, a lápis, caracteres indecifráveis. Retraçou os mesmos caracteres nas páginas seguintes, e finalmente, acalmando-se a excitação da sua mente, pôde-se ler que uma pessoa chamada Marguerite comunicava-lhe sua morte. Imediatamente supôs-se que uma pessoa com esse nome, que era amiga dela e morava no mesmo pensionato de Coblentz em que ela tinha exercido as mesmas funções, tinha acabado de morrer. Toda a família G., inclusive a srta. B., vieram imediatamente à minha casa, e decidimos verificar, no mesmo dia, se aquela morte tinha realmente ocorrido. A srta. B. escreveu a uma jovem amiga inglesa que exercia as mesmas funções de preceptora no pensionato em questão. Pretextou um motivo, tendo o cuidado de não revelar a verdadeira razão. Pelo correio, recebemos uma resposta em inglês, da qual me copiaram uma parte essencial, resposta que voltei a encontrar numa pasta há quinze dias apenas e que foi de novo extraviada. Expressava a estranheza da jovem inglesa quanto à carta da srta. B., que não esperava tão cedo, visto que o objetivo não parecia muito motivado. Ao mesmo tempo, porém, a amiga inglesa apressava-se a dizer à nossa médium que sua amiga comum, Marguerite, tinha morrido no dia 7 de fevereiro, por volta das oito horas da manhã. Além disso, anexo à carta vinha um cartão: era uma participação de morte. É escusado dizer que verifiquei o envelope da carta, e que me pareceu realmente vir de Coblentz. Só que depois me arrependi de, no interesse da ciência, não ter pedido a família G. para ir com eles à agência do telégrafo para verificar se não tinham recebido um telegrama no dia 7 de fevereiro. A ciência não deve ter pudores; a verdade não tem medo de expor-se. Para corroborar a veracidade do fato, tenho apenas uma prova moral: a honradez da família G., que sempre me pareceu acima de qualquer suspeita.

Os autores ingleses observam, com razão, que além da improbabilidade de supor-se que toda a família tenha participado de uma conspiração cujo objetivo teria sido enganar um amigo, a resposta recebida de Coblentz demonstra que a jovem que a escreveu não parecia saber que alguém tivesse feito alguma comunicação pelo telégrafo. E é mesmo quase certo que as autoridades escolares não tenham achado necessário comunicar a notícia à srta. B. imediatamente.

Notemos, de passagem, que a ação telepática provém de uma agonizante, senão de uma morta. Este não é um caso raro, pois constatamos que esses fatos se produzem com uma frequência igual, imediatamente antes e imediatamente depois da morte.[9] Isso pode servir de transição entre as comunicações entre os vivos e os mortos, que estudaremos especialmente na terceira parte.

Voltando às manifestações telepáticas que se exteriorizam pela escrita, eis um depoimento que foi publicado e verificado pela redação do jornal *Le Rébus*, de São Petersburgo:

Telegrama psíquico

Ao diretor do *Rébus*, em São Petersburgo.
Senhor,
Nossa família compõe-se de minha mãe, minha irmã, eu e um irmão mais velho que, por exigências do seu emprego, encontra-se em viagem numa das cidades mais distantes da Sibéria. Precisávamos da certidão de batismo da minha irmã, que não tínhamos conseguido encontrar em nossos papeis de família, e escrevemos ao meu irmão para perguntar-lhe se não a teria posto num lugar que ignorávamos. Mas, os dias se passaram sem obtermos resposta; enviamos um telegrama, sem maior êxito. No entanto, aproximava-se o dia em que íamos apresentar o documento às autoridades. Uma noite, sentamo-nos ao redor da mesa, aflitos com a falta de notícias do irmão ausente. Em nosso pequeno círculo, só temos um médium excelente psicógrafo. Sua mão

9 Op. cit., p. 172.

Gabriel Delanne

começou a escrever rapidamente diversas comunicações, depois interrompeu-se de repente no meio de uma palavra, e um minuto depois, pôs-se de novo a escrever, mas de uma forma hesitante e quase ilegível; não conseguíamos entender o significado da frase, e pedimos ao espírito que se manifestava que nos dissesse seu nome. O médium escreveu então, claramente, o nome do meu irmão.

Uma indizível emoção apoderou-se de nós diante da ideia de que ele estivesse morto, e que essa era a explicação para a falta de notícias; interrompemos a sessão, tão grande era nossa angústia, mas o médium logo retomou seu lápis e escreveu com sua habitual vivacidade esta frase, que se podia ler distintamente: 'a certidão se encontra num cantinho do meu cofre'.

Nenhum de nós tinha tido a ideia de procurar naquele móvel antigo e, logo que o abrimos, o papel se encontrava no local indicado. Convencidos de que nosso irmão tinha morrido e de que a comunicação vinha do além, encerramos a sessão chorando. (É um erro muito frequente, nos grupos principiantes, acreditar que todas as comunicações vêm necessariamente de espíritos desencarnados.)

Mas, no dia seguinte, recebemos dele este telegrama: 'A certidão se encontra num cantinho do meu cofre'. Depois, chegou-nos uma carta dizendo que não tinha podido responder mais cedo, estando com todo seu tempo tomado pelo serviço. Quinze dias depois, escreveu-nos uma carta mais longa, contando que uma noite, a da famosa sessão, voltando para casa muito cansado e contrariado por não ter pedido responder, tinha encarregado um empregado de expedir-nos o telegrama acima mencionado; logo, na cama, adormeceu profundamente; com sua preocupação da véspera continuando no seu sono, sonhou que vinha pessoalmente dar-nos a resposta desejada. O sonho lhe havia deixado tal impressão, que estava convencido de que tínhamos obtido a resposta naquela noite.

Assinaram: sr. Jaroslanzeff, sra. Jaroslanzeff, K. Martinoff, S. Polatiloff.

A memória latente parece não desempenhar qualquer papel aqui, já que a moça nunca soube onde o papel em questão estava escondido e, de toda a família, só o irmão conhecia o lugar. A identidade do agente não pode absolutamente ser posta em dúvida, pois que revela um fato desconhecido dos assistentes, mas exato. A clarividência do médium não poderia ser invocada para esclarecer esse caso, porque descobrimos, no sonho que coincidiu com a escrita mecânica, a causa da ação telepática, e, como sabemos que esta pode provocar impulsos, é mais lógico atribuir a revelação ao pensamento do irmão ausente do que à atividade mental do escrevente.

Eis um segundo fato, análogo e também característico:[10]

Assinatura do espírito de um vivo obtida por um médium

Um de nossos médiuns, a sra. K., contou-me, diz Aksakoff, que numa sessão levada a efeito num círculo privado, à qual assistiam sua mãe e sua irmã, o lápis que estava acostumada a usar para as experiências parou subitamente e, após uma pausa de alguns instantes, começou a traçar palavras numa caligrafia irregular e muito fina. Só algumas palavras foram escritas, e não foi possível decifrá-las de imediato. Mas a assinatura que se seguiu, composta de duas letras vigorosamente traçadas, foi imediatamente reconhecida e provocou a admiração de todo mundo. Era a assinatura do irmão do médium, que se encontrava em Takend. O primeiro pensamento foi de que tivesse morrido e tivesse vindo comunicar o fato. Puseram-se a decifrar a escrita, e eis as palavras que foram lidas: 'Chegarei logo'. Todo mundo ficou vivamente surpreso com a mensagem, ainda mais por que pouco tempo antes haviam recebido uma carta dele, na qual dizia que viria na condição de correio, mas não tão cedo, estando inscrito como décimo quinto na lista, e que, consequentemente, sua viagem não aconteceria antes de um ano. Anotaram a data e a hora da comunicação — era 11 de maio de 1882, às 7 horas da noite — e essa comunicação foi mostrada a várias pessoas da intimidade da família K. No começo de junho, o irmão do médium realmente chegou. Mostraram-lhe a curiosa mensagem. Ele reconheceu sua assinatura, sem a menor hesitação, e disse que fora naquela data que se pusera a caminho. Conforme o cálculo de tempo que foi feito, constatou-se que, no momento em que a comunicação foi transmitida, ele estava mergulhado em profundo sono na *tarantass* (viatura de viagem) e que antes de dormir tinha pensado nos seus, na surpresa que teriam

10 Aksakof, *Animisme et Spiritisme*, p. 489-90.

com sua chegada. Tenho diante dos olhos a mensagem, diz o sr. Aksakoff, e pude constatar a semelhança completa da assinatura que se encontra nela com a do sr. K.

Os incrédulos poderiam ver nessa assinatura "um clichê visual", isto é, a lembrança da assinatura de seu irmão que estava na memória do médium. Mas o inesperado anúncio do retorno próximo, ou seja, a predição exata de um acontecimento desconhecido dos assistentes, mostra claramente a transmissão do pensamente e traz a chancela de uma verdadeira comunicação espírita.

Relações entre a telepatia e o automatismo

A multiplicidade dos fenômenos telepáticos, sua frequência, a universalidade dessas manifestações em nossa época e no passado, nos põem diante de uma lei psicológica nova, cuja importância não exageramos. As relações extrassensoriais entre os seres humanos são absolutamente inexplicáveis com hipóteses materialistas, ao passo que se compreendem perfeitamente se tivermos em nós uma alma relativamente independente, em certas condições, das leis do espaço e do tempo.

Pudemos observar, com efeito, que a ação telepática transpoe todos os obstáculos sem ser detida, refratada ou refletida pelos corpos materiais. Essa faculdade, como a da clarividência, revela claramente a existência no homem de um princípio inteligente cuja atividade própria difere consideravelmente de tudo que o mundo físico nos revela. Esta conclusão lógica foi nitidamente percebida pelos autores dos *Phantasms*, que não temem escrever[11]:

> Um problema que naturalmente se impõe, é perguntar-se que relações há entre nossos estudos e a religião. Queremos evitar até a impressão de atrair para nós as simpatias do público, entrando em outro terreno que não o terreno da ciência; nas páginas que se seguirão, nos manteremos nos limites que nos estabelecemos, e falaremos o mínimo possível da luz que poderia ser lançada pelos testemunhos que reunimos sobre a possibilidade de uma existência depois da

11 Myers, Gurney e Podmore, *Hallucinations Télépathiques*, p. 7, Introdução.

morte. Mas pensamos que já *provamos pela experimentação direta que dois espíritos podem comunicar-se ente si por meios que as leis científicas conhecidas não podem explicar.* Parece-me realmente improvável que a telepatia possa receber uma explicação puramente física, mesmo que essa explicação seja logicamente concebível. É difícil, na verdade, incluir entre as forças materiais uma força que, ao contrário de todas as outras, parece não ser detida pela distância, nem por qualquer obstáculo. Portanto, se a telepatia é um fato demonstrado, deve-se introduzir no conjunto dos resultados de experiências um elemento novo, *que constituirá um sério obstáculo à síntese materialista.* A concepção de um espírito ativo, e independente do corpo, totalmente nova na ciência experimental, é encontrada nas formas mais elevadas da religião. Nossas experiências sugerem a ideia de que entre os espíritos talvez existam relações que não podem manifestar-se em termos de matéria e de movimento, e esta ideia lança uma nova luz sobre a antiga controvérsia entre a ciência e a fé. *Se os fatos que iremos estudar estão provados, a ciência não poderá admitir por mais tempo que seja impossível que outras inteligências que não as dos homens vivos atuem sobre nós."*

Os fenômenos da clarividência e da telepatia estabelecem experimentalmente a existência de uma alma independente do organismo físico; os do espiritismo demonstram sua sobrevivência depois da morte. Aí estão as grandes verdades que entram no domínio científico e que são chamadas a dar-lhe um novo impulso, dirigindo a atenção dos pesquisadores para as inteligências e as forças invisíveis, imponderáveis, que constituem todo um mundo, mais vasto e mais diversificado do que o que conhecemos. Estudemos, pois, as manifestações extracorpóreas do homem; elas nos permitirão compreender as dos espíritos. Se soubermos como uma alma humana pode atuar sobre outra, sem intervenção do corpo material, poderemos ter uma ideia do processo utilizado pelos seres desencarnados para comunicar-se conosco. Em primeiro lugar, e independentemente de qualquer teoria, uma observação se impõe: é que a influência telepática só se exerce entre pessoas que se conhecem, e mesmo bem intimamente. Todos os exemplos citados nas obras que tratam dessas matérias nos mostram que os fenômenos ocorrem entre marido e mulher, entre parentes ou amigos, isto é, entre seres que têm laços de família, ou são unidos pela afeição. Voltamos a encontrar aqui, sob outra forma, a relação magnética que reconhecemos indispensável à transmissão experimental do pensamento; ela se cria naturalmente entre pessoas que se amam ou se estimam, e é graças a ela que a sugestão mental é possível a grande distância. Essa necessidade de uma ligação entre o agente e o percipiente é muito importante, uma vez que, sem ela, o fenômeno nunca se produz. Devemos tirar disso uma primeira conclusão do ponto de vista do estudo das comunicações: é que quando a escrita contém informações exatas sobre uma pessoa morta que o médium não conheceu, e quando nenhum dos assistentes pode fornecer, conscientemente ou não, indicações sobre o assunto, não podemos, logicamente, fazer uma influência telepática terrestre intervir para explicar o fenômeno. A ação telepática não fica vagueando ao acaso; limita-se estritamente ao pequeno círculo de parentes e amigos do agente, e é neles, e somente neles, que é capaz de suscitar impressões. É, pois, contrário à observação científica dos fatos, imaginar que um indivíduo qualquer, não prevenido, não conhecendo o médium, não sabendo mesmo que estão se ocupando de um dos seus amigos mortos, possa transmitir telepaticamente as informações que possui sobre aquele espírito. No entanto, foi o que se pretendeu ao insinuar que uma informação exata relativa a um morto pode ser sempre transmitida telepaticamente, se algum dos vivos conhece essa informação. Basta ler atentamente os fatos e refletir um pouco para compreender que isso é impossível. O que pode ter originado essa generalização errônea é que, às vezes, o agente está mergulhado no sono, ou numa crise que o tira da consciência normal, no exato momento em que se produz uma ação telepática. Mas, do fato de não guardar a lembrança dos seus pensamentos, não se segue que tenham sido produzidos inconscientemente, pois já vimos que a alma jamais fica inativa durante o sono. Quando fazemos uma comparação entre os fenômenos telepáticos e os resultados experimentais da transmissão do pensamento, constatamos várias diferenças, não somente quanto à intensidade dos fenômenos, mas também quanto à sua natureza. Uma sugestão mental, por mais nitidamente que chegue ao paciente, só determina nele pensamentos ou imagens que permanecem subjetivos, ao passo que a ação telepática quase sempre tem a tendência de exteriorizar-se sob formas sensoriais. É uma ilusão que tem momentaneamente todas as características da realidade. Se observarmos que, salvo raras exceções, o agente nesse momento atravessa uma crise grave, que é vítima de um acidente ou está com a vida em risco, é lícito supor que seu pensamento, reforçado pela emoção, adquira uma atividade inusitada, que lhe permita atingir o parente ou o amigo com quem sonha. É uma segunda condição, que talvez não seja tão absoluta quanto a necessidade da relação, mas que tem uma importância muito grande. Devemos, enfim, dar-nos conta do estado do paciente no momento em que é influenciado. Quase sempre a impressão dura apenas um instante. A ação é tão rápida, que parece que o momento propício para se produzir é de bem curta duração. Não se trata de um estado patológico, pois constata-se que o paciente está em perfeita saúde. Se recordarmos que a sugestão mental só é possível durante o estado nascente da monoideia passiva, podemos admitir que é quando essa condição se realiza naturalmente no paciente que ele lhe experimenta a impressão. O estado de vigília é caracterizado por grande número de ideias que existem quase simultaneamente no espírito; é, diz o sr. Ochorowicz,[12] um agregado móvel de todos os estados (monoideicos, poli-ideicos etc.), com predominância da poli-ideia. Indubitavelmente, existem momentos monoideicos de toda forma, e mesmo intervalos francamente monoideicos. Só que tudo isso se mistura, se sucede com uma rapidez muito grande, geralmente imperceptível. É num desses momentos de monoideia que a ação telepática pode acontecer, de modo a invadir temporariamente a consciência e dominá-la. Podemos fazer uma ideia dessa condição, artificialmente, pela visão do cristal, do copo d'água, pela audição por meio de uma concha etc. Devemos também considerar que nem todos são igualmente capazes de sentir essas impressões telepáticas. É necessário que o paciente possua uma espécie de sensibilidade mental, que também não se acha igualmente desenvolvida em todos os homens, de modo que, se refletirmos nas condições múltiplas que devem existir simultaneamente para que um fe-

12 Aksakof, *Animisme et Spiritisme*, p. 484 e 490.

Gabriel Delanne

nômeno telepático se produza, ficaremos menos surpresos com sua relativa raridade. O estado de passividade intelectual, que reconhecemos ser indispensável, acha-se realizado artificialmente pelas práticas do automatismo, e, por conseguinte, não ficaremos admirados ao constatar que os espíritas há muito já constataram a possibilidade de corresponder-se entre si, telepaticamente, por meio da escrita mecânica. Deve-se observar que os fatos que hoje a ciência descobre com tanta dificuldade são conhecidos há mais de cinquenta anos e que a verdadeira explicação científica foi dada por esses espíritas tão desacreditados, quando a sessão acadêmica ainda ignorava todas essas verdades. Em vez de esperar que um fenômeno de automatismo se produzisse naturalmente, foi possível, em certos meios privilegiados, instituir uma série de experiências tão bem sucedidas que constituem uma verdadeira telegrafia psíquica. Vamos ver alguns exemplos:

Telegrafia intelectual

O sr. Thomas Everitt, cuja reputação entre os espiritualistas está bem firmada, e cuja mulher é um médium excelente, narra um fato interessante, numa dissertação apresentada à associação britânica de espiritualistas (novembro de 1875), sob o título *Demonstração da Natureza Dupla do Homem*. Ei-lo:

> Para os espiritualistas, receber comunicações de pessoas que afirmam ser ainda deste mundo, não é coisa rara. Fizemos experiências disso com frequência, principalmente no começo. Essas mensagens, transmitidas por pancadas ou pela escrita, traziam a marca característica das pessoas que afirmavam ser-lhes as autoras, *quer pelo estilo, quer pela caligrafia*. Assim, por exemplo, um amigo nosso, dotado de faculdades mediúnicas, conversava frequentemente conosco por meio da minha mulher e nos transmitia comunicações que correspondiam, de modo absoluto, ao seu caráter. Nas suas cartas, ele muitas vezes perguntava se as comunicações que, por sua vez, recebia do sr. Everitt eram exatas, e frequentemente acontecia que as mensagens transmitidas de uma parte e de outra, por meio da palavra, de pancadas ou

da escrita, eram perfeitamente exatas.[13]

Em outra circunstância,[14] o sr. Everitt recebeu uma comunicação escrita pela mão da sua mulher e vinda da parte do seu amigo sr. Mëers (médium também), um mês após a partida deste para a Nova Zelândia.

Vejamos um segundo exemplo que diz respeito às mesmas práticas:

Experiências foram instituídas na Espanha de modo a controlar, por um médium que estava em Barcelona, o que acontecia num grupo em Madri. Imediatamente após as sessões, em Madri e em Barcelona, expediam-se as atas e, fato notável, eram idênticas quanto ao fundamento e à forma. Quando a médium inspirada Isabel Vitrian falava de improviso e com uma eloquência que emocionava o auditório atento aos seus lábios, no mesmo instante o médium de Barcelona repetia-lhe as palavras, sem nada faltar.

Esses fatos são confirmados pelo sr. José Fernandez, diretor da *Revue des Études Psychologique*s de Barcelona, e pelo visconde de Torrès Solanot, cuja honradez e veracidade são conhecidas pelos espíritas há trinta anos.[15]

Na América

Há mais ou menos dois anos, diz o juiz Edmonds, fui testemunha de um impressionante exemplo de comunicações espirituais entre vivos. Tinham-se organizado dois círculos, um em Boston, o outro nesta cidade (Nova Iorque). Os membros desses círculos reuniam-se simultaneamente nas duas cidades e se comunicavam entre si por seus médiuns. O círculo de Boston recebia, por seu médium, comunicações provindas do espírito do médium de Nova Iorque, e vice-versa. Isso continuou assim durante vários meses, no decorrer dos quais os dois grupos registravam meticulosamente as atas.

Tenciono publicar em breve a resenha dessas experiências, que constituem uma interessante tentativa de telegrafia intelectual, cuja possibilidade está assim demonstrada.

---

13 Aksakof. *Animisme et Spiritisme*, p. 484 a 490.
14 Ver *Spiritualist*, 1875, tomo II, p. 244-45.
15 *Revue Spirite*. Fenômeno obtido no *Circolo Marietta*. Ano 1878, p. 434.

Gabriel Delanne

Podemos comparar esses fatos com a propagação extraordinariamente rápida das notícias na África, entre populações que estão separadas por distâncias enormes e que não possuem nenhum dos nossos meios de comunicação instantâneos. Voltando ao nosso assunto, possuímos testemunhos sérios que nos mostram que é possível atuar telepaticamente sobre a alma de pessoas adormecidas, de modo a dela receber comunicações.[16] Vejamos algumas informações sobre esta espécie de fenômenos:

Evocação da alma de pessoas vivas

Até agora, consideramos a ação telepática como uma simples transmissão de pensamento que determina no paciente as mais variadas impressões. Esta explicação aplica-se a um grande número de casos, mas longe está de poder explicar todos os fenômenos compreendidos sob a designação comum de alucinações telepáticas. Só forçando essa hipótese além dos limites permitidos, isto é, negligenciando fatos muito importantes, conseguiu-se dar à teoria da ação telepática uma extensão suficientemente grande para permitir-lhe abranger todos os fenômenos. Este modo de ver é compartilhado até por um dos autores dos *Phantasms of the Livings* porque, na introdução, lemos estas observações significativas:

> A partir do momento em que se tenta dar mais precisão a essa analogia (telepatia experimental e telepatia espontânea), cessa a concordância entre as pessoas que estudaram a questão. Uma dirá que não devemos multiplicar as causas sem necessidade, e que, já que agora temos na telepatia uma causa real, devemos servir-nos dela para explicar tudo o que é explicável por ela, antes de recorrermos a causas mais afastadas e cuja existência não podemos provar. Outra, ao contrário, talvez sinta que a telepatia, tal como a conhecemos, *é uma concepção preliminar*, um modo simplificado de imaginarmos um grupo de fenômenos que, abrangendo todas as relações entre os espíritos, é provavelmente mais complexo do que o dos fenômenos que podem traduzir-se em termos de matéria e movimento. *Sentirá que não se*

16 Kardec, Allan, *O Livro dos Médiuns.*

deve pedir a essa chave que abra todas as fechaduras e que é preciso pesquisar se não existe outra forma de ligação entre os fenômenos dispersos que conhecemos.

A telepatia propriamente dita, isto é, a ação do pensamento de um vivo sobre outro vivo, é uma verdade, explica muitos casos, mas não todos, porque sabemos que a exteriorização da própria alma é também um fato bem demonstrado. Quando esta saiu do seu corpo, atua sobre um médium por sugestão mental para comunicar-lhe seu pensamento.

De novo repetimos que, tendo estudado em outra obra[17] as manifestações extracorpóreas do homem vivo, não podemos voltar ao assunto aqui. Concluímos que a alma podia sair do corpo durante o sono, portanto não insistiremos nisso, considerando que a demonstração foi feita, tanto pela discussão de certos casos de supostas alucinações coletivas, como pelas pesquisas do sr. de Rochas e pelas moldagens e fotografias da alma saída momentaneamente do seu corpo. Bastará fazermos aqui uma observação que se deduz do estudo dos fatos telepáticos e que prova, a seu modo, a real presença do espírito do agente no momento em que a ação acontece.

Quando a ilusão telepática é produzida por uma transmissão de pensamento, ela é de curta duração e só dá margem a um fenômeno simples, como, por exemplo, o de uma voz que pronuncia uma palavra, um nome, ficando sua ação limitada a isso. Ao contrário, quando a visão é objetiva, quando é determinada pela presença real da alma do agente, esta pode não apenas mostrar-se, como também, às vezes, fazer sinais, tocar o paciente ou responder a uma pergunta. Entre os casos citados nas *Hallucinations Télépathiques*, só conhecemos um exemplo de resposta a uma pergunta do agente. Deve-se ao sr. Newnham, cujas curiosas experiências sobre o automatismo comentamos. Ei-lo:

Sensações auditivas e táteis produzidas por uma aparição

Em julho de 1867, eu estava em Bournemouth, e substituía momentaneamente o capelão do hospital. Chegou-nos

17 Delanne, Gabriel, *A Alma é Imortal*, "Demonstração Experimental", **EDITORA DO CONHECIMENTO.**

um rapaz gravemente atacado de ftiríase, e estava tão mal que não conseguimos fazê-lo entrar no estabelecimento, e o instalamos na parte de fora. Visitei-o várias vezes na qualidade de pastor; o capelão voltou e eu saí em férias. Pensava que não voltaria a ver o jovem, mas, para meu assombro, quando regressei, a 21 de setembro, ele ainda vivia e os médicos diziam que ainda poderia durar algumas semanas. No domingo, 29 de setembro, tinha feito orações na capela e o capelão pregava o ofício da noite; foi quase no fim do sermão, eram mais ou menos 8 horas, não podia ser mais tarde. De repente senti uma mão pousar delicadamente, mas com firmeza, no meu ombro direito. Fiquei tão impressionado que, persuadido da presença de algum ser invisível, perguntei:

— É S.? (Nome de batismo de um aluno meu falecido em 1860.)

A resposta foi imediata, dada com clareza e interiormente:

— Não, é William.

Não me lembro de mais nada.

Após o serviço, pedi notícias do meu jovem amigo; fiquei sabendo que a enfermeira tinha sido chamada para perto dele, pois havia piorado. Na manhã do dia seguinte, soube que tinha morrido por volta das 8 horas e 10 minutos. Foi mais ou menos 10 minutos antes da sua morte que tive aquela impressão. Devo acrescentar que não estava pensando nele, que não tinha ido vê-lo, que não tinha recebido qualquer mensagem da sua parte desde o meu regresso, e que não tinha nenhum motivo para acreditar que sua morte estivesse tão próxima.

Se lermos esse relato com atenção, deveremos concluir que há, neste caso, mais do que uma alucinação telepática, não porque dois sentidos foram atingidos, mas porque, se concebermos como, no momento da morte, o pensamento do rapaz conseguiu transportar-se até seu pastor, não vemos, absolutamente, de que modo a pergunta do sr. Newnham poderia ter chegado até ele, de forma a determinar uma resposta. Ouvindo o sermão, o espírito do percipiente estava totalmente ocupado com coisas religiosas. Pensava tão pouco no jovem doente que, quando sentiu o toque que o comoveu, imediatamente pensou num amigo morto e não no enfermo. No entanto, este lhe respondeu em seguida: 'Não, é William'. Como é necessário que o agente pense intensamente no percipiente para que a ação telepática ocorra, constatamos aqui que faltou essa condição, e, por conseguinte, como o agente captou imediatamente o pensamento do pastor e respondeu, concluímos daí que seu espírito estava presente e atuava telepaticamente sobre o sr. Newnham.

É o que ocorre na maioria das vezes nas evocações de pessoas vivas, sobre as quais Allan Kardec, há quase meio século, publicou um estudo aprofundado na *Revista Espírita* e no *Livro dos Médiuns*. Citamos as respostas dadas pelos espíritos que ele interrogou; veremos que concordam com tudo que observamos depois:[18]

P. — A encarnação do espírito é um obstáculo absoluto à sua evocação?

R. — Não, mas é necessário que o estado do corpo permita que o espírito se desprenda nesse momento.

P. — Pode-se evocar o espírito de uma pessoa viva?

R. — Sim, visto que se pode evocar um espírito encarnado. O espírito de um vivo, em seus momentos de liberdade, também pode se apresentar *sem ser evocado*. (Temos exemplos disso.) *Isto depende da sua simpatia* pelas pessoas com as quais se comunica.

P. — Em que estado se encontra o corpo da pessoa cujo espírito é evocado?

R. — Dome ou cochila; é então que o espírito fica livre.

P. — O espírito de uma pessoa evocada durante o sono é tão livre para comunicar-se como o de uma pessoa morta?

R. — Não; a matéria sempre o influencia mais ou menos. (Uma pessoa nesse estado, a quem foi dirigida essa pergunta, respondeu: *Estou sempre acorrentada à grilheta que arrasto atrás de mim*.)

P. — Nesse estado, o espírito poderia ser impedido de vir por estar em outro lugar?

R. — Sim, pode acontecer que o espírito esteja num lugar onde gosta de ficar, e então não vem ao ser evocado, principalmente quando a evocação é feita por alguém que não lhe interessa.

P. — É absolutamente impossível evocar o espírito de uma pessoa acordada?

R. — Embora difícil, não é absolutamente impossível, pois,

18 Kardec, Allan, *O Livro dos Médiuns*, cap. XXV, Ëvocação das pessoas vivas".

Gabriel Delanne

se a evocação *produzir efeito* (isto é, se for ouvida pelo espírito), pode dar-se que a pessoa adormeça; mas o espírito só pode comunicar-se, como espírito, nos momentos em que sua presença não é necessária à atividade inteligente do corpo.

A experiência prova, diz Allan Kardec, que a evocação feita durante o estado de vigília pode provocar o sono, mas esse efeito só consegue produzir-se por uma vontade muito enérgica, e se existirem laços de simpatia entre as duas pessoas; caso contrário, *a evocação não tem êxito*. Até mesmo no caso em que a evocação poderia provocar o sono, se o momento for inoportuno, não querendo dormir, a pessoa oporá resistência e, se sucumbir, seu espírito estará perturbado e dificilmente responderá. Daí resulta que o momento mais favorável para evocação de uma pessoa viva é o do sono natural, porque, estando livre, seu espírito pode vir ao encontro do que o chama, como muito bem poderia ir a outro lugar.

Os espíritas da primeira hora experimentavam muito e, procedendo seriamente, obtinham, mais frequentemente do que hoje, manifestações convincentes.

Espírito de uma pessoa em Paris manifestando-se em St. Malo

Na *Revista Espírita* e no *Livro dos Médiuns*, Allan Kardec relatou casos de evocações de pessoas vivas durante o sono.[19] Em nossa obra *A Alma é Imortal*, nós os reproduzimos, juntamente com outros que ocorreram em todas as partes do mundo. Citaremos mais dois exemplos, que se encaixam mais particularmente no estudo da mediunidade mecânica.

O primeiro foi extraído da revista de Pierrart.[20] Eis o relato da testemunha:

> Foi no começo deste ano. Uma reunião espiritualista acontecia uma noite em St. Malo, sob a direção de um médium escrevente. Após diversas experiências, um espírito feminino veio apresentar-se e dar a uma pessoa do grupo, o sr. N., notícias de sua mulher, seriamente doente em Paris. *O*

---

19 Ver *Revista Espírita*, 1861, p. 148.
20 Pierrart, *Revue Spiritualiste*, tomo V, p. 338.

espírito disse ter posto sanguessugas na enferma aquela mesma manhã, e que ela estava passando melhor. Espanto no grupo, que pergunta o nome do invisível. Este assina Clara. Então perguntam-lhe seu sobrenome, e o invisível afirma que o conhecem muito bem e que não é necessário declinar seu nome todo. O sr. N. pergunta-lhe seu endereço e o espírito responde que ele o conhece também, *que é em Paris, rua dos Mártires, n° 15*. Dois dias depois, o sr. N. recebeu uma carta da sua mulher que, entre outros detalhes, *continua os fornecidos* pela comunicação. Passado algum tempo, uma pessoa que tinha assistido à sessão veio a Paris e contou o fato à srta. Clara L., que caiu das nuvens e depois passou a ver com outros olhos os espiritualistas e suas experiências.

Essa senhorita dormia tranquilamente em Paris, e de nada desconfiava enquanto o fato ocorria em St. Malo.

Queira aceitar etc.

Berruyer.

Vejamos uma segunda experiência, feita em nossa própria família, e cujo relato foi publicado pela *Revista Espírita* em 1883, nos seguintes termos:[21]

Identidade de um espírito encarnado

Nosso colega, sr. A. Delanne, estando em viagem, nos transmitiu a seguinte descrição da evocação que fez do espírito da sua mulher, viva, que tinha ficado em Paris:

"A 11 de dezembro último, estando em Lille, evoquei o espírito da minha mulher às onze e meia da noite; ela me disse que, por acaso, uma de suas parentes estava dormindo lá. Aquilo me deixou dúvidas, achando que não era possível; mas, dois dias depois, recebi uma carta dela constatando a realidade do fato. Envio-vos nossa conversa, embora nada tenha de especial, mas porque dá uma prova de identidade:

P. — Estás aí, querida amiga?

R. — Sim, meu gordo. (É seu termo favorito.)

P. — Vês os objetos ao meu redor?

R. — Vejo-os bem. Estou feliz por estar perto de ti. Espero que estejas bem agasalhado. (Eram onze e meia; eu chegava de Arras; não havia fogo no quarto; estava enrolado na

21 *Revista Espírita*, 1863, p. 21.

minha capa de viagem e nem tinha tirado minha manta.)

P. — Estás contente por teres vindo sem teu corpo?

R. — Sim, meu amigo. Tenho meu corpo fluídico, meu perispírito.

P. — És tu que me fazes escrever, e onde estás?

R. — Perto de ti. Certamente tua mão ainda tem dificuldade para mover-se.

P. — Estás dormindo?

R. — Ainda não profundamente.

P. — Teu corpo te retém?

R. — Sim, sinto que me retém. Meu corpo está meio doente, mas meu espírito não está sofrendo.

P. — Durante o dia tiveste a intuição de que esta noite eu te invocaria?

R. — Não, *e no entanto não consigo definir o que me dizia que eu te veria* [ação telepática à distância que determinou o desprendimento da alma]. (Nesse momento tive um acesso de tosse.) Continuas tossindo, amigo, cuida um pouco de ti.

P. — Podes ver meu perispírito?

R. — Não, só consigo distinguir teu corpo material.

P. — Estás te sintindo melhor e mais livre do que com teu corpo?

R. — Sim, não estou sofrendo mais. (Numa carta posterior, fiquei sabendo que efetivamente ela tinha estado indisposta.)

P. — Vês os espíritos ao meu redor?

R. — Não; mas gostaria muito de vê-los.

P. — Tens medo de ficar sozinha em casa?

R. — *Adèle está comigo.* (Essa pessoa, parente nossa, nunca dorme lá em casa; só muito raramente a vemos.)

P. — Que houve para que Adèle esteja aí? Está deitada contigo?

R. — Sim, por acaso.

P. — És mesmo tu, minha querida esposa, quem me fala?

R. — Sim, amigo; sou eu mesma.

P. — Vês bem claro aqui?

R. — Sim, tudo brilha melhor do que tua luz fraca. (Eu tinha apenas uma vela num quarto grande.)

P. — Estás te comunicando comigo por intuição ou mecanicamente?

R. — Vibro mais particularmente no teu cérebro, que é capaz de receber mais facilmente, mas, além disso, dirijo-te a mão ao mesmo tempo.

P. — Como podes ver que meu cérebro é capaz de receber comunicações espíritas?

R. — Pelo desenvolvimento que teus órgãos adquiriram há pouco, o que prova que foi necessária... (Nesse momento, soa meia-noite e o espírito se cala.)

P. — Ouves o som do relógio?

R. — Sim, mas estou enlevada com esse som insólito; é igual à música celeste que ouvi no sonho que te contei. (Realmente, pouco antes da minha partida ela tivera um sonho encantador, no qual ouvira uma harmonia sem igual. Naquele momento, certamente, eu não pensava naquele sonho, que tinha esquecido completamente; tudo não podia, pois, ser reflexo do meu pensamento, porque, como ninguém mais sabia, e como naquele momento eu estava sozinho, vi naquela revelação instintiva mais uma prova da identidade do espírito da minha mulher, que espontaneamente concluiu a frase acima começada.) ... muita força em tão pouco tempo.

Na noite seguinte:

P. — Estás aí?

R. — Sim. Vou dizer-te o que te preocupa; é Adèle. Pois bem! Sim, ela realmente dormiu comigo, juro-te.

P. — Teu corpo está melhor?

R. — Sim, não era nada.

P. — Vês espíritos perto de ti hoje?

R. — Ainda não vejo nada, mas pressinto algum, pois estou inquieta por estar sozinha.

P. — Reza, minha boa amiga, talvez te sintas melhor.

E. — Sim, é o que vou fazer. Dize comigo: 'Meu Deus, grande e justo, abençoai-nos e absolvei-nos por nossas iniquidades; perdoai vossos filhos que vos amam; dignai-vos inspirá-los com vossas virtudes e concedei-lhes a graça insigne de serem contados entre vossos eleitos. Que a dor terrestre nada lhes pareça em comparação com a felicidade que reservais a todos que vos amam sinceramente. Absolvei-nos, Senhor, e continuai a dar-nos vossas dádivas pela intercessão divina da pura e angelical Santa Maria, mãe dos pecadores e misericórdia encarnada."

Tendo escrito à esposa para perguntar-lhe se sua parente tinha estado em sua casa, o sr. Delanne recebeu a seguinte resposta:

"Adèle veio mesmo ontem à noite, por acaso. Pedi-lhe que ficasse, não por medo, acho graça disso, mas para tê-la comigo. Bem vês que ela ficou dormindo aqui. Estive um pouco indisposta nas duas últimas noites; senti uma espécie de mal-estar de que não me dava conta perfeitamente. Era como uma força invencível que me forçava a dormir; estava meio aniquilada; mas estou feliz por ter ido ao teu encontro!"

Não podemos atribuir ao automatismo as comunicações recebidas pelo sr. A. Delanne, porque a primeira abrange a indicação de um fato exato desconhecido do escrevente: o da permanência da prima Adèle na casa. O sr. Delanne não podia ter conhecimento daquela visita por clarividência, pois jamais possuiu essa faculdade e ficou em estado de vigília durante todo o dia e toda a noite em que o fato ocorreu. Devemos admitir, então, que uma influência estranha lhe ditava suas mensagens.

A identidade da sra. Delanne é provada por seu estilo, suas expressões familiares, seu caráter de religiosidade, muito acentuado naquela época, pois ainda estava muito impregnada por ensinamentos do catolicismo e lhes conservava o cunho, mesmo no estado de espírito. É evidente que era mesmo sua alma que se manifestava ao marido, pela alusão feita ao sonho agradável de que ninguém mais tinha conhecimento. Nenhum ser humano teria interesse em desempenhar esse papel, e quanto aos espíritos impostores, além de não serem oniscientes, é provável que não pensassem em improvisar a oração do segundo dia, tão tocante na sua ingênua simplicidade.

Observamos, na última frase da carta da sra. Delanne, que a ação telepática do marido se fez sentir nela porque, durante dois dias, ela dormiu mais do que habitualmente, num sono especial, durante o qual a alma pôde, mais facilmente, sair-lhe do corpo.

São fenômenos como esse que, junto aos que as experiências de desdobramento nos mostram, provam claramente o desprendimento da alma. O que ocorre não é uma simples transmissão de pensamento à distância, porque o espírito vê a roupa do médium, ouve-lhe a tosse e o som do relógio batendo meia-noite; é necessário, portanto, que esteja perto do escrevente, como ele mesmo o declara, já que não tem qualquer interesse em dizer que está lá, se é por clarividência que toma conhecimento dos fatos.

Resumo

Se passamos rapidamente em revista os fatos até aqui estudados, não podemos deixar de observar a que ponto a mediunidade é uma faculdade nitidamente definida, uma vez que, sem sair do domínio terrestre, somos obrigados, pela observação dos fenômenos, a reconhecer-lhe a existência. Inicialmente, é pelo automatismo que nossos adversários querem explicar tudo. Fazem-nos assistir às escritas subconscientes de Léonie e de Lucie, resultantes de ordens de realização pós-hipnóticas, ou mesmo de um exercício espontâneo do espírito do paciente que foi adestrado nessa escrita por exercícios anteriores. Já fizemos notar o quanto são arbitrárias as teorias dos srs. Binet e P. Janet, e que crédito devemos dar à hipótese de um personagem subconsciente, coincidindo com a personalidade normal. Procuramos mostrar, a seguir, que a distração e o estado de semissonambulismo provocado por autossugestão provocam, tanto em pessoas normais, quanto nas histéricas, a perda de memória que faz com que os pensamentos da escrita mecânica sejam esquecidos tão rapidamente quanto são escritos. Depois, ao mostrar todas as riquezas da memória latente, que abrange não só nossas lembranças conscientes, mas também os resultados de nossos trabalhos intelectuais durante o sono, pusemos os observadores em guarda contra as causas de erros.

A seguir, constatamos que desde que os fenômenos da clarividência e da sugestão mental foram reconhecidos como faculdades reais possuídas pelo ser humano, nossos críticos quiseram apossar-se delas para destruir o espiritismo propriamente dito, fingindo acreditar que todos os fatos desconhecidos revelados pela escrita podiam ser explicados pelo jogo natural desses fatores novos. Mas, aqui também, a experiência deles foi frustrada, porque mostramos que esses poderes da alma obedecem a regras fixas, e que têm limites além dos quais não se conseguiria fazê-los intervir, sem incorrer, evidentemente, em erro.

O mesmo acontece com relação à telepatia. Sabemos que, para que essa atração de um espírito sobre outro seja possível, são necessárias três condições: 1º Uma intensa concentração de pensamento do agente, produzida voluntariamente, ou por violenta emoção; 2° uma relação de afinidade, uma espécie de regulagem dinâmica entre o organismo do agente e do paciente; 3° um estado monoideico deste. No caso particular de um ditado mediúnico, quando relatar um fato exato referente a um estranho, desconhecido do escrevente e dos assistentes, temos o dever de pesquisar se essa revelação não seria devida à ação de um ser vivo, momentaneamente adormecido, que atuaria sobre o médium. Mas, se for impossível descobrir a menor ligação entre a causa atuante e o escrevente, temos o direito de recusar absolutamente a explicação telepática, como insuficiente e injustificada. Mas, se nenhuma inteligência humana conseguiu dar as indicações precisas contidas na mensagem, forçoso será recorrermos aos espíritos desencarnados. Nos capítulos seguintes, veremos que, mesmo aplicando esse rigoroso método de exclusão, resta-nos uma massa enorme de documentos nos quais a intervenção dos espíritos é tão manifesta, que se prova com um rigor que desafia qualquer crítica.

O pobre espiritismo, tão vilipendiado pelos ignorantes, pelos sábios, pelos pastores de todas as religiões, espalhou-se no mundo inteiro, sem dar importância aos seus inimigos coligados, porque possui a soberana força da verdade, que contorna, quebra ou derruba todos os obstáculos acumulados no seu caminho pela ignorância e pelo dogmatismo. Hoje mesmo, nossa doutrina se infiltra lenta e seguramente até nos santuários oficiais do saber, para erguer-se, bem viva, perante os pontífices que pronunciavam sua oração fúnebre. A ciência materialista está sendo levada de modo irresistível ao estudo da ação extracorpórea do ser humano, que lhe destrói as ideias preconcebidas. É constrangida e forçada que entra nesse caminho novo que abre tão vastos horizontes ao pensamento. Agora é tarde demais para recuar; muitas elevadas e sérias intcligências ocuparam-se com essas questões, para que se possa continuar a conspiração do silêncio. Sob nossos olhos, a alma humana se desprende das fraldas da fisiologia nas quais queriam aprisioná-la; pelo estudo do que ela já produz aqui na Terra durante os raros momentos em que se emancipa do jogo do seu envoltório terrestre, podemos imaginar quais são seus poderes quando paira, distante e serena, nas regiões da erraticidade, que é sua verdadeira pátria.

Terceira parte

Espiritismo

Provas múltiplas da comunicação
dos espíritos pela escrita mecânica

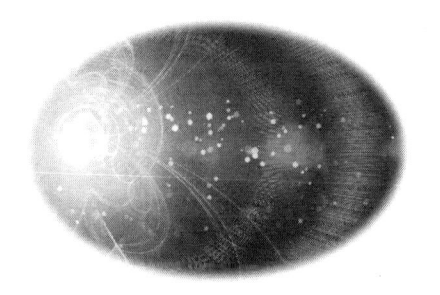

1.
Comunicações revelando fatos desconhecidos do médium e dos assistentes, fora de qualquer influência telepática ou clarividente

• Observações gerais • O cestinho revelador • As revelações do cestinho • Uma informação vinda do além • O testamento do barão Korff • As experiências de Stainton Moses • Leituras em livros pelos espíritos • Características da escrita mecânica • O homem esmagado por um rolo a vapor • O caso de Euphemia Mathilda Death • O caso de Charlotte Buckworth • Outras provas da intervenção de inteligências alheias aos assistentes • Um pai arrependido • Um espírito que indica seu gênero de morte • As comunicações de Georges Pelham • Trechos do relatório do sr. R. Hodgson • A identidade de Georges Pelham • Outras personalidades manifestando-se pela sra. Piper • Últimas notícias do outro mundo

Observações gerais

Nesta terceira parte, abordamos a mediunidade propriamente dita, isto é, a demonstração de que a inteligência que dita a mensagem é completamente independente da do escrevente. As provas que possuímos são muito numerosas e podem ser divididas em várias categorias: 1° Comunicações revelando fatos desconhecidos do médium e dos assistentes; 2° comunicações nitidamente superiores à inteligência do médium ou além dos seus conhecimentos; 3° escritos em línguas estrangeiras desconhecidas do médium; 4° autógrafos de mortos dados pelos espíritos; 5° confirmações múltiplas de uma intervenção espiritual provada por várias circunstâncias acompanhando as comunicações.

Pode-se ver, por essa enumeração, que documentos não

nos faltam, mas achamos que ainda não tenham chegado ao conhecimento dos nossos psicólogos oficiais, já que no seu livro sobre o automatismo psicológico,[1] o sr. P. Janet escreve:

A melhor prova da inconsciência dos médiuns seria aquela de que os espíritas falam sem cessar, e que nunca dão. 'A experiência constatou, diz Desmousseaux, que a mesa me diz coisas que não posso saber e que ultrapassam a medida das minhas faculdades.'Eis aí um fato que seria decisivo, mas cuja demonstração completa exigiria precauções minuciosas, de que esses entusiastas são incapazes. *Podemos dizer que não há um fato autêntico desse gênero.*[2] Aliás, se tenho evitado completamente falar da lucidez e de outras faculdades análogas a propósito dos sonâmbulos, é para não envolver acidentalmente a questão relativa aos médiuns. Além da lucidez propriamente dita, citam-se outros fatos análogos que separam completamente a escrita automática da consciência normal do paciente. Certas pessoas, parece, podem responder a perguntas formuladas mentalmente, não expressas pela palavra, e das quais sua consciência normal não tem o menor conhecimento. Os fatos assinalados pelo sr. Myers, e principalmente o caso do sr. Newnham, se o autor pode garantir a exatidão literal dos termos dessa observação, são dos mais extraordinários *e indicam à psicologia um caminho absolutamente novo.* Mas esses fatos de sugestão mental na escrita automática, que deviam ser assinalados, exigem uma discussão toda especial que nos desviaria inteiramente do objeto atual dos nossos estudos (??)

Vemos que o sr. P. Janet recua prudentemente diante dos fatos que não se ajustam mais às suas hipóteses, como, aliás, negligencia todos os que lhe provariam peremptoriamente seus erros. Vamos, então, citar as experiências numerosas e precisas relatadas pelos espíritas e mostrar quanto a alegação de "que não há um fato autêntico desse gênero" é contrária à verdade.

Para não merecer a recriminação de ser demasiado entusiasta, na medida do possível tomaremos as mais minuciosas precauções para nos certificarmos de que os fatos são reais. Relataremos alguns, cujos autores conhecemos, e tomaremos

---

1 Janet, Pierre, *L'Automatisme Psychologique*, p. 391.
2 O grifo é nosso.

outros emprestados de testemunhas cuja honradez e cujo valor intelectual não deixam nada a desejar. É o método seguido pela Sociedade de Pesquisas Psíquicas, e nos parece excelente.

A fim de evitar discussões que poderiam envolver a memória latente do médium ou as sugestões mentais das pessoas presentes, neste capítulo só relataremos fatos revelados pela escrita, sempre desconhecidos do médium e dos assistentes, investigando se a clarividência ou a telepatia podem explicá-los. Extraímos nosso primeiro exemplo da *Revista Espírita*,[3] que contém muitos fatos dessa natureza. O narrador, antigo professor de filosofia, é um velho amigo da nossa família, de uma honradez acima de qualquer suspeita e de um espírito crítico muito desenvolvido. Eis seu relato, de que só reproduzimos o indispensável para mostrar o caráter dos experimentadores e o meio onde os fenômenos ocorreram.

O cestinho revelador

Tenho em Chaumont, diz nosso narrador, um amigo, o sr. E. R., que, antes de tratar de espiritismo, tinha sido levado a perguntar-se se, além das leis da vida conhecidas, não existiam outras que nos teriam escapado por falta de atenção. Certos fatos considerados sobrenaturais tinham vindo surpreendê-lo bruscamente, num momento em que não estava disposto a admitir-lhes a possibilidade. Estava ocupado com estudos médicos intercalados, como distração, com incursões no domínio da matemática.

Alguns anos antes, quando a moda de fazer mesas se moverem e de manobrar cestinhos providos de lápis circulou pela França, passou por Chaumont e arredores... Na família do sr. R. também quiseram dedicar-se a esse passatempo. Desde as primeiras tentativas, sua cunhada, a sra. X., achando-se provida da faculdade desejada, sob sua influência a mesinha pôs-se a estalar, a balançar, a ir e vir, cair e levantar-se sob comandos e, a pedido, pôs-se a fornecer uma porção de comunicações mais ou menos sensatas, espirituais, insensatas ou esquisitas. Depois de um certo número de sessões, em que houve comunicações de todos os matizes, estas assumiram um caráter mais regular e mais sério, e uma noite,

---

3 *Revista Espírita, Un Regret et une Objection à l'Adresse de M. Fauvety*, ano 1878, p. 33.

por pancadas, recebeu-se o conselho de substituir a mesa pelo cestinho. Mal a sra. X. pôs o dedo no novo tipo de escrevente, ele partiu, rabiscando tantas páginas quantas lhe pediram, assombrando meu amigo com as mais imprevistas revelações...

Uma noite, tendo lido no jornal que um de seus antigos professores, o dr. Roux, estava muito doente, meu amigo pediu à sua cunhada que pegasse o cestinho, e fez esta pergunta:

P. — O estado do dr. Roux é tão grave quanto dizem?

R. — Morrerá em dois dias.

P. — Que doença tem?

R. — Uma úlcera na bexiga, com complicações de cálculos nos rins.

P. — Quem são os médicos que cuidam dele?

R. — Os doutores tais, tal e tal.

Quatro dias depois, o sr. R. encontrou no jornal a confirmação das duas primeiras respostas. A terceira seria exata? Ele escreveu a um dos seus antigos colegas que clinicava em Paris para assegurar-se. Era exata.

Ele próprio, durante quase quinze anos, tinha sofrido de uma doença gotosa generalizada, que acabara melhorando, ficando circunscrita ao joelho direito, mas dava-lhe pouca trégua. Por que não consultar aquele singular correspondente, que parecia tão bem informado? Por via das dúvidas, fez-lhe esta pergunta:

P. — Estou condenado perpetuamente à gota?

R. — Não. Em três semanas serás liberado.

Três semanas depois, toda dor tinha desaparecido. Desde essa época não senti mais nada.

Em outra oportunidade, disse-lhe:

P. — Já que tua clarividência se estende à distância, já que decifras os pensamentos em nosso cérebro, com mais razão ainda deves poder ler um livro fechado.

R. — Sim.

P. — Então, podes fazer o favor de transcrever-nos a primeira linha da página 290 do mais grosso daqueles volumes?

O sr. R. indicava um respeitável alfarrábio, cujo título ignorava, e que repousava, como alguns outros, sepultado sob uma espessa camada de pó, na última prateleira da biblioteca do pai dele.

O cestinho, *imediatamente*, traçou esta linha: *a témoin, luy Cardinal, de ce qu'il luig avait dit..*".

O sr. R. teve que pegar uma escada para alcançar o livro,

que se verificou ser *Mainbourg (Histoire de la ligue)*. Feita a verificação, a linha pedida estava reproduzida letra por letra, rebatendo assim o desafio feito pelo sr. de Gasparin na sua obra sobre as mesas girantes.

Examinemos esse caso com atenção, aplicando ao seu estudo os conhecimentos que possuímos sobre a telepatia e a clarividência, e nos convenceremos de que elas não podem intervir para a explicação dos fatos desconhecidos que o cestinho revelou ao sr. R. Três hipóteses são possíveis: 1º A ação telepática se deve ao próprio dr. Roux, ou a um vivo qualquer; 2º deve ser atribuída à clarividência da paciente; 3º ou então à atuação de um espírito desencarnado.

Podemos descartar, de imediato, a primeira suposição, pois entre a médium e o dr. Roux não existia qualquer relação de amizade ou de parentesco, pois nem sequer se conheciam, e, como vimos, esta é uma condição essencial para a produção do fenômeno. Tampouco é razoável imaginar a intervenção telepática de um vivo que estivesse constantemente ao dispor do sr. R., porque se precisaria supor que esse vivo possuísse todas as informações que por acaso lhe pedissem, e que, além disso, gozasse de clarividência e de premonição. Isto é complicar o problema com uma série de impossibilidades, que basta o bom senso para que se rejeite. A hipótese da clarividência nao é mais justificada, porque ela também exige uma certa afluência de circunstâncias, que não encontramos reunidas.

Ocupemo-nos, inicialmente, com a citação absolutamente exata da obra de Mainbourg. Sabemos perfeitamente que certos pacientes, durante o estado de sonambulismo, podem ler divisas fechadas em envelopes, como nos mostram as experiências do dr. Grégory e do dr. Ferroul. Aqui, porém, o escrevente não está dormindo, jamais foi magnetizado e a tentativa de leitura foi praticada espontaneamente. Não poderíamos comparar a cunhada do sr. R. com pacientes treinados por uma longa prática. Já admitimos que o automatismo é devido a um semissonambulismo que favorece a autossugestão, mas é justamente esse estado que torna a clarividência pouco verossímil. Tal como a transmissão experimental do pensamento só é possível no estado de monoideia passiva em estado latente, da mesma forma a clarividência magnética só se desenvolve durante o sono profundo, já que é uma faculdade ativa, e não nos estados intermediários que se caracterizam pela passividade do paciente. Querer confundir a fase em que o automatismo é possível com a fase em que a lucidez pode exercer-se, é ir contra todas as observações positivas que possuímos.

Acreditamos menos ainda num fenômeno de clarividência, já que as indicações fornecidas sobre a doença do dr. Roux e sobre os médicos que cuidavam dele exigiriam uma pesquisa que, mesmo no estado de sonambulismo, o médium não teria conseguido fazer instantaneamente. Se na véspera tivesse sido prevenido de que no dia seguinte lhe fariam perguntas a respeito da saúde do dr. Roux, poder-se-ia imaginar que, durante o sono, a alma do médium tivesse ido informar-se e que tudo o que o cestinho fez foi exteriorizar no outro dia os conhecimentos que permaneceram em estado latente na memória do médium. Mas não, foi sem preparação alguma, sem prévia sugestão, que a experiência foi tentada, e, contudo, a indicação exata do tipo de enfermidade do dr. Roux foi dada e, ao mesmo tempo, o nome dos doutores que cuidavam dele. Todas essas circunstâncias nos mostram a obra de uma inteligência desencarnada, desejosa de convencer o sr. R. da sua existência.

Sem dúvida, é útil dar aos fatores psicológicos normais e supranormais, cuja existência está bem comprovada, toda a extensão que comportam, e devemos a eles recorrer sempre que for possível, para não multiplicar as causas sem necessidade; mas também não devemos cair no excesso contrário e tentar, como dizem os autores de *Phantasms*, abrir todas as fechaduras com a mesma chave. A clarividência é uma faculdade cuja existência é certa; ela obedece a leis e só pode produzir-se em condições nitidamente determinadas. Querer utilizá-la para tudo explicar, é ir contra a lógica e as regras do método científico.

As revelações do cestinho

O sr. Salgues, um velho espírita muito honrado, morador em Angers, escreveu ao sr. Pierrart a carta que se segue, que

Gabriel Delanne

contém fatos ignorados pelos operadores e que não podem explicar-se pela ação do pensamento do agente, já que ele estava morto no momento em que se fez a experiência:[4]

O sr. B., rico proprietário a quem emprestei alguns livros sobre o espiritualismo, mas que ainda não conhecia a desgraça ligada ao suicídio, meteu uma bala na cabeça. Tendo chegado à casa da sra. B. a notícia da sua morte, poucas horas depois, ela pegou seu cestinho e, com a srta. A., evocou o espírito do sr. B., sem saber nada do que se passara imediatamente após sua morte.

P. — Estais vendo vosso corpo?

R. — Sim.

P. — Então, quem está junto ao vosso corpo?

R. — Fanchon (a empregada da amante dele) e uma mulher (exato).

P. — Só estão elas duas?

R. — Há mais alguém. (Era um agente de polícia.)

P. — A sra. B. sabe da vossa morte?

R. — Sim, ela veio e foi embora (exato.)

P. — Que faz e que diz ela?

R. — Chora, diz que Clotilde foi a causa da minha morte. Dei 28.000 francos a Clotilde; ela queria fazer-me alguma coisa que eu não queria: acabei com a vida; levantei-me em camisa de dormir e me matei (Com efeito. Encontraram-no em camisa, estendido no assoalho. Como ele se matou às seis horas da manhã, só fiquei sabendo uma hora depois do acontecido.)

P. — Que aconteceu com a srta. Clotilde?

R. — Está na prisão (exato).

P. — Fanchon ficou junto ao vosso corpo?

R. — Não, também a puseram na prisão (exato).

P. — Que estão fazendo com elas?

R. — Interrogaram-nas três vezes (exato).

P. — Foi a srta. Clotilde quem carregou vossa pistola?

R. — Não, fui eu. Ela foi a causa de eu ter-me matado.

P. — Por que vos matastes?

R. — Remorso, desgosto, minha filha... Fui egoísta; mais tarde saberão.

Essas respostas, acrescenta o sr. Salgues, atraem o interes-

---

4 *Revue Spiritualiste*, 1859, p. 104

se pela exatidão dos fatos, que a sra. B. ainda não conhecia no momento das perguntas. (Ninguém aqui fica comprometido, porque mudei os nomes; mas garanto os fatos, que devo ter sido um dos primeiros a conhecer.)

Uma informação vinda do além

Vejamos outro exemplo, particular ao sr. Salgues, o narrador:[5]

> Recentemente, o único irmão que me resta, morador em Basse-Bourgogne, foi a Dijon para regularizar a sucessão do nosso irmão mais velho, médico, membro da Academia de Medicina daquela cidade. Na sua ausência, suas três filhas se reuniram na casa paterna e pensaram, pela primeira vez, em aproveitar as lições que eu lhes havia dado por correspondência; magnetizaram então um cestinho, perfurado por um lápis, e, vários minutos depois da corrente obrigatória, viram o cestinho mover-se, depois parar. Ficaram surpresas ao encontrar embaixo: SALGUES. Estabeleceu-se este diálogo:
> P. — É indiscreto perguntar-vos se deixastes dinheiro ao morrer?
> R. — Sim, deixei.
> P. — Quanto?
> R. — Dez mil francos em ouro.
> P. — Então, onde estão eles?
> R. — Na minha escrivaninha.
> P. — Mas não se encontrou nada.
> R. — Foram roubados.
> P. — Por quem?
> R. — Uma ladra.
> P. — Sabeis o nome dela?
> R. — X., de Dijon.
> Quando o pai voltou, qual não foi o assombro das minhas sobrinhas quando ele lhes disse que aquele nome, *desconhecido delas, era o de uma pessoa que realmente existia* e que ia frequentemente à casa.
> *Salgues,*
> proprietário em Angers (Maine-et-Loire).

---

5 Idem, 1858, p. 25.

Gabriel Delanne

O emprego da prancheta ou do cestinho era frequente nos primeiros anos em que se fizeram experiências espíritas. Não se tardou a perceber, porém, que esses instrumentos eram inúteis, porque bastava que a pessoa que tinha o poder de pô-los em movimento pegasse um lápis e a comunicação se produzia tão bem, e mais rapidamente do que com a prancheta.

Nas duas experiências acima, não se pode suspeitar de qualquer ação telepática de uma pessoa viva; a revelação feita na segunda só pode provir de uma inteligência desencarnada, desejosa de denunciar o roubo ocorrido após a sua morte.

O testamento do barão Korff

O sr. Aksakof enviou à Sociedade de Pesquisas Psíquicas[6] o seguinte caso, que verificou junto aos interessados; ele é absolutamente demonstrativo, tendo a comunicação sido obtida no exterior, fora de qualquer ação telepática humana, como iremos constatar:

> Desejoso, diz ele, de expor este fato com o maior número possível de detalhes, dirigi-me ao barão C. N. Korff, meu camarada, que me respondeu que eu poderia obter maiores informações do barão Paul Korff, filho do falecido, que morava em Petersburgo. Eis o que este último me contou. Seu pai, o general Paul Ivanovitch Korff, morreu em Varsóvia a 7 de abril de 1867. Sabia-se que tinha feito um testamento, mas não se conseguiu encontrá-lo por ocasião da sua morte, apesar das mais minuciosas buscas. Em julho de 1867, a irmã do barão Korff filho, a baronesa Charlotte Wrangel, morava com a irmã do seu marido, a sra. Oboukhof, em Plotzk, perto de Varsóvia. Sua mãe, a viúva do general Korff, naquele momento se encontrava no exterior; ela tinha o hábito de pedir a sua filha que abrisse sua correspondência. Entre as cartas, havia uma do príncipe Emile de Wittgenstein, que também estava no exterior. Na carta, ele lhe dizia que tinha recebido, em nome do seu falecido marido, uma comunicação espírita indicando o lugar em que se encontrava o testamento.
>
> A sra. Wrangel sabia bem que a ausência do testamento era

6 *Proceedings*, vol. XVI, p. 353 e 355. Ver também *Animisme et Spiritisme*, p. 566.

causa de inúmeras contrariedades para seu irmão mais velho, o barão Joseph Korff (falecido depois), que tinha sido encarregado de dirigir a liquidação da sucessão e que naquele momento estava em Varsóvia; ela foi imediatamente ao encontro dele, com sua cunhada, para informá-lo sobre o importante conteúdo da carta do príncipe Wittgenstein. As primeiras palavras do irmão foram para dizer-lhe que tinha acabado de encontrar o testamento, e, pela leitura da carta do príncipe, constatou-se, para estupefação geral, *que o lugar indicado na mensagem mediúnica era exatamente o mesmo onde o barão o tinha encontrado.*

O barão Korff filho prometeu-me procurar a carta do príncipe Wittgenstein que tivera nas mãos dois anos antes, ao arquivar papeis da família; até hoje ainda não a encontrou, e receia tê-la destruído com outros papeis inúteis...

Quanto ao lugar onde o testamento fora encontrado, interroguei o barão P. Korff filho para saber se era mesmo o armário, como anunciava a mensagem. Ele me respondeu: "Ambos o entendemos assim, minha irmã e eu".

Documentos em apoio: I. Enquanto me ocupava com esse caso, as lembranças e a correspondência do príncipe de Sayn-Wittgenstein-Berlesbourg (livro que acaba de ser editado em Paris em 1889), caíram-me sob os olhos, e encontrei na página 365, tomo II, a seguinte carta:

Varsóvia, 5/17 de julho de 1867.

"Há séculos, meus queidos parentes, que não tenho notícias vossas; a última carta de mamãe era datada de 5 de junho. Nos últimos tempos, ando muito ocupado com o espiritismo, e minhas faculdades mediúnicas desenvolveram-se de um modo assombroso. Escrevo frequentemente, com facilidade, diferentes espécies de textos: tive diretamente comunicações do espírito que volta a Berlesbourg, uma mulher da nossa casa que se matou há cento e dois anos. Obtive também um resultado bem curioso. Um de meus amigos, o general barão de Korff, falecido há alguns meses, manifestou-se a mim (sem que eu estivesse pensando nele de maneira alguma), para encarregar-me de indicar à sua família o lugar onde, por maldade, alguém tinha escondido seu testamento, ou seja, num armário da casa onde ele morreu. *Eu não sabia que estavam procurando o testamento* e que não o tinham encontrado. Ora, acharam-no no lugar exato que o espírito me havia indicado. É um documento extremamente

Gabriel Delanne

importante para a gestão das suas terras e para as questões a serem resolvidas na maioridade dos seus filhos. Eis aí fatos que desafiam qualquer crítica...
Emile Wittgenstein"

II. Carta do barão Paul Korff filho e de sua irmã, a baronesa Charlotte Wrangel, endereçada ao sr. Alexandre Aksakof, para confirmar o relato anterior, e cujos originais foram enviados ao sr. Myers, secretário da Sociedade de Pesquisas Psíquicas, em Londres, a 27 de fevereiro de 1890:

Senhor,
Li com grande interesse vossa comunicação publicada no *Psychische Studien* de 1889, à página 568, e relativa ao testamento do meu falecido pai. *Os fatos que citais são absolutamente exatos.* Mas receio ter queimado a carta do príncipe Wittgenstein quando há dois anos arquivei os papeis de meu pai.
Aceitai etc.
Barão Paul Korff
São Petersburgo, 29 de janeiro de 1890
Junto minha assinatura à do meu irmão para confirmar suas palavras.
Baronesa Charlotte Wrangel, nascida baronesa Korff.

Vivendo no exterior, o príncipe Wittgenstein ignorava completamente que o filho do general estivesse procurando o testamento do pai. Por sua vez, o barão Korff não pensava absolutamente no príncipe e não podia atuar telepaticamente sobre ele. Além disso, não teria podido transmitir-lhe o que ele próprio ignorava completamente. Estamos, pois, diante de um caso espírita no qual o falecido, por suas indicações, ajuda a resolver seus assuntos terrenos. Com muita frequência os espíritas têm constatado, sob diferentes formas, essa intervenção *post mortem*, que também pode manifestar-se pela aparição do espírito que fornece as informações pedidas. Swedenborg deu um exemplo disso, que Kant verificou muito bem.[7] Muitas vezes, também, é através da mesa, pela tiptologia, que são fornecidos detalhes sobre dívidas deixadas em suspenso por

---

7 Matter, *Swedenborg, sa Vie, sa Doctrine et ses Écrits.*

aquele que partiu.[8]

As revelações pela escrita são, portanto, apenas um caso particular de um fato muito comum: a persistência dos conhecimentos terrenos da alma após a morte.

As experiências de Stainton Moses

No capítulo I, citamos as experiências do reverendo Stainton Moses,[9] muito conhecido do público inglês sob o pseudônimo Oxon. É uma personalidade marcante do espiritismo na Inglaterra, e é importante saber que se pode depositar completa confiança nas suas afirmações, porque teremos oportunidade de citá-lo com bastante frequência na seqüência desta obra. O sr. W. H. Myers, que o conheceu muito bem, certifica-lhe a lealdade nestes termos:[10]

> Tive pelo sr. Moses uma grande amizade e profunda estima. Nossa amizade era baseada na pesquisa de fenômenos. Ele respondia a tudo que me interessava, com perfeita franqueza, quanto às experiências que eu desejava conhecer. Entre nós, porém, não havia atração pessoal tão intensa a ponto de poderem acusar-me de parcialidade. Devo acrescentar que o estudo do seu diário, permitindo-me conhecê-lo mais intimamente, como nos seus melhores dias, aproximou-me do cálido entusiasmo dos seus amigos mais íntimos. O sr. Moses era absolutamente correto e de uma probidade que nunca ouvi ser questionada. "Por mais perplexos que possamos ter ficado quanto a uma explicação, sempre recuamos ante a ideia de sugerir sequer a menor dúvida sobre a sinceridade e a probidade de Stainton Moses." "Creio, escreveu o advogado H. J. Hood, que o conhecia de longos anos, que ele era absolutamente incapaz de enganar."

Após bons estudos em Oxford, o sr. Stainton Moses recebeu seus diplomas, foi ordenado sacerdote pelo bispo Wilberforce, e aceitou uma paróquia na ilha de Man. Em 1869, gravemente enfermo, foi tratado pelo dr. Speer, de quem se tornou amigo íntimo, e em cuja família obteve as mais belas manifestações.

---

8 Aksakoff, *Animisme et Spiritualisme*, p. 569.
9 Ver p.42.
10 *Annales Psychiques*, Expèriences de W. Staiton Moses, 1895, p. 205.

Obrigado, devido ao seu precário estado de saúde, a abandonar seu ministério sacerdotal, em 1870 foi nomeado professor na *University College School*, posto que manteve até o momento em que a doença levou-o a renunciar, três anos antes da sua morte. A escrita automática começou em 1873, para acabar, tanto quanto sabemos, em 1883. Nos seus últimos anos, o sr. Moses contribuiu para um grande número de organizações espíritas, colaborou ativamente no jornal *Light*, de que se tornou mesmo diretor.

O sr. Moses jamais se casou e viveu sempre afastado da vida social. Nada na sua aparência indicava-lhe os dons especiais. Sua fisionomia era "honesta, viril e resoluta". Numerosos testemunhos de afeição e estima foram publicados depois da sua morte, particularmente por aqueles a quem suas experiências e seu ensinamento haviam conseguido convencer.[11] Seus manuscritos inéditos foram confiados a dois dos seus amigos, o sr. Carlton, advogado, e o sr. Alaric. Em Watts, o sr. Myers pôde tomar conhecimento desses documentos e, nos *Proceedings*, fez deles um estudo a que teremos oportunidade de recorrer. Em suma, os materiais de que esse escritor pôde dispor são de quatro tipos: 1º os livros publicados por Stainton Moses; 2º seus manuscritos inéditos; 3º os relatos de testemunhas, escritos e publicados; 4º suas relações orais com os amigos. A família Speer forneceu igualmente numerosos testemunhos corroborando os relatos publicados pelo sr. Moses, de modo que podemos ter certeza da materialidade dos fatos. Não estamos, aqui, lidando com um ignorante incapaz de se dar conta do fenômeno que produzia, ou com um fanático que se deixa levar pelo prodigioso. Sua educação religiosa e seus estudos psicológicos o afastavam dessas práticas, que no início lhe pareciam vulgares e desprovidas de interesse.

Só lenta e progressivamente esse poderoso médium chegou à convicção de que as comunicações que recebia eram mesmo devidas à intervenção dos espíritos. Sua inteligência, desenvolvida, severa e precisa, exigia provas absolutas antes de entrar nesse novo caminho que devia modificar-lhe profundamente as crenças anteriores. Ele expõe pessoalmente, na sua obra *Spirit*

---

11 Myers, *Experiénces de W. Stainton Moses, in Annales Psychiques*, 1895, p. 207.

Identity, as perplexidades pelas quais passou:[12]

Faz agora quatro anos, meu espírito se viu tão completamente absorvido pela demonstração do que chamam imortalidade, que resolvi formar uma convicção, ou abandonar daí por diante qualquer tentativa de entrar em contato com o mundo dos espíritos, por deixar muitas incógnitas e desilusões. Não tinha obtido um número suficiente de provas da identidade dos espíritos que me permitissem formular uma afirmação decisiva sobre elas. Sem dúvida, eu possuía um certo número delas que, aos meus olhos, tinham um valor considerável, mas a grande massa das minhas comunicações tinha um caráter impessoal, porque os espíritos aos quais eram devidas empenhavam-se mais especialmente em fixar minha atenção nos argumentos e no objetivo das suas mensagens, bem mais do que na autoridade de um nome, fosse qual fosse a impressão que pudesse causar no meu espírito. Eles tinham transposto a esfera da individualidade e queixavam-se por serem obrigados a voltar. Quanto a mim, ao contrário, eu reclamava alguma coisa completamente definida, exigia que me fosse perfeitamente provado que eu estava lidando com seres da minha espécie. O mundo dos anjos ficava demasiado alto para mim, eu não conseguia atingi-lo.

Durante muito tempo esperei em vão pela prova reclamada. *Se eu tivesse imitado a maioria dos investigadores, teria abandonado minha busca, por tédio ou aborrecimento.*[13] Meu estado de espírito levava-me à ação, assim, fui obrigado a esforçar-me muito para obter o que desejava. Pouco a pouco, ora de um lado, ora de outro, por fragmentos e gradualmente, em cujos detalhes não posso entrar aqui, essa prova chegou, e como meu espírito estava bem preparado para recebê-la, foram gastos seis meses inteiros em esforços diários, contínuos, para bem fixar em mim a demonstração da persistência do espírito humano e da sua faculdade de se comunicar comigo, dando-me a prova da conservação da sua individualidade, bem como da continuidade, sem interrupção, da sua existência.

Durante sua vida terrena, conheci alguns dos que vieram

---

12 Moses Stainton, *L'Identitè des Esprits, in Revue Scientifique et Morale du Spiritisme,* fevereiro de 1900, p. 447.
13 Muito frequentemente, este é o erro daqueles que querem julgar o espiritismo a partir de algumas tentativas infrutíferas. Com Stainton Moses, estamos bem longe dos famosos entusiastas de que fala o sr. P. Janet.

Gabriel Delanne

assim, e podia não somente verificar suas afirmações, mas também observar alguns detalhes do seu modo de ser, particularidades de dicção, originalidades do seu espírito que me lembrava ter constatado neles durante sua vida neste mundo. A maioria deles eram-me desconhecidos e vieram para obedecer ao espírito-guia que arranjava todas as coisas. Traziam-me seu testemunho e em seguida seguiam o curso do seu destino, quando cumpriam a tarefa que lhes tinha sido imposta. Alguns vinham dos mais incríveis países e davam — a mim e aos meus amigos — o maior trabalho para verificar-lhes as falas.

Vários vieram no momento da sua morte. Pareceria que nesse momento o espírito tem mais facilidade para manifestar sua presença, e os fatos que cita também são mais fáceis de verificar. Alguns já tinham morrido há muito tempo, segundo o modo de contar dos homens, e apresentavam-se, ofuscados e confusos, para rever as antigas cenas terrenas, sentindo a maior dificuldade para voltar às condições de outrora.[14]

Mas, viessem de onde viessem, e fosse qual fosse seu modo de comunicar-se, uns e outros traziam consigo um ar de sinceridade e franqueza, próprio de seres compenetrados da grande importância da obra de que estavam encarregados. Todos, sem uma única exceção, diziam a estrita verdade sobre si mesmos, tanto quanto nos foi possível assegurar-nos. Muitas de suas afirmações, por sua própria natureza, estavam acima de qualquer controle. Um número mais considerável foi escrupulosamente esclarecido e nenhum levantou a menor suspeita de fraude. Por todos os meios imagináveis, submeti essas testemunhas invisíveis a um rigoroso exame e empenhei nisso uma tenacidade que não negligenciava nenhum elemento de controle. Muitas das minhas perguntas ficaram sem resposta e me pergunto se não fiz pesquisas muito pouco justificáveis. Nunca consegui destruir-lhes as afirmações, nem surpreendê-los em flagrante delito de fraude, isso pelas mais atentas verificações.

Como prova do que digo, remeto aos relatórios que redigi durante todo esse período, com a maior regularidade, dia a dia, anotando detalhadamente até a temperatura e as outras

---

14 As últimas observações publicadas pelo dr. Hodgson e pelo prof. Hyslop nos *Proceedings* confirmam absolutamente as observações de Stainton Moses. Ver, particularmente, o caso de Georges Pelham e do pai do sr. Hyslop.

condições atmosféricas, confrontando-as com os relatórios independentes preparados por outras pessoas que faziam parte do círculo a que os fatos eram comunicados. Qualquer lacuna contida no meu relato, o que devia acontecer frequentemente pelo próprio fato do estado de transe em que me encontrava, era assim preenchida, e meu relatório era controlado por observadores independentes.

Vejamos um exemplo de fatos ignorados pelo médium, revelados pelos espíritos. A cena se passa de manhã, no gabinete de trabalho do sr. Moses, Ele está no estado normal e quer assegurar-se de que o espírito que se comunica pela escrita possui uma existência independente. Pede-lhe que reproduza, por sua própria mão, uma frase de um livro apanhado ao acaso na biblioteca:

Leituras em livros pelos espíritos

P. — Podeis ler? (Quem pergunta é Stainton Moses.)

R. — Não, amigo, não consigo ler, mas Zacharie Gray consegue, assim como R. Não sou capaz de me materializar, nem de comandar os elementos.

P. — Acha-se aqui algum desses espíritos?

R. — Acharei um em algum lugar. Vou enviar-lhe R. Ele está aqui.

P. — Disseram-me que podeis ler. É exato? Podeis ler num livro?

(Aqui a letra da escrita muda)

R. — Sim, amigo. Mas com dificuldade.

P. — Podeis escrever-me a última linha do primeiro livro da Eneida?

R. — Um momento... *Omnibus errantem terris et fluctibus oetas.* (Estava exato.)

P. — Muito bem. Mas eu poderia sabê-la. Podeis ir à biblioteca, pegar o penúltimo livro, na segunda prateleira, e ler-me o último parágrafo da página noventa e quatro? Não o vi e nem mesmo sei seu título.

R. — 'Vou provar rapidamente, por um breve relato histórico, que o papado é recente e elevou-se gradualmente ou desenvolveu-se depois da primeira e pura época da cristandade, não depois do período apostólico, mas desde a união

lamentável entre a Igreja e o Estado, sob Constantino.'
(Ao examinar o livro, constata-se que é uma obra singular intitulada *Antipopepriestian de Roger*, tentativa para liberar a Cristandade do Papado, da política clerical e do comando dos padres. O extrato dado estava exato, só a palavra *relato* tinha sido usada em vez de *resenha*.)
P. — Como caí numa frase tão apropriada?
R. — Não sei, meu amigo. Foi apenas uma coincidência. A palavra foi mudada por engano. Percebi assim que o cometi, mas não quis modificá-la.
P. — Como ledes? Escrevestes mais lentamente, atabalhoadamente.
R. — Escrevia o que me lembrava, depois lia a continuação. É preciso um esforço muito especial para chegar a ler e só o fazemos para fornecer uma prova. Vosso amigo tinha razão ontem à noite; nós podemos ler, mas só quando as condições são muito favoráveis. Vamos ler e escrever de novo; em seguida vos diremos em que volume: 'Pope é o último grande escritor dessa escola de poesia, a poesia da inteligência, ou melhor, da inteligência unida à fantasia.' Está realmente escrito assim. Ide pegar o décimo primeiro volume da mesma prateleira. (Apanhei um volume intitulado *Poésie Roman et Rhétorique*.) Ele se abrirá na página que procurais. Pegai-o, lede e reconhecereis nosso poder e a autorização que o grande e bom criador nos dá para provar-vos o poder que temos sobre a matéria. Glória lhe seja dada. Amém.
(O livro se abriu na página 145 e lá encontramos a citação perfeitamente exata. Eu não tinha visto aquele volume antes; por certo, não tinha a menor ideia do seu conteúdo.)

Vimos no capítulo que trata especialmente da clarividência nas suas relações com o automatismo, que em várias oportunidades uma carta foi adivinhada pela escrita automática, quando a pessoa não a conhecia. Sabemos igualmente, pelas experiências do major Buckley, que, após uma magnetização, uma frase pode ser lida nesse estado de semiexteriorização que é quase o estado normal. Fiéis aos princípios metodológicos que adotamos, teríamos omitido os fatos precedentes, por não indicarem com evidência a intervenção de uma inteligência estranha, se certas circunstâncias do relato não fizessem com que considerássemos um dever examinar o fenômeno mais atentamente.

Observamos, inicialmente, que existe uma diferença muito grande entre a maneira rápida, clara e sem erro com que as respostas são dadas, e o que ocorre nas experiências do sr. Watkins, onde só depois de tentativas, de lentidão, a carta é indicada, por assim dizer, por frações. Mas o que é totalmente inesperado, e o que de modo algum poderia ser previsto pelo sr. Stainton Moses, é que, subitamente, a própria inteligência diretora escolhesse um volume desconhecido do escrevente, do qual extrairia uma frase exata, e que em seguida produzisse um fenômeno completamente fora do poder da clarividência: o da abertura espontânea do livro, justo na página indicada. Segundo nós, aí está uma boa prova da intervenção estranha ao escrevente, e que lhe mostra que está realmente em contato com um espírito que tem vontade própria e meios especiais de testemunhá-la.

Se quisermos imaginar, não obstante as afirmações do médium, que aqueles livros um dia tinham sido lidos por ele e que pode ter-lhes guardado o conteúdo na sua memória latente, perceberemos quanto essa suposição é absurda, porque, se uma frase foi conservada, é pouco provável que o número da página lhe estivesse associado. Além disso, o fato de o livro abrir-se automaticamente no lugar desejado, também destrói completamente essa hipótese.

Apesar de todas as invenções engenhosas dos críticos, há fenômenos que, friamente estudados, sem fanatismo e sem paixão, mostram com certeza a intervenção de inteligências que não estão mais na Terra. Aí está uma grandiosa certeza que irá se acentuando à medida que avançarmos mais em nosso estudo dos fatos.

Características da escrita mecânica

O estado de transe a que o sr. Stainton Moses faz alusão se produzia principalmente durante as sessões em que ocorriam manifestações físicas; a escrita mecânica sempre era obtida no estado de vigília, salvo duas exceções: uma vez foi obtida escrita durante um estado de desprendimento — falaremos disso mais adiante —, e, aqui e ali, algumas palavras que ele afirma serem escrita direta, isto é, traçada por uma mão invisível movimentando a caneta, sem qualquer contato material da parte

Gabriel Delanne

do escrevente.

Quando começou, a escrita era muito fina e irregular; ele era obrigado a escrever lentamente e com cuidado, controlando a mão e seguindo-lhe as linhas, caso contrário a mensagem tornava-se incoerente e apresentava o aspecto de uma verdadeira garatuja. Com o exercício, a caligrafia tornou-se regular e muito bonita.

As primeiras comunicações, diz ele,[15] eram todas na escrita fina que descrevi, eram sempre no mesmo estilo e assinadas 'Doctor the Teacher'. Todas as vezes que escreveu, sua assinatura continuou a mesma. Sua personalidade é tão determinada quanto a dos humanos que frequento, *mudando, a bem dizer, muito menos do que a minha nos últimos tempos.*

Depois de um certo tempo, foram obtidas comunicações de outras fontes, *mas cada uma delas se distinguia por sua própria letra* e pelas particularidades do seu estilo e das suas expressões. Nesse meio tempo, percebi que grande número de espíritos que não tinham influência suficiente sobre minha mão recorriam ao auxílio de um outro espírito chamado 'Rector', que, aparentemente, podia escrever mais facilmente comigo, porque a escrita de um espírito inapto para esse trabalho com frequência tornava a mensagem incoerente, e disso resultava-me sempre um sério esgotamento. Ao contrário, a escrita do espírito que se tornou assim uma espécie de secretário era corrente e fácil de ler, ao passo que a de muitos espíritos era extravagante, de forma arcaica e frequentemente executada com dificuldade e quase ilegível, de modo que 'Rector' tornou-se o secretário habitual, exceto quando um espírito vinha pela primeira vez, ou então quando desejava acentuar a comunicação; aí, o próprio espírito responsável escrevia.

Em outro lugar, diz também:[16] 'É interessante saber se meus próprios pensamentos não exerceram uma influência qualquer sobre os assuntos tratados nas comunicações. *Tive um trabalho extraordinário para prevenir tal eventualidade.* No início, a escrita era lenta e eu precisava segui-la com os olhos, mas, mesmo nesse caso, as ideias não eram minhas. De resto, as mensa-

---

15 *Annales Psichiques*, 1895, p. 303.
16 Moses, Stainton, *Enseignements Spiritualistes*, p. 24.

gens logo adquiriram uma característica sobre a qual eu não podia ter dúvidas, já que as opiniões enunciadas eram contrárias ao meu modo de ver. Esforçava-me por ocupar meu espírito enquanto a escrita se produzia; *cheguei a ler uma obra abstrata, a seguir um raciocínio complexo, enquanto minha mão escrevia com uma regularidade constante*. As mensagens assim transmitidas cobriam numerosas páginas, sem correções ou erros de redação, num estilo frequentemente belo e vigoroso...

Jamais consegui controlar a escrita; ela vinha sem ser chamada, e, quando a buscava, geralmente era incapaz de obtê-la. Um comando repentino, vindo não sei como, levava-me a sentar e preparar-me para escrever. Durante o período em que as mensagens foram regulares, tinha adquirido o hábito de dedicar a primeira hora do dia a esperá-las. Levantava-me cedo e passava aquele tempo matinal num quarto, dedicado unicamente ao que, em intenção, e na realidade, era um serviço religioso. A escrita vinha então frequentemente, mas de modo algum eu podia contar com isso. Comunicações espíritas produziam-se sob outras formas, era raro não receber alguma, *a menos que estivesse doente*, o que aconteceu com frequência nos últimos anos e pôs fim às mensagens.

Agora que estamos familiarizados com a escrita mecânica e conhecemos as flutuações morais pelas quais o sr. Stainton Moses passou antes de chegar à convicção, examinemos seu caso com imparcialidade e nos perguntemos se estava iludido ou se sua convicção repousava em bases seguras. Vimos que as mensagens que ele recebia, sempre sérias, graves, sem qualquer banalidade, vulgaridade ou inconveniência, não foram suficientes para persuadi-lo; ele conhecia muito bem a teoria da cerebração inconsciente do dr. Carpenter, e só ficou convencido quando lhe foram dadas numerosas provas da intervenção de espíritos desencarnados manifestando-se por seu intermédio. Vamos reproduzir algumas dessas observações, e constataremos que a hipótese da telepatia, ou a da clarividência, não pode absolutamente explicar a repentina revelação de fatos ignorados pelo médium e pelos assistentes.

O homem esmagado por um rolo a vapor

Este relato foi extraído do diário inédito do sr. Stainton Moses pelo sr. Myers,[17] e sua exatidão é confirmada por uma narrativa independente, conforme em todos os pontos, publicada por uma testemunha ocular no *The Spiritualist*:[18]

20 de fevereiro de 1874. — Essa noite jantei na casa da sra. Grégory, com o dr. e a sra. Speer, para encontrar o barão du Potet, o célebre magnetizador e espiritualista. O sr. Percival estava presente. Durante o jantar, tinha uma espécie de sensação interior de uma influência estranha e falei sobre isso. Antes, o barão tinha-me magnetizado fortemente, tornando-me mais clarividente do que de hábito. Ele próprio percebeu um espírito na sala, mas achava que era o espírito de uma pessoa viva.

Depois do jantar, quando estávamos no salão, senti uma irresistível vontade de escrever, e pedi ao barão que apoiasse a mão no meu braço, que logo começou a mover-se, e caí numa profunda letargia. Segundo o que pude recolher das testemunhas, minha mão traçou estas palavras:'Morri hoje'. Essa frase tinha sido precedida de um desenho muito tosco; depois, embaixo:'Sob o rolo a vapor, na rua Baker, por onde o médium passou'. No mesmo instante, levantei-me, repetindo várias vezes a palavra *sangue*. O espírito pediu preces. A srta. G. recitou algumas e eu saí da minha letargia muito aflito. No dia seguinte dirigi-me à rua Baker com o dr. Speer e perguntei ao policial de serviço se não tinha acontecido nenhum acidente. Ele nos respondeu que um homem tinha sido morto pelo rolo a vapor às 9 horas da manhã, e que tinha ajudado a transportar o corpo para Waterhouse de Marylebone. Senti muito fortemente a influência à noite, e durante 48 horas não consegui fugir dela. Esta é uma prova curiosa da ação espírita.

Aqui, nossa opinião coincide plenamente com a do rev. Stainton Moses, porque as circunstâncias que acompanham essa comunicação não permitem absolutamente a intervenção de outo fator que não o do espírito do falecido. Se o médium tivesse estado seguidamente em contato com o homem que mor-

17 *Annales Psychiques*, 1890, p. 295.
18 *The Spiritualist*, 19 de março de 1875.

reu, estaríamos diante de um caso comum de telepatia; mas, como nem o escrevente, nem qualquer pessoa da assistência, tinha o menor conhecimento daquele indivíduo, essa causa não poderia ser invocada, principalmente considerando-se que o acidente ocorreu às 9 horas da manhã e que a comunicação só foi feita à noite. O simples fato de ter passado pela rua Baker não pode, evidentemente, ter qualquer importância para a explicação telepática, ao passo que se aplica perfeitamente à teoria espírita de um espírito aguardando uma oportunidade para comunicar-se. Raciocinaremos da mesma forma quanto à clarividência, uma vez que essa faculdade só se exerce quando há uma causa importante, de natureza emotiva, para provocá-la, motivo que falta absolutamente com relação a um desconhecido.

O caso de Euphemia Mathilda Death

Citarei também, diz o sr. Stainton Moses,[19] o seguinte caso: Numa das nossas sessões (na família Speer), surgiu uma influência — não encontro palavra melhor — que fez com que todos sentíssemos um frio horrível. A 21 de dezembro de 1874, conjeturava sobre o que tinha acontecido na véspera e disseram-me que o frio tinha sido causado pela presença de certos espíritos que se haviam manifestado à revelia do chefe (Imperator). Indaguei relativamente a certos fatos adiantados por eles e disse: 'Podeis provar esses fatos para que eu possa compará-los com o que eles me disseram?' (É importante observar que eu não tinha qualquer lembrança consciente do que tinha sido dito naquela sessão.) Após uma longa pausa, foi-me respondido:
— A mãe era Euphemia Mathilda Death. Ela deixou nosso mundo em Aldershot, a 20 de novembro, aos 22 anos de idade. A pequena era Edith-Ellen Death. Tinha apenas quinze meses quando ela morreu. O nome do seu pai era William Death, médico veterinário da tropa militar. Tais são os principais fatos, nada mais sabemos.
Esses fatos, inteiramente desconhecidos em nosso círculo, foram verificados posteriormente. Após uma sindicância, obtivemos um papel de Wolwich confirmando cada detalhe,

19 *Annales des Sciences Psychiques, Expériences de W. Stainton Moses*, 1895, p. 357.

Gabriel Delanne

e acrescentando que a pequena Edith tinha morrido em água fervente. O sr. F. W. H. Myers, que também verificou essas indicações, diz que no registro de falecimentos lê-se: 'Mathilda Death morreu em South Camp, Aldershot, a 21 de novembro de 1874, de uma enfermidade de uma válvula do coração, aos 22 anos de idade. Edith-Ellen Death, filha da acima citada, morreu no mesmo lugar, a 24 de novembro de 1874, seis dias depois de uma congestão cerebral, com um ano e três meses de idade.' A diferença entre as datas do dia da morte não tem nada de muito estranho tratando-se de uma morte ocorrida à noite, e principalmente devido a uma doença cardíaca.

Perguntamos, de novo, que faculdade supranormal se poderia invocar para explicar os detalhes precisos, circunstanciados, obtidos por um escrevente que não tinha a menor ideia da existência de uma família Death. Não se pode imaginar, sem cair no absurdo, uma ação telepática de um vivo qualquer, porque não existe nenhum amigo comum, nem uma ligação entre o médium e as pessoas mortas. A clarividência também não tem mais razão para produzir-se aqui, pois já constatamos que ela não se exerce ao acaso, mas, ao contrário, em circunstâncias bem determinadas. É lógico admitir-se, pois, que as informações provêm de inteligências desencarnadas, como elas afirmam sê-lo, e que a comunicação entre os vivos e os mortos prova-se por fatos que desafiam qualquer crítica. Eis mais um caso, cuja verificação foi completamente inesperada:[20]

O caso de Charlotte Buckworth

Reproduzimos a versão do diário do sr. Stainton Moses, segundo o sr. Myers:

> *25 de março de 1874.* — Um espírito se manifesta por pancadas, dando-nos detalhes sobre sua vida, que eram precisos e inteiramente desconhecidos por nós. No dia seguinte, fiz perguntas a respeito (pela escrita), e responderam-me que o nome dada estava correto; que a tal Charlotte Bu-

20 Ver *Spirit Identity*, p. 112, Apêndice III. Ver também *Enseignements Spiritualistes*, p. 62, e *Annales Psychiques*, 1895, p. 353.

ckworth não tinha qualquer conexão especial comigo, ou com meus amigos, mas falava como se estivesse presente. O fato de eu ter estado na véspera em companhia de quatro pessoas, todas mais ou menos médiuns, tinha impedido a regularidade das comunicações e introduzido um elemento de perturbação.

Foi-me dito que Charlotte Buckworth, o espírito em questão, tinha sido privado repentinamente da existência terrena em 1773, numa festa na casa de um amigo na rua Jermyn. Fiquei sabendo também que tinha uma deficiência cardíaca e que tinha morrido dançando. O espírito amigo que escrevia não podia dizer-me na casa de quem, mas, tendo partido, voltou e deu-me esta informação: na casa do dr. Baker, a 5 de dezembro. Não podíamos verificar a informação e não pensamos mais nisso. Muito tempo depois, no entanto, o dr. Speer recebia na sua casa um amigo que gostava muito de remexer nos velhos livros. Uma noite, estávamos os três conversando numa sala em que havia muitos livros, raramente consultados, arrumados em prateleiras que iam do chão ao teto.

O sr. A. (como o chamarei) subiu numa cadeira para alcançar a última prateleiras, cheia de volumes de *Annual Register*. Pegou um, numa nuvem de pó, e observou que a publicação era um precioso repositório de acontecimentos. 'Aqui se acha tudo', dizia ele. Assim que pronunciou aquelas palavras, a ideia de que era uma oportunidade para verificar se haviam registrado a morte de Charlotte Buckworth atravessou-me a mente como um relâmpago. O acontecimento devia ter interessado e o encontraríamos no obituário de um daqueles volumes. Minha impressão era tão forte — parecia-me que minha voz interior me falava — que pus-me a pesquisar o volume de 1773. Encontrei nele, entre o de outras mortes famosas, o registro do fato que causara sensação por ter acontecido numa festa mundana elegante e por sua terrível subitaneidade. Os fatos tinham sido descritos exatamente. O livro estava coberto por espessa camada de pó e evidentemente não tinha sido tocado desde que o haviam colocado na prateleira. Lembrava-me de que os livros tinham sido arrumados cinco anos antes e depois tinham continuado tal como estavam. Ninguém, sem os pendores de antiquário do sr. A., teria tocado neles. A verificação, creio, foi tão sugestiva de uma indicação espiritualista quanto a própria comunicação.

Bem conhecemos a engenhosidade dos nossos críticos, mas nos perguntamos que poderiam alegar contra esses fenômenos.! Nada de telepatia de vivos, todos os contemporâneos estão mortos. Nenhuma possível clarividência, pois nenhum fato necessita dela. Resta-nos constatar a influência dos espíritos, a despeito de todas as negações interesseiras.

Vejamos mais alguns exemplos de comunicações reais:

Outras provas da intervenção de inteligências estranhas aos assistentes

Por várias vezes — diz também Stainton Moses[21] — foi-me propiciada outra espécie de prova, que consistia em recordar incidentes mínimos ocorridos há muito tempo, e que, por algum meio imaginável, não tinham podido chegar-me ao conhecimento, ou existir na minha memória. Eis um exemplo. Aconteceu numa época em que eu estava totalmente ocupado com a escrita automática, e surgiu a propósito de nada. Suponho que o espírito estivesse presente, e aproveitou a ocasião para aproximar-se de seu amigo. Certa noite, a 8 de abril de 1874, eu fazia uma pergunta a respeito do que acabava de ser escrito, quando a mão começou a desenhar, ou melhor, a percorrer o papel ao acaso, como frequentemente acontece quando um novo espírito se apresenta. Uma longa comunicação, de natureza muito pessoal, foi finalmente transmitida aos poucos. Deve necessariamente perder muito da sua força, no breve resumo a que preciso limitar-me neste relato impresso. Na época, encontrava-me no campo, e o espírito que se comunicava tinha sido um conhecido da dona da casa, como meu também. Para ser mais exato, direi que, vinte e nove anos antes, ela me conhecera criança. Deu-me seu nome completo e perguntou-me se me lembrava dela. Nada significava para mim. Acrescentou, então, que era a prima da dona da casa em que eu estava. Tinha falecido no dia 15 de maio anterior. Em resposta às minhas perguntas, disse que tinha sido casada, e a seguir deu-me seu nome de solteira. Lembreime perfeitamente desse nome e do nome do lugar onde ela morava. Deu-me, então, todos os detalhes da sua vida, com a data e o lugar do seu nascimento, *a descrição bem exata*

21 Moses, Stainton, *L'Identité des Esprits, in Revue Scientifique et Morale du Spiritisme*, março de 1900, p. 603.

da casa onde tinha morado, e o nome do atual ocupante; detalhes da sua vida como mulher casada; a data e o lugar da sua morte, bem como sua idade. Em seguida veio o relato de uma aventura bem trivial da minha infância, um dia em que tinha ido visitá-la. Os mínimos detalhes foram lembrados durante esse relato, detalhes tão insignificantes, a respeito dos quais eu nada sabia, que não é possível imaginar que pudessem ser encontrados por alguém que estivesse simulando um espírito. Mais tarde, verifiquei suas informações, recorrendo a duas diferentes fontes, e constatei que cada particularidade era rigorosamente exata.

Perguntei-lhe, além disso, se tinha algum propósito ao manifestar-se a mim. Sim; desejava transmitir uma mensagem para X.: 'Perdi muitas oportunidades de progredir, porque procurava satisfazer os apetites carnais. Isso me fez retroceder. Preciso retomar o curso dos meus progressos. Acho que minha vida atual em nada difere da vossa; sou quase como vós. Gostaria de exercer uma influência sobre X., mas não posso chegar a tanto.'

Pedi-lhe outras provas, e ela me disse que não podia dá-las. No momento em que ia embora: 'Parai! Pedi a X. notícias de D. e da armadilha'. Eu não tinha a menor ideia do que aquilo podia significar, e perguntei-lhe se estava bem no seu estado atual. 'Tão feliz quanto se pode ser neste estado'. Perguntei-lhe como me havia descoberto. Tinha vindo, respondeu-me, errando em torno da sua amiga, e percebeu que lhe era possível entrar em comunicação. Perguntei-lhe se lhe podia ser útil. Respondeu com o habitual pedido de preces. Mais tarde, pude certificar-me de que o incidente da armadilha, a respeito do qual mandaram que me informasse, era um desses ínfimos detalhes da vida cotidiana, acontecido há trinta anos, que me parece bem adequado para fornecer as melhores provas de identidade. Esse ridículo incidente, ao qual foi feito alusão, não podia ser do conhecimento de ninguém, a não ser dos que dele tinham participado. É preciso que se diga que tinha ocorrido quando eu tinha cinco anos mais ou menos. A pessoa a quem me dirigi só se lembrou do incidente da armadilha com grande dificuldade e após uma noite de reflexão.

Antes de terminar, quero ainda citar um caso, que constitui uma prova das mais detalhadas, obtida por meio de pancadas, e confirmada pela escrita automática:

Mais ou menos na mesma época do fato precedente, todo

Gabriel Delanne

o transcurso de uma das nossas sessões, isto é, quase duas horas, foi ocupado pela comunicação de uma série de fatos, nomes, datas e pequenos detalhes, transmitida por um espírito que estava evidentemente preparado para responder à mais penetrante enquete. O dia do nascimento, as particularidades da história da família, e detalhes sobre a vida que acabava de extinguir-se foram dados a meu pedido. Disso resultou uma biografia completa, compreendendo não apenas os fatos destacados, mas abrangendo também as particularidades triviais que, com a maior naturalidade, vinham no decorrer do relato. Todas as perguntas receberam sua resposta sem a menor hesitação, e com clareza e precisão perfeitas. Todos os detalhes foram anotados na mesma hora e, em todos os casos em que foi possível verifica-los, *foram achados perfeitamente exatos e bem relatados.*

Embora esse caso tenha sido o único que conheci, me pareceria mais difícil imaginar que tudo o que foi transmitido com tanto cuidado e precisão não tenha passado de produto de uma impostura, de trapaça de um espírito mistificador, ou de fantasias de um cérebro desequilibrado, do que admitir, como o fiz sem hesitar, que o *operador inteligente* foi o próprio homem, com sua memória intata e uma individualidade que a mudança de estado que chamamos morte não destruiu. Apoiando-se como faz sobre a mesma base em que se apoiam os outros fatos que detalhei, e os que omiti, este caso é um elo a mais acrescentado à cadeia de provas.

Poderíamos multiplicar os testemunhos extraídos de autores espíritas, mas, para não tornar a discussão pesada, nos limitaremos a reproduzir os dois casos que se seguem, devidos à mediunidade da sra. Underwood, médium não profissional e de uma honorabilidade perfeita. Tomamos a tradução emprestada da brochura do sr. Erny, intitulada *A Identidade dos Espíritos.*

Um pai arrependido

Um tal sr. J. Smith, que havia conhecido o sr. Underwood, mas cuja família não conhecia absolutamente, tinha morrido há um ano. Uma noite em que o sr. e a sra. Underwood estavam trabalhando no seu escritório, a mão da sra. Underwood escreveu: 'J. Smith deseja falar ao sr. Underwood'. Este último, que como eu não pensava no sr. Smith (que tinha morrido na Flórida), pediu detalhes do que se tinha passado na sua última entrevista, e ele os deu com exatidão. O sr. Smith vinha, disse ele, para tratar de reparar as disposições testamentárias que havia tomado a respeito de sua filha Violette, a quem nada tinha deixado porque tinha casado contra a sua vontade. O sr. Smith desejava que o sr. Underwood fosse procurar seu filho casado, James Smith, e lhe comunicasse seu desejo de ver sua filha Violette receber uma parte igual à dos outros filhos. Conhecendo muito pouco o filho do sr. Smith, o sr. Underwood achou indiscreto da sua parte comunicar-lhe um fato que provavelmente lhe pareceria ridículo. O sr. Smith pai voltou à carga e escreveu pela mão da sra. Underwood: 'Dizei a James que, na minha nova existência, e com as ideias novas que ela me sugere, sinto que fiz mal ao agir como agi para com a irmã dele. Não podemos recriminá-la por ter seguido sua própria inclinação, e não a minha.' Diante dessa insistência, o sr. Underwood ficou em dúvida quanto ao que devia fazer, quando, algumas semanas mais tarde, uma prova inesperada da veracidade das mensagens do sr. Smith foi-lhe dada. Numa conversa que teve com um homem de negócios, amigo do sr. Smith. Foi-lhe dito que Smith tinha deixado todos os seus bens à esposa e aos filhos, exceto Violette,[22] que tinha casado contra a vontade dele. Ora, esses fatos, diz a sra. Underwood, eram *ignorados por meu marido e por mim*, e estávamos sozinhos quando a comunicação nos foi feita. Portanto, nosso subconsciente não pode ter escrito as mensagens, e um invisível não pode ter lido os fatos em nosso cérebro.

Um espírito indica seu gênero de morte

O sr. J.-P. Mendum, durante muito tempo diretor do *Boston Investigator*, livre-pensador nos seus escritos, morreu em 1891. Por vinte e cinco anos, o sr. Underwood teve relações com ele e escreveu no seu jornal. A sra. Underwood tinha encontrado esse senhor, mas nada sabia da sua vida privada. O número do seu jornal anunciado-lhe a morte, datado de 21 de janeiro, só chegou a Chicago no dia 23, e a sra. Underwood só tomou conhecimento dia 25. O sr. Underwood, ausente de Chicago, só leu esse número no dia 27. Ora, a *20*

---

22 Na América como na Inglaterra, existe a liberdade de testamento, e um pai pode deserdar inteiramente um de seus filhos.

Gabriel Delanne

de janeiro à noite, a sra. Underwood sentiu no braço aquele choque elétrico que sempre precedia as comunicações. Seu marido, muito cansado, como ela não pensava no sr. Mendum. 'Minha mão — diz a sra. Underwood —, escreveu: Alguém gostaria de falar ao sr. Underwood. — Quem? — J.- P. Mendum. — Que tendes a dizer-nos sobre o novo estado em que vos achais? — *Que estou muito surpreso, ainda não consegui entender onde me encontro.* — Qual é vosso estado de espírito? — Perplexo... Estava tão pouco preparado para o que estou vendo aqui. O sr. Underwood então disse: Se é realmente o sr. J. Mendum quem está presente, que ele nos diga de que doença morreu. — É inútil — respondeu a sra. Underwood, pois ambos sabemos que ele morreu de velhice (ele tinha 80 anos). Como o sr. Underwood insistisse, sua mulher escreveu com dificuldade: *Úlcera.* — Em que parte do corpo? — *No estômago.* O sr. e a sra. Underwood constataram a exatidão do fato, e esta acrescenta que a telepatia ou a consciência subliminar não podem explicar que ela tenha tomado conhecimento dos fatos quatro dias antes da sua publicação em Boston.

As comunicações de Georges Pelham

Os espíritas sempre sustentaram que no dia em que os sábios se dignassem estudar os fenômenos do espiritismo, acabariam primeiro por constatar a realidade dos fatos e em seguida seriam obrigados a reconhecer que se devem à comunicação dos espíritos conosco. Foi exatamente o que aconteceu com alguns dos membros da Sociedade de Pesquisas Psíquicas.

Depois de haver consagrado longos anos ao exame dos fenômenos da transmissão de pensamento, da telepatia, da clarividência. etc., naturalmente, acabaram por examinar os médiuns e, inicialmente, viram nas manifestações orais ou escritas a que assistiam apenas casos de personalidades secundárias, e, nas revelações feitas, apenas transmissões de pensamento ou ações telepáticas exercidas por pessoas vivas. Mas o problema se complicou. Produziu-se uma série de comunicações, provindas de um espírito que alguns dos membros da Sociedade conheciam, que não podiam explicar-se pelas hipóteses precedentes, e que levaram homens como o dr. R. Hodgson, o prof. Hyslop, o prof. William James, o rev. Minot Savage, o prof. Lodge etc., a reconhecer a possibilidade da comunicação entre os vivos e os mortos.

A publicação do caso de Georges Pelham nos *Proceedings* causou grande sensação entre os psicólogos, porque pela primeira vez a possibilidade de comunicação com os espíritos era afirmada categoricamente pelo dr. Hodgson que, até então, mostrava-se refratário a essa interpretação dos fenômenos constatados nas sessões espíritas. Não porque essa observação tenha sido mais convincente do que muitas outras feitas pelos espíritas, mas porque foi relatada com tão grande minúcia de detalhes, com uma preocupação tão grande de imparcialidade, e com um rigor tão absoluto, que as conclusões que disso resultaram imediatamente assumiram enorme importância.

O dr. Hodgson era um adversário intransigente dos espíritas e empenhava-se em desmascarar o que acreditava serem trapaças da parte dos médiuns. Mas, ao mesmo tempo, era um sábio de boa fé, e bem antes de chegar ao espiritismo propriamente dito, reconheceu que grande número de fatos nada tinham de fraudulentos e podiam ser interpretados pela telepatia. Depois, esta explicação não o satisfez mais e, após suas experiências com a grande médium americana, sra. Piper, chegou ao convencimento completo, absoluto, de que os espíritos podiam manifestar-se. Eis sua declaração:[23]

> Durante um período de doze anos, tive, pela mediunidade da sra. Piper, comunicações com os espíritos dos que morreram há algum tempo. No início, e, para dizer a verdade, durante os primeiros anos, não acreditava absolutamente no poder da sra. Piper. Eu tinha um único objetivo: descobrir a fraude e a trapaça. Para ser franco, fui à casa da sra. Piper com o propósito de desmascará-la. Isso há doze anos. Hoje, estou disposto a dizer que acredito na possibilidade de receber mensagens do que gostam de chamar de região dos espíritos. Entrei naquela casa profundamente materialista, não acreditando em existência após a morte, e hoje, digo simplesmente: *Acredito. A prova me foi dada de modo a não me deixar sequer a possibilidade de uma dúvida.* Hoje, centenas de pessoas aguardam sem cessar a oportunidade de ter uma sessão com a sra. Piper, o que vai além do

---

23 *Revista Espírita*, março de 1900, p. 136.

nosso desejo e da possibilidade de satisfazê-las...

A sra. Piper, que foi o instrumento dessa conversão, é uma dama americana cuja mediunidade começou a desenvolver-se em 1884, depois de uma visita que fez a um médium profissional, o dr. Crocke. Ela adormece espontaneamente e, durante o transe, diversas individualidades se manifestam pela palavra ou pela escrita. Nos primeiros tempos, a voz da sra. Piper estava sob o domínio de uma personalidade que, sob o nome dr. Phinuit, servia de intermediário para transmitir as comunicações. Nos últimos anos, porém, outros agentes intervieram e o dr. Phinuit desapareceu. Para mostrar as precauções tomadas pelos observadores e indicar com que pensamento as pesquisas prosseguiram, é necessário reproduzir uma parte do relatório publicado pelo dr. Hodgson nos *Proceedings* de 1897.[24] Eis o início das observações:

Trechos do relatório do dr. Hodgson

Foi em maio de 1887, quinze dias após minha chegada a Boston, que pela primeira vez ouvi falar da sra. Piper, e o prof. William James arranjou minha primeira sessão na casa dela. Nos dezoito meses anteriores, o prof. James a tinha visitado uma dúzia de vezes e encaminhara-lhe muitas pessoas, para as quais ele mesmo marcava o dia das sessões, sem nunca dizer o nome delas à médium. O resultado desses estudos, foi seu convencimento de que a sra. Piper realmente possuía faculdades supernormais.

Eu mesmo tive um certo número de sessões com a sra. Piper, durante as quais ela me fez ressuscitar muitas lembranças íntimas de caráter totalmente pessoal relativas a alguns dos meus amigos e parentes falecidos. Marquei encontros com ela para sessões em favor de mais de cinquenta pessoas que sabia lhe serem estranhas, observando as mais rigorosas precauções para evitar que ela pudesse obter alguma informação a respeito dos que deviam assistir às sessões. Em geral, o resultado foi tão satisfatório quanto o havia

---

24 *Revue Scientifique et Morale du Spiritisme*, dezembro de 1898, e números seguintes, nos quais foi publicada uma tradução francesa do relatório, sob o título *Nouveau Recueil d'Observations de Certains Phénomènes de la Transe*.

sido para mim.

Para a maioria dessas pessoas foram citados, durante o estado de transe, fatos que tinham certeza de que a sra. Piper não poderia ter sabido por nenhum meio normal.

Além disso, por proposição de um dos membros da nossa sociedade, durante várias semanas foram empregados detetives para assegurar-se de que nem a sra. Piper, nem seu marido, ou qualquer outra pessoa ligada a eles tivesse tentado obter informações sobre os possíveis assistentes das suas sessões, quer com a ajuda de cúmplices, quer por um dos processos comuns de averiguação. *Não se conseguiu descobrir o mais leve indício de manobras desse tipo.*

Deixando a maior margem às informações que podiam ser fornecidas segundo as circunstâncias, por meios comuns, ou por acaso, coincidências, conjeturas excepcionais, auxiliadas por indicações escapadas consciente ou inconscientemente dos assistentes, ou então adivinhadas pela sra. Piper, graças a um estado particular de hiperestesia, penso que ainda resta um conjunto imponente de noções reveladas durante seu estado de transe, que nada pode explicar fora da intervenção de algum poder supernormal; minhas recentes pesquisas só conseguiram firmar-me nessa convicção.

A pedido nosso, a sra. Piper veio a seguir para a Inglaterra, onde permaneceu de novembro de 1889 a fevereiro de 1890. Nesse período, ela concedeu oitenta e três sessões sob a vigilância do dr. Walter Leaf, do prof. Lodge e do sr. Myers. Naturalmente, todas as precauções convenientes foram tomadas quanto à admissão de assistentes etc. *Basta dizer que os observadores citados continuaram convencidos de que a afirmação de noções adquiridas por meios supranormais pela sra. Piper em estado de transe era perfeitamente justificada.*

Mas, se essa conclusão era unanimemente admitida, o mesmo não acontecia com a interpretação. Assim, o dr. Walter Leaf, por exemplo, adotava a suposição de que o dr. Phinuit era apenas um nome destinado a acobertar a segunda personalidade da sra. Piper, que usava esse nome e desempenhava esse papel, com as aptidões e a unidade de ação que já constatamos em casos análogos por parte dessas personalidades secundárias. O prof. Leaf, por seu turno, pensa que, na maioria dos casos observados, encontra-se alguma coisa de um caráter normal que não se pode explicar pela transmissão de pensamentos por parte dos assistentes, e acha-se forçado a admitir a hipótese da ação telepática de pessoas distantes, se é que isso seja possível de um modo qualquer; telepatia atribuída, mas só em última instância, a falecidos;[25] telepatia, contudo, de forma absolutamente especial e para obter informações de pessoas presentes. Nos meus relatórios anteriores, concernentes às sessões havidas até outubro de 1891, declarei que a hipótese que há muito tempo parecia-me a mais satisfatória era a de uma transmissão auto-hipnótica, na qual a segunda personalidade da sra. Piper ou admitiria, em consequência de ilusão, ou pretenderia falsamente, e em conhecimento de causa, ser o espírito de um ser humano falecido e, consequentemente, imitaria diversas outras personalidades, em concordância com as ideias latentes de alguns dos assistentes. Acrescentava, contudo, que minha confiança no valor dessa hipótese estava fortemente abalada por minhas últimas conversações com a personalidade Phinuit, e pelas outras manifestações que acompanhavam o estado de transe da sra. Piper, e que não estava de todo certo de que alguma teoria exclusiva pudesse realmente ser adotada. Acontecia, mesmo, que vários assistentes, durante o transe da sra. Piper, acreditavam estar em comunicação real com amigos falecidos; mas diversas considerações tornariam esta opinião muito pouco aceitável.

A personalidade apresentada sob o nome Phinuit não dava qualquer detalhe satisfatório sobre si mesma; era incapaz de justificar, por alguma prova de identidade, sua pretensão de ter sido um ser humano atualmente falecido, e muito menos a de ter sido um doutor francês. Em vários casos, as sessões redundaram em fracassos. Em muitos outros, as afirmações corretas eram entremeadas de revelações falsas, ou cuja verificação era impossível. Às vezes, também, ocorriam muitas que pareciam, principalmente, ter sido adivinhadas ou ditas ao acaso por Phinuit, e mesmo dando provas de alguma noção especial e realmente extraordinária sobre questões de caráter privado referentes aos assistentes ou a seus amigos falecidos, Phinuit achava-se incapaz de dar respostas aceitáveis a outras questões, ainda que as respostas fossem positivamente conhecidas durante sua vida pelos espíritos que supostamente se comunicavam. Em resumo, enquanto um

---

25 Telepatia de falecidos! Não será, sob outra denominação, a comunicação espírita entre os vivos e os mortos? É curioso como os sábios sentem dificuldade em utilizar nosso vocabulário.

exame sem prevenção dos primeiros relatórios publicados pelos *Proceedings* levaria à conclusão de que os fenômenos exigem uma hipótese que admita, pelo menos, a existência da telepatia, tem-se sérias dificuldades quando se trata de pronunciar-se entre a hipótese espírita ou a ação da telepatia entre vivos como explicação suficiente.

Essas dificuldades não estão completamente resolvidas, mas, desde que escrevi o último relatório sobre os fenômenos mediúnicos apresentados pela sra. Piper, ocorreram diversas circunstâncias cujo resultado foi aumentar singularmente o valor das provas e, pelo menos a meu ver, lançar uma nova luz sobre seu significado. Uma dessas circunstâncias foi a morte súbita, em 1892, de um rapaz que se interessava muito vivamente por todas as questões intelectuais em geral e mantinha-se a par das pesquisas da nossa sociedade. Quatro semanas depois do seu falecimento, ele se apresentou como querendo revelar-se pela mediunidade da sra. Piper e, depois disso, prestou assistência a muitos outros espíritos desejosos de comunicar-se. Vou chamá-lo Georges Pelham, ou G. P. O verdadeiro G. P. terá algo a ver com tudo isso, há interlocutores fora de uma personalidade qualquer da sra. Piper e das dos assistentes ou de outras pessoas vivas? Aí estão perguntas que ficarão para ser discutidas mais tarde. Este modo de falar é o mais conveniente para fazer com que os leitores compreendam os fatos e, definitivamente, é o único que explica bem a forma sob a qual eles se apresentam. Daria apenas uma impressão absolutamente falsa do que foram os fenômenos, se falasse simplesmente da sra. Piper com autora das manifestações que se produzem por meio dos seus órgãos, quando ela está em estado de transe. Para chegar a dar uma descrição fiel em cada caso, do que ela *afirma, declara ou pretende* ser, seríamos levados a repetições fatigantes, inúteis, e a uma verdadeira confusão. Citarei, pois, regularmente, os que se apresentarem como interlocutores sob os nomes Phinuit, G. P., e outros, como se fossem personalidades nitidamente distintas. De resto, é sob esse aspecto que eles se apresentam à primeira vista, e é essa aparência que dá as sessões seu caráter todo especial. Assim, portanto, adoto-o provisoriamente, visando à clareza e à facilidade das descrições.

A outra circunstância que contribuiu para dar mais peso à demonstração, foi o desenvolvimento da escrita mecânica durante os transes da sra. Piper. Deve-se notar que, durante o transe, a mão da sra. Piper cai frequentemente em poder de um outro agente, ao passo que Phinuit continua a agir por meio dos órgãos da voz. Phinuit *perde a mão* e, evidentemente, não tem consciência do que ela escreve. Embora esse meio de comunicação não tenha sido realmente inaugurado por G. P., foi principalmente ele quem o desenvolveu, e depois serviu a um grande número de interlocutores diferentes, quer para substituir, quer para completar o processo adotado por Phinuit, desempenhando o papel de seu intermediário. Mais tarde, o próprio Phinuit o declarou, e pareceu ter-se aproveitado da emulação do seu novo colaborador na tarefa que se tinha imposto de dar provas de uma faculdade supranormal.[26]

Em março de 1893, a sra. Piper precisou sofrer uma séria intervenção cirúrgica, num hospital de mulheres, para cura de um tumor e para, assim, livrar-se definitivamente de uma fonte de contínuos problemas de saúde que tinha há longos anos e que interrompiam suas sessões. Esse tumor era consequência de uma contusão sofrida vários anos antes num choque contra um trenó. A cura da sra. Piper permitiu-lhe retomar suas sessões com muito mais regularidade do que antes e sentir muito menos fadiga. No decorrer de 1895, porém, uma grave hérnia, resultado muito comum de operações como a que sofreu, veio novamente interromper-lhe as sessões, pois outra cirurgia foi necessária. Isso ocorreu em fevereiro de 1896, e não foi possível retomar as sessões antes do mês de outubro. Depois, a saúde da sra. Piper ficou melhor do que antes e ela pôde, enfim, ser considerada uma pessoa saudável.

Em suma, desde o meu primeiro relatório, avaliei os resultados de mais de 500 sessões, das quais somente 130 aconteceram na presença dos primeiros assistentes, e sobre alguns recebi apenas relatos orais. Entre os relatos escritos sobre as primeiras sessões, há um certo número que não é possível invocar como prova, devido à relutância dos assistentes em permitir que se dê publicidade aos seus assuntos privados, não importa sob que forma seja. Há outros que só posso publicar fazendo-os passar por supressões e modificações que lhes tiram algo do seu valor demonstrativo. Vejo-me também na impossibilidade de utilizar alguns por que, apesar das reiteradas promessas da parte dos assistentes de porem à minha disposição documentos que não

26 Ver cap. I, os diferentes modos pelos quais se produz a escrita automática.

tivessem caráter demasiado íntimo, e não obstante minhas vivas reclamações, não consegui obter deles os detalhes que teriam confirmado meus relatórios. Sob a influência dessas diversas causas, grande quantidade de provas da maior importância, proveniente das primeiras sessões, não pôde ser entregue à publicidade.

Algumas das outras sessões incluem-se na categoria das que posso utilizar, com detalhes suficientes, como mais adiante será explicado. Várias haviam sido obtidas por pessoas que já tinham estado muitas vezes com a sra. Piper, mas essas comunicações possuíam um caráter muito pessoal. Outras foram provocadas por mim mesmo ou por outras pessoas, com o intuito de obter, se possível dos próprios interlocutores, um pouco de luz quanto às causas dos fenômenos. Por não terem um valor demonstrativo direto, estes últimos documentos não podem ser publicados em detalhes nos *Proceedings*, pelo menos no atual período do nosso estudo; mais tarde, porém, da minha memória, poderei extrair alguns, quando os achar de molde a auxiliar-me no caminho das interpretações.

No entanto, apesar da enorme quantidade de peças que é impossível ou inoportuno publicar, resta à nossa disposição mais material do que posso publicar na íntegra, de modo útil. Muitos desses fatos utilizáveis nada contêm de caráter particularmente novo e só relembram as sessões normais que os membros da nossa sociedade conhecem suficientemente pelos nossos relatórios precedentes. Portanto, dispensarei completamente alguns, abreviarei ou suprimirei certas partes de uma outra série, tendo sempre o cuidado de pôr em relevo os insucessos.

Devo acrescentar que eu próprio segui a grande maioria das sessões; quase que sempre as notas foram tomadas por mim, exceto nos casos em que um repórter estenógrafo estava presente ou, ainda, quando a sra. Edmunds, minha auxiliar, podia substituir-me.

Embora a ata das primeiras sessões, nas quais todas as precauções foram tomadas para evitar que a sra. Piper se informasse sobre os futuros assistentes, tenha uma importância toda especial quando se trata de provar que a sra. Piper possui faculdades supranormais, isso não nos leva muito longe quando buscamos uma explicação plenamente satisfatória. Mas, pode ajudar muito para provar que, durante seu estado de transe, a sra. Piper está a par de dados

Gabriel Delanne

particulares sobre o assistente, sem que, inteligentemente, se possa supor que os tenha adquirido pelas vias comuns; que fatos privados somente conhecidos pelo assistente sejam frequentemente citados; enfim, que em certos casos recebem-se comunicações sobre acontecimentos ignorados completamente, tanto pelo médium, quanto pelo próprio assistente, e cuja exatidão é provada pela verificação. *Bem mais, simultaneamente a essa demonstração de conhecimentos supranormais, encontram-se mais, ou menos, elementos pessoais, caracterizando os amigos falecidos do assistente, obrigando-o a concluir que está realmente em comunicação direta e real com esses amigos desaparecidos.* Contudo, é difícil supor que, por mais notáveis que tenham sido, as primeiras sessões tenham sido suficientes para constituir uma base adequada à teoria espírita. É bem verdade que elas levam forçosamente a admitir tal teoria e provocam, no espírito de muita gente, presunções a seu favor, mas, para o investigador severo, ainda não são suficientes. Também poderiam parecer estar constituindo grupos de fatos relativamente isolados, tendo como única ligação, por assim dizer, apenas a personalidade objetiva e misteriosa, mas singularmente persistente, que recebeu o nome Phinuit.[27]

Dever-se-ia comparar os fenômenos desse tipo aos de uma casa supostamente assombrada, onde se produzem, de modo contínuo, manifestações de uma personalidade inteligente, mas muito mal intencionada, que dá provas de informações surpreendentes sobre a maioria dos sucessivos visitantes da casa, a ponto de alguns admitirem que se acham realmente diante de parentes ou amigos falecidos. Se consideramos que esse fantasma visitante, embora sendo capaz de dar informações tão estranhamente verdadeiras sobre os outros, longe está de poder dar a respeito de si mesmo informações suficientes para estabelecer-lhe a identidade como um ser humano que já tenha vivido, e que todas as informações que podemos obter sobre o início do fenômeno tendem fortemente a mostrar que o fantasma faz pensar num papel de pura invenção numa história assombrosa, vemo-nos diante de um problema que em muitos pontos se assemelha ao que a sra. Piper ensejou durante todo tempo em que limitamos nosso estudo principal aos resultados das primeiras sessões.

27 Vimos, há pouco, pela declaração feita, que a convicção do Hodgson só se tornou completa a partir da época em que essas linhas foram publicadas.

Quando escrevi meu relatório anterior, não faltavam exemplos em que as testemunhas haviam sido favorecidas por um número maior ou menor de ocasiões de tomar conhecimento de informações e particularidades de certos possessores que se faziam passar por seus amigos íntimos. Mas, os únicos relatos desse gênero verdadeiramente importantes que me foi possível publicar, foram os fornecidos pelas srtas. A. M. R. e W., que assistiam a um grande número de sessões, nas quais um amigo íntimo foi considerado como tendo-se encarnado, apoderando-se da voz no lugar de Phinuit. A srta. W. me escrevia, a respeito da encarnação do seu amigo: 'Por uma quantidade muito grande de pequenos detalhes, lembra-me absolutamente o que era quando vivia, e não poderia compreender que empregasse tal profusão de meios para provar-me sua identidade, se isso não tivesse razão de ser e se não fosse completamente independente da médium e de tudo que eu pudesse imaginar a seu respeito'. A srta. W., por sua vez, escrevia-me: 'A personalidade bem caracterizada desse amigo, que chamarei T., é para mim a prova mais convincente das faculdades da sra. Piper, mas é uma prova que não tem valor para ninguém mais.'

Acontece, assim, que tenho diante de mim várias séries de sessões contadas em detalhes, em que foram feitos esforços repetidos *pelas mesmas pessoas falecidas* para comunicar-se. A série mais longa de comunicações, e a mais notável, é a que diz respeito à identidade do rapaz chamado Georges Pelham, ou G. P., de quem já falei. Infelizmente, mas isso era inevitável, *não podemos publicar as provas mais importantes* dentre as que tendem a demonstrar que é realmente o próprio G. P., e também fatos de natureza muito íntima, que envolvem pessoas ainda vivas. No entanto, esforçar-me-ei, tanto quanto possível, para dar aqui uma descrição realmente completa do caráter geral das comunicações e do gênero de provas destinadas a demonstrar que elas provêm mesmo da individualidade persistente de G. P. É à primeira parte dessa série que eu me referia no Adendo ao meu primeiro relatório sobre a sra. Piper, quando escrevi:

A sra. Piper concedeu recentemente várias sessões que propiciam provas singularmente convincentes da existência de uma força que age além de qualquer transmissão de pensamento da parte dos assistentes e que, *à primeira vista*, parecem, positivamente, tornar mais aceitável a hipótese espírita.

A identidade de Georges Pelham

Essa personalidade, que se manifestava tão claramente, era a de um advogado e escritor, falecido há pouco tempo, a 17 de fevereiro de 1892, aos 32 anos de idade, e bem conhecido do dr. Hodgson. Nos *Proceedings*, é designado sob o pseudônimo Georges Pelham, ou pela abreviatura G. P. Georges Pelham escrevia no *Sun* e havia publicado duas obras que tinham recebido a melhor acolhida das autoridades competentes. Fazia parte da Sociedade de Pesquisas Psíquicas, e seu interesse por esses estudos provinha mais da sua largueza de espírito do que de uma tendência a acreditar em fenômenos supranormais. Discutia freqüentemente com o dr. Hodgson a respeito da possibilidade de sobrevivência depois da morte, e, se admitia que se pudesse conceber vida futura, não podia aceitar que se acreditasse nela. Comprometeu-se até, caso morrese primeiro, a fazer *tudo que lhe fosse possível* para demonstrar ao amigo a persistência da individualidade no além.

A 17 de março de 1888, Georges Pelham finha assistido uma única vez a uma sessão da sra. Piper, mas esta não sabia o nome dele.

Quatro ou cinco semanas após a morte de G. P., o sr. Hodgson acompanhou um amigo íntimo de Georges Pelham, chamado Hart (é também um pseudônimo), à casa da sra. Piper. Esse cavalheiro obteve, primeiro, informações sobre vários de seus parentes falecidos, depois, de repente, Phinuit anunciou que um outro Georges queria falar, e o nome Pelham foi dado com todas as letras, assim como os nomes, prenomes e sobrenomes de vários de seus amigos íntimos, inclusive o evocador. Sempre por intermédio de Phinuit, G. P. diz ao sr. Hart que ele estava com abotoaduras que lhe tinham pertencido, que tinham sido apanhadas do seu próprio corpo por sua madrasta, que as tinha enviado ao seu irmão, o qual as dera de presente ao sr. Hart. A seguir deu os nomes do sr. e da sra. Howard, e seu prenome (James e Marie), bem como detalhes muito pessoais a respeito deles. Enfim, falando da filha deles, Katerine, acrescentou: "Dizei-lhe, e ela me reconhecerá: Quero resolver os problemas, Katerine".

O sr. Hart faz esta observação:

Naquele momento, aquelas palavras para mim não tinham importância alguma; mas eu sabia que Katerine, a filha de Jim Howard, era conhecida de Georges, que frequentava muito os Howard. O dia que se seguiu a essa sessão, fiz o relato completo ao sr. Howard. As palavras: 'Quero resolver os problemas, Katerine', impressionaram-no mais do que tudo, e, no fim do meu relato, ele me contou que, quando o viu pela última vez, Georges tinha conversado muito com Katerine, uma jovem de quinze anos, sobre diversos assuntos, como o Tempo, o Espaço, Deus, a Eternidade, e lhe chamara a atenção para o fato de as soluções geralmente aceitas serem pouco satisfatórias. *Acrescentou que um dia resolveria esses problemas*, usando quase as mesmas palavras na comunicação daquela sessão. O sr. Hart *disse que ignorava completamente essas circunstâncias.* 'Eu tampouco as conhecia, disse o sr. Hodgson, e na época não tinha qualquer relação com a família Howard'. Na realidade, todas as constatações feitas naquela sessão, durante a qual me encarreguei de anotar tudo, *diziam respeito a questões que me eram absolutamente estranhas.*

Então, estamos aqui diante de fatos exatos, desconhecidos dos assistentes e revelados por uma inteligência que afirma que esses acontecimentos ocorreram com ela. Para bem acentuar-lhe a personalidade, Georges Pelham cita o nome de um de seus amigos íntimos, sr. Meredith, e lembra que havia insistido com ele para que apanhasse um dos seus livros. O fato foi reconhecido como exato. O mesmo aconteceu quanto a outro amigo de G. P., o sr. Rogers, a quem uma obra manuscrita tinha sido confiada. Em várias ocasiões, Georges Pelham deu instruções precisas a respeito dessa obra. Infelizmente, não foram seguidas, "o que teria evitado, mais tarde, muito tumulto e muito aborrecimento". Em resumo, desse conjunto de informações, e principalmente das que não podemos reproduzir, resultou uma forte impressão de que nos encontrávamos realmente na presença de Georges Pelham.

Como já disse — observa o sr. Hodgson —, as citações de caráter muito pessoal feitas durante essa sessão não podem ser relatadas.

Elas foram consideradas por J. H. como identificação completa de Pelham, e nos mínimos detalhes, até mesmo onde as notas que eu havia tomado me pareciam insignificantes, como as palavras de agradecimento e as observações feitas, eventualmente, sobre o evocador; os termos nos quais fazia alusão à sua mãe desencarnada, ao seu pai e à sua sogra, ainda viva, impressionaram vivamente este assistente, pelo cunho de verossimilhança que imprimiam à personalidade de Pelham.

É certo que, quando encontramos nas expressões, no estilo, no andamento geral da fala de um espírito, traços idênticos aos que sabíamos serem próprios de um vivo que havíamos conhecido muito bem, há fortes presunções de que seja sua alma que fala através do médium. Veremos esse caráter de certeza acentuar-se à medida que um número maior de pessoas que conheceram Pelham tiverem condições de falar com ele por intermédio da sra. Piper.

Foi diante da família Howard, com a qual o espírito havia mantido as mais cordiais relações, que suas manifestações adquiriram a máxima intensidade. Não é mais Philnuit quem fala, mas o próprio G. P. e ele cita uma quantidade de fatos íntimos que o caracterizam. Vejamos, mais uma vez, o relatório do sr. Hodgson:

> As questões tratadas eram características e de natureza muito intimamente pessoal. *Os amigos íntimos foram citados por seus nomes,* as perguntas feitas a respeito de assuntos privados e sobre os Howard, que não estavam absolutamente dispostos a interessar-se pelas pesquisas psíquicas, e só tinham sido levados a assistir a uma sessão com a sra. Piper pelos relatos do sr. Hart, *tiveram a íntima convicção de que, na realidade, haviam conversado com a pessoa do amigo que por tantos anos tinham conhecido.*

É nessa conversa continuada sobre assuntos que lhe eram familiares que se revela a personalidade de G. P. Não estamos aqui diante de uma personalidade secundária do médium, que tentasse representar, simular um personagem, por meio de frases vagas, entremeadas com alguns nomes próprios conhecidos pela leitura do pensamento no cérebro dos assistentes; é realmente o amigo dos Howard quem os interpela do modo habitual, que se mostra com seu caráter jovial e seu humor, e é essa característica psíquica inimitável que dá à comunicação seu cunho de autenticidade. Conforme as anotações do sr. Howard, eis as primeiras manifestações nas quais G. P. demonstra sua alegria por poder falar com os amigos:

> G. P. — Jim, é você? Fale-me depressa. Não estou morto. Não pense que eu esteja morto. Estou realmente muito feliz por vê-lo. Você pode me ver? Pode me ouvir? Dê lembranças ao meu pai e diga-lhe que desejo vê-lo. Estou feliz aqui, e principalmente depois que percebi que posso comunicar-me com vocês. Tenho pena dos que não podem falar... Desejo que todos saibam que ainda penso em vocês. Falei com John sobre algumas cartas. Deixei tudo, livros e papeis, numa terrível desordem. Vocês me perdoarão por isso, não é?
> P. — Que faz você, Georges, e onde você está?
> R. — Mal sou capaz de fazer qualquer coisa, ainda. Mal estou despertando para a realidade da vida depois da morte. A princípio, fiquei numa espécie de trevas e não conseguia distinguir nada. Agora, os dias mais sombrios passaram, pode ter certeza, Jim. Tudo era confuso, enevoado. Logo poderei ocupar-me. Atualmente, posso vê-los, meus amigos, posso ouvir você falar, Jim, distinguir sua voz com seu sotaque, mas ela ainda soa como um bombo. A minha deve chegar a vocês como um suspiro bem fraco...

Assinalamos a confirmação do ensinamento espírita quanto à perturbação que se segue à morte, dada pelo espírito de G. P. O mesmo acontece com relação ao corpo fluídico, como veremos:

> P. — Então, nossa conversa, de certo modo, é como por telefone?
> R. — Sim.
> P. — Por um telefone a grande distância?
> (G. P. ri.)
> P. — Você não está admirado por ver-se vivo?
> R. — Sim, perfeitamente. Estou muito surpreso. Não acreditava numa vida futura. Isso ultrapassava os limites da minha razão. Agora, para mim está tudo claro como a luz do

dia. *Temos um fac-símile astral do nosso corpo físico.* (É provável, diz o sr. Hodgson, que G. P. estivesse zombando com essa aplicação da palavra *astral*.)

Não podemos reproduzir detalhadamente toda essa conversa na qual o espírito fala com exatidão dos seus amigos Rogers, Berwickm Orenbourg, e até dos seus parentes. Georges Pelham, no mundo espiritual, se recorda muito bem das objeções que, durante a vida, fazia às comunicações espíritas, e procura evitar tropeços. Assim, quando lhe fazem perguntas a respeito de pessoas conhecidas pelo interrogador, evita responder, e especifica bem porque não o faz. A propósito de uma pergunta desse tipo, diz:

> Respondi a uma parte da pergunta (esta resposta era exata), mas não dei o nome das duas outras pessoas porque isso não serviria de prova. Na verdade, quando eu ainda estava em vida, disse os outros nomes à sra. Howard, e, como ela os conhece, se eu os tivesse citado na sua presença, diriam que tinha havido transmissão de pensamento. Não, prefiro dizer esses dois nomes a Hodgson, um dia em que estiver sozinho comigo, porque ele não os conhece. (Tudo isso é verdade, acrescenta o sr. Hodgson.)

Georges Pelham descreveu acontecimentos ignorados pelos assistentes, acontecidos depois da sua morte, que são completamente exatos. A clarividência da médium não está em jogo, pois não havia relação estabelecida entre ela e G. P. quando do vivia, e porque as pessoas presentes não tinham assistido a esses acontecimentos. Quando o pai do sr. Pelham ainda não tinha assistido a nenhuma sessão, G. P. indicou que seu pai tinha dado uma fotografia sua a um artista para que dela fizesse uma cópia. Era um fato rigorosamente exato. A primeira vez que o sr. e a sra. Pelham foram visitar a médium, a sessão foi significativa, embora tivesse ocorrido uma certa confusão, devido ao fato de tanto os pais como o espírito desejarem fazer perguntas ao mesmo tempo. Contudo, o sr. Hodgson diz:

> Todas as outras perguntas foram manifestamente bem compreendidas, e tinham por objeto seu irmão, os dois casa-

mentos do pai, os detalhes do acidente em que sua mãe e sua irmã tinham morrido, seu manuscrito não terminado, os livros e as cartas que tinha recebido e que desejava que fossem encontrados; enfim, as relações existentes entre seu pai, sua mãe e certos amigos.

As provas eram tão abundantes, tão variadas, que os pais de Georges Pelham ficaram convencidos. Vejamos mais uma cena com a família Howard, que é típica. Nossa citação sempre é fiel ao relato do sr. Hodgson:

> Foi durante esta sessão (11 de dezembro de 1892) que ocorreu o incidente mais dramático, talvez, de toda a série. A sra. Howard apoiava a cabeça da sra. Piper, eu observava a escrita e o sr. Howard, sentado a certa distância, fumava um longo cachimbo, quando a conversação teve início:
> G. P. — Agora, que farei por você?
> R. H. — Pois bem! Georges, há uma coisa que deverias dar-nos, uma mensagem particular que você sabe ser o objeto especial de nossos desejos, ou alguma coisa a respeito de um assunto filosófico. Ficaríamos tão felizes se a obtivéssemos!
> Sr. Howard — Georges, antes de falarmos de filosofia, você deve saber o que penso sobre isso?
> G. P. — É completamente confuso, claro!
> Sr. Howard — Diga-nos uma coisa: você deve lembrar-se bem de certas coisas que nós dois sabíamos. Pouco importa o que possa ser. Diga-me algo que só nós dois sabemos. Peço-lhe isso porque você não pôde dizer-nos certo número de coisas que lhe pedimos...

Após um colóquio no qual o sr. Howard continua a pedir provas convincentes, de repente a mão começa a escrever.

> Ao reproduzir aqui as palavras de G. P., não podemos dar a mínima ideia das condições peculiares da cena. Toda a parte superior do corpo da sra. Piper, desviada para o lado direito e fortemente inclinada, repousa inerte, e como se inanimada, no ombro direito do sr. Howard; o braço direito, porém, e especialmente a mão, móvel, inteligente, ora parecendo suplicante, ora impaciente e impetuosa, continuava a escrever com obstinação, mas o conteúdo da comunicação encerra detalhes demasiado pessoais sobre a vida de G. P., para que

se possa reproduzi-lo aqui.

Pude ler um certo número de afirmações que foram confirmadas pelo sr. Howard. Em seguida a mão escreveu *particular*, e me afastou delicadamente. Retirei-me, então, para outra parte da peça, e o sr. Howard tomou meu lugar ao lado da mão, de modo que podia ler o que ela escrevia. Naturalmente, não leu em voz alta, porque tudo tinha um caráter privado demais para que eu pudesse tomar-lhe conhecimento. Sempre que chegava ao fim de uma folha, a mão a arrancava do bloco, jogava-a para o sr. Howard, e continuava a escrever. O sr. Howard me disse que as circunstâncias relatadas continham exatamente a espécie de provas que ele solicitara, e acrescentou que estava *absolutamente convencido; absolutamente*. Após esse incidente, a conversa de novo voltou-se para o passado, e apresentou de modo muito especial o cunho de G. P.

Em suma, esse caso apresenta todas as garantias que a mais exigente das críticas possa exigir. O espírito designa, durante cinco anos, todos os amigos que conheceu na Terra, num total de mais de trinta. Nesse lapso de tempo, seu caráter jovial, impulsivo, meio irônico, mantém-se sem desfalecimento, e a persistência da sua personalidade, tão diferente da de Phinuit e dos outros comunicantes, com suas lembranças particulares, suas réplicas à altura, contribuíram muito mais do que a abundante enumeração de provas bem verificadas para convencer o dr. Hodgson. Para seus parentes e para todos que o conheceram na Terra, o espírito apresenta precisamente as características de que G. P. teria dado mostras durante a vida.

Em todas suas relações pessoais, G. P. mostrou, nas suas comunicações, as lembranças e o interesse persistente que se podia esperar encontrar na sua inteligência independente, persistindo realmente, tanto quanto me foi possível certificar-me, e em condições tão complexas e tão íntimas para poderem ser julgadas e apreciadas por outros, a não ser por dois ou três dos seus amigos mais próximos e íntimos. Além da última série de sessões que tive com a sra. Piper (1896-1897), numa sessão realizada em novembro de 1896, por Evely Howard, e também numa sessão que a sra. Howard (voltando à América depois de uma estada de três ou quatro anos na Europa) realizou depois da minha partida de Boston, em setembro de 1897, *a mesma persistência da personalidade se manifestou, e a única mudança possível de distinguir foi uma modificação*, não no sentido de uma desagregação qualquer, *mas, antes, de uma evolução no sentido do aperfeiçoamento.*

Seria um grave erro pensar que as comunicações sejam sempre obtidas facilmente e apresentem uniformemente o nível de clareza que apontamos em algumas delas. O relato do sr. Hodgson assinala, ao contrário, um certo número de insucessos notórios, de erros, de confusões que não esperaríamos encontrar em espíritos tão distintos quanto o de Georges Pelham. Mas, segundo a análise muito bem feita pelo sr. Hodgson, essas confusões dependem da dificuldade que o espírito às vezes encontra para utilizar-se dos órgãos do médium, das interrupções dos assistentes e, finalmente, devem-se também à fadiga nervosa do médium, causada pelos exercícios.

Que o leitor tente manter uma conversação com dois ou três amigos, sendo forçado a soletrar cada palavra em vez de pronunciá-la de modo normal, sendo obrigado a exprimir seu pensamento só dessa maneira, não importa o que seus amigos possam dizer ou fazer. Que seja interrompido por seus interlocutores a cada duas ou três palavras, dizendo-lhe que não conseguiram captar a última palavra, pedindo-lhe que a repita e, frequentemente, que até a repita várias vezes. Que, além disso, seja a toda hora interrompido pela introdução de novas perguntas antes que tenha conseguido completar sua resposta às perguntas precedentes. Mais ainda, pode-se supor que deva ser-lhe muito difícil compreender com exatidão o sentido das perguntas, quando só consegue ouvir uma parte das palavras pronunciadas. Depois dessas primeiras experiências, suponha que em vez de servir-se da sua própria voz para soletrar as palavras, o leitor esteja colocado numa das extremidades de uma máquina construída de tal modo que os pensamentos emanados do seu cérebro tenham uma tendência a registrar-se tão rapidamente quanto sua produção, ao passo que precisam ser escritos e que somente lendo essa escrita os interlocutores podem saber o que quer dizer-lhes. Suponha, ainda, que uma ou várias pessoas estão perto do senhor, ao lado do aparelho, e lhe falam, ou falam entre si, de modo a afetar tal aparelho de tal forma que as palavras que essas pessoas pronunciam tendem a registrar-se no meio da escrita. Suponha, também, que o senhor não esteja familiarizado com o aparelho e que a escrita tenha uma tendência a diferir, em certa medida, das palavras realmente pensadas pelo senhor, sob a influência das imperfeições do aparelho. Suponha, finalmente, que a parte do aparelho na qual o senhor se encontra esteja cheia de um gás mais ou menos sufocante, que produz uma perda parcial da consciência, e que, em certos casos, esse gás torna-se mais nocivo que de hábito (fraqueza ou doença) e que seus efeitos duplicam habitualmente quando o senhor estiver no aparelho, e compreenderá, então, toda a dificuldade das comunicações.[28]

Para superar esses obstáculos acumulados, evidentemente é preciso uma grande paciência e dispor de muito tempo. Os investigadores impacientes que vão uma vez ou duas a sessões e não constatam nenhum fenômeno, apressam-se a dizer que foi graças à perspicácia deles, que o médium não se atreveu a enfrentar, que se devem os insucessos. Mas, quando se trata de homens sérios, que buscam resolver um problema tão importante quanto o da vida futura, usam todo o tempo necessário e, como o dr. Hodgson e tantos outros, chegam a uma convicçao absoluta.

Outras personalidades manifestando-se pela sra. Piper

O estudo continuado da faculdade da sra. Piper apresenta também um grande interesse, principalmente porque, depois das manifestações de Phinuit e Georges Pelham, vieram outras, produzidas por espíritos superiores, e precisamente os que se tinham manifestado por intermédio de Stainton Moses, quando este ainda vivia na Terra. Eis como aconteceu essa nova fase, tão interessante, já que tende a provar que as individualidades que assinavam Imperator, Doctor, Rector etc. não

28 Nas experiências feitas pelo dr. Dusart e pelo sr. Broquet (ver *Revue Scientifique et Morale du Spiritism*, 1899, p. 223), constatamos que o espírito de um indivíduo que volta ao seu corpo depois de um tempo passado no espaço, sente uma espécie de mal-estar, de sufocação, que só cessa quando o despertar é completo.

eram criações da consciência subliminar do pastor inglês.

No verão de 1895, um dos amigos do sr. Hodgson teve com a sra Piper uma série de sessões, nas quais A. P. negava a suposta "obsessão dos maus espíritos'. Objetaram-lhe com *Spirit Teaching*, de William Stainton Moses. Este ainda não tinha se manifestado, mas o espírito garantiu que ele se manifestaria em breve. Realmente, numa sessão posterior ele se apresentou. Inicialmente, parecia muito perturbado e se enganou muitas vezes. Pouco a pouco fez-se a luz. *Ele provou* nitidamente sua identidade por fatos que, ignorados pelos assistentes, puderam ser verificados na Inglaterra.

Logo, Imperator, Rector e Doctor, os guias de William Stainton Moses quando vivo, declararam querer encarregar-se da sra. Piper, 'uma máquina arruinada que precisa ser refeita'. Todos os outros comunicadores deviam ser excluídos. G. P. aconselhou vivamente que se concordasse com a proposta. Foi dito que se grandes dificuldades se opunhm à obtenção de comunicações claras e precisas, isso devia-se principalmente ao fato de muitos espíritos inferiores e perturbados terem utilizado a máquina.

Phinuit apareceu pela última vez a 26 de janeiro de 1897. Ao reduzir-se o número de comunicadores aos que deviam ser úteis à 'luz', entre outros ao grupo de Stainton Moses; ao reduzir-se também o número de assistentes, os resultados *foram de tal modo superiores*, que impressionaram todos aqueles que anteriormente haviam tido sessões com a sra. Piper. Houve melhora tanto na clareza quanto na coerência das mensagens.

O transe, agora, se produz mais facilmente, com mais calma. Acabaram-se os movimentos espasmódicos e a relutância de parte do médium, como às vezes acontecia antes. A sra. Piper gosta de 'partir' e até lamenta o regresso ao 'mundo sombrio' que é o nosso.[29]

Aguardamos, para tirar conclusões firmes, que o relato do sr. Hodgson sobre esses fatos novos seja publicado. Por enquanto, basta-nos assinalar que se as personalidades Doctor, Rector etc. foram reconhecidas por um observador tão eminente, é porque devem ter dado boas provas da sua identidade, e esse fato nos mostra que não eram absolutamente autossuges-

29 Metzger, *Mistress Piper, in Revista Espírita*, agosto de 1899.

Gabriel Delanne

tões, personalidades secundárias de Stainton Moses. Vejamos agora as declarações de outro convertido, membro da Sociedade Psíquica americana, o sr. Hyslop, professor no Columbia College de Nova Iorque. Reproduzimos aqui o artigo do *Le Temps*, que o sr. de Wysewa dedicou a este assunto:[30]

Últimas notícias do outro mundo[31]

Cinco cidadãos americanos, todos falecidos — um dos quais é o antigo médium chamado Stainton Moses, enquanto os outros quatro ocultam seus verdadeiros nomes sob os pseudônimos Rector, Imperator, Doctor e Prudens — fundaram, lá em cima, uma sociedade cujo objetivo principal é demonstrar a seus compatriotas vivos a realidade da vida futura. E, já há vários anos, eles prosseguem com essa demonstração, cujo sucesso é cada vez mais evidente à medida em que, de certo modo, agem à moda 'americana'. Quero dizer que, em vez de deter-se em provas teóricas da imortalidade da alma, como as enfadonhamente inventadas por velhos professores de filosofia, eles descobriram uma prova eminentemente prática, que consiste em pôr os vivos em contato direto com parentes ou amigos mortos. A sociedade que esses propagandistas de além-túmulo formaram, passa a ser, assim, uma espécie de agência de comunicação entre a Terra e o céu. Se, por exemplo, um leitor do *Le Temps* desejar livrar-se das suas dúvidas a respeito da sobrevivência da alma após a morte, basta ir a Nova Iorque, perguntar o endereço (universalmente conhecido) da sra. Piper, e pedir a essa senhora que o ponha em contato, por intermédio de Rector ou de Prudens, com um tio, ou um avô, ou um colega de escola, com a condição de que a pessoa evocada desse modo esteja morta, e tenha morrido há vários anos. Isto porque a experiência provou que os mortos aceitam com mais boa vontade os convites da sra. Piper, e dos seus celestes associados, quando estes deixaram a Terra há mais tempo. Em seguida, nosso leitor poderia fazer aos seus mortos quantas perguntas quisesse. Pela mão da sra. Piper, Rector

---

30 *Le Temps*, 19 de julho de 1900.
31 Quando esta obra estava em impressão, o relato do prof. Hyslop foi publicado nos **Proceedings**, sob o título *Nouvelles Observations sur les Phénomènes de la Transe*. Convidamos os leitores a consultar esse trabalho muito consciencioso e imparcial, que demonstra com evidência, ele também, a realidade das comunicações espíritas.

e Prudens lhe transmitiriam as respostas. E, como certamente essas respostas seriam exatas, pelo menos grande parte delas, nosso leitor seria forçado a concluir, após tê-las verificado, que a vida futura realmente existe, já que os mortos que ele conhece continuam, não apenas a viver, mas a lembrar-se da sua vida terrena.

Mas, que não se pense que se trata de uma brincadeira! As comunicações etéreo-terrestres da sra. Piper, que já tive a oportunidade de assinalar, são, ao contrário, tão sérias e convincentes que forneceram matéria para um alentado volume que está prestes a ser publicado pela Sociedade de Pesquisas Psíquicas americana. E, enquanto se aguarda sua publicação, um sábio médico americano, o dr. James Hervey Hyslop, nos põe a par, na *Harper's Magazine*, de experiências recentemente feitas por ele, com uma extraordinária abundância de verificações, de contraprovas, e de vinte outras precauções científicas.

Tendo tomado conhecimento das respostas obtidas de além-túmulo pelo sr. Hodgson, o dr. Hyslop inicialmente pensou que elas podiam explicar-se de um modo natural — ou pelo menos quase natural — pelo que chamam de telepatia. Achou que a sra. Piper, em vez de interrogar verdadeiros mortos, limitava-se a ler no cérebro do sr. Hodgson, e dar-lhe como vindas do céu informações que ela obtinha dele próprio. A telepatia, que há apenas vinte anos passava por uma tola quimera, hoje parece ser algo admitido por sábios, até pelos menos romanescos. Atualmente, já se admite reconhecer que certas pessoas têm o dom de adivinhar, de perto ou de longe, as ideias e os sentimentos de outras pessoas; chega-se até a reconhecer, se não me engano, que os agonizantes têm o dom de anunciar, à distância, sua morte às pessoas que lhes são caras.

O dr. Hyslop, pelo menos, não via inconvenientes em reconhecer tudo isso e, ao tomar conhecimento do resultado das experiências do sr. Hodgson, prometeu a si mesmo que pesquisaria a que ponto essas experiências poderiam ser explicadas pela telepatia. Planejou, então, não fazer suas perguntas diretamente à sra. Piper, mas por intermédio do sr. Hodgson, porque assim a sra. Piper certamente não poderia ler no cérebro do seu questionador respostas que este ignorava por completo. E, para cercar-se de mais garantias, o dr. Hyslop também resolveu só fazer perguntas cuja resposta ele mesmo ignorava. Por exemplo, mandou chamar seu pai

Gabriel Delanne

e interrogou-o quanto a detalhes referentes aos anos que lhe haviam precedido o nascimento: perguntou ao pai de que doença tinha morrido um dos seus irmãos que falecera com quinze anos de idade; ou perguntou-lhe que objetos tinha no seu quarto de estudante, que roupa havia usado no seu casamento. Fez, assim, umas 200 perguntas ao pai. Depois escrupulosamente, verificou a exatidão das respostas, percorrendo os Estados Unidos de ponta a ponta para chegar a conhecer um mínimo detalhe da história da sua família, e finalmente calculou que, das 200 perguntas dirigidas ao pai, tinha obtido 152 respostas absolutamente exatas, 16 inexatas, e 32 duvidosas, por não ter conseguido verificá-las. Decididamente, não bastava a telepatia para explicar as experiências da sra. Piper. E foi assim que também o dr. Hyslop viu-se forçado a adotar a hipótese da vida futura. Quereis agora alguns exemplos mais precisos do seu método e do resultado que dele obteve? Eis aqui dois ou três, tomados ao acaso: Um dia, o sr. Hyslop pergunta ao seu pai que remédios lhe levou da farmácia durante sua última enfermidade. — Arsênico e estricnina! — responde o venerável defunto. Ora, o sr. Hyslop só havia levado arsênico. Feita a verificação, porém, soube que seu pai também tinha tomado estricnina. Outro dia, o pai do sr. Hyslop descreveu-lhe um boné que sua mulher bordou para ele, e um canivete que usou para limpar as unhas. O sr. Hyslop crê num erro, pois nunca viu aqueles objetos, mas, feita a verificação, encontra o boné e o canivete na casa da sua madrasta, a segunda esposa do seu pai. Em mais outro dia, o falecido sr. Hyslop diz ao filho que, no curso de uma viagem a Ohio, encontrou um professor e falou com ele sobre um dos seus filhos. O sr. Hyslop vai a Ohio, descobre o professor, e obtém dele a confirmação do relato do pai.

O sr. Hyslop interrogou ainda tios, primos. Perguntou a eles também coisas que ignorava, e lhe deram respostas que, em sua maioria, foram julgadas exatas. Com essas diversas respostas, ele encheu quinze colunas da *Harper's Magazine*. E, a não ser que se ponha em dúvida sua veracidade e a dos numerosos colegas que assistiram às suas experiências, somos forçados a admitir que a mais intensa telepatia não basta para explicar revelações tão singulares. O sr. Hyslop, aliás, digna-se a expor-nos os motivos que o fizeram renunciar à hipótese da telepatia. Os próprios erros, no seu entender, acabam de excluir a possibilidade dessa hipótese:

porque seu pai se enganou várias vezes quanto a pontos que ele, sr. Hyslop, conhecia perfeitamente, e a respeito dos quais, consequentemente, a médium tinha toda chance de informar-se. Seu pai falou-lhe um dia de uma flauta que um dos seus irmãos mais jovens teria tentado tocar. Ora, o sr. Hyslop se lembrava de que ele tinha tocado violino, e não flauta. Enfim, a telepatia é inconciliável com a maneira como as pessoas interrogadas se interrompem sem cessar em suas respostas para tratar de outros assuntos, ou para retificar respostas anteriores, ou para ceder a palavra a outras pessoas.

Certamente, não, a telepatia não é suficiente para explicar alguns fatos que o professor americano assinala. Mas, supondo-se que esses fatos sejam exatos, que outra hipótese conseguirá explicá-los? O sr. Hyslop — timidamente, na verdade — propõe a hipótese da vida futura. Lamento apenas que ele não tenha interrogado mais detalhadamente seus indulgentes interlocutores sobre o caráter dessa vida futura, após ter obtido a prova da sua realidade. E não sabendo, por eles mesmos, que passam a ser almas depois da morte, não posso deixar de recear que, segundo o resultado das suas pesquisas, a sorte dessas almas não seja muito mais agradável lá em cima do que neste mundo. Porque o fato é que elas têm um semblante muito triste, sofrendo interrogatórios assim, que não deixam de ser-lhes meio humilhantes. Afastam-nas, trazem-nas de volta, esforçam-se por apanhá-las em erro, tratam-nas como os juízes de instrução tratam os criminosos, e as pobres almas não opõem resistência, com a paciência e a complacência de pessoas entediadas que ficam felizes por achar uma forma qualquer de distrair-se um pouco. Não foi assim que nos acostumaram a imaginar os mortos; e seríamos tentados a pensar que, se a morte deve tornar-nos iguais aos interlocutores do sr. Hyslop, melhor seria jamais morrer. Quanto a mim, sei que, se tivesse a oportunidade de interrogar um morto, há mil assuntos de ordem geral a respeito dos quais me apressaria a questioná-lo, antes de perguntar-lhe como era o canivete de limpar suas unhas. Mas, será que os mortos da sra. Piper se recusam a falar sobre esses assuntos? Talvez tenham por princípio nunca abordá-los em suas conversas com os vivos, de modo a deixar a estes a doçura e o mérito da livre crença. Aí está, em suma, uma hipótese bem plausível, e que se acha mesmo quase justificada por uma das respostas que o sr.

Hyslop recebeu de seu pai. 'Deixa todas as tuas teorias em paz, James! — disse um dia a alma do digno ancião. — Eu também passei toda minha vida formulando teorias, e que ganhei? Minhas ideias simplesmente ficaram mais confusas e menos satisfatórias. Há um Deus, um Deus onisciente e onipotente, e, para conhecê-lo, basta seguirmos o que existe de melhor no fundo do nosso coração. E, depois disso, que importa se Swedenborg teve razão ou não, já que o fato é que nós estamos aqui, em pessoa, e mais vivos do que nunca!' Possa esta resposta do sr. Hyslop pai impedir seu filho e todos os sábios de formularem a teoria da vida futura, no dia em que sua existência for definitivamente provada com todo rigor dos métodos científicos.

Possamos continuar a aprender com nosso coração, e não com a ciência, em que se transformam após a morte as almas que amamos! E que possamos ter a paciência de esperar até estarmos juntos, para conversar com eles, em vez de submeter suas palavras a um humilhante sistema de contraprovas e de verificações. 'James, deixa tuas teorias em paz.' Este sábio conselho é, talvez, o que de mais precioso o interessante trabalho do sr. Hyslop nos oferece.

T. de Wyzewa

❖ ❖ ❖

Eis, portanto, a existência da alma e a sua imortalidade afirmadas, e afirmadas por sábios incrédulos. O sr. Wyzewa é de uma boa fé completa no seu relato das experiências do prof. Hyslop, mas sua incredulidade o leva a fazer objeções nada razoáveis. Ele se admira que os espíritos deem detalhes e que se disponham a responder às nossas perguntas, ao passo que nada dizem sobre sua existência atual. Aí está uma observação pouco fundada, porque são justamente os pequenos e numerosos fatos narrados pelo pai do dr. Hyslop que lhe estabelecem a identidade e que impedem que essas revelações sejam atribuídas à clarividência ou à telepatia. Quando os sábios tiverem adquirido certeza experimental da sobrevida, só precisarão interrogar todos os espíritos que se manifestam sobre sobre seu gênero de vida fluídica e fazer um catálogo das suas respostas. Então, conhecerão as condições físicas e morais da existência no além, e ficarão surpresos por constatar que Allan Kardec as indicou há cinquenta anos nas suas obras, que serão as pedras angulares da ciência do mundo invisível

Deve-se louvar a sabedoria dos espíritos diretores da sra. Piper. Sabedores de que estão lidando com materialistas que só atribuem importância aos fatos verificáveis, dão-lhes apenas o alimento que lhes convém. Eles bem sabem que noções precisas sobre a vida futura não seriam compreendidas por esses positivistas, cuja mentalidade ainda precisa evoluir antes de ser capaz de compreender as condições de uma vida na erraticidade.

A todos os que exigem provas de identidade, chamamos a atenção para o relato do dr. Hyslop e aguardamos uma *refutação científica* dos fatos, demonstrando que não se devem a almas que viveram na Terra.

Resumo

Se nos estendemos um pouco demais sobre os exemplos extraídos dos sábios americanos, é primeiro porque são recentes, e depois porque todas as condições exigidas para confirmar-lhes a autenticidade se acham reunidas: perfeita boa fé do médium, controle severo dos observadores e grande competência dos sábios, dedicados há anos ao estudo dos fenômenos de clarividência e de telepatia.

Como vimos, as faculdades extracorporais do ser humano não podem explicar o que é nitidamente da alçada do espiritismo; por isso temos o direito de afirmar que as modernas pesquisas confirmam absolutamente as que antes foram feitas pelos espíritas. Este é um fato essencial que é urgente ressaltar.

Se estamos felizes por ver a ciência, finalmente, conferir sua autoridade às nossas doutrinas, não nos esqueçamos dos milhares de pesquisadores que anteriormente já haviam chegado aos mesmos resultados e que durante meio século tiveram que lutar contra a ignorância e a zombaria dos seus contemporâneos. Não cometamos para com eles a injustiça infligida aos magnetizadores, e saibamos ver nesses homens independentes, de espírito largamente aberto, os pioneiros do progresso, os reveladores do novo caminho aberto à humanidade.

As obras, as revistas, os jornais que defendem o espiritismo contêm milhares de testemunhos em favor da comunicação entre os vivos e os mortos. O valor intelectual e moral das testemunhas geralmente é incontestável e, contudo, a crítica não menciona esses documentos, tão embaraçosos para os contestadores. Mas eis que homens bem qualificados, sábios "autênticos", afirmam ter obtido os mesmos fenômenos; diante desses pesquisadores, até o ceticismo mais intransigente é obrigado a capitular.

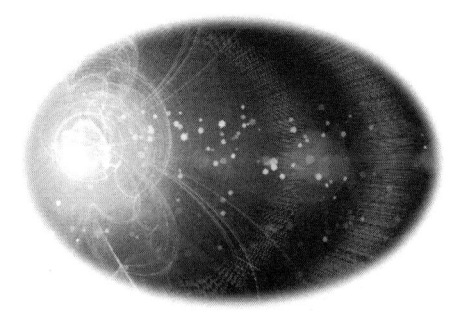

2.
Comunicações acima da capacidade intelectual do médium, ou além dos seus conhecimentos

• Observações sobre a banalidade das comunicações e sobre o abuso de grandes nomes • História de Joana d'Arc e de Luís XI, por uma jovem de 14 anos • O fim do romance de Edwin Drood, escrito por um aprendiz de mecânico • Soluções de problemas científicos dadas por meio da escrita mecânica por mulheres de pouca instrução • O caso da sra. d'Espérance e o narrado pelo gen. Drayson • A indicação de um remédio dada pelos espíritos • Outras receitas indicadas pela escrita • Mediunidade da escrita constatada em bebês • Os fenômenos psíquicos da aldeia D., observados e narrados pelo dr. Dusart e pelo sr. Broquet • Escrita de médiuns completamente analfabetos • Fatos desconhecidos do médium • Individualidade de um espírito, constatada por comunicações idênticas, obtidas por médiuns diferentes

Os adversários do espiritismo têm recriminado seus adeptos, com muita frequência, por admirarem ingenuamente elucubrações banais, triviais, tanto pelo conteúdo quanto pela forma. Há uma certa porção de verdade nessas críticas. Muitas comunicações geralmente provêm de parentes e amigos do médium, que não são escritores profissionais, e que só podem ter interesse para ele. Mas, quando as mensagens recebidas são assinadas por nomes ilustres, quando são publicadas, temos o direito de exigir que tragam o cunho do seu autor, e temos o dever de rejeitar energicamente os infelizes produtos do automatismo, cujo autor, inflado de orgulho, tolamente os atribui aos maiores gênios de que a humanidade se orgulha.

É ridículo e deplorável ao mesmo tempo o mau uso de grandes nomes feitos em certos meios; um pobre diabo que não conhece as regras da prosódia e mal consegue alcançar intelectualmente a compreensão das obras dos poetas, não hesita em crer-se inspirado por Vítor Hugo, Lamartine ou Musset, quando consegue escrever alguns versos medíocres. Outros falam sobre amor e caridade, e embora sua fala titubeante mal seja digna de um cura de aldeia, não hesitam ao ver, na assinatura, ostentar-se nomes como Bossuet, Lamenais, Lacordaire. Entre os místicos, são os profetas ou os apóstolos que vaticinam, ao passo que, em outros centros, Danton, Robespierre, Marat ou Gambetta dão provas de uma lamentável indigência intelectual.

Que se deve concluir dessa constatação? Que as nobres inteligências que foram guias do espírito humano decaíram a ponto de conseguirem escrever apenas produções medíocres? Não, porque nos Anais Espíritas possuímos comunicações, na verdade raras, que são dignas de quem as assinou, e é somente delas que nos ocuparemos aqui. Quanto às outras, deixemos ao bom senso do público o cuidado de fazer justiça a essas fantasias absurdas. O espiritismo não tem por objeto obrigar as almas a manifestar-se. Qualquer espírito sempre tem o poder de não atender ao nosso chamado, se considera inútil sua intervenção. Sabemos, por meio século de experiência, que o imenso benefício que se pode tirar da prática consiste em convencer-se da sobrevivência da alma daqueles que perdemos. Teremos condições de reconhecer perfeitamente o estilo, as expressões habituais dos nossos parentes ou amigos que estão no além, ao passo que, às vezes, nos será difícil distinguir entre um plágio bem feito e a obra de um grande escritor. Na maioria das vezes, é a vaidade que leva os médiuns a solicitar comunicações de homens célebres; nessas condições, tornam-se presas fáceis dos mistificadores invisíveis, tão numerosos no espaço quanto na Terra.

Temos constatado, também, o papel que a autossugestão desempenha em muitos automatistas que imaginam ser intérpretes de grandes espíritos. Estas considerações nos explicam a abundância de documentos apócrifos publicados por ignorantes de boa fé. Feitas essas ressalvas, veremos que há casos em que uma intervenção estranha ao médium é realmente indiscutível.

Daremos apenas um resumo de cada uma das observações, indicando os pontos que as tornam valiosas, permitindo-nos estender-nos mais longamente sobre os estudos recentemente empreendidos pelo dr. Dusart, ex-interno de hospitais, e do sr. Broquet, estudante de medicina, que são menos conhecidos.

A história de Joana d'Arc

Existe, na literatura espírita, um número muito grande de obras de longo fôlego sobre os mais diferentes assuntos. São trabalhos com méritos diversos, mas não trataremos deles porque não nos é possível examinar o que é atribuível à imaginação e o que pode haver de real nos relatos. É diferente quando as comunicações espíritas têm por objeto uma narrativa histórica. Aqui, temos condições de verificar as alegações do autor invisível e de saber se apresentam um real interesse.

A srta. Hermance Dufaux, médium escrevente, com quatorze anos de idade, deu-nos uma vida de Joana d'Arc, ditada pela própria Joana, que apareceu em 1858, em Dentu. Sem nos determos a discutir a identidade do autor, observamos que, do ponto de vista psicológico, há aí um problema do maior interesse para os incrédulos. Como é que uma menina dessa idade teria adquirido os inúmeros conhecimnentos indispensáveis para escrever uma história tão diversificada, sem cometer omissões, nem erros? Allan Kardec, que conheceu essa jovem, atesta-lhe a honestidade e explica-lhe a obra nestes termos:[1]

> Aí está uma questão que muitas vezes nos propuseram: saber se os espíritos que respondem com alguma precisão às perguntas que lhes fazemos poderiam realizar um trabalho de grande fôlego. A prova está na obra de que falamos, porque aqui não se trata mais de uma série de perguntas e respostas. É uma narrativa completa e sequenciada, como a que um historiador faria, *e contendo uma infinidade de detalhes, pouco ou nada conhecidos, sobre a vida da heroína.* Aos que possam pensar que a srta. Dufaux se inspirou em seus conhecimentos pessoais, respondemos que ela escreveu o livro *aos 14 anos de idade*; que teve a instrução que todas as jovens de boa família, criadas com esmero,

---

1 *Revista Espírita*, 1858, p. 32.

recebem, mas, mesmo que tenha uma memória fenomenal, não é dos livros clássicos que se podem extrair os documentos íntimos que talvez, dificilmente, encontraríamos nos arquivos do tempo. Os incrédulos, sabemos, sempre terão mil objeções a fazer. *Para nós, porém, que vimos a médium em ação*, a origem do livro não poderia deixar dúvidas.

O testemunho de Allan Kardec tem grande valor, porque todos que o conheceram, mesmo os adversários, são unânimes quanto à sua perfeita boa fé e à sua honesitdade, que eram acima de qualquer suspeita. A materialidade do ditado, portanto, está estabelecida. Só que certos críticos talvez vejam aí um desenvolvimento anormal da subconsciência, traduzindo-se sob a forma da narrativa histórica, cujos dados teriam sido fornecidos pela memória latente, até mesmo à revelia da escrevente. Contudo, se considerarmos que ela escreveu da mesma maneira a história de Luís XI, em 15 dias,[2] e que esse relato, absolutamente exato na exposição dos acontecimentos, está repleto de detalhes, de nomes, de características dos costumes da época, nos perguntaremos onde essa menina teria buscado as explicações inéditas que forneceu sobre a duvidosa política do monarca mais dissimulado e astuto que reinou na França. Essa jovem precisaria ter as faculdades de um beneditino para levar a termo uma tarefa tão difícil, que, no entanto, realizou sem dificuldade e sem fadiga, sendo apenas a secretária de um historiador invisível. Aí está, realmente, a característica da mediunidade, que sempre encontraremos nas verdadeiras comunicações espíritas, como as que reproduzimos resumidamente, conforme o livro de Aksakof.[3]

O fim do romance intitulado "O Mistério de Edwin Drood"

Em 1872, espalhou-se nos Estados Unidos o rumor de que um rapaz sem instrução, mecânico de profissão, chamado James, devia terminar mediunicamente um romance intitulado *O Mistério de Edwin Drood*, que Dickens tinha deixado inaca-

---

2 Dufaux, Hermance, *Confissões de Luís XI, Revista Espírita*, 1858, p. 73. Essa vida de Luís XI foi publicada pelo jornal espírita *La Verité*, em 1864, número de 29 de maio. Uma vida de Carlos VIII permanece inédita.
3 Aksakof, *Animisme e Spiritisme*, p. 326 e segs.

bado ao morrer. Imediatamente, o *Springfield Daily Union* enviou um dos seus redatores a Brattleborough (Vermont), onde o médium morava, para informar-se no próprio local sobre os detalhes da estranha empreitada literária. O relatório do repórter foi publicado a 26 de julho de 1873, e foi reproduzido pelo *Baner of Light* e pelo *Spiritualist* de 1873, p. 322. Vejamos alguns detalhes a respeito do médium e do manuscrito redigido mecanicamente.

O médium nasceu em Boston; aos quatorze anos,foi admitido na oficina de um mecânico, como aprendiz do ofício que até hoje pratica, de modo que sua instrução escolar terminou aos treze anos. Embora não fosse desprovido de inteligência, nem iletrado, não manifestava gosto algum pela literatura e nunca tinha se interessado por ela. Esse é o homem que tomou nas mãos a pena de Dickens e que lhe concluiu a obra.

A mediunidade de James tinha-se desenvolvido exercendo espiritismo com amigos. Era muito incrédulo, até que um dia, assistindo às experiências, caiu em transe, apanhou um lápis e escreveu uma comunicação assinada pelo nome do filho de uma pessoa presente, cuja existência ele desconhecia. Mais ou menos no final de outubro de 1872, Charles Dickens lhe disse numa mensagem que o tinha escolhido para terminar seu livro.

> Essa comunicação informava que Dickens durante muito tempo tinha procurado um meio de atingir esse objetivo, mas que, até aquele dia, não havia encontrado um médium apto a realizar tal tarefa. Desejava que o primeiro ditado ocorresse na véspera do Natal, noite de que ele gostava particularmente, e pedia ao médium que dedicasse à obra todo tempo de que pudesse dispor, sem prejudicar suas ocupações habituais... Logo ficou evidente que era a mão do mestre que escrevia, e James aceitou com a maior boa vontade a estranha situação. Esses trabalhos executados pelo médium fora das suas ocupações profissionais, que diariamente lhe tomavam dez horas, produziram, até julho de 1873, mil e duzentas folhas manuscritas, o que representa um volume *in-octavo* de quatrocentas páginas.

Qual é o valor literário da obra assim produzida? Encontram-se nessa continuação as qualidades especiais do grande

Gabriel Delanne

romancista inglês? Eis a crítica feita pelo correspondente do *Springfield Daily Union* a respeito desse final de romance obtido tão singularmente:

> Achamo-nos aqui diante de um grupo de personagens, cada qual com seus traços característicos, cujos papeis devem ser sustentados até o fim, o que constitui um trabalho considerável para quem, em toda sua vida, não escreveu três páginas sobre um assunto qualquer; estamos surpresos, também, por constatar, desde o primeiro capítulo, uma semelhança completa com a parte editada desse romance. O relato foi retomado no ponto exato em que a morte do autor o interrompeu, e isso com uma concordância tão perfeita que o crítico mais experiente, se não conhecesse o ponto da interrupção, *não poderia dizer em que trecho Dickens cessou de escrever o romance com sua própria mão.* Cada um dos personagens do livro continua a ser tão vivo, tão típico, tão bem apanhado na segunda parte quanto na primeira. Isso não é tudo. Apresentam-nos novos personagens (Dickens tinha o costume de introduzir novos atores até as últimas cenas das suas obras), que não são cópias dos heróis da primeira parte, não são manequins, mas personagens naturais, verdadeiras criações. Criadas por quem?

Até aqui, nas observações precedentes, ainda se pode ver apenas uma apreciação literária mais ou menos válida, já que depende da cultura intelectual do crítico e pode ser influenciada pelo entusiasmo. Mas o exame do manuscrito abrange provas objetivas de que o inspirador da obra é mesmo o próprio Dickens. Citemo-las:

> Eis alguns detalhes de interesse incontestável. Ao examinar o manuscrito, vi que a palavra *traveller* (viajante) estava escrita por toda parte com dois l, como se usa na Inglaterra, ao passo que nós, na América, geralmente só usamos um.
> A palavra *coal* (carvão) sempre está escrita *coals*, com um s, como se faz na Inglaterra. É interessante notar também, no emprego das maiúsculas, *as mesmas particularidades que podemos observar nos manuscritos de Dickens*; por exemplo, quando designa o sr. Grewgious como sendo *an angular man* (um homem anguloso). Notável, também, o

conhecimento topogrático de Londres, de que o autor misterioso dá provas em várias passagens do livro. *Há, também, muitas expressões idiomáticas de uso corrente na Inglaterra, mas desconhecidas na América.* Mencionarei, ainda, a mudança súbita do tempo passado para o tempo presente, principalmente num relato animado, transição muito frequente em Dickens, sobretudo em suas últimas obras. Essas particularidades, e outras mais que poderíamos citar, são de pequena importância, mas é com bagatelas como essas que se faria fracassar qualquer tentativa de fraude.

Que probabilidade há, neste caso, de suspeitar-se de uma trapaça? É o que o repórter também se pergunta, e eis como responde a essa pergunta:

Cheguei a Brattleborough com a convicção de que essa obra póstuma não passaria de uma bolha de sabão, fácil de estourar. Após dois dias de exame atento, voltei, e devo confessar, estava indeciso. A princípio — como qualquer um faria — contestei que aquele manuscrito tivesse sido escrito pela mão do jovem médium. Ele me disse que nunca tinha lido o primeiro volume, detalhe insignificante, a meu ver, *porque estou perfeitamente convencido de que ele não seria capaz de escrever uma única página do segundo volume*. Isso não para ofender o médium, pois não há muitas pessoas em condições de retomar uma obra inacabada de Dickens!

Conclusão:

Vejo-me, consequentemente, diante desta alternativa: ou um homem de gênio qualquer utilizou o sr. James como instrumento para apresentar ao público uma obra extraordinária, de um modo igualmente extraordinário, ou bem esse livro, tal como afirma seu invisível autor, é na verdade escrito sob o ditado do próprio Dickens. A segunda suposição não é mais prodigiosa do que a primeira. Se, em Vermont existe um homem, até agora desconhecido, capaz de escrever como o próprio Dickens, 'que fale, embora estando morto', para que surpresas devemos preparar-nos.
Atesto com toda a honestidade que, tendo tido ampla liber-

dade de examinar todas as coisas, *não consegui encontrar o mínimo indício de impostura*, e, se tivesse o direito de publicar o nome do médium autor, isto bastaria para dissipar qualquer suspeita aos olhos das pessoas que o conhecem, por pouco que seja.[4]

É certo que, se os fatos precedentes estão exatamente narrados, este caso não pode ser explicado por nenhum das hipóteses favoritas dos incrédulos. Nem a subconsciência, nem a memória criptomnésica, nem a clarividência são capazes de dar ao jovem mecânico o estilo de Dickens, ou seus conhecimentos e sua ortografia, e, até prova em contrário, parece-nos razoável atribuir ao espírito de Dickens o fim do seu volume sobre *O Mistério de Edwin Drood.*

Soluções de problemas científicos dadas pelos espíritos

Um dos argumentos preferidos dos que só veem nos médiuns, quando são honestos, apenas leitores de pensamento ou receptores telepáticos, é afirmar que as comunicações nunca ultrapassam o nível intelectual da assistência ou jamais indicaram a solução de certos problemas científicos. Evidentemente, é difícil fixar um limite superior às faculdades hiperestesiadas de um paciente, já que conhecemos o desenvolvimento que a clarividência e a transmissão de pensamento podem dar-lhes. Mas há uma observação que nos servirá para discernir o que pertence ao próprio paciente do que pode vir-lhe de uma fonte estranha: é quando a comunicação dá provas de conhecimentos artísticos, científicos ou literários que o paciente ou os assistentes jamais possuíram. Parece certo que, por maior que seja o desenvolvimento da memória, da imaginação ou da clarividência, essas faculdades não poderiam criar algo do nada, isto é, tirar do acervo intelectual do médium ou dos operadores o que nele não existe. Ora, exemplos desse fenômeno apresentam-se com frequência suficiente para que a necessidade da intervenção dos espíritos seja demonstrada.

4 O sr. Harrison, homem muito competente nessas matérias, assim se expressa: "É difícil admitir que o gênio e o senso artístico de que essa obra está impregnada, e que tanto se assemelham ao gênio e ao senso artístico de Charles Dickens, tenham levado seu autor, seja ele quem for, a apresentar-se ao mundo somente como um hábil mistificador." (*Spiritualist*, 1873, p. 26.)

Eis, inicialmente, o testemunho do sr. Barkas, membro da Sociedade de Geologia de Newcastle, que durante oito anos estudou os fatos espíritas antes de pronunciar-se sobre a sua autenticidade. Entre os que o convenceram, ele cita[5] uma série de experiências feitas com uma célebre médium, não profissional, a sra. d'Espérance:

> Em 1875, diz ele, fui convidado a participar de uma série de sessões que deveriam acontecer no modesto apartamento de uma jovem senhora, médium não profissional, residente em Newcastle-on-Ryne. Todas as perguntas eram escritas num caderno no exato momento de formulá-las, e a médium nele escrevia as respostas imediatamente. Todos esses cadernos estão comigo e mantenho-os à disposição das pessoas que queiram vê-los.
>
> Eis o principal problema que se apresenta neste caso: uma mulher de instrução comum deu respostas para diversas perguntas científicas cuidadosamente elaboradas no decorrer de trinta e sete sessões, com a sessão prolongando-se por três horas a cada vez. As respostas são de tal ordem, que provavelmente *não existe na Inglaterra um homem que possa fazer o mesmo*, isto é, dar respostas tão precisas, nas mesmas condições, a todas as perguntas que foram feitas.
>
> Um relatório detalhado dessas sessões, uma autobiografia da médium, bem como exemplos dessas perguntas, com as respostas, acham-se na *Psychological Review* de 1878 (tomo I, p. 215).
>
> Não se deve perder de vista que a médium é uma senhora de instrução medíocre, que estava cercada de pessoas que a estudavam com atenção, que as perguntas escritas eram lidas em voz alta, imediatamente, que as respostas eram escritas rapidamente pela mão da médium no mesmo caderno, que eram improvisadas, sem qualquer correção posterior; não se deve esquecer, também, que as perguntas se referiam a diversos assuntos científicos, e outros, geralmente pouco familiares às mulheres; que a médium, segundo ela mesma confessa, é completamente ignorante nessas matérias; que ela escrevia automaticamente, sem analisar se as respostas eram corretas. As pessoas que a conhecem intimamente garantem que ela nunca teve inclinação pelas ciências e que jamais leu livros científicos.

5 Barkas, *Réponses improvisées à des questions scientifiques, par unne femme médium d'éducation ordinaire. Light*, 1885, p. 85.

Eis algumas amostras de perguntas, e de respostas assim obtidas mecanicamente, sem demora ou hesitação, mesmo que a médium ignorasse completamente as perguntas antes de ouvi-las. Constataremos que não são banais:

P. — Por que dois sons idênticos podem produzir silêncio, quando dois sons não idênticos não produzem esse resultado?

R. — Porque duas ondas sonoras idênticas e de sentido oposto, ao se chocarem, anulam reciprocamente seu movimento vibratório. Pegai em cada mão um diapasão igual, percuti esses diapasões com uma força igual e apoiai as hastes nos cantos de uma mesa; vereis então as duas ondas, caminhando uma na direção da outra, absorverem-se reciprocamente pelos seus vértices. Essas experiências merecem ser feitas.

P. — Podeis dizer-me como é possível calcular a relação que liga as pulsações[6] específicas entre si, tomada sob um volume constante e sob uma pressão constante, conforme a rapidez observada do som e da luz, por meio da fórmula de Newton?

R. — Esta relação só pode ser calculada da seguinte forma: Suponhamos que se percutam simultaneamente duas cordas ou dois diapasões; se a intensidade do som é a mesma, ou quase a mesma para os dois, as pulsações se produzirão da maneira seguinte, admitindo-se que o número das vibrações, de um lado, seja 228, e do outro, 220 por segundo, o número das pulsações que atingirão o ouvido será 228-220 = 8 por segundo. Isso dará 8 pulsações por segundo; é o número máximo de pulsações que podem chegar ao ouvido.

---

6 Dá-se o nome pulsação aos aumentos e enfraquecimentos sucessivos que se produzem, a intervalos iguais, por um som resultante da propagação, no ar, de dois sons que não têm a mesma altura.
O fenômeno das pulsações se realiza com a maior facilidade: basta fazer vibrar em planos paralelos dois diapasões que não tenham o mesmo *período*, isto é, cuja duração de oscilação não seja a mesma. Cada um deles dá origem a uma onda sonora; se, em determinado ponto, num momento dado, essas duas ondas forem concordantes, há um máximo de altura para o som resultante, mas essas ondas não se propagam com a mesma rapidez; uma delas sobrepuja a outra cada vez mais; elas se contrariam, e, em dado momento, por um ponto determinado, o som resultante apresenta um mínimo de intensidade. Em outros termos, a amplitude do movimento oscilatório resultante é função periódica do tempo, e, consequentemente, passa por uma série de máximos e de mínimos; entre dois máximos, isto é, entre dois aumentos, acha-se o mínimo, ou seja, um enfraquecimento. O ouvido percebe muito melhor essas variações de altura quando estão mais distantes; para tanto, é necessário que os dois diapasões vibrem em uníssono.

Obtivemos com essa médium descrições exatas do olho e, o que é melhor, tratados completos sobre o calor, a luz, a fisiologia das plantas, a eletricidade, a anatomia do corpo humano e, conforme o sr. Barkas, pode-se dizer que cada um desses tratados honraria um adepto da ciência.

Enquanto duravam as sessões, a médium parecia estar no seu estado normal. Essa senhora conversava conosco o tempo todo e respondia com um ar perfeitamente natural quando lhe dirigíamos a palavra em matéria de simples conversação. A influência oculta que a dominava só se revelava no movimento automático da mão.

Atesto que eu mesmo concebi e formulei a maior parte das perguntas, de que a médium, consequentemente, não podia ter conhecimento antecipado; a não ser eu, ninguém mais da assistência lhes conhecia o teor; muitas vezes as perguntas foram feitas sem premeditação, e as respostas foram escritas pela médium sob nossos olhos; *ter-lhe-ia sido materialmente impossível* munir-se antecipadamente de quaisquer informações a respeito das respostas a serem dadas. Acrescentarei que ela nunca recebeu um centavo de remuneração por todas as horas — pelo menos uma centena — que dedicou tão desinteressadamente ao estudo dos seus notáveis fenômenos mediúnicos.

A ignorância da médium parece perfeitamente estabelecida, e consequentemente não era nela que poderiam encontrar-se as informações exatas que a mão revelava. É interessante saber se não eram os assistentes que, inconscientemente, forneciam os dados científicos. O sr. Aksakof escreveu ao sr. Barkas pedindo esclarecimentos sobre este ponto importante. Eis a resposta:

Senhor, vós me perguntais, em primeiro lugar, se eu próprio estaria em condições de responder, de modo tão preciso quanto a médium o fez, às perguntas de física que lhe fiz; e em seguida, desejais saber até que ponto as respostas recebidas por intermédio da médium não poderiam ser consideradas um efeito da leitura cerebral. No que diz respeito à física, devo dizer que teria conseguido responder a um certo número de perguntas propostas à médium, mas menos bem

Gabriel Delanne

do que ela o fez; tratando-se de algumas especialidades, na época eu não teria acesso a uma fraseologia tão técnica e tão precisa; isso diz respeito, mais particularmente, à descrição do cérebro e à estrutura do sistema nervoso, à circulação do sangue, à estrutura e funcionamento dos órgãos da visão e da audição. As respostas recebidas pela médium, em geral estavam *notavelmente acima dos meus conhecimentos científicos de então, e são superiores às que eu hoje poderia dar* — ou seja, doze anos depois — se devesse escrevê-las sem me preparar antecipadamente.

Estudei mais ou menos três quartos das perguntas antes de submetê-las à médium, e no entanto devo confessar que não teria conseguido redigir minhas respostas com a mesma exatidão e a mesma elegância de linguagem das transmitidas pela médium.

As respostas contêm muitos termos técnicos que, certamente, não me ocorreria empregar, por falta de uso. Encontram-se, por outro lado, *expressões que me eram totalmente desconhecidas*, como, por exemplo, *membrana adnata*, para designar a conjuntiva; além do mais, aqui não encontrei um único médico que conhecesse esse termo.

Compreendo toda a dificuldade que há para mim em informar-vos de uma maneira completamente satisfatória sobre os detalhes que vos interessam, visto que sou obrigado a trazer à baila minha sinceridade e fazer uma avaliação pessoal para levar em conta o que eu sabia e o que eu não sabia quando aconteceram as sessões. Contudo, posso afirmar por minha honra que não me achava à altura de responder, de modo tão detalhado, a boa parte das perguntas de física que eu havia formulado, sem tê-las comunicado primeiro a outras pessoas, e *havia certas perguntas a que eu não teria conseguido responder.*

É exato que não teria conseguido responder às perguntas sobre música. Houve três sessões dedicadas às ciências musicais; um professor de música assistiu às duas últimas.[7] Na primeira, quem fez as perguntas fui eu. Dois dias antes, pedi a um amigo, perito em matéria musical, que mas formulasse, *e nem mesmo tentei compreendê-las.* Fi-las à médium, que, sem a menor hesitação, escreveu as respostas que lestes, e outras mais. *Naquela sessão, não havia um único músico.* A própria médium tinha apenas noções ele-

---

7 Provavelmente o sr. William Rae, organista em Newcastle, segundo a sra. d'Espérance. Ver seu livro, *Au pays de l'Ombre*, p. 147.

mentares em matéria de música.[8]
Nas duas outras sessões, a maioria das perguntas relativas à crítica musical foram feitas pelo professor de música; eu fiz as restantes, que tinha obtido com alguns amigos músicos. Parece que, entre as respostas dadas às perguntas do professor, houve alguma que não combinava com a opinião dele. Quanto às que se referem às perguntas que eu fiz, ignorava, na época, se estavam corretas ou não.

Para responder à hipótese de que as informações teriam sido fornecidas telepaticamente por alguma pessoa viva, o sr. Barkas diz:

> Gostaria muito de conhecer, mesmo que fosse um único caso, bem averiguado, de um sensitivo iletrado que, sem estar mesmerizado, conseguisse responder por escrito, num estilo correto e científico, a perguntas sobre música e ciência, por efeito da leitura de pensamento, ou pela ação da vontade, exercida por um sábio ou por um músico vivo...
> Pedis que vos indique as perguntas a que nem eu, nem qualquer dos assistentes, teríamos conseguido responder? Na primeira das sessões dedicadas à música, *nenhuma das pessoas presentes era capaz de dar uma resposta sensata*. Ninguém teria conseguido, também, responder a *perguntas de química, de anatomia, concernentes à visão, à audição, à circulação do sangue, ao cérebro, ao sistema nervoso*, e a muitas outras ligadas às ciências físicas. Exceto o sr. Bell, que tinha algumas noções de química prática, mas não se expressava com facilidade, e eu, que conhecia os princípios rudimentares da física, as pessoas que assistiam às sessões eram absolutamente ignorantes nessas matérias. Aceitai etc.
> P. T. Barkas

A médium do sr. Barkas, a sra. d'Espérance, recentemente publicou um livro intitulado *Au pays de l'Ombre*, no qual fala dessas sessões.[9] Deve-se ler as páginas que lhes dedica, para bem identificar as condições em que as respostas científicas eram dadas.

---

8 O sr. Barkas não tinha noção alguma, como diz em outro lugar. (*Médium*, 1887, p. 645.)
9 d'Espérance, *Au pays de l'Ombre*, p. 138 e segs.

Gabriel Delanne

Quanto a mim, diz ela, só me interessava por essas discussões devido ao meu vivo desejo de ver Stafford (o guia da médium) mostrar-se capaz de lutar com vários homens esclarecidos e desejosos, parecia-me, de provar sua superioridade intelectual; eu não compreendia os termos técnicos constantemente empregados, e às vezes me perguntava se os próprios interrogadores os compreendiam!

Ocorre que essas discussões não apenas aborrecem o médium, mas também outros espíritos que têm o hábito de comunicar-se. Eis um exemplo, no qual, durante uma interrupção momentânea, um deles, chamado Walter, se aproveita do intervalo:

Durante meia hora, Walter nos entreteve, imitando de maneira engraçada 'o governador'e fazendo-nos uma dissertação científica sobre as propriedades de um gás que chamava *Oxihidronitro-amoníaco*. Questionado sobre o significado do termo, ele nos disse: 'Quando falo sobre assuntos científicos, prefiro utilizar termos científicos', querendo, evidentemente, zombar do médico cuja conversa era quase ininteligível para os espíritos comuns, já que fazia um uso excessivo de termos técnicos.

Se acharmos que todas essas comunicações se devem a personalidades secundárias da médium, devemos admitir que, nesse caso, ela é obsedada por agrupamentos psíquicos diferentes uns dos outros, já que há sábios, ignorantes, e outros bastante engenhosos para fazer retratos semelhantes de pessoas que nunca viram! Quanto a teoria espírita é mais simples e em harmonia com os fatos do que todas essas fantásticas hipóteses!

Os relatos do general A. W. Drayson[10]

Tendo recebido do sr. Georges Stock uma carta perguntando-me se eu podia citar, mesmo que fosse um único exemplo, de que um espírito, ou um suposto espírito, tivesse resolvido, imediatamente, um dos problemas científicos que interessaram aos sábios do século passado, tenho a honra

---

10 General Drayson, *The solution of scientific problems by Spirits. Light* 1884, p. 499. tradução francesa de *Animisme et Spiritisme*, p.499.

de comunicar-vos o fato seguinte, de que fui testemunha ocular:

Em 1781, William Herschel descobriu o planeta Urano e seus satélites. Observou que esses satélites, contrariamente a todos os outros do sistema solar, percorrem suas órbitas do oriente para o ocidente. Nas suas *Esquisses Astronomiques, J. F. Herschel diz*: 'As órbitas desses satélites apresentam particularidades completamente inesperadas e excepcionais, contrárias às leis gerais que regem os corpos do sistema solar. Os planos das suas órbitas são quase perpendiculares à eclíptica, fazendo um ângulo de 70o58', e eles as percorrem num movimento retrógrado, isto é, sua revolução em torno do centro do seu planeta se efetua de leste para oeste, em vez de seguir o sentido inverso'.

Essa anomalia era um enigma para Laplace e para todos os astrônomos. Quanto a mim, não encontrei nenhuma explicação para essa particularidade.

Em 1858, tinha como hóspede, na minha casa, uma senhora que era médium, e organizávamos sessões diárias. Uma noite, ela me disse que via ao meu lado uma pessoa que dizia ter sido um astrônomo durante sua vida terrena. Perguntei a esse personagem se era mais sábio naquele momento do que por ocasião da sua existência na terra.

— Muito mais — respondeu-me ele.

Tive a ideia de fazer ao suposto espírito uma pergunta para testar seus conhecimentos:

P. — Podeis dizer-me — perguntei-lhe — por que os satélites de Urano fazem sua revolução de leste para oeste e não de oeste para leste?

Imediatamente, recebi a seguinte resposta:

R. — Os satélites de Urano não percorrem sua órbita do oriente para o ocidente; eles giram em torno do seu planeta do ocidente para o oriente, no mesmo sentido que a Lua gira em torno da Terra. O erro provém do fato de que o polo sul estava voltado para a Terra no momento da descoberta desse planeta; da mesma forma que o Sol, visto do hemisfério austral, parece fazer seu percurso cotidiano da direita para a esquerda, e não da esquerda para a direita, os satélites de Urano moviam-se da esquerda para a direita, o que não significa que percorressem sua órbita do oriente para o ocidente.

Em resposta a uma pergunta que lhe fiz, meu interlocutor acrescentou:

— Enquanto o polo sul de Urano estava voltado para a

Terra, para um observador terrestre os satélites pareciam deslocar-se da esquerda para a direita, e concluiu-se, erradamente, que iam do oriente para o ocidente; esse estado de coisas durou mais ou menos 42 anos. Quando o polo norte de Urano está voltado para a Terra, seus satélites percorrem seu trajeto da direita para a esquerda, e sempre do ocidente para o oriente.

Perguntei como o erro só foi reconhecido 42 anos depois da descoberta do planeta Urano por Herschel?

R. — Porque, geralmente, tudo que os homens fazem é repetir o que as autoridades que os precederam disseram; ofuscados pelos resultados obtidos por seus predecessores, não se dão ao trabalho de refletir.

Guiado por esse ensinamento, pus-me a resolver o problema geometricamente, e percebi que a explicação era exata, e a solução muito simples. Em consequência, fiz uma dissertação sobre o assunto, que foi publicada em *Les Mémoires de l'Institution Royale d'Artillerie*, em 1859.

Em 1862, dei a mesma explicação para o suposto enigma numa pequena obra sobre astronomia: *Common Sights in the Heavens*; mas a influência da 'opinião autorizada' é tão funesta, que hoje só os escritores que se ocupam de astronomia começam a reconhecer que o mistério dos satélites de Urano, provavelmente, deve ser atribuído à posição do eixo desse planeta.

Não possuímos a necessária competência para formar um juízo sobre o valor científico da hipótese acima citada, mas o que nos interessa mais especialmente e que é muito importante, parece-nos, é ver uma senhora qualquer formular, *ex abrupto*, uma solução racional para um fenômeno astronômico até então inexplicável. Parece-nos que aqui intervém uma inteligência que não dá informações vagas, mas fornece uma teoria que, se não for exata, o que seria preciso verificar, denota, da parte do seu autor, amplos conhecimentos sobre astronomia, que não poderíamos encontrar no cérebro da médium, porque há 50 anos essa ciência longe estava de ser tão difundida quanto nos dias atuais, quando seu estudo se popularizou.

O caso que se segue é ainda mais notável, porque foi verificado ponto por ponto:

Na primavera de 1859, continua o gen. Drayson, mais uma

vez, por intermédio da mesma médium, tive a oportunidade de conversar com a personalidade que dizia ser o mesmo espírito; perguntei-lhe se podia esclarecer-me quanto a um outro fato astronômico ainda desconhecido. Eu possuía, então, um telescópio com uma objetiva de quatro polegadas e de uma distância focal de cinco pés. *Fiquei sabendo que o planeta Marte tinha dois satélites*, que ninguém tinha visto ainda, e que eu poderia descobrir em condições favoráveis. Aproveitei a primeira ocasião que se apresentou para fazer observações com esses objetivo, mas nada descobri. *Falei sobre essa observação com três ou quatro amigos* com os quais fazia experiências espíritas, e ficou decidido que guardaríamos silêncio sobre o que se tinha passado, porque não possuíamos nenhuma prova que apoiasse as alegações do meu interlocutor, e nos arriscávamos a expor-nos à zombaria geral.

Durante minha estada na Índia, falei dessas observações com o sr. Sinett, não posso dizer exatamente em que época. Dezoito anos mais tarde, em 1877, esses satélites foram descobertos por um astrônomo em Washington.

Receitas dadas pelos espíritos

Conhecemos em Paris um pintor desenhista que se ocupou com o espiritismo, e, como desejava fazer pintura sobre seda e suas tentativas para fixar as cores não tinham sido bem sucedidas, teve a ideia de perguntar se um espírito não quereria indicar-lhe um processo para chegar aos seus fins. Por intermédio de um amigo nosso, médium escrevente, que ignorava completamente essas questões técnicas, obteve a seguinte resposta:

É preciso uma seda meio grossa, que possa embeber-se perfeitamente de uma matéria gosmosa, composta de goma arábica, de glucose, ou melhor, de fécula de batata pulverizada. É necessário acrescentar a essa goma um pouco de álcool para fazer um verniz; é toda a preparação da tela. Quanto à tinta, não é preciso essas tintas engenhosas atualmente utilizadas, mas simplesmente tinta de noz-de-galha, na qual diluireis uma pequena quantidade de açúcar para espessá-la, a fim de que não se espalhe e não siga os fios, apesar da camada de goma. Fareis secar na sombra, para que a seda que foi tocada pela tinta não encolha.

A experiência com esse processo foi feita sem tardar e deu excelentes resultados.

O historiador Eugène Bonnemère, autor da apreciada *Histoire des Paysans* e da *Histoire des Camisards*, teve a oportunidade de estudar durante muito tempo uma senhora que escrevia automaticamente e que lhe forneceu assuntos para vários romances que publicou no *National (Le Roman de l'Avenir, Louis Hubert, Les Déclassés* etc.). Ele revelou uma série de observações sobre esse caso interessante,[11] entre as quais citaremos a seguinte:

> Prometi-lhes, diz o sr. Bonnemère, distrair seus leitores com as faculdades mediúnicas da sra. X., autora inconsciente do *Roman de l'Avenir.* Mas antes quero dizer-lhes algumas palavras sobre suas pinturas, pois não foram só essas 21 000 páginas, ela também pintou, ao mesmo tempo, 180 quadros, grandes ou pequenos, a óleo ou aquarela, sobre tela, em papel, em madeira, em pergaminho, em marfim, em ardósia, em tudo que lhe caía sob as mãos. A ardósia, muito porosa, não retinha o óleo, nem a cor, que se espalhavam ao redor. Isso não a perturbou, e ela imaginou vários processos que, sem alterar em nada a cor da ardósia, permitiam que pintasse nela com nitidez igual à da tela. Assim, ela compôs lindos buquês de flores que poderão substituir as placas de porcelana embutidas nos móveis. Quanto à aquarela, fabricava as cores que lhe faltavam (sempre inconscientemente), e, com madeira de salgueiro, obtinha tons neutros de efeito surpreendente. O suco de *tithymale* fornecia-lhe brancos de um brilho notável.

Um remédio dado pelos espíritos

Nossas relações com o mundo invisível não têm por objetivo eximir-nos do trabalho necessário para fazer descobertas. Seria absurdo, além disso completamente ilusório, imaginar que os espíritos elevados vão dispensar-nos de toda pesquisa científica e revelar-nos a imensidade de coisas que ainda igno-

---

11 *Revista Espírita*, agosto e dezembro de 1877.

ramos. Seria injusto, uma vez que poderíamos possuir conhecimentos sem nos termos esforçado para adquiri-los. Assim, isso não acontece. Excepcionalmente, em casos particulares que se justifiquem por uma utilidade imediata, e pelo sentimento de caridade que anima certos espíritos, pode ser proporcionado alívio aos que sofrem, como temos numerosos exemplos. Vejamos um deles:[12]

> Fomos informados por um irmão metodista, muito fidedigno, de que o sr. de Williamsbourg, que faz parte, assim como sua esposa, da igreja metodista, durante muito tempo sofreu de cálculos na bexiga e empregou sem sucesso todos os remédios conhecidos em medicina. Ficou muito debilitado, abatido, e numa das crises de dores violentas gritou diante da família: 'Como poderia ter alívio?' No mesmo instante, sua esposa foi influenciada e induzida a escrever. Achando-se num estado em que tinha apenas semiconsciência do que fazia, *ela escreveu uma prescrição* (como depois se soube) *e indicou a maneira de preparar e administrar o medicamento.* Era um fato completamente novo para a família; não sabiam que causa havia levado a mulher a escrever. O doente declarou que queria experimentar aquela medicação. Seus parentes objetaram a necessidade de assegurar-se de que as substâncias prescritas não eram venenos; consequentemente, consultaram um médico e um farmacêutico, que declararam tratar-se de remédios empregados em medicina, mas o médico acrescentou que, naquele caso particular, não queria assumir a responsabilidade da prescrição do medicamento. Que o doente assuma, se o desejar, a responsabilidade da sua experiência, disse ele. Foi o que o doente fez; durante vários dias seus sofrimentos só fizeram aumentar. Mas sua esposa, obedecendo à mesma influência que a tinha levado a escrever, disse-lhe que não devia alarmar-se, mas continuar usando o remédio indicado. O conselho foi seguido, e, no espaço de dez dias, o doente expeliu vários cálculos, alguns dos quais muito volumosos, após o que sentiu-se imediatamente aliviado e, pouco depois, sua recuperação foi completa.
>
> Essas pessoas não eram absolutamente espíritas, *e a mulher nunca tinha sido influenciada antes*; nem ela, nem

12 *Spiritual Télégraphe*, julho de 1862, reproduzido pelo jornal *Le Magnétisme*, setembro de 1862.

o marido sabiam o que eram as influências dos espíritos; o doente só se decidiu a usar o remédio devido ao excesso de sofrimentos, e considerando a maneira singular como lhe havia sido prescrito. Depois do acontecido, ficaram sabendo que deviam o aconselhamento aos espíritos, e a sra. S. foi utilizada por eles na cura de outros doentes. O sr. e a sra. S. continuaram ligados à igreja metodista, e só com muita reserva confessam sua adesão ao espiritismo.

Aqui, parece que a autossugestão não pode ter interferido, já que a escrevente ignorava as práticas da mediunidade. Trata-se de um caso de manifestação espontânea que, unida à prescrição exata de um remédio que produziu a cura, demonstra a intervenção de inteligências estranhas que possuem conhecimentos totalmente alheios aos da médium e das pessoas que a rodeavam. Observemos, igualmente, os escrúpulos religiosos dos membros da família, que nos informam quanto à sua mentalidade. Eles não procuram fazer propaganda, e estão longe de vangloriar-se da notável faculdade da sra. S. Essas considerações nos levam a considerar seriamente essa observação.

Poderíamos continuar com essas citações, mas preferimos passar de imediato ao estudo dos fenômenos obtidos com pessoas iletradas ou crianças de tenra idade, nas quais toda sugestão mental ou toda ação telepática são mais do que improváveis. Concebemos facilmente que se uma criança de peito se põe a escrever, não é sob a influência de um pensamento que lhe é transmitido, uma vez que ela ainda não possui o mecanismo mental necessário para a produção dos movimentos da escrita. Nesse caso, estamos diante de uma ação física exercida sobre a mão, análoga à que utilizamos para fazer escrever alguém que ainda não sabe.

Mediunidade da escrita constatada em bebês

O sr. Jenken, advogado, tinha um filho de cinco meses e meio que escreveu uma comunicação nas condições seguintes, cujo relato devemos ao sr. James Wason:

O narrador morava com a família Jenken em Brigton. O marido, cansado devido às suas viagens cotidianas a Londres, sofria muito do estômago e dos intestinos, e o sr. Wason não tinha conseguido convencê-lo de que sua doença provinha de um excesso de fadiga.

A 6 de março, por volta da uma hora da tarde, continua o sr. Wason, a ama estava sentada, tendo o menino sobre os joelhos, perto da lareira, no salão; eu estava escrevendo a uma mesa, bem perto, e a sra. Jenken se encontrava num aposento vizinho; a porta estava aberta. De repente a ama exclamou: 'O bebê tem um lápis na mão!' Ela não acrescentou que o lápis tinha sido colocado na mão da criança por uma força invisível; não lhe dei atenção, sabendo por experiência própria com que força um bebê às vezes agarra o nosso dedo, e continuei a escrever. Mas a ama imediatamente exclamou, mais espantada ainda: 'O bebê está escrevendo!' Isso intrigou a sra. Jenken, que veio para o salão.

Levantei-me e olhei por cima do ombro da sra. Jenken, e vi que, com efeito, o menino tinha um lápis na mão e que esta estava pousada na extremidade do papel com a comunicação da qual mais tarde tiramos uma fotografia. Eis a mensagem: 'Amo esta criança. Que Deus a abençoe. Aconselho ao seu pai que, de modo algum, volte para Londres segunda-feira. Suzanne.'

Devo dizer aqui que Suzanne era o nome da minha falecida esposa que, quando vivia, gostava muito de crianças e cujo espírito (tal como o supomos) havia se manifestado inúmeras vezes através de pancadas e de escritas automáticas, por intermédio da sra. Jenken; antes do casamento, esta última usava o nome Kate Fox, muito conhecido no espiritismo, e foi na sua família que se produziram, nos arredores de Nova Iorque, as primeiras manifestações mediúnicas, as pancadas de Rochester, que inauguraram o movimento espiritualista do nosso século.

James Wason, Solicitador
Wason Buildings, Liverpool.

A ata publicada em *Médium and Daybreak* reproduz o fac-símile da escrita e da assinatura do sr. Wason, da sra. Jenken e da ama. Não foi a única comunicação obtida pelo bebê. Eis outros detalhes extraídos do *Spiritualist* de 20 de março de 1874:

A faculdade de escrever do nosso filho parece continuar. A 11 de março, quando minha mulher e eu estávamos à mesa, achando-se a ama com a criança defronte a mim, um lápis foi-lhe colocado na mão direita. Minha mulher pôs uma folha de papel sobre os joelhos da ama, sob o lápis. A mão do menino imediatamente escreveu: 'Amo esse menininho. Que Deus abençoe sua mãe. Estou feliz. J. B. T.'
Expressei meu desejo de que o bebê dirigisse algumas palavras à sua avó, que tem mais de 90 anos, e, alguns minutos depois, a força invisível tirou uma folha de papel de uma mesa e colocou-a sobre os joelhos da ama. Ao mesmo tempo, um lápis foi posto na mão do meu filho e este traçou rapidamente estas palavras: 'Amo minha avó'. O papel e o lápis foram jogados no chão, e pancadas avisaram-me que meu desejo tinha sido realizado.

Não temos razão alguma para pôr em dúvida a palavra do sr. Wason, cujo título oficial oferece uma garantia de sinceridade. O sr. Jenken, também, nunca foi suspeito de má fé; então, por mais inverossímeis que pareçam, devemos admitir esses relatos, ainda mais que esse exemplo não é único.

A filhinha do barão Seymour Kirkup escreveu aos *nove dias* de idade! Eis a carta endereçada ao sr. Jenken pelo barão:

Minha filha era médium aos dois anos de idade; agora ela tem vinte e um anos. A filha dela escreveu automaticamente quando tinha apenas nove dias. Guardei as mensagens escritas por ela, de que vos enviarei uma fotografia.
Era uma criança muito pequena, prematura, nascida aos sete meses de gravidez. A mãe a segurava com uma das mãos sobre um travesseiro, tendo na outra um livro no qual tinha posto uma folha de papel; não se sabe como o lápis chegou à mão da criança. Seja como for, Valentine (é seu nome) segurava-o firme em sua mãozinha.
Escreveu, primeiro, as iniciais dos seus quatro guias: R. A. D. J., depois do que, o lápis caiu. Eu achava que aquilo seria tudo, mas minha filha Imogène exclamou: 'Está segurando o lápis novamente!' A criança então traçou, acima das letras já escritas, com uma letra insegura, as seguintes palavras: 'Non *mutare, questa è una buona prova, fai cosa ti abbiamo detto; adio'* (Não mude nada, é uma boa prova, faze o que te dissemos; adeus).

O sr. Jenken acrescenta:

A carta que recebi de Kirkup estava acompanhada de uma fotografia da escrita da criança, de uma ata com a assinatura de sete testemunhas, e de um excelente retrato espírita da avó, a célebre Regina.

Conforme o *Baner of Light* de 1876, o sr. Aksakof também conta o caso de uma criança, Essie Mott, de Memphis (Missouri), médium de dois anos, que obteve escrita em ardósia quando não havia ninguém perto dela e ela não lhes conhecia a letra. O fato é atestado por uma testemunha independente, o respeitável sr. Waren Chose.

Um certo sr. Call Black converteu-se à crença nos fatos espíritas após ter recebido comunicações por intermédio de uma outra criança. (Ver *Religio-Philosophical - Journal* de 25 de janeiro de 1890.)

Faremos, aqui, uma observação muito importante relativa às escritas produzidas por essas três crianças: é que, mesmo se não quisermos admitir nenhuma intervenção espiritual, e atribuirmos à mãe a ação exercida sobre seu bebê, não se segue daí que não exista no bebê um estado receptivo notável, uma mediunidade propriamente dita. A escrita não pode ser produzida por transmissão de pensamento, já que o cérebro da criança ainda não contém as associações dinâmicas indispensáveis para produzir os movimentos necessários ao grafismo da escrita. A força atuante, portanto, deve exercer-se diretamente sobre a mão, e seja qual for a extensão que se atribua à exteriorização da mãe, é bem difícil admitir que seja ela que atue tão fortemente, permanecendo em absoluto estado de vigília, e sem a menor consciência de produzir uma ação tão enérgica e complicada.

Poderíamos citar outros exemplos de mediunidade de crianças, mas remeteremos o leitor a *L'Histoire du Merveilleux*, tomo II, de L. Figier, e à obra do sr. Bonnemère, *Les Camisards des Cévennes*, que contam como crianças de treze meses se expressavam durante o transe em excelente francês, língua na época inusitada nos campos. Eis observações mais recentes, devidas aos srs. Dusard e Broquet.[13]

13 Ver *Revue Scientifique et Morale du Spiritisme*, 1899. Dusard e Broquet, *Phénomènes Psychiques Observes au Village D.*

Gabriel Delanne

Fenômenos psíquicos da aldeia D.

Temos o prazer de conhecer, há alguns anos, o sr. dr. Dusard, antigo interno dos hospitais de Paris, e muitas vezes pudemos apreciar-lhe o firme bom senso, o espírito metódico e frio, bem como seus conhecimentos psíquicos muito amplos; por isso, damos a maior importância aos fatos que ele observou, na companhia do sr. Broquet, numa pequena aldeia do norte, nos arredores de Valenciennes.

Perfeitamente a par das teorias sobre a subconsciência e a transmissão do pensamento, esses experimentadores tiveram a sorte de encontrar um médium que nunca tinha lido um livro que tratasse do psiquismo, nem tinha ouvido falar dos fenômenos espíritas. No entanto, foi-lhes dado observar quase todos os fenômenos transcendentais que, em geral, só são obtidos com diferentes médiuns. Conseguiram escrita automática e direta, tiptologia sem contato, transportes, ações à distância, exteriorização da sensibilidade, materializações etc. Como aqui nos ocupamos somente com a escrita, remetemos o leitor aos doze números da *Revue Scientifique et Morale du Spiritisme* que relatam esses fenômenos minuciosamente.

Inicialmente, vejamos alguns detalhes sobre a principal médium, chamada Maria, de 16 anos:

> Maria é filha de operários remediados; enquanto o pai trabalha nas minas de D., a mãe tem uma venda de bebidas. Em torno dela, encontramos parentes e amigos de condição análoga à sua, muito pouco instruídos, muitas vezes até iletrados e incapazes de escrever seu nome, mas sérios, honestos e formando uma espécie de elite entre os outros operários. Um de nós, Charles Broquet, parente de Maria, durante quatro meses viveu sob o mesmo teto que ela. Pôde, pois, acompanhar passo a passo o desenvolvimento da sua mediunidade. Os fatos que narra tiveram testemunhas, a princípio incrédulas, e cuja convicção só aconteceu diante da quantidade e da evidência dos fenômenos. Quanto a todos que se produziram na nossa ausência, empenhamo-nos em fazer com que, na medida do possível, nos fossem relatados por muitas testemunhas separadamente, e em geral com vários dias ou várias semanas de intervalo.

Até a idade de 15 anos, Maria gozou de boa saúde, salvo por frequentes dores de cabeça, que a impediam de frequentar regularmente a escola da aldeia. Assim, ela tem muito pouca instrução. Sua escrita é rudimentar e sua ortografia, completamente fantasista. Nunca lia e, consequentemente, não pôde excitar sua imaginação com relatos fabulosos como os que são colocados nas mãos das crianças e mocinhas. Até agora não leu nenhum livro sobre o espiritismo, e emprestou a uma vizinha, sem tê-lo lido, um volume bem elementar que um de nós havia trazido para ela. Não sabe, portanto, o que lhe dizem seus guias invisíveis e os autores do presente relato.

A médium não se prestou de boa vontade a essas manifestações durante muito tempo. De inteligência limitada, ela não compreende a elevada importância dos fatos que se obtêm por seu intermédio. Eis a observação dos autores quanto a esse ponto:

> Sabe-se que a maioria dos médiuns dotados de faculdades excepcionais, chegam, pouco a pouco, a deixar-se tomar pela vaidade, entusiasmam-se com o sucesso das experiências a tal ponto, que às vezes nos sentimos autorizados a suspeitar que ajudassem fraudulentamente na produção dos fenômenos, quando estes tardavam a produzir-se, ou não lhes pareciam de molde a assombrar suficientemente a assistência. Não é o que temos a temer com relação a Maria. Exceto nos primeiros meses da sua mediunidade, quando o atrativo da novidade e a satisfação de ver sua saúde restabelecida levavam-na a prestar-se de boa vontade, e mesmo com prazer, à produção daqueles fenômenos que lhe eram tão estranhos, sempre a ouvimos declarar-nos que *aquilo não lhe interessava*. Em meio às numerosas visitas e demonstrações de interesse que recebe, sua fisionomia continua fria e apática. Mal sai da inanição para rir diante de alguns fenômenos físicos mais estranhos do que os outros, depois reassume sua máscara de indiferença. Certos dias, ela leva sua má vontade até à obstrução. É a essa lamentável indiferença que devemos a perda de muitos documentos escritos e a falta de continuidade num certo número de experiências que gostaríamos de ter feito.

Vejamos, a seguir, alguns detalhes sobre sua maneira de escrever:

Gabriel Delanne

(Manuscrito 1)

Charle est tu content de M? Réquier pour ton guide j'ai encore quelque chose a te dire tu voudra bien dire a man que je lembrasse tendrement

(Manuscrito 2)

Je ne puis laisser passer ce beau jour bans vous offrir mes voeux et mes souhaits une bonne année, une bonne santé et toutes sortes de bonheur

(Manuscrito 3)

Douchy le 7 7bre 1890

Mon cher Charles ...

1. Escrita do espírito de Hebert, irmão de Maria, após sua morte.
2. Escrita do jovem Hubert durante sua vida.
3. Escrita normal de Maria.

Maria escreve sem interrupção ou hesitação, ora sem ordem, nem regularidade, ora seguindo perfeitamente as linhas e observando a pontuação. Ela permanece no estado normal e, sempre escrevendo, olha para o papel ou passeia os olhos em torno. Ela escreve tanto em plena luz, como numa completa escuridão, sem que o caráter da escrita se modifique. Só conhece o conteúdo de uma comunicação ao lê-la, quando está concluída. É realmente escrita automática.

A escrita varia com cada espírito e é rigorosamente a mesma para cada um deles, do começo ao fim da comunicação, e também quanto a comunicações com vários meses de intervalo.

Observamos que, se a escrita mecânica apresentasse só essas características, elas não seriam suficientes para estabelecer a mediunidade, e nada impediria que se visse aí apenas automatismo, já que sabemos que as personalidades secundárias conservam características idênticas, mesmo que elas só se apresentem com grandes intervalos de tempo. Em Maria, porém, a faculdade mediúnica se revela de um modo incontestável. Primeiro, porque sua ortografia se modifica, depois, porque a escrita reproduz a de um indivíduo já falecido, e, finalmente, porque revela fatos ignorados pelos assistentes, que não podem ser atribuídos à clarividência ou a qualquer das causas que já estudamos.

Com relação à ortografia, vejamos:

> Durante as últimas sessões, um espírito aconselhou que se vendassem os olhos da médium. Maria, então, cai rapidamente em transe. As comunicações, de caráter intelectual muito mais elevado, são escritas com regularidade; as linhas são retas, *a pontuação e os acentos bem colocados, a escrita é quase elegante e a ortografia perfeitamente correta*, coisas que Maria seria incapaz de produzir no estado normal.

Quando críticos, como Louis Figuier e outros, se vêem diante de casos semelhantes, crêem eludir a dificuldade dizendo que o estado hipnóide em que o indivíduo se encontra exalta-lhe as faculdades intelectuais, que então adquirem um desenvolvimento extraordinário que explica essas anomalias. Mas quem não vê o que essas críticas têm de superficial e inexato?

Que um indivíduo possa, durante uma crise de sonambulismo, ou mesmo no estado de credulidade, adquirir pela clarividência noções que não poderia ter no estado de vigília, é um fato cuja realidade constatamos. A lucidez faz conhecer acontecimentos distantes e simplesmente prova uma potência maior da faculdade de ver, é o desenvolvimento de um poder que está no indivíduo, ao passo que o uso da ortografia por alguém que não aprendeu gramática é uma verdadeira criação que não se pode explicar por uma exaltação da mente. Nada podemos tirar de um terreno que não foi semeado. Para qualquer um de nós, a ortografia só é dominada após uma longa educação, e é preciso muito esforço para armazenar no cérebro a quantidade de regras que se deve conhecer. Esse trabalho criou hábitos organo-intelectuais, um mecanismo psíquico que funciona automaticamente, a tal ponto que, quando se está hesitante sobre o modo de grafar uma palavra, basta deixar a mão correr maquinalmente para vê-la em seguida corretamente escrita. Mas, quem não passou por esse treinamento, quem não fixou pelo trabalho e pelo esforço muitas vezes repetidos a ortografia das palavras, jamais poderá escrever convenientemente. Ora, é o caso de Maria, que não frequentou a escola de maneira regular e, consequentemente, não pôde adquirir nem assimilar esse mecanismo que permite que não se cometam erros. Se às vezes escreve comunicações que nada deixam a desejar do ponto de vista da correção gramatical, é evidente que ela está sob a influência de uma inteligência que conhece a ortografia. Sendo seus pais e as pessoas que a cercam quase iletrados, não se pode supor qualquer ação telepática da parte deles; deve-se admitir, então, que são os espíritos que se manifestam, ainda mais que às vezes dão provas de identidade incontestáveis.

Fatos desconhecidos do médium

Citaremos três comunicações que apresentam circunstâncias interessantes:

No decorrer do mês de março de 1898, numa sessão a que assistiam o sr. Broquet e outras quatro pessoas, Maria escreveu uma comunicação sob a forma de carta, assinada D'H. e endereçada à sra. D'H., sua viúva, uma das pessoas presentes. A carta continha esta passagem: 'Lembras-te que por muito tempo procurei um livro de magia que pudesse revelar-me o momento da minha morte? Encontrei um e, no entanto, não soube que iria morrer indo a N. para assistir a uma cerimônia religiosa'. Todos os assistentes, exceto a sra. D'H., ignoravam o fato da busca de um livro de magia, e a própria sra. D'H. só se lembrou dele após algum tempo de reflexão. Apesar disso, talvez os partidários da teoria da sugestão pela consciência subliminar ou pelo inconsciente proponham, como interpretação, não a ação do ser consciente da sra. D'H., já que no momento ela não pensava no livro procurado, mas a do seu subconsciente atuando sobre o subconsciente de Maria.

Poderemos responder-lhes que até agora, em favor da sugestão mental, só há provas de transmissões de ordens mais ou menos precisas, porém jamais ideias ou lembranças longamente formuladas. Acrescentaremos que Maria e a sra.

D'H. estavam, ambas, no seu estado normal e que, consequentemente, Maria não se encontrava no nível de hipnose chamado credulidade. Quem não sabe, enfim, quanto são raras e laboriosas as experiências de sugestão mental coroadas de êxito? Para convencer-se disso, basta ler o estudo do dr. Ochorowicz sobre o assunto.

Em outra sessão, diante do sr. Broquet e de quatro assistentes, Maria escreveu esta comunicação, dirigida a ela: 'Maria, me esqueceste depressa, assim que morri; pensaste só alguns dias em mim. Eis por que volto a visitar-te, para saber se me reconhecerás'. Assinada, srta. Magain.

Maria e todos os assistentes procuram em vão nas suas lembranças; ninguém conheceu uma pessoa com aquele nome.

A comunicação então recomeça:

'Morri em D., com oito anos e meio, faz nove anos. Éramos grandes amigas.'

Muito intrigada, Maria busca inutilmente na memória, e seus pais, presentes à sessão, não foram mais felizes do que ela.

A comunicação insiste, nestes termos:

'Lembras-te de que mamãe veio buscar-me com a palmatória, na porta da sra. D., quando brincávamos com os ossinhos, quinze dias antes da minha morte? Lá se vão nove anos. Lembras-te de que eu ia frequentemente à casa da tua avó, contigo e com a srta. Octavie B.?'

Apesar de todos os detalhes, ninguém conseguia encontrar o que quer que fosse que pudesse ajustar-se àquelas lembranças. Íamos concluir pela intervenção de um fantasista, quando Maria voltou a escrever:

'Lembras-te de *Louise la Petite*?'

Esse nome foi como um traço de luz. Todos a conheceram: era a mãe de uma amiga de Maria, cuja filha, efetivamente, tinha morrido há nove anos, e Maria, ao fim de alguns instantes, reencontrou nas suas lembranças a cena da palmatória.

Para compreender como a memória da médium e dos assistentes pôde falhar assim, é importante saber que no norte, e sem dúvida em muitas outras províncias, há poucas famílias de operários, e mesmo de agricultores e pequenos burgueses, que não tenham apelidos, cuja origem vem de acontecimentos, de particularidades no trajar, nos traços do rosto, na forma de um membro etc. As alcunhas são tão completamente adotadas por todo mundo, que o verdadeiro

Gabriel Delanne

nome da família fica totalmente esquecido, sendo reencontrado somente em atos oficiais.

Portanto, podemos considerar isso como revelação de um fato ignorado por todos, e não vemos como alguém poderia recusar-se a admitir aqui a intervenção de uma inteligência estranha a todos os assistentes.[14]
Eis um terceiro fato:
Maria escreve: 'Sou a sra. D. (o nome com todas as letas). Dize a meu marido que não estou absolutamente zangada pelo fato de ele ter-se casado de novo depois da minha morte. Morri em D. há quatro anos, na festa do padroeiro, na praça, vendo minha filha Augusta andando no carrossel.'
A médium, os assistentes e as diversas pessoas interrogadas no momento concordam que a comunicação contém um detalhe inexato. Não teria sido na praça, mas numa casa vizinha, que a sra. D. tinha morrido. No entanto, o sr. D., encontrado alguns dias depois, confirmou a constatação da comunicante, especificando que fora nos seus braços, *na praça*, que a sra. D. havia caído morta.
Era, pois, uma comunicação em contradição com a convicção de todos os assistentes. Quem pode tê-la ditado?

Escritas de crianças

Abordaremos agora fatos ainda mais importantes do ponto de vista das teorias espíritas; queremos falar da escrita mecânica em crianças e adultos completamente iletrados. Aqui, é impossível evocar a fraude; crianças e adultos são bem conhecidos na localidade. Resta o subconsciente, agindo à revelia da personalidade consciente e servindo-se dos seus órgãos para escrever comunicações e dar respostas às preocupações dos assistentes, às vezes contrárias aos desejos deles.
Que nos permitam, com relação a isso, apresentar uma reflexão. Os partidários dessa hipótese e do subconsciente declaram que ele é o resumo de todas as aquisições morais e intelectuais feitas pelo espírito no curso de suas vidas sucessivas, o que explicaria a superioridade que lhe atribuem sobre a personalidade consciente, mas vemos que não podemos alinhar-nos com essa opinião sem adotar os dois

---

14 Esse caso poderia ser explicado pela memória latente, se nunca se tivessem obtido outros. Mas, como Maria deu provas de mediunidade, não é irracional supor-se que aqui também é um espírito que quer fazer-se reconhecer.

pontos essenciais do espiritismo: a sobrevivência e o desenvolvimento do espírito através de uma série de existências e, consequentemente, de reencarnações.

Chegamos agora aos fatos:

Fizemos com que o pai do médium de nove meses, bravo operário, até então incrédulo, e várias testemunhas nos repetissem a cena que os tinha levado ao espiritismo. Mas, aqui também, a comunicação foi perdida, porque nenhum deles pensava no interesse que um documento assim pode apresentar.

Escrita da pequena Céline M., perante o sr. Broquet

Em abril de 1848, Maria voltou para casa com a pequena Céline M., de três anos e meio, com quem gostava de brincar. A menina, comumente muito alegre, era tomada de terror cada vez que via o sr. Charles Broquet. Este induziu Maria a pô-la diante de uma mesa, com um lápis e papel, porque um espírito havia declarado que ela era médium. Maria então coloca, no meio da peça, uma mesinha diante da qual senta a menina e, para observar a cena à vontade, sem perturbar a médium, o sr. Broquet fica atrás da cadeira, a mais de dois metros, acompanha todos os movimentos da criança, que são reproduzidos por um espelho pendurado na parede em frente. Maria e a sra. V. mantêm-se a alguns metros de distância.

A criança pega o lápis, mas sua fisionomia trai uma viva inquietação, e a mão é agitada por movimentos nervosos. Finalmente, a mão pousa no papel e traça rapidamente, sem interrupção, a seguinte comunicação:

'Charles, estou muito contente por ter uma pequena médium tão bela, com três anos e meio de idade e que se tornará muito boa médium: trata de conversar com ela.'

O lápis é a seguir projetado no chão com certa força; a criança se vira, vê o sr. Broquet e se põe a gritar. Maria a pega para acalmá-la, enquanto o sr. Broquet apanha a folha de papel.

A pequena Elise, garotinha gorda, de 23 meses, loura, bechechuda e muito brincalhona, a 10 de setembro de 1898 toma o lugar que Maria havia acabado de ocupar diante da mesa. Pega um lápis e, sem parar, escreve uma página inteira com uma letra fina e regular, enquanto Maria cuidava dos trabalhos domésticos. Quando percebeu o fato, aproximou-se para pegar a folha de papel, mas a criança já a tinha rasgado e amassado. Maria não pensou em recolher os fragmentos.

A 12 de outubro de 1898, um mascate estranho na região, que Maria acabara de converter algumas horas antes, ao evocar-lhe a mãe e lembrar-lhe um passado que ele tinha todo interesse em esconder, voltou para pedir-lhe que evocasse seu pai. Maria teve a inspiração de sentar Elise à mesa, dando-lhe um lápis e um pedaço de papel que tinha à mão. Estavam lá cinco ou seis pessoas, a maioria estranhas ao espiritismo. Continuaram a conversar, sem se preocupar com a criança que, depois de fazer alguns arabescos sem qualquer significado, parou um momento, depois se pôs a escrever as seguintes palavras: 'Ele está reencarnado'.

Eis a reprodução dessa escrita, com as assinaturas das testemunhas:

Enquanto escrevia, a menina passava a mão esquerda, num gesto de carícia, no dorso da mão direita, dizendo: 'Papai!

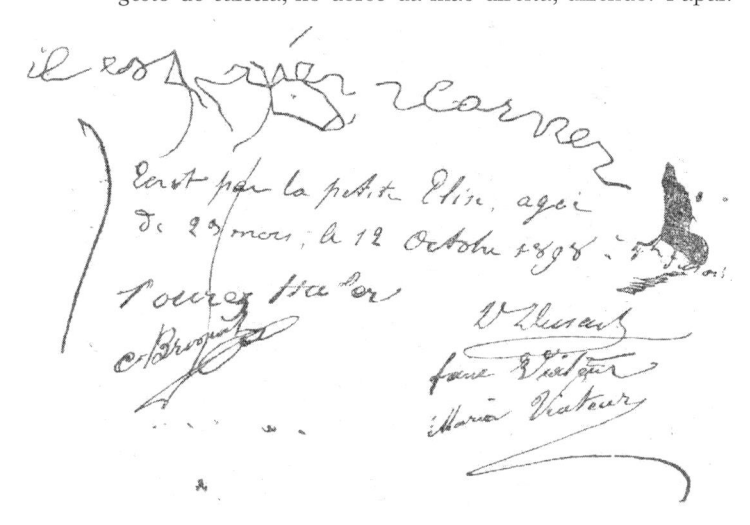

Papai!', depois jogou fora o lápis e sacudiu o braço, como se quisesse livrar-se de um aperto importuno e, finalmente, retomou o lápis para escrever a última palavra. Quando a escrita terminou, constatou-se que sua mão estava manifestamente fria.

Quarta-feira, 9 de novembro, o sr. Charles Broquet tinha avisado que não assistiria à sessão de quarta-feira, 23. Mal tinha saído e a jovem Elise, sentada diante de uma folha de papel, escreveu nela:

'É preciso escrever a Charles que venha à sessão de quarta-feira'.

A escrita, bem formada, é perfeitamente legível *e não contém erros de ortografia*, o que é excepcional.

Nesse caso, a criança tinha ficado completamente isolada, como nos casos precedentes.

Vemos que essas duas comunicações não são banais e se adaptam perfeitamente às circunstâncias. Mesmo que sua idade já não fosse um obstáculo suficiente, a criança ainda por cima não tinha nada que pudesse imitar.

A 11 de novembro, o sr. Lecerf manda à casa de Maria sua filhinha Louise, de 4 anos. A pequena Elise já estava lá, bem como Céline M., de quem já falamos, e que tem 3 anos. Maria colocou as três num banco, diante de uma mesa; deu a cada uma delas um lápis e uma folha de papel, e deixou-as livres, mantendo-se a uma boa distância, assim como a srta. Octavie B. e uma menina, Eugénie R., meia-irmã de Louise.

As crianças começaram a rabiscar; de repente, ao mesmo tempo, todas escrevem três fórmulas diferentes, tal como abaixo as reproduzimos:

(*Louise Lecerf*): 'Não esquecer de tê-las todas, se for possível.'

(*Elise*): 'Gostaria que Elise viesse à próxima sessão, se for possível.'

(*Céline*): 'Gostaria de ver todos esses médiuns na próxima sessão, se for possível.'

Elise e Céline em seguida jogam seus lápis no chão, enquanto Louise Lecerf cai em transe, ao mesmo tempo que Eugénie R. Voltaremos a esse incidente, a propósito de encarnações e reencarnações.

Na quinta-feira, 15 de dezembro, Maria vê Elise entrar, dizendo-lhe com um ar sério:

— Quero escrever de novo!

— Para quem? — pergunta-lhe Maria, mas como a crian-

Gabriel Delanne

ça repete obstinadamente 'Quero escrever de novo!', Maria acomoda-a diante de uma mesa, dá-lhe um lápis e uma tira de jornal que estava à mão e vê a menina escrever sem hesitar:
— Haverá sessão hoje?

Vimos frequentemente uma ou outra dessas crianças fazerem traços fantasiosos, no meio dos quais encontravam-se palavras truncadas e sem importância. Poder-se-ia dizer que são arabescos que, por acaso, lembram a forma de certas letras. Assim, só comentamos e levamos em conta frases bem nítidas e que contenham uma ideia."

Escrita de médiuns completamente analfabetos

Na *Revista Espírita*,[15] Allan Kardec publicou uma comunicação cujo estilo claro e ideias bem nítidas têm por objeto as relações entre vivos e mortos. Ora, o médium era completamente analfabeto. Diz o grande iniciador:

> Esta comunicação foi obtida por um rapaz, médium sonâmbulo, analfabeto. Foi-nos enviada pelo sr. Dumas, negociante em Sétif, membro da Sociedade Espírita de Paris, que acrescenta que o indivíduo não sabe o significado da maioria das palavras, e nos transmite o nome de dez pessoas notáveis que assistiam à sessão. Acabam de mostrar-nos uma página verdadeiramente extraordinária, obtida em Lião, *por uma mulher que não sabe ler nem escrever e não conhece uma só palavra do que escreve.* Seu marido, que não é mais letrado, imediatamente a decifra por intuição, mas no dia seguinte isso não lhe é possível; as outras pessoas a lêem sem dificuldade.

Contudo, não podemos admitir uma eterna fraude, e quando testemunhas honradas confirmam os fatos, é preciso reconhecer a realidade, por mais confusões que isso possa lançar em nossas ideias preconcebidas. Quando as práticas espíritas se tornarem frequentes, os fatos de cada categoria de fenômenos se agruparão aos milhares. Então, se fará justiça à clarividência e às faculdades de observação desses precursores, hoje tão desprezados e infamados.

15 *Revista Espírita*, 1863, p. 228.

Eis mais algumas provas que continuamos a buscar no relato tão bem documentado do dr. Dusart e do sr. Charles Broquet:

Resta-nos falar das comunicações que ocorreram em D., pela mão de médiuns absolutamente iletrados. Vimos um homem de cinquenta anos escrever um nome próprio. Quem não o conhece como nós, poderia pensar na reprodução de traços anteriormente observados. Não insistiremos. Bem diferente é o caso da sra. B., bem conhecida por nós e por toda a aldeia. Sabemos que seu marido, precisando da assinatura dela para um ato notarial, e querendo evitar despesas, sempre consideráveis para os operários, durante várias semanas esforçou-se por ensinar-lhe a escrever seu nome, e não o conseguiu. A sra. B. é uma operária de 42 anos, com as mãos endurecidas pelo trabalho. Portanto, opõe inconscientemente uma grande resistência à força inteligente que quer tornar-lhe os dedos flexíveis para escrever, e é muito curioso vê-la escrevendo. Ela levanta a cabeça, olha no vazio, ou para as pessoas ao seu redor, mas nunca para o papel sobre o qual sua mão repousa. Esta traça primeiro um certo número de linhas com traços continuados, sem intervalos, no meio dos quais, de tempos em tempos, distingue-se uma ou duas letras; a seguir, após essa espécie de exercício de flexibilização, vem uma frase mais ou menos longa, às vezes duas. Quando sente que a sua mão chegou ao fim da página, estende-a ao marido, ou às pessoas sentadas perto dela, e diz:
— Vejam se há alguma coisa escrita!
É certo que ela não conseguiria avaliar por conta própria.
Nessas comunicações, que mostram bem o tipo mais perfeito de escrita mecânica, foram dadas três assinaturas. Por quem? Podemos afirmar que não foi pela personalidade consciente do médium. Foi pelo subconsciente? Teríamos que admitir que nessa mãe de família, perfeitamente honrada e sincera, o subconsciente fosse bastante ignorante de si mesmo para assumir sucessivamente várias personalidades, enganando-se quanto à sua, ou suficientemente trapaceiro para tentar enganar as pessoas da família ou do seu círculo social. Seria, então, singularmente inferior à personalidade consciente, o que está em flagrante contradição com as assertivas daqueles que admitem essa individualidade hipotética. Podemos fazer a mesma observação a respeito dos

Gabriel Delanne

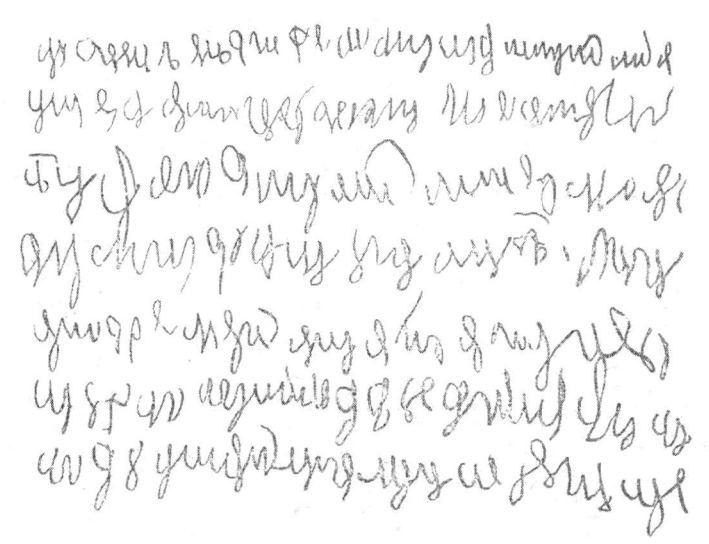

Garatujas da sra. B.

milhares de comunicações recebidas todos os dias no seio das famílias, no mundo todo, com uma variedade tão grande de assinaturas pelo mesmo médium.

Se não podemos invocar nem a trapaça, nem a personalidade consciente, nem a individualidade subconsciente, só resta uma interpretação, a da intervenção de inteligências independentes, estranhas a todos os assistentes. Veremos que a natureza das comunicações é comum, e tal como poderíamos esperar de signatários que, durante sua vida terrena, havíamos conhecido como muito pouco desenvolvidos na ordem intelectual. Eis os fatos: Durante várias sessões, a sra. B., adaptando-se aos nossos conselhos, tinha mantido sua mão, provida de um lápis, sobre uma folha de papel. Segurava o lápis rigidamente e resistia inconscientemente à ação exercida sobre seus braços, coisa que podíamos constatar. Por um quarto de hora a cada vez, fazia com mão pesada traços sem qualquer forma definida. Gradualmente, o braço tornou-se mais flexível, as letras puderam ser reconhecidas e nos foi possível ler Angélique Dernoncourt, nome da mãe dela. À noite, voltando para casa com o marido, repetiu sua tentativa e, dessa vez, recebeu, sob a mesma assinatura, a frase pouco amável e perfeitamente adequada ao temperamento da signatária, que conhecêramos muito bem quando vivia:

Rabiscos e escrita automática da sra. B.

— Vai varrer a rua.

Na sessão seguinte, a sra. B. escreveu algumas palavras com a assinatura **Agnesse Barbieux**.

Já falamos da ortografia; não insistiremos mais.

A 11 de novembro, ela estava bastante preocupada com o

Diferentes escritas de Maria, conforme as individualidades que atuam sobre ela. O texto inferior é de Clément.

desaparecimento de um gato de que gostava muito. À noite, recebeu a seguinte frase: 'Seu gato está com enxaqueca'. A assinatura de **Clément Bourlet** ajustava-se perfeitamente à brincadeira.

A 14 de dezembro, o mesmo Clément, depois de meia página de rabiscos que parecem preparativos para mover-se, escreve: 'Se queres tornar-te médium, deves praticar muito espiritismo — Clément.' Vem mais uma linha de rabiscos, depois as palavras que se seguem, que não compreendemos e cujo único valor, a nosso ver, é o da sua produção: 'Angélique era a médium de três que estavam à mesa. É preciso ir lá: haverá duas encarnações. Valenciennes, 95, rue du Quesnoy'. Apresentamos, na página seguinte, o clichê reproduzindo as frases entremeadas de traços sem qualquer significado, que mostram a dificuldade encontrada pelo espírito para utilizar-se desse organismo inculto.

Com muita frequência, quando está em casa, só com o marido, ela sente no braço tamanha inquietação que se vê obrigada a pegar um lápis e tentar escrever. A 27 de dezembro, pancadas fortes, suficientemente sonoras para serem ouvidas mesmo fora das peças onde se produziam, fizeram-se ouvir nos móveis, nas paredes, às vezes mesmo no porão, até que ela pegou um lápis. Naquele momento, o barulho cessou. O fenômeno se repetiu por três vezes durante o dia.

Individualidade de um espírito, constatada por comunicações idênticas, obtidas por médiuns diferentes

Uma das melhores provas que se possa fornecer da individualidade do ser que se manifesta é a semelhança da letra e do estilo desse espírito, quando ele se comunica por intermédio de diferentes médiuns, que lhe ignoram a existência e não se conhecem entre si. Os srs. Dusart e Broquet tiveram a oportunidade de constatar que um espírito chamado Clément Bourlet, antigo garçom de cervejaria, falecido há muito tempo, servia-se indiferentemente da mão de Maria, da de uma moça, a srta. B., ou, finalmente, da de Zélia, de onze anos de idade, e sempre num dialeto grosseiro, com as mesmas brincadeiras vulgares, a mesma letra, e com um estilo semelhante.

É muito difícil supor que, naqueles meios rústicos, o espírito de imitação seja, em diferentes indivíduos, levado tão longe a ponto de chegar a simular uma escrita de fantasia; mas, como damos às hipóteses contrárias a nossas teorias toda a extensão possível, não teríamos citado esses testemunhos se não tivessem recebido uma dupla confirmação: 1° por um médium completamente analfabeto, e 2° por outro que não conhecia Maria absolutamente, e nunca tinha estado em D. Eis como:

Vimos que a sra. B. nem sequer é capaz de distinguir, no meio dos traços informes que sua mão traça no papel, as poucas palavras legíveis que aí se encontram. Vê-se, pois, na impossibilidade completa de guardar, mesmo subconscientemente, os detalhes pelos quais uma escrita é caracterizada. No entanto, quando é o espírito de Clément Bourlet que se manifesta, ela lhe reproduz a letra, o estilo e seus grosseiros chistes de camponês. É realmente a mesma inteligência que atua sobre Maria, e esse caso nos põe diante de uma verdadeira personalidade póstuma, atuando identicamente sobre médiuns dos quais pelo menos um, a sra. B., é forçosamente mecânica.

A prova se fortalece mais quando a mesma ação espiritual se manifesta em outro meio, bastante instruído, com os mesmos detalhes típicos. Passemos a palavra aos autores da dissertação já mencionada:

Uma senhora muito distinta, conhecida autora, residente

numa cidade 46 km distante, em linha reta, da aldeia de D., e que jamais tinha visto Maria, um dia reproduziu, diante de seu marido e de várias pessoas ilustres reunidas no seu salão, todas as particularidades da encarnação de Clément. Lá estavam a voz, os gestos, o abominável dialeto de D., do qual ninguém compreendia uma palavra. Tiveram que fazê-lo repetir suas frases várias vezes para captar-lhes o sentido, e só quando ouviram-no falar no sr. Charles Broquet e em Maria perceberam com quem estavam lidando... Clément escreve pela mão da mesma médium, e se a grafia é menos disforme, isso se deve à influência daquela que lhe serve de instrumento, o estilo é quase o mesmo, assim com as características da comunicação, e o *dialeto, totalmente desconhecido pelo médium, é idêntico ao obtido pela mão de Maria.*

Não poderíamos aqui objetar uma ação telepática exercida pelo espírito de Maria, porque ela nem sequer sabe o nome da senhora acima citada, e não pode ter com ela qualquer relação magnética ou telepática.

Todos esses fenômenos tão variados, tão convincentes, cada qual no seu gênero, mostram o quanto os sábios que quiseram tratar a questão da mediunidade pela escrita passaram perto da verdadeira explicação. Eles desprezaram, ignoraram, ou voluntariamente se calaram sobre a imensidão de fatos que não se encaixam mais nos planos que traçaram, e, depois disso, têm a ingenuidade de pensar que devemos estar satisfeitos com suas hipóteses tão singularmente precárias!

Do alto dos seus preconceitos, tacham-nos de entusiastas, ignorantes, sem ver o quanto esses epítetos lhes convêm melhor, quando se aventuram além do terreno que lhes é familiar. Sem descanso, acumulamos testemunhos, e então o grande público estará em condições de pronunciar-se entre nós e esses pontífices científicos, que tão obstinadamente se recusam a abrir os olhos quando vamos a eles com as mãos cheias de provas.

3.
Escritas em línguas estrangeiras que o médium desconhece

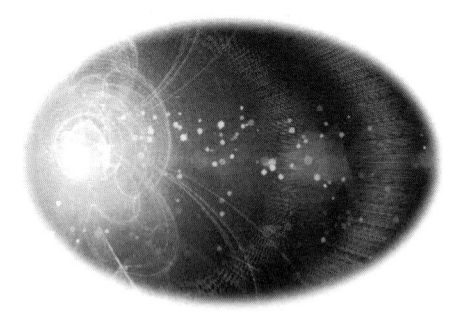

• Discussão sobre a extensão da memória latente • Escritas em grego e em latim, por um ignorante • Outra comunicação em latim • Um professor médium • O depoimento do prof. Damiani • O relato do sr. J. Bournet • Um espírito telegrafista • Conversação por gestos • O caso do abade Grimaud • Escrita numa língua desconhecida na Europa • Estranha revelação pela escrita automática

Discussão sobre a extensão da memória latente

Acabamos de ver, no capítulo precedente, que a inteligência que dirige a mão do médium frequentemente dá provas de conhecimentos intelectuais que não pertencem ao escrevente e, pelo valor das mensagens, por sua originalidade, ou pelas características científicas ou literárias que revelam, reconhecemos que todas as noções são estranhas ao médium e aos assistentes; consequentemente, é lógico atribuí-las àqueles que afirmam ser seus autores, isto é, aos espíritos.

Há circunstâncias em que essa ação estranha se revela com uma irresistível autoridade, como quando o médium escreve empregando idiomas estrangeiros que ele nunca aprendeu. É, evidentemente, um caso decisivo, mas que exige ser muito mais seriamente estudado, já que é mais demonstrativo. A primeira objeção é, como sempre, a simulação, mas notaremos que, em certas observações médicas, o médium estava em delírio e não podia usar subterfúgios para enganar as pessoas ao seu redor. Depois, temos em muitos relatos a afirmação de testemunhas que atestam que os pacientes não conheciam a língua utilizada e eram incapazes de uma fraude, consciente ou não. Precisaremos, igualmente, levar em consideração a intervenção da memória latente, que pode desempenhar um importante papel. Se, apesar dessas reservas, restam observações que resistem a todas essas análises, certamente se deverá concluir em favor da intervenção dos espíritos.

Não nos deteremos sobre os fenômenos constatados entre os *Camisards*[1] ou os convulsivos de St.-Médard,[2] nem tampouco sobre os dramas das possessas de Loudun ou de Louviers, que nos oferecem exemplos de camponeses ou de religiosas, em que os primeiros falam o mais correto francês, e as segundas, latim. Remetemos às obras citadas, e passamos ao estudo dos casos consignados pelos médicos.

César Lombroso[3] narra as experiências seguintes, que lhe parecem provar que a memória pode ser desenvolvida de modo extraordinário por influência do hipnotismo. Tendo dito, diante de um paciente hipnotizado, doze números, meia hora depois este repetiu os seis primeiros, cometendo apenas um erro. Ele não sabia alemão; depois de ter-lhe ordenado que olhasse fixamente para uma linha de um livro alemão e a reproduzisse meia hora depois na lousa, *este escreveu, ou melhor, traçou a imagem das letras*, com suas formas peculiares, cometendo somente três erros entre sessenta letras. O livro que tinha sido utilizado na experiência estando fechado, o paciente conseguiu, a uma ordem que lhe foi dada, encontrar a página e a linha em que antes tinha fixado sua atenção.

Como vimos, é provável que, nos automatistas propriamente ditos, o conteúdo da memória latente se exteriorize mais facilmente sob a forma de escrita do que sob qualquer outra, e o paciente do sr. Lombroso dá um bom exemplo disso. Se lhe tivessem dado a sugestão pós-hipnótica de escrever, no estado de vigília, os mesmos caracteres alemães, ele provavelmente te-

---

1 Figuier, Louis, *Histoire du Merveilleux*, 1860, tomo II, p. 267, 401 e 402, e Bonnemère, Eugéne, *Les Camisards des Cévennes*.
2 Montgeron, Carré de, *La Verité des Miracles Opérés por M. De Páris et autres Appelans*, vol. 3, Cologne, 1747. Mathieu, *Histoire des Miraculées et des Convulsionnaires de St.- Médard*.
3 Lombroso, *Studi sull'hypnotismo*, Turim, 1886, p. 5.

ria conseguido fazê-lo. A aparência da mediunidade teria sido ainda maior se a lembrança lhe tivesse voltado mais tarde, espontaneamente, em outras circunstâncias, por exemplo, numa sessão espírita. Sem dúvida, são apenas hipóteses, mas elas se apoiam em experiências positivas, e os espíritas têm o dever de considerar essas possibilidades na discussão dos resultados que constatarem.

A capacidade de rememoração dos sonâmbulos é conhecida há muito tempo. Eis alguns exemplos disso:[4]

> Sauvage conta ter visto uma paciente que repetia, diante dele, palavra por palavra, uma instrução em forma de catecismo ouvida na véspera e, sem dúvida, não seria capaz de fazê-lo no seu estado normal.
>
> Vimos a jovem polonesa do sr. Ochorowicz recitar textualmente passagens inteiras de um romance que nunca tinha lido.
>
> Uma jovem sonâmbula do dr. Pezzi, um dia tinha tentado, em vão, lembrar-se de uma passagem de um discurso sobre o entusiasmo nas belas-artes; caída em sonambulismo, encontrou o que pensava estar esquecido.
>
> Uma das catalépticas do dr. Patetin, após ouvir cinquenta versos, recitados uma única vez em sua presença, repetiu-os sem hesitar e sem erros, e no entanto não os conhecia antes.

Em todos esses exemplos, o que está em jogo é simplesmente a memória. É muito desenvolvida, mas esses fatos nos parecem menos extraordinários depois que as modernas pesquisas sobre o hipnotismo nos revelaram o fenômeno a que se deu o nome *ecmenésia*. Sabemos que os srs. Pitres,[5] Blanc-Fontenille,[6] Bourru e Burot,[7] etc. mostraram que se, por sugestão, leva-se certos pacientes de volta a um período qualquer da sua vida passada, eles se recordam com extraordinária precisão de tudo que lhes aconteceu naquela época, ao passo que se esqueceram de todas as lembranças posteriores. Assim, se afirmarmos a Albertine que ela tem 5 anos, ela não sabe mais

---

4 Liébault, *Le Sommeil et les États Analogues*, p. 92.
5 Pitres, *Leçons Cliniques sur l'Hysterie et l'Hypnotisme*, tomo II, p. 220, 290 e 300.
6 Blanc-Fontenille, *Étude sur une Forme Particulière de Délire Hystèrique*, Bordeaux, 1887.
7 Bourrut e Burot, *La Suggestion Mentale et les Variations de la Personnalité*, p. 152.

francês, fala utilizando um dialeto; conta todos os incidentes da sua vida infantil e não sabe mais nada do que se passou desde a época em que tinha cinco anos até o momento presente. É a ressurreição de um estado anterior, que se reproduz com a fidelidade de uma gravação fonográfica. Tudo que ela viu, ouviu, disse durante sua vida está gravado nela de um modo latente, mas indelével, e os exemplos precedentes nos mostram simplesmente episódios, fragmentos dessa memória total indefectível. Observemos ainda que, se nada se perde na memória, ela, contudo, é incapaz de criar conhecimentos novos. É um maravilhoso aparelho de reprodução, mas não se deve pedir-lhe que ordene, que utilize os elementos que conserva. Seu papel limita-se a registrar e a reproduzir as associações visuais, auditivas, táteis, viscerais mesmo, que são contemporâneas. Se, pois, observarmos num indivíduo algo diferente da reprodução pura e simples do passado; se constatarmos conhecimentos mais amplos, um saber superior ao que possuía, a prática de regras que não lhe foram ensinadas, precisamos procurar em outra parte, e não nele, a causa desses fenômenos.

Já constatamos que é preciso levar em consideração o trabalho da mente durante o sono; vimos também que em certos casos, a clarividência intervém, assim como a transmissão do pensamento. Agora devemos abordar outra fonte de informações que pode ser devida à lembrança de vidas anteriores. No seu estudo sobre a *consciência subliminar*,[8] o sr. Myers já assinalou essa possibilidade, e nós mesmos, na dissertação feita no Congresso Espírita de Londres,[9] enumeramos os argumentos em favor da teoria das vidas sucessivas. Pode acontecer, vez por outra, que um médium dê provas de conhecimentos que teria adquirido numa existência passada, do mesmo modo como os pacientes ecmenésicos, durante o período de sugestão pós-hipnótica, se recordam de uma porção de detalhes que ignoram absolutamente no estado de vigília. Considerando essa hipótese, talvez possamos compreender os fatos que se seguem. Bertrand[10] diz:

8 *Proceedings*, 1887.
9 Delanne, Gabriel, *Étude sur les Vies Successives*. Dissertação feita no Congresso Espírita de Londres, *in Revue Scientifique et Morale du Spiritisme*, julho, agosto, setembro de 1899.
10 Bertrand, *Traité du Somnambulisme*, p. 100 e 309.

Vimos camponeses que mal compreendiam francês expressar-se nessa língua, durante seu sonambulismo, com grande correção. Moreau tratou de uma criança de doze anos *que tinha aprendido somente os primeiros elementos da língua latina* e que, nos acessos de uma febre maligna, falava nessa língua com uma correção e uma elegância iguais às dos mais versados na sua prática.

O dr. Macário[11] cita o fato, observado pelo dr. Rosiau, de um aluno chamado Bélier que, muito fraco em sua classe (quinta), nos seus acessos expressava-se em latim com facilidade e uma feliz escolha de expressões.

Com estes exemplos, estamos longe de uma frase latina repetida automaticamente pela criada de um vigário! Há um discernimento, uma escolha, um emprego metódico e racional de um vocabulário e de regras complicadas pertencentes a uma língua estrangeira; admitindo-se que a memória e a inteligência desses jovens tenha a maior capacidade possível, não podemos conceber que se utilizem de palavras e regras que nunca aprenderam. O estudo atento dos fenômenos espíritas freqüentemente nos porá diante de casos semelhantes, e seja qual for a hipótese que adotemos — lembranças de vidas anteriores, ou manifestações de espíritos — a tese materialista nada ganhará com isso.

Abordemos, a seguir, o estudo dos documentos que possuímos sobre o assunto. Eliminemos, de imediato, as comunicações escritas, muito numerosas, que se restringem a citações de autores estrangeiros, ou a algumas palavras isoladas, porque sempre é possível supor-se que esses fragmentos tenham sido conhecidos, lidos ou copiados antes, e que a lembrança deles não tenha ficado guardada. Dediquemo-nos especialmente às mensagens que têm um objeto determinado.

Escritas em grego e em latim

Um dos primeiros propagadores do espiritismo na França foi Pierrart, diretor da *Revue Spiritualiste*. Era um homem instruído, de espírito positivo, que prestou grandes serviços ao

---

11 Macario, *Du Sommeil*, p. 121.

livre-pensamento, assumindo corajosamente a defesa dos fatos novos, que sofriam a mais violenta oposiçào por parte do público. Seu nome merece ser lembrado, porque foi um precursor no caminho que seguimos. Na *Revue* de 1859,[12] encontramos o testemunho que se segue, que nos parece apresentar características muito sérias de autenticidade. Após ter reexaminado algumas cartas vindas de Rodes e contendo relatos de fatos, Pierrart diz:

> Outra carta nos fala de ditados mediúnicos notáveis feitos a vários professores do liceu de Rodes. Um deles, o sr. Küster, professor de alemão, homem de grande erudição, querendo convencer-se da veracidade das manifestações espiritualistas, reuniu na sua casa o médium L., o sr. Volson, professor do ensino médio, e o sr. Wierjesky, inspetor de disciplina. Encontraram-se, escritos pela mão do médium, homem completamente alheio às línguas mortas, *conselhos dirigidos aos assistentes*, conselhos que se reconheceu serem expressos *na pura língua de Platão*.
> Tendo perguntado qualquer coisa a respeito de assuntos pessoais, o sr. Küster ficou duplamente convencido e estupefato ao ver um projeto que nunca havia comunicado a ninguém escrito em bela língua latina, que os assistentes declararam ser latim de Virgílio. O que houve de notável ao mesmo tempo nessas comunicações, acrescenta nosso correspondente, foi que os caracteres às vezes eram escritos ao contrário, como os que se gravam numa pedra litográfica, de modo que só conseguiram lê-los colocando o papel diante de um espelho.

Nada falta aqui para estarmos diante de um fato verdadeiramente demonstrativo. 1º Ele é autêntico, uma vez que Pierrart cita os nomes das testemunhas que são pessoas honradas com as quais ele se corresponde. 2º Eles têm a necessária competência para bem avaliar a língua empregada. 3º A comunicação não é a reprodução de uma passagem impressa, de um autor qualquer. São conselhos aos assistentes, que evidentemente foram improvisados pela inteligência que dirigia a mão do médium. 4º O grego e o latim eram totalmente desconhecidos do escritor e, no entanto, estavam escritos corretamente.

12 Pierrart, *Revue Spiritualiste*, 1859, p. 305.

5° Qualquer transmissão de pensamento era impossível, já que os professores de modo algum esperavam que lhes falassem em grego, e, como se para frustrar qualquer interpretação telepática, a outra mensagem que se sucedeu imediatamente à primeira, foi expressa em latim. 6° Enfim, a escrita *em espelho*, principalmente em língua estrangeira, exclui absolutamente toda transmissão inconsciente ou subconsciente. 7° Finalmente há, além disso, a revelação de um fato desconhecido do médium.

Mesmo que só possuíssemos esse caso, já teríamos que acreditar na intervenção dos espíritos, mas já vimos, e em seguida constataremos, que longe está de ser um caso isolado.

Outra comunicação em latim

Na mesma *Revue Spiritualiste*,[13] encontramos o depoimento do sr. Grand-Boulogne, católico fervoroso, antigo vicecônsul da França, que sustenta que podemos conciliar perfeitamente a fé mais intata nos dogmas da igreja católica, praticando ao mesmo tempo a evocação dos espíritos. Para apoiar sua tese, cita comunicações obtidas num meio essencialmente piedoso e mesmo devoto:

> Que me perdoem os demoníacos, diz ele, dificilmente me persuadirão de que uma prece seja um ato de impiedade e principalmente um apelo a Satã. O resultado prático, é que materialistas, incrédulos obstinados, ficaram convencidos e se converteram; é que eclesiásticos, tão recomendáveis por suas virtudes, como por seu saber, após terem dado inicialmente provas das mais vivas prevenções, logo testemunharam seu assombro, seu respeito e sua completa edificação.
> Um deles foi objeto de uma comunicação bem significativa *em latim*. Transcrevo-a textualmente:
> *Sacerdotes a deo dilecte, cur manifesta negas? Cur concedens omnia potenti deo, non fateris veritaten, oculorum aciem perstringentem? Sacrae litterae, memento, crebrae sunt manifestationibus angelicus; coecullatus vide et crede.*
> Tradução literal:
> Sacerdote amado por Deus, por que negas o que é manifestado? Por que, inclinando-te diante do todo-poderoso Deus,

13 Idem, 1862, p. 14 e 15.

Gabriel Delanne

não confessas a verdade, que fere a pupila dos teus olhos? As sagradas escrituras, lembra-te, estão cheias de manifestações dos anjos; tu que fechas os olhos, vê e crê. Benoit.

Uma jovem senhora segurava o lápis, escrevendo com uma rapidez inusitada, e, enquanto isso, pancadas não cessavam de ressoar na mesa e no teto.

Uma circunstância verdadeiramente interessante, é que a médium, abaixo de cada palavra em latim, dava-nos ao mesmo tempo a tradução interlinear, que aqui coloquei a seguir, para poupar-vos uma dificuldade tipográfica. É bom acrescentar *que a médium é incapaz de ler corretamente uma frase latina.*"

Voltamos a repetir que nenhuma leitura de pensamento pode produzir esse fenômeno, porque, supondo-se que a consciência sonambúlica pesque, por assim dizer, na memória latente dos assistentes, a palavra latina correspondente ao termo francês, ela não conseguirá construir a frase gramaticalmente, já que não possui sequer indícios de um rudimento das regras complicadas que regem esse idioma. Tampouco podemos fazer intervir a subconsciência dos assistentes, porque, sendo incrédulos, eram incapazes de formular em latim argumentos que combatiam diretamente seu modo de ver. Nem a clarividência, nem a telepatia, nem a memória latente poderiam, a qualquer título, ser invocadas. Além da intervenção espiritual, portanto, resta apenas a impostura, ou por parte da médium, ou do dr. Grand-Boulogne, hipótese absurda quanto a este último e fato improvável quanto à senhora em questão, porque, ao mesmo tempo que escrevia, pancadas ressoavam *na mesa e no teto.* Quem então teria colaborado para a comédia com aquelas manifestações físicas concomitantes, naquele meio culto e de elevada moralidade?

Um professor médium

O dr. Gibier[14] narra, segundo a *Revista Espírita*,[15] as experiências feitas pelo sr. Diderot, professor primário, e por seu

14 Gibier, *Le Spiritisme ou Fakirisme Occidental*, p. 163.
15 *Revista Espírita*, 15 de janeiro de 1886.

assistente, que era médium. Após falar do assombro do rapaz quando sentiu sua mão arrebatada à revelia e constatou que ela reproduzia ideias que não eram suas, ele narra uma sessão ocorrida em companhia de sacerdotes que queriam estudar os fatos. Passamos-lhe a palavra:

> Um cônego da catedral de Nancy, o abade Garo, tendo também ouvido falar das surpreendentes revelações obtidas por meu rapaz, mandou-o chamar um dia à sua casa, e eu o acompanhei. Lá achavam-se reunidos cinco ou seis padres idosos e respeitáveis. Entregaram papel e lápis ao rapaz, convidando-o a responder certas perguntas, *fechadas num envelope lacrado* colocado sobre a mesa.
>
> Nunca soube a natureza das perguntas, mas sei que a primeira resposta assombrou os padres que se olharam estupefatos com a frase que acabava de ser escrita. *Uma resposta foi mesmo dada em latim.* Ora, o rapaz não tinha o menor conhecimento dessa língua. O abade Garo só acreditou diante da declaração formal do médium de que ignorava absolutamente o latim.

De modo algum se pode pensar aqui em sugestão mental, porque o próprio assombro dos assistentes demonstra que eles não pensavam em formular uma pergunta em latim. Quanto a fazê-lo inconscientemente, já vimos como essa hipótese é improvável. É impossível sugerir alguma coisa que se ignore, como uma súbita resposta em latim.

Reconheçamos, pois, a ação de uma inteligência estranha aos assistentes, que, à sua maneira, manifesta sua independência e sua personalidade.

O depoimento do prof. Damiani

Em 1869, a Sociedade Dialética de Londres abriu uma enquete sobre os fenômenos espíritas e consignou suas observações num interessante relatório, recentemente traduzido para o francês pelo dr. Dusart.[16] Grande quantidade de testemunhas vieram contar as experiências a que haviam assistido, como atores ou espectadores, e a leitura desses depoimentos é

---

16 Dusart, *Rapport sur le Spiritualisme*, p. 216 e 217.

     Gabriel Delanne

do mais alto interesse para estabelecer a continuidade dessas manifestações que ainda hoje acontecem em todos os países. Do relato do prof. Damiani, destacamos os fatos seguintes, que se relacionam diretamente com nosso estudo:

Recentemente, quando estava na Sicília, um poema de 200 versos, muito bem composto, em dialeto siciliano, *bem como numerosas comunicações em alemão, em francês, em latim e em inglês* foram transmitidos, por um médium *completamente iletrado*, pertencente à classe operária.

Nesse relato, constatamos uma tripla manifestação: 1º a escrita por alguém que nunca aprendeu essa arte; 2º o emprego de idiomas estrangeiros variados; 3º a produção de um poema que não poderia emanar da subconsciência do médium, já que ele não conhecia as regras da versificação. A continuação do depoimento do prof. Damiani nos revela outras comunicações totalmente acima da capacidade intelectual do escrevente. Vejamos:

Encontrei-me em Clifton com um jovem médium de *dez ou onze anos* que escrevia longas disseertações sobre assuntos de filosofia espiritualista. Os assuntos, e a maneira como eram tratados, bem poderiam ser assinados por um escritor experiente e maduro, perfeitamente a par das questões. Durante uma sessão, pus o célebre Gavazzi diante desse jovem médium. O sutil polemista fez ao médium, ou ao espírito que se manifestava através dele, diversas perguntas sobre assuntos abstratos de metafísica e de teologia, e recebeu respostas tão profundas e sábias, que ficou convencido de que, absolutamente, não estava diante de um caso de *criança prodígio*. Esse jovem médium, cujos escritos abrangiam doze volumes, *traçava caracteres diferentes,* conforme o espírito que se apossava dele, que o dirigia e, às vezes, escrevia *em diversas línguas mortas.*
Conheço outro médium de quinze anos de idade, também residente em Clifton, que, sob a influência dos espíritos, dá respostas escritas em versos tão notáveis pela forma quanto to pelo conteúdo, que não é possível que quem o conheça tenha a menor suspeita de que tenha conseguido fazê-los pessoalmente e sem ser assistido.

Nesses exemplos, nenhuma das hipóteses dos incrédulos — criptomnésia, telepatia ou leitura do pensamento — poderiam ser invocadas como explicação. Só a teoria espírita oferece uma solução racional para esses fatos aparentemente tão extraordinários.

O relato do sr. Jean Burns

Os fenômenos espíritas apresentam tal riqueza e variedade, que as breves e áridas análises dos críticos que delas falaram não permitiriam supor. Vimos que sábios como Crookes e Hodgson afirmam que os médiuns podem escrever simultaneamente comunicações diferentes, com a mão direita e com a mão esquerda.

Em seu depoimento perante o comitê da Sociedade Dialética, o sr. Burns revela que constatou a existência da mesma faculdade, como também da escrita em idioma estrangeiro, na srta. Mary, sua cunhada:[17]

> Mary percebeu espontaneamente que era uma extraordinária médium escrevente. Assim que pegava um lápis, escrevia automaticamente respostas *às perguntas formuladas mentalmente*. Via-a escrever sobre diferentes assuntos, *tendo um lápis em cada mão*, sem prestar atenção ao que fazia. Em várias oportunidades, em casos do doenças graves, recebemos prescrições médicas por esse processo, e sua aplicação deu resultados imediatos.
>
> Em certos casos, os espíritos fazem a mão da srta. Mary escrever automaticamente *em estilos e línguas diferentes*. Em determinada ocasião, um senhor espanhol traduziu uma dessas mensagens, e o espírito dizia ser espanhol...

Nessa observação, encontramos as mais sérias características para convencer-nos da intervenção dos espíritos: 1º, escritos separados, de cada uma das mãos; 2º, mudança de estilo e de letra conforme as diversas personalidades que se manifestam; 3º, línguas estrangeiras desconhecidas do médium. Sendo o sr. Burns pessoalmente conhecido pelos sábios do Comitê da Sociedade Dialética, sua sinceridade e sua boa fé não poderiam ser postas em dúvida.

---

17 Idem, p. 327 e 329.

Gabriel Delanne

Um espírito telegrafista

Quando um médium não emprega uma língua estrangeira, mas utiliza um processo telegráfico que lhe é desconhecido, nesse caso, também, podemos admitir que não é sua subconsciência que lhe fornece esse conhecimento. Um curioso exemplo disso é dado na biografia de uma médium notável, a sra. Conant. Reproduzimo-lo aqui, conforme a tradução de Aksakof:[18]

Por ocasião de uma estada em Cummings House, Boston, a sra. Conant recebeu a visita de um desconhecido que declarou que estudava os fenômenos espíritas e desejava muito ter, da parte de um amigo, uma certa prova de identidade que ainda não tinha conseguido obter; acabava de visitar um médium que morava num bairro afastado da cidade, que o tinha encaminhado à sra. Conant, dizendo que, numa sessão com ela, seu desejo seria satisfeito. Acomodaram-se... De repente, a mão da sra. Conant começou a executar movimentos bruscos, subindo e descendo de um modo estranho e irregular, de modo que o lápis dava pancadas secas que se seguiam rapidamente. A sra. Conant não compreendia o que estava acontecendo, e, sem esperanças de obter um resultado qualquer, perturbada por aquele insucesso, disse ao visitante:

— Inútil continuar. Está claro que no momento não há aqui nenhum espírito que possa comunicar-se com o senhor. Há alguém, mas ele não descobre o meio de comunicar-se.

Qual não foi seu espanto quando o visitante lhe declarou que, ao contrário, estava muito satisfeito, que a sessão tinha sido um sucesso e que, finalmente, tinha obtido, do seu amigo, a prova desejada, que a tinha escrito, sem que ela o percebesse. Dadas as explicações, a médium ficou sabendo que o visitante desconhecido era telegrafista profissional, tal como o amigo de quem esperava a mensagem: como prova da sua identidade, devia comunicar-se com ele através de sinais telegráficos, e era o que a sra. Conant acabara de fazer, de modo completamente mecânico, já que não tinha a menor ideia do alfabeto telegráfico, e estranhara que a sessão não desse resultado. O visitante pôde convencer-se, desse modo, de que a intermediária da mensagem, ou seja, a médium, ignorava-lhe absolutamente o conteúdo.

18 Aksakof, *Animisme et Spiritisme*, p. 369.

Achamos, aqui também, que qualquer comentário é supérfluo.

O caso do abade Grimaud

Eis um exemplo mais recente, cujo relato ouvimos da própria boca do sr. abade Grimaud, numa das nossas passagens por Avignon:

Das minhas observações pessoais, diz o sr. Léon Denis,[19] eu também poderia extrair numerosos casos de identidade de espíritos. Limitar-me-ei a assinalar o seguinte, obtido após uma conferência contraditória que fiz na prefeitura de Avignon, durante a qual o sr. abade Grimaud me pediu provas da realidade do espiritismo. Esses detalhes são trechos de uma ata que tenho diante de mim. Está assinada por doze testemunhas, e mantenho-a à disposição dos interessados: A 13 de janeiro de 1899, doze pessoas achavam-se reunidas na casa do sr. David, place des Corps Saints, 9, em Avignon, para sua sessão semanal de espiritismo.
Depois de um momento de concentração, vimos a médium, sra. Gallas (em estado de transe), voltar-se para o lado do sr. abade Grimaud e falar-lhe na linguagem de sinais empregada por certos surdo-mudos. A variação mímica era tal, que pediram ao espírito o favor de comunicar-se mais lentamente, e ele logo concordou. Por uma precaução cuja importância se apreciará, tudo que o sr. abade Grimaud fez foi enunciar as letras à medida que a médium as transmitia. Como cada letra isolada nada significava, mesmo que se quisesse não teria sido possível interpretar o pensamento do espírito, que só no final da sessão foi conhecido, tendo a leitura sido feita por um dos dois membros do grupo encarregado de transcrever os caracteres.
Além disso, a médium empregou um duplo método, o que enuncia todas as letras de uma palavra, para indicar-lhe a ortografia, única forma sensível para os olhos, e o que só enuncia a articulação, sem levar em consideração a forma gráfica, método cuo inventor foi o sr. Fourcade, e que só é usado na instituição dos surdo-mudos de Avignon. Esses detalhes são fornecidos pelo sr. abade Grimaud, diretor e

---

19 Denis, Léon, *M. Camille Flammarion et le Spiritisme, Revue Scientifique et Morale du Spiritisme*, julho de 1899, p. 12.

Gabriel Delanne

fundador do estabelecimento.

A comunicação relativa à obra de alta filantropia a que o sr. abade Grimaud se devotou, estava assinada: irmão Fourcade, falecido em Caen.

Nenhum dos assistentes, exceto o venerável eclesiástico, conheceu ou pôde conhecer o autor dessa comunicação, embora ele tivesse passado algum tempo em Avignon, há 30 anos.

Assinaram: os membros do grupo que assistiu a essa sessão: Toursier, diretor do Banco da França, aposentado, Roussel, Domenach, David, Brémond, Canuel, sras. Toursier, Roussel, David, Brémond.

Anexo à ata, está o seguinte atestado:

"Eu abaixo assinado, Grimaud, sacerdote, diretor-fundador da instituição de enfermos da palavra, surdo-mudos, gagos e crianças anormais, em Avignon, atesto a exatidão absoluta de tudo o que está relatado acima. Para falar a verdade, devo dizer que estava longe de esperar semelhante manifestação, cuja importância compreendo; do ponto de vista do espiritismo, de que sou um adepto fervoroso, não faço qualquer objeção a declará-lo publicamente."

Avignon, 17 de abril de 1899.

Assinado GRIMAUD, sacerdote.

Conversação por gestos

A sra. Hardinge Britten, escritora muito conhecida, cuja vida foi dedicada à propagação do espiritismo, em 1872 publicou um jornal mensal intitulado *L'Étoile de l'Ouest*, no qual encontramos, à p. 261, o seguinte relato, que tem grande analogia com o fato precedente:

Sábado, 21 de agosto de 1872, fazia uma conferência em Syracuse (Nova Iorque) e entre a sessão da manhã e a da noite, assisti a uma reunião na casa do sr. Bears. Entre os assistentes, que eram em torno de vinte, achavam-se duas senhoras e dois cavalheiros vindos de uma cidade vizinha para assistir às minhas conferências. No decorrer da reunião, a sra. Corwin, médium, caiu em transe e indicou com a mão um dos assistentes; este se levantou e, atravessando a sala, foi sentar-se ao lado da médium. Então o espírito pareceu fazer reiteradas tentativas de falar, incapaz, parecia, de submeter os órgãos da médium à sua vontade, o que provocou uma sensação desagradável na maioria dos assistentes. Observamos, enquanto isso, que a mão esquerda da médium se levantava de quando em quando e que os dedos faziam diversos movimentos. Alguns instantes depois, o cavalheiro em questão declarou que o espírito lhe havia dado uma prova da sua identidade, e isso *de um modo indubitável*. Supondo que fosse um sinal qualquer convencionado, continuamos esperando ouvir o espírito pronunciar palavras, propondo um meio qualquer que facilitasse a comunicação. Subitamente, a médium caiu sob a influência de um outro espírito, que declarou de uma maneira perfeitamente calma que, se ficássemos tranquilos, a esposa do cavalheiro que estava perto da médium tentaria manifestar-se de novo, que na Terra ela tinha sido surdo-muda e que se comunicaria por meio do alfabeto dos surdo-mudos. Fez-se silêncio, e logo a individualidade anunciada voltou e falou por vinte minutos com o marido. Os dedos da médium formavam as respostas e as frases através dos sinais usados pelos surdo-mudos.

A cena era comovente: o marido mantinha-se diante da médium em transe, fazendo diversas perguntas à esposa por sinais, e ela lhe respondia da mesma forma, por intermédio de um organismo alheio, *de uma pesoa que nunca havia praticado* esse modo de conversação. O espírito *respondia igualmente a perguntas mentais*, escrevendo-as pela mão da médium. Essas respostas eram sempre satisfatórias.

Repetimos que a médium e o cavalheiro de que estamos tratando não se conheciam, absolutamente, e que a médium jamais, até então, tinha visto empregar os sinais do alfabeto dos surdo-mudos.

Nunca tendo sido discutida a veracidade da sra. Hardinge Britten, aceitamos seu testemunho e consideramos que o emprego de sinais convencionais desconhecidos do médium constitui uma prova da intervenção de um espírito conhecedor dessa linguagem. Não é possível que o interrogador tenha podido sugerir mentalmente, e sobretudo inconscientemente, os atos complicados necessários à expressão dos pensamentos que eram transmitidos.

Escrita numa língua desconhecida na Europa

É impossível explicar logicamente os casos precedentes, mesmo atribuindo-se à memória latente, à clarividência e à telepatia toda extensão possível. O mesmo acontece com o fato seguinte, que citamos sob a garantia do ilustre Alfred Russel Wallace, membro da Real Sociedade Inglesa. Foi numa conferência intitulada *Existe outra vida?*, feita em 1887 no templo metropolitano de São Francisco, que o encontramos, exposto resumidamente nestes termos:[20]

> Vejamos agora os fenômenos físicos combinados com os fenômenos mentais, como a escrita e o desenho. Hoje são coisas tão frequentes, que quase todo mundo pode ter tido oportunidade de constatá-los pessoalmente. Apresentam-se numa infinidade de formas. Papeis jogados ao chão, e apanhados minutos depois, acham-se cobertos de escritas; a mesma coisa quanto a lápis fechados a chave em gavetas, ou então o espírito escreve no teto, em locais inacessíveis. Escrita aparece entre lousas unidas, e frequentemente sob a mão da pesoa que a pediu; às vezes a frase está escrita numa língua que o médium não compreende; outras, numa língua que ninguém compreende e que se tem uma considerável dificuldade para decifrar; mas geralmente, creio, essas comunicações são interpretadas e reconhecidas como estando numa língua definida. Um dos meus amigos, na Inglaterra, obteve com sua família, e sem médium público, uma escrita numa língua que eles não compreendiam, que tiveram enorme dificuldade para interpretar, e que *só foi reconhecida por um missionário das ilhas dos mares do sul,* que estava familiarizado com ela. Estava escrita corretamente, e *ninguém na casa conhecia uma única palavra daquele idioma.*

Poderíamos aumentar muito a quantidade desses testemunhos, mas somos obrigados a limitar-nos, por termos ainda outros fenômenos interessantes a examinar. Para terminar, nos contentaremos citando observações mais recentes, que mostrarão que os fatos de que falamos continuam a produzir-se em todos os países, e que basta procurar sinceramente para descobri-los.

20 Russel Wallace, Alfred, *Les Miracles et le Moderne Spiritualisme,* p. 362.

Estranha revelação pela escrita automática

Os *Annales Psychiques*[21] reproduzem o relato que se segue, e que se deve ao sr. Gordigiani. Ele se tornou médium escrevente aos 15 anos, depois de ter feito experiências tiptológicas. Passamos-lhe a palavra:

> Tive essa espécie de mediunidade (movimento de mesa) durante várias semanas; depois, desenvolveu-se em mim a escrita automática e renunciamos a todas as experiências físicas, que podem ter muito interesse para os sábios, mas não para quem busca nesses fenômenos a prova da sobrevivência da alma. Minha mãe queria a prova da sobrevivência da sua filha, e acreditávamos tê-la conseguido. Escrevi automaticamente coisas que minha irmã doente havia dito a minha mãe, no campo, onde a desgraça aconteceu, enquanto eu estava em Florença, no colégio militar, de onde só saí depois da morte dela.

Já sabemos que se o médium só tivesse obtido esse tipo de prova, seria insuficiente, porque a transmissão do pensamento da mãe para o filho é bem possível, pois temos um bom exemplo disso nas experiências do rev. Newnham. Eis, porém, onde as coisas se complicam:

> Outras provas vieram em apoio dessa, e o fenômeno tinha uma característica especial, pelo fato de 150 individualidades, de que eu não tinha conhecimento nem consciência, por assim dizer, terem se manifestado em minhas escritas, e cada vez que de novo se apresentavam, era sempre o mesmo estilo, a mesma língua, a mesma época, e o mesmo caráter moral. Automaticamente, e sem saber nem compreender o que escrevia, tracei rapidamente a lápis, *na língua italiana do século XIII*, visões místicas, que foram admiradas por alguns dos nossos melhores escritores. Diálogos filosóficos de elevada moral foram resultado das numerosas perguntas formuladas pelos assistentes; várias respostas eram em língua moderna, outras, *em grande quantidade, eram em dialeto antigo, quase latim*, que no século XIII chamavam *latim vulgar*.

---

21 *Annales Psychiques*, setembro-outubro de 1898, p. 257.

Gabriel Delanne

Nesses diálogos, pouco a pouco desenvolveram-se as teorias budistas e o quietismo da sra. Guyon. Nem minha mãe, nem eu, nem qualquer das pessoas presentes sabíamos uma palavra sequer dessas coisas ou dessas doutrinas.

Parece-nos difícil comparar essas individualidades tão múltiplas e tão diferentes com personalidades secundárias, não somente porque são muito numerosas, mas também porque algumas delas empregam uma língua antiga, ignorada pelo escrevente, e porque mostram conhecimentos que nenhum dos experimentadores possuía. Uma circunstância desse relato nos leva igualmente a rejeitar a hipótese, sempre possível e às vezes muito verossímil, da clarividência, é que as respostas eram dadas imediatamente em resposta às perguntas dos assistentes. Este é um ponto muito importante, porque se tivessem feito na véspera perguntas que ele teria que responder no dia seguinte, poder-se-ia supor que durante a noite a alma do rapaz tivesse conseguido adquirir, pela clarividência, as noções novas que a seguir se revelavam pela escrita. Essas observações dão um valor considerável aos detalhes fornecidos pelo sr. Gordigiani, que continua assim sua narrativa:

Obtive escritas relativas à cidade de Rodi, na Úmbria, e aos seus arredores; pequenas aldeias, quase desconhecidas, eram mencionadas.

Nomes de antigas famílias italianas, hoje extintas, foram citados a propósito de particularidades históricas desconhecidas, mas que sempre tinham um cunho de verdade. Frequentemente *verificamos*, nos arquivos de Florença e de Siena, a *exatidão desses nomes*. As particularidades, os nomes de pessoas, de cidades, de aldeias nunca vinham sem razão de ser, mas sempre em consequência de uma conversa precedente, *e na qual eu jamais tomei parte*. Eu era sempre um instrumento passivo, inconsciente, mais ou menos como um telefone, *mas nunca entrava em transe*.

Vez por outra, houve penosas aventuras com minha escrita inconsciente. Vou transcrever uma que nos foi particularmente desagradável:

Em 1883, meu pai fazia o retrato da sra. B. M. (não posso citar o nome completo, uma vez que a história em questão pode ser incômoda), uma dama americana bem conhecida por sua posição, por sua grande inteligência e sua filantropia. Enquanto posava para o retrato, a conversa se voltou para o espiritismo, e ela ficou sabendo que eu era o que chamam de *médium escrevente*. Pediu a meu pai o favor de deixá-la assistir a uma sessão; este ficou muito embaraçado, pois sabia que minha mãe relutava muito para admitir uma nova pessoa em nossas reuniões, que já não eram mais experiências, mas que para ela eram um momento de recolhimento e de conforto íntimo. Minha mãe, realmente, pediu a meu pai que a livrasse da visita daquela senhora, mas a insistência desta foi tão intensa e tão premente, que, decididamente, ele foi obrigado a satisfazê-la.

Minha mãe pediu a uma senhora amiga, que fala inglês muito bem, que fizesse o favor de servir de intérprete, e uma noite nos reunimos em nossa casa para tentar evocar o marido da sra. B. M., falecido há vários anos.

Enquanto posava, essa senhora tinha falado a meu pai sobre o luto severo que havia usado por ocasião da morte do marido, contara-lhe como havia empenhado seus esforços para executar suas últimas vontades, respeitando-lhe os mínimos desejos, tanto quanto à educação dos filhos quanto à disposição dos negócios de sucessão, e expressara sua satisfação por ter cumprido seus deveres para com a memória do marido.

Isso é tudo que sabíamos sobre essa família, da qual nada conhecíamos antes de a sra. M. B. Entrar no ateliê de meu pai.

Na noite que devia preceder nossa reunião com essa senhora, minha mãe pediu-me para *pensar* (é assim que falamos em vez de dizer *evocar*, como tantos outros dizem, e, de resto, está certo, porque basta-me *pensar* para, quase sempre, obter a personalidade pedida) num dos seus tios que, segundo achava, poderia ajudá-la na dificuldade de obter alguma coisa que pudesse satisfazer a novata em nossas sessões. Foi uma espécie de sessão preparatória, para evitar um completo fracasso, mas só conseguimos obter vagas promessas.

No dia seguinte, a sra. B. M. entrou no salão de minha mãe exatamente às 9 horas da noite.

A sra. P., a intérprete, estava presente, bem como meu pai e um advogado seu amigo, sr. C. Eu estava sentado diante de uma mesa, com um lápis na mão e papel branco à minha frente. Pouco depois, meu lápis traçou estas palavras: 'Há

Gabriel Delanne

uma inimizade, que não posso compreender, entre a senhora e seu falecido marido'.

Convencida como estava, assim como todos nós, do perfeito entendimento daquela família, minha mãe ficou perturbada, e fingiu não compreender para não repetir a frase, e de novo perguntou se seria possível entrar em contato com o marido da sra. B. M. E o lápis, inexorável, repetiu sua frase: 'Há uma inimizade, que não posso compreender, entre a senhora e seu falecido marido'.

A sra. P. nos disse que a sra. B. M. queria a todo preço saber o que tinha sido escrito, e a frase lhe foi vertida para o inglês.

Nenhum de nós jamais esquecerá a profunda emoção sentida ao ver a sra. B. M. levantar-se e, muito pálida, exclamar: 'Como! Ainda!' Foi um verdadeiro lance teatral.

Em seguida, ela explicou rapidamente à sra. P., em inglês, que entre ela e o marido houvera sérias divergências, mas que pensava que a morte tivesse apagado nele todo ressentimento, já que ela o havia perdoado e tinha executado fielmente todas as suas últimas vontades.

Minha mãe quis insistir para saber se mais tarde não seria possível ter uma outra comunicação mais favorável.

Meu lápis traçou esta estranha frase: 'Impossível, ele está em Nigritie'.

Desta vez, tínhamos certeza de termos sido mistificados, e minha mãe queria a todo custo interrompê-lo, confusa por ter que dizer àquela dama semelhante bobagem. Mas a sra. C. insistiu, querendo ter a chave do enigma, e perguntou: 'Por que razão dizeis que ele está em Nigritie?'

E o lápis escreveu: 'Tem por missão influenciar para a abolição da escravatura'.

— Por que teve tal missão?

— Porque é negro.

Muito desanimada, minha mãe, que não estava mais interessada na sessão depois de ver essa inaceitável explicação, tão ofensiva àquela dama, apanhou rapidamente a folha de papel, pensando não estar sendo notada, amassou-a e jogou-a no chão.

Mas a sra. B. M. tinha visto e gritou:

— A senhora não tem o direito de fazer isso; tudo o que se escreve neste momento me pertence.

Reclamou a bola de papel, que lhe foi entregue. Alisou-a e a sra. P. lhe disse o que estava escrito. Levantou imediatamente, parecendo muito emocionada, desejou-nos boa noite e foi embora.

Estávamos estupefatos e desgostosos com a impressão que a senhora tinha tido. Minha mãe não cessava de repetir:

— É a primeira vez que somos mistificados assim, porque a última frase é uma brincadeira descabida, mas a primeira era verdade, e deixou a sra. B. M. muito emocionada... No dia seguinte, pela manhã, meu pai tinha uma sessão com ela. Voltou para casa na hora do almoço rindo como um louco e disse a minha mãe em altos brados:

— Era negro! Era negro!

Não compreendíamos. Então ele nos disse que a sra. B. M. lhe havia contado longamente sua história, dizendo que após seu casamento, sua família tinha descoberto que seu marido era de origem indígena, isto é, homem de cor. Quase não se notava, mas era um casamento desigual, muito vexatório para alguns americanos. Daí a origem da inimizade, que durou por toda vida, mas que a sra. B. M. pensava estar extinta com a morte, porque, dizia, ela tinha cumprido todas as vontades do marido.

Os textos obtidos pela escrita mecânica têm uma curiosidade bem mais interessante do que tudo que acabo de dizer-vos, mas infelizmente, estão em italiano e a maioria, mesmo, em antigo italiano do século XII, e não consigo traduzi-los. Gordigiani.

A quem for tentado a ver nessa comunicação uma transmissão de pensamento da senhora americana para o médium, lembramos que os sonâmbulos propriamente ditos geralmente não compreendem as perguntas que lhes são feitas em línguas estrangeiras. Ora, segundo o relato, a intervenção de um intérprete era necessária, o que nos garante que estamos realmente diante de um fenômeno espírita verdadeiro. Além do mais, o assombro da sra. B. M. denota claramente que ela não pôde sugerir a resposta, já que ficou apavorada com ela.

Passemos, agora, à análise de outros documentos ainda mais demonstrativos, se é que isso é possível, do que os precedentes. Veremos neles autógrafos autênticos dados por médiuns que nunca conheceram as pessoas cuja letra reproduzem com surpreendente fidelidade.

Gabriel Delanne

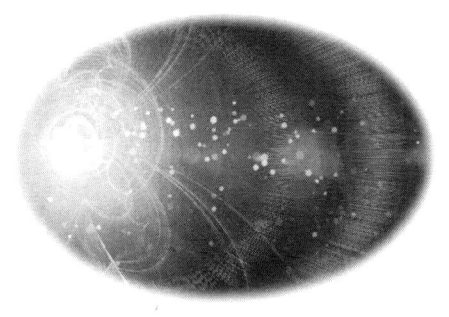

4.
Autógrafos de pessoas mortas obtidos por médiuns

• A escrita é um critério da personalidade • A escrita direta • A filha do dr. Nichols • Um morto que não esquece • As experiências do barão de Guldenstuble • A escrita direta no Panteão • O caso de Chicago relatado pelo prof. Moutonnier • Assinaturas de soberanos • Autógrafos obtidos pelo rev. Stainton Moses • Fenômenos de escrita observados na aldeia D. pelo dr. Dusart • O caso do síndico Chaumontet e do cura Burnier

A escrita é um critério da personalidade

Chegamos agora a uma ordem de fenômenos suficientes para impor uma convicção completa àqueles a quem os fatos anteriores não tenham persuadido. Quando um médium reproduz a letra e o estilo de uma pessoa que não conheceu quando em vida, não há somente a intervenção de uma inteligência estranha, estamos, também, diante de uma espécie de fotografia da personalidade do finado, que é inimitável. Possuímos um documento permanente que permite que se façam as mais precisas comparações e que permanece como uma prova irrecusável da ação do ser desencarnado.

Quando um parente, ou um amigo nosso, partiu para o exterior, se recebemos uma carta dele, reconhecemos-lhe a letra, seu modo de expressar-se, sem dificuldade, e não nos ocorre a ideia de imaginar que um falsário possa ter-lhe tomado o lugar para zombar de nós. As comunicações que nos chegam do mundo invisível, dessa região separada de nós pela barreira

495

dos sentidos físicos, são mensagens em todos os pontos semelhantes às cartas terrestres, e quando lhes vemos os primeiros
caracteres, temos a mesma convicção de que são realmente os
signatários das missivas que no-las enviam.
Quem teria tanto tempo, paciência e habilidade para simular assim a letra e representar uma comédia enfadonha? Sabemos que o papel dos espíritos mistificadores é muito limitado
e que os que se divertem enganando-nos são geralmente muito
pouco inteligentes. Não possuiriam capacidade suficiente para
imitar uma letra, mesmo supondo-se que tenham conseguido
descobrir-lhe o modelo. Mas não é só a forma gráfica que é
preciso imitar, é também o conteúdo intelectual. Ora, isso é
totalmente impossível aos espíritos atrasados demais para entregar-se a esse tipo de distração.
Nas evocações feitas durante as sessões, a presença de
uma pessoa que conheceu o falecido não é uma circunstância
prejudicial ao valor da experiência, porque, se admitimos que
a transmissão do pensamento pode ocorrer entre o operador
e o médium, não cremos que seja possível sugerir um tipo de
letra que seríamos incapazes de reproduzir, e, frequentemente,
de imitar imediatamente, mesmo tendo a original diante dos
olhos. A escrita é uma arte técnica que se aprende a utilizar
como se aprende a tocar um instrumento. Necessita de associações ideomotoras que são exclusivamente individuais e que
diferem conforme a idiossincrasia de cada indivíduo. É absolutamente impossível reproduzir uma letra que não se viu, e
se o fato acontece, não apenas é a prova de que uma inteligência diferente da do médium se manifestou, mas também uma
demonstração da personalidade do espírito, já que outro não
conseguiria chegar a essa identidade.
Desde já, é útil resguardar-nos de certas objeções que não
deixarão de fazer-nos, tentando confundir duas ordens de fenômenos que têm uma certa analogia exterior, mas que diferem
profundamente quanto ao fundamento. Referimo-nos às mudanças de letra que se podem determinar por sugestão.
Nas sessões espíritas, frequentemente acontece que o escrevente obtenha comunicações cuja letra varia a cada nova assinatura. Essa variação gráfica até então era considerada uma
boa prova da ação dos espíritos, já que cada um deles acusava

sua personalidade não só pelo estilo, mas por uma letra peculiar. Numerosas observações mostraram que as modificações da letra não bastam para confirmar a ação de uma inteligência estranha, porque veremos que a sugestão pode produzir mudanças na forma da letra do paciente sobre o qual se fazem experiências.

Os srs. Ferrari, Héricourt e Charles Richet[1] mostraram que o paciente ao qual se impõe uma mudança de personalidade, adapta não só suas palavras, seus gestos e suas atitudes à nova personalidade; até sua letra pode modificar-se conforme o gênero de ideias e de emoções que lhe invadam a consciência. Tome-se um jovem estudante de medicina, sr. X., com 19 anos de idade e absolutamente leigo em grafologia. Tem-se sua letra normal. Sugere-se sucessivamente a X. que ele é um camponês esperto e astuto, depois, Harpagnon, e, finalmente, um homem extremamente velho, e se lhe põe uma caneta na mão. Ao mesmo tempo, veem-se os traços da sua fisionomia modificar-se, pondo-se em harmonia com a ideia do personagem sugerido. Observa-se que, paralelamente, sua letra sofreu modificações, não menos acentuadas, e assim igualmente uma fisionomia peculiar a cada um dos novos estados de consciência. Melhor dizendo, o gesto de escrever transformou-se ao mesmo tempo que os outros. O sr. de Rochas, que retomou essas experiências com seu paciente Benoit, verificou-lhes a realidade e, na sua obra,[2] reproduziu fac-símiles da escrita desse rapaz sob a influência das mais variadas sugestões. Os srs. Bourru e Burot[3] também observaram o mesmo fenômeno, o que o coloca fora de dúvida.

Mas uma observação se impõe, e é capital para o estudo que nos ocupa: é que, se a letra do paciente muda, *o grau dessa modificação não chega ao ponto de transformar a letra normal.* Do mesmo modo que as emoções dão a um rosto as mais variadas expressões, conforme sejam tristes, alegres, passionais, artísticas etc., mas não chegam a modificar-lhe os traços gerais, assim também a forma típica da letra é sempre reconhecível, apesar das mudanças de tamanho e dos floreios

---

1 *Société de Psychologie Physiologique.* Sessão de 22 de fevereiro de 1886. *Revue Scientifique, La Personnalité et l'Écriture, Essai de Graphologie Expérimentale*, abril de 1886.
2 Rochas, *Les États Superficiels de l'Hypnose.*
3 Bouru e Burot, *Les Variations de la Personnalité.*

com que se enfeita sob o domínio das sugestões.

Quando se examinam atentamente os elementos que constituem essas objetivações de tipos, percebe-se facilmente que o escrevente não se utiliza de materiais novos: usa os que se encontram armazenados no seu cérebro, segundo seu caráter e sua memória.

A letra varia simultaneamente com a personalidade imposta ao escritor, mas a base é encontrada sob os arabescos, em caracteres idênticos, o que mostra que não há qualquer originalidade real nesses fenômenos.

Com as comunicações espíritas, de que daremos alguns exemplos, a coisa é bem diferente. A letra é quase sempre idêntica à que o desencarnado tinha quando vivia. Dizemos *quase*, porque se deve levar em conta a influência exercida pelo médium, mas, quando a mensagem é dada diretamente, isto é, quando é o próprio espírito que escreve, então não há diferença entre sua letra *post-mortem* e a que tinha na Terra.

Escrita direta

Quando um espírito reproduz perfeitamente sua letra por intermédio de um médium, esse fenômeno não pode mais ser entendido como uma simples transmissão de pensamento. Até agora, todos os fatos que citamos explicavam-se muito bem, comparando-se a ação de um espírito sobre o médium com a exercida por um magnetizador sobre seu paciente. O pensamento era transmitido pelo cérebro do escrevente, que de certa forma constituía um receptor telefônico vibrando sincronicamente com o do espírito, e a comunicação era consequência da estimulação dos centros corticais, correspondendo aos movimentos gráficos, como se produz quando escrevemos habitualmente, mas com a diferença de que o paciente era ignorado pelo escrevente, porque o impulso motor não provinha da sua própria mente.

No caso da escrita direta, o fenômeno é bem diferente. O cérebro do médium não desempenha papel algum; só sua força física é utilizada, e o espírito atua diretamente sobre a matéria, servindo-se dela momentaneamente, como nos utilizamos de uma caneta. O ilustre físico e químico William Crookes relatou uma sessão na qual pôde observar esse fenômeno:[4]

> O primeiro fato que citarei aconteceu, é verdade, numa sessão às escuras, mas, mesmo assim, o resultado não foi menos satisfatório. Eu estava sentado ao lado da médium, srta. Fox; a não ser minha mulher e uma parenta nossa, não havia outras pessoas presentes, e eu tinha as duas mãos da médium numa das minhas, enquanto que seus pés estavam sobre os meus.sobre a mesa à nossa frente havia papel, e minha mão livre empunhava um lápis.
>
> Uma mão luminosa desceu do teto da sala, e após ter planado perto de mim durante alguns segundos, ela pegou o lápis da minha mão, escreveu rapidamente numa folha de papel, largou o lápis, elevou-se acima das nossas cabeças e depois perdeu-se pouco a pouco na escuridão.

Geralmente a mão do espírito é invisível. A ação exercida sobre a matéria não é mais direta como na materialização precedente; poderia, mais exatamente, ser comparada à ação de um imã sobre uma caneta de ferro, que se desloca sem que se toque nela, e pode erguer-se quando se atua sobre uma das suas extremidades. Vejamos o que o sábio inglês diz ainda:

> Meu segundo exemplo pode ser considerado um insucesso. 'Um bom fracasso muitas vezes ensina mais do que a mais exitosa experiência.' Essa manifestação aconteceu à luz, no meu próprio quarto, e na presença do sr. Home e de alguns amigos íntimos apenas.Várias circunstâncias, que seria inútil relatar, tinham-me mostrado que o poder do sr. Home estava muito forte aquela noite. Experimentei então o desejo de testemunhar, naquele momento, a produção de uma mensagem escrita, como a que, algum tempo antes, tinha ouvido um amigo meu contar.
>
> Imediatamente, foi-nos dada a comunicação alfabética seguinte: 'Tentaremos.' Algumas folhas de papel e um lápis haviam sido colocados no centro da mesa; então o lápis ergueu-se sobre a ponta, *avançou na direção do papel com saltos inseguros* e caiu. Depois levantou e tornou a cair. Tentou pela terceira vez, sem obter melhor resultado. Depois dessas três tentativas infrutíferas, uma ripinha que estava perto, em cima da mesa, deslizou até o lápis e ergueu-

---

4 Crookes, *Recherches sur le Spiritualisme*, p. 157.

se algumas polegadas acima; o lápis levantou-se de novo e, escorando-se contra a ripa, juntos fizeram um esforço para escrever no papel. Após ter tentado três vezes, a ripa abandonou o lápis e voltou ao seu lugar; o lápis voltou a cair sobre o papel, e uma mensagem alfabética nos disse: 'Tentamos atender ao seu pedido, mas está acima de nossa capacidade'.

Em outra ocasião, uma ripinha lhe deu, sem que ninguém tocasse nela, uma mensagem em alfabeto Morse; o prof. Eliot Coues viu um fragmento de lápis de ardósia escrever sozinho, em pleno dia, numa lousa, embora a mão que o dirigia fosse invisível.[5]

Citaremos mais alguns exemplos de escrita direta tirados do livro de Aksakof,[6] depois enumeraremos aqueles cuja autenticidade não pode deixar dúvida, devido à honradez das testemunhas e à impossibilidade quase constante em que o médium se encontrava de se utilizar de imposturas.

A filha do dr. Nichols

No *Spirituel Record* de 1884, p. 454 e 455, encontra-se o fac-símile de uma comunicação recebida pelo dr. T. L. Nichols, da parte de sua filha Willie, pela escrita direta entre as duas lousas. *É perfeitamente idêntica à amostra da letra de Willie,* quando viva, e não tem qualquer semelhança com a letra do médium Eglinton, da qual há uma amostra anexa. Outro fac-símile da letra de Willie se acha no mesmo jornal, do ano de 1883, p. 135.

O dr. Nichols era bem relacionado com o dr. Frièze, com os srs. Reimers e Oxley; jamais alguém duvidou da sua palavra, portanto, devemos aceitar seu testemunho. Quanto ao médium, este não conhecia a filha do doutor, que tinha morrido há vários anos. O espírito Willie materializou-se completamente mais tarde e forneceu um molde da sua mão, que foi conservado pelo dr. Nichols.[7]

---

5 Delanne, Gabriel, *Le Phénomène Spirite*, p. 143 e segs.
6 Aksakof, *Animisme et Spiritisme*, p. 547 e segs.
7 Delanne, Gabriel, *Le Phénomène Spirite*, p. 231.

Gabriel Delanne

Um morto que não esquece

Robert Dale-Owen, conhecido escritor espiritualista, antigo embaixador dos Estados Unidos em Nápoles, publicou no *Religio-Philosophical Journal* de 26 de julho de 1884, o relato que se segue, que o sr. Aksakof reproduziu conforme o *Light*, de 1885, p. 33, abreviando-o um pouco:

Há doze anos — diz o sr. Dale-Owen —, entre meus amigos incluía-se um conhecido senador da Califórnia, que era diretor de um banco próspero em San José. O dr. Knox (este é seu nome) era um profundo pensador e um enérgico partidário das teorias materialistas. Fora atingido por uma pneumonia progressiva e, sentindo seu fim aproximar-se, falava frequentemente do sonho eterno que o aguardava, e com ele o esquecimento eterno. Não temia a morte. Um dia eu lhe disse:

— Façamos um pacto, doutor: se lá em cima sentirdes estar vivo, fareis o possível para me comunicar estas poucas palavras: *Continuo vivo*. Ele me fez essa promessa solenemente. Depois da sua morte, aguardava impacientemente que me desse notícias. Meu desejo aumentou ainda mais com a chegada à nossa cidade de um médium de materializações vindo do leste da América. Tinha confiança absoluta no caráter sério desse médium. Ele declarou que às vezes conseguia obter provas de identidade por meio da escrita direta numa lousa e propôs-me tentar a experiência, já que a ocasião se apresentava. Limpei uma lousa, coloquei nela um lápis de ardósia e coloquei-a contra a superfície interna da mesa.[8] O médium colocou uma das mãos sobre a minha, sob a mesa, e a outra em cima da mesa. Ouvimos o ruído do lápis arranhando a lousa e, retirando-a, encontramos nela as seguintes linhas:

'Amigo Owen, os fenômenos que a natureza nos oferece são irresistíveis, e o pretenso filósofo, que muitas vezes luta contra um fato que lhe contradiz as teorias favoritas, acaba por ser lançado num oceano de dúvida e de incerteza. Não é exatamente o meu caso, se bem que minhas antigas ideias sobre a vida futura estejam agora completamente subvertidas; mas, confesso, minha desilusão foi agradável, e estou

---

8 Aí estão excelentes condições, porque, geralmente, é o próproio médium que segura a lousa.

feliz, meu amigo, por poder dizer-lhe: *Continuo vivo.*
Seu amigo sempre,
William Knox.'

Deve-se observar que o médium de que se trata esteve na Califórnia três anos depois da morte do meu amigo, que nunca o tinha visto *e que a letra da mensagem era a tal ponto idêntica à do meu falecido amigo,* que foi reconhecida como sendo a dele pelo pessoal do banco que ele tinha presidido.

Os incrédulos poderiam objetar que o conhecimento da letra de W. Knox foi apanhado na consciência subliminar de Robert-Dale Owen, e que foi pela exteriorização do espírito do médium que os caracteres foram traçados na lousa, porque sabemos, por numerosas experiências, e em particular pelas feitas em companhia de Eusapia Paladino, que o médium pode projetar uma mão fluídica com objetividade suficiente para atuar sobre a matéria.

Essas hipóteses reúnem fatos que geralmente só se apresentam separados, e já é uma suposição bem inverossímil essa leitura na consciência do experimentador de um esboço de letra que esteve sepultado na sua memória latente durante alguns anos. Mas basta essa olhadela para explicar-lhe a reprodução exata? Não o cremos, porque, para imitar sem errar um autógrafo, é necessário um talento que não se improvisa, principalmente quando a escrita deve ser produzida subitamente, em poucos minutos. Se é recomendável esgotar todas as teorias animistas antes de chegar aos fatos espíritas, não se deve, contudo, cair no absurdo e dotar o médium de poderes que seriam mais prodigiosos e mais sobrenaturais do que a comunicação dos espíritos.

As experiências do barão de Guldenstubbé

Foi em 1856 que a escrita direta foi observada com rigor pelo barão de Guldenstubbé que, com o conde d'Ourches, o barão de Brévern e o conde Szappari, formava uma sociedade de pesquisadores esclarecidos, instruídos e desejos de controlar severamente esses fenômenos, na época tão novos e aparentemente sobrenaturais.

A irmã do sr. Guldenstubbé era o médium, de modo que nenhuma suspeita motivada podia levantar-se contra a sinceridade das experiências. Perfeitamente ao par das comunicações pela mesa e pelos médiuns escreventes, o sr. Guldenstubbé quis uma demonstração inteligente da ação direta dos espíritos, e obteve centenas delas, nas mais variadas condições. Foi então que publicou, em 1857, seu livro intitulado *La Réalité des Esprits et le Phénomène Merveilleux de leur Écriture Directé*, onde relata as circunstâncias nas quais essas escritas foram obtidas. No final da obra, encontramos fac-símiles desses manuscritos, num total de 67. Acreditamos no valor desses documentos, porque nos pareceria insensato supor que homens de sociedade, inteligentes, letrados, ricos, e consequentemente a salvo das vicissitudes materiais da existência, tenham se juntado para enganar o público, porque só conseguiriam ser alvo dos incrédulos e dos anátemas do clero que, aliás, não lhes faltaram. A partir do momento que vimos o mesmo fenômeno reproduzir-se em todos os países, e perante observadores sábios e atentos, não temos mais razões para suspeitar da boa fé do barão, cuja sinceridade e cujo sentimento profundamente religioso saltam aos olhos em cada linha do seu livro. Eis como teve a ideia de recorrer a essa espécie de experimentação:

O autor, estando sempre em busca de uma prova inteligente, e ao mesmo tempo palpável, da realidade substancial do mundo sobrenatural, a fim de demonstrar, por fatos irrefutáveis, a imortalidade da alma, jamais cessou de dirigir fervorosas preces ao Eterno para que se dignasse indicar aos homens um meio infalível de reafirmar a fé nessa imortalidade, base eterna da religião. O Eterno, cuja misericórdia é infinita, acolheu-lhe as humildes preces. Um belo dia, foi a primeiro de agosto de 1856, ocorreu-lhe a ideia de verificar se os espíritos podiam escrever *diretamente*, sem a *intermediação de um médium*... Pôs um papel de cartas branco e um lápis numa caixinha fechada a chave, carregando essa chave sempre consigo, e sem falar com *ninguém* sobre sua experiência. Durante doze dias esperou em vão, sem perceber qualquer traço de lápis no papel, mas qual não foi seu espanto quando, a 13 de agosto de 1856, percebeu alguns caracteres misteriosos nele traçados; mal os viu, repetiu *dez vezes*, durante aquele dia inesquecível, a mesma experiência, pondo, a cada meia hora, uma nova folha de papel na mesma caixa. Todas as vezes a experiência foi coroada de êxito.

Poder-se-ia imaginar que o próprio sr. Guldenstubbé, em sonambulismo, tivesse escrito a primeira mensagem, se o fato não se tivesse repetido diante dele, perfeitamente acordado. Quanto a crer que ele pudesse ser o autor inconsciente dos escritos, por um desdobramento involuntário que não tivesse percebido, achamos essa hipótese insustentável, porque nenhuma experiência jamais permitiu constatar que esse fenômeno fosse possível. O que torna essa objeção inaceitável, é o fato, que constataremos imediatamente, de que não apenas não era sua letra que estava assim reproduzida, mas que muitas vezes era a de pessoas que ele não tinha conhecido. Assinalamos também uma diferença entre essas experiências e as outras que citamos anteriormente, ela é de molde a mostrar-nos igualmente que o poder atuante não era a mente do barão:

> No dia seguinte, 14 de agosto, o autor fez de novo umas vinte experiências, *deixando a caixa aberta e não a perdendo de vista*; foi então que o autor viu caracteres na língua estoniana formando-se ou serem gravados no papel sem que o lápis se mexesse. A partir de então, vendo a inutilidade do lápis, o autor deixou de colocá-lo sobre o papel. Simplesmente põe um papel em branco em cima de uma mesa da casa, ou no pedestal de estátuas antigas, em sarcófagos, em urnas etc., no *Louvre, em Saint-Denis, na igreja de Saint-Étienne du Mont* etc.

Essa curiosa maneira de produzir a escrita sem empregar lápis ou caneta foi observada depois por diversos sábios[9] e, da parte dos espíritos, destaca processos de utilização da matéria que ainda não ocorreram aos nossos sábios oficiais. Para mostrar que a operação da escrita não se deve à intervenção

---

9 Ver *Psychographie*, de Oxon (Stainton Moses), e consultar a obra do sr. Rochas, *L'Éxteriorisation de la Motricité*, a respeito dos traços deixados por Eusapia Paladino numa parede, e até no peitilho da camisa de um dos experimentadores. Ver p. 140 e 162.

Gabriel Delanne

do demônio, o religioso sr. Guldenstubbé submeteu-se a todas as medidas de precaução imaginadas por seu amigo, o conde d'Ourches:

Após ter constatado a realidade do fenômeno da escrita direta por mais de trinta experiências repetidas, a principal preocupação do autor foi demonstrar a existência real desse milagre a outras pessoas. Inicialmente, dirigiu-se ao seu nobre amigo, o sr. conde d'Ourches, que também dedicou sua vida inteira à magia e ao espiritualismo. Só depois de seis sessões, a 16 de agosto de 1856, às 11 horas da noite, na casa do autor, o conde viu pela primeira vez esse fenômeno prodigioso. A princípio, ele ficou desconcertado com nossas primeiras experiências. Não duvidou da realidade do fenômeno, sabendo muito bem que o autor não tem o dom da mediunidade, de escrever maquinalmente; também não atribuiu o insucesso à influência dos demônios, mas acreditava que certos espíritos astutos e pouco cordiais queriam privá-lo de ser testemunha ocular de um milagre tão evidente. Então, ao lado do papel em branco destinado à escrita de algum espírito, pôs uma cópia do famoso critério do apóstolo São João, a respeito do discernimento dos bons espíritos: '*Todo espírito que confesse que Jesus Cristo veio em carne, é de Deus.*'[10] Dez minutos depois, um espírito simpático, *cuja letra e assinatura o autor reconheceu imediatamente*, escreveu diretamente, diante do conde d'Ourches, o seguinte: '*Confesso Jesus em carne.*' O espírito, portanto, aceitou sinceramente o sinal pelo qual, segundo São João, pode-se conhecer um bom espírito. Esse fenômeno deve confundir *todos os nossos ortodoxos demonófobos*, que só acreditam em milagres demoníacos.
A partir desse momento, o conde d'Ourches *viu mais de quarenta vezes* o fenômeno prodigioso da escrita direta, ora na própria casa, ora na do autor, e em diversos lugares. Mais tarde, no mês de outubro, obteve, mesmo sem a colaboração do autor, várias escritas diretas dos espíritos. Uma dessas cartas de além-túmulo *foi da mãe dele*, falecida há uns vinte anos.

Para nosso autor, parece totalmente absurdo ver nesses

---

10 Observemos que essas práticas puramente místicas são completamente inúteis e que um espírito céptico, judeu, maometano etc., mesmo que não confesse "que Jesus veio em carne", nem por isso será execrado.

fatos uma ação inconsciente do seu pensamento. "Repugna-me — diz ele — levar em conta uma objeção tão inepta, que não passa de uma ficção dos homens desmiolados de hoje!" Ele observa que geralmente não eram espíritos em que ele pensava que vinham, mas desconhecidos, porque nunca fazia evocações particulares.

Citamos algumas experiências nas quais escritas obtidas foram bem diferentes entre si. Ora eram lendas em grego ou latim e traçadas em caracteres lapidares ou cursivos, ora mensagens em alemão, com uma letra que não era a de nenhuma pessoa presente.

Eis alguns detalhes:

> N° 7 — Primeira escrita, em latim lapidar, obtida na presença do conde d'Ourches, no Louvre, perto da estátua de Germânico, a 26 de agosto.
>
> N° 8 — Escrita em latim lapidar, obtida no mesmo dia, na presença do conde d'Ourches, perto da estátua de Augusto, no ângulo da sacada dos imperadores, no Louvre.
>
> N° 9 — Escrita em latim lapidar, traçada a 28 de agosto no Louvre, perto da estátua de Júlio César, na presença do conde d'Ourches.
>
> N° 10 — Escrita lapidar em grego antigo, traçada igualmente a 28 de agosto na presença do conde d'Ourches, perto da pequena estátua de Eurípides.

Infelizmente, o barão não nos dá detalhes das circunstâncias em que essas escritas diretas foram obtidas, mas, como a escrita na casa dele se formava sem que ninguém estivesse perto do papel, é provável que o mesmo devia ocorrer nas experiências tentadas nos museus e nas igrejas. Logo veremos um relato de Pierart, diretor da *Revue Spiritualiste*, que conta como as coisas se passavam habitualmente. Deve-se observar que os textos nem sempre reproduziam a mesma letra. Pudemos constatar a produção de mensagens inteligentes em latim e em grego lapidares, em latim e em grego comuns, em língua estoniana, em francês, em russo, em alemão e em versos alemães, em inglês e, finalmente, em italiano.

Vejamos algumas experiências sobre as quais o autor é mais explícito; parece que, nesse caso, as precauções foram tomadas seriamente, sem que os resultados fossem diminuídos:

Nº 46 — Escrita latina assinada pelo célebre orador Cícero, na presença do general barão de Brewern, a 24 de dezembro, na residência do autor. Essa prodigiosa escrita foi traçada numa resma de papel de cartas, *ainda sem uso e lacrada pelo comerciante*, ou seja, num caderno tal como saiu da loja.

Nº 47 — Escrita grega assinada pelo célebre Platão e *traçada na mesma resma lacrada*, na mesma noite de 24 de dezembro, na presença da citada testemunha, na residência do autor.

Nº 48 — Figura traçada na mesma resma lacrada, na presença da citada testemunha ocular, a 24 de dezembro, na residência do autor. As experiências desse dia memorável foram coroadas do mais completo êxito. O sr. general barão de Brewern assistiu a elas na qualidade de testemunha ocular. O sr. conde d'Ourches e o marquês de Planty, igualmente convidados, faltaram. Esperamo-los até a meia-noite, mas quase a essa hora os móveis começam a estalar, o médium se põe ao piano e manda-nos colocar uma resma de papel de cartas *nova*, embrulhada em papel amarelo e lacrada pelo comerciante, sobre uma mesinha. Ao final de um quarto de hora, o médium para de tocar e pede ao barão de Brewern que abra a resma; primeiro vê-se uma escrita grega assinada por Platão, depois uma latina assinada por Cícero; uma terceira folha contém a figura de que acabamos de falar; finalmente, um quarto papel contém uma escrita em inglês, assinada por Spincer. Esta última, que não conseguimos decifrar bem, infelizmente foi extraviada.

Claro está que não temos nenhuma prova da veracidade das assinaturas de Cícero e de Platão, mas o interesse do fenômeno não reside nisso: prende-se à escrita em si e ao seu modo anormal de produção.

Observemos que o médium, que sabemos ser a irmã do barão de Guldenstubbé, não conhecia latim, nem grego; não podemos supor, portanto, que os textos obtidos nessas línguas provenham de um desdobramento da sua personalidade, acompanhado de exteriorização. A precaução de utilizar um papel de cartas ainda lacrado afasta também a suspeita de uma fraude, consciente ou não, da parte da médium, se sua boa fé não estivesse estabelecida por sua irrepreensível honestidade. Citamos agora alguns casos em que a letra foi reconhecida:

Nº 51 — Escrita alemã, traçada por *espírito de quem o autor, assim como vários amigos do falecido*, reconheceram a letra, embora falte a assinatura. Esse fenômeno ocorreu a 28 de dezembro, na residência do autor.

Nº 53 — Escrita alemã em verso, assinada por um parente do autor. A carta foi traçada a 14 de janeiro de 1857, na residência do autor. *A perfeita semelhança da letra do defunto foi constatada por vários dos seus amigos.*

Podemos garantir, pela comparação dos fac-símiles, que a letra dos dois textos em alemão não se assemelha, e também difere das de outras mensagens escritas na mesma língua, reproduzidas nos números 57 e 63, que foram reconhecidas.

Os autógrafos franceses apresentam diferenças consideráveis e atestam, a seu modo, que não foram produzidos pela mesma individualidade, encarnada ou desencarnada. Tais são, por exemplo, os números 56 e 58, cujas respectivas letras foram identificadas com as de pessoas mortas há algum tempo.

Esse imponente conjunto de autógrafos estabelece com a maior evidência a certeza de que os espíritos desencarnados podem confirmar autenticamente sua sobrevivência pelas mesmas provas que dariam aqui na Terra, ou seja, por sua assinatura.

A escrita direta no Panteão

Na mesma época, outra testemunha, Pierrart, diretor da *Revue Spiritualiste*, teve oportunidade de observar fatos semelhantes, e os relata, dando todas as referências, nestes termos:

Há um gênero de fatos muito convincentes, a que não se pode opor a menor objeção. É o da escrita direta, fenômeno pelo qual um espírito vem traçar num papel colocado por uma pessoa, e perto dela, sinais e, às vezes, letras, frases inteiras, e isso sem lápis, caneta ou tinta. O sr. de Guldenstubbé, personagem honrado sob todos os aspectos e de uma lealdade a toda prova, obteve, como já dissemos, a solução

Gabriel Delanne

de uma grande dificuldade. Mil experiências registradas no seu notável livro o provam. Esperava que um dia me desse testemunho de um prodígio semelhante. Mas, tendo voltado à sua pátria, era-me forçoso esperar quando, de repente, fiquei sabendo que um amigo dele, o barão de Brewern, associado ao conde d'Ourches e à sua médium, a srta. Blanche C., tinha conseguido obter escrita direta. Várias experiências tinham sido feitas por eles e tinham sido coroadas de pleno êxito.

Avisado desses fatos e convidado a uma experiência pelo general de Brewern, a 28 de junho, às 11 horas, dirigi-me ao Panteão com ele, o conde d'Ourches, a srta. Blanche e o pastor Bellot. Dirigimo-nos à capela de Santa Genoveva, diante da qual nos sentamos. Após um momento de recolhimento e oração, papéis foram colocados como na vez anterior. Tendo-me sido dado um desses papéis pelo pastor Bellot (era uma folha com seu monograma), fiz com que cada um dos assistentes o examinasse, depois, tendo-lhe feito uma marca, a fim de constatar-lhe a substituição, caso ocorresse, fui em companhia da médium colocá-lo no embasamento de uma coluna, diante da qual voltei a sentar-me, *sem perder o papel de vista*.

Mais ou menos dez minutos depois, ouviram-se pancadinhas na escada do altar de Santa Genoveva, que ficava à nossa esquerda. A médium me disse que as pancadas eram um sinal dado pelo espírito para indicar que podíamos ir buscar o papel; apressei-me a fazê-lo. *Tendo o papel sido apanhado por mim*, abri-o. No seu interior vi uma cruz que parecia ter sido traçada por um lápis de grafite, e, depois de mim, cada um dos assistentes constatou a existência da cruz. Como tinha sido traçada no papel, não sei. Tudo que sei é que não poderia ter sido feita por uma mão humana.

Em outros papéis colocados pelo conde d'Ourches, encontrava-se a cópia mal desenhada de um cajado, sem dúvida devida à ideia que um de nós teve da pastora de Nanterre, diante de cuja imagem estávamos, e que um espírito teria reproduzido; encontravam-se também sinais, traços diversos, nos quais não conseguimos ver qualquer significado.

Eis os fatos que, perante Deus e por minha honra, achei-me no dever de revelar, para que possam servir de ensinamento e de edificação a quem de direito. O sr. general de Brewern, rua de Chaillot 74, o sr. conde d'Ourches, passagem Saulnier 22, o sr. Bellot, rua des Écuries d'Artois 8, a srta. Blanche C., rua de Rochefoucault 62 que foram testemunhas, como eu, desses fatos, estão dispostos a atestá-los quando solicitados.

Evidentemente, esse fenômeno é menos desenvolvido do que os anteriores e talvez menos convincente devido à proximidade do médium no momento em que o papel foi depositado, mas não nos esqueçamos de que o papel tinha o monograma do pastor Bellot e que Pierrart tinha feito nele uma marca particular. Só o narramos para mostrar que, exceto o barão de Guldenstubbé, seus amigos tinham ido para verificar a existência da escrita direta.[11] Podemos publicar um volume importante com os relatos autênticos que possuímos sobre esse fenômeno. Stainton Moses o fez, e sua obra, cujo título é *Pychography*, é absolutamente convincente. O dr. Gibier, por seu turno, relatou minuciosamente os resultados das suas experiências com Slade em *Spiritisme ou Fakirisme Occidental*. Então, não insistiremos longamente aqui, remetendo o leitor aos livros citados. Encerramos esta revisão sumária com o caso de Chicago, constatado pelo prof. Moutonnier, que o relatou nos *Annales Psychiques*.[12]

O caso de Chicago

Carta ao sr. Raphaël Chandos

Cedo, ao mesmo tempo, às vossas solicitações amigáveis e ao meu desejo de ser útil à ciência, para entregar à publicidade uma das páginas mais íntimas e mais pungentes da minha vida, esperando que os fatos que vou revelar possam trazer alguma nova luz ao estudo dos fenômenos psíquicos. Falei-vos, numa das interessantes conversas que tivemos a bordo de *La Touraine*, por ocasião da nossa recente viagem de Nova Iorque ao Havre, da terrível desgraça que me levou a ocupar-me com assuntos de além-túmulo: uma filha que

---

11 Não podendo alongar-nos nesses relatos, remetemos o leitor à *Revue Spiritualiste*, 1858, p. 240 e 417; 1859, p. 126, 141, 145, 166, 204, 206, 232; 1862, p. 90. Ver também o livro de Stainton Moses intitulado *Psychographie*, que narra todas as experiências do autor e grande quantidade de outras do maior interesse.
12 *Annales Psychiques*, 1899, p. 65.

eu adorava me foi arrebatada subitamente, há quase seis anos, na flor da idade e na plenitude da sua inteligência. Esse acontecimento me havia mergulhado no marasmo e no tédio por tudo, e para distrair minhas ideias sombrias e morosas, pus-me a viajar.

Vários meses se passaram assim, num estado de completa inércia, quando, certo dia, um dos numerosos livros escritos sobre o espiritismo caiu-me nas mãos. Li um, depois outro, e pouco a pouco o estudo do mundo espiritual e das suas relações com a natureza visível e material tornou-se uma verdadeira paixão para mim; e como tantos outros infortunados que uma lei inexplicável e fatal tinha golpeado, pus-me a estudar o problema da vida e a investigar. A partir desse momento, estendi minhas relações ao mundo das pessoas que se ocupam com o espiritismo, fiz-me admitir em círculos privados e públicos, e cheguei a organizar sessões na minha família.

Vi e fiz mesas girarem; obtive comunicações escritas com a ajuda da prancheta. Mas, poderia dizer que todas essas experiências dissiparam-me as dúvidas e estabeleceram no meu espírito a certeza de que as pessoas mortas tinham o poder de comunicar-se conosco? Infelizmente, não! Todos esses fenômenos talvez revelem a realidade de certas forças desconhecidas, mas não provam suficientemente a existência real e substancial de inteligências invisíveis, independentes da nossa vontade e da nossa imaginação.

A meu ver, só havia um fenômeno direto, inteligente e material ao mesmo tempo, independente da nossa vontade e da nossa imaginação, como a escrita direta, que pudesse servir de prova irrefutável da realidade do mundo dos espíritos. Mas, onde encontrar um médium escrevente independente? Problema impossível de resolver em Paris, onde os médiuns são inábeis, para não dizer nulos.

Finalmente, um dia o acaso veio ao encontro do meu desejo, e, durante uma estada em Chicago no verão, fui testemunha ocular de fenômenos psíquicos dos mais notáveis, que venho hoje submeter ao exame e à crítica da ciência. Não ignorais que a América do Norte é, de todos os países do mundo, o que mais se ocupa com problemas relativos à vida futura, e, embora admitindo que é também onde mais se explora a credulidade pública, é lá que se encontram médiuns honestos e dotados de uma força fluídica extraordinária. Desde a minha chegada a Chicago, então, busquei um médium escrevente independente, conhecido, e gozando de alguma reputação.

Assim, apresentei-me na residência das srtas. Bangs, 3, rua Elisabeth,[13] a 20 de junho último, às 3 horas da tarde, ou seja, em pleno dia. Foi a mais nova das duas irmãs, a srta. May, quem me recebeu e me serviu de médium. Eu tinha preparado antecipadamente seis perguntas ou mensagens, cinco das quais em inglês e uma em francês, em seis folhas de papel, dobradas em quatro, que guardava na minha mão esquerda, hermeticamente fechada. A sala destinada às sessões ficava no primeiro pavimento; o mobiliário era simples, mas confortável. Sobre uma mesa oblonga, colocada contra um dos painéis, estava uma caixa de música que a médium utiliza conforme as circunstâncias. No centro da sala havia uma mesinha quadrada, coberta com uma toalha.

A srta. Bangs pergunta se desejo a comunicação na lousa ou no papel, e eu escolho o último modo, que parecia ter um caráter mais sério e mais convincente.

Eu continuava segurando na mão esquerda as perguntas que havia preparado e de que não me tinha separado um só instante. A médium entregou-me então cinco folhas em branco, que deviam servir para as respostas, e um envelope; examinei-os com o maior cuidado e achei-os perfeitos. Pus as folhas com as perguntas no envelope, que fechei meticulosamente, e eu mesmo o coloquei entre duas lousas pertencentes à médium. Amarrei-as solidamente com cordas postas em cruz, depois de ter colocado entre elas um pedaço de grafite, e pousei-as sobre a mesinha, sem tirar os olhos delas. Depois sentei-me num dos lados da mesa e a médium acomodou-se no outro lado, à minha frente. Logo iniciou-se uma conversa sobre assuntos diversos; nada parecia anormal na atitude da médium. Loura, encorpada, a srta. Bangs é alegre e parece não ter consciência do estado mediúnico que se manifestou nela desde a infância. Não tem nada desses médiuns saltimbancos que vão às praças públicas e às feiras para explorar a boa fé dos desocupados ignorantes e crédulos; ao contrário, tudo nela é simples e natural. Mal havia passado um quarto de hora quando de repente ela

13 Ficamos sabendo, de fonte segura, e notadamente pelo sr. Richard Hodgson, que as irmãs Bangs nem sempre abstiveram-se de truques. Não ignoramos, porém, que a grande maioria dos médiuns incorre vez por outra nesse lamentável erro, e sabendo, por experiência própria, que médiuns de quem às vezes pudemos legitimamente suspeitar, frequentemente produziram fenômenos autênticos, não vamos até ao ponto de concluir que as irmãs Bangs só tenham produzido sempre imposturas. (Nota do sr. Dariex, diretor dos *Annales Psychiques*.)

Gabriel Delanne

diz: 'Vejo, atrás do senhor, no meio de um grupo de espíritos que parecem conhecê-lo, um espírito que domina todos os outros e que é de uma beleza ideal. É esse espírito que deseja entrar em comunicação com o senhor; parece ser-lhe ligado pelos mais íntimos laços e ter-lhe um amor extremado. Deve ser sua filha', diz ela, e pela descrição que fez, reconheci que não se enganava. 'Mas, acrescenta, esse espírito está em esferas muito elevadas e sua natureza é demasiado sutil para que possa comunicar-se diretamente, e chamou em seu auxílio um outro espírito que está mais perto da Terra e que vejo à minha direita. Parecem ter-se conhecido intimamente na Terra e amar-se muito, embora estejam em esferas diferentes.'

Pedi-lhe que me descrevesse esse último espírito, e o retrato que fez dele ajustava-se, na verdade, ao do meu genro, falecido três anos antes da minha filha. Enquanto isso, a comunicação se produzia e eu continuava com ambas as mãos pousadas na mesa *perto das lousas que não tinha perdido de vista.*

Querendo levar mais longe minhas investigações, pedi-lhe que me dissesse qual era o nome dos dois espíritos; ela pegou um pedaço de papel, onde escreveu *Harry* — nome do meu genro. Quanto ao nome da minha filha, nas minhas perguntas eu a tinha chamado pelo apelido, Doudouske (tirado do russo e significando *alminha*); só com grande dificuldade ela conseguiu traçá-lo, dizendo que não compreendia o significado desse nome e que nunca o tinha ouvido.

No total, a sessão já durava pouco mais de meia hora quando ela me disse: 'O senhor está vendo esses quadros pendurados na parede da sala? Pois bem, são quadros feitos pelos espíritos. O senhor não gostaria de ter o retrato da sua filha como lembrança?' Dito isso, pegou um pedaço de grafite, colocou-o sobre a lousa superior e cobrindo essa lousa com uma terceira. 'Talvez — disse ela — sua filha lhe escreverá a este respeito.' Alguns minutos haviam passado quando ela me anunciou que a comunicação tinha terminado. Peguei então as três lousas, retirei a superior, depois, examinando a segunda, não encontrei mais o pedaço de grafite; desamarrei a seguir as duas outras lousas e entre elas encontrei, tal como o havia colocado, meu envelope fechado, mas o grafite tinha desaparecido. Ao examinar o envelope, observei que o lado no qual se escreve o endereço estava coberto de escrita a lápis. Estava hermeticamente fechado, e abri-o com a ajuda do meu canivete; retirei-lhe o conteúdo, perguntas e páginas destinadas às respostas, que vi estarem também cheias de escrita a lápis.

Estou anexando a este documento o dossiê completo das sessões, com a tradução em francês das perguntas e respostas, a fim de facilitar vosso trabalho de exame e pesquisa.

Duas coisas me impressionaram nessas comunicações: Primeiro, a precisão das respostas e, segundo, a diferença das escritas, uma das quais é em inglês, e a outra, em francês, e a grande semelhança delas com a do meu genro e da minha filha. Essa similitude impressionou todos os membros da minha família, e, de resto, podeis convencer-vos pessoalmente da verdade da minha afirmativa, comparando a letra das comunicações com a das duas cartas que anexo aqui como provas: uma é do meu genro e é datada de Louisville (Estados Unidos), 18 de maio de 1888, a outra é de minha filha e foi escrita em Paris, em 1890.[14]

Direi, além disso, que não tinha em meu poder, no dia das sessões, nenhuma das cartas que acabo de mencionar, nem qualquer outro escrito deles proveniente. Toda minha correspondência e minhas lembranças íntimas estavam fechadas no meu escritório em Paris, e só na minha volta eu mesmo pude constatar o fato.

Quanto à resposta dada à pergunta em francês, peço-vos a gentileza de observar que a pergunta foi reproduzida textualmente e que a resposta em francês, embora se mantenha na mesma ordem de ideias, não é aquela em que eu tinha perguntado.

Tendo apontado à médium essa anomalia, ela me disse que não podia dar-me a explicação, que não sabia uma só palavra em francês e que era a primeira vez que obtinha uma comunicação nessa língua. Após ter tomado informações, não tive motivos para pôr em dúvida a afirmativa da srta. Bangs, cuja ignorância, aliás, eu havia constatado.

Na segunda sessão, que tive a 3 de setembro, à mesma hora, ou seja, às três horas da tarde, as coisas se passaram do mesmo modo, com a diferença de que eu tinha levado minhas próprias lousas e minhas perguntas escritas previamente, num total de cinco, três das quais em inglês, dirigidas à minha filha, e duas em francês, à minha cunhada.

Além disso, havia em cima da mesa um vaso contendo flores

---

14 Ver em *Annales Psychiques*, p. 70-73, as reproduções da escrita direta e as dos autógrafos de Harry e da srta. Moutonnier durante sua vida terrena.

Gabriel Delanne

de ervilha-de-cheiro, nas cores branca, rosa e vermelha. Durante a sessão, a médium me disse: "Talvez obtenhamos uma comunicação escrita a tinta" e, dito isso, pegou um quadrilátero de papel branco, no qual pôs algumas gotas de tinta e que a seguir colocou em cima da lousa superior, cobrindo tudo com uma terceira lousa, pertencente a ela. Um pouco mais tarde, interpelou-me de novo assim: 'O senhor está vendo estas flores em cima da mesa?[15] Pois bem, já que o senhor parece duvidar da possibilidade que têm os espíritos de comunicar-se conosco e pede uma prova material da presença da sua filha nesta sala, peça-lhe que faça uma dessas flores, que o senhor escolherá, passar para o seu envelope!' Escolhi a cor-de-rosa e mentalmente dirigi um pedido à minha filha.

Quando abri meu envelope no fim da sessão, que mal tinha durado meia hora, encontrei não só as folhas brancas cobertas de escrita a lápis (e não a tinta), mas também, no interior das perguntas que envolviam as páginas destinadas às respostas — tudo dobrado como eu tinha posto ali antes da sessão — uma das flores cor-de-rosa do buquê, tendo todo seu frescor e seu perfume, como se acabasse de ser colhida. A escrita inglesa das perguntas dirigidas à minha filha era, como na primeira sessão, identicamente a mesma; quanto às perguntas feitas em francês à minha cunhada, havia uma resposta em inglês, com uma assinatura em francês. No início da sessão, surgiu algo particular; de repente a médium me diz: 'Há um espírito que parece exercer uma influência contrária', e escreveu num pedaço de papel, que junto ao documento, a frase que reaparece na resposta: 'Minha querida irmã, Phina!' (Phina é o diminutivo de Joséphine.) 'Mas, acrescentou ela, essa influência não pode enfraquecer o fluido do outro espírito, que tem sobre o senhor uma influência benéfica.' Realmente, o resultado da comunicação provou-o pelas respostas dadas em inglês.

Tais são, caro senhor, em toda a sua verdade e nos seus mínimos detalhes, os fatos dessas sessões extraordinárias.

15 Teríamos preferido não ver produzir-se a interpelação relativa aos quadros na primeira sessão, às flores, na segunda e precedendo o final dessas sessões, porque é lícito supor que, com isso, a médium quis desviar a atenção do experimentador; mas não seria justo basear-se nessa aparência para concluir pela fraude e rejeitar as afirmações do sr. Moutonnier que, na qualidade de testemunha, melhor do que ninguém pode saber a que ater-se. (Nota do sr. Dariex, diretor dos *Annales*.) Acrescentamos, além disso, que mesmo que se suspeitasse de possível fraude, o que o relato detalhado do sr. Moutonnier não permite que se faça, ainda assim seria preciso explicar como as irmãs Bangs puderam tomar conhecimento da letra de duas pessoas falecidas na Europa, que elas jamais tinham conhecido.

Vo-los dou sem comentários. Todavia, a fim de esclarecer todos os que lerem estas linhas quanto ao *modus operandi* e às medidas de precaução que tomei para impossibilitar qualquer fraude da parte da médium, apresento abaixo os principais pontos necessários na busca da verdade:

1º Eu era desconhecido e estrangeiro e era a primeira vez que via a médium, portanto ela ignorava tudo a meu respeito.

2º As duas sessões aconteceram em plena luz do dia, entre 3 e 4 horas da tarde.

3º As lousas, o papel destinado às respostas bem como o envelope foram escrupulosamente examinados por mim, achei-os intatos, e todas essas peças, assim como minhas perguntas, ficaram em meu poder e sob a minha vigilância do começo ao fim da sessão.

4º Nenhuma outra pessoa entrou na sala durante as sessões.

5º Todas as portas da sala permaneceram fechadas em todo o decorrer das sessões e na sala não havia biombos nem outros objetos que pudessem facilitar a fraude; ao contrário, a mesa sobre a qual estavam as lousas ficava isolada e no centro da mesa.

6º A médium não pôs as mãos sobre as lousas, nem sobre o papel ou sobre o envelope, ficando tudo em meu poder.

7º Durante as sessões, a médium não manifestou, na sua maneira de ser, nenhum sinal extraordinário, exceto uma sensação de fadiga no fim.

8º Na comunicação (como é possível convencer-se), a escrita em inglês é diferente da escrita em francês, mas há entre as duas e a escrita original do meu genro e da minha filha uma impressionante semelhança.

9º No teor da comunicação há um acentuado caráter de individualidade da parte da inteligência, e que não pertence ao médium.

10º A ponta de grafite colocada por mim entre as duas lousas para possibilitar a escrita tinha desaparecido.

11º Num exame do interior do envelope na segunda sessão, não havia qualquer vestígio de flor.

12º Uma flor cor-de-rosa de ervilha-de-cheiro, fresca e perfumada, foi achada por mim, no fim da sessão e ao abrir o envelope.

13º Por ocasião das sessões, eu não tinha comigo cartas ou outros escritos provenientes quer da minha filha, quer do meu genro, que pudessem permitir que os nomes com que as comunicações são assinadas fossem descobertos. *

14º Durante todo o tempo das sessões, sempre mantive minha lucidez de espírito.

15º Uma peça de prestidigitação, como as que consistem em fazer desaparecer e reaparecer objetos sem que o prestidigitador lhes tenha aplicado as mãos ou tenha tido um comparsa, poderia, com toda a razão, ser considerada um milagre.

Então, por todos os motivos precedentes, e a menos que me seja provado que fui enganado, declaro estar intimamente convencido de que os fenômenos de que fui testemunha devem ter sido produzidos por uma força emanada de uma inteligência invisível e superior à do homem. Com essa convicção, assinei a presente declaração.

Paris, 1º de novembro de 1897.

C. Moutonnier
Antigo professor de inglês na escola de
Altos-Estudos Comerciais de Paris.

Assinaturas de soberanos

Geralmente censuram os espíritas por serem demasiado crédulos; mas gostaríamos de saber se os detratores da doutrina não ficariam convencidos se fizessem regularmente experiências nas quais se revelassem fatos desconhecidos, se dessem instruções científicas muito superiores aos conhecimentos dos médiuns, ou se obtivessem assinaturas autênticas de personagens que os médiuns nunca viram. É o que acontecia constantemente nas reuniões presididas por Allan Kardec, e esse acúmulo de provas irrecusáveis o havia impregnado da certeza profunda que irradia em todas as suas obras.

Vejamos um exemplo, entre tantos outros:

Depois de alguns pensamentos escritos por um espírito que não assina, outro espírito, que já se manifestou à srta. L. Z., se intromete fazendo-a quebrar lápis e traçar riscos que denotam um sentimento de cólera. Ao mesmo tempo, comunica-se o sr. Jules Rob... e responde laconicamente e com arrogância às perguntas que lhe fazem.

É o espírito de um soberano estrangeiro, conhecido por seu caráter violento. Convidado a assinar seu nome, ele o faz de dois modos. Um dos assistentes, adido ao governo do seu país, cujas funções lhe permitiam ver-lhe frequentemente a assinatura, *reconheceu numa delas a dos documentos oficiais e na outra, a da correspondência privada.*"

Sabemos que as atas eram lidas na sessão e aprovadas pelos assistentes. Temos pois, nesse caso, embora os nomes não sejam citados, um documento oficial que, independentemente da sinceridade de Allan Kardec, que é fora de dúvida, nos confirma a realidade dessa curiosa manifestação. Não devemos estranhar muito ao ver grandes personagens frequentarem essas reuniões, porque naquela época o espiritismo era muito difundido entre as classes elevadas. Aliás, sabemos que o imperador Napoleão III fez experiências em companhia de Home e que a rainha da Inglaterra publicou um livro de comunicações que recebeu do príncipe Albert. Muitos russos, ocupando posições oficiais, frequentavam o salão de Allan Kardec, e talvez seja nessa categoria de estrangeiros que se deva procurar quem reconheça a letra do seu soberano.

Autógrafos obtidos pelo rev. Stainton Moses

A escrita mecânica é um excelente meio para o ser desencarnado mostrar sua personalidade. Nos trabalhos de Stainton Moses encontramos boas provas dessa ação direta do espírito, traduzindo-se por intermédio do médium.

O estudo que o sr. Myers dedica ao exame dos fatos espíritas relatados por Stainton Moses contém as seguintes passagem, que são uma importante contribuição à nossa pesquisa[16]:

> Foi no mês de agosto de 1872, diz Stainton Moses, que adquiri a convicção da identidade espírita. Tínhamos, o dr. Speer e eu, sessões quase regularmente à noite.
> Uma amiga do dr. Speer, *de quem eu nunca tinha ouvido falar*, veio, e pela minha mão escreveu seu nome: A. P. Kirkland. O dr. Speer perguntou: 'És nossa velha amiga?' Escrevi então: 'Sim, vim dizer-lhe que estou feliz, mas não posso impressionar meu amigo esta noite.' A letra mudou, e tive uma comunicação do sr. Callister (um amigo

16 *Annales Psychiques*, 1895, p. 350.

meu), depois de um dos meus primos, J. S. T., e também de outro espírito que não acho necessário revelar. É importante observar que a letra da srta. Kirkland, *que nunca vi, é muito semelhante à dela...*

Em outra ocasião, um espírito manifestou-se dando os mais circunstanciados detalhes sobre sua vida passada, embora sendo ele absolutamente desconhecido do médium. O fenômeno adquire maior importância pelo fato de a letra da comunicação, comparada com a de um antigo manuscrito, ter sido considerada quase totalmente semelhante. Reproduzimos esse caso bem demonstrativo:[17]

Pela mesma época, uma das nosas sessões (quase duas horas) foi tomada pela comunicação de uma série de fatos, nomes, datas e detalhes minuciosos dados por um espírito capaz de responder às mais específicas perguntas. O dia do seu nascimento, minúcias sobre a história da sua família e da sua juventude foram dadas a meu pedido. Obtive assim uma autobiografia concernente aos fatos principais e mesmo algumas particularidades da vida cotidiana se encaixaram de maneira muito natural. As respostas às perguntas vinham sem qualquer hesitação, com uma precisão e uma clareza perfeitas. Em todos os lugares onde a verificação foi possível, *esses detalhes foram julgados exatos.* Mesmo que esse caso fosse único, eu era forçado a admitir que as informações provinham do próprio homem que teria guardado sua memória intata, sua individualidade incontestável, na mudança a que chamamos morte.

No lugar onde eu escrevia as comunicações automáticas, encontra-se uma pequena carta, escrita automaticamente, com uma letra arcaica peculiar, *com uma ortografia bizarra e antiga*, e assinada com o nome do homem em questão, homem ilustre da sua época. Consegui depois uma amostra da sua letra, um velho documento amarelado, guardado como autógrafo; *a letra do meu livro é uma boa imitação daquela, a antiga ortografia revela-se exatamente do mesmo modo.* É esse caso que retomo tal como está registrado nas minhas notas:

A 25 de janeiro de 1874, veio ao nosso círculo Thomas Wilson, que passou toda a noitada dando-nos os mais minu-

17 *Spirit Identity*, p. 65-66.

ciosos detalhes sobre si mesmo e sua família por meio de levantamentos, ou melhor, de levitações da mesa. Eu estava morto de cansaço, mas ele continuava sem parar. Disse que tinha nascido em Boston, Cheshire, a 20 de dezembro de 1663 e que tinha morrido a 7 de março de 1755, aos 91 anos. O sobrenome da sua mãe era Sherlock, ela tinha nascido em Orton, Cheshire. Seu professor era o sr. Harper, de Chester. Fora designado pelo dr. Morton, bispo de Kildare, para o vicariato do seu tio, o dr. Sherlock, em 1686. A 29 de janeiro (dia da Santa Pedra) fora nomeado bispo de Sodor and Man; casara-se com Mary Pallen, de Warington, em 1698, e teve quatro filhos. Maria morreu com treze anos, Thomas com um ano, Alice, com dois. Outro filho, também Thomas, sobreviveu-lhe. Disse-nos que o imperador o tinha enviado ao nosso círculo. Suas informações eram claras. Todos esses detalhes, completamente desconhecidos no círculo, foram em seguida verificados e *uma carta antiga que um amigo me enviou* permitiu-nos verificar a letra. A palavra *friend* (amigo) está grafada com o e antes do i, como na escrita automática... Pergunto: se não é o homem que dizia ser, quem era ele? Não é mais difícil acreditar numa contrafação da inteligência do que na inteligência em si.

Essas observações finais nos parecem muito justas, e a crítica, mesmo a mais penetrante, não pode atingir essa série de evidências. H. Myers, que nessa época ainda não tinha achado seu caminho de Damasco, limitou-se a suposições, a hipóteses, e nem mesmo tenta explicar os fatos mais característicos. Ouçamos sua argumentação:

Nota do sr. F. W. H. Myers — *O bispo Wilson.* Verifiquei esses fatos em *La Vie d l'Évêque Wilson*, por Stowell, livro que o sr. S. Moses pode ter tido em mãos na ilha de Man. Mas esses fatos disseminados e a memória subconsciente *dificilmente pode tê-los conservado sem recorrer ao livro.* Não encontrei nesse livro o nome dos filhos Thomas e Alice, falecidos ainda jovens; e não sei como se poderia verificar. Esta, naturalmente (?), é uma objeção às mensagens pretensamente vindas de personagens históricos. É difícil encontrar fatos que teríamos nos dado o trabalho de conhecer antes e que seriam verificáveis posteriormente; e as objeções que comumente serão feitas a todos os 'controles históricos'

Gabriel Delanne

forçosamente se aplicam a esse caso também.

Pois bem, que nos perdoem os psicólogos, achamos essas objeções muito fracas. Inicialmente, é certo que o sr. Moses não conhecia o livro de Stowell, senão ele o teria mencionado. Ele tinha boa memória e uma mente suficientemente ponderada para lembrar-se de uma obra que tivesse lido há pouco tempo, e devemos mesmo admitir que jamais teve conhecimento dela, já que o afirma. Façamos a suposição pouco provável de que tudo que se refere ao bispo Wilson se encontrasse no seu subconsciente; isso nos dá a menor indicaçào quanto à fonte onde teria se inspirado para fazer uma cópia fiel da letra de Wilson? Evidentemente não, ainda mais que a grafia é igualmente característica. É preciso reconhecer aqui a quantidade de características positivas que militam em favor da intervençào de um espírito que se empenhava em testemunhar sua sobrevivência.

Parece que os guias do médium esforçaram-se por fornecer-lhe provas seguras com abundância, porque, ainda no mesmo trabalho, lemos as seguintes linhas:

> Por outro lado, devo assinalar também, como provas de evidência, as assinaturas repetidas que obtive e que são *verdadeiros fac-símiles* das usadas pelas pessoas durante sua vida; por exemplo, as assinaturas de Beethoven, de Mozart e de Swendenborg, junto à do juiz Edmonds. Note-se que no meu livro sua assinatura, ou melhor, suas iniciais, são as que usava durante a vida, e que a assinatura de Swendenborg, que é tão característica, foi um fac-símile da sua, embora eu a desconhecesse completamente.

Não devemos pensar em memória inconsciente, já que é muito raro rebuscar autógrafos, e, se isso acontece, é certo que num homem ponderado, sério, a lembrança deles é conservada. Nada de telepatia, pois todos os agentes estão mortos há muito tempo. Devemos atribuir esses conhecimentos à clarividência? Nada nos autoriza a isso, porque todas as assinaturas foram dadas inesperadamente, sem qualquer solicitação ou desejo de obtê-las. Não adianta passar esses fenômenos pelo crivo da crítica mais instransigente, eles resistem a ela e permanecem como sinais evidentes das nossas relações com o além.

Finalmente, chegamos a um último caso, tão significativo que o sr. Myers não encontra explicação plausível no arsenal da psicologia, mesmo subliminar. Ei-lo:

O primeiro caso que vou relatar, sob certos pontos de vista, parece-me o mais notável. O espírito em questão é o de uma senhora das minhas relações, que o sr. Moses, parece-me, tinha visto uma única vez. Ela própria proibiu a publicação do seu verdadeiro nome, por um motivo que me saltou aos olhos assim que li seu caso, mas que não era conhecido exatamente pelo sr. Moses. Vou chamá-la Blanche Abercromby e omitirei as datas.

Essa senhora morreu no campo, a mais ou menos 200 milhas de Londres, num domingo, há vinte anos aproximadamente, e sua morte foi considerada um acontecimento mundano interessante; apareceu no *Times* de segunda-feira, tendo imediatamente sido comunicado por telégrafo a Londres mas, naturalmente, exceto a imprensa e alguns amigos íntimos, ninguém em Londres tinha tomado conhecimento ainda.

Mais adiante veremos que, naquele dia, por volta da meia-noite, uma comunicação supostamente vinda dela mesma foi feita ao sr. Moses, no seu apartamento particular no norte de Londres. A identidade foi corroborada alguns dias mais tarde por algumas linhas vindas dela e na sua própria letra. *Não há motivo algum para supor que o sr. Moses tenha alguma vez visto sua letra.* Seu único encontro com essa senhora e seu marido tinha acontecido por ocasião de uma sessão — que não era uma das sessões dele — onde tinha sido incomodamente afetado pela incredulidade completa demonstrada pelo marido quanto à possibilidade dos fenômenos.

O sr. Moses parece não ter falado dessa comunicação com ninguém e, no manuscrito onde estava consignada, as páginas estavam coladas juntas, com a menção *Private Matter* (assunto confidencial). Ainda estavam coladas quando me entregaram o livro; no entanto, a sra. Speer conhecia a comunicação. Abri as páginas, conforme a permissão que tinha para isso, e fiquei surpreso ao encontrar uma pequena carta que, embora não contivesse nenhum fato bem definido, pareceu-me ser perfeitamente característica de Blanche

Gabriel Delanne

Abercromby que eu tinha conhecido, mas embora tendo recebido dela várias cartas durante sua vida, eu não me recordava da letra. Felizmente, conhecia muito bem um dos seus filhos para pedir-lhe ajuda naquela circunstância, ajuda que ele certamente teria recusado a um estranho. Ele me emprestou uma carta para comparar. *A grande semelhança saltava aos olhos*, mas o A do sobrenome de família não era igual ao da escrita automática. Finalmente, após ter examinado grande quantidade de cartas até o fim da sua vida, percebi que nos últimos anos ela tinha adquirido o hábito de escrever o A (como seu marido sempre tinha feito) *tal como aparecia na escrita automática*. A semelhança pareceu-nos evidente, ao seu filho e a mim, mas querendo ouvir opinião de um conhecedor experiente, foi-me permitido mostrar o diário e duas cartas ao dr. Hodgson que, devemos lembrar-nos, descobriu pela evidência baseada numa análise municiosa da escrita, que os autores das cartas de *Koot-Hoomi* eram a sra, Blawatsky e Damodar.
Eis o relatório do dr. Hodgson:

"5 Boylston place,
Boston, 11 de setembro de 1893
Comparei a letra sob o nº 123 no diário do sr. Stainton Moses com a das cartas de 4 de janeiro de 18..., e de 19 de setembro de 18..., escritas por B. A. Há no diário pequenas semelhanças com a grafia das cartas e há também pequenas diferenças na organização das cartas, a julgar pelas duas que me foram submetidas; *mas as semelhanças são ainda mais características do que as diferenças.* Além disso, há várias particularidades impressionantes comuns à letra das cartas e à do diário, e que parecem mais acentuadas no diário. A letra do caderno de notas tende a mostrar que o autor tantava lembrar-se das principais peculiaridades da letra de B. A. *e não copiar espécimes dessa letra.* A assinatura, sobretudo no diário, *é de um modo bem caracterizado a assinatura de B. A.* Seja como for, não tenho a menor dúvida, acreditando que a pessoa que escreveu o diário queria reproduzir a letra de B. A.
Richard Hodgson."

A verificação desse caso foi demasiado completa, prossegue o sr. Myers, para que possamos explicá-la aqui integralmente.

A senhora, que era totalmente alheia a essas pesquisas, tinha morrido há vinte anos quando sua carta póstuma foi descoberta no diário particular do sr. Moses por uma das raras pessoas sobreviventes que a conheceu bastante para reconhecer o valor característico da mensagem, e que, ao mesmo tempo, se interessava muito pela identidade espírita para fazer com que a letra fosse comparada.

Na aldeia D.

Já assinalamos a notável faculdade de Maria, a médium observada pelos srs. Dusart e Broquet; precisamos agora voltar a certas particularidades que se encaixam neste capítulo e que nos mostram exemplos da reconstituição da escrita do irmão de Maria e de uma das suas amiguinhas que morreu há muito tempo. Embora Maria tenha conhecido esses dois espíritos durante sua vida terrena, achamos que a memória subconsciente não pode desempenhar nenhum papel aqui, porque Maria ia muito pouco à escola e talvez nunca tenha lido um caderno do seu irmão ou da sua amiga. Mas o que nos move, principalmente, a mencionar esses autógrafos é que esses espíritos, além da escrita de Maria, deram provas de identidade através de manifestações escritas pela médium iletrada sra. B. quanto à amiga: Agnès; e por uma criança de três anos e meio quanto ao outro: Hubert. Reproduzimos textualmente os termos da dissertação dos srs. Broquet e Dusart:[18]

> Eis as particularidades que algumas das comunicações de Maria apontaram:
>
> Um dia depois que sua mediunidade se declarou, no meio de uma sessão a que sete pessoas assistiam, entre as quais o sr. Charles Broquet, Maria declara estar sentindo na mão o contato de uma mãozinha infantil, mas não via nada; seu braço é agitado por movimentos nervosos; pega um lápis e escreve com uma letra que não se assemelha à sua. A comunicação é assinada Hubert V., seu irmão falecido de meningite aos seis anos e meio. Procuramos saber se não restam na casa amostras da letra de Hubert e encontramos, no meio de uma

18 Broquet e Dusart, *Phénomènes Psychiques Observées au Village de D.*, in *Revue Scientifique et Morale du Spiritisme*, maio de 1899, p. 676.

Gabriel Delanne

papelada, um caderno escolar que a família desconhecia e que tinha ficado lá por acaso. *Comparamos as duas letras e lhes constatamnos a perfeita semelhança.* A partir desse momento, numerosas comunicações de Hubert foram sempre reconhecidas unicamente pelo tipo da letra, antes que fossem assinadas. Agnès B., prima e amiga de infância de Maria, comunica-se frequentemente pela escrita. É muito pouco instruída e costumava assinar *Agnesse*. Esse erro de ortografia se repete em todas as comunicações, tanto pelas que são obtidas pela mão de Maria, *quanto pelas transmitidas pela sra. B., a médium iletrada,* incapaz não só de perceber a ortografia das comunicações, mas mesmo de distinguir rabiscos sem qualquer letra formada da escrita nitidamente legível. A letra é tão semelhante à de Agnès, *que ao vê-la seu pai e sua mãe* explodiram em soluços no meio de uma sessão. Clément Bourlet, de quem já falamos muito, escreve com frequência e sempre num dialeto grosseiro, com as mesmas brincadeiras vulgares, a mesma ortografia e o mesmo tipo de letra, *quer a mão que empunhe o lápis seja de Maria, ou de Zélia, de onze anos de idade, ou ainda a da sra. B.,* pessoa muito instruída, de caráter elevado e que, residindo em outra localidade, não conhecia Maria e *nunca tinha visto a letra* de Clément, ou, finalmente, a da srta. M. B.

Mais uma vez chamamos a atenção para a importância das sucessivas verificações que estabelecem incontestavelmente a existência e a individualidade dos espíritos. Quando o espiritismo estiver mais difundido e se puder constituir centros de estudo sérios, ficará fácil experimentar com rigor e método, e temos certeza de que esses casos convincentes se multiplicarão com tal abundância que não subsistirão dúvidas para nenhum incrédulo de boa fé.

O caso do síndico Chaumontet e do cura Burnier

O sr. prof. Flournoy, de quem já citamos um estudo sobre o automatismo, publicou recentemente um estudo muito interessante intitulado *Des Indes à la Planète Mars*, no qual narra as observações que fez numa notável médium chamada Hélène Smith. Não nos pronunciaremos sobre as teorias do autor, que é um adversário do espiritismo, bastará tomar-lhe emprestado o relato de algumas experiências, de que não pode dar uma explicação plausível, já que se limita a imaginar hipóteses inverossímeis para tentar fazer com que a memória latente desempenhe um papel que ela não pode exercer. Mas, vejamos primeiro os fatos, em seguida discutiremos:

Eis um caso recente em que a hipótese espírita e a hipótese criptomnésica subsistem uma diante da outra, imóveis como dois cães de porcelana fazendo vista grossa a propósito de assinaturas obtidas pela srta. Smith em sonambulismo e às quais não falta analogia com as assinaturas autênticas dos personagens falecidos de que supostamente provêm.

Numa sessão em minha casa (12 de fevereiro de 1899), Smith tem a visão de uma aldeia num lugar alto, coberta de vinhas; por um caminho pedregoso, ela vê descer um velhinho com ar meio nobre: sapatos com fivelas, grande chapéu mole, colarinho da camisa sem goma, de pontas que vão até as faces etc. Um camponês de blusa que ele encontra faz-lhe grandes mesuras, como a um personagem importante; falam dialeto, de modo que Hélène não os compreende. Ela tem a impressão de que conhece aquela aldeia, mas em vão procura na memória onde a viu. Logo a paisagem se esvai, e o velhinho, agora vestido de branco, está num espaço luminoso (isto é, na sua realidade atual de desencarnado), e parece aproximar-se. Nesse momento, como está com o cotovelo direito apoiado na mesa, Léopold dita pelo dedo indicador: *Baixai-lhe o braço.* Executo a ordem; o braço de Hélène a princípio resiste com força, depois cede de repente. Ela apanha um lápis, e em meio à luta habitual relativa ao modo de empunhá-lo: 'O senhor está apertando demais a minha mão', diz ela ao velhinho imaginário que, segundo Léopold, quer servir-se dela para escrever: 'Está me machucando, não aperte tanto. Que lhe importa se é um lápis ou uma caneta?' A essas palavras, ela larga o lápis para pegar uma caneta e, segurando-a entre o polegar e o indicador, traça lentamente, com uma letra desconhecida: *Chaumontet síndico* (ver fig. Na página seguinte). Depois, volta a visão da aldeia. Diante do nosso desejo de saber-lhe o nome, ela acaba percebendo um poste indicativo, onde soletra Chessenaz, que nos é desconhecido. Finalmente, tendo a meu pedido perguntado ao velhinho, que ainda vê, em que época ele era síndico, ouve-o responder: '1839'. Impossível ficar sabendo mais; a visão se dissipa e dá lugar a uma encarnação total de Léopold que, com sua grossa voz italiana, nos fala longamente sobre diversas coisas.

Aproveito para interrogá-lo sobre o incidente da aldeia e do síndico desconhecido; as respostas entrecortadas por longas digressões se resumem assim: 'Estou procurando... dirigi-me em pensamento ao longo dessa grande montanha perfurada cujo nome não sei;[19] vejo o nome Chessenaz, uma aldeia numa elevação, uma estrada sobre até lá. Procura naquela aldeia, certamente encontrarás esse nome (Chaumontet), procura verificar sua assinatura; essa prova, tu a encontrarás; verás que a letra foi desse homem.' Pergunto-lhe se vê nas lembranças de Hélène e se esteve em Chessenaz; responde negativamente quanto ao primeiro ponto e evasivamente com relação ao segundo: 'Pergunta-o a ela. Ela se lembra de tudo, eu não a acompanhei em todas as suas andanças'.

Ao despertar, Hélène não conseguiu fornecer-nos qualquer informação. No dia seguinte, porém, encontrei no mapa uma aldeiazinha de Chessenaz no departamento da Alta - Sabóia, a 26 quilômetros de Genebra em linha reta e não longe do Credo. Como os Chaumontet não são raros na Sabóia, não seria inverossímil que um personagem com esse nome tivesse sido síndico lá em 1839.[20]

Quinze dias mais tarde, não havia sessão, mas eu estava visitando a sra. e a srta. Smith quando Hélène de repente retoma o sotaque e a pronúncia de Léopold, sem desconfiar dessa mudança de voz, e acha que estou brincando quando tento chamar-lhe a atenção para isso.[21] Logo o semissonambulismo se acentua; Hélène vê a visão do outro dia reaparecer, a aldeia, depois o velhinho (o síndico), mas desta vez acompanhado de um cura com quem fala da melhor maneira possível e a quem chama (pelo que ela me repete, sempre com o sotaque de Léopold) *mon cer ami Bournier.*

Como pergunto se esse cura não poderia escrever seu nome

---

19 Dizendo isso, Léopold-Hélène estava voltada para uma janela da minha biblioteca que dava para o lado da fortaleza da eclusa, onde se encontra, com efeito, o túnel do Credo, sobre a via férrea de Genebra a Bellegarde. (Nota do sr. Flournoy.)
20 Sabóia na época fazia parte dos Estados Sardos. Sua cessão à França em 1860 ocasionou a substituição dos síndicos por prefeitos.
21 Esse acesso inesperado e excepcional do semissonambulismo *espontâneo* durante uma de nossas visitas provavelmente se deve ao fato de serem exatamente o dia e a hora habituais das sessões.

pela mão de Hélène, Léopold me promete, através de um ditado digital, que eu teria essa satisfação na primeira sessão; depois, põe-se a falar-me de outra coisa pela boca de Hélène, que agora está inteiramente em transe.

Na sessão seguinte, em minha casa (19 de março), lembro a Léopold sua promessa. Ele primeiro responde pelo dedo: 'Desejas *muito essa assinatura?*' E só depois da minha insistência ele se dignou a consentir. Hélène não tarda a rever a aldeia e o cura que, após diversos incidentes, vem apoderar-se da sua mão como o síndico tinha feito, e traça lentamente, com a caneta, as palavras *Burnier salut.* Depois passa a outros sonambulismos.

Chegara o momento de esclarecer a coisa. Por via das dúvidas, escrevi à prefeitura de Chessenaz. O prefeito, sr. Saunier, teve a grande gentileza de responder-me sem delongas. 'Durante os anos 1838 e 1839 — dizia-me — , o síndico de Chessenaz era um tal Chaumontet, Jean, cuja assinatura encontro em diversos documentos da época. Também tivemos por pároco o sr. Burnier André, de novembro de 1824 até fevereiro de 1841; durante esse período, todos os registros de nascimentos, casamentos e falecimentos, então a cargo dos eclesiásticos, trazem a sua assinatura... Mas acabo de descobir em nossos arquivos um título com duas assina-

Gabriel Delanne

turas, a do síndico Chaumontet e a do cura Burnier. É um mandato de pagamento; tenho a satisfação de vo-lo enviar.' No meio da figura acima, reproduzo o fragmento desse documento original (datado de 29 de julho de 1838) trazendo o nome dos dois personagens; assim o leitor pode avaliar por si mesmo a extraordinária semelhança que existe entre essas assinaturas autênticas e as traçadas automaticamente pela mão da srta. Smith. Meu primeiro pensamento, pode-se adivinhar, foi que a srta. Smith poderia ter visto uma vez ou outra documentos assinados pelo síndico e pelo cura de Chessenaz, e que seriam esses clichês visuais esquecidos, reaparecendo no sonambulismo, que lhe serviam de modelos interiores quando sua mão em transe lhes retraçava as assinaturas. Conjetura-se, igualmente, se tal suposição movimentou a mão de Hélène, que não se lembra absolutamente de ter ouvido um dia o nome Chessenaz, nem de seus habitantes presentes ou passados. Não lamento totalmente minha imprudente suposição, porque ela nos valeu uma nova e mais explícita manifestaçào do cura que, apoderando-se do braço da srta. Smith numa sessão ulterior (21 de maio, na residência do sr. Lemaître), veio atestar-nos sua identidade... Como vemos, ele se empenhou duas vezes: tendo-se enganado na assinatura, riscou imediatamente e contrariado o que tinha acabado de escrever cuidadosamente, e recomeçou em outra folha. Esse segundo texto, em que omitiu o termo *abatxo assinado* do primeiro, levou sete minutos para ser traçado, mas nada deixa a desejar quanto à evidência e à precisão. Essa caligrafia caprichada é bem a de um cura aldeão de 60 anos atrás e, na falta de outros elementos para comparação, denota uma inegável analogia da mão com o recibo autêntico do mandato de pagamento.

Nem a srta. Smith, nem sua mãe tinham a menor noção do cura ou do síndico de Chessenaz. Disseram-me, porém, que sua família tinha tido alguns parentes e conhecidos naquela parte da Sabóia, e que elas ainda têm contato com um primo que mora em Frangy, o lugarejo importante mais próximo (uma légua) da aldeiazinha de Chessenaz. A própria Hélène só havia feito uma leve excursão pela região há uma dezena de anos; e, se seguindo a estrada de Seyssel a Frangy tinha passado por trechos de paisagem que correspondiam a certos detalhes da sua visão de 12 de fevereiro (que, como vimos, ela tinha a sensação de reconhecer), em compensação ela não tinha a menor ideia de ter estado em Chessenaz, nem de ter ouvido falar nela. Além do mais, diz ela, 'para quem possa supor que pude passar por Chessenaz sem lembrar-me disso, apresso-me a objetar-lhes e afirmar-lhes que, mesmo que tivesse estado lá, eu não teria ido consultar os arquivos para ficar sabendo que um síndico Chaumontet e um cura Burnier tinham vivido naquele lugar, numa época mais ou menos recuada. Tenho boa memória e afirmo em voz alta que nenhuma das pessoas que me cercaram durante os poucos dias passados longe da minha família jamais me mostrou algum registro, algum papel, nada, em resumo, que pudesse ter armazenado no meu cérebro tal lembrança. Com quatorze ou quinze anos de idade, minha mãe fez uma excursão à Sabóia, mas nada nas suas lembranças recorda-lhe ter um dia ouvido pronunciar esses dois nomes.'

As coisas estão aí e deixo ao leitor o cuidado de concluir como bem lhe aprouver.

Eis agora as reflexões com que o sr. Flournoy condimenta esse caso extraordinário:

Esse caso pareceu-me digno de coroar meu rápido exame das aparências sobrenaturais que entremeiam a mediunidade da srta. Smith, porque ele resume e põe excelentemente em relevo as posições respectivas, contraditórias e inconciliáveis, dos meios espíritas e dos médiuns de um lado, aliás, perfeitamente sinceros, mas muito fáceis de contentar, e de outro, os pesquisadores meio psicólogos, sempre perseguidos pelo sacrossanto terror de misturar alhos com bugalhos. Para os primeiros, a menor coisa curiosa, uma visão inesperada do passado, ditados da mesa ou do dedo, um acesso de sonambulismo, uma semelhança de letra, bastam para dar a sensação do contato do além e para provar a presença real do mundo desencarnado. Eles nunca se perguntam que proporcionalidade pode haver entre as premissas, por mais impressionantes que sejam, e essa formidável conclusão. Por que e como, por exemplo, voltando a assinar pela mão de uma outra pessoa em carne e osso, teriam os defuntos a mesma letra que tinham quando viviam? As mesmas pessoas que acham tudo isso natural, embora ainda não tenham

Gabriel Delanne

visto casos verdadeiros, caem das nuvens quando invocamos diante delas a possibilidade de lembranças latentes, das quais, no entanto, a vida corrente fornece exemplos cotidianos que, na verdade, elas nunca se deram o trabalho de observar. Os psicólogos, em contrapartida, andam com o diabo no corpo querendo espiar atrás dos bastidores da memória e da imaginação, e quando a escuridão os impede de aí distinguir alguma coisa, têm a mania de achar que acabariam por encontrar o que buscam, se fosse possível acender uma luz. Entre duas classes de temperamentos tão delirantes, receio que seja muito difícil chegar-se um dia a um acordo satisfatório e duradouro.

É certo que se devemos abandonar todo método científico de controle para assegurar-nos da realidade da vida de além-túmulo, nunca nos entenderemos com o sr. Flournoy. Em toda investigação, mesmo judiciária, a assinatura de um indivíduo basta para atestar-lhe a individualidade. Admitido esse ponto, resta saber se a letra é simulada, e, no caso de que nos ocupamos, como a srta. Smith teria conseguido ter sob os olhos as assinaturas do cura Burnier e do síndico Chaumontet. Antes de mais nada, o sr. Flournoy reconhece que a médium é honesta, inteligente, incapaz de mentir; aceita-lhe o testemunho, o que é essencial nesse caso, de que a srta. Smith nunca pôs os pés em Chessenaz; parece simplesmente ter passado alguns dias na casa de um primo residente num lugarejo vizinho. São esses os fatos. Como é que o sr. Flournoy chega a deduzir que ela teve sob os olhos a letra do cura e do síndico? É uma mera suposição, uma hipótese que não pode apoiar-se em qualquer circunstância real e que é contestada mesmo pelo mais simples raciocínio.

Que possibilidade pode haver de que o primo, ou alguém do seu círculo, tenha falado com a srta. Smith a respeito do cura de uma aldeiazinha vizinha, falecido há setenta anos? Tê-lo-iam conhecido? Salvo em casos especiais, quem se preocupa em procurar o nome de sacerdotes que residiram na aldeia? Supondo-se até que houvesse uma pessoa idosa que tivesse conhecido o cura, certamente ela não poderia ter mostrado à srta. Smith a letra desse eclesiástico sem que a lembrança desse acontecimento fosse conservada pela médium. Ora, ela e sua mãe declaram que o nome do sacerdote e do síndico lhes eram absolutamente desconhecidos. Devemos, então, abandonar a hipótese de lembranças latentes, já que nada pode justificar essa suposição. Mas, onde os indivíduos póstumos acusam sua identidade, é quando assinam de maneira quase absolutamente idêntica à que usavam correntemente quando vivos. Nesse caso, a dúvida deve desaparecer, porque a escrita é evidentemente uma marca inegável da personalidade. O sr. Flournoy imagina que a srta. Smith deva ter visto as assinaturas, mas lembramos que elas estavam enterradas há 60 anos nos arquivos da comuna de Chessenaz, e que não é razoável supor que a administração comunal se entretenha fazendo seus papéis circularem pelas aldeias circunvizinhas para distração dos desocupados ou para satisfação pessoal de mocinhas de passagem pela região. Esse êxodo de papéis municipais que dormem sob a venerável poeira de meio século é, certamente, uma dessas ideias incríveis a que só se recorre em desespero de causa.

Preferimos acreditar na presença real do cura Burnier e do síndico Chaumontet, que se afirmam autenticamente por suas assinaturas, do que na insinuação do clichê visual que é contrário à naturalidade dos fatos. O sr. Flournoy parece crer que é a primeira vez que se obtém assinatura pós-morte semelhante à de um vivo. Remetemo-lo ao caso de Estelle Livermore, citado por Aksakof, que veremos no capítulo seguinte; aos fac-símiles publicados pelo barão de Guldenstubée no fim do seu livro *La Réalité des Esprits,* e, finalmente, ao exemplo narrado um pouco antes pelo prof. Moutonnier.

Quanto à estranheza de um desencarnado reproduzir sua ex-assinatura, ela não nos seria mais inexplicável do que as escritas que fazemos certos pacientes executar ao levá-los, por sugestão, a um estágio qualquer da sua vida anterior, porque então constatamos que sua letra, enquanto a sugestão opera, é semelhante à que tinham realmente na idade que lhe indicamos. Os espíritas evitam cuidadosamente misturar alhos com bugalhos, por isso é que não se declaram satisfeitos quando os psicólogos tentam explicar fenômenos mediúnicos verdadeiros através de hipóteses, tão criptomnésicas que não conseguem suportar a luz do dia. Apesar dessas oposições sistemáticas, o espiritismo prossegue seu caminho triunfalmente e traz a todos os homens sinceros a chave do grande problema do Além, que os sábios, tal como os padres, não conseguiram descobrir.

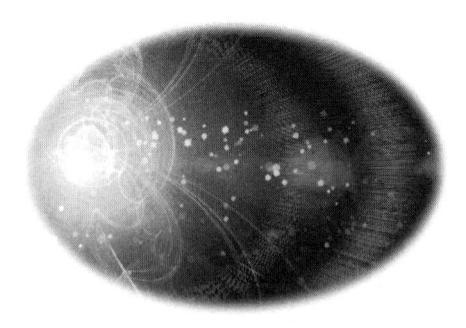

5.
Confirmações múltiplas da intervenção dos espíritos

• A escrita é frequentemente acompanhada de outros fenômenos independentes do médium • Comunicações idênticas e simultâneas em línguas estrangeiras • Visão do espírito que produz a comunicação • O caso de Pádua • O médium vê o espírito que o faz escrever • Escrita direta, semelhante à escrita obtida pelo médium • Descrição do espírito que produz a escrita direta • Visão e fotografia de um espírito sob a forma de uma criança • Mais uma confirmação da visão pela fotografia • Nome, endereço e cura de uma pessoa desconhecida do médium • Um tio ruidoso • O caso da srta. Mary Burchett • As mensagens de Estelle Livermore • Resumo

A escrita é frequentemente acompanhada de outros fenômenos independentes do médium

Embora nos tenhamos limitado cuidadosamente apenas às comunicações mecânicas ou diretas, pudemos constatar que elas apresentam uma variedade muito grande e que, feita a eliminação das causas estranhas que poderiam intervir, a mediunidade surge como uma faculdade real, nitidamente caracterizada por suas manifestações intelectuais. Há, contudo, uma certa quantidade de experiências que não podemos negligenciar, pois nos permitem ver em ação a causa que produz a escrita, demonstrando positivamente que essa inteligência é absolutamente alheia ao médium.

Até agora só consideramos o fenômeno puro, isolado, por assim dizer, sem levarmos em conta as circunstâncias acessórias que o cercam; no entanto, ele é frequentemente acompanhado por manifestações diversas, pancadas, aparições etc., que se produzem simultaneamente com a escrita, persuadindo o escrevente de que a inteligência atuante é independente do seu cérebro. Se a subconsciência estiver totalmente ocupada em escrever, ela não pode exteriorizar-se para produzir pancadas nas paredes ou no assoalho, como frequentemente acontece. É inútil, portanto, assinalar esses casos que mostram quanto as teorias dos hipnotizadores ainda são pouco satisfatórias para explicar o conjunto tão diferenciado de fatos observados há 50 anos. Essa causa atuante, geralmente invisível, vez por outra se revela aos olhos de certos assistentes, que a descrevem de modo a fazer com que os que com ela conviveram neste mundo a reconheçam; finalmente, ela se mostra capaz também de produzir com o mesmo médium outros fenômenos além da escrita. Todas essas circunstâncias, agrupando-se, esclarecem os fatos e nos conduzem irresistivelmente à convicção de que são realmente espíritos que se manifestam.

Já constatamos que uma individualidade desencarnada atua de modo idêntico em médiuns que não se conhecem, e a semelhança dos caracteres materiais da escrita e do estilo mostrou-nos que era realmente a mesma personalidade invisível que atuava em condições bem diferentes. Constataremos que o fenômeno se produziu já na origem do espiritismo, só que então os escreventes eram de nacionalidades diferentes e, no entanto, sob o mesmo impulso espiritual, obtinham duas comunicações semelhantes. Eis o caso relatado no boletim da Sociedade Parisiense de Estudos Espíritas[1]:

Comunicações idênticas e simultâneas em línguas diferentes

O sr. Allan Kardec relata um fato interessante que se passou com ele numa sessão particular. Assistia a essa sessão o sr. Rabache, excelente médium, através do qual Adam Smith se havia comunicado espontaneamente, num café de Londres. Tendo sido evocado pela sra. Cortel, outra médium, Adam Smith *respondeu simultaneamente por essa senhora em francês, e pelo sr. Rabache, em inglês;* várias respostas foram *consideradas de uma identidade perfeita* e até

---

1 *Revista Espírita,* 1860, p. 259.

mesmo como sendo a tradução literal uma da outra.

Parece-nos que aqui a intervenção de uma inteligência desencarnada é evidente, já que os dois médiuns respondem ao mesmo tempo, cada qual na sua língua, e que há perfeita analogia entre as mensagens. Não se pode imaginar a intervenção de uma transmissão de pensamento, devido à simultaneidade das respostas e à diferença das línguas empregadas. Por outro lado, a autossugestão não pode produzir tal similitude, portanto, devemos crer absolutamente que se trata de um espírito desencarnado, porque Allan Kardec ignorando o conteúdo das comunicações, evidentemente não podia sugeri-las, conscientemente ou não.

Visão do espírito que produz a comunicação

Nas sessões espíritas, às vezes acontece que vários médiuns que possuem faculdades diferentes se achem reunidos, de modo que é possível utilizá-los separadamente para controlar a objetividade de certos fenômenos, que por si só não ofereceriam segurança suficiente. Foi assim que empregaram-se médiuns videntes para descrever os espíritos que faziam um dos assistentes escrever. Já citamos exemplos disso em outra obra,[2] vamos relatar mais um caso, que extraímos da revista de Allan Kardec.[3]

Entre os médiuns videntes, há os que só veem os espíritos que são evocados; descrevem-lhes nos mínimos detalhes os gestos, a expressão fisionômica, os traços do rosto, a roupa e até os sentimentos de que parecem animados. Em 1858, existia na sociedade espírita um médium dessa ordem, chamado Adrien, e durante a evocação que se fez de uma mulher célebre no tempo de Francisco I, conhecida como "a bela cordoeira", eis o retrato que traçou *de visu*:

> Cabeça oval; tez pálida fosca; olhos negros, belos e finos, sobrancelhas arqueadas; testa larga e inteligente; nariz grego, delgado; boca média, lábios indicando a retidão do espírito; dentes belos, pequenos, bem alinhados; cabelos negros de

2 Delanne, Gabriel, *A Alma é Imortal*, **EDITORA DO CONHECIMENTO**.
3 *Revista Espírita*, 1858, p. 346.

Gabriel Delanne

azeviche, ligeiramente ondulados. Bela postura da cabeça, estatura alta e esguia. Roupa branca drapejada.

Vejamos as observações de Allan Kardec a respeito dessa descrição:

> Sem dúvida, nada prova que esse retrato não tenha saído da imaginação do médium, porque não temos controle; mas, quando traça o de pessoas contemporâneas que ele nunca viu e que são reconhecidas por parentes ou amigos, não podemos duvidar da realidade da sua presença, que também se atesta pela escrita; donde podemos concluir que já que vê uns com uma verdade incontestável, pode ver outros. Outra circunstância que deve ser tomada em consideração, é que ele sempre vê o mesmo espírito sob a mesma forma e que, mesmo havendo um intervalo de vários meses, o retrato não varia. Seria preciso supor nele uma memória fenomenal para crer que pudesse lembrar-se do retrato de todos os espíritos cuja descrição faz e que se contam às centenas.

O caso de Pádua

O falecido Ermacora, diretor da *Rivista di Studi Psychici*, notável pelo espírito crítico e judicioso com que estudava os fenômenos psíquicos, publicou em 1892 uma observação na qual o médium deu, em várias oportunidades, indicações exatas concernentes a pessoas que não conhecia. Eis uma descrição sumária dos fatos:[4]

O doutor recebeu a 10 de outubro uma carta na qual havia o seguinte trecho: "Contar-vos-ei o que me aconteceu um dia desses, um sonho que tive, e como ontem de manhã cumprimentei, na Praça dos Senhores, um amigo do meu irmão que, por um jornal, soube que tinha morrido em Veneza naquele dia. Na verdade, não sei o que pensar de uma coisa como essa."

Após ter solicitado explicações complementares e ter verificado as datas, da enquete do dr. Ermacora resultou que o homem chamado Salvadori, cuja aparição a sra. Maria M. viu em Pádua a 16 de outubro, tinha morrido em Veneza quarta-feira, 7 de outubro, às 9h30. A viúva disse que seu marido esteve

---

4 Ermacora, dr., *Le Cas de Padoue, in Annales Psychiques*, 1892, p. 65.

quase sempre dormindo nos quatro dias que lhe antecederam a morte. Ela se recorda de que no dia 6, véspera do seu falecimento, foi visitá-lo no hospital às 10 horas da manhã, isto é, pouco depois da aparição telepática, e encontrou-o adormecido. Citamos agora o que diz respeito à escrita:

A sra Maria M. diz ser médium escrevente, embora de saúde meio débil. Na sua última carta, ela me fala de uma breve comunicação recebida com o nome de Vittorio Salvadori, a 17 de outubro, nas seguintes condições: enquanto aguardava que sua mão fosse dirigida por uma outra influência que ela conhecia e lhe era habitual, e quando não pensava absolutamente na aparição, sua mão traçou sinais de um caráter desconhecido. Eis como ela se expressa quanto a isso na sua carta: 'Asseguro-vos que minha surpresa não foi pequena e que tive mesmo um pouco de medo. Depois de alguns sinais sem importância, eis a breve comunicação que obtive:
— Quem és?
— Vittorio Salvadori.
— Estás bem onde te encontras?
— Não muito.
— Precisas de alguma coisa?
— Para mim, não, mas para meus filhos, especialmente para Amélie.
— Para isso, devias comunicar-te com G. Ermacora; podes ir até onde ele está?
— Não tenho força para tanto'.

Vejamos as reflexões do dr. Ermacora:

Dois pontos merecem atenção: 1° Essas comunicações *não só não estão na letra de Maria M.*, como também diferem das escritas automáticas precedentes com outras assinaturas; 2° a memória consciente de Maria M. ignorava o nome Amélie, a filhinha de Salvadori.
Eis o que ela me escreveu a esse respeito no dia 31 de outubro: 'Eu não sabia que existia uma criança chamada Amélie, e até *meu irmão* o ignorava, mas foi visitar a esposa de Vittorio e viu que a menina mais velha tinha esse nome e era sua preferida...' O irmão de Maria M. estava em Pádua e ela recebeu a informação por carta.

O dr. Ermacora diz que provavelmente a consciência normal de Maria M. ignorava essa informaçào, cremos, porque a médium tinha trabalhado há tempos numa casa onde Vittorio era empregado. Talvez naquela época possa ter ouvido o nome da jovem Amélie, tendo-o esquecido depois. Essa lembrança se teria exteriorizado pela escrita, como temos exemplos disso nos sonhos. No caso seguinte, porém, essa explicação parece menos plausível, devido à própria natureza das respostas:

Por curiosidade pessoal, pedi-lhe (à sra. Maria M.) que provocasse na minha presença uma escrita apresentando os mesmos caracteres individuais. Transcrevo as perguntas e as respostas obtidas, que apresentam alguns pontos dignos de nota:

Vittorio: — Que quereis?

P. — Peço-te que me digas o que fizeste na véspera da tua morte, por volta das 9 horas da manhã.

R. — Naquele exato momento, não me lembro.

(Observação: Devemos observar a ignorância, quanto à inteligência que reproduzia o fenômeno, de uma noção que existia bem viva na inteligência da pessoa sobrevivente, a médium. Esse fato pareceria mais contrário do que favorável à teoria do puro automatismo.)

P. — Pelo menos te lembras de ter-me visto naquele momento?

R. — Sim, eu vos vi por um instante.

P. — Lembras-te onde?

R. — Não sei se foi em Pádua ou em Turim.

(Observação análoga: Em nossa inteligência consciente, certamente não poderia ter ocorrido a ideia de que a aparição pudesse ter acontecido em Turim, onde Maria jamais tinha estado na vida.)

P. — Achas que me viste por acaso, ou pensas ter vindo procurar-me?

R. — Pensava muito em vós. (A mulher de Salvadori diz que nos últimos dias ele pronunciava frequentemente o nome da sra. Maria M.)

P. — Sabendo que moro em Pádua, por que te parece ter podido ver-me em Turim?

R. — Porque fui a Turim também.

P. — Por que foste a Turim?

R. — Para ver meu pai e minha irmã, mas eles estavam em

Pinevolo.

P. — E os encontraste em Pinevolo?

R. — Não, não consegui. Despeço-me de vós.

(Observação: A médium ignorava completamente que o pai e a irmã estivessem em Pinevolo. A meu pedido, ela foi buscar informações com a viúva de Salvadori, que confirmou o fato e até deu-lhe seus endereços exatos. Quanto a mim, ignorava-lhes até a existência.) As perguntas e as respostas foram escritas pela mesma mão, na minha presença, e a letra é muito diferente. Vi também a mesma mão, sob outra influência, escrever servindo-se de uma terceira letra, diferente das duas anteriores.

Reencontramos os mesmos caracteres vistos nas mensagens de Stainton Moses, que diferiam entre si segundo as personalidades invisíveis que se utilizavam do seu ministério. Aqui, o espírito talvez tenha se mostrado pouco tempo antes da sua morte, quando, provavelmente, já começava a desprender-se do seu corpo físico; a conservação do eu depois do desencarne se confirma pela escrita e pelos detalhes que só a alma do morto tinha interesse em apontar naquele momento. A clarividência não pode ser invocada para explicar a designação do lugar onde os parentes do defunto se encontravam, já que entre eles e a sra. Maria não existia qualquer laço de amizade ou parentesco. A telepatia de um vivo não tem maior razão de ser, ao passo que a visão e a escrita combinam admiravelmente com o desejo do falecido de dar notícias suas e interessar a amiga pela sorte dos seus filhos.

As circunstâncias do relato não nos permitem, em absoluto, decidir se a aparição foi telepática ou se foi produzida pelo próprio espírito ao ter deixado seu corpo, pois não restou prova objetiva desse desdobramento; no entanto, as informações fornecidas mais tarde parecem realmente provar que a alma estava exteriorizada, incitada pela ansiedade que a tomava ao ver sua família abandonada.

Constatamos que às vezes é um estranho que descreve o espírito que atua sobre um outro médium; veremos agora um exemplo em que o próprio médium assistiu à experiência e pôde constatar o modo como procedem os invisíveis.

O médium vê o espírito que o faz escrever

Este caso foi tirado de obra de Stainton Moses intitulada *Spirit Teaching*.[5] Nele vê-se uma espécie de fotografia do que geralmente acontece entre os espíritos e os médiuns durante a verdadeira escrita mecânica.

Ele conta que, a 24 de outubro de 1874, sentiu-se violentamente impelido a escrever, o que não lhe acontecia há dois meses. Inicialmente obteve uma frase curta, que terminava com estas palavras:

'Não estávamos distantes de vós durante esse espaço de silêncio: estávamos sempre perto, mas decidimos que seria melhor agir de modo diferente do utilizado no passado: parai agora e aguardai.'

O rev. S. Moses supõe que nesse momento passou por um estado de transe inconsciente, porque se recorda de que via seu corpo a certa distância, sentado diante da mesa, e a mão que escrevia empunhava a caneta sobre o caderno; seu espírito e seu corpo estavam reunidos por uma fina linha luminosa. Olhava para aquilo e para tudo que havia na sala com o maior interesse, e observou que todos os objetos materiais pareciam nebulosos, e cada objeto espiritual tinha a sólida aparência da realidade.

Rector estava de pé atrás do corpo do médium, com uma das mãos estendida acima da sua cabeça e a outra, sobre a mão que escrevia. Imperator e outros espíritos familiares também estavam presentes. Vieram outros, desconhecidos, que observaram a experiência com interesse. Uma luz suave parecia atravessar o teto e enviar sobre o corpo do médium raios de uma claridade azulada, o que o agitava, fazendo-o estremecer. Embora fossem 2,30 h não se via mais a luz do dia; a janela parecia escura, mas a luz espiritual clareava toda a cena. O rev. S. Moses ouvia perfeitamente os espíritos falando, sua voz se assemelhava à voz humana, porém era mais finamente modulada, parecendo muito distante. Imperator disse que os espíritos tinham desejado mostrar como operavam. Rector escrevia, e isso não como o médium imaginava, guiando-lhe a mão ou impressionando-lhe a inteligência, mas enviando sobre a caneta o que parecia uma centelha azul. A força assim dirigida fazia a caneta mover-se

5 *Light*, 25 de novembro de 1900.

conforme a vontade do espírito. Para mostrar que a mão não passava de um mero instrumento, a caneta lhe foi retirada e mantida em posição pelo raio luminoso. Para grande surpresa de S. Moses, a caneta continuou a escrever sozinha; ele não pôde deixar de dar um grito, mas aconselharam-no a calar-se, porque rompia as condições de êxito.

Grande parte da comunicação, portanto, tinha sido escrita sem a intervenção de uma mão humana, e sem a colaboração do espírito do médium.

Imperator explicou que os sons eram produzidos da mesma maneira, podendo dispensar a ajuda material. Ouviam-se os *fairy bells* e respirava-se um perfume sutil que ficou por muito tempo perceptível aos sentidos de S. Moses quando voltou a si.

Ele não observou como os sons eram produzidos, mas viu perto do teto o que lhe pareceu ser uma caixa de música, ao redor da qual brincava o clarão elétrico azulado.

Os espíritos estavam vestidos de branco, luminosos por si sós. O espírito do médium pareceu-lhe estar usando a mesma roupa branca, com um cinto azul. Alguns tinham uma roupagem púrpura.

Foi dito ao médium que não era fácil escrever sem a intervenção humana, e que as palavras assim escritas não seriam corretamente grafadas, o que se constatou ser exato.

Como mentalmente se admirara pelo fato de aqueles espíritos falarem inglês, vários deles responderam-lhe ao pensamento, empregando línguas diferentes. As que não lhe eram inteligíveis foram interpretadas por Imperator, que lhe explicou como os espíritos se comunicavam entre si pela transmissão do pensamento.

Em seguida, mandaram-no voltar ao corpo, o que foi feito inconscientemente, e escrever o que tinha visto.

A comunicação assim obtida continha, entre outros, o seguinte trecho:

'A natureza espiritual deve ser desenvolvida, e para tanto devemos empregar tão pouco elemento físico quanto seja possível. Desejamos fazer com que os amigos que entram sob nossa influência compreendam que o caráter dos espíritos que vêm a eles é compatível com a elevação das suas aspirações. As influências mentais de um círculo são sentidas mesmo no mundo dos espíritos, e as influências que deles recolhe está em relação direta com sua tendência. Deus não força os espíritos à verdade enquanto não estão preparados para recebê-la: devem andar passo a passo, mas sempre podem elevar-se cada vez mais por seus próprios esforços. A influência do círculo determina nosso poder, e quanto mais os sentidos internos forem desenvolvidos espiritualmente num médium, mais difícil é operar com ele, a menos que o círculo seja bem pequeno e perfeitamente harmonioso, estando o espírito dos assistentes ardentemente fixado no progresso e no ensinamento espiritual, em vez de estar concentrado nas coisas terrenas. É nesse ponto que desenvolvemos o médium, que obterá mais facilmente manifestações no isolamento e na passividade absoluta, e quando estiver desligado da Terra mental e corporalmente: os sentidos internos do espírito, e não as forças físicas do corpo, serão nosso melhor meio de comunicação. Procuramos desenvolver em nossos amigos a percepção e a submissão do espírito para conosco'.

Se essa experiência não fizesse parte de muitas outras que, por assim dizer, a emolduram, poderíamos ver nesse relato apenas o resultado de uma autossugestão do rev. S. Moses; mas ele havia obtido muitas vezes escrita direta, ao mesmo tempo em que se produziam outros fenômenos físicos, luminosos e sonoros que, por sua simultaneidade, mostravam a intervenção de inteligências estranhas ao grupo de pesquisadores, independentes da sua vontade e acusando sua personalidade por uma escrita idêntica à obtida ordinariamente pela mão do médium. Daremos um exemplo dessas notáveis sessões.

Escrita direta, semelhante à escrita obtida pela mão do médium

Para nós, é realmente interessante estabelecer que, quando a escrita é produzida diretamente, ela se assemelha absolutamente à que é obtida pela mão do médium mecânico, porque esse fato demonstra a independência da inteligência que se manifesta e prova que o automatismo cerebral não intervém; com os experimentadores permanecendo no estado normal, não pode haver desdobramento, pois este quase sempre necessita do estado letárgico do paciente.

Em seu estudo sobre os manuscritos deixados por Stainton Moses, o sr. W. H. Myers escreve:

Quando a escrita direta era obtida nas sessões, para cada espírito era igual à utilizada individualmente por eles nas escritas automáticas. Sua individualidade ficava assim provada de maneira decisiva.

Citamos uma dessas sessões, segundo os mesmos documentos:[6]

19 de outubro — O doutor, a sra. Speer e eu, estávamos sentados à mesa na obscuridade, mas tínhamos deixado o gás ardendo forte na peça ao lado. No assoalho, sob a mesa, ponho um pedaço de papel enrolado e um lápis, tendo o cuidado de rasgar um canto do papel e dá-lo ao dr. Speer para reconhecê-lo oportunamente. Ouvimos diferentes pancadas, depois objetos transportados e um ruído como se alguém estivesse arranhando madeira. Quando nos trouxeram luzes, a sra. Speer apanhou o papel. A superfície superior estava em branco; nas costas do papel a sra. Speer escreveu: 'Peguei o papel embaixo da mesa, com a escrita abaixo na superfície encostada no assoalho.' O dr. Speer e eu acrescentamos e assinamos: 'O canto superior foi rasgado por mim, Stainton Moses, antes de apagar a luz, e dei-o ao dr. Speer. Depois juntei os dois pedaços.' Ficaram perfeitamente bem e foram colados com dois selos de cinco cêntimos, nos quais o doutor e eu escrevemos nossas iniciais.

A escrita está traçada exatamente sobre as linhas do papel; faltam as iniciais de um amigo morto.

O monograma que se vê abaixo, à esquerda, é de um dos meus amigos, também falecido. Imagino que a mensagem deva ter sido escrita às avessas. A assinatura é mesmo com sua letra decidida e firme, *muito semelhante à minha escrita automática...*

Descrição do espírito que produz a escrita direta

O filho do dr. Speer, que vez por outra assistia às sessões, dá também seu testemunho, que é tão instrutivo quanto os outros. Ei-lo:[7]

---

6 Myers, F. W. H., *Les Expériences de W. Stainton Moses, in Annales Psychiques*, 1895, p. 216.
7 Idem, p. 228.

Gabriel Delanne

Uma noite, estávamos reunidos como de hábito, e eu estava com a mão sobre uma folha de papel diante de mim, com um lápis ao lado. De repente o médium — sr. Stainton Moses —, que estava no lado oposto, exclamou: 'Há uma coluna de luz atrás do senhor!' Pouco depois, disse-nos que a coluna de luz tinha-se transformado num espírito. Ao perguntar-lhe se conhecia aquela figura, ele me respondeu que não e deu-me a descrição da cabeça e das formas. No final da sessão, ao examinar a folha de papel, que jamais saíra da minha mão, encontrei uma comunicação assinada. Era o nome de um músico notável, falecido no começo do século. Tomei a decisão de nada especificar-lhe, porque o uso de grandes nomes frequentemente nos conduz a resultados diferentes dos que esperávamos. Contudo, eis agora o mais extraordinário: sem mostrar a mensagem, perguntei ao sr. Stainton Moses se poderia reconhecer o espírito que estava atrás da minha cadeira, a partir de uma fotografia. Ele respondeu que achava que poderia reconhecê-lo. Dei-lhe então vários álbuns contendo retratos de amigos vivos e mortos, bem como alguns de homens célebres.

Afastei-me para a extremidade da sala sem observá-lo e não sabendo quando tinha o álbum certo nas mãos. Chegando à fotografia do compositor em questão, ele disse logo, sem hesitar: 'Eis a figura do espírito que vi atrás do senhor.' Então, e pela *primeira* vez, mostrei-lhe a mensagem e a assinatura. Considero esse incidente uma excelente prova de identidade espírita e creio que todos acharão esse exemplo interessante.

Visão e fotografia de um espírito sob a forma de uma criança

O rev. S. Mosés obteve provas categóricas de que suas visões não eram alucinações subjetivas, mas representavam realidades absolutas. O caso anterior já não admite dúvidas, o que vamos relatar também não:[8]

> Começo, diz ele, pelo caso de um espírito que manifestou sua presença pela primeira a 4 de setembro de 1872, e que até agora continua em comunicação conosco. Assinalo este caso porque aproveitamos essas relações prolongadas para chegarmos a formar uma opinião sobre a questão de iden-

---

8 Moses, Stainton, *L'Identité des Esprits, in Revue Scientifique et Morale du Spiritisme*, março de 1900, p. 527 e agosto de 1900, p. 76.

tidade, e também porque esse espírito não apenas deu provas indubitáveis de uma individualidade bem caracterizada, mas se manifestou de diferentes maneiras...

O espírito em questão manifestou sua presença através de pancadas e transmitiu uma mensagem em francês. Disse que tinha sido a irmã do dr. Speer que tinha falecido em Tours aos sete meses de idade. *Nunca me tinham falado nela* e seu irmão tinha esquecido de que ela existira, porque havia morrido antes do nascimento dele. Os clarividentes sempre tinham descrito uma criança que me acompanhava, e eu ficava surpreso com isso, porque não conhecia nenhum parente ou amigo assim. Esse fato forneceu-me a explicação. A partir do momento da sua primeira manifestação, ela ficou ligada à família, e sua pancadinha clara e alegre, com uma característica tão nitidamente individual, sempre foi uma prova infalível da sua presença. Nunca variou e todos nós a reconhecíamos tão certamente quanto reconheceríamos a voz de um amigo íntimo. Ela deu detalhes sobre si mesma e se lembrou, sem errar, dos seus quatro nomes. *Um deles era novo para seu irmão* e ele o verificou informando-se com outro membro da família. *Os nomes, as datas e os fatos eram-me igualmente desconhecidos.* Eu não tinha absolutamente a menor noção da existência de tal pessoa.

Essa criança manifestou sua presença duas vezes por meio da chapa fotográfica. Um desses casos foi atestado pela escrita direta, e ambos podem ser encontrados, claramente explicados, entre nossos trabalhos, no capítulo sobre a fotografia espírita publicado por *Human Nature*, vol. VIII, p. 395.

Eis o relato dos dois fatos:

A fotografia de que se trata foi tomada por Hudson, enquanto residia em Palmers Terrace, Hollovay. A criança que se acha no centro da composição é uma jovem irmã do dr. Speer, o assistente sentado à esquerda, em primeiro plano; a forma vaporosa, na frente e à direita, é a mãe da criança. Já disse antes como esse espírito infantil se havia manifestado com persistência em nossas reuniões, quase desde o primeiro dia, vindo inicialmente com uma mensagem em francês para provar sua identidade. Fazia mais de 50 anos que tinha deixado nossa esfera de existência, quando vivia em Tours e tinha apenas sete meses.

Sua alegre mensagenzinha: 'Estou feliz, muito feliz!' foi o primeiro indício da sua presença que obtivemos, e a crian-

Gabriel Delanne

cinha que os clarividentes tão constantemente descreviam como estando perto de mim era o mesmo espírito que, por toda espécie de meios indiretos, se esforçava por fazer-se reconhecer por seu irmão. Desde então, ela não nos deixou mais, e raramente se passa uma sessão sem que lhe ouçamos a alegre pancadinha. Ela anda pela casa tão assiduamente quanto as crianças da família, e para mim é tão conhecida e tão real quanto qualquer uma delas. *Eu a vi e lhe ouvi a voz por meu sentido interior; senti-lhe o contato e duas vezes lhe obtive o retrato na chapa fotográfica.* Esse grupo especial foi fotografado nas mais estritas condições de experimentação. O dr. Speer e eu *não perdemos a chapa de vista um só instante* e não negligenciamos nenhuma das precauções que eu tinha anunciado previamente. Podemos afirmar sem qualquer hesitação que nenhum elemento suspeito se apresentou.

O dia seguinte àquele em que a fotografia foi tomada era um domingo, e participei de um jantar em família. No momento em que o jantar chegava ao fim, gradualmente caí em transe e pancadas fortes foram ouvidas na sala de jantar. Recorremos ao alfabeto; foi dito ao dr. Speer que devia ir à peça onde comumente realizávamos nossas sessões, onde encontraria uma mensagem que lhe era destinada. Ele foi até lá, mas nada encontrou. Aconselharam-no, pelos mesmos meios, que procurasse de novo, e ele finalmente descobriu em baixo de um aparador, e colocada de modo que os raios de luz incidissem nela, uma folha de papel em que estavam traçados curiosos sinais hieroglíficos. Por muito tempo, nada conseguimos concluir daquilo, até que nos ocorreu a ideia de colocá-los diante de um espelho. Vimos então que era uma mensagem escrita *da direita para a esquerda e de baixo para cima*. A mesma cruz tosca que então encerrava cada mensagem, e que ainda hoje frequentemente observamos, estava na folha em questão, e desde a primeira olhadela a mensagem ficou inteligível. Decifrando-a como acabo de fazê-lo, pode-se ler isto: 'Sou o espírito de amor. Não posso comunicar-me, mas estou perto de vós. A fotografia era a da pequena Pauline.' Pauline era um dos nomes da criança. Seu nome completo, *que todos ignorávamos*, foi corretamente soletrado a nosso pedido: Catherine Pauline Stanhope Speer, com a data do seu nascimento e da sua morte. Eis um belo caso de cerebração inconsciente, para o dr. Carpenter.

Essa escrita assim obtida, numa peça onde não havia ninguém, na qual ninguém tinha estado, e em circunstâncias em que teria sido impossível cometer uma fraude (caso pudesse ocorrer a algum de nós a ideia de tal ação), deu-nos a certeza da identidade desse espírito. Digo que seria impossível trapacear: não havia na casa ninguém capaz de executar uma escrita hieroglífica tão complicada; ninguém poderia pensar nisso, e ninguém além de nós conhecia o nome da menina Pauline. O mesmo agente que havia dado o retrato esforçava-se por estabelecer-lhe a autenticidade.

Basta-nos observar os retratos por um instante para notar dois pontos peculiares. O retrato pequeno é tão perfeito que uma possante lupa revela com maior nitidez o detalhe dos traços e, entre outros, *as longas sobrancelhas que caracterizavam toda a família*. Um estranho não captaria dessa forma o que impressionava todos que os conheciam. Além disso, o hábito constante daqueles que voltam do além é destacar sua personalidade pela reprodução de alguma particularidade da roupa ou do porte. Em outro retrato, é um chapéu preto. Aqui é uma luva larga que se vê na mão da mãe, a figura que está ajoelhada bem perto da criança. Tinha o hábito de percorrer a casa arrumando e espanando como boa dona de casa, *com luvas bem largas nas mãos*. Preocupava-se muito com a alvura da pele das mãos e tomava essa precaução para mantê-la.

Mais uma confirmação da visão pela fotografia

Antes de encerrar este capítulo, continua o reverendo, darei alguns detalhes complementares sobre essa criança.

Há mais ou menos um mês, quisemos tentar tirar uma fotografia com o sr. Parkes, e ela apareceu de novo. Acomodei-me perto de uma mesinha e logo caí em transe. Durante um período de clarividência, vi a criança de pé, ou flutuando perto do meu ombro esquerdo. Parecia continuar junto à mesa, e eu me esforçava em vão por atrair a atenção do dr. Speer para ela. Quando a exposição acabou e eu acordei, contei o que tinha visto, e, ao ser revelada a chapa, viu-se um pequeno vulto sobre a mesa. *A posição era exatamente igual à que eu tinha visto e sentido.* O retrato, que mostrava as características comuns a toda a família, logo foi declarado pelo pequeno espírito que era o seu. Estava eufórico diante do sucesso da experiência. Minha visão era tão nítida, eu estava tão certo do que iriam encontrar na chapa, que teria apostado tudo que possuía no resultado antes de tê-lo visto.

Achamos que devíamos citar essa passagem porque ela se junta às outras provas relativas à escrita. Reconheçamos que quando uma visão influencia a chapa de colódio, não poderia haver nisso alucinação, e quando essa forma fluídica escreve, produz pancadas e se revela aos olhos clarividentes do médium, todo esse conjunto constitui um feixe sólido que o cepticismo não consegue partir.

Os fenômenos espíritas, mesmo no domínio restrito que exploramos, apresentam uma extraordinária variedade. Vamos ver que um incrédulo tornou-se não somente médium escrevente mecânico, mas também curador, e que essa faculdade era exercida em proveito de pessoas que ele nunca tinha visto e cuja existência lhe era revelada pela primeira vez pelo poder invisível que lhe dirigia a mão.

Nome, endereço e cura de uma pessoa desconhecida do médium

Na tradução francesa do relatório feito pelo comitê da Sociedade Dialética de Londres, lemos o seguinte fato:[9]

> O presidente dá a palavra ao sr. J. Murray Spear, que assim se expressa:
> Quando, pela primeira vez, ouvi falar do moderno espiritualismo, resolvi não me preocupar com isso, porque antes já havia tomado parte ativa na constituição de associações de temperança, de paz, de fraternidade, de direito das mulheres, e em outros empreendimentos morais, sociais ou religiosos, e isso com grave prejuízo do meu tempo, do meu dinheiro e até da minha reputação. Receava ter a mesma sorte se me dedicasse ao espiritualismo. No entanto, concordei em participar de uma sessão, e então o nome da mulher do meu irmão, falecida há pouco tempo, foi dado pelo alfabeto. Chamava-se Francès. Nenhum dos assistentes a tinha conhecido e, com maior razão, não lhe sabia o nome. Estava

9 Dusart, *Rapport sur le Spiritualisme*, p. 127.

intrigado, querendo saber como esse nome tinha surgido lá, e dispus-me a examinar mais de perto a questão. Em março de 1852, minha mãe foi levada a escrever isto: 'Desejamos que o senhor vá a Abington, à casa de David Vining.' Ignorava que uma pessoa com esse nome vivesse naquela cidade. Abington ficava a vinte milhas de Boston, minha cidade natal, onde a mensagem foi escrita. Não havia ninguém perto de mim enquanto eu escrevia.

Fui então a Abington, conforme a indicação. Lá encontrei uma pessoa com o nome que eu tinha escrito, e que, além do mais, estava doente e não dormia há dez dias e dez noites. Minha mão voltou-se para ele, estendeu-se na sua direção, mas não o tocou. Logo toda dor desapareceu e ele caiu em sono profundo.

Dois pontos então chamaram-me a atenção: 1° esse poder, fosse o que fosse, mostrava-se inteligente, uma vez que me havia dado o nome de uma pessoa que eu antes não conhecia e tinha-me conduzido ao seu domicílio; 2° mostrava-se benfazejo, pois tinha-me feito aliviar um enfermo.

A partir de então fui enviado a muitas localidades, à casa de muitas pessoas, para realizar semelhantes obras de beneficência. Uma senhora tinha sido infectada pela raiva. Fui o instrumento de que esse espírito se serviu para fazer com que todo traço do mal desaparecesse em pouco tempo. Recebi provas tão numerosas quanto variadas e tornei-me um adepto do novo espiritualismo...

Nesse caso, o encadeamento das manifestações revela uma ideia, um plano, uma direção dados por uma inteligência independente do escrevente, e parece-nos que é preciso fechar voluntariamente os olhos para não se convencer da veracidade do espiritismo.

No exemplo seguinte, são pancadas que acompanham a escrita e que fazem o médium compreender que não está sendo vítima da sua imaginação, coisa que a assinatura exatamente obtida já demonstrava.

Um tio ruidoso

É também no relatório da Sociedade Dialética[10] que en-

10 Idem, p. 292. os nomes e endereços das pessoas citadas foram comunicados ao comitê, mas com um pedido para que não os tornasse públicos.

contramos consignada a observação que se segue, devida à sra. Laetitia Lewis. Eis seu testemunho:

Após ter narrado fenômenos físicos muito variados cuja realidade constatou em sua residência, e como se refugiou na casa de uma amiga, onde acabou por encontrar a calma, ela continua nestes termos:
Durante minha estada em Paris, em maio último, a primeira carta que recebi de minha filha, casada em Stradey, constatava que as pancadas tinham começado a se fazer ouvir na casa dela, do modo mais evidente, nas paredes e em outras partes do quarto, muitas vezes durante o dia, mas com mais frequência à noite. Tinha ficado quase uma semana sem dormir e tivera a coragem de tentar conversar com aquele espírito barulhento, soletrando as letras; mas, embora fossem dadas pancadas em resposta, o alfabeto nada de nítido lhe tinha dado.
Isso durou pelo menos quinze dias, com as pancadas tornando-se cada vez mais violentas. Um dia, quando começava a escrever, constatou, entre surpresa e assustada, que sua mão estava sendo obrigada a traçar letras que não conseguia ler. Havia palavras bem distintas, porém não podia compreendê-las. Eis a primeira frase que leu, não sem dificuldade: 'Queres começar a crer que estou presente? Meu espírito continuará perturbado até que eu tenha revelado meu segredo.'Minha filha perguntou:'Quem é o senhor?' Ele escreveu: 'Benj. Way'. (Benjamin Way é o nome do meu irmão mais velho, falecido há vários anos, *e a assinatura era exatamente a que adotava quando vivo.*) Ela perguntou: 'O senhor é o tio Bem?' Ele respondeu: 'Sim, sim, minha querida menina.'O espírito escreveu de onde vinha, mas não posso dizê-lo, nem contar certos acontecimentos da sua vida passada. Durante vários dias, minha filha se queixou e ficou sob um verdadeiro terror. Como ela o repreendesse por persegui-la com suas pancadas cada vez mais violentas, que a seguiam por toda parte, ele escreveu: 'Por que te lamentas assim? Tenho pena de ti, minha querida menina. Deves perdoar-me.'
Achei que devia reproduzir essa comunicação porque é muito estranha e porque dá a explicação para a perturbação sentida pelo espírito. Com efeito, sua preocupação era revelar onde se encontrava seu testamento e descrever o lu-

gar que ocupava numa grande caixa de folha-de-flandres. O espírito veio a mim porque eu era sua favorita, mas deixou de perseguir-me e de assustar-me. Minha filha, querendo tentar livrar-se desse espírito demasiado insistente, pediu-lhe que assistisse a uma sessão que seu marido lhe tinha dito que deveria acontecer nos arredores de Manchester. A médium era a sra. X., esposa de um pastor de W. Meu genro, sr. M., que não acreditava nos espíritos, desejava assistir a algumas manifestações e tinha pedido a um amigo que o apresentasse, pois não conhecia os assistentes. Devo admitir que minha filha, por carta, tinha mencionado ao marido seus aborrecimentos, *sem contudo falar-lhe das revelações a respeito do testamento.*[11] Só lhe havia dito que, em meio às suas numerosas manifestações, o espírito Benj. Way lhe tinha revelado um segredo.

A primeira sessão só produziu decepção. A sra. X., pessoa muito delicada, por pouco não desmaiou de tanto que sua mão batia com violência contra a mesa. Foi impossível obter outras manifestações a não ser pencadas e movimentos da mesa. Alguns dias depois, o sr. M. assistiu a outra sessão. Por intermédio da sra. X., ainda muito cansada, foram formuladas perguntas.

Quando lhe perguntou se ele era mesmo quem tinha prometido vir, o espírito respondeu: 'Sim, estou aqui', e assinou seu nome, Benjamin Way, o que pareceu estranho, pois nem o sr. nem a sra. W. tinham ouvido um dia esse nome. Como lhe pedissem uma prova, *traçou o desenho da caixa de folha-de-flandres.* Para minha filha, isso foi uma prova de que o espírito tinha realmente cumprido a promessa que havia feito de assistir à sessão de W., porque, como já observei, ela não tinha falado com o marido sobre o testamento, nem sobre a caixa de folha-de-flandres.

Estamos, então, diante de um espírito que se manifesta de modo idêntico em cidades diferentes, a médiuns que não se conhecem, e que faz absoluta questão de que encontrem seu testamento. Evidentemente, nas últimas experiências não poderia tratar-se de transmissão involuntária de pensamento, uma vez que o marido não conhecia os detalhes que lhe tinham sido omitidos. Os partidários da subconsciência não podem de ma-

---

11 Constata-se por essa frase, que o sr. M. não se encontrava junto à esposa quando as manifestações aconteram.

neira alguma explicar com sua hipótese as pancadas ruidosas cuja finalidade era atrair a atenção, porque seria um grande absurdo supor que a subconsciência da jovem senhora fosse a causa das manifestações, já que ela não imaginava qual era sua razão de ser antes que o espírito lhe tivesse revelado.

O exemplo seguinte também constitui uma boa prova da personalidade da inteligência invisível que se manifesta, porque sua escrita e suas ideias se exprimem de um modo semelhante pela escrita direta e pela escrita mecânica, apesar da mudança de médium. Trata-se realmente de um espírito que aproveita todas as oportunidades que lhe são oferecidas para dar provas da sua sobrevivência.

O caso da sra. Mary Burchett

Novamente recorremos ao bem documentado livro de Aksakof[12] para esta citação. Em matéria de comunicações transmitidas pela escrita direta, diz ele, mas em grande quantidade da parte de uma única e mesma personalidade invisível, o caso da sra. Mary Burchett, contado por ela no *Light* de 1884 (p. 471) e 1886 (p. 322 e 425) é realmente extraordinário. No espaço de dois anos *ela recebeu umas cinquenta mensagens* com a letra de um amigo íntimo, falecido em 1883. Quando vivia, ele decididamente não acreditava na possibilidade de uma vida depois da morte, e é por isso que, na sua segunda mensagem, diz: "É uma revelação para mim, assim como para vós; não ignorais o quanto eu era refratário a qualquer crença numa existência futura."

Antes da minha viagem a Londres, diz Aksakof, em 1886, escrevi à sra. Burchett e lhe fiz diversas perguntas, às quais ela gentilmente respondeu na carta que se segue e que contém numerosos detalhes inéditos:

The Hall, Bushey, Herts (Inglaterra), 20 de maio de 1886.
Senhor,
Lamento não poder aquiescer ao desejo que manifestastes de possuir algumas amostras da letra póstuma e natural do meu falecido amigo, visto que as mensagens que me dirigiu,

---

12 Aksakof, *Animisme et Spiritisme*, p. 551.

sendo de ordem puramente pessoal, são sagradas para mim. Além disso, ele me pediu várias vezes que não as mostrasse a ninguém. Quanto às suas perguntas, respondê-las-ei de bom grado.

1) Relativamente à letra do meu amigo: até agora recebi dele trinta e quatro cartas, pela mediunidade do sr. Eglinton; (escrita direta) as duas primeiras foram escritas em lousas, todas as outras, em papel. Uma dessas cartas foi escrita numa folha de papel de cartas que eu tinha colado pelos cantos com um pouco de goma numa das lousas, de modo que pôde ser retirada sem dificuldade (ver *Light*, 1884, p. 472). Quanto às primeiras cartas, embora a letra se pareça muito com a do meu amigo e elas sejam redigidas no estilo e na linguagem que lhe eram próprios, descobri nelas, ao mesmo tempo, uma certa analogia com a letra de Ernest, um dos espíritos-guias do médium, o que me desconcertou um pouco. Mas essa vaga semelhança não tardou a ir diminuindo gradualmente e acabou por desaparecer completamente, *e então a letra das mensagens tornou-se igual à do meu amigo quando vivo*, na medida em que um texto escrito a lápis pode assemelhar-se ao escrito com uma caneta. Meu amigo era de nacionalidade austríaca, e sua letra, notavelmente bela e fina, trazia o cunho da sua origem alemã.

2) Todas as mensagens, exceto uma, estão escritas em inglês, com muitas frases em alemão. Durante a vida, ele também tinha o hábito de me escrever em inglês. Às vésperas do natal de 1884, para meu grande assombro, recebi uma carta em alemão (comunicação pela escrita direta), escrita com caracteres góticos muito bonitos e num estilo impecável.[13] Tendo alguma dificuldade para compreender, porque na época eu só conhecia essa língua imperfeitamente, expressei meu pesar pelo fato de a carta estar em alemão, acrescentando que desejaria muito receber algumas linhas na minha língua materna. O sr. Eglinton gentilmente propôs-se a tentar. A folha estava escrita num lado só; ele a virou sobre a lousa, que mantínhamos na maneira usual, e pouco depois ouvi o ruído do lápis e encontrei algumas palavras, em inglês, *no estilo habitual*.

3) As mensagens contêm alusões tão numerosas à sua vida na Terra, que bastariam para convencer-me da sua identidade, sem necessidade de outras provas, que, no entanto, não faltavam. Talvez tenhais lido à p. 167 do livro de J. Farmer,

---

13 É necessário saber que Eglinton não conhecia nada da língua alemã.

Twixt two worlds (Entre dois mundos), o relato de uma materialização notável. Quem lha comunicou fui eu... Numa das suas primeiras cartas, encontrei uma prova impressionante: ele citou, incidentalmente, o nome de uma localidade na Alemanha, e então me lembrei de que me havia dito que a tinha visitado. É um nome bem esquisito, e nunca o tinha ouvido antes, nem o ouvi depois. Um dia, quando estava sentada, sozinha, numa sessão de escrita automática — desde o último outono, desenvolvi em mim essa faculdade, em grau ainda inexpressivo —, fiz alusão ao fato e perguntei ao meu amigo se não gostaria de escrever por minha mão o nome do país onde ficava aquela localidade. Esforcei-me por tornar minha mão tão passiva quanto possível a fim de não exercer qualquer influência sobre a resposta; ainda assim, esperava ler *Áustria* ou *Hungria*. Para meu espanto, minha mão escreveu lentamente o nome de uma cidade, e então lembrei-me que no decorrer da conversa que tive com ele, quando lhe apontei a bizarra pronúncia daquele nome, ele me tinha dito que aquele lugar ficava perto da cidade D. Sempre considerei esse incidente muito curioso, embora neste caso ele não apresente muita importância. Mary Burchett.

Esse último fato pode perfeitamente ser atribuído à memória latente, mas o nome da localidade assinalado na primeira escrita direta obtida por Eglinton conserva todo seu valor, aumentando ainda mais pela perfeita semelhança da letra que relata detalhes circunstanciados da vida do espírito. Quando a tal quantidade de evidências se acrescentam a vista e o tato, a convicção se torna absoluta, a não ser que se negue pura e simplesmente a realidade desses fenômenos. O sr. Aksakof quis verificar a semelhança das letras; eis o que diz a esse respeito:

Resta-me acrescentar que, por ocasião da minha estada em Londres, em 1886, aproveitei a oportunidade para conhecer a sra. Burchett. Como se pode imaginar, ela confirmou o que precede e mostrou-me espécimes da escrita do seu amigo, antes e depois da morte dele; mas não me foi permitido ler-les o conteúdo, de modo que não pude examinar as duas grafias tão cuidadosamente quanto o desejava; apenas pude comparar a maneira como o artigo *The* estava escrito, e achei-a idéntica. Quanto ao resto, constatei uma semelhança no aspecto geral das duas escritas, mas semelhança não é identidade, e, além disso, a escrita a lápis sempre difere um pouco da escrita a tinta.

Apesar dessas reservas, o caso continua a ser valioso, porque a sra. Burchett, que confirma a perfeita identidade das duas escritas, parece dotada de bastante discernimento; e sobretudo devido ao conteúdo intelectual das mensagens e à materialização do escritor durante a sessão com Eglinton. Embora provas tão completas sejam muito raras, podemos assinalar mais uma cujo valor é inestimável, tanto pela duração das manifestações quanto pela reconhecida honradez da testemunha.

As mensagens de Estelle Livermore

Talvez não seja possível encontrar um caso mais concludente, mais perfeito como prova de identidade de uma forma materializada, do que o que nos apresenta a aparição de Estelle ao seu marido, o sr. C. Livermore, banqueiro em Nova Iorque. Esse caso, diz o sr. Aksakof,[14] reúne todas as condições para tornar-se clássico; responde a todas as exigências da crítica mais meticulosa.

Podemos encontrar o relato detalhado no *Spiritual Magazine* de 1861, nos artigos do sr. B. Coleman, que obteve todos os detalhes diretamente do sr. Livermore (foram depois publicados sob forma de uma brochura intitulada *Spiritualism in America*, por Benjamin Coleman, Londres, 1861), e finalmente na obra de Dale Owen, *Debatable Land*, que extraiu os detalhes do manuscrito do sr. Livermore. Assinalamos aqui os principais.

A materialização da mesma figura continuou por cinco anos, de 1861 e 1866, durante os quais o sr. Livermore teve 388 sessões com a médium Kate Fox, cujos detalhes foram imediatamente registrados num diário pelo sr. Livermore. Realizaram-se em completa obscuridade. O sr. Livermore geralmente estava sozinho com a médium, *cujas mãos segurava o tempo todo; a médium estava no seu estado normal* e era

---

14 Aksakof, *Animisme et Spiritisme*, p. 619.

Gabriel Delanne

testemunha consciente de tudo que se passava. A materialização visível da figura de Estelle foi gradual; só na 43ª sessão o sr. Livermore conseguiu reconhecê-la, por meio de uma claridade intensa produzida por uma segunda figura que acompanhava Estelle e que dizia chamar-se Franklin.

A partir de então, a aparição de Estelle tornou-se cada vez mais perfeita e conseguiu suportar até a luz de uma lanterna levada pelo sr. Livermore. Felizmente para a apreciação do fato, diz o sr. Aksakof, a figura não conseguiu falar, e todo o lado intelectual da manifestação revestiu-se de uma forma que deixou traços que persistem para sempre: são as comunicações por escrito que o sr. Livermore recebeu de Estelle, em papéis que ele mesmo levava, e que foram escritas não pela mão de um médium, mas diretamente pela mão de Estelle, e às vezes até *diante dos olhos do sr. Livermore*, à luz criada propositadamente. A letra dessas comunicações é um perfeito fac-simile da letra de Estelle quando vivia. O conteúdo, o estilo, as expressões, tudo nas comunicações provava a identidade da personalidade que se manifestava; além disso, essas provas intelectuais, várias dessas comunicações, foram escritas em francês, língua que Estelle dominava à perfeição e *que a médium ignorava completamente.*

Claro está que aí não pode haver alucinação do sr. Livermore, porque ele conserva as mensagens que viu sendo escritas; a suposição de que é um desdobramento do médium que se transfigura não é mais sustentável, devido às mensagens em francês, devemos então render-nos à evidência, ou imaginar que o sr. Livermore mentiu ou representou uma comédia indigna, o que sua posição na sociedade e seu caráter nos impedem absolutamente de supor.

Eis outros detalhes que se referem mais particularmente à escrita:[15]

> Todas as comunicações, no total de uma centena, foram recebidas em papéis que o sr. Livermore marcava e levava pessoalmente, e foram todas escritas não pela médium (cujas mãos o sr. Livermore segurava durante toda a sessão), mas diretamente *pela mão de Estelle* e, vez por outra,

---

15 Idem, p. 547.

mesmo sob o olhar do sr. Livermore, à luz espirítica criada especialmente, luz que lhe permitia reconhecer perfeitamente a mão e *até toda a figura que escrevia*. A grafia dessas comunicações *é uma perfeita reprodução da letra da sra. Livermore quando vivia*. Numa carta do sr. Livermore para o sr. Benjamin Coleman, que o havia conhecido na América, lemos: 'Finalmente, acabamos de obter cartas datadas. A primeira desse gênero, datada de sexta-feira, 4 de maio de 1861, estava escrita com muito cuidado e corretamente, e a identidade da letra da minha mulher pode ser estabelecida de modo categórico *por minuciosas comparações*; o estilo e a letra do *espírito* são para mim provas positivas da identidade do autor, mesmo deixando de lado as outras provas, ainda mais convincentes, que obteve.' Mais tarde, em outra carta, o sr. Livermore acrescenta: 'Sua identidade ficou provada de maneira a não deixar que a sombra de uma dúvida persista: primeiro, por sua aparência, depois por sua letra e, finalmente, por sua individualidade mental, sem contar as numerosas outras provas que seriam decisivas nos casos comuns, mas que não tomei em consideração, salvo como provas de apoio.' Ao enviar algumas das comunicações originais ao sr. Coleman, o sr. Livermore lhe tinha remetido também amostras da escrita de Estelle quando vivia, para compará-las, e o sr. Coleman acha as primeiras *absolutamente semelhantes à escrita natural*. Dois facsímiles dessas comunicações escritas estão anexados a esta brochura,[16] e voltamos a encontrá-los no *Spiritual Magazine* de 1861, onde as cartas do sr. Coleman apareceram inicialmente. Quem possui as cartas de Kate Fox (a médium) pode garantir que sua letra nada tem em comum com a das comunicações do sr. Livermore.

Além dessa prova intelectual e material, achamos outra em várias comunicações escritas por Estelle *em francês, língua completamente desconhecida pela médium*. Quanto a isso, vejamos o testemunho decisivo do sr. Livermore: 'Um papel que eu tinha levado pessoalmente foi-me tirado da mão, e depois de alguns instantes foi-me devolvido visivelmente. Li nele uma mensagem admiravelmente escrita em puro francês, de que a srta. Fox não sabia uma só palavra.'[17]

E, numa outra carta do sr. Livermore para o sr. Coleman, li: 'Recebi também, não faz muito tempo, várias outras cartas

---

16 Coleman, Benjamin, *Spiritualism in America*, Londres, 1891, p. 30, 53, 55.
17 Owen, Dale, *Debatable Land*, Londres, 1871, p. 390.

Gabriel Delanne

em francês. Minha mulher conhecia o francês muito bem. Escrevia e falava corretamente, ao passo que a srta. Fox não tinha a menor noção dessa língua.'

Encontramos aqui *uma dupla prova de identidade*: ela é constatada não só pela escrita, em todos os pontos semelhante à da falecida, mas, ainda por cima, numa língua desconhecida pela médium. O caso é extremamente importante e, a nosso ver, apresenta *uma prova de identidade absoluta.*

Resumo

Neste capítulo, vimos revelar-se a causa atuante a que se deve a escrita automática. Ela se mostrou de muitas maneiras diferentes. Ora é um médium vidente que descreve o espírito a quem se deve a comunicação, ora é o próprio escrevente, desdobrado, que assiste à experiência e anota cuidadosamente a posição do seu inspirador. Às vezes a visão é tão nítida ao olhar do clarividente, que lhe permite reencontrar a imagem da aparição entre muitos outros retratos; finalmente, o próprio espírito se materializa e escreve como escrevia em vida, diante dos olhos encantados de seu marido.

Nesses casos especiais, que vêm a ser as hipóteses ordinárias e banais dos incrédulos? Impostura? Não, porque existem indubitavelmente muitos testemunhos respeitáveis, e basta a quantidade deles para destruir essa possibilidade. Alucinação? Também não, porque constatamos que a fotografia reproduziu a imagem do ser invisível que assistia o reverendo S. Moses. Telepatia? Ela, como a clarividência, não pode intervir aqui. Desdobramento inconsciente dos médiuns? Vimos que, na maioria dos casos, eles permaneciam no estado normal e que as coisas reveladas não eram do conhecimento dos assistentes. Concluamos então que é realmente a alma humana que, depois da morte, ainda pode comunicar seu pensamento a esses seres delicadamente constituídos a que chamamos médiuns, e bendigamos essa magnífica descoberta que nos abre as portas de um mundo novo.

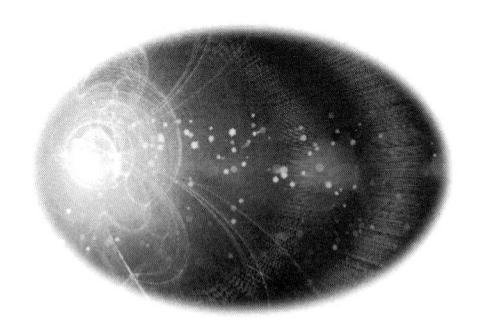

6.
Conclusão

A escrita automática

Embora, pela exiguidade de espaço, tenhamos sido forçados a negligenciar algumas variedades de fenômenos da escrita
inconsciente, não é menos certo que essas curiosas manifestações, tão pouco conhecidas do grande público, se nos apresentam com características bem diversificadas do ponto de vista
do seu conteúdo intelectual.

Os poucos sábios que estudaram os fatos não foram ao
fundo da questão. Limitaram-se a analogias superficiais, considerando somente o aspecto psicofisiológico da escrita, e basearam suas conclusões em observações incompletas, uma vez
que tiveram por objeto apenas pacientes histéricos por eles sugestionados. Se tivessem se dado o trabalho de examinar os
casos espontâneos, os que ocorrem nas famílias, ou nas reuniões onde pessoas se dedicam ao espiritismo, sem dúvida hoje
estaríamos mais avançados nesses estudos, desde que os conduzissem com toda a precisão que a ciência contemporânea
empresta às suas pesquisas.

Por mais incompletas que sejam ainda as pesquisas publicadas até agora, pelo menos nos permitirão compreender, em
parte, como se produz a escrita automática, e os trabalhos de

Charcot, do dr. Ballet, dos srs. Binet e P. Janet nos revelam por que mecanismo mental o automatismo pode produzir-se. Hoje sabemos que é durante um estado análogo ao sonambulismo que essa escrita acontece; constatamos que o sono propriamente não é necessário para provocar a modificação psicológica conhecida como estado de encantamento, de credulidade, de semissonambulismo etc. Não ignoramos mais que quando esse estado se apresenta ele é caracterizado, como o sonambulismo, pela perda da memória dos atos executados durante esse período. Mas esse esquecimento tem por objeto apenas uma categoria de fatos, os que utilizam o mecanismo psicomotor da escrita. O escrevente não é cindido em duas personalidades que coexistiriam ao mesmo tempo; já discutimos essa hipótese e mostramos que ela é inútil para explicar todas as observações, que se explicam melhor vendo nas modificações psicológicas observadas apenas modificações alotrópicas, por assim dizer, da personalidade. Uma histérica que, sob a influência de uma sugestão de realização pós-hipnótica, escreve uma comunicação, nada mais faz senão executar uma ordem recebida; não tem nenhuma espontaneidade. Se mais tarde ela escreve no segundo estado acidentalmente provocado pela doença, é uma crise esporádica de sonambulismo, mas exceto o ato mecânico da escrita, isso nada tem em comum com o automatismo que se observa nos indivíduos que se creem médiuns.

Os srs. Binet e P. Janet que se orgulham de ter dado a explicação da mediunidade, estão completamente enganados se imaginam que suas contrafações se assemelham, seja lá no que for, ao verdadeiro fenômeno espírita. As numerosas pesquisas que vêm sendo feitas há vinte e cinco anos por meio do hipnotismo, bem como os trabalhos da escola de Nancy, nos esclareceram quanto à importância da autossugestão. Compreendemos então o que parecia inexplicável, isto é, a produção em seres nervosos, sob o domínio da emoção ou de preocupações místicas, desse semissonambulismo durante o qual o automatismo gráfico pode desenvolver-se. Foi justamente esse caráter de inconsciência o que mais impressionou os experimentadores espíritas e lhes implantou a convicção de que realmente achavam-se sob a influência de uma vontade e de uma inteligência estranhas, uma vez que ignoravam absolutamente o que sua mão traçava no papel.

Já assinalamos que a diferença entre os histéricos e os automatistas é que os primeiros ignoram que escreveram, ao passo que os segundos o sabem muito bem, embora não conheçam o conteúdo das mensagens.

As pesquisas na Inglaterra

A questão estava nesse pé quando os psicólogos ingleses a examinaram. Menos afeiçoados ao materialismo do que os pesquisadores franceses, eles estavam dispostos a levar em maior consideração o fator anímico, embora sem admitir ainda a ação dos espíritos. A Sociedade de Pesquisas Psíquicas já estava familiarizada com toda uma série de fenômenos que os mais ousados dos nossos homens de ciência ainda veem com desconfiança. F. W. H. Myers, saudoso secretário da associação inglesa, fez a verdade dar um passo à frente. Bem documentado pelos relatórios que incessantemente lhe chegavam de todas as partes, mostrou a considerável importância que se deve atribuir às lembranças que dormem em cada um de nós, a essa memória latente que se revela durante o sono ou que se manifesta pelo automatismo da escrita, tão adequado à reaparição dos estados subconscientes que o sonambulismo ressuscita e que constituem a base da memória ativa, dessa que utilizamos sem cessar.

Destacou, igualmente, todos os recursos que a clarividência pode oferecer durante o sono como origem de informações ignoradas que a escrita revela, e que parecem provas de que uma inteligência estranha se manifestou. Com a mesma perspicácia, ele nos põe em guarda contra os erros que seriam cometidos se não se levasse em conta a sugestão mental e a telepatia.

Tentamos discernir as características pelas quais se reconhece cada uma dessas causas e, de modo geral, se não encontramos um critério absoluto para diferenciar a ação do espírito humano da dos desencarnados, plantamos alguns marcos que talvez permitam ir mais longe.

É justamente provocando de modo experimental comunicações entre vivos que encontramos as leis que regem nossas relações com os mortos. Já indicamos as condições que

Gabriel Delanne

favorecem a sugestão mental; resta-nos agora precisá-las um pouco mais. Precisamos saber melhor qual é o estado fisiológico do percipiente no momento em que escreve sob a ação do influxo mental que lhe chega do agente.

Muito provavelmente, todas as modificações bizarras da escrita, em círculo, em ziguezague, em espelho etc., que enumeramos, devem-se a disposições orgânicas que seria interessante entender, porque nada é mais importante do que o conhecimento das anomalias. É tentando resolver essas dificuldades que, na maioria das vezes, chegamos a descobertas inesperadas. Se conseguíssemos descobrir a natureza da força que serve de veículo ao pensamento, teríamos simplificado ainda mais o problema, pois seríamos capazes de multiplicar as experiências utilizando esse agente transmissor à vontade. Chegaríamos, assim, a trabalhar metodicamente e a substituir o empirismo, que até agora é nosso único recurso, pela ciência.

Parece que, realmente, é chegado o momento em que iremos ocupar-nos seriamente desses problemas, uma vez que por toda parte fundam-se institutos que têm por objeto de estudo os fenômenos psíquicos, incluindo, sob este rótulo, propositadamente bastante vago, os fenômenos da mediunidade. Seria altamente desejável que os que irão colaborar nesse empreendimento tivessem o espírito bem aberto, porque, se continuarem agindo como seus predecessores, são grandes as chances de chegarem a nada.

Sem dúvida, a ciência deve exigir todas as garantias de um controle absolutamente rigoroso, mas não é preciso que, por ignorância das condições requeridas, seus representantes acrescentem entraves insuperáveis à produção dos fenômenos. Que diríamos de um investigador pouco familiarizado com a fotografia que se atrevesse a iluminar a câmara escura no momento da revelação de uma chapa? A falta de conhecimentos especiais pode retardar muito a obtenção de resultados positivos. Não basta operar com pacientes de hospitais para formar uma opinião, é preciso examinar também indivíduos sadios e levar em conta todas as experiências quando forem bem feitas. É certo, por exemplo, que se o sr. Ochorowicz, certamente um homem sensato, tivesse estudado suficientemente, não teria escrito as seguintes linhas:

A mediunidade inferior é apenas um modo particular de enganar aos outros e a si mesmo. Na escrita automática, por exemplo, indubitavelmente é consigo mesmo que se disputa; uma camada da nossa consciência faz perguntas e outra responde; uma camada do nosso entendimento solicita um movimento e outra o executa; uma é alegre, a outra, melancólica; uma acredita em tudo, a outra zomba de tudo; uma trapaceia e simula, a outra é sincera.

Essa mistura aparece até nas manifestações mais elevadas do hipnotismo e da mediunidade; mas isso não impede que ao lado da *sugestão mental aparente* haja *a sugestão mental verdadeira*, e, ao lado da escrita automática, seu desdobramento mais elevado, *a escrita direta*. Saber *decompor os elementos,* eis o problema do observador.

Sim, sem dúvida, mas não devemos ignorar ou rejeitar as experiências que não se ajustem às teorias que adotamos. Ater-se exclusivamente às camadas da consciência que se comunicam é retomar a hipótese de Taine, que os trabalhos contemporâneos não corroboraram. Que exista automatismo puro e simples, concordamos com isso de bom grado, mas não é preciso generalizar, principalmente quando nos vemos diante de fatos visivelmente em contradição com essa teoria, como o anúncio pelo médium de fatos desconhecidos, perfeitamente exatos, que a clarividência, a sugestão mental ou a telepatia não podem explicar, assim como os autógrafos que reproduzem a letra e o estilo de um desaparecido que o escrevente nunca conheceu etc. Da citação precedente, parece resultar que o sr. Ochorowicz acredita na realidade da escrita direta, mas também que a atribui à exteriorização do indivíduo. Esse modo de ver nada tem de ilógico e às vezes deve produzir-se, mas aqui, novamente, *saibamos decompor os elementos*, e, quando estivermos diante de escritos gregos ou latinos lapidares obtidos por uma jovem, somos obrigados a concluir que não se trata da sua personalidade secundária, da sua consciência subliminar, do seu duplo, ou seja lá o que se queira imaginar, que tire do seu cabedal o que nele não existe, ou seja, o latim e o grego.

O automatismo foi fonte de inúmeras divagações que muitos espíritas atribuíram aos espíritos. Daí resultou um certo descrédito quanto às comunicações e um tumulto entre os pesquisadores que não conseguiam entender esses absurdos.[1] Foi preciso que as provas positivas fossem bastante numerosas para contrabalançar os deploráveis resultados que, na falta de coisa melhor, eram atribuídos aos espíritos mistificadores. É certo que esse fator também intervém, mas com muito menos frequência do que se pensava. Como o automatismo é produzido por uma diminuição da atenção, resultante do sonambulismo, o escrevente acha-se numa situação análoga à do sonho. Não tendo mais o controle e a direção dos seus pensamentos, ele se entrega a devaneios que serão religiosos nos místicos, políticos, literários ou filosóficos naqueles em que essas matérias constituem o alimento intelectual predominante. Vez por outra, sempre como em sonho, um verdadeiro romance pode formar-se com os elementos contidos na subconsciência do escrevente, como bem o mostrou o sr. Flournoy. Essa gênese nem sempre é tão rematada e então se traduz por absurdos, como os da evocação de Clélia.

Parece-nos certo o critério que adotamos: a revelação de um fato desconhecido do escrevente e dos assistentes já é um meio de provar que se não é um espírito que se manifesta, pelo menos existe no escrevente uma faculdade transcendental de conhecimento. Então examinar-se-ão sucessivamente todas as causas que possam intervir, e se nenhuma pode explicar o fato considerado, dever-se-á concluir que realmente se deve aos espíritos. O estudo das manifestações espíritas, assim compreendido, torna-se muito difícil, porque frequentemente o automatismo se confunde com a mediunidade, mesmo nos melhores pacientes; é necessário ficar sempre em guarda, e os trabalhos de R. Hodgson nos mostram como devemos estar vigilantes para não nos enganarmos ou sermos enganados. Frequentemente, nós mesmos observamos essa confusão que a carta de um amigo nosso ilustra muito bem[2]:

Casos complexos

Pontivy, 21 de junho de 1900.
Caro senhor Delanne,
     Permita-me acrescentar aos numerosos fatos de mediunida-

1 Cavalli, *Les Points Obscurs du Spiritisme*.
2 *Revue Scientifique et Morale du Spiritisme*, setembro de 1900, p. 162.

de citados no seu jornal, um caso pessoal, que meu marido e eu podemos atestar.

Em 1868, pois somos velhos espíritas, morávamos na Argélia e, na época, eu às vezes escrevia de um modo totalmente mecânico. Um dia meu marido evocou um dos seus amigos chamado Teegetmayer, que tinha-se afogado 12 anos antes.

O espírito atendeu ao seu chamado, e, após uma longa conversa, deu notícias de amigos comuns ainda encarnados e perdidos de vista há oito ou dez anos.

Entre outras coisas, fez-me escrever mecanicamente o endereço de um deles, sr. B., que, segundo meu marido, devia estar morando em Berlim.

Para sua surpresa, o endereço que o espírito deu não ficava em Berlim, mas em *Charlottenbourg, Bismark strasse nº 16*. Continuando a conversa, o espírito falou também de outro amigo deles, o sr. D., e disse que ele tinha morrido, recomendou que o evocasse e principalmente que o chamasse quando houvesse música, porque ele era um músico exímio.

Realmente, a partir desse dia, sempre que meu marido se punha ao piano, chamava seu amigo D., e parecia-lhe que tocava com mais facilidade.

Dias depois do recebimento dessa comunicação, meu marido escreveu para o endereço indicado e, para nossa surpresa, porque, devo dizê-lo, não estávamos convencidos da exatidão do endereço dado pelo espírito, ele recebeu uma longa carta do seu amigo B., que terminava com esta pergunta: — Como conseguiste meu endereço?

Em 1872, durante uma viagem de negócios à Alemanha, meu marido foi visitar seu amigo B. em Charlottenbourg, e este renovou a pergunta: 'Como obtiveste meu endereço?'

O sr. Krell então explicou-lhe que fora por intermédio do espírito de Teegetmayer, e acrescentou que também tinha sabido por ele da morte de D., amigo deles.

— Como D.? — exclamou o sr. B. — Ele não morreu, mora em Berlim e aqui está seu endereço!

Meu marido que pensava ter despertado no amigo o desejo de conhecer o espiritismo, ficou desconcertado, mas era preciso convir que o endereço do sr. B. era exato. Portanto, a primeira parte da comunicação era verdade, e a segunda, falsa. Por quê?

Durante muito tempo procuramos uma explicação para tal mistificação que nada justificava, e um dia, em sessão, nos foi dito que o espírito de Teegetmayer tinha realmente dado a primeira parte da comunicação, mas que na segunda, outro camarada, igualmente falecido e chamado H., o tinha substituído e posteriormente usara o nome de D., pois, quando vivia, meu marido tinha certa antipatia por ele e talvez não o recebesse bem. Ora, deve-se dizer que esse sr. H., ao contrário, tinha grande simpatia por meu marido, e que ele era também um excelente músico, violoncelista exímio, com alma de artista. De certa forma, usara o nome de D. para que meu marido o recebesse amigavelmente e pelo pensamento o chamasse com frequência para perto de si.

Sem dúvida, esse fato por si só não tem qualquer importância, contudo, prova que a comunicação foi feita por *espíritos*, e que não se trata de autossugestão, nem de exteriorização do pensamento do médium ou das pessoas presentes. No momento em que recebíamos essa comunicação, nem meu marido, nem eu, sobretudo eu, que empunhava o lápis, estávamos pensando naqueles senhores.

Invocávamos somente *Teegetmayer*, que, seja dito de passagem, ditou seu nome mecanicamente, bastante esquisito para mim que não sabia alemão.

Eis, caro senhor Delanne, o fato de que meu marido lhe falou quando de sua passagem por Paris. Faça desta carta o uso que lhe convier pelo bem da nossa doutrina, e dê-lhe a publicidade do seu jornal, se achar necessário.

Queira aceitar etc.

M. Krell, Pontivy (Morbihan)

Observemos que o primeiro endereço não pode ser atribuído à clarividência do médium, porque a experiência era tentada pela primeira vez, o que exclui a possibilidade de que durante a noite, por desligamento, tenha adquirido tal conhecimento. A hipótese da intervenção do tal H. é possível, como também a da subconsciência do médium, embora esta última suposição seja aqui a menos verossímil.

A escrita intuitiva e os desenhos automáticos

Abordamos neste livro o estudo da mediunidade intuitiva, porque ela apresenta características menos nítidas do que a escrita mecânica; no entanto, possuímos casos em que ela apresentou provas de uma intervenção alheia igual à da escrita mecânica. Na realidade, o pensamento do espírito chega com menos nitidez pela intuição, porque é o cérebro do médium que no-lo transmite e porque está sujeito a sofrer modificações conforme o grau de desenvolvimento intelectual do indivíduo. É uma espécie de tradução do influxo fluídico e sabemos quão grande é a dificuldade para fazer, mesmo com a cabeça tranquila, a reconstituição fiel de uma conversa que se ouviu. É quase certo que os espíritos só nos transmitem o pensamento em si, livre da sua roupagem literária; esta lhe é fornecida pelo médium e depende da sua instrução, da sua maneira de sentir, da sua maior ou menor habilidade para representar por palavras seus estados d'alma.

É considerando todos esses fatores que se pode compreender que a inspiração produza obras-primas quando chega ao cérebro de um poeta ou de um artista, ao passo que fica quase inerte naqueles que são menos bem dotados. Guardadas as proporções, o mesmo acontece nas sessões espíritas, e não devemos espantar-nos se por vezes o estilo não corresponde ao nome que é dado. É então que se devem escutar meticulosamente as ideias, pesar-lhes o valor, examinar-lhes o encadeamento, e só aceitá-las quando denotem uma inteligência verdadeiramente distinta da do médium. Entre a intuição e a escrita mecânica existe uma infinidade de nuances que correspondem à diversidade de organismo dos médiuns. Uns adivinham as palavras que estão sendo escritas, enquanto sua mão é conduzida mecanicamente; outros as ouvem interiormente; com mais frequência, porém, o desconhecimento do que se escreve é absoluto, do mesmo modo que o ato maquinal de escrever vai desde o impulso irresistível a um mero desejo de pegar a caneta.

O automatismo assume ainda uma forma bem curiosa: é a do desenho. Frequentemente acontece que, durante uma sessão, uma pessoa entregue a tentativas de escrita veja com surpresa sua mão fazer traços que refletem flores, frutos imaginários, plantas de casas ou paisagens que em nada se parecem com o que estamos habituados a ver. Victorien Sardou publicou há muito tempo na *Revista Espírita* amostras dessas bizarras composições que obtinha mecanicamente.[3] Pode-se ver aí apenas fantasias no que concerne à sua definição (casa de Mo-

3 *Revista Espírita*, 1858, p. 223 e 264.

Gabriel Delanne

zart em Júpiter etc.), mas o que é certo é que a inspiração não é subconsciente, já que uma prancha em cobre foi finamente gravada pelo ilustre acadêmico, embora ele não conhecesse sequer os primeiros rudimentos dessa arte. Certamente obedecia à influência de um artista invisível.

Outros médiuns desenham automaticamente, deixando-se guiar pela imaginação subliminar, que tem por vezes concepções fantásticas.

Mas aqui também, ao lado desses exercícios do automatismo, encontramos manifestações inteligentes que se revelam através de retratos fieis de pessoas que o artista inconsciente nunca conheceu. O sr. Hugo d'Alési, autor dos deliciosos cartazes que são a alegria de nossas ruas, e o sr. Desmoulin, eminente gravador, obtiveram retratos assim. As provas dessa ordem são tão numerosas que com elas poderíamos compor um volume alentado como este.

Apesar do nosso plano restrito, cremos ter acumulado bastantes retratos convincentes para fazer com que o público compreenda o quanto são insuficientes os poucos estudos que os sábios consagraram a essa ordem de fatos. Com suas prevenções, passaram ao largo da verdadeira mediunidade sem saber distinguir-lhe as características. Obcecados por algumas semelhanças físicas, generalizaram apressadamente sem levar em conta observações levadas a efeito no mundo todo há cinquenta anos.

Parece-nos que os documentos que encontramos nos arquivos do espiritismo são do maior valor e que não é permitido desdenhá-los sem nos expormos a dar mostras de uma parcialidade bem distante do verdadeiro espírito científico.

A quantidade de testemunhos é considerável, pois não há livro ou revista consagrados ao espiritismo que não relatem alguns; não nos esqueçamos, também, de que a maior parte dos fatos eloquentes permanece inédita, devido ao caráter privado, confidencial das mensagens, pois quem as recebe não quer submetê-las ao deboche de uma crítica às vezes pouco delicada. Os conhecidos bastam para mostrar a generalidade do fenômeno, que se produz indistintamente em todas as partes do mundo, com um notável caráter de similitude, apesar das diferenças secundárias que resultam das faculdades mediúnicas.

Já constatamos que as testemunhas são honradas; que pertencem geralmente às classes elevadas da população; que magistrados, médicos, advogados, generais etc. afiançam a autenticidade dos fatos que relatam e não temos razão alguma para suspeitar do seu testemunho, que seria aceito sem hesitação em sindicâncias de gênero bem diferente. Podemos acusar todas essas testemunhas de uma cegueira generalizada? Não pensamos assim, porque, enfim, aqui trata-se simplesmente de saber se os fatos revelados pela escrita são ou não verídicos. Para tanto, não se precisa de grandes luzes, basta ser de boa fé. Mas, mesmo do ponto de vista da capacidade científica, temos a nosso favor os relatos de William Crookes, Alfred Russel Wallace, F. W. H. Myers, R. Hodgson, do prof. Hyslop etc., que são mestres na arte de observar com exatidão. Se traçarmos um paralelo entre os méritos respectivos desses sábios e os de muitos dos nossos críticos, bem sabemos de que lado penderá a balança. Os resultados assinalados por nós têm mais valor ainda porque a maioria daqueles que hoje nos apoiam com seus nomes eram, de início, adversários do espiritismo. Foi forçados pela evidência que proclamaram a realidade dos fatos, embora soubessem muito bem que essa afirmação desencadearia contra eles a cólera das ortodoxias religiosa e científica, intolerantes tanto uma quanto a outra. Tivemos um triste exemplo disso na França, na perseguição sofrida pelo dr. Gibier por ter ousado contar os fenômenos de que tinha sido testemunha em companhia do médium Slade. Ao falar de tudo que viu, Crookes não teve medo de escrever: "Não digo que isso é possível, digo que é." Wallace, por sua vez, escreve de modo original: quando comecei esses estudos, na minha fábrica de pensamentos não havia lugar para uma concepção espiritualista, porém os fatos são coisas obstinadas, e os fatos me venceram." Já reproduzimos as afirmações análogas dos srs. Hodgson e Hyslop, homens de ciência que têm um único objetivo, um único guia, um único interesse: a descoberta da verdade.

Será admissível, crível, que tantos homens distintos, físicos, naturalistas, químicos etc. tenham se deixado enganar grosseiramente por saltimbancos? Que tenham sido tão ingênuos a ponto de confundir esgares de histéricos com fatos científicos, quando seria tão simples desmascarar os simuladores?

Essa hipótese é absurda, e no entanto é a que mais comumente vemos enunciada pelos luminosos críticos do espiritismo. Tal acusação é ainda mais ridícula quando certos fenômenos são inimitáveis, não somente na sua produção física — por exemplo, a mão luminosa descendo do teto diante de Crookes e escrevendo uma mensagem — mas também pelo conteúdo, que por vezes é o autógrafo de uma pessoa morta, desconhecida de todos os assistentes, ou frases escritas em línguas que não são faladas na Europa e que é absolutamente certo que o médium não conhecia.

Sem ater-nos a esses casos extremos, não basta a escrita de bebês ou de pessoas iletradas para assentar uma convicção? Que se pode objetar quando uma criança escreve, em poucos dias, uma história detalhada de Joana d'Arc e de Luís XI?

Que houve e ainda existem entre os espíritas entusiastas pesquisadores sem senso científico, pessoas refratárias aos métodos positivos e friamente meticulosos da ciência, é fato comprovado; mas isso se vê em todas as crenças, em todas as profissões, em todos os aglomerados humanos, seja qual for o objeto das pesquisas empreendidas. Será isso razão suficiente para rejeitar sistematicamente todo testemunho espírita? Por certos médicos matarem seus pacientes, não significa que todos os médicos sejam ignorantes e que se deva rechaçar a medicina.

Essas constatações são quase triviais, mas são indispensáveis, já que, no ardor da polêmica, muitas pessoas se esquecem dessas verdades elementares.

A despeito de todas as oposições dos retardatários, o fato espírita tem tamanha evidência, possui uma força de convicção tão grande, que avança para conquistar o mundo. Vinte vezes nossos adversários anunciaram com estardalhaço que ele estava morto, e, apesar desses sepultamentos, ele prossegue sua marcha triunfal, revelando a todos os homens sinceros um mundo novo. As hipóteses materialistas passaram de moda. Em vão seus partidários quiseram fazer crer que elas eram a última novidade da especulação científica; as modernas descobertas os desmentem estrepitosamente. A alma humana se manifesta esplendorosamente nos fenômenos de clarividência, de transmissão de pensamento e de telepatia que mostram que o homem contém uma inteligência que foge em parte às leis do espaço e do tempo que regem a matéria inerte. A fisiologia, a psicologia, a física interessam-se pelos problemas que as novas faculdades do ser humano e as comunicações psíquicas entre vivos levantam. Diante da sugestão mental a grande distância, torna-se necessário ampliar os quadros das nossas ciências para que essas manifestações do ser humano neles encontrem seu espaço.

Sob o irresistível impulso dessas ideias novas que a imprensa espírita vem semeando há cinquenta anos no mundo todo, vemos fender-se o bloco tenaz dos preconceitos e dos erros; por toda parte surgem novas organizações; espíritos evadidos da rotina universitária ou da apatia teológica reúnem-se para estudar o mundo do além, que nos abre perspectivas infinitas. Saudamos com alegria essa aurora, porque se levanta sobre uma terra virgem que encerra tesouros incontáveis.

Muitas são as grandes inteligências que já se comunicaram com o invisível para que se possa agora abafar-lhes a voz, e logo a certeza da imortalidade brilhará como um grandioso farol para iluminar a marcha evolutiva da humanidade.

Evolução Anímica
GABRIEL DELANNE
Formato 14 x 21 cm • 240 p.

O espiritismo constitui-se de um conjunto de doutrinas filosóficas reveladas por inteligências desencarnadas que habitaram a Terra. Esses conhecimentos nos ajudaram a desvendar e a compreender uma série de fenômenos psicológicos e psíquicos antes contestados. Portanto, o espiritismo chegou em boa hora, e trouxe consigo a convicção da sobrevivência da alma, mostrando sua composição, ao tornar tangível sua porção fluídica. Assim, projetou viva luz sobre a impossibilidade da compreensão humana a respeito da "imortalidade", e, numa vasta síntese, abrangeu todos os fatos da vida corporal e intectual, e explicou suas mútuas relações. Em *Evolução Anímica*, Gabriel Delanne nos apresenta um generoso estudo sobre o espírito durante a encarnação terrestre, levando em consideração os ensinamentos lógicos do espiritismo e as descobertas da ciência de seu tempo sobre temas como: a vida (entendida organicamente), a memória, as personalidades múltiplas, a loucura, a hereditariedade e o Universo. E nos afirma categoricamente que ela (a ciência), embora ampla, não basta para explicar o que se manifesta em território etéreo, mas terá de se render cedo ou tarde.

Embora antiga, *Evolução Anímica* é indiscutivelmente uma obra tão atual que subsistiu ao tempo e à própria ciência, tornando-se uma pérola que vale a pena ser reapresentada ao público através desta série Memórias do Espiritismo.

A Alma é Imortal
GABRIEL DELANNE
Formato 14 x 21 cm • 320 p.

O espírito materializado de Katie King se apresenta a William Crookes, o famoso físico e prêmio Nobel, e, ao lado da médium adormecida, deixa que o fotografe e que lhe corte mechas de cabelo. Espíritos cruzam o véu da morte e vêm escrever mensagens com a letra que possuíam, contar fatos que só seus íntimos conheciam, fazer previsões que logo se realizam. Materializados, deixam-se fotografar, moldam braços e mãos perfeitos na parafina líquida; transportam objetos de longe para dentro de salas e caixas fechadas; materializam-se na hora do desencarne e vão ver seus familiares, abrindo portas, tocando campainhas, fazendo-se visíveis e audíveis a ponto de serem tomados por "vivos"; projetam seus corpos perispirituais à distância e se fazem ver e ouvir, como o amigo que o poeta Goethe viu na estrada de sua casa. Um dilúvio de fatos espíritas se derramava sobre o século XIX para despertar o público, intelectuais e homens de ciência para a realidade espiritual que o espiritismo veio sintetizar.

Em A Alma é Imortal, o sábio Gabriel Delanne, um dos vultos exponenciais do espiritismo nascente, relata esses casos extraordinários, analisa-os com raciocínio científico, e conclui: é a verdade se mostrando na sua esplêndida evidência; sim, nós temos uma alma imortal, e as vidas sucessivas são uma realidade incontestável. E tudo isso não é especulação filosófica: são fatos, reproduzidos às centenas e milhares, com todo o rigorismo de cientistas e pesquisadores.

Reunindo um acervo impressionante desses fatos espíritas, sobretudo materializações e aparições, esta obra é um fascinante depoimento sobre a imortalidade. "É chegada a hora em que a ciência deve se unir à revelação para promover a transformação da humanidade", diz Delanne.

O Espiritismo Perante a Ciência
GABRIEL DELANNE
Formato 14 x 21 cm • 358 p.

"O espiritismo é uma ciência progressiva. Conforme os espíritos progridem – e nós crescemos intelectualmente –, eles descobrem verdades novas, que nos transmitem gradualmente. Portanto, não temos dogmas nem pontos doutrinários inflexíveis". Com essa visão, Gabriel Delanne, estudioso dos fenômenos mediúnicos que viveu no século XIX, analisa aqui algumas crenças básicas do espiritismo, como a existência da alma e do perispírito, conseguindo comprová-las com argumentos lógicos, baseados em fatos rigorosamente documentados. Cumpre assim a orientação kardequiana de nortear a doutrina espírita pela pesquisa permanente e a aliança corajosa com a vanguarda da ciência, ao invés do conformismo que faz estacionar no tempo.

Delanne apresenta nesta obra casos fascinantes que comprovam os fenômenos de materialização, movimento de corpos, transporte, vidência, entre vários outros, que brotavam por toda parte naqueles dias predestinados em que se consolidava a Terceira Revelação. E também analisa, com profundo conhecimento de causa, as experiências notáveis do magnetismo, do sonambulismo e da hipnose, que dão apoio à fenomenologia espírita.

A lucidez e a profundidade dos conhecimentos deste importante divulgador das idéias espíritas, sua lógica perfeita e a riqueza do material apresentado, fazem desta obra precioso material de reflexão e documento imprescindível para reconstituir muito da história daquele período áureo em que os fenômenos paranormais despertaram a humanidade para a revelação espírita.

O Evangelho Segundo o Espiritismo

ALLAN KARDEC
Formato 14 x 21 cm • 392 p.

logia austera, sem no entanto perder a brandura, Kardec reunia as condições ideais de que se serviram os espíritos superiores para edificar as bases da Doutrina Espírita. No entanto, se reencarnasse nos dias de hoje, é provável que, por sua índole infatigável e criteriosa, desejasse aprimorar ainda mais a obra missionária que disponibilizou para a humanidade, a fim de que ela alcançasse efetivamente o maior número possível de pessoas. Essa é a finalidade desta nova edição de *O Evangelho Segundo o Espiritismo*, cuja clareza, objetividade e simplicidade textuais pretendem aproximar o leitor da mensagem imorredoura de Jesus Cristo, sem distanciá-la de sua originalidade, o que dá a esta versão a legitimidade almejada pelos espíritos.

A dificuldade encontrada pelo leitor para compreender as palavras textuais contidas nos *Evangelhos* é um dos maiores impedimentos à sua massificação entre os adeptos do Espiritismo, que, na maioria das vezes, se utilizam de suas sublimes páginas apenas aleatoriamente, durante as reuniões no lar ou na abertura dos trabalhos mediúnicos, quando na verdade este deveria ser o livro de cabeceira de todo espírita que deseja aprimorar-se moralmente, seja ele aprendiz ou médium tarefeiro. A Espiritualidade almeja e aconselha isto, e foi o que pretendia ao recrutar Allan Kardec para organizar e compilar as mensagens renovadoras da Terceira Revelação.

Tendo sido um educador de larga experiência humanística e filosófica que adotava uma metodo-

Sorver destas sublimes páginas é como conversar diretamente com Jesus, o Soberano Preceptor da humanidade, que, mesmo não tendo deixado uma única palavra por escrito, disseminou tão magistralmente as idéias cristãs que é possível assimilar, muitos séculos depois, o seu divino código de conduta moral, tal como Ele o prescreveu. Este é o poder da palavra. Esta é a nossa missão.

PESQUISAS SOBRE A MEDIUNIDADE
foi confeccionado em impressão digital, em setembro de 2024
Conhecimento Editorial Ltda
(19) 3451-5440 — conhecimento@edconhecimento.com.br
Impresso em Luxcream 70g, StoraEnso